Toyota Culture
The Heart and Soul of
the Toyota Way

丰田文化

复制丰田DNA的核心关键

珍藏版

[美] 莱克 Liker, J. K.
豪瑟斯 Hoseus, M. 著
优质人才与组织中心
The Center for Quality
People and Organizations

王世权 韦福雷 胡彩梅 译

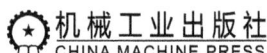

图书在版编目（CIP）数据

丰田文化：复制丰田 DNA 的核心关键（珍藏版）/（美）莱克（Liker, J. K.），（美）豪瑟斯（Hoseus, M.），（美）优质人才与组织中心著；王世权，韦福雷，胡彩梅译. —北京：机械工业出版社，2016.1（2023.12重印）

（精益思想丛书）

书名原文：Toyota Culture: The Heart and Soul of the Toyota Way

ISBN 978-7-111-52808-1

I. 丰… II. ① 莱… ② 豪… ③ 美… ④ 王… ⑤ 韦… ⑥ 胡… III. 丰田汽车公司 – 工业企业管理 – 企业文化 IV. F431.364

中国版本图书馆 CIP 数据核字（2016）第 020183 号

北京市版权局著作权合同登记　图字：01-2008-1630 号。

Liker, J. K., Hoseus, M. and The Center for Quality People and Organizations. Toyota Culture: The Heart and Soul of the Toyota Way.

ISBN 0-07-149217-8

Original edition copyright © 2008 by The McGraw-Hill Companies, Inc.

All Rights reserved. No part of this publication may be reproduced or transmitted in any form or by any means, electronic or mechanical, including without limitation photocopying, recording, taping, or any database, information or retrieval system, without the prior written permission of the publisher.

This edition is authorized for sale in the Chinese mainland (excluding Hong Kong SAR, Macao SAR and Taiwan).

Simple Chinese translation edition copyright © 2015 China Machine Press. All rights reserved.

版权所有。未经出版人事先书面许可，对本出版物的任何部分不得以任何方式或途径复制传播，包括但不限于复印、录制、录音，或通过任何数据库、信息或可检索的系统。

此中文简体翻译版本经授权仅限在中国大陆地区（不包括香港、澳门特别行政区和台湾地区）销售。

翻译版权 © 2015 由机械工业出版社所有。

丰田文化：复制丰田 DNA 的核心关键（珍藏版）

出版发行：	机械工业出版社（北京市西城区百万庄大街 22 号　邮政编码：100037）		
责任编辑：	施琳琳	责任校对：	董纪丽
印　　刷：	固安县铭成印刷有限公司	版　　次：	2023 年 12 月第 1 版第 12 次印刷
开　　本：	170mm × 242mm　1/16	印　　张：	32.75
书　　号：	ISBN 978-7-111-52808-1	定　　价：	65.00 元

客服电话：（010）88361066　68326294

版权所有 · 侵权必究
封底无防伪标均为盗版

目录

推荐序
前　言　从丰田模式到丰田文化
致　谢

第一篇　什么是丰田文化

第1章　丰田的生命源泉在于企业文化 // 2
1.1　为什么仅用精益和六西格玛程序是不够的　// 2
1.2　什么是文化　// 4
1.3　员工是丰田模式的核心和灵魂　// 9
1.4　文化的深层次分析　// 14
1.5　跨国文化的挑战　// 17
1.6　改变其他企业文化的挑战：一个警告　// 24
1.7　丰田是由员工组成的，员工不是完美的　// 27
小结　// 28

第2章　人力系统模型 // 30
2.1　丰田破产状态的扭转：对企业文化的反思和重建　// 30
2.2　支持两个关键的价值流：产品和人力　// 32
2.3　人力系统模型　// 35
2.4　模型需要日积月累的改善　// 43
小结　// 44

第3章 丰田模式+当地环境+目标=成功 // 45

3.1　我们的目标是什么　// 45

3.2　塑优秀员工，造优质产品　// 49

3.3　对组织的投入　// 53

3.4　创建合格的人力资源池　// 57

小结　// 64

第二篇　优秀人力价值流

第4章　吸引能干可塑的员工 // 69

4.1　选拔终身员工　// 69

4.2　在恰当的时间，以恰当的方式雇用合适数量的恰当员工　// 71

4.3　漏斗型招聘模式：多层考察聘用少数精英　// 75

4.4　选拔：长期匹配　// 76

小结　// 94

第5章　发展能干的员工 // 95

5.1　丰田培训员工如同培训外科医生　// 95

5.2　启动：员工定位　// 97

5.3　工作培训　// 99

5.4　在职培训　// 107

5.5　基本技能培训　// 108

5.6　标准化工作与工作分解　// 114

5.7　通过COPA确定工作必需的相关培训　// 121

5.8　丰田不同层级的培训　// 124

小结　// 132

第6章　鼓励积极能干的员工持续改善 // 134

6.1　解决问题就是"灵丹妙药"　// 134

6.2　丰田员工都是问题解决者　// 139

6.3　研究以往问题制定初始标准　// 143

6.4　在没有责任压力的情况下实施标准并发现偏差　// 145

6.5　通过"事件型"解决问题方法防止故障蔓延　// 153

6.6 通过"设置型"解决问题改进标准 // 159
6.7 解决更广义问题以提升系统 // 161
6.8 指导、信任和训练以鼓励和发展持续改善 // 166
小结 // 168

第7章 激发员工忠于公司、家庭和社区 // 170

7.1 忠于丰田的意义 // 170
7.2 西方社会激发忠诚面临的挑战 // 173
7.3 学习和忠诚度的深化循环 // 175
7.4 挑战团队成员成长和发展 // 178
7.5 关注家庭和社区 // 181
7.6 绿色思维方式：积极影响自然环境 // 188
7.7 通过高保持率持续培养团队成员 // 195
7.8 在日本以外的公司培养忠诚的员工 // 198
小结 // 199

第三篇 人力支持程序

第8章 工作团队和解决问题团队 // 206

8.1 小组和工作团队是丰田组织结构的基本单位 // 206
8.2 丰田的组织结构：扁平化和最佳控制跨度 // 211
8.3 案例分析：工作中的团队 // 216
8.4 各种类型的解决问题团队 // 222
8.5 案例分析：工作中的解决问题团队 // 225
8.6 民族文化和团队合作 // 232
8.7 消除社会差异 // 233
小结 // 235

第9章 清洁安全的工作场所 // 237

9.1 全面分析 // 237
9.2 工作环境：干净、光线充足、舒适的温度 // 238
9.3 人身安全程序 // 240
9.4 工厂中的心理安全 // 252

9.5　对团队成员的关爱：个人健康和安全　// 258
小结　// 260

第10章　双向交流与可视化管理　// 262

10.1　交流是脆弱的　// 262
10.2　正式的交流渠道　// 265
10.3　非正式的交流渠道　// 278
10.4　可视化控制和A3报告交流系统　// 281
小结　// 285

第11章　仆从领导　// 286

11.1　建立文化的领导者　// 287
11.2　仆从领导的概念　// 288
11.3　体贴的领导者遵循丰田模式的价值观　// 291
11.4　丰田如何选择和培养领导　// 299
小结　// 301

第四篇　组织的支持程序

第12章　稳定的雇用关系承诺及保障　// 309

12.1　建立长期合作关系还是雇用临时工　// 309
12.2　稳定的雇用关系取决于灵活的劳动力政策　// 313
12.3　应对市场起伏的计划　// 318
12.4　劳动力管理中的波动　// 322
12.5　全球范围内的整合　// 325
小结　// 328

第13章　公平一致的人力资源政策和实践　// 329

13.1　什么是公平　// 329
13.2　信任经济与商品经济　// 332
13.3　人力资源的宗旨是公平一致　// 334
13.4　重大问题导致人力资源系统的重组　// 337
13.5　是否需要工会代表员工利益　// 346
小结　// 351

第14章 缓慢提升与奖励团队成员 // 353

14.1 你的评价是什么 // 353
14.2 丰田在日本的奖励和表扬系统 // 357
14.3 整体奖励和表扬的方式 // 362
14.4 东西方奖励和表扬方式的对比 // 363
14.5 丰田美国工厂融合与平衡两种奖励和表扬系统 // 365
14.6 东西方在绩效管理方面的共同点 // 381
14.7 谨慎模仿丰田变革奖励系统 // 384
小结 // 387

第15章 方针管理与现场能力育成系统 // 388

15.1 方针系统使文化投资获得回报 // 388
15.2 方针管理及其与现场能力育成系统的关系 // 390
15.3 丰田一年期的方针管理 // 395
15.4 PDCA 阶段 // 405
15.5 丰田的方针管理 // 410
15.6 关于方针管理的问题及解答 // 411
15.7 不要草率地进行方针管理 // 413
小结 // 414

第五篇 向丰田学习精益文化的发展

第16章 在丰田汽车销售公司提升丰田文化 // 421

16.1 经历 50 年风雨的丰田汽车销售公司 // 421
16.2 在丰田学院传授精益思想 // 425
16.3 将持续改善引入 TMS 的财务部门 // 430
16.4 丰田汽车销售公司精益吗 // 436
小结 // 437

第17章 凌志和赛恩的故事 // 438

17.1 超越持续改善,实施战略创新 // 438
17.2 凌志模式:精益的客户服务 // 439
17.3 使赛恩吸引年轻人加入消费者价值流 // 448
小结 // 457

第18章 建立培养优秀员工的企业文化，实现长期共同繁荣 // 458

18.1 精益改造：减少浪费的工具还是文化变革 // 458

18.2 在传统西方管理模式下建立优秀人力价值流所面临的挑战 // 460

18.3 组织改造的不同方法 // 465

18.4 丰田的组织和文化变革 // 476

18.5 改造过程的阶段 // 488

小结 // 495

参考文献 // 497

译者后记 // 500

推荐序 | Toyota Culture

几年前，一家非常著名的公司的领导及其几名高级职员访问了我们在乔治城的工厂，想学习著名的丰田生产方式（Toyota Production System，TPS）。在与我们的管理层进行讨论的过程中，该领导问道："你们经营这个公司已经有些日子了，为什么仍然有这么多日本人在这里？过去，我们的团队也接管过许多公司，仅用几个月就能将其经营得比以前好。为什么你们却需要这么长的时间呢？"

我的第一反应是，这个局外人明白了丰田生产方式实际上比看起来要复杂得多，说这番话只是和我开玩笑而已。丰田生产方式不仅仅是通过拉动式系统（pull system）来降低库存那么简单！但是在接下来的交谈中，我意识到他并不是在开玩笑，其真实意思是"你们怎么还没有使公司恢复元气呢？这又不是火箭科学"。除了感觉有点受辱外，我更多的是惊讶。眼前明明是一个非常成功的行业巨人，却同样不明就里，只能是比较诚实地（或自大地）说出了这么多年来许多参观者的共同心声。

丰田生产方式看起来像是一些理应容易掌握的经营活动原则的简单集合。它是几代人观察和研究的结果，被应用于世界各地数千家公司，而且取得了不同程度的成功。但是大多数人似乎仍然认为没有哪个公司能够做得和丰田一样好。为什么？它的魔力何在？

我的拙见是，绝大多数公司没有看到丰田生产方式中流淌的血液，即人力资源理念和使之能在丰田有效运作的战略。我们管理员工的方法是通过流动连接所有的工作部位，并给它们带来氧气和营养使之能够正常工作。如果说丰田生产方式真有魔力的话，那就是：成功地贯彻了一种信任和鼓励员工运行这个看似简单，实际却错综复杂的系统的人力资源理念。

有人可能会认为这是某些人力资源管理者的疯话或豪言壮语，但请记住，我不是在谈论人力资源部门，尽管我们的确扮演着这种理念的促进者和保持者的独一无二的角色。我谈论的是指引着我们日常经营并被组织各个层次的经营者所掌握的文化。

我从日本人那里真正学到的是尊重员工并使之不断进步，他们是如此费力地教我们这些接受较慢的美国人。这需要具备一定的耐心、长远的眼光且要重视过程，具备掌握每个人所处的发展层次的能力。不幸的是，所有这些特征看起来都与我们的文化无关。于是，日本教练不得不数十年如一日地耐心教导我们，其永不放弃的精神的确令人钦佩。

我的一位朋友是公司领导，原以为能够迅速掌握丰田生产方式，他认为熟练掌握只不过意味着能够在短时间内合理地安排设备，计算出如何淘汰 1/5 的人，打印看板卡，这用不了多长时间。况且，日本就有可以复制的模式，但是日本教练不希望我们去复制。他们尽力教导我们按照丰田模式思考和做事。因为教练知道丰田模式对于长期成功的重要性，如果需要，他们甚至可以耐心地教导 10 年。教练的身影无处不在，当对落后团队的领导不耐烦的时候，当未彻底思考原因就急于实施问题方案的时候，他们都会抓住机会教导我们。

这种文化已经成为我们这些在丰田工作几十年的人的第二本性了，但是它对绝大多数局外人来说是很神秘的。坦白地讲，我们并不太擅长向丰田之外的人解释它。你手中的这本书是我读过的最好的书之一，莱克博士是我认识的公司之外理解我们内部文化最好的人之一，迈克尔·豪瑟斯跟我们一样是同这个系统一起成长起来的人。在这里，你可以瞥见"后台"系统以及对于不留心的观测者来说很模糊的程序，这些系统和程序将员工和丰田生产方式中的技术部分连接起来，并且共同构成了"丰田文化"。

请注意，不要带着将丰田文化复制到你的组织中的意图来读本书。当我们在美国建立第一个独资的丰田工厂时，不能仅仅将政策和程序从日本复制过来。正如我所提到的，日本教练不希望我们去复制但希望我们去学习，去适应，去改进。我们通过实验、改正错误和激烈的讨论，确定出那些不能省去或改变的关键系统和原则，将它们移植，然后创造出新的能够适应企业和员工需求的关键系统和原则。我建议你们也这么做。

皮特·基顿（Peter Gritton）
丰田北美研发和制造公司人力资源副总裁
丰田肯塔基汽车制造厂前人力资源副总裁

前言 | Toyota Culture

从丰田模式到丰田文化

丰田模式是一种文化

本书的合著者杰弗瑞·莱克撰写的《丰田模式》(*The Toyota Way*)总结了丰田管理的4P模型：理念（philosophy）、流程（process）、员工（people）、解决问题（problem solving），如图0-1所示。4P构成一个金字塔，塔基是长期理念，它着眼于为客户和社会增加价值。建立在该基础之上的是丰田的精益流程，这些流程致力于通过杜绝浪费来缩短交付周期（lead time）。员工通过使用金字塔最上面两层所展示的严格的问题解决方法来杜绝浪费。丰田模式可以描述为包含在这4个层次中的14项原则。

丰田模式的14项原则如下所示。

长期理念

原则1：管理决策以长期理念为基础，即便因此牺牲短期财务目标也在所不惜。

精益流程：正确的流程方能产生优异成果

原则2：建立无间断的操作流程以使问题浮现。

原则3：实施拉动式生产制度以避免生产过剩。

原则4：使工作负荷水准稳定（生产均衡化），工作应该像龟兔赛跑中的乌龟一样。

原则5：建立立即暂停以解决问题，一开始就重视品质管理的文化。

原则6：工作的标准化是持续改进与授权员工的基础。

原则7：运用可视化管理使问题无处隐藏。

原则8：使用可靠的、经过充分测试的技术以协助员工及生产流程。

通过长期关系发展和激励员工与事业伙伴

原则9：把彻底了解且遵循公司理念的员工培养成为领导者，使他们能教导其他员工。

原则10：培养与发展信奉公司理念的杰出人才与团队。

原则11：重视事业伙伴与供货商网络，激励并助其改善。

持续解决根本问题是企业不断学习的动力

原则12：亲临现场查看以彻底了解情况（现地现物的日语是genchi genbutsu）。

原则13：不急于做决策，以共识为基础，彻底考虑所有可能的选择，并快速执行决策。

原则14：通过不断省思（日语是hansei，指"反省"）与持续改善（kaizen）以变成一个学习型组织。

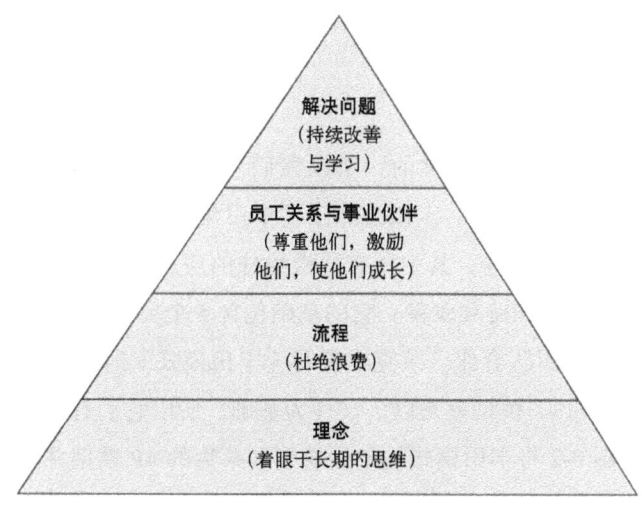

图0-1 丰田模式的4P模型

如果仔细观察上述14项原则，可以发现它们都是关于信仰和价值观的，都与丰田文化有关。

理念：理念是丰田的目标及其存在的原因。

流程：丰田认为正确的流程能够产生优异的成果——持续杜绝浪费。

员工：员工是公司向前发展的驱动力，文化指导员工如何行动、思考、感知，朝着共同的目标努力。

持续解决问题：持续解决根本问题是丰田员工着眼于持续改善的方式。

如果认为《丰田模式》是一本关于丰田文化的书，我们就感到遗漏了许多内容。关于4P还有许多细节需要补充，因此我们撰写了一系列的书籍：《丰田智慧》《丰田流程》和《丰田解决问题的方式》。

这本关于丰田文化的书深入研究了丰田的人力资源系统。本书是与迈克尔·豪瑟斯以及优质人才与组织中心（CQPO）合著的。迈克尔曾经在肯塔基州乔治城的丰田工厂工作了20年，他当年的同事绝大多数都已成为管理者，而后通过非营利性的CQPO支持丰田。迈克尔曾经管理过组装工厂、人力资源部，绝大多数CQPO的员工先前都在丰田工作过。鉴于此种丰富的经验，我们以乔治城工厂为例。本书涵盖了丰田如何选拔和培训员工，并使之按照公司使命行事。我们详细地研究了人力资源系统中的健康和安全，确保员工稳定的计划以及如何通过组织展示管理政策和目标。我们还将介绍团队工作、领导和沟通，提出其他公司应如何学习丰田文化。

丰田模式的两个模型

因为本书是关于丰田文化的，所以我们使用丰田模式的内部版作为一种模型（在第1章中讨论）。丰田公布了《丰田模式2001》（*The Toyota Way 2001*）作为内部培训文件，其中用有两根梁柱的房屋来代表丰田模式，两根梁柱分别为尊重员工和持续改善。它的基础包含5个要素：挑战、持续改善、现地现物、尊重和团队合作。莱克在撰写《丰田模式》时阅读了丰田的内部文件，第一部分的4P模型就是以该文件为基础，所以它们有许多共同之处就不足为奇了。图0-2将丰田模式构架屋模型和莱克的4P模型并排展示。在莱克所著的《丰田模式》中，丰田模式构架屋模型的5个基本元素放在4P模型的旁边，以说明两者的关系（见图0-2）。尽管每个模型对系统的分割稍有不同，但两者也有许多共同之处。

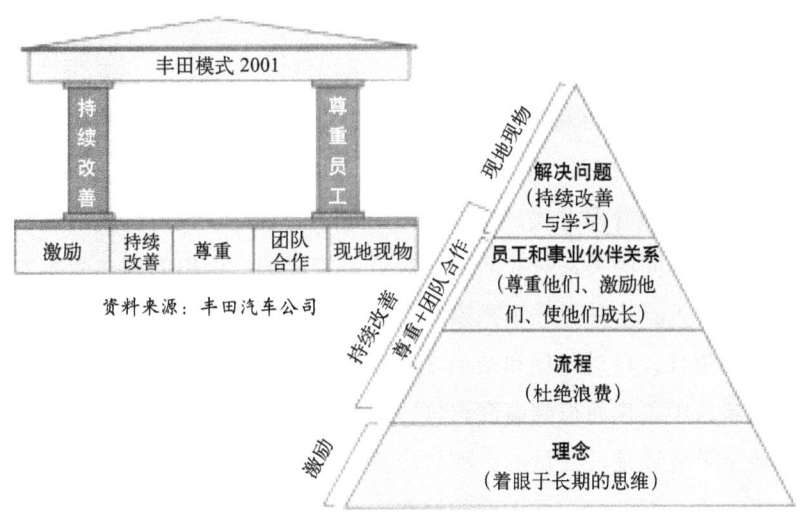

图0-2 丰田模式的两个模型

1. 全面系统的观点

两者都是用来代表一个系统,因此,所有部分都是相互联系的。丰田之所以用构架屋模型来描述是因为房屋的任何薄弱环节(地基、梁柱、屋顶)都有可能导致整个房屋的坍塌。4P模型也代表着一种结构,类似金字塔,每一层次(P)的活动都是下一层次的基础,缺少任何一个都会导致系统无法运转。例如,如果奉行短期理念,你只会对既定的流程使用既定的工具以获取短期的度量结果,而不会对员工进行大量的投资,因此永远都不会创造一个持续改善的学习型组织。如果在流程这个层次缺少工具,问题并不会显现,只会降低改善员工思考和解决问题能力的机会。

2. 精益工具为员工和持续改善提供支持

这在丰田模型中是非常清楚的。丰田将看板(kanban)和生产单元(cell)等精益工具作为持续改善的基本元素的子集。事实上,它们都没有在构架屋模型中体现出来,因为它们属于更低层次的细节。如果进一步分解丰田模式中的持续改善,就可以得到子元素:持续改善的精神和创新思维,建立精益系统和构架,提升组织的学习能力。如果观察这两个模型的关系,就会发现丰田的持续改善包含了4P模型中的3个P:流程、员工和持续解决问题。但是两个模型的关键点都是对员工和持续解决问题(尊重员工和持续改善)起到支持作用的精益流程。

3. 过程导向而不是结果导向

《丰田模式》对这两种导向进行了区分。过程导向是指管理层工作的目的是为了得到正确的过程，因为他们认为正确的过程必然会导致正确的结果。结果导向是指一种管理方式，它以具体的结果为目标，任何有效的过程都是好的。将两者之间的关系对立起来的观点是错误的。丰田的理念受东方思维方式的影响较大，这种思维不把事物看作互斥的极端对立。事实上，它们是极端结果的集合，只是过程和结果之间很一致。例如，没有员工会因为在不断改善的项目中工作而得到高度评价，除非他能够清楚地描述项目的期望结果。这些结果应该是可度量的，项目应该追踪实际结果与目标结果之间的偏差。但是如果他们没有遵循正确的流程，即便达到了预期目标也不能得到高度评价，这些流程包括"根回"（nemawashi）㊀——收集其他人的意见以达成共识。不能简单地根据结果评价项目，而应该审视团队成员通过做项目学到了多少知识。这两个模型提供了一组做事的正确程序的原则——思考、改进流程、培养员工和解决问题。

4. 两个模型高度评价员工的持续改善

丰田模式构架屋模型的梁柱是"尊重员工"和"持续改善"。4P模型的最高层次是培养员工（尊重他们，激励他们，使他们成长）和解决问题（持续改善）。在这两个模型中，精益工具和流程都是用来帮助员工鉴别和解决问题并实现持续发展的。

丰田模式的每一部分都与文化相关，甚至像设立一个看板系统这样机械性的工作（例如，确定缓冲器中应存放多少部件，从而确定需要打印多少卡片），在不同的文化背景下都具有不同的意义。在结果导向的文化背景下，这是实现具体结果的手段。因为有太多的库存，导致成本超出限度，我们想把库存降低25%，所以需要安装一个看板系统，因为听说这个工具可以降低库存。我们将一组精益生产工程师或者一些六西格玛黑带集中到一起，对他们

㊀ nemawashi（根回し），一般指决策过程中的"协商疏通与说服"，系指和所有相关者共同讨论问题及可能的解决方法，收集他们的意见，并对解决途径取得一致共识，此种理念广泛地存在于日本的大小企业内，其优点在于能帮助扩大解决方法之谋求，一旦做出决定，便应该快速执行。——译者注

进行看板系统的培训，然后让他们去公司的各个部门执行该系统。一年后，在所有的工厂都有了各种形式的看板——至少对于价值比较高的零部件，并且库存真的降低了，一切看起来都好极了。但事实是这样吗？库存会持续降低吗？这种降低能保持吗？工厂的员工是否真正理解了看板，以及如何将其作为持续改善的工具呢？员工看待看板的方式将决定它究竟是一个非持久的、解决一次性问题的工具，还是一个用来创造持续改善文化的长期流程的一部分。

在本书中，我们揭示了丰田如何选拔、培养和激励员工在一个安全和公平的环境中为生产出高质量的产品而努力。尊重员工和持续改善并重。将员工视为组织的永久成员，搭建一个平台，不仅教会员工做好本职工作，而且持续改善产品质量和生产流程。精心选拔、训练有素和经受过挑战的员工加上非凡的流程会产生非凡的成果。精益思想是支持、聘用员工的广博的文化的结晶。丰田文化是丰田成功地成为全球卓越生产领袖的关键因素。

致谢 | Toyota Culture

在此衷心地感谢丰田为我们提供了接触其组织及员工的机会，其中包括日本丰田汽车公司、丰田汽车销售公司、丰田北美研发和制造公司（TEMA）和丰田肯塔基汽车制造厂（TMMK）。下面分别向它们表示感谢（按在本书出现的先后顺序）：

丰田肯塔基汽车制造厂

TMMK行政总经理、优质人才与组织中心总裁汤姆·扎瓦茨基

TMMK前财务主管、行政副总裁、高级顾问服部善树

TMMK前总裁、TMC董事会成员、丰田现任高级顾问加里·康维斯

TEMA前副总裁、日本丰田纺织株式会社现任总裁兼CEO古田·内特

TMMK组装工厂助理经理珍妮·休斯

TEMA人力资源副总裁、CQPO首任总裁皮特·基顿

TMMK总裁、TEMA高级副总裁史蒂文·圣·安吉洛

地区冲压培训者、TEMA发展中心小组成员利萨·理查森

地区车身焊接培训者、TEMA发展中心小组成员埃迪·贝克

TMMK人力资源专家安娜·玛丽·埃费尔特

TMMTX高级副总裁唐·杰克逊

TMMK生产副总裁谢丽尔

TMMK 助理总经理查尔斯·勒特雷尔

TMMK 技术工人谢尔比·雪弗德

TMMK 公共关系专家尼拉·威尔斯和金·斯维齐

TMMK 人力资源专家艾希莉·瑞

TMMK 质量系统协调员蕾妮·布朗

TEMA 和 TMMK 人力资源与医疗管理经理厄尼·理查森

TMMK 人力资源安全专家泰芮·曼宁

TEMA 和 TMMK 公司交流经理南茜·班克斯

TABC 总裁威尔·詹姆斯

TEMA 人力资源经理马克·道格提

TMMK 人力资源总经理克雷格·格鲁克泽

TMMK 首席协调员长谷义久

TMMK 协调员远藤俊二

TEMA 工程总经理肯·克瑞夫勒

帮助收集、整理资料、数据和图片的 TEMA 的员工还有：玛丽·狄更斯、南茜·罗伊、道格·罗斯、瑞贝卡·卢卡斯、杰克·艾默曼、帕克·香农、卡伦·卡顿、瑞克·黑斯特贝格、佩里·鲍林、西格·休伯特。

我们还要感谢来自图珀洛、密西西比的员工，他们分享了自己加入丰田的特殊经历。

美国丰田汽车销售公司

房地产设备公司经理桑德福·史密斯

美国丰田汽车销售公司总裁吉姆·伦兹

凌志集团前副总裁兼总经理吉姆·法利

副总裁、丰田学院院长迈克·莫里森（《名片的背面》一书的作者）

丰田学院副院长乔·凯恩

丰田学院副院长威尔·戴克

公司经理，丰田学院教育、计划和企业经营系主任玛米·沃里克

集团副总裁兼首席财务官特蕾西

企业税和国际关税副总裁约翰·肯内利

"凌志精英奖"获得者、密歇根州安娜堡凌志经销商罗萨里奥·克里斯库奥

凌志集团副总裁兼总经理马克·坦普林

赛恩副总裁杰克·哈里斯

尤其感谢媒体关系部的詹尼弗·布里格姆，她为本书的出版不辞辛苦地奔走，给予了很大的帮助。

其他人

《丰田汽车：精益模式的实践》和《丰田智慧》的合著者大卫·梅尔为本书早期的策划和几个关键处做了许多贡献，最终促成了本书的出版。

《再造环境中精益制造发展的社会技术研究》（密歇根大学博士论文）的作者罗伯特·库克纳。我们借鉴了其博士论文中的一些概念和案例分析。

《金矿：精益管理，挖掘利润》⊖一书的合著者迈克·伯乐阅读了本书的许多章节并提出了宝贵的建议。根据他的建议，我们侧重于案例研究，并对本书许多章节进行了重新编排。

芝加哥大学的坦尼娅·梅农与我们分享了她在"东西方对领导的不同理解"方面的研究。

《精益生产到绿色生产：精益和绿色生产系统普及的关系》（南加利福尼亚大学博士论文）的作者加里·贝格米勒与我们分享了他在精益制造系统与绿色制造系统相互关系方面的真知灼见。

我们还要感谢本书的第三个合著者——优质人才与组织中心（CQPO）。CQPO是丰田的一个非营利组织，承担着通过利用丰田前领导者的经历与教育机构、社区和商业企业一起分享丰田模式的使命（登录www.cqpo.org 了解更多详情）。

特别感谢丰田董事会，没有他们的远见和支持就没有优质人才与组织中心。

TEMA 和 TMMK 前人力资源副总裁、CQPO 首任总裁皮特·基顿。

CQPO 现任总裁、TMMK 行政总经理汤姆·扎瓦茨基。

CQPO 副总裁、斯科特县教育系统负责人达拉斯·布兰肯希普。

⊖ 该书中文版已由机械工业出版社出版。

CQPO 出纳员、斯科特县教育系统经营与财务主管兰迪·卡莱特。

列克星敦劳动力发展合伙企业秘书、执行董事帕梅拉·特劳特纳。

另外还有董事会成员：安德里亚·亚当斯（肯塔基初级医护协会）、肯·卡洛尔（肯塔基大学）、艾伦·考雷（创新中心）、威廉·克劳奇（乔治城大学）、克雷格·格鲁克泽（TMMK）、阿列·霍尔（肯塔基大学）、珍妮·马特洛克（TMMK）、吉姆·莫克（乔治城大学）、弗朗西斯·奥哈拉（斯科特县教育系统）、巴里·帕帕尼尔（乔治城社区医院）、斯图·谢伯曼（费耶特县教育系统）、吉姆·怀特（肯塔基社区与技术学院系统）。

感谢 CQPO 特约作者：

约翰·巴格比：约翰是 CQPO 高级顾问、培训员，主要从事组织开发、人力资源管理、培训课程开发和项目管理。他先后在高校、政府机构、非营利基金会和许多公司工作过，具有 30 年丰富的工作经验。

吉恩·查尔里斯：吉恩是 CQPO 高级顾问、培训员。他是一名出色的人力资源顾问，为许多私人和公共部门的客户提供服务。目前，他正参加一个帮助学校和社区团体解决问题的 QUEST 项目。

罗伊·杰伊：罗伊是 CQPO 高级顾问、培训员、罗伊·杰伊发展集团创始人和总裁。他在 TMMK 工作过 14 年，曾担任过内部 TPS 团队经理和塑料厂的经理。加入 TMMK 之前，他是通用汽车的高级项目工程师。

约翰和吉恩以早期的人力资源工作为基础，结合罗伊和迈克尔·豪瑟斯在丰田的经历开发了第一个人力系统模型，并在肯塔基大学设立了"精益文化"课程。他们的模型是本书所建立模型的基础。

我们还要感谢其他为本书做出贡献的 CQPO 成员，包括特蕾西·理查森、艾伦·鲍曼、吉恩·杰弗兹和特丽莎·埃尔德。

我还要感谢我亲爱的妻子苏吉和孩子们——本、利亚和林赛。在我撰写本书期间他们给予了我无尽的关爱和耐心，牺牲了许多可以与爸爸一起度过的早晨、晚上、周末和假期。还要感谢杰弗瑞·莱克，他看到了这个领域的需求，建立了人力系统模型，为本书提供了许多资料，为本书的撰写和层次的提升奠定了基础。在本书的整个撰写过程中，他的耐心以及提出的中肯意见令我十分感激，对我来说是一次难得的发展和提高的机会。尤其要感谢约翰·巴格比在整理、组织和编辑材料过程中为我提供的帮助以及自始至终的鼓励。还要感谢丰田、日本和美国导师在职业生涯中为我提供的发展机会。

——迈克尔·豪瑟斯

我的家庭又见证了一本关于丰田的书，今后还会有更多的书。非常感谢我的妻子戴布、女儿艾玛、儿子杰西的关爱、支持和幽默。我尤其要感谢我的儿子杰西所给予的帮助。他仔细地阅读了本书的前7章，并给出了批评性的反馈（我认为是批评性的）。他应用丰田方式，关注书中对标准的偏离（例如，"我想学习如何培养员工，使他们能够鉴别问题，而到目前为止已经有5页了，但是我不知道你在说什么"）。我记得从前言到第6章至少修改了7遍才通过杰西的审核。坦白地说，杰西（除了迈克尔·豪瑟斯）对本书做出了很多贡献。他深入地阅读了本书并帮助我持续改善。同时也要感谢迈克尔的耐心、辛勤工作和积极的态度，他也给予了同样的批评性反馈。很显然，他在丰田时学习过如何更好地接受反馈。由于迈克尔的热情，我才决定合著本书。

——杰弗瑞·莱克

第一篇

什么是丰田文化

> 如果每个员工都能尽自己最大的努力去履行职责，就能产生强大的力量，并且这种力量可以形成一个力量环。
>
> ——丰田汽车公司创始人，丰田喜一郎

Toyota Culture | 第1章

丰田的生命源泉在于企业文化

昨天，我与30名年轻的CEO度过了一整天，其中半数以上都不是日本人。他们被分成几个小组解决不同的问题，并且根据利用丰田模式解决问题的心得来做报告。当我询问时，许多人说自己已经完全理解丰田模式了，其实这完全是错误的。对于任何人来说，仅仅用两三个月来理解丰田模式是远远不够的。这些管理者可能已经理解了丰田模式表面上的东西，但是其深层次的内容却远不止于此，我要求他们进一步探索。学习丰田模式的过程是永无止境的，尽管我已经在丰田工作了43年，但是至今我仍然认为自己尚未完全理解丰田模式。

——丰田汽车公司总裁，渡边捷昭

1.1 为什么仅用精益和六西格玛程序是不够的

全世界的公司都在试图寻找一种能让员工致力于改进流程的方法。有些公司已经采用了六西格玛作为培养解决统计问题专家的方法，而另外一些公司则认为自己需要用更简单的拉动式生产和流程的概念以及投资精益改造程序来提升生产过程。最近，有个新的趋势就是使用精益六西格玛程序，这个程序看起来是这两个领域中最好的。精益工具易于理解，可以在操作层传授，因此可以迅速取得成效，而六西格玛黑带则更复杂、需更多的投入，几个月的工程才能带来成本的降低。这些程序在成本降低方面的确比较有效，许多公司计算出巨大的成本降低额来打动投资者。但是，在应用精益六西格玛的过程中常常会有一些缺失。

如果让一个接受过丰田生产方式（Toyota Production System，TPS）深入培训的专家参观这些"精益生产过程"，他们很可能会给予较低的评价。因为，TPS专家不会仅仅根据六西格玛方案图表及其显著的成本降低额进行评价，而是直接到现场考察工作流程，查找流程中的浪费。他们会观察员工是否按照标准程序工作，还会寻找造成质量问题的证据，比如修理区等。如果在工厂中材料流自始至终以平稳的节奏运行，员工按照既定的节拍积极投入到增加价值的工作中，他们会非常惊讶。如果扫视一下生产运行情况就能发现视觉管理的证据，并且生产过程处于标准状态，他们会更惊讶。最能给专家留下深刻印象的是看到员工在工厂里积极解决日常问题。不幸的是，我们很少会在这些公司发现此类证据。因为他们只学到了TPS的"形"而没有学到"神"，在会议室做报告所用的图表看起来棒极了，但是工厂的实际情况却与TPS的理想状态相距甚远。

丰田成立之初，领导者就深信"成功的关键在于对员工的投资"。丰田文化从丰田成立伊始就不断地发展，并成为公司的核心竞争力。这就是为什么丰田的经营过程能够如此精益、汽车能够以预算成本准时上市、首席工程师设计汽车时能够深刻理解消费者的需求、公司执行官能够洞悉市场的长期趋势并具有清晰的战略、每位员工（称为团队成员）能够以旺盛的精力为实现公司年度计划而工作的原因。丰田模式的重心在于文化——员工的思考和行为方式深深地植根于公司的理念和原则，其核心是对员工的尊重和持续改善，这从公司成立以来就从未改变过。

几乎每位公司总裁都谈论文化，并声称员工是最重要的资源，但他们真是这么认为的吗？如果拥有在低工资国家投资的机会，可以使人工成本从每小时25美元降低到1美元，有多少公司的执行官会考虑在陌生的但经济更友好的地区重建公司呢？公司可能会在新的地区进行经营，当然公司会按照标准程序招聘并培训新员工，但是仅凭这些是否足以将公司现有的文化根植到新员工的心里呢？管理层是否能够真正精确地理解他们试图使新员工铭记的公司文化呢？

当丰田在一个新国家建立工厂时，他们会仔细研究当地的情况，并确定在这种环境中如何更好地发展丰田文化。根据以往的经验，这既需要时间又需要耐心。位于美国肯塔基州乔治城的第一个丰田全资组装工厂（本书用TMMK表示该公司），丰田汽车制造公司花费了15年的时间适应当地的环境。尽管丰田常常以自己是一个学习型组织而骄傲，并且已经大大缩短了在其他地方构建丰田文化的时间，但是该过程仍然需要花费很多年。

许多公司已经遭受到了持续改善和六西格玛程序的失败，尽管它们曾经带来过巨大的短期效果，但是却不具有持续性。于是转而寻求其他方式，但是我们认为其缺失的元素恰恰是能够产生长期效果的丰田文化。在丰田文化从一个国家传播到另一个国家，甚至从一个地区传播到另一个地区的过程中，有一组重要的核心原则和习惯，其他公司是学不到的。本书描述并检验了丰田文化的生命源泉。

1.2 什么是文化

在继续讨论之前，应该停下来思考一下经常用到的一个词——文化。我们总会听到管理者说"这都是关于文化的问题""这是人的问题""工具是简单的部分，文化的变化才是最困难的""精益生产产生于日本文化的土壤，而不是我们的文化"。从积极的方面考虑，这些说法反映了人们对文化重要性及其在组织效率提高中所发挥整体作用的理解。而从另一个方面也反映出不同的人对"文化"一词有不同的理解。

每年在工作组织课程中，莱克都会要求每组学生对实际的组织进行调查，以便了解其经营目标和内部组织。其中有一个小组对当地一家公司进行了调查，他们在报告中称该公司在文件记录方面存在问题，并解释道："我们所研究的公司没有企业文化，其创办的时间相对较短，没有将自己的使命形成文件，公司也没有集体活动，只是在感恩节发放火鸡，仅此而已。"事实上，学生每年都为从组织的表面特征中识别文化而努力奋斗。为什么这项任务如此困难呢？其中的关键就是我们需要从人们的头脑中解读文化。当人类学家研究一种新的文化时，首先是简单地观察人们如何活动，然后查看大量的人造物品，观察人们如何相互影响。当然，也可能目击了某种表明身份的行为，然后拼凑关于文化的故事。最后，他们向这些人提问，所提问题成为进入研究对象思想并深入了解该团体信仰和价值观的一种途径。

与丰田模式相吻合的一个关于文化的定义是：

某特定团体在处理外部适应和内部融合问题时所发明、发现或发展出来的基本假设，如果这些基本假设运行得足够好，那么团体成员就认为这些假设是有效的，于是他们向新的团体成员传授这些假设，作为处理该类问题的正确的感知、思考和感觉模式。

通过该定义可知，文化深入到了组织所有成员的感知、思考甚至感觉之中。有许多模型可以表明文化存在于若干层次。在《丰田模式2004》中我们使用冰山来说明在表层所看到的仅仅是文化的一个方面，冰山的绝大部分位于水面以下，这才是文化的深层意义所在。沙因（1984）用钻石模型展示了文化的3个层次（见图1-1），它们分别如下。

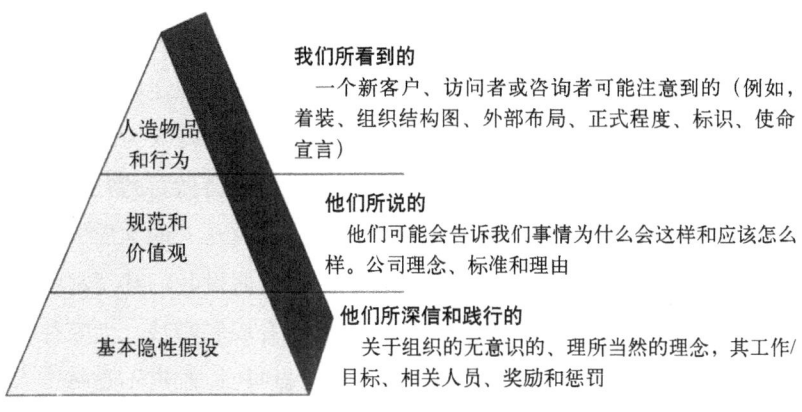

图1-1 文化的三个层次

1. 人造物品和行为

人类学家首先通过表层来观察人造物品和行为。在该层次，我们看到公司的目标、工厂的布局、员工的行为以及政策指南等书面文件。这些观察都是有价值的，但是并没有揭示全部。以丰田安灯系统为例，它常常与暂停生产解决质量问题相关（安灯是指当员工发现质量问题时，就拉下安灯线点亮灯使生产线暂停）。丰田是否希望每次发生这种情况时所有的人都停下来解决该问题呢？为了理解类似于安灯系统的人造物品的意义，必须深入挖掘文化内涵，研究员工所共享的规范和价值观。

2. 规范和价值观

规范是普遍接受的行为准则。它们不一定是书面的，但一定是众人皆知的基本行为准则，例如如何着装、哪些话可以说、开会是否可以迟到以及是否可以打扰老板等。价值观是我们生存的原则。当被问到一个公司代表什么时，人们的回答通常是对于组织公认价值观的理解。深入分析安灯系统，我们发现它反映了丰田暴露问题以持续改善系统的价值观。任何一个员工都可以拉安灯线，于是灯就会亮、警铃就会响起。然后，小组领导会立即出现在事故现场诊断问题的严重性。如果问题足够严重，小组领导就会命令暂停生产。如果询问丰田的领导者为什么允许中断生产，会得到"与生产数量相比，组织更加重视产品的质量"这样的答复。

3. 基本隐性假设

更深一层次，我们对组织本质的假设是什么，我们在其中扮演什么样的角色？是否认为员工扮演的角色是尽其最大所能帮助组织走向成功？是否假设管理层的利益是与我们的利益相冲突的，才致使我们每天为维护自身的利益而奋斗？工作的目标是为了赚钱养家糊口还是为社会做贡献？我们的假设常常如此深奥以至无法想到其他，就像我们会用"这是人的本质"这样的字眼。有些假设是潜意识的，难以清晰地说明。有些假设我们甚至都没有注意到。例如，在美国，如果被问及为什么人们渴望升职和赚钱，大家往往会耸耸肩或一笑了之。他们可能会说："这不是很明显吗？"难道不是每个人都希望挣钱和成功吗？当有些事已经很明显时，文化分析师就会认为这种假设是起作用的。在安灯系统中一个基本隐性假设是员工需要彼此帮助以解决日常生产问题。如果员工是孤立的，也许他们能够完成任务，但是却不可能从根本上解决问题。另一个隐性假设是生产员工的关键职能是识别并引起对问题的注意，即使这么做可能会导致生产的中断。当然这需要公司创造一种信任环境，不管拉安灯线是否正确，员工都无须担心，事实上还可能会因为识别一个问题而受到表扬。

TMMK公司行政总经理汤姆·扎瓦茨基为我们讲述的一个故事表明了局外人理解深层次文化的困难。

福特前总裁里德·鲍林想参观TMMK并与管理人员交谈。张富士夫鉴于福特对丰田早期发展的贡献，加之对鲍林及其职位的敬重，同意并做了相应安排。鲍林在一大帮随从的簇拥下从福特出发，沿着专门为他们设计的特殊路线进行参观，在这一过程中，他们可以去自己想去的任何地方，可以询问任何问题。一个半小时之后，张富士夫问道："感想如何？"鲍林说："没看出什么特别的地方。"张富士夫问他是否有什么建议，鲍林给出了几条建议。很显然，鲍林先生对这次参观非常失望，他没有看到自己所期望的东西。参观结束之后，张富士夫将安排这次参观的团队集合起来，然后说："今天我们上了一堂非常有价值的课。我们拥有和福特相同的设备和系统，但是鲍林先生没有看到我们的竞争优势，那就是我们的员工。我们之所以会成功是因为拥有聪明的、人性的、非常成功的团队成员。"

每年都有数以千计的人参观丰田工厂，在人造物品和行为层面上进行观察，然后还有机会询问问题。我们曾经多次参观过肯塔基州的乔治城工厂，发现关于丰田的问与答通常停留在人造物品和行为层面上。提问的问题常常是：

- 如果员工生产出高质量的产品，那么他们会得到什么类型的物质奖励呢？
- 你们如何衡量员工的表现？
- 旷工率是多少？
- 在没有事先通知的情况下，员工是否会反对加班？
- 丰田每年是如何让员工提出如此多的建议的？

然而丰田的正式奖惩体系是非常有趣的，这只是故事的一部分。参观者愿意询问的问题揭示的更多的是参观者的文化而不是丰田文化。我们得知参观者来自这样一种文化，即他们认为激发行为的主要方式是奖惩体系。他们想象不到员工为什么会去做某项工作，除非该工作可以计量并且会立即得到物质奖励，或者至少能在自己的工作表现评价报告中做个标记。

丰田在小组层面上的奖励是非常少的，但是如果整个工厂或公司表现较好，那么每个人都会享有重大奖励的机会。对丰田文化的价值观和假设进行更深层次的研究后不难发现，这种方法反映了丰田赋予团队工作的价值。更宽泛地说，丰田希望它的团队成员能将责任感、主人翁精神发挥到极致，从而将自己的命运与公司的命运联系在一起。

如果我们将企业文化看作文氏图，那么它就是信仰、价值观以及将它们联系在一起的假设的交集。图1-2左侧的文氏图所代表的企业文化是非常脆弱的。4个人的交集非常小，尤其是处在外面的乔，他在工作价值观和信仰方面与其他人几乎没有共同点。尽管存在个性差异，但右侧的文氏图所代表的企业文化非常强大且具有凝聚力。注意，即便是在强大的文化中，每个个体都具有自己的信仰、价值观以及不能在成员间共享的假设；圆圈并不是完全重叠的。

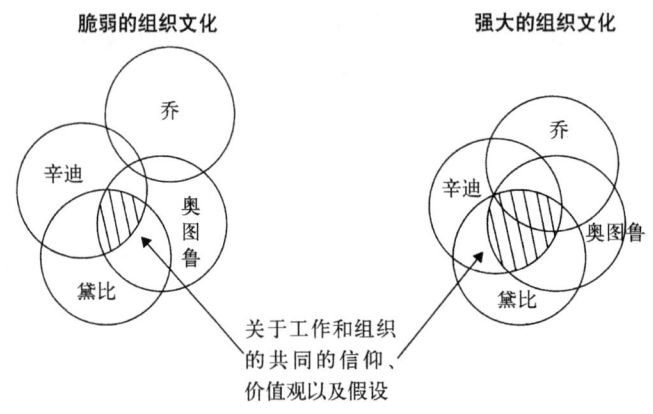

图1-2　企业文化是为共同目标而工作的员工之间的共同的信仰、价值观以及假设

如果画一个文氏图来描述丰田的领导者，你会发现以公司核心价值观表现出的信仰与管理员工的正确方式之间存在较大的重叠。当转到单个员工的层面上时，我们会怀疑在价值观和信仰方面可能有更多的差异，但它仍然是一个强大的生命共同体。

自丰田创始人丰田佐吉开始，丰田的领导者都致力于将丰田模式传授给团队成员。丰田文化中有一个非常强大的假设，即管理者是领导者，领导者是导师。这是简单地通过参观丰田工厂所不能发现的。管理者最重要的工作是将丰田模式定义、分析、交流和解决问题的方式传授给年轻员工。本书所有的作者都在丰田工作过，并且由全职教练手把手、日复一日地传授在丰田模式中如何思考、行动，这种训练持续了许多年。世界上很少有公司像丰田一样传授自己的方法，并如此严格、始终如一地将其员工同化。

1.3 员工是丰田模式的核心和灵魂

1926年丰田自动织布机厂诞生，自此丰田模式开始产生、发展。创始人丰田佐吉将丰田自动织布机厂深深地建立在一种信仰之上，即将注意力集中在公司的目标和如何对待所有员工上。他的初衷是发明一种易于使用的木质织布机来帮助所在地的农村妇女。从创建原则至今，公司的目标一直是双重的：造福于社会，惠泽于公司员工。

丰田的故事始于丰田佐吉，他成长于19世纪末名古屋郊外一个偏僻的农村。在那个时代，纺织是主要产业，日本政府为了促进小型企业的发展，鼓励创建家庭手工业，雇用少数员工的小工厂和作坊在日本随处可见，其雇员绝大多数是家庭妇女。丰田佐吉对母亲、祖母和她们的朋友为纺纱和织布所付出的艰辛劳动感到难过，他希望找到一种更好的方式把她们从繁重的劳动中解脱出来。

在那个时代，任何事发明家都得亲力亲为。例如当佐吉发明第一架动力织布机时，没有电力可以带动织布机。因此，他又将精力放到解决发电的问题上。当时，蒸汽机是最普遍的发电工具，所以他买了一个二手蒸汽机，尝试通过这种途径带动织布机。经过反复的实验，从一次次的错误中他明白了如何使织布机运转起来，后来这种方法也成为丰田模式的基础之一。正如丰田英二后来所写的：

因为蒸汽一直泄漏，所以织布机不能转动。他们别无选择，只好将引擎拆开，发现蒸汽泄漏是由旧活塞杆造成的。尽管只需要用车床加工一下活塞杆就可以解决这个问题，但是由于作坊地处偏远，附近没有任何车床，他们不得不用了一宿的时间将活塞杆锉短。当再次把引擎放回原处的时候，织布机开始运转了。

佐吉在其一生中都是一个实干家而不是管理者。他是一位优秀的工程师，被誉为日本的"发明大王"。虽然日本有时候被认为是一个善于复制别人技术的国家，但是丰田佐吉是一位发明家：他不断改良自动织布机，并最终将其使用权卖给了英格兰的普拉特兄弟公司，以此来帮助他的儿子丰田喜一郎建立丰田汽车公司并扩大汽车的生产经营。他对喜一郎说："每个人在其一生中至少应有一项大计划，我将自己毕生的精力投入于发明新的织布机。现在轮到你了，你应该努力做些对社会有所贡献的事。"

这段话向人们传达了丰田文化的许多内容。丰田家族作为创始人和领导者对丰田的影响一直延续到今天。我们可以感受到公司的隐性情感。与其说是为了追求更多的利益，不如说是一种方法，它的驱动力是持续改善。

丰田佐吉将喜一郎送进日本的最高学府东京帝国大学，就读机械工程系，专攻引擎技术。在铸造和加工金属部件时，他可以运用从丰田自动织布机工厂积累的丰富经验。尽管接受过正规的工程教育，但是喜一郎仍然跟随其父亲的脚步，从实干中学习。他的儿子丰田章一郎描述其父亲为："一个能够对问题提出真正想法而不是靠模仿的名副其实的工程师。他总是喜欢收集和积累事实。在决定制造一部汽车引擎之前，会先制造一部小引擎。气缸体是最难铸造的部分，因此，他在那个部分积累了丰富的经验，建立信心后才继续向前。"

丰田喜一郎像他的父亲那样对创新充满了热情。正如他所说的："我们正在通过每天的不断改善来生产更好的产品。"

1940 年，公司陷入了财务危机，喜一郎引咎辞职，之后其堂弟丰田英二接管了公司。丰田英二带领丰田渡过了数十年的艰难岁月，不断走向繁荣，使之成为一个跨国公司。尽管如此，丰田英二从未动摇过促使公司运转的基本理念——员工是丰田最重要的资产，是丰田成败的决定性因素。

让人不可思议的是，似乎丰田家族的成员具有鉴别外部人才的诀窍。一大批富有灵感的领导者加入到他们的行列中，并且每个人对丰田公司和丰田文化的发展都做出了独特的、具有深远影响的贡献。大野耐一因其对丰田生产方式的领导而闻名于世。著名的首席工程师，长谷川龙雄领衔设计了第一代花冠轿车，中村健也主持了第一代皇冠轿车的设计项目，该项目促成了丰田非凡的产品开发系统的建立。神谷正太郎是丰田汽车销售公司富有创新精神的领导者之一，他提出了"消费者至上"的经营理念。

同时代的领导者都继承发扬了公司持续改善、尊重员工的传统内部文化，热情地将精力放在最大限度地为社会做出积极贡献上。在本章的后半部分，我们将介绍张富士夫在全球范围内对丰田文化的记录和传播。他的前辈奥田硕也抓住每个机会强调丰田作为世界公民的角色，"我们希望丰田既强大，又受世界瞩目，赢得世界的信任与尊重。"

许多行业的公司都试图从丰田学习最有效的方法，尤其是对杜绝浪费和发展有效的、降低成本的精益生产非常感兴趣。精益生产过程只是丰田故事的一部分，还有许多内容使得丰田能将质量观念赋予到其世界各地公司的文化中。虽然有许多企业成功复制了丰田模式的一部分，但是很少能够创造像丰田这样的文化，丰田文化使得丰田能够培养出不断致力于持续改善的杰出员工。这些企业的挑战在于其文化。

在本章，我们将讨论文化是多层次的且以既定假设为基础。国与国之间不同的文化假设能够促进或阻碍一个公司学习丰田文化的能力。例如，你会发现日本文化是以长期理念和个人服从集体的集体主义为基础的，而西方文化恰恰相反，短期理念和个人主义比较流行。但是这并不意味着丰田文化在西方国家不适用，只不过是略有不同并具有自己的挑战。

既然丰田文化深深地扎根于日本文化，那么日本之外的公司是否能学习丰田文化呢？有趣的是，在丰田经营全球化的过程中也同样面临着文化挑战。丰田的大部分时间仅在日本本土经营，但没有丰田模式的记载。它仅仅是整个组织的做事方式：新的员工通过在职历练和培训逐渐融入这种文化。虽然丰田创始人的语录和公司在价值观、理念、故事等方面丰富的口头传授资料被用来帮助新员工融入丰田文化，但是没有任何经营或操作指南记载它的文化。随着公司的发展，丰田开始将丰田模式传授给其在日本的供应商，最终传授给世界各地的员工和供应商。如此一来，仅有口头传授资料是不够的，迫切需要这种方法的书面记录。在张富士夫的监督下，经过近10年反复修改的《丰田模式2001》终于问世了。在序言中，张富士夫写道：

在过去的10年里，丰田迅速地成长，实现多元化和全球化，在世界范围内扩大了公司的生产和营销。今天，已经将权利、责任投向一个世界性的网络，我们正准备经营一个由共同的公司文化指引的真正的跨国公司。

好多人都学习过精益生产，它是一组杜绝浪费的方法，丰田生产方式构架屋已经开始流行。丰田模式模型实际上是取代 TPS 的，但它们的重点不同。TPS 的核心支柱是准时制生产（just-in-time，JIT）和自动化（jidoka），两者都是技术概念。支柱的基础强调通过标准化程序和预防性维修来实现稳定性。员工位于 TPS 构架屋的中心，但是除丰田之外精益生产的绝大多数应用都将精力放在减少生产过程浪费的特定工具上。

图 1-3 描述了公司内部文件中的丰田模式模型。注意，构架屋的核心支柱是员工的持续改善和相互尊重。JIT 的原则和其他精益工具都包含在该模型中，但是作为支撑持续改善的次要方法则被埋在了地基的底层（没在构架屋上显示）。

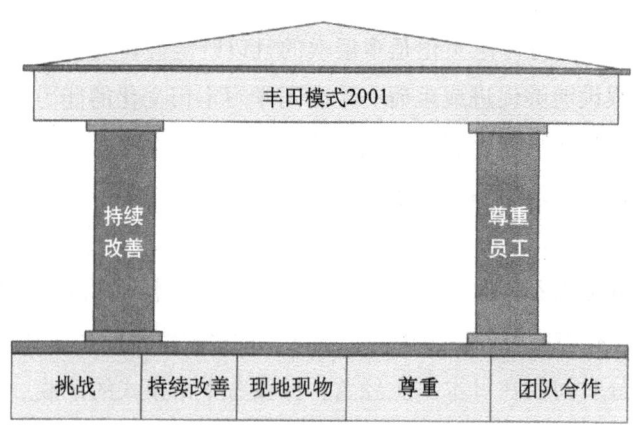

图 1-3　丰田模式 2001

创建这一模型和文件的方式本身就讲述了丰田文化，由此我们可以窥见这种独特文化的热情和一致同意的决策规则。这个项目最初由时任 TMMK 总裁的张富士夫牵头，目标很简单，就是编写丰田模式，尤其是用来教导美国管理者。大家都认为某些形式的文件对于丰田在全球范围内的发展是非常有价值的，但是大家也担心应该如何记录文化这样微妙而含蓄的内容以及那些不断发展的内容。历时 10 年，经过无数激烈的探讨和辩论，先后修订了 20 个版本，最后由张富士夫拍板确定了《丰田模式 2001》的终稿。他承认丰田模式需要继续改进，这仅仅是 2001 版。曾经协助张富士夫建立了 TMMK 的服部善树回忆了撰写该文件过程中的争论。

《丰田模式 2001》的创作花费了 10 年时间。我们从 1991 年就开始启动这项工作。这是为了向美国的管理者解释丰田基本原则所做出的第一次努力。日本方面是帮不上什么大忙的，因为他们从未尝试过去清楚地描述它。我们完成了第一份草稿。当时张富士夫也在这里，我们同他进行了大量的讨论。当张富士夫回到日本出任公司总裁的时候，丰田模式的编写完成。在此之前我们完成了 20 多个丰田模式的修订版本。之所以最终命名为《丰田模式 2001》，就是承认对于"什么是丰田模式"没有获得 100% 的赞同，强调其变化性。

这个文件长达 13 页，它解释了图 1-3 中的模型所包含的基本原则，用"历史性的语言"客观地阐述了这种理念。它简要地总结了图 1-3 中较高层次的概念。顶层是两根支柱，即持续改善和尊重员工，期望每一层次的员工都能将这两种价值观用于日常工作和交流。

尊重员工是一个广泛的承诺，它意味着尊重所有与丰田接触的人，包括员工、消费者、投资者、供应商、批发商、丰田经营所在的社区及整个社会。尊重员工又细分为两个子类：尊重和团队合作，展示在丰田构架屋的地基部分。

尊重：我们尊重别人，不遗余力地相互理解、承担责任并努力建立相互之间的信任。

团队合作：我们激励个人和业务的发展，共享发展的机会，实现个人和团队成绩的最大化。

持续改善是第二根支柱。丰田的领导者认为正是致力于持续改善的员工使得丰田从一个农村的小织布机厂发展成为现在的全球性大公司。持续改善的定义是：不满足于自己当前的位置，总是通过最好的想法和努力来改善经营。持续改善又细分为三个子类，它们完整地构成了丰田构架屋的基础。

挑战：我们形成了一个长期理念，以富有勇气和创造力的精神接受挑战实现自己的梦想。

持续改善：持续改善经营活动，促进创新与发展。

现地现物：我们坚信只有找到问题的根源才能做出正确的决策，达成共识，以最快速度实现目标。

这五个基本概念各自又包含更详细的概念。例如，持续改善细分的三个子类：持续改善的精神和创新思维、建立精益系统和构架、提升组织的学习能力。非常有趣的是丰田采用的"精益"这个词，源自于《改变世界的机器》（*The Machine That Changed the World*），这本书定义了丰田卓越的经营方法，将丰田作为继批量生产之后下一个演化阶段的新典范。⊖同样有趣的是"精益系统和构架"位于丰田模式的两层之下，而不是中心。

丰田从一个小自动织布机工厂一路走来。2007年第一季度丰田汽车在全世界的销售总量达到235万辆，季度销售额历史上第一次超过通用汽车公司。也许它是世界上以久负盛名的生产系统和经营效率而著称的最先进的标杆企业。丰田在世界范围内的员工已超过29万人，拥有523个子公司、19家海外分支机构和位于27个国家的52个制造企业。⊜在这种情况下，丰田不得不迅速学会传播其文化的方法。

在世界范围内进行经营扩张时，主要的挑战是组织完全拒绝接受丰田模式理念。丰田认为如果没有强大的丰田文化，公司就会丧失竞争优势。

1.4 文化的深层次分析

有哪些世界级的日本管理实践可以介绍到其他国家呢？这个问题已经困扰了学术界和企业界数十年。早期出版的一本书《美国再造》（*Remade in America*）提出了这样的问题：当日本管理系统通过直接投资出口到美国之后会发生什么变化呢？答案是：尽管这种文化仍然非常有效，但在美国产生的混合文化并不是日本公司的完全复制品。⊜这说明文化的输出要困难得多。

对于某些公司，"变革管理"已成为一个标准化的咨询软件包。这在20世纪90年代尤其流行，出售业务流程信息系统"解决方案"的公司所提供的软件包就包含该模块。购买"变革管理"的目的是使员工信任新的业务流程和他们所期望接受的IT系统，其中包括标准化的训练软件包和向员工灌输新思维方式的沟通课程。当管理者谈论人员和文化变革时，听起来往往非常机械。

⊖ "精益"这个词在丰田历史上从未使用过。在《改变世界的机器》一书中第一次被引入，用它来描述丰田形成的花更少的力气干更多的事情这种新的生产典范。

⊜ 数据截至2006年6月。

⊜ 玛丽·优可·布莱宁用"重置语境"来描述相同的条目或概念在不同的文化背景下是如何产生不同意思的。

通过这种方式进行的文化变革被比喻为管理者的台球游戏。台球模式似乎更多地反映了西方管理者在一个组织内影响变革的方法。㊀不妨将组织中需要变革的部分假设成一个台球，而且现在你有办法进行改进，如果你在正确的位置以正确的方式撞击母球，它将按照预期的路线运动并实现期望的结果。

任何变革都可以被认为是按照这种方式进行的。如果员工按照不同的方式做同一项工作，有人就会期望利用效率更高的标准化流程，于是就需要派遣工程师设计标准化的工作方式。在正确的位置以正确的角度撞击标准化工作这个球。换言之，不管是生产力、质量还是文化变革，如果我们传授了正确的方式或者提供了正确的工具就会得到期望的结果。

事实上，包含人的系统是比较复杂的，单单通过信息系统或沟通不可能改变整个流程。要想真正有效地改变流程，必须改变人，而人的理念、价值观来源于其文化。

在不同的文化背景下，相同的工具或方法甚至可能会有迥然不同的内涵。例如，一项研究认为东京迪士尼乐园成功的部分原因是有意识地改变了西方文化的特征。在一个方案中，既要保持异国情调，又要使之具有亲和力。为了使异国风情具有亲和力，东京迪士尼乐园将边域世界重新命名为西部乐园。虽然日本人通过电视对古代西方比较熟悉，但是"边域"这个词对他们来说没有可比的概念。另一个例子是，虽然美国人认为牛仔是在黄昏中独自游荡的个人主义者的象征，但是在日本迪士尼乐园所展现的是牛仔们参加集体活动（比如围在营火周围），这更符合日本的集体主义文化。此外，通过强化日本与外国文化的差异，保持了异国风情吸引人的一面。例如，非日本员工只说英语，不穿和服。通过了解日本人如何看待美国，迪士尼主题公园进行了更精细的设计，从灵魂深处打动日本人。

这对那些梦想学习丰田的管理者意味着什么呢？他们如何才能在竞争中占优势？也许他们会聘请一个顾问，参观丰田的工厂，会看到许多有趣的事。工厂非常整洁、有序，原材料和工具整齐地摆放在各自的位置从而使员工的动作浪费最小；员工似乎精确地知道自己需要做什么，以受过训练的方式严格执行每个动作。当操作员拉下安灯线时，就会发出某种信号，表明发生了

㊀ 台球的概念由马丽·优可·布莱宁提出，他还引入了重置语境的概念，这个概念描述了当人造物品应用在不同的文化背景如何产生新的含义。

某种不符合标准的情形，需要有人前来帮忙或暂停生产。

这些管理者在自己的公司中运用丰田的工具和方法，但是却没有发挥相同的作用，就像身体排斥移植的心脏一样。他们完全理解错了使用这种工具的真实目的，没有使之成为帮助员工促进公司持续改善的有效工具，反而成了用于训斥员工的额外管理控制方法。这时精益被视为工具，而不是文化。丰田不可能将日本传统文化精确地移植到其他国家。因此丰田模式变成一种新的混合文化，但是丰田坚持保留丰田模式的基本原则，这对于丰田的成功是至关重要的。事实上丰田已经通过反复实验、解决问题和持续改善，确定了丰田模式的基本原则。

从国家到地区，到这些地区的不同组织，再到各个部门，最后到部门中的个体，会显现出不同层次的文化。图1-4阐释了这些层次。一个工厂处于整个公司的文化中，同时也根植于一个地区和国家的文化中。由于地区不同、历史不同、员工不同，继任的领导也不同，所以肯塔基州乔治城工厂与印第安纳州普林斯顿工厂的丰田模式也不是完全相同的。但是，它们都在美国，所以有许多共同之处。传统文化将美国丰田员工与帮助其建立工厂并传授丰田模式的日本员工区分开来。然而，作为丰田的一部分，不论是美国还是日本员工都有一种共同的文化，这种文化又将他们与肯塔基州和印第安纳州其他公司的员工区分开来。这种文化就是丰田企业文化，有时也称为工作文化。不同员工在教养、信仰、价值观等方面都会存在差异，这样就没有必要让每个人都按照同样的方式思考，对于丰田来说关键是大家共享一些工作方面的核心价值观和信仰。

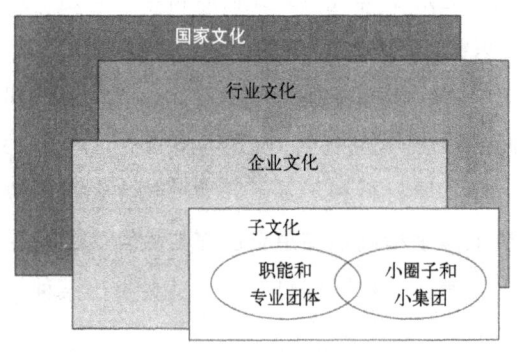

图1-4　多层次的嵌套文化

如果假设丰田甚至在某项特定业务上都建立了统一的文化，那就大错特错了。在工厂中会自然地形成一些子文化。例如，工厂车间管理者的子文化与人力资源管理者的子文化是不同的；管理者与生产员工具有不同的子文化；在生产员工中，参加工会成员的子文化与非工会成员的子文化也是有差异的。

丰田努力在公司，甚至在工厂车间与办公室之间建立一种共同的文化。例如，人力资源管理者曾经担任过工厂车间管理者。许多人力资源代表都曾经在生产部门工作过，他们被分配到工厂的某个领域，并期望能将绝大多数时间用于该领域，以评价文化和培养员工。如果大部分时间都待在电脑前，就会弱化自己与从事增值工作的员工之间的联系，这是与丰田模式相背离的。

实现不同层次文化之间的密切结合是一个困难的过程，这也是丰田在向世界扩张的过程中所面临的主要挑战。首先从选拔员工和合作伙伴开始，然后扩展到最大限度地利用每个机会教导员工，使其融入组织的思维模式。这可能会花费很多年时间，是一项事业性的努力。从根本上说，吸收公司文化的能力取决于人的头脑，取决于如何思考、行动和应对不同的环境。从一个普通美国人的角度出发，我们可能会认为这是洗脑，但在丰田，这是在所有员工中构建 DNA。

加里·康维斯担任丰田肯塔基汽车制造厂总裁时，有人曾问他，将一个从外面雇来的管理者培养成一个丰田管理者需要花费多长时间。他的回答是大约 10 年。他解释道：学习工作知识、技术技巧、质量和流程需求等相对比较容易，但实事求是地说，随时按照正确的方式去做就不那么简单了。通常当人们面对压力时会倾向于采用以往的方式，比如大声喊和微观管理。康维斯认为需要经过 10 年的教导，管理者才能够在面对压力的时候从容应对问题并将其视为锻炼的机会。按部就班解决日常问题的方法促进了丰田文化的发展。丰田不需要机器人，需要的是能解决问题、保持工厂稳定的员工，从而在持续改善和尊重员工的文化背景下实现持续改善和创新。

1.5 跨国文化的挑战

本书运用了许多发生在美国丰田的例子，尤其是 TMMK 的例子。本书的几个作者来自该工厂的优质人才与组织中心。他们了解丰田在该工厂构建丰田文化所做的努力。经过数年的发展之后，结果看起来比较容易，但是过程相当艰难。挑战主要在于丰田文化产生于日本，而日本文化与美国文化截然不同。

为了理解丰田文化在日本是如何产生的，以及在其他国家所面临的挑战，我们需要了解跨国文化差异。本节将讨论这些差异，尤其是将丰田模式移植到美国意味着什么。

1.5.1 跨国文化的量化

首先从量化开始。吉尔特·霍夫斯泰德及其团队成员对跨国文化进行了最精确的定量研究。他们对 70 多个国家进行了广泛的调查和采访，以这项研究为基础，确定了导致文化差异的 5 个主要维度。图 1-5 给出了美国、日本和世界平均水平在这 5 个维度的数据。我们对每个维度以及它们在跨国学习丰田模式中的含义进行了定义。

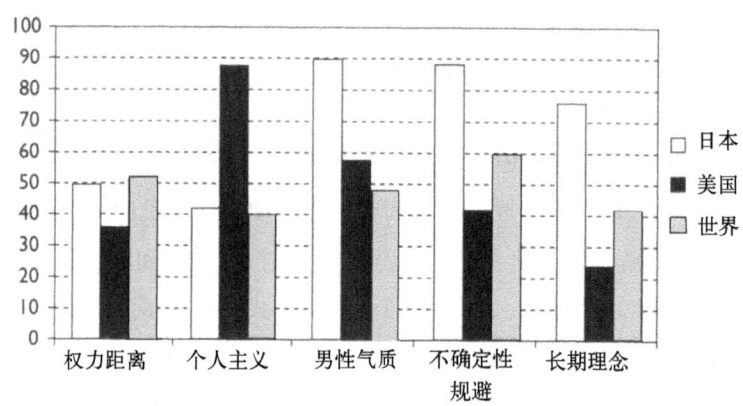

图 1-5　日本、美国和世界平均水平的霍夫斯泰德文化评分

1. 权力距离

表明权力较小的社会成员期望和接受权力分配不平等的程度。注意，它衡量的不是权力在社会中的支配程度，而是表明权力最底层的人接受权力不平等的程度。与世界平均水平相比，美国和日本在这一维度都不突出。美国的得分低于世界平均水平，这表明接近权力底层的成员都不接受这种不平等。这可能会使得丰田模式的标准化工作以及上层积极进取目标的推行更具挑战性。

2. 个人主义

与集体主义相反,它表明个体统一于团体的程度。在奉行个人主义的社会,每个人只顾及自己。在奉行集体主义的社会,个人从属于具有高度凝聚力的团体,团体以保护个人的利益作为其对团体忠诚的回报。在该研究中一共有7个国家奉行个人主义,它们都是西方国家,其中美国所有的文化特征得分都最高。日本是一个奉行集体主义的国家。丰田模式强调团队合作,团队位于个人之前,因此丰田强烈反对类似于"我完成了这个"的说法。丰田所面临的挑战之一就是在美国的分公司里建立集体主义取向。

3. 男性气质

表明社会由男性价值支配的程度,这种男性价值具有显著的自信和竞争倾向。美国和日本在男性气质方面的得分都高于世界平均水平,但是日本尤其高。当然,丰田是在男性的主宰下成长起来的,女性一直扮演配角。近年来日本这种情况正有所改变,尽管数量仍然比较少,但女性逐渐在各种职业(例如工程师、管理者)中扮演重要角色。美国在男性气质方面比世界平均水平略高。也许,日本的男性气质价值观对丰田的内部竞争产生了积极影响。

4. 不确定性规避

表明社会对不确定性和含糊的容忍程度。不确定性规避较强的社会对于无组织的状态会感到不适,它们更喜欢有组织性,例如严格的法律和规则。日本在避免不确定性方面接近于世界最高,而美国却大大低于世界平均水平。有趣的是,位于日本以繁荣著称的爱知县的举世无比的丰田甚至被认为是一个保守的、厌恶风险的公司。而美国以愿意冒险的企业家精神而著称。基于这些对比,日本丰田标准化工作的严格组织结构就不足为奇了,而美国人则非常害怕被规则和标准所束缚。

5. 长期导向

具备长期导向的国家比较重视节俭和毅力。丰田模式的建立基础是长期理念。丰田非常重视耐心和毅力。事实上,通过观察我们发现对于那些想学习丰田模式的美国公司来说,最大的矛盾就是其短期导向以及以精益名义所采取的每项措施都要求得到较快的回报。

1.5.2 东西方不同的思维方式

认知心理学家从思维方式的角度对东西方文化差异进行了研究。通过研究发现与西方国家相比较，不同的东方国家如日本、韩国、中国和新加坡等在思维方式上存在广泛的共同点。虽然已经学习丰田文化许多年了，但是令我们感到非常震惊的是，东西方差异竟能如此好地帮助解释丰田与那些致力于学习丰田的西方公司之间的差别。

故事追溯到柏拉图和亚里士多德等西方哲学，以及起源于佛教、道教、儒家学说的东方宗教。尼斯比特发现历史差异似乎与霍夫斯泰德的集体主义与个人主义的区别比较一致，他写道：

古希腊人比其他古代人，事实上比今天地球上的绝大多数人都具有更强的个人主义意识——管理自己的生活并自由选择行事方式的意识。古希腊人对幸福的一个定义是不受限制地行使自己的权利以追求完美。

与他们相反，中国人强调和谐。每个中国人首先是集体的一员，比如部落、村庄，尤其是家庭。对于古希腊人则不同，个人是一个在社会背景下保持独立的、封闭的个体。

中国人对于控制其他人和环境不感兴趣，他们更重视自我控制，从而使得自己与家庭和村庄其他成员的摩擦最小化，同时也更易于遵守国家的规定，接受地方官员管理。对于古希腊人，理想的幸福是允许自由发挥天赋，在一个融洽的社会网络中过着满意、平淡的乡村生活。

从这个意义上说，丰田非常符合亚洲的文化假设，即强调融洽、集体关系、注重自我控制。例如，许多企业为了促进发展引入了持续改善的概念。将一组人聚集到一起五天，分析一项操作，得出了改善的办法，实现改善。一个受过培训的被称为"精益专家"的促进者督促和领导团队改进流程。每周五，该团队针对项目向管理层汇报，计算出结果以判断所有改善事件的成本。丰田也使用类似的方法，但是被称为自主研修即"自愿学习"。在丰田促进持续改善的人被称为导师或教练，他的主要任务就是给团队出难题，不断挑战团队。当团队想知道"正确答案"时，导师经常拒绝回答。丰田希望通过这种活动促使团队成员主动改进自己，导师是他们自我完善的向导和教练。

结果是团队学习成果的反映，而不是事件成本的判断标准，这非常重要。

在东西方如何看待团队与和谐的基础上，深入地研究东西方关于世界观的差异，即如何看待世界上所存在的一些基本差异。研究结果如下。

- 对于注意力和感知模式，东方人注重环境，而西方人注重目标，与西方人相比东方人更能洞察事件之间的联系。
- 对于环境控制力的信念，东方人比西方人更坚定。
- 对于稳定和变化的隐性假定，西方人更注重稳定，而东方人更注重变化。
- 对事件解释方式的偏好，西方人将注意力集中在目标上，而东方人除此之外还将环境考虑在内。
- 在使用正式的逻辑规则方面，西方人比东方人更倾向于用逻辑规则理解事件。

这些都是非常基本的差异，有助于解释西方人看待精益的方式。在西方，一般的趋势是将精益视为可以帮助控制工作环境以达到具体可测量目标的工具箱。我们授予在这个工具中受过培训的专家"黑带"的身份，他们像猎人深入丛林寻找猎物一样深入工作现场寻找答案。六西格玛比较吸引人，因为它提出了一个非常符合逻辑的框架。在六西格玛课上老师非常骄傲地写下$Y = f(X)$，即结果Y是一组自变量X的函数。如果能够确定和衡量自变量，那么你就可以改进系统。而事实上我们常常忽略了人和复杂的动态环境，将工作场地客观化，仅仅看到了简单的因果关系。

当丰田的导师考虑改进工作场所时，他们不看需要计算的各种自变量，而是看那些在充斥着浪费的流程中工作的员工。他们的目标是让员工学会像自己那样看待浪费，学会使用清晰而又严格的思维方式，学会团队合作以解决浪费问题。他们意识到绝大多数的改进想法都是猜测，需要通过实验进行检验，因此希望由那些工作在生产流程中的员工来完成这些实验，并且在持续监控实验结果的过程中学习。导师的工作就是培养能够足以运转该程序的员工，并定期挑战他们更深入地思考问题。

1.5.3 丰田模式反映的是东方人的思维模式吗

我们常常会问丰田模式是丰田特有的，还是日本文化的直接反映？这类似于询问它是国家文化还是企业文化，答案是两者都是。很显然，丰田是一个日本企业，丰田模式产生于日本。东西方思维模式的根本区别强烈地影响了美国人学习丰田的能力。

很明显，丰田模式更多地反映了东方文化而不是西方文化。因此，有人可能会问：丰田有什么突出之处？丰田与其他日本公司是否有区别？如果没有，丰田为什么比其他日本企业更成功？

丰田是日本文化的特殊混合体，丰田创建地——爱知县的特殊条件、丰田家族和丰田历史上杰出领导者的影响、汽车行业的特点等都是丰田文化的影响因素。丰田一直是一个非常独立的企业。"自力更生"是丰田的核心价值观之一，丰田创建于远离大城市的爱知县农村，它一直按照自己的方式发展。也许，农业思想导致丰田希望在财务和技术上独立。丰田是由伟大的发明家丰田佐吉在创新的基础上建立的，这种渊源也许可以解释丰田上下的适应能力和创新能力。

丰田的创始人丰田佐吉是一个致力于为团队和社会做贡献的才华横溢的个人发明家。也许是受他的影响，丰田对于团队和个人取得的成就都给予高度评价。亚洲人认为"枪打出头鸟"，这也表明日本人不愿意冒尖。但是丰田不想把最高的钉子敲低，TPS 的创新就是一个很好的例子。根据日本标准和丰田标准，大野耐一是一位非同寻常的、敢作敢为的领导者。他坚信团队工作，但与团队成员相比他在许多方面更像是一个独裁者。大野耐一总是非常信任团队，但是在生产制造方面，他却是意志坚决、一心一意的人，没有人能挡他的路。他的许多行为给丰田带来了不融洽，与和谐和一致同意背道而驰。他之所以能留下来是因为丰田英二看到了其特殊的地方。大野耐一逐渐建立了 TPS。他把从许多地方得到的想法汇集在一起，包括制造织布机的实验、仔细研究福特汽车公司和亨利·福特的理论、威廉·爱德华兹·戴明的质量管理方法、美国军队的训练方法，等等。最后，形成了丰田所笃信的、独特的全面系统。天赋使然，大野耐一成为了一颗突出的钉子，创造了 21 世纪最突出的成就之———丰田生产方式。

在产品开发和销售方面还有许多类似的故事。例如，在产品开发过程中，创新和实现积极进取目标的主要驱动者是总工程师，这是一个具有很强的个性、在丰田文化中受到尊敬的人。"这是总工程师的汽车"，在丰田经常可以听到这样的话，它反映了公司对带领数千员工努力工作的总工程师的高度信任。⊖总工程师以拥有与众不同的个性而著称，这种人在西方应该更加常见，但是从沉着和思考的角度来看，他们更符合积极进取、苛求的日本方式。

丰田不断地向西方学习，从保守的地方工厂成为一个跨国公司。丰田佐吉说："打开窗户，外面是一个非常大的世界。"不管是日本的传统还是其他的事物，丰田都拒绝被其束缚。公司将持续不懈地在战略层面或员工工作层面上挑战假设。《丰田模式2001》中写道"我们继续寻找突破口，拒绝被先例、禁忌所束缚"。

然而，丰田模式深深地扎根于东方文化。丰田所面临的挑战是如何在基本文化假设与当地文化相对立的情况下将丰田模式引入西方国家？如今看来，问题已然得到了答案，即丰田已经将文化的关键方面引入了西方，并通过实验、反馈和学习取得了显著的成功。本书主要讲述他们是怎么做的。

考虑所有的这些差异，人们可能会认为美国人学习丰田模式是不可能的。如果早期来自日本的丰田领导者被这些完全相反的文化倾向所阻挠，并放弃丰田模式的许多方面，是很容易理解的。他们可以简单地让这些具有高度个人主义精神的美国人为报酬和升职而竞争，奖励表现突出的个人，或让美国人做他们自己的工作并放弃跨文化培训。为什么不放弃标准化工作，让他们按照自己的方式工作呢？

但是早期的日本领导者拒绝妥协。挑战精神也是丰田模式的价值观之一，早期的丰田领导者确立的目标是不管文化是什么样，他们必须将丰田模式的精髓传授给美国人。当然了，第一个问题是：丰田模式的精髓是什么？但是这在当时还不很明确，因为丰田模式仅仅是他们做事的方式。通过讨论、争辩和实验，在美国人的帮助下，他们开始确定哪些文化需要传授。尽管有一些修改，例如小额的个人奖励，但基本价值观没有发生大的变化。

首先采用的方法是挑选最符合丰田模式文化的美国人，尤其是领导者。通过对领导者的品质进行严格的面试、全面的评价来确定具有团队精神的员工。谁能够符合他们的道德标准呢？一旦员工被选入丰田，就开始像军事训练那样对他们进行丰田模式文化价值观的培训。结果是这些人变成丰田的团队成员，然后将这种文化传授给下一代员工。当建立第一批美国工厂后，尽

⊖ 铃木一郎（Ichiro Susuki），丰田卓越的设计师，领衔设计了第一代凌志轿车。

管这种训练的数量在逐年减少,但是日本人仍然强化"合作者"或"训练者"的价值。

1.6 改变其他企业文化的挑战:一个警告

不幸的是,世界上绝大多数引入精益生产实务的企业都未能以正确的方式执行。他们常常描述自己是如何"往工具箱里增加工具的",或者表达对"实现整个工厂精益生产"的急切需求,因为成本太高了。其他企业引入精益六西格玛,并且坚信将这两个复杂的工具箱结合到一起一定能产生更强大的作用。这种方法反映了西方文化的几点倾向。

- 霍夫斯泰德所量化的西方的短期价值观取向。
- 西方控制环境的强烈信念,而东方人的观点是需要适应看起来可预测性和可控制性小的环境。
- 在西方非常倾向于使用正式的逻辑规则来理解和预测世界,而在东方更倾向于使用整体的、直觉的方法。

这些倾向导致西方企业将丰田取得的成就视为简单的因果关系的结果——一组可定义、可传授的工具与成本降低或存货降低等具体成果之间的关系。只要得到了丰田的秘密工具你也可以像丰田那样成功。使用流程改进工具实现具体的结果没什么不对,事实上这也恰恰是丰田持续改善的核心。但问题是它们没有成功地理解广阔的文化背景,正是这种文化背景使得整个丰田能够反复、广泛地改善。通过比较下面两个公司的故事,说明与西方企业相比,丰田文化是如何影响精益生产工具含义的。

案例1-1　　我把事情搞砸了(日本丰田市堤工厂⊖凯美瑞生产线)

第一个故事来自迈克尔·豪瑟斯。

作为一个新的团队领导,我被派到堤工厂的生产现场体验一个月并掌握生产流程。小组领导说没有人能够在月底完成工作,但是我决定证明他是错

⊖ Tsutsumi Plant,堤工厂,位于日本丰田市,主要生产普瑞斯(Prius)和凯美瑞(Camry)车型。——译者注

误的。我是驾驶舱下面的组装工人，工作过程中由于气枪不小心滑脱，钻头划到了驾驶舱内侧的油漆。我屏住呼吸环顾四周，没人看见，但是他们说过如果构成了或发现了瑕疵就要拉安灯线。这是我的关键时刻，第一反应是就这样吧，再说没人会看到这个划痕，也没人知道是谁弄的。但是最终我的良心战胜了私心，况且想看看他们是否真像所说的那样能够包容错误，于是我拉下了安灯线，小组领导走过来解决了问题，并示范了应该如何用一个手指把住钻头以保持其稳定。但他没有因为划痕而生气。

在休息的时候，我们聚到一起召开了下午会，会上小组领导发布了安全和质量问题方面的相关信息并听取团队成员的意见。

因为说的是日语，所以我听不懂他们在说什么，直到听到"迈克先生"（Mike-san）才引起我的注意，于是我仔细地听，在很多句日语后我听到了"scratchee scratchee"，接下来又是日语。就这样，最后我因为刚才的错误被叫出来，他们打算在所有人面前做这件事。突然，所有的团队成员都看着我开始鼓掌，在回生产线的时候他们还微笑着拍我的肩、与我击掌。我简直不敢相信，怀疑之余向翻译证实，原来他们表扬了我，因为我犯了错误并敢于承认。我感到自己像百万富翁一样快乐，猜一下如果再犯错误我会怎么办？

案例1-2　　　　　　　　　　什么是精益

某企业的一个工程师经历了精益改造的过程，他向本书的一个作者提供了下面的案例。

在培训的过程中，他们曾说过在精益生产过程中解决问题是非常重要的，我们应该作为一个团队一起努力才能实现该目标。一个机器操作员打电话告诉我说有台机器的安全装置存在问题。因为在培训时他们告诉过我这是一个重要问题，所以我得过去看看。我离开了办公桌，径直走到工作地点，找到那个操作员，检查并考虑了该设备的安全问题。我与那个操作员谈论了一会，了解了问题，然后去见经理。当我走到他的办公室时，看到他和人力资源经理都在，他们想知道我去做了什么。我解释了情况，期望能得到一些重视和支持，但是我被训斥了。他们告诉我："你不能与操作员讨论他们的安全问

> 题。一旦他们告诉了你，我们就得对职业安全与健康监察局（OSHA）负责任，会惹来很多麻烦。你还是做好自己的工作吧！"我离开办公室后想："我所认为的精益可能与这不一样。"

很显然，案例2很生动，但不幸的是，根据我的个人经验以及实施精益改造组织的报告可以发现，我们有无数的例子说明由于组织的文化差异使得他们很难学习丰田生产方式的一些基本方法。下面是本书的合著者莱克的亲身经历。

一个大型矿业公司想把精益作为广泛的流程改造的一部分，他们声称自己需要"丰田文化"。一年的计划之后，他们决定引进，但是现在又担心如何进行下去。我们认为只有通过在工作现场（工作完成的地方）实施实际的项目才能够实现文化的改变，所以我们建议首先选一个矿井作为实施这些项目的试点，并且鼓励员工直接参与该矿井的经营。精益改造项目的主要目的是让员工和管理者从矿井的角度思考，按照精益生产的思维习惯行事。接下来是经营的测量，这是一种"一英寸宽和一英里深"（inch wide and a mile deep）的方法。一旦这个矿井模型具有足够的吸引力，就会在组织的剩余部分系统地传播开来。很显然他们不乐意将精益生产仅仅集中在一个矿井而不是整个企业。两个月过后，他们想知道什么时候能得到结果，我说还需要一段时间。与此同时，他们同另一个顾问签订了合同，开始在其他矿井开展工作，因为他们不想等待实验的最终结果。6个月之后取得了显著的进步（创造了历史上最高的传送吨数，改进了机器的正常运行时间等），初步的成绩受到公司办公室的高度评价。

公司办公室不断地要详细的PPT报告和数码照片，那样他们就可以将文化改变发给总部，但是他们并没有认真阅读顾问所提供的报告。公司管理者被邀请到现场参观，但他们花了不到一天的时间待在会议室里回顾各种项目，根本没有时间到工作现场或与矿井领导者待在一起。顾问非常纳闷的是在装着空调的会议室里，没有现场任何接触，他们是如何观察文化改变的。不久以后，顾问被解雇了，引进了一个咨询团队。这个咨询团队非常擅长做PPT

报告，向公司领导者提供所需要的任何东西，也就是具有不用离开数百英里远的舒适的办公室就可以监控进展的能力。新团队的方法不是与领导小组研究如何解决实际问题和员工的改进，将原有的成果有效地转变成"一英寸深一英里宽"的方法，而是将精力投入到在所有领域开展5S上。原来作为试点的矿井继续了自己的改革，他们用自己的钱支付了莱克6个月的咨询费，继续培养自己的新文化并打破纪录。本来可以成为公司其他矿井学习的一个典范，但是他们在很大程度上被忽略了。

一个大型的造船公司被某实施精益六西格玛项目的大型国防系统承包商兼并了。新的所有者也希望该企业能够实施建立精益项目。在咨询公司的带领下，他们绘制了价值流图，历时3年从造船车间到设计都进行了持续改善。通过这些努力取得了极大的成功，产品的成本、质量和生产期限得到了巨大改善。该项目将一个巨大的成功呈献给母公司。随着项目的开展，公司需要由某个人来掌管该项目。与此同时，公司聘请了一名六西格玛黑带大师领导质量管理办公室。他静静地关注着精益生产项目的进展，定期地对那些没有达到严格标准的单个项目表达他的不满之处，因为尚不明确是否选择了最具影响力的项目。最后，公司决定将原来由运作团队管理的精益生产移交给质量管理办公室。在交接后不久，黑带大师终止了与顾问之间的合同。随后，精益生产项目变成了精益六西格玛项目。那些对精益改造充满热情的人被调回他们的运作岗位，开始出现的文化被扼杀了。最后，精益六西格玛变成了一个通过寻找政府支持工程来降低成本的项目。

很显然，这些企业都忽略了丰田文化的一个关键方面。他们使用各种工具来实现具体的结果，但是却未能在工作场地构建一种持续改善的文化。事实上，他们既未理解也未重视实际文化的改变，而这种改变已经开始在其公司内部出现。我们认为这就是为什么几乎没有企业真正学到丰田生产方式的原因。改变结果导向型的文化是文化改变的主要障碍。

1.7 丰田是由员工组成的，员工不是完美的

当你阅读本书的时候，会了解到丰田文化的构成要素，并可以用丰田的

实例来确保这些积极的文化因素的真实性。根据我们的经验，丰田非常擅长此道。他们的文化非常强大、有凝聚力、紧密结合。高级管理者有意识地按照丰田模式的基本原则来构建丰田文化。虽然知道这不是朝夕之间的事，可能会花上几十年，但是他们仍然为此努力工作。不过，他们不是完美的！

本书的每位作者都曾经与丰田文化有过"亲密接触"，或者在公司内工作过多年，可以分享自己的经历。这些经历包括：有些员工因为感到被虐待而离开，关于某些日本培训者违反丰田模式基本原则的投诉被提交到人力资源部门。在第13章中，我们将告诉大家发生在TMMK的一个关于性骚扰的案例，通过调查发现由于员工不相信人力资源部会支持他们，导致谈判破裂。最终促使对该问题产生的根本原因和管理系统进行了彻底的调查。好消息是问题被认真、仔细地解决了，坏消息是这种问题第一次发生。不幸的是，世界不是一个整洁、可控的环境，而是变化的，并且人一般比机器更易变。

对于丰田公司来说，如何处理这些背离原则的事情是很重要的。高层领导者是否认识到了这种背离，他们是否远离日常工作，只知道好消息而不注意事情到底是怎样的？他们是否能够停下来采取行动了解和解决问题呢？我们在丰田的经历表明在这一点上丰田做的还是比较好的。高级领导十分关心这些问题，看起来他们更想知道坏消息，选择面对而不是逃避问题。

丰田已经在努力创造一组经过深思熟虑的、有意识的原则，并且领导实践已经证明能够创造出一种积极的文化。人力资源系统虽然不完美但却是真实的，丰田正不断地改进它。事实上，人力资源系统是不完美的，这就致使丰田文化从未真正达到丰田模式的理想境界。在本书中，我们将重点放在丰田的正面特征上，而不是他们犯的错误上，尽管也会包含一些这样的例子，以及丰田是如何解决这些问题的。虽然不敢说这些错误得到了100%的解决，但是我们强烈支持该组织的原则并且相信，任何想实现高效的企业需要类似的原则来将工具和员工融为一体。

小结

本书值得期待的原因

本书是关于丰田文化的，重点讨论了丰田是如何在美国创建一种非常成功的混合文化。虽然丰田的上层领导完全遵循丰田模式，并且长期浸淫其中，但是事实上这对于丰田而言是件非常具有挑战性的事。尽管所有的民族文化差异都似乎与之相反，但令人鼓舞的是丰田取得了巨大的成功。

本书的大部分内容都试图描述什么是丰田文化及其如何运行。最后一章将解决其他企业能从丰田文化学到什么的问题。

你的公司应该考虑的要点

1. 丰田模式是日本文化的独特综合体，包括：爱知县农村的特殊文化、丰田家族领导层、美国专家的影响以及丰田团队的特殊发展。

2. 丰田迅速但是有组织的全球化。先从内部发展，然后将丰田文化传播到其在世界各地经营的所有企业。

3. 丰田在传播其文化的过程中面对许多挑战，其文化具有许多的日本因素，而其他国家的民族文化与之非常不同。

4. 西方文化对于丰田模式尤其具有挑战性，因为在西方具有较强的个人主义观念、短期理念、对于因果关系具有不同的思维方式。

5. 对于保持公司实力所必需的丰田模式的基本要素，丰田已经研究了很长时间，在向其他国家传授这些基本要素方面从未妥协过。

6. 丰田不断学习如何通过外在培训（《丰田模式2001》等）、实际工作中开展指导及其融洽的领导层将丰田模式传授给其他国家的企业。

7. 丰田成功地将丰田模式传授给世界各地的企业，给那些想向丰田学习的企业带来了希望。

8. 丰田模式随着丰田的发展而不断发展，需要面对新环境，实现全球化，但丰田还很不完美。

Toyota Culture | 第2章

人力系统模型

> 生存时间最长的企业是那些为社会创造了独特价值的企业——不仅仅是它们的成长或金钱,还包括其卓越品质,对他人的尊重,或者让人们快乐的能力,一些人们称之为精神的东西。
>
> ——管理学创始人/哲学家,查尔斯·哈代

2.1 丰田破产状态的扭转:对企业文化的反思和重建

在出现危机时,当今的许多企业会采取精益措施。全球市场的快速变化迫使各企业紧随其步伐做出相应改变。只有那些反应迅速又有技巧的企业才能生存下来。而这与丰田有什么关系呢?有人说,丰田应付变化要容易得多,因为他们早在第二次世界大战,公司还持续盈利之时就建立起了持续增长的模式。问题是如果丰田也曾一度面临破产,那么丰田伟大而崇高的原则又何以为继呢?

20世纪40年代,即丰田汽车公司建立不久,日本卷入第二次世界大战之初,丰田的确经历了一次商业危机。那时日本经济萧条,很少有人买汽车,所以丰田只能自己筹资维持公司的经营。当时银行建议丰田裁员以削减成本或者干脆关闭工厂。但是,最终丰田汽车公司的创始人丰田喜一郎用丰田模式控制了局势。

首先,喜一郎与员工会面,向他们解释了丰田目前的财务状况,并告诉他们,公司为了维持下去,可能需要裁掉1500名员工。他问员工是否有人自

愿退出。在这一请求下，丰田未通过强制裁员就实现了目标。其次，他为公司的境况承担了个人责任（虽然作为创始人和部分所有人，这一切都在他的控制之外）并辞去了在公司的职务。他认为既然自己辜负了公司和员工，那么他又怎能继续领导公司并从公司领取薪水呢？

在危机中，喜一郎召开了高级管理人员会议来仔细思考公司的未来，并制定能够深刻地塑造未来公司文化和员工的决策。他们一致同意实施以下三项原则。

（1）丰田不放弃经营，并将继续努力成长为一个成功的汽车公司，为日本经济的发展做出积极贡献。

（2）工人和管理人员的关系应该建立在相互信任的基础上。

（3）工人和管理人员需要共同合作，致力于产品的改善，以创造共同繁荣并维持和促进工作条件。

对此次危机做出的反应开始正式清晰地阐释了丰田模式的文化，即强调相互信任和尊重所有与公司有关的人员，无疑丰田喜一郎的行动进一步强化了该文化。丰田认为公司和员工之间不仅仅是金钱关系，而是一项致力于双方长期合作、共同发展的投资，丰田的原则正是建立在这种观点之上。因此，对丰田来说放走忠诚的员工（即使是他们同意离开）是件痛苦、迫不得已的事，这样做代表丰田未能实现其共同成功的目标。但当裁员的必要越来越明显时，裁员也应该以公开和相互信任的方式进行。丰田是一个学习型组织，它能从灾难中学到深刻的教训。在喜一郎辞职后，其堂弟丰田英二接管了公司，公司的其他领导人也通过了以下两项对未来的保证。

（1）他们不会允许公司再次陷入被迫裁员的境地。这项保证促进了预防性保护措施的产生，比如储备大笔现金（300亿美元）以渡过经济难关。

（2）他们将谨慎提防过快地增加全职员工，以防止在经济衰退时出现人员大量过剩的风险。这项保证促使公司谨慎地计划雇用规模，并启用"临时员工"制度以缓解经济波动。

对"精益"的定义，不同的人有不同的答案，但多数集中在"减少浪费"的一套方法上。减少浪费由人来实施，而不是对人实施。精益工具需要关注的是产品价值流以减少制造产品过程中的浪费，而不是用于对付组织中最重要的人力价值流。因此，丰田在危机时刻意识到的是如何珍惜员工。

2.2 支持两个关键的价值流：产品和人力

2.2.1 丰田文化的核心是绝不让步

丰田能连续多年很好地保持其作为一个公司的一致性，包括对其理念和原则的坚持。它所强调的信任以及持续改善等价值都渗透到了长远理念、发展员工、标准化、创新以及解决问题等方面。丰田是个学习型组织，它真正地乐于鼓励员工一起致力于发现和解决问题，并使结果有益于每个人。

丰田模式文化是公司组织基因的重要组成部分，它允许境外公司对其进行建设性的局部改善，以防止潜在的缺陷减弱丰田模式的作用。肯塔基州乔治城工厂的丰田文化既不与安大略省剑桥工厂的丰田文化完全相同，也不与印度尼西亚雅加达工厂的丰田文化相同。每个工厂在其特殊的地域内都有其独特的文化因素，比如历史、地理位置、领导成员以及员工等。尽管地方文化肯定会对公司分布于世界各地的分支企业产生巨大影响，但丰田已经形成了某些核心原则，这些原则必须体现在每个丰田工厂中而不论其位于何处。

在本章，我们将概括介绍丰田的人力系统模型，本书也是围绕其展开的。该模型的核心是人力价值流，这也是理解丰田模式为何能取得空前成功的基础。我们认为使丰田取得持续成功的自变量就是丰田发展员工的方式，即鼓励员工不仅要完成工作，还要深入思考问题，投身于公司的价值系统。

2.2.2 缺失的人力价值流

价值链的概念已经成为那些希望有所改进的企业词汇中常见的一部分。"价值流程图"可能是最好的精益工具了，它能有效地帮助员工理解从原材料到成品转换的整个流程中存在多少无用功。在价值流程图中，产品的路径是从原材料到成品的过程，包含了增值的过程和浪费的步骤。所谓增值就是从根本上转化为能满足消费者需要的部分。而任何耗费了时间和金钱却没有实现增值的步骤就是浪费。价值流程图帮助员工理解产品是如何流转的，帮助识别流程中的浪费。例如产品是否正在从一个地方转移到另一个地方？是否存在仓库中？产品是否存在质量问题以至于必须返工？

我们也可以利用这种方法来理解概念层面上的人力价值流。价值流程图中有很多增值的流程框，而在这些流程框之间是代表浪费的库存三角。我们发现了一种很典型的现象,即产品"生命"的大部分都"浪费"在了转移和库存中。想象一下,如果为员工绘制一张自加入公司开始的"职业生涯流程图",那么根据我们的目标,只有当员工学习并接受挑战时才能实现增值,当然这些期间显示在流程框中,而其他未用在学习上的时间则用库存三角来代表,即浪费。对于人力价值流来说,即便员工的工作能够生产出产品,但如果对其学习和改进无益,也会被划归到浪费的范围。由此可以推测,多数人的职业生涯流程图都会显示出浪费多于增值。毕竟,人们把相当多的时间花费在了常规工作、休息或者低效的开会上。当然丰田员工的情形也不例外,但我们相信,在丰田,员工多数时间都花在了增值的学习和改进中。即使在生产车间从事常规生产工作的员工,也用了大量的时间接受更高水平工作技巧的培训,不仅要学习多项技术(例如解决问题、团队改进等),还要学习更多关于安全方面的知识,并有机会成为小组领导。所有这些能力的培养都有助于他们掌握一整套新的高级技术。

在丰田,"系统"这个词汇用得很频繁。从字面意义来看,产品价值流和人力价值流也属于丰田模式基因系统的范畴。将员工培训成问题解决者可以剔除系统中的浪费,使之更加精益。库存是问题的遮羞布,如果消除了库存浪费,一旦出现延迟或质量问题,流程就会马上停止,问题也就迅速暴露出来,从而要求团队成员对问题做出快速反应并从中学到教训。当这两种价值流形成合力,造就丰田文化的基因就能得以再生,它不仅使得丰田文化得以实施,还使其长盛不衰,如图2-1所示。

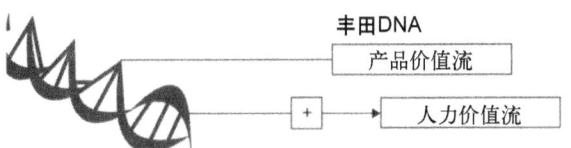

图2-1　相互联系的产品和人力价值流

2.2.3　两个价值流与解决问题息息相关

解决问题在丰田文化中的重要性再怎么强调也不为过,它在连接产品和人力价值流上也发挥着十分重要的作用。如果将产品和人力价值流比做公司的基因,那么解决问题就是联系二者的纽带。

在日常应用中如果没有一个具有可操作性的持续解决问题的程序，任何公司在精益改造时都会面对不可逾越的鸿沟。丰田强调，TPS 是用来突出和识别组织内部问题的工具。看板、持续供应和准时制生产能够暴露出其他方式无法暴露的问题。5S、标准化操作以及安灯系统也是如此。这些系统的相互作用就设定了公司的许多标准，形成了识别浪费和偏离标准的程序。例如，如果把传送到生产线的部件数量从每个轮班所需量减少到每小时所需量，就能够迅速暴露出存在问题的部件，迫使我们立即解决问题。因为生产线上只有不到一小时的部件量可用，如果问题得不到及时解决就得被迫停止生产。在这种情况下，需要更及时地发现问题，否则后果就很严重了。

成功的关键就是拥有一个能够暴露问题的生产系统和一个能够培训出能力强且愿意发现并解决问题的员工的人力系统，如图 2-2 所示。这就要求公司具备一批具有团队意识的员工，他们不仅能力超群，在发现问题和解决问题方面训练有素，还要信任自己的团队领导，能放心地去发现和解决问题。

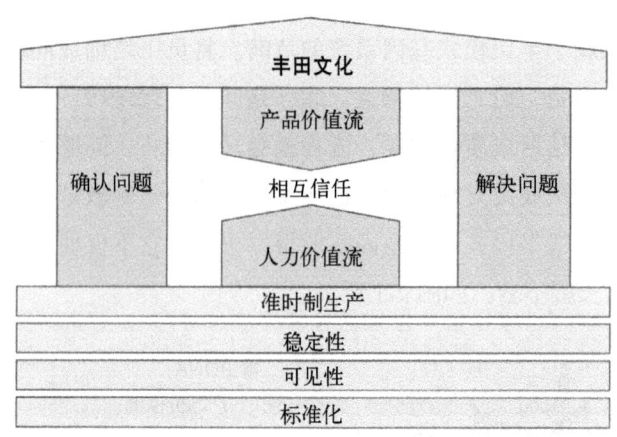

图 2-2　解决问题与产品和人力价值流息息相关

我们将相互信任放在了图 2-2 的中间位置，因为它在营造鼓励发现问题并解决问题的环境方面发挥着重要作用。如果员工不信任自己的领导，他们就会认为隐藏问题才是最安全的，从而不愿意承认存在问题。现在想象一个尚未建立起相互信任的公司：来自一线价值流办公室的小组成员规划了流程图，然后一会儿在这里实施看板系统，一会在那里实施标准化作业，甚至安装了用来停止流程的安灯系统。可能发生什么呢？如果库存降低了，问题就能更快地浮现出来，但是工人有可能去拉安灯线识别问题吗？工人是积极尝试解决问题呢，还是认为那是管理人员的职责而袖手旁观呢？此外，如果问题被掩盖了，整个持续改善系统就会停止运作，精益系统也就失去其应有的价值。在《丰田模式2001》中，有一个称为"促进组织学习"的子元素，它包括从错误中学习。

我们将错误视为学习的机会。不但不会归咎于个人，公司还将采取纠正措施，并将从每次经历中获得的经验在公司推广。学习是一个全公司范围内的持续性过程：上级鼓励并培训下级，前辈同样鼓励培训后继者，各个层次的团队成员彼此之间互相学习。

在第1章，我们讲述了一个故事，其结局是迈克尔因承认了一个工作中的严重错误而受到表扬。在多数企业中，这可能是个令人惊讶的结局，因为他奖励了一个把事情"搞砸了的人"，因而超出了正常行为的文化边界。在多数企业中，"表扬"一个犯错误的人实际上是在取笑他，而不是真正的表扬。但是，相互信任使得员工有可能勇于承认错误并承担解决问题的责任。

2.3 人力系统模型

阐述清楚公司文化这种复杂的事情并不轻松，因此有必要借助模型来进行简化。在丰田的员工中流传着一个故事，大野耐一认为想用静态的图表抓住TPS的精髓是不可能的，仅仅尝试也是在浪费时间，因为TPS本身是个鲜活并不断演进的过程，他说："如果你将它写下来，你就扼杀了它。"学习要在现场（即工作增值的地方），所以他打破了以构架屋表示的TPS最初版本。尽管大野耐一的告诫还在耳边回响，我们仍然决定以其他公司和国家能接受的方式，尽最大的努力来阐述清楚这个使丰田变得如此成功的人力系统模型。图2-3所显示的模型是精简过的。但可以肯定的是，随着模型的展开，它会逐渐复杂起来，并且需要花几年的时间才能真正理解其含义。

除了包含输入、核心转换程序、支持性的子系统、输出和目标的传统模型外，我们找不到更好的模型来表示人力系统。

第一篇 什么是丰田文化

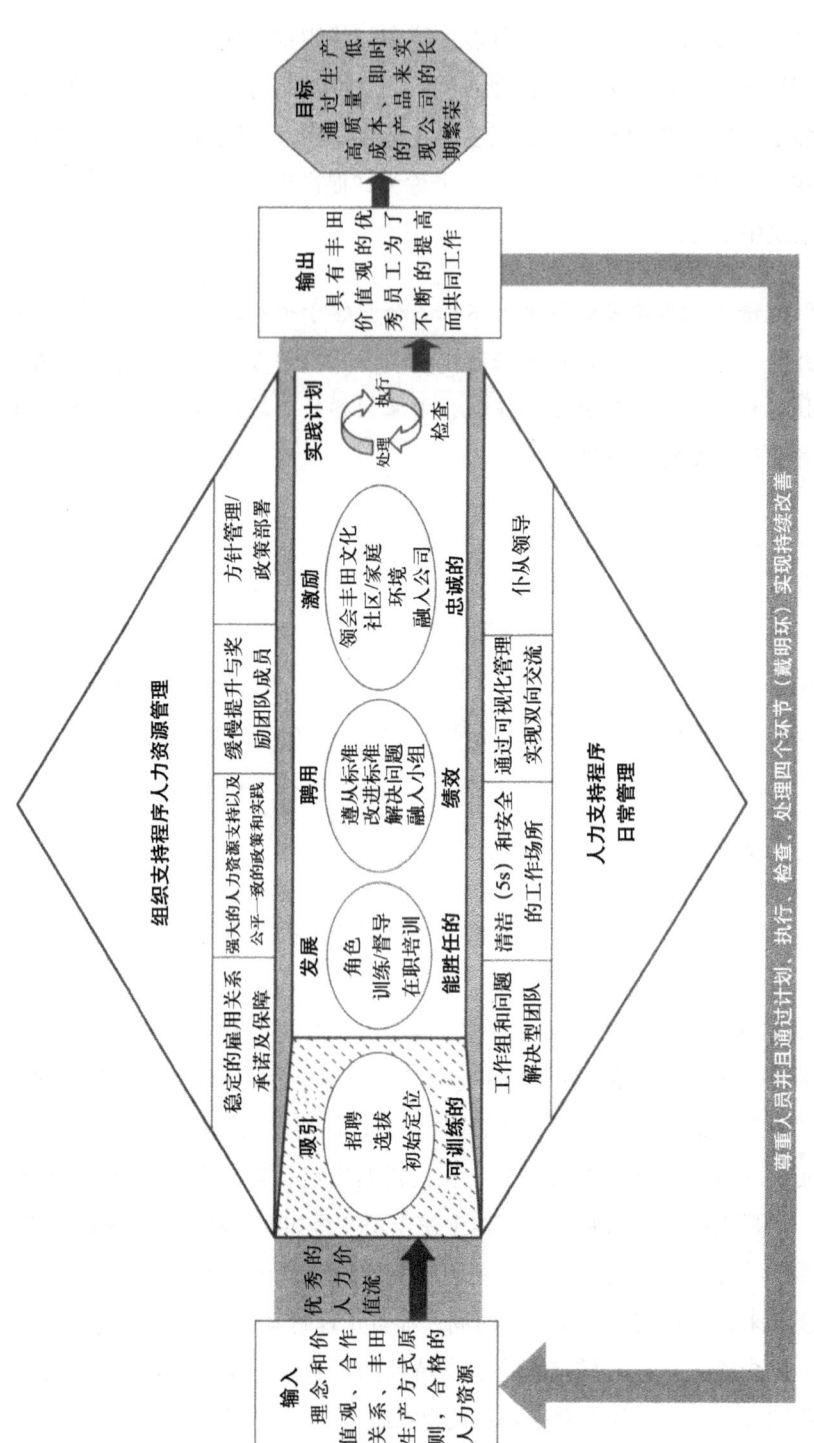

图 2-3 人力系统模型

该系统主要集中在人力价值流上，它的直接支持系统在丰田内部。因为本书的重点是讨论丰田的人力系统，因而丰田文化的某些部分不在讨论范围之内。例如，阐述生产系统原则——TPS 的技术原则时，我们把它放在人力系统之外，作为输入来介绍。同时也把丰田的理论和价值观作为输入来介绍。这些理论和价值观已经在公司的生命历程中存续了几十年，对丰田各个工厂或组织内的优秀人力价值流有重要影响。本书的一些章节详细阐述了人力系统模型的每个因素，但在这里，我们还是先来概括一下。

我们发现最好通过下列问题，从外部逐渐进入来理解这个系统（管理大师彼得·德鲁克总是如此建议）。

- 组织的目标是什么？
- 哪些关键性的成果有助于实现该目标？
- 需要从环境中输入哪些重要的资源？如何只选择系统需要的资源？

2.3.1 人力价值流之外：目标、输出的成果以及输入的资源

根据系统模型，任何给定的组织应该非常清楚地理解其目标，丰田对其目标有相当清楚的认识，并为公司的领导们广为接受。虽然丰田各经营分支机构对自己使命的表述各不相同，并且随时间的变化而变化，但每种表述都包含下列基本要素。

- 为消费者和社会创造价值。
- 为经营所在地的社区和国家的经济增长做贡献。
- 为团队成员的稳定和福利。
- 为丰田的整体成长做贡献。

从某种意义上来说，每个组织都对其目标有基本的理解——获取成功。以盈利为目的的公司最简单的目标就是盈利，而且利润越多越好，但利润的积累并不是丰田的终极目标。丰田思考得更长远，它不仅明白利润是公司与其所在地区股东长期共同繁荣的手段，更明白利润是竞争优势的结果，而竞争优势则源于为增加社会价值所做的卓越性工作。为实现该目标，人力系统就必须有重要的成果输出：高素质的员工生产高质量、低成本、适时的产品。

输入到丰田文化中的则是：

- 理念；
- 价值观；
- 合作关系；
- 生产系统原则；
- 工作技能；
- 合格的人力资源。

丰田从不让地方企业的人力资源部门独自聘用和培训员工。员工的选拔和培训方式要更多地受到组织内广泛文化的影响。而且，如同在第1章所讨论的那样，丰田最不愿意拿它的文化来冒险，所以丰田下重金以确保用它的理念和价值观来塑造其选拔和培训的员工，并保证他们能从公司文化中受益进而发展公司文化。几十年丰田的合作关系不断发展，并已经成为员工选拔和培训程序的一部分。因此，员工加入的是早已建立好的广泛的关系网。

2.3.2 核心人力价值流

在产品价值流中，我们从消费者着手，了解消费者需要什么。然后根据消费者需求沿着生产的信息流和材料流将增值工作和浪费区别开来。在人力价值流中，仍然需要了解消费者需求什么，但需要添加一项：员工的哪些特性可以让消费者自愿付费？至少，我们需要培养员工完成必要的核心的增值任务的能力，不论该增值任务是手工工作、操作机器还是核心的知识性工作（例如，工程设计）。除此之外，这些人还必须扮演另外一个至关重要的角色，即改进程序。因此，将增值界定为那些使"高素质的员工生产高质量、低成本、适时的产品"的程序。为了实现价值增加，我们认为增值的步骤应该为：

- 吸引具有可塑性、能为增值程序做贡献，且具备适合特性的员工。
- 培训这些员工，使之具备每天高质量完成工作的能力。
- 重用这些员工，并且使其能在完成工作之余，通过严格的解决问题实现工作方式的改进。
- 激励这些员工，使其能够忠于组织，能够持续地学习、成长，并尽其最大努力为消费者、社区和国家做贡献。

考虑以上的增值步骤，并扪心自问："在自己的职业生涯中，公司多久为我们增加一次价值呢？"如果（从进入价值流的员工的角度来看）采取行动来吸引、培训或挑战他们从而实现以消费者为中心的目标，那么人力价值流就实现了增值。从该价值流的角度来看，其他的一切都是浪费。当然，其他的活动可能在产品价值流中增加了价值，但现在的焦点是人力价值流。你为人力价值流增加了多少价值？如果你没有努力吸引员工，在他们刚进入组织时只进行有限的培训，很少重用或挑战他们，而只是让他们投入工作并监督其是否遵守了规矩，那么价值增加的比例可能就会非常低。在丰田，员工也必须做很多日常性的工作，并非所有这些工作都能培训、重用或挑战他们，但我相信，虽然未经测量，丰田价值增加的比例要高于其他组织。

尽管流程图的方法对介入人力价值流及其本身都有所帮助，但需要采取更进一步的措施，才能为公司勾画出未来的流程图。首先，了解你们的现状，然后构想未来的目标，最后提出缩小两者之间差距的计划。丰田的人力系统模型可以为你对未来状态的构想提供指引。

2.3.3 人力支持程序和日常管理

丰田配备了许多系统来帮助团队成员成长为忠实的员工。有人可能会认为培训部门的作用就是按照课程表上的课程集中培训团队成员，但丰田的历史则是"干中学"，即由技术精湛的导师在工作中指导新员工学习，它更多的是以技术为基础的系统。日常紧密的联系是训练新员工的最好方法。同样，在整个丰田，所有新员工通过参与工作组，置身于清洁安全的环境，彼此间紧张的交流以及在起到支持和教导作用的领导的指导下，沉浸在丰田模式的日常生活中。

1. 工作组和团队解决问题

在丰田的日常工作中，一句古老的格言"众人拾柴火焰高"得到了充分体现。许多公司采取的方式是传授解决问题的方法，并组织人员定期开会以做出改进，而丰田将这些工作融入到了日常的管理系统中。将合适的人员聚集起来解决问题是工程、销售、财务以及工厂等部门通常采取的方式。员工被安排到由小组领导指挥的小组中，进行程序的日常检查，并将问题视为持续改善的机会。

2. 清洁安全的工作场所

领导必须清楚地说明并加强其对健康安全的工作环境的保证，做到这点要从反映公司政策并遵从法律规则的健康安全系统着手。更重要的是要将系统用来阻止健康安全问题的发生，并能快速应对出现的问题和事故。像丰田一样，你们公司也可以建立一系列正规机制，比如成立能够对健康和安全问题做出快速反应的健康和安全委员会等。此外，领导必须促进安全预防措施的实施，提高员工的安全意识及环境意识，令其防范潜在的健康和安全问题。

3. 双向交流及可视化管理

丰田的领导者通过强调相互信任和尊重、共享管理观念、鼓励员工参与团队活动、分享其观点等价值观，来保证团队内沟通渠道的持续畅通。我们会讨论各种正规的面对面的交流机制，而且需要强调的原则就是，所有领导应从工作进行的地方实施管理，而不是办公室。

4. 仆从领导

与其他传统型组织相比，丰田的组织结构图是倒置的，它将核心的价值增加人员放在了最顶层，这种形式比经常看到的许多组织自上而下式的结构图更合理。领导要督导、教导以及支持那些从事价值增加工作的员工。换句话说，他们是为整个团队服务的。这就要求他们：清楚地阐明并强化共同目标；详细说明并整合各个团队角色及工作任务；规定标准化作业；提供工作所需的技能培训；安排团队定期会议以提供及时信息、辅助解决问题并确保得到认可。

2.3.4 组织支持程序和人力资源的作用

一旦形成了公司未来状态的价值流，你就得找出支持该价值流的正规系统。这些系统通常由产品价值流程图中的持续改善点来表示，代表特定的支持程序需要改善。组织的支持程序很大程度上要借助于人力资源部门的帮助。

人力资源部门的角色和作用是多方面的，在丰田，它的作用不仅限于雇用员工，还执行与支付、晋升及利益相关的政策等。在许多公司，人力资源部门仿佛在很大程度上仅发挥人员统计的作用。的确，现在有很多技术服务公司，使你可以将人力资源部门的功能外包以节省成本，这么做无异于把人力资源部门等同于计算机系统，大大贬低了其功能。

在丰田，人力资源部门的工作不仅仅是管理数据库，因此其功能就不能通过外包来实现。事实上，因为人力是丰田管理理念中非常重要的一部分，人力资源部门也是公司里最重要和最强大的部门之一。人力资源经理实际上是由其他岗位（比如生产管理部门和生产控制部门等）轮换到人力资源部门的，因此他们能理解增值程序的核心。丰田将人力资源部门和生产管理部门紧密相连，并参与到车间员工的日常管理中，这是人力资源部门对公司影响的证据之一。实际上，在丰田，没有得到人力资源部门的认可，任何人都无法得到晋升。他们不仅掌管程序细则，还要密切地关注所有员工的职业规划，并且需要了解每个员工，详细地了解其工作表现和职业规划。不仅如此，丰田的人力资源被视作是每个经理的工作。人力资源部门的作用就是协助生产部门，以生产来增强员工的主人翁意识。接下来，我们分别考虑人力资源部门所促进的每个组织支持程序。

1. 稳定的雇用关系的承诺及保证

丰田保证，员工是它最重要的资源，团队成员的发展是其最优先投资的事项，而稳定的雇用关系是实现该承诺的基础。整个丰田上下都很清楚，只要不存在类似于20世纪40年代后期的经济灾难，员工就不会下岗。这就为团队成员参与持续改善提供了安全网，尽管改善项目主要致力于缩减职位以提高生产效率。人力资源部门在稳定雇用关系方面的卓越才能对公司提供的保障起到重要的作用。他们利用先进的方法来预测用人需求，并通过临时工制度来缓冲自然经济周期所带来的震荡。

2. 公平持续的人力资源政策和实践

显然，人力资源部门会努力将公平贯穿到所有的政策和措施中，但这一普通的公司使命宣言在丰田的意义却大不相同。如果你跟在人力资源代表后面，观察他们实际所做的事情，你立刻就会觉察出不同之处了。许多公司人力资源部门的工作人员大部分的时间都花在电脑前或接电话中，而丰田的人力资源代表则必须转遍很多部门以保证与公司的最新进展同步。在丰田内部，这被称为现地现物，意思是到工作现场去观察和了解以获取关于公司形势的第一手材料。纪律问题、员工的不满、持续改善的促进以及员工的职业进步等仅仅是丰田人力资源职责的一部分。员工总能看到人力代表的身影，这些代表必须关注厂区正在发生的一切。为了保证人力资源管理的一致性和公平性，未经人力资源部门同意任何人都无法晋升和加薪。如果像大部分的公司那样，员工的工资和晋升仅仅由主管和经理来决定，那么就会因为每个人对公司晋升政策的理解不同而导致执行情况各异，并最终降低员工的士气和信任。

3. 对团队成员的缓慢提升和奖励

在丰田，成为领导人员不是一夜之间的事。一个人的成熟与一套管理工具或技术的成熟类似。每个人在自信和人际关系敏感性方面成熟的速度是不同的，但是所有人都需要一定时间——几年甚至几十年。丰田将雇主与员工的关系视作长期关系，因此公司愿意耐心等待，允许每个人成熟起来并晋升到适合他们能力的领导水平。反过来公司也要求员工有耐心，并把每个职位视为学习和成长的机会。丰田更重视团队合作而不是个人能力的突出。那些希望被公司迅速发掘并获得认可的员工与丰田的环境是格格不入的。

4. 方针管理⊖（政策部署）

培训员工使他们学会解决问题并持续改善工作是公司的宝贵财富，但是这些活力和创造力如何才能实现共同目标呢？丰田大部分的持续改善是由方针管理（政策部署）推动的，即先设定改善目标，从丰田最高层开始直到员工各个层次达成协议。每个员工都有一个方针，即具体可测的随时考察的目标。当所有的员工都感觉到他们是团队中长期受重视的一部分，其命运和公司的命运紧密相连的时候，方针管理就成为一个将团队成员的活力转化为卓越表现的有效机制。

⊖ 方针管理的日文为 Hoshin Kanri，又称为政策部署，是一种由上而下的管理思维，由最高主管制定全公司的方针，然后各级部门以此为基础制定部门方针，层层细分，但是各级方针必须符合全公司的方针方向，协助达成公司的目标。——译者注

2.4 模型需要日积月累的改善

我们可能会认为，学习这个模型，并将每个构造应用于自己的组织，然后就可以坐下来，看着人们变得越来越健康和富有。如果事情真的那么简单就好了。模型的实施不像发布政策手册或安装电脑系统那么快，它是从几十年的学习、演进和成长经历中凝练出来的活的程序。

不幸的是，我们经常发现很多聪明并富有洞察力的员工可以相当准确地解决现实问题，但是在想象新计划时他们的思维和判断力却是不切实际的。"月度计划"一词是由空想出一些新计划的高级管理层提出的，尽管这些计划在人工层面可以得到表面化的实施，但永远无法成为深层次文化的一部分。真正能够深入到文化深层的是那些可以在计划中时隐时现的思维模式。从外部咨询机构购买计划的管理人员是不值得信赖的。这里用了一个恰当的词"空想"，那些计划是空想出来的，在公司中没有实施的基础。

我们再三强调，丰田是由人组成的，因为人不是完美的，所以并不是每个人每天的每个行动都能支持人力系统模型。但与我们所经历过的组织相比，丰田的价值观与其公司领导实际所从事的事情之间具有显著的相关性。现地现物的精神就是在没有先入为主的情况下，去实际查看正在发生的事实，毋庸置疑，此种精神和文化有关。丰田的领导必须诚实地知晓文化的现实以及需要改进的地方。解决问题不仅应用于文化问题也应用于产品质量问题。

本书通过以下内容缩短你的现实情况与理想状态之间的差距。

- 发展你的人力价值流，增加员工用于学习、改进工作和领导技巧等创造价值的内容的时间。
- 逐步形成人力支持程序，用以督导、教导及激励员工每天进行持续性的改善和学习。
- 配备组织支持程序，形成健康的发展文化来支持高素质员工的发展。
- 根据你的精益生产原则整合产品价值流和人力价值流，那么你就可以实现长期的竞争优势和共同的繁荣。

小 结

丰田以其著名的丰田生产方式而出名，世界各国许多公司正致力于将这套系统应用于自己的组织。事实上结果令人失望，实施效果出色的公司更是屈指可数。他们所忽略的正是使丰田获得长期竞争力的关键性因素，即一个强大的人力系统。技术和社会系统共同致力于创造一种团队解决问题的文化。生产系统的工具是用于暴露问题，而人力系统则用于吸引、培训、重用、挑战员工去解决问题。人力系统模型不是灵丹妙药，它介绍了如何将各种因素汇集到一起来创建丰田文化。

你的公司应该考虑的要点

1. 丰田的生产方式是用来"暴露"问题的，是手段而不是目的。

2. 丰田的人力系统中存在一个"核心价值流"，致力于为组织中的每个成员增加价值。

3. 每个人理解并根据"长期共同繁荣"的目标做事。

4. 解决问题是组织的焦点，员工能很坦然地承认错误。

5. 员工在解决问题和学习中会得到既尽心尽力又博学的领导以及日常管理系统的支持。

6. 设计人力资源系统并将其用于支持产品和人力价值流。

第3章 Toyota Culture

丰田模式+当地环境+目标=成功

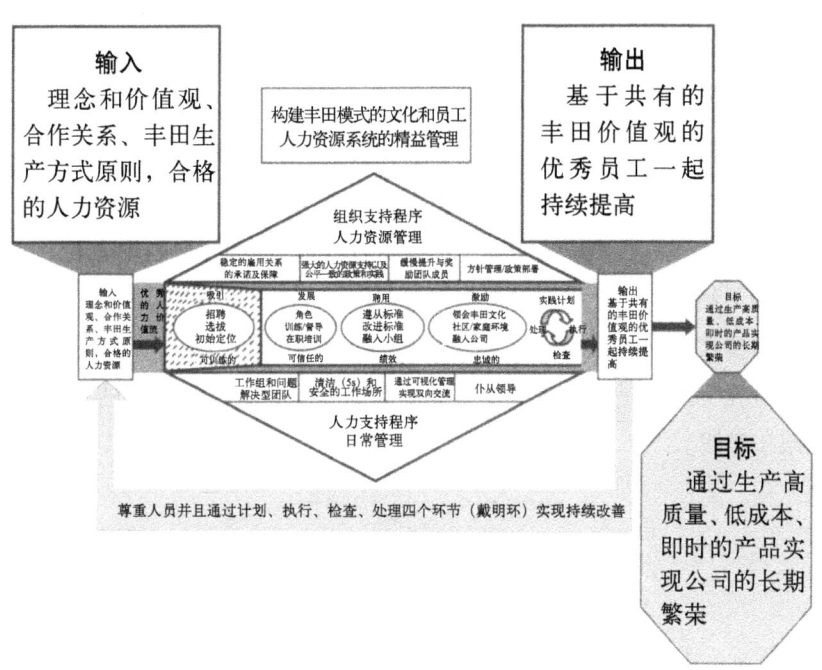

只知道赚钱的企业不是好企业。

——汽车制造业的革新者，亨利·福特

3.1 我们的目标是什么

企业存在的目标是什么？员工为什么而工作？这些都是具有明确答案的

基本问题。对于一个私营企业来说其目标就是赚钱，员工工作的目标也是赚钱，把他们捆绑在一起的是无法抑制的个人利益。可以回顾一下基本的经济理论，从泰勒主义到马克思主义，全都有一个相同的假定：雇主与员工之间的关系是简单的商业交换关系。从开创性的经济学著作《国富论》的作者亚当·斯密开始，古典经济学家就假设雇主与员工之间的这种商业关系是互利的。此外，马克思认为资本家始终是剥削员工的，因此雇主与员工之间天生就充满了矛盾。

科学管理之父泰勒认为这种关系常常以虐待和滥用员工的无知的管理方式表现出来，但是他也不否认管理者可能会受到科学思维的启发，因此可以通过提高生产效率的方式与员工分享更多的利润，形成一种雇主与员工双赢的局面。这三种观点的共同之处是假设各方之间的关系仅仅是经济利益。

但是，丰田领导者的观点与经济学前辈截然不同，即企业存在和员工工作的目标不仅仅是经济利益，还有其他原因。当然，无论是雇主还是员工都有经济目标，但是在金钱以外，双方还期望得到更多的东西。如果询问丰田不同层次的员工，他们希望从工作中得到什么，你会得到许多共同的答案，这些答案与图 3-1 中所列举的员工目标相似。当你询问丰田的领导者作为一个企业希望实现什么目标时，得到的答案也类似于图 3-1 中的公司目标。把他们联系在一起的是对实现长期共同繁荣的追求，很显然双方的目标都不仅仅局限于赚钱。

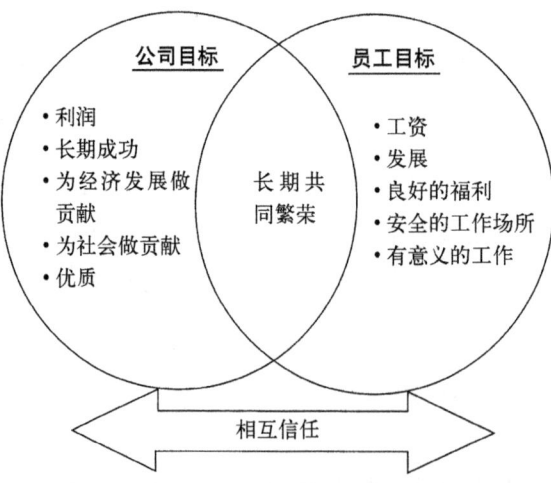

图 3-1　共同繁荣促进公司与员工之间的合作

当然，作为一个企业，丰田也希望赚钱，但这不是公司所追求的终极目标。丰田存在的目标是满足消费者的需求，为社会做贡献，为经济发展做贡献，并且实现所有员工和事业伙伴的长期共同繁荣。虽然员工也期望最起码的工资和利益，但是同时也希望在积极的环境里实现个人事业的发展，希望能够不断学习、培养新的能力，在能够对社会产生积极影响的公司里工作。如果把双方的利益结合在一起，其共同目标就是实现员工、公司和社会的长期共同繁荣。

图3-2说明了在这种合作关系中公司及其员工各自所起的作用。简言之，丰田的目标就是员工尽最大努力实现公司的目标和繁荣，同时享受公司发展的成果。在这一过程中，员工可以通过积极参与持续改善活动实现个人的成长和满足。相互信任是将公司和员工目标转变为合作关系的纽带。

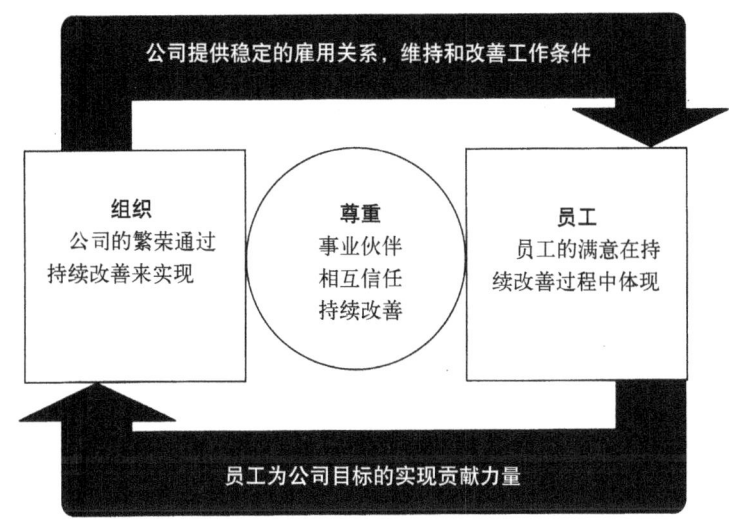

图3-2　公司与员工之间的合作关系

古田清被派往丰田与通用汽车在加利福尼亚州弗里蒙特的新合资企业NUMMI⊖（新联合汽车制造公司）负责人力资源管理。这是丰田第一次与美国工会打交道，尤其是当地好战的全美汽车工人联合会（United Auto

---

⊖　NUMMI（New United Motors Manufacturing, Inc.）：新联合汽车制造公司，是1984年丰田汽车公司与通用汽车公司在美国加利福尼亚州弗里蒙特共同成立的合资公司，也是美国第一家合资汽车公司。通用借此了解日本汽车的设计技术，而丰田则以此作为进军北美市场的基地。——译者注

Workers，UAW）。古田亲自了解 NUMMI 的员工，倾听他们的需要和希望。他认为公司与工会之间的对话和谈判必须从定义两者之间的关系以及各自的角色和责任开始。

在一次私人访谈中，古田解释道：

经过多次谈判，我们形成了初步意向书。其中描述了一些要点，比如生产标准和相互信任（这是最难的概念）。如果工会一定要战斗，我们希望针对的是管理层而不是彼此的信任，工会、管理层和员工都有自己的责任。但是，最基本的原则是工会必须与管理层合作以提高生产效率。虽然不能保证所有的员工都能保住饭碗，但是我们承诺在困难时期首先遭受苦难的是管理层而不是员工，我们将首先削减管理层的薪水，然后收回以前外包的工作，最后才考虑裁员。随后工会答应合作以提高生产效率。

在这次会面中，古田说双方初步达成了提高生产效率的共识，因为这是实现共同繁荣的基础。他还做了更进一步的努力，承诺管理层会在员工之前遭受损失，因为提供稳定的工作是管理层的角色和责任。他描述了公司和工会是如何实现相互信任的，因为这是进行下一步谈判的必要基础。古田遵守了自己的诺言：在公司成立后不久销售额几乎下降了 30%，但是管理层没有解雇一个员工，而是让他们致力于持续改善并且批准对团队成员的进一步培训。

我们多次问过其他公司的经理，在销售滑坡时期，如果保留高薪员工让他们继续粉刷地面、做微小的改善、对他们进行培训是否值得的。通常的回答是"取决于经营情况"。但是在 NUMMI 经营不景气时，丰田的领导人没有计算这么做的成本和收益；他们只是在履行提供稳定工作的承诺。那么他们得到的回报是什么呢？

得到的第一个回报就是员工对公司的忠诚。几个月后，丰田采取行动（推出花冠轿车）实现了预计的销售目标，并最终远远超出了预期目标。如果丰田在销售滑坡期间解雇了员工，就得被迫雇用新员工，这意味着公司需要重新培训新员工并赢得他们的信任。相反，丰田已经拥有了非常忠诚的、训练有素的、信任公司的员工队伍。

得到的第二个回报是公司领导人向全世界的丰田员工展示了自己信守承诺和对员工的重视。设想一下，如果加利福尼亚州弗里蒙特分公司实施了裁员，可能会导致在世界范围内摧毁员工对丰田的信任和忠诚。当你清晰地了解了丰田的长期目标之后，该经营案例的结果就变得非常明显了。

3.2 塑优秀员工，造优质产品

如果丰田文化的核心理念是"利用丰田模式培养员工并制造汽车"，那么这一流程输出的成果之一应该是"优秀员工"。丰田是如何定义"优秀员工"的呢？回顾人力系统模型（见图2-3）中所定义的团队成员培训方式，我们会发现丰田优秀员工思想的一个整体特征。如同在员工价值流中所看到的，一个优秀员工应该是可塑的，能够在一个小组中工作，遵循并改进标准，受企业文化和目标的鼓舞，对家庭和社区做出积极的贡献。我们与很多组织合作过，有一件事是肯定的——每个公司都有"优秀员工"。但不同的是，丰田的优秀员工及其强大的文化凝聚力无处不在。丰田像生产零瑕疵产品那样为培养优秀员工做出了巨大努力，其结果是培养出了大批优秀员工他们在塑造和支撑着丰田模式文化。

3.2.1 优秀员工造就优质产品

人力系统模型假设：投资于优秀员工价值流能获得竞争优势和长期的共同繁荣。这表明形成适当的文化是经营成功的必要条件。在对丰田汽车北美制造公司前制造副总裁加里·康维斯进行的一次个人访谈中，他说：

> 大多数人把丰田的成功视为使用TPS降低成本并将质量管理植入生产流程的结果。这没有错，但是真正的驱动力是强大的丰田文化。你找不到衡量文化贡献的关键绩效指标体系，但是它的影响的确存在，如此坚固、如此根本，成为我们成功的活力之源。

丰田有一个对员工投资的基本信念。《丰田模式》这样描述了其对TPS流程的信念："正确的流程将产生正确的结果。"我们可以将该信念拓展到人力价值流上——以正确的方式投资于员工培训将产生正确的结果。

如果丰田只有狭隘的、短期的目标，它就不可能对员工投资价值有如此坚定的信念。例如，如果目标是实现季度利润最大化，丰田就会通过削减工作和培训投资来降低成本，争取提高利润。但是，促使丰田尽善尽美有五个方面的因素：安全、质量、成本、递送、士气（safety, quality, cost, delivery and morale，SQCDM）。从一开始公司就提醒每个员工，如果紧密合作他们就能实现这些目标，为实现长期的共同繁荣他们将采取进一步的措施。这正是人力价值流与产品价值流的结合点。

跟踪并实现 SQCDM 的目标是丰田文化的中心。建立一种能够维持这五个方面的关键绩效指标体系的文化的确是一个巨大挑战。事实上，在一个新工厂建立初期，至少在前三年里，丰田管理层所关心的主要是安全和质量问题。丰田像对婴儿一样悉心呵护和栽培新建的工厂。在最初的三年里，还安排"母工厂"对其加以保护以避免承受太大的压力。该阶段新工厂只生产一种产品，并且产量稳定在相对较低的水平，也没有降低成本的压力。随着工厂逐渐成熟，增加产品种类、产量和降低成本的挑战才会随之而来。

3.2.2 追求质量的新文化

肯塔基州乔治城汽车制造厂的例子说明了在工厂建立之初，丰田是如何将注意力集中在质量方面的。随着时间的推移，工作重点会不断扩展，但是在建立之初，质量是最重要的。无论员工还是经理，不仅要执行标准化作业，而且还要检查每辆汽车，以避免出现影响用户的任何可能缺陷。当时大家有一种共识，只要有问题就可以拉安灯线让生产线暂停，尽管这意味着会使整个工厂陷入瘫痪。敏锐的员工会对任何投机和缺陷产生怀疑。来自日本的培训者耐心地教导团队成员在思考时要超出消费者的最低规格。例如，如果用户期望手套箱周围的缝隙最大是 3 毫米，检查的标准就应该设置为 2 毫米，这意味着如果缝隙是 2.5 毫米也要拉安灯线，即便它是在技术规格范围内。

日本培训者不断通过他们的言行强调质量第一。在凯美瑞生产线建立的第一年，一次有个团队成员发现面前的设备有一个螺栓可能松了。他检查了机器的松紧度，发现监控螺栓松紧度的报警系统存在故障，于是拉下安灯线提示小组领导潜在的问题。生产线停了下来，小组领导检查了在发现问题之前过去的几辆汽车的螺栓松紧度，发现都在适当的范围内。

此时，安灯信号和暂停的生产线惊动了日本培训者，他赶到了问题现场。

他训练小组领导和团队领导利用丰田解决问题的方法,强调任何时候都不要让有"质量嫌疑"的汽车进入消费者手中。因为在生产过程中螺栓是一个关键的控制项,所以小组领导利用统计过程控制法(statistical process control,SPC)进行测量。从每个轮班生产的汽车中选择5辆作为样本检查,跟踪平均数和极差。那位培训者与下属一起确定了存在"质量嫌疑"的汽车范围。最后一次检查发生在上一个轮班,到发现问题为止生产线已经又运行了近3个小时,因此在这段时间生产的汽车都存在"质量嫌疑"。

因为所生产的每辆汽车都有一个序列号,所以经过查证这段时间一共生产了180辆汽车,其中有80辆汽车仍在组装生产线上。因此由小组领导和团队领导组成检查小组对这180辆汽车进行全面检查,测量和确定每个螺栓的松紧度。首先检查了生产线上的汽车,没有发现问题,该小组证实生产设备功能正常,生产线恢复运行。然后检查剩下的100辆汽车。其中有些汽车在离线检查区做防水和油漆质量检查,经检查也没有问题。

此时,生产控制部门也发现了相同的问题。遗憾的是,有25辆汽车已经在运往丰田汽车销售公司的路上了。生产控制部门马上通知,所有发出的运输卡车和货车都停下来,以便于检查小组对剩下的25辆车进行检查。一天下来,没有发现有缺陷的螺栓。做出的所有努力都是因为"可能的缺陷"。为此,一些美国管理者开始对丰田为了这25辆车中断所有运输队的决策产生怀疑,况且已经检查了180辆车中的155辆都没有问题。日本人的做法很清楚,不能因为通过了概率统计就认为自己没有问题了,在完全确定没有问题之前他们不会停下来。

很多人会问这样一个问题:"丰田是如何在其美国工厂确立'质量第一'这种文化的?"在乔治城工厂快速发展的前3年,日本管理层关注的焦点是安全和质量,但这并不意味着美国的新员工能够立即领会它。美国人似乎天生有一种追求竞争、追求速度的特性。1988年生产启动初期,为了在质量方面能与日本生产的凯美瑞相媲美,工厂每天只生产一辆汽车。该目标实现后,工厂就会把产量增加到每天两辆,在随后的日子里,如果确认生产质量达到了丰田标准,产量可以继续增加。经过数年时间,丰田这种生动的示范和目标的绝对一致给美国人留下了深深的质量意识的烙印。

3.2.3 暂停生产线是每个人的责任

一天，在一种新车型生产试运行即将结束的时候，有人发现手套箱盖周围的缝隙出现了问题。回忆前面的例子，用户对缝隙的要求是小于 3 毫米，丰田的标准是小于 2 毫米，而从生产线上下来的汽车实际是 4 毫米，超出了标准。虽然安装手套箱盖的团队成员被告知了这个问题，但问题仍然在流程中出现。观察该团队成员的操作，发现每一步都是按照标准化工作进行的，唯一的问题是他已经发现了缝隙的问题，但是没有拉下安灯线。从表面上看他认为这不是一个很大的问题，所以不想使生产线停下来。但是他的这个决定使整条生产线都充满了手套箱盖缝隙比标准多 2 毫米的汽车。

不久，组装线的终端停了下来，接着工厂的每一条生产线都停了下来。组装生产线上所有的团队领导被召集到生产线的终端参观停在那里的装着有缺陷的手套箱的汽车。这个简单而微小的缝隙就导致了整条生产线暂停。在丰田的生产线上有一个用来检查产品质量是否达标的检查站。当手套箱有问题的汽车到了那里，质检员就会在车上做标记，表明它需要修理。丰田设置了几个离线修理区，当这些修理区都装满了，下一辆需要修理的汽车没地方放时，生产线就得暂停。

那天，日本培训者给全体团队领导上了一堂重要的课，说明了质量的重要性，强调建立丰田生产方式的目标就是保证质量。那一天共有 500 个团队成员在生产线上尽自己最大的努力生产尽可能多质量可靠的汽车，但是由于一个团队成员不希望生产线慢下来而未能使用安灯保证其所负责部分的质量问题，最终导致整条生产线停了下来。生产线的暂停警示着工厂里的每一个人，所有合适的资源都汇集到流程中来解决这个问题。所有的团队领导回去后都将这重要的一课与整个团队一起分享。丰田建立的文化能够使得员工放心地拉安灯线，尽管这样做会导致整个工厂都停下来，因为事实上如果他们不拉安灯线，存在的问题持续出现，最终仍然会导致整个工厂的生产暂停。那一天每个人得到的信息都是非常明确的，在丰田质量确实比生产重要得多。

3.2.4 按部就班

只有在每个人对产品质量的全心关注成为一种文化后，TMMK 的领导者才开始期望其他关键性指标的增长。因此，在等了整整两年后，领导者才开始关注提高生产效率和降低成本等问题。例如，如果一个小组已经实现了质量目标，那么该小组接下来的目标就是提高生产效率和降低生产成本，并且要保证其间的停工期不能超过一定的限度。在员工树立起质量意识之前的过渡阶段，日方要持续性地给予指导，直到所有员工树立起质量意识，一旦发现隐患就毫不犹豫地拉下安灯线。与此同时，工厂还设立了离线修理区，这些修理区的停放数量有限，一旦空间用尽就需要暂停生产线，而且停放区本身也在持续改善。随着产品质量的提高，日本培训者也向工厂提出了更高的挑战，要求将停放区的修配空间从建厂之初的10辆汽车的容纳量降低到8辆，甚至6辆。

成熟的持续改进流程最终要涉及生产系统的所有方面。一个团队或一家工厂在实现了安全、质量和停工期的目标（在成熟流程中需要再用一年）之后，面临的新挑战就是减少需要的流程数，以减少制造汽车所需要的团队成员数，从而降低生产成本。改进后的流程又要需要近两年的时间去融入文化中，其中一半的时间用来指导团队成员进行团队合作，去发现并杜绝浪费，另一半时间则是让他们相信"每个人只有在工作中才能得到提高"。

随着TMMK的不断成熟，各种挑战也随之出现。在持续降低零部件库存的过程中发现了供应商和材料处理中存在的问题。虽然制品库存和缓冲库存在不断降低，但各种型号汽车的数量及生产的复杂性却在不断增加。丰田的团队成员要在人力系统模型所涉及的所有方面融入持续改善的文化中。

3.3 对组织的投入

在思考一个新工厂的建立以及丰田雇用和培养优秀员工及团队的过程时，可能会发现各个工厂看起来好像是孤立的。但当他们从头开始培养员工时，丰田所拥有的丰富历史经验和高度发达的企业文化会影响新工厂文化的建设。如果我们从文化的3个层次出发考虑事情（见图1-2），那么很多公司的流程会立即在下述几个方面上进入新组织：丰田模式的基本假设、规范和价值观、人造物品和行为。现在我们将着重介绍将丰田文化植入新工厂时所需的3个关键性投入因素：丰田的理念和价值观、生产系统原则以及丰田对即将雇用的合格员工的影响方式。这些要素会自员工加入企业时起贯穿他们的整个职业生涯。

3.3.1 理念和价值观

我们已经对丰田理念和价值观产生的历史进行了一些讨论，更多的背景资料可以参见《丰田模式》。度过1940年几乎接近破产的财务困境之后，丰田承诺在以后的发展中实现财务上的自给自足，并建立无裁员的环境，这构成了今天我们所看到的丰田文化的基础。相互尊重和持续改善是丰田模式建立的基础，而这些承诺则是相互尊重和持续改善的根本性理念和价值观，当然其他的一些理念和价值观对丰田文化也很重要，例如，从长期的角度看待供应商和员工关系，每一名工人都是检查员、每名团队成员都是专家、主管是为其他成员服务，等等，这些理念或价值观共同构成了丰田文化。

最近，在丰田前总裁张富士夫的领导下这些理念和价值观被记录了下来，其中有些是第一次被记录。他在《丰田模式2001》的前言里提到：

我们发现了缔造丰田文化和辉煌成就的独特的、杰出的因素，并将其总结为公司的基本的DNA。这些管理价值观和经营方法统称为丰田模式。丰田已经在风俗各异、传统和商业惯例各不相同的各个东道国里实现了经营目标，因此很有必要让我们的全球领导班子接受丰田模式的观念。

我们将在第11章中看到，丰田文化起源于它的领导者，他们信守并传播着自己的理念。丰田所有的管理者必须接受正式的课堂训练和在职指导来加强对丰田模式价值观的理解。然后这些管理者成为其下属的导师和教练，其中包括在管理层和计时工作人员之间起关键作用的小组领导。

如果连丰田都要用几年的时间来培养能够践行其理念的领导者，丰田的新工厂也要用3年或3年以上的时间构建其质量文化，我们就很奇怪为什么有的公司认为发展一家新建公司是件易事。最初，这些公司都没有建立起坚如磐石的企业文化和公司领导力，因此存在严重的先天不足。由于缺乏坚固的基础，估计他们可能需要花费更多的时间去构建基本的质量文化。

3.3.2 生产系统原则

就像新员工进入丰田的某个分公司时都要有经验丰富的关键领导者的教导一样，他们还需要熟悉由一组操作原则定义的操作。如前所述，人力价值流依赖于产品价值流，反之亦然。因此，将 TPS 视为人力价值流的一个投入要素是非常重要的。TPS 有时候被认为是一组技术，就像准时制生产一样，但实际上，它代表着一种如何使经营走向卓越的坚实的信念。

著名的生产原则有：

- 准时制生产——保持尽可能少的存货。
- 拉动式生产系统——让订单需求拉动生产而不是向消费者推销产品。
- 通过成本控制获利——由市场确定合理的销售价格，通过控制生产成本与销售价格之间的差异获利。
- 注重质量——一旦制造或发现了缺陷，就要就地处理，而不是到生产线最后才处理。
- 劳动力柔性——保持劳动力的柔性和动力，能够根据市场需求的变化迅速做出反应。包括使用一些技术，例如流程的标准化、可视化控制、交叉训练、轮岗以及以劳动力自由流动为基础的广泛工作分类。

《丰田模式》详细地论述了 TPS 的工具和方法，强调了 TPS 是如何建立一项操作并持续改善该项操作的思维方式。生产系统原则成为组织这些操作的方式，并勾画出这些操作应该是什么样的。

虽然"永无止境地追求卓越"是一句很好的广告语，但它确实精确地描绘了丰田文化。TMMK 前行政副总裁、高级顾问服部善树在一次私人访谈中解释这种观念是如何从大野耐一那里代代相传的。

他的观念是"不断找出问题"，从而实现得到"上帝创造的生产运作"的梦想，在这种方式中一切运行平稳、没有存货、没有安全或质量问题、没有精神压力。为了缩短现实与梦想之间的差距，需要发现任何可能改进的机会，设法离制造业天堂更近一些。

大庭一是丰田供应商支持中心（Toyota Supplier Support Center）的总经

理，最初建立供应商支持中心的目的是为美国公司的 TPS 提供免费支持。作为大野耐一的学生，大庭一想继续大野耐一未完成的心愿，直到丰田步入制造业天堂。上美塑胶是大庭一最早的消费者之一，它是一个为丰田生产各种内部小塑料部件的公司，在 15 年的时间里一直是大庭一的明星学生。在向上美塑胶传授 TPS 几年后，大庭一走访了上美塑胶在密歇根州卡拉马祖的一个工厂，检查它的改进情况。工厂的员工为自己取得的许多成就而感到骄傲，包括最近的一些自动控制、拉动式系统、均衡生产以及许多可视化管理的例子，但是大庭一却对他们取得的成就无动于衷。相反，他要求员工观察过道里流动料架的零部件存在什么问题。员工面面相觑，不知该如何应对。最后，大庭一指出了问题：料架没有完全与地上用来指示物料搬运工的过道线齐平。这不仅造成了一种无组织的目视管理系统，而且会给物料搬运工带来额外的工作。这是大庭一为了追求制造业天堂而让他的学生注重微小的细节问题的一个很好的例子。

正如第 2 章所讨论的，设计 TPS 的目的是发现和突出生产中的问题。这样，丰田的管理原则及其经营模式都集中到员工解决问题上。如果 TPS 突出了问题，员工需要去解决这些问题。图 3-3 说明了丰田生产方式工具箱是如何促进可视化标准的建立，如何使问题浮现以及如何鼓励员工参与问题解决的。这就是为什么持续改善是丰田核心价值观的原因。如果没有持续改善，TPS 工具就没有用了。

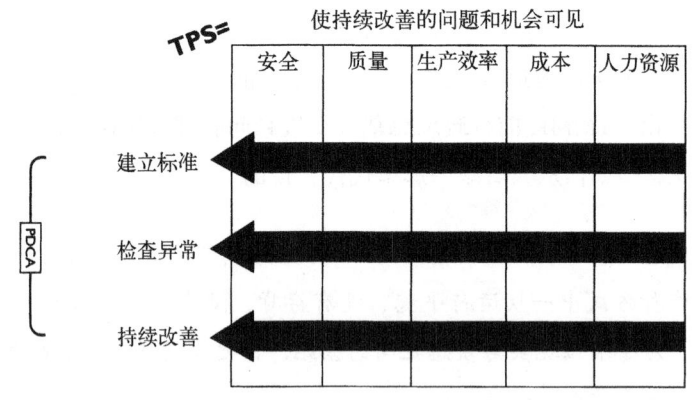

图 3-3　丰田生产方式使问题突出

在丰田文化中，即使再微小的细节都能体现出解决问题的思维方式和对完美不懈的追求，这没有终点。它变成了思考和看待问题的一种方式。下面这个例子是迈克尔在走访丰田的一个日本工厂时遇到的，这个例子说明即便是微小的细节也很重要。

有一次访问日本，在丰田工厂的一间办公室，主管想向我展示一个助理经理刚刚提出的建议。他把我带到该助理的办公桌前，抓起了一支2号铅笔，然后问我："当你把这支铅笔用到只剩下几寸时你会怎么做？"我马上意识到他想看看我"杜绝浪费的知识"，于是回答道：继续使用直到手指握不住它，然后再扔掉。他说："完全正确，我们平时都这么做。"但是，他拉开抽屉，那个助理骄傲地向我展示自己收集的铅笔，两只不能再用的铅笔被胶带粘到一起，就可以多用几寸。我被打动了。这里是世界上最富有的公司，用胶带把铅笔粘到一起为的是多用一寸。在回去的路上，我的培训者评价道："如果你能让所有的员工都这样思考问题，想想你的组织该有多强大。"

3.4 创建合格的人力资源池

我们将要讨论的是最后投入到人力价值流中的因素：有效的人力资源。丰田的独特之处在于能够积极创建和培育人力资源池。丰田并不是简单地建一个工厂，然后一直等到潜在的员工送上门时才开始录用。相反，丰田有一套经过精心规划并富有战略性的流程来创建和维护这个合格的人力资源池。

3.4.1 从谨慎选址开始

丰田雇用程序的基础来源于公司内部的成长才能带来真正的成长和繁荣这一理念。丰田的策略是：通过内部的成长而不是买入其他外部公司来成为一流的企业。这种理念和策略使得丰田能够在一个新的地区从头开始（即创建绿地工厂），并从头开始创建丰田文化。许多人都学习精益生产系统，但丰田正确地认识到创建文化比改变现存文化要容易得多。这种观点当然是正确的，也正是这个原因，丰田抓住一开始的机会努力创建恰当的企业文化。

该流程的第一步是选择新工厂的厂址。丰田在选择美国的第一家全资组装厂的厂址时，考察了很多地方。服部善树当时是选址小组的成员之一，他解释了选择肯塔基州乔治城作为厂址的原因。

为什么选择乔治城呢？其中物流是关键的因素。我们想把工厂建在通往底特律的公路旁，并且尽量接近64号和75号州际公路沿途的零部件供应商，乔治城恰好符合这些条件。当然也有其他比较好的候选地，比如田纳西州等。在全面考虑了劳动力、与75号州际公路的临近程度、与供应基地的临近程度、与传统汽车工业中心的临近程度等因素后，最终列出了几个候选地。因为是开办新工厂⊖，所以我们认为全新的劳动力会更好些。当然在汽车制造这个技术性领域里选拔出一些足够符合条件的候选人是有一定难度的，但我们仍然决定冒一次险。虽然是白手起家，但我们认为选择将基本原则和做法植入到一些没有经验和知识的人的思想中是更明智。

根据NUMMI的经营经验，我们可以选择跟其他公司联合。通过联合可以经历许多以前不知道的事情，但是也正是因为联合，在NUMMI有许多事我们想做却不能做。例如，我们本来可以通过将工作种类缩减到3种以提高柔性，但是在NUMMI却面临资历方面的冲突。在培训和工作的分配上我们希望根据柔性最大化的原则来安排工人的岗位，但是如果根据资历来选择，管理层就无法实现员工与岗位的最佳结合。

我们也很喜欢肯塔基州中部，因为那里是农村地区，给人的感觉是它还没有很好地开发。肯塔基州政府急切地希望引进丰田，其鼓励也起到了一定作用。我们拜访了当地一些饭店并在那里就餐，人们走过来说他们想到丰田去工作。当然，也有一些人攻击并质问政府"为什么放弃对一个外国公司征税？"但我们发现这里的人，尤其是那些农业占很高比例地区的人们都很友好，有很高的工作热情，因为夜以继日的农活很艰苦，他们都渴望更好的工作。

丰田在新工厂的创建上具有罕见的优势，它能与员工一起从头开始。正如服部善树所提到的那样，丰田新员工在学习丰田模式时所具有的开放性思维要比其是否具有制造汽车技能重要得多。丰田选择肯塔基州作为工厂的厂址有多方面的原因，包括州政府的支持鼓励、与铁路和州际交通毗邻，当然还有辛勤

⊖ greenfield，新建工厂。采用新的生产方法设计的新工厂，不再沿袭一些妨碍进步的工厂布局，或不合乎要求的习惯和文化，从一开始就可以用精益方法布置生产流程。——译者注

工作的农民精神——这种精神与当地人学习丰田模式的开放态度是一致的。

3.4.2 发展能干的人力资源池

对丰田而言，仅仅具备在新工厂厂址方面的优势是远远不够的。丰田习惯于在雇用员工之前就开始影响人力资源。在日本，丰田通过与当地教育系统合作的方式，启动将年轻人带入丰田文化的准备程序。在现在的丰田市[一]，有一个丰田高中系统。在中学时期，就要对学生们进行职业兴趣和才能方面的评价，根据他们的能力给出相应的选择和指引。在丰田主要有3种职业路径：

- 生产工人；
- 熟练的技术维护工人（焊接、电气、机器人编程等）；
- 工程师。

他们可以从3种不同的教育路径中挑选一种。来自地方学校的绝大多数学生将选择生产工人的职业路径。在丰田高中里，他们一起住宿、学习、工作和玩耍。除了继续学习读、写以及数学等核心教育课程外，现在他们还要学习丰田模式，包括汽车制造技能、TPS的构成、价值观、团队工作中人际关系的组成以及丰田文化。

丰田在肯塔基州建立工厂初期，还没有这种可以满足自我需求的教育系统。相反，他们采用第4章所描述的严格选拔程序从现存的已经具备了某些必备品质和技能的备选人才中选拔员工。实际上，在最初参与测评的人中，只有5%通过了丰田严格的标准。随着时间的推移，丰田需要更多的人才，并决定创造性地与社区合作来提高潜在劳动力的能力，这在一定程度上与其在日本的做法类似。

1999年，当地学校请求TMMK在肯塔基州参与一项有效的校企合作项目，很多州都组织了这种为高等学校学生提供必要工作技能培训的项目。TMMK将该项目看作与学校紧密合作并且提高劳动力质量的机会，于是会晤了斯科特县教育系统的负责人达拉斯·布兰肯希普。并询问斯科特县的学校是否同意与TMMK一起探索将质量圈技术作为学习工具引入K-12年级的课

[一] Toyota City，丰田市。原名举母市（Koromo City），位于名古屋市东方约30公里，是日本爱知县城市之一。1938年丰田在此成立，1959年更名为丰田市。——译者注

堂中？布兰肯希普同意并让 TMMK 与地区课程委员会一起研究该问题。经过交涉，TMMK 与学校都不愿增加新的"项目"，而是将质量圈技术编织到学校教学系统中。质量圈的基础是：团队挑选出他们愿意解决的问题并学会利用结构化的问题解决方法来解决。而丰田能够教他们这种解决问题的方法。最终，双方共同建议学校董事会开启一项为期 3 年的实验项目。董事会同意后，丰田和学校各派相同数量的人员组建了组织委员会，启动了名为"为明天寻求有用的就业技能"（QUEST）的合作项目。

运转一年之后，组织委员会就使 TMMK 的工业质量圈及问题解决技能融入到了学校环境中。还正式通过了如下所述的使命。

通过教授解决问题的方法和有效的团队工作，在学校周边建立一个相互尊重与信任的持续学习的环境，改进学生学习现有课程的能力并为将来的人生选择做好准备。

QUEST 的运行由一个 6 人小组负责，其中 4 人来自 TMMK，2 人来自学校。在该项目的运行过程中，联邦资助部分经费，TMMK 捐赠复印机、电脑等设备，学校提供场地及其他支持。QUEST 首先培训系统内部所有管理人员和校长，目的是让学校董事会、老师和员工都能理解和遵从相关的理念。有两个高中老师主动想办法将这些技能融入他们所教的班级，应运而生的学习小组非常成功，所以组织委员会决定将其推广。1999 年夏季，QUEST 对来自斯科特县教育系统所属学校的 23 名老师进行了首次培训。2000 年夏季又有 100 名老师接受了培训，2001 年则有 130 多名老师接受了培训。迈克尔·豪瑟斯是丰田的项目代表，以下是他所观察到的。

我们认为，首先应该培训老师，然后由老师培训学生，使学生可以用其解决学校食堂以及课外活动中的问题。但我们也意识到，QUEST 的价值对于各层次的活动都是有益的，尤其是对核心课程的基本学习。事实也是如此。老师发现这些技能都是基础教学的有用工具。因此将其应用于社会科学、数学、自然科学和文学等课程中，效果显著，学生学习更专注了，热情也提高了，掌握得更快了，连分数也提高了。我们将方法传授给老师，由老师对其进行适应性改进并应用到教学中。

鉴于明显的成效，斯科特县加深了与丰田的校企合作。现在 TMMK 为高校学生和老师提供到工厂参观的机会，资助青年成就组织的发起人、校办企业（比如，学生经营的银行和商店等）学生甚至可以制作简单的产品。QUEST 是 TMMK 对地方教育系统改进所做的主要贡献。

QUEST 从最初只应用于 K-12 年级，最终发展到应用于整个斯科特县教育系统所有有天赋的和需特殊教育的学生。来自斯科特县教育系统之外的 12 个地区的代表也参加了 TMMK 的培训，他们正在将 QUEST 技术引进到自己的系统中。现在 QUEST 也指导斯科特县成人教育的课程。乔治城大学将 QUEST 应用到市场营销课程上，肯塔基大学则将 QUEST 介绍给研究生教育课程的老师和管理人员。

尽管 QUEST 项目正在提高整个人力资源的能力，但是丰田仍然需要结合该项目向更加具体的人群提供更有针对性的培训。为了更精确地复制在日本使用的系统，丰田必须创建更广泛的渠道，让更多准备、愿意及能够到丰田工作的学生能够像日本的学生一样进入 3 种职业路径：生产工人、熟练的技术维护工人和工程师。

为此，丰田在肯塔基大学、肯塔基社区和技术学院系统的合作下建立了 QUEST 制造学院。设计该项目的目的就是直接与学生一起工作一年，在为学生提供制造业领域就业机会的同时，通过实习训练培养他们，使之具备丰田选拔员工时所看重的能力。该项目覆盖了乔治城工厂周围的 4 个县，并从中学开始就为学生们提供参观工厂的机会，并向他们介绍制造业领域里的职业。

在高中阶段，10～12 年级的学生就有机会申请加入 QUEST 制造学院。各所学校的不同课程的课堂上也介绍了该学院。例如，技术学校的电子课、初级工程项目，以及一般性的职业课程。老师则在团队合作和问题解决等方面接受了 QUEST 方法的培训，并将它们与学生的常规课程结合。同时，学生参与到一系列的实地考察和活动中，目的在于让他们深入理解制造业的职业，同时有机会培养成功所必需的各种能力和技能。

学院的课程包括 60 多个小时的活动，其主要内容有：

- 肯塔基大学工程学院的参观和实践活动。
- 肯塔基社区与技术学院全州中心校区和布鲁格拉斯校区的参观和学习活动。

- 参观丰田工厂，在雇用新员工的实际评价程序和新员工培训区域进行实习活动。
- 通过课堂、课后以及周六等时间，进行为期 40 多小时的实际技能培训，其中包括丰田及制造企业所需求的具体技能，比如：
  - 团队合作。
  - 交流和冲突解决。
  - 安全工作意识。
  - 质量标准意识。
  - 遵循标准。
  - 利用标准促进计划—执行—检查—处理（PDCA）改进程序。
  - 可视化管理（读图及解释数据的能力）。
  - 过程诊断，以提高安全性、质量和生产效率。
  - 组装和车身加工技能（使用工具，在流水线速度的压力下工作，阅读清单后选择部件）。

一年结束后，学生要在一系列任务中展现其技术和能力以获取认证。一旦获取了认证，他们就有机会：

- 进入丰田临时机构的雇用程序。
- 参与合作项目，在参加技术学校学习获取相关学历的同时在丰田工作。丰田已经与当地的技术学校合作，将校园设在丰田的工厂并向社区开放。
- 到工程类大学学习，然后回来与丰田合作。
- 到其他类大学学习并在晚上或暑期到丰田兼职。

丰田与社区团体合作启动了多个项目，如成人教育社区大学，当地劳工投资委员会，等等，致力于该地区人力资源的技能培养。比如，丰田有一个项目允许当地拉丁美洲社区的成员到丰田临时机构工作的同时，还可参加一般教育发展考试（GED）⊖，学习英语，并在技术、人际关系以及解决问题技巧等方面得到培训，这些能力是作为丰田员工所必需的。项目结束时，如果

⊖ General Educational Development Tests（GED），一般教育发展考试。由美国教育评议会（American Council on Education，ACE）所提供，如果通过考试就证明具备美国一般高中毕业生的基本知识与技能。——译者注

参与者能够证实自己已经具备了这些能力，那么他将被临时机构雇用为生产线上的全职人员。

这些项目实践帮助丰田获得了尽可能多的优秀人才储备，增援了丰田长远规划程序，根据预测，人员需求的空缺将在2013年达到峰值，因为届时将有大量工龄满25年的员工退休离开公司。1999年QUEST项目的实施，丰田诠释了其长远规划以及致力于直接影响社区人力储备质量的努力。

《丰田模式》一书总结道：在大型跨国公司中，丰田是一个真正的学习型组织。如果真是如此，那么丰田再建新工厂时一定能从肯塔基州乔治城的建厂经验中得到启发。事实也是如此，丰田已经将其应用到了密西西比州小镇图珀罗（约3.5万人）的厂址选择中，该工厂将在2009年秋天开始生产汉兰达。13亿美元的投资，2000名员工的就业，再加上当地供应商对员工的需求，都将对该地区产生巨大的影响。因此，丰田以投资建厂为砝码，与密西西比州政府就减税和培训员工的巨额经费问题谈判，并确定了双方出资的份额协定。但是，丰田在积极行动并获取培训经费之前就已经与当地一个名为"创新基础"的社区组织开展了合作。在选址的几个月里，丰田承诺将投资5000万美元改进该地区的教育，具体计划是在10年里每年投资500万美元给该社区。虽然，这些钱的具体支配方案没有确定，但是绝大多数都将用于以乔治城经验为基础的K-12教育。

整个图珀罗社区齐心协力，争取促使丰田在附近的城镇选址。事实上，美国最好的基金会之一"地方社区发展基金会"，在听说有汽车公司会搬过来之前就已经开始为汽车组装厂选址了。他们一直在寻找，直到认为有拿到最高奖——丰田工厂的可能。丰田在现地现物（去看并感受）的基础上选中了该地，丰田的主管拜访了该地区主要的工厂，在线与工人们交谈，还拜访了社区组织。他们进行了无数次拜访，其中包括丰田章一郎，询问了无数个问题，担心潜在人力资源群会比较小，但图珀罗的领导回答了所有的问题。最后他们选择了图珀罗是因为当地文化，尤其是团队合作和社区开放的思想比较适合丰田。

整个社区从选址开始就焦急地等待新邻居的到来，事实上，每个企业都在问：我们应该为丰田的到来准备什么呢？一个社区领导感慨道："由于政策的改变，我等了好多年，从未通过，但现在只要一提丰田这个词，就可以了。"

很显然，并不是每家企业在某个地方设厂，都能引起整个地区的关注。我们不能期望一个小公司拿出 5000 美元帮助该地区发展教育系统。关键是丰田在选址之前已经对文化进行了深思熟虑，提前对环境施加积极影响，远远超出了适应当地文化的范围。

小结

为丰田模式文化打下基础

丰田的人力系统在广阔的环境里运行，必须紧紧与该环境相结合。首先从共同繁荣的经营目标和质量、成本、递送、安全和道德等方面的目标开始，重点强调培养优秀员工，从而生产优质产品。这两个目标的驱动力是普遍的、持续的。输入人力价值流的内容包括丰田的理念和价值观、丰田生产方式原则和合格的人力资源群。丰田在新工厂的选址方面是有目的性的、经过深思熟虑的，并积极影响当地人力资源的质量。

标准化和一次次成功复制丰田文化的关键是丰田的计划和前期准备工作。本章目前讨论的所有问题只是构建丰田文化的计划过程的一部分。

总体来说，丰田成功的必要条件是很好地理解了图 2-3 中所定义的投入因素，但是这些因素未必应该纳入其他多数公司的流程中。渴望构建丰田文化的企业应该考虑在目标、产出和投入等方面与下列关键指标相差多少。

你的公司应该考虑的要点

1. 丰田的目标是对社会、当地社区、丰田团队成员和丰田的发展做长期的贡献。这种想法使得丰田能够对其员工、产品、流程以及技术有长期的投资。

2. 公司传达了一个明确的目标，清晰地描述了公司和团队成员在他们的合作关系中所扮演的角色——长期繁荣是所有利益相关者的目标。

3. 领导向团队成员灌输始终如一的思想即永远不能牺牲质量，公司领导者愿意为优秀员工投资。

4. 领导将组织的核心价值观和管理原则融入日常经营管理。

5. 公司仔细地过滤投入组织的所有因素，为了改善这些投入因素甚至可以对当地社区进行投资。

6. 公司有一个建立在问题识别、减少浪费、尊重每个团队成员解决问题能力的人力系统基础上的操作系统。

本篇总结

丰田成立时，仅仅是一家小的、挣扎中的日本汽车公司，一直以来希望干出点名堂。它的创建源于丰田佐吉希望儿子喜一郎能为社会做出贡献的愿望。它是一个家族企业，根植于远离东京的一个偏僻农村的道德规范。爱知县在日本以节俭著称，反映到丰田身上的是一种杜绝浪费的激情。随着丰田的成长，领导者献出思想和汗水来建造一种独特的企业文化，这种文化最大的特点是成为一个学习型组织。丰田生产方式是这个学习过程的成果之一，但是TPS的本质则是一种理念，现在可以清晰地将其表达为尊重员工和持续改进。

本书的撰写从一些文化理论开始，描述了文化的3个层次：我们从表面看到什么，公司领导信仰什么，组织成员未必能够清晰说明的深层的、潜在的基本假设。这3个层次（见图I-1）总结了到目前为止我们通过对公司根源以及影响丰田文化外部环境的分析所了解到的内容。同样，在本书第一篇和第四篇结束时将用类似的图形来总结相应的分析结果。

丰田建立初期，未必非常清楚地了解丰田模式。它没有名字，仅仅是丰田做事的方式。隐含的潜在假设作为一种思维和日常活动方式传授给新成员。不把事情记录下来几乎是丰田公司的理念，这在日本的高语境文化⊖中是不足为奇的，因为他们认为学习最好在现场进行。

随着丰田的全球化，公司吸纳了来自不同国家和文化的员工，使得将潜在假设明确化越来越有必要。可能说塔形图的中间部分——价值观和规范的范围已经变大了。《丰田模式2001》记录了许多显性假设，并解释了作为丰田的一部分这些假设意味着什么。

为了更深入地理解真实的隐性潜在假设，研究日本文化是必要的。我们必须理解日本的高语境文化，这种文化建立在关系、义务和责任的基础上。

⊖ 1976年，美国文化人类学家爱德华T. 霍尔（Edward T. Hall）提出了高语境文化（highcontext culture）和低语境文化（low context culture）的概念，他认为："任何事物均可被赋予高、中、低语境的特征。高语境事物具有预先编排信息的特色，编排的信息处于接受者手里及背景中，仅有微小部分存于传递的讯息中。低语境事物恰好相反，大部分信息必须处在传递的讯息中，以便补充语境中丢失的部分。"一般来说，东方国家在交流过程中比较含蓄，用比较委婉的语言表达自己所要表达的意思，属于高语境文化国家；西方国家在交流过程中比较直白，不是那么含蓄，属于低语境文化国家。——译者注

仅仅将公司视为一个建立在利用雇主和工人之间关系基础上的企业，不像是日式的思维方式。丰田的所有者、主管和经理将公司看作一个小型社会，致力于实现所有成员和事业伙伴的共同繁荣。我们必须将公司理解为一个如同商业交易网络一样复杂的关系网络。信任、尊敬以及合作的概念在这种商业语境下比合同、成本收益计算和经营战略更有效。丰田是一个完成所有目标的、成功的企业，但是其目标不仅仅是赚钱。丰田是一个探求持续生存、成长和长期目标的活的有机体。

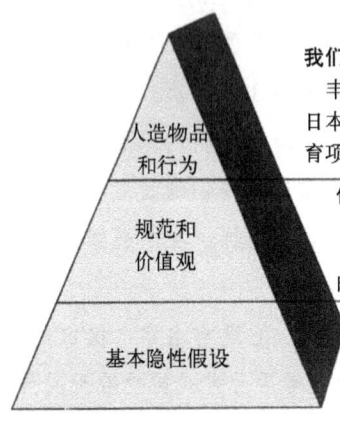

我们所见的
丰田模式构架屋，TPS构架屋，使命的陈述，价值观的陈述，日本公司，重视质量，TPS工具（比如，安灯、看板），社区教育项目

他们所重视的
尊重员工，持续改善，消费者第一，为社会做贡献，挑战，自力更生，"正确的过程产生正确的结果"，社区投资，安全的环境，质量、质量、质量

他们所相信和践行的
公司对员工、合作伙伴和社会负有广泛的责任，满足客户需求是我们的荣幸，高级管理人员是一个比其生命长久的社会机构的守护者，公司必须适应环境但是也可以控制环境

图 I-1　文化分析总结

丰田文化非常有趣的一面是谦虚和明显的乐观主义并存，这种乐观主义表明员工可以精力充沛地完成其实施的任何事情。挑战精神则是指不断进行新的挑战，并且每次都能胜利。甚至环境都不是设定的，如果环境不能提供足够的优秀员工，丰田将会影响当地社区以提高员工水平。促进创新和改进的是一种不安，即隐蔽在某个角落里威胁着公司的危机。而且，一旦设定目标，就会有一种目标一定能实现的乐观主义，你可能认为这是一个以为自己无所不能的自大的公司。反复遇到这样的问题后，高层领导提醒员工丰田最大的危险是自满和自大。

丰田在许多方面都充满着矛盾，但是解决这些矛盾的方法就是一个接一个的突破。这些思维方式的突破不是因为精益、六西格玛或雇用某个CEO来实现，而是通过员工数十年的职业培训和训练来实现。丰田是如何培训员工使之富有思想并执行解决问题程序是下一篇要讨论的话题。

第二篇

优秀人力价值流

> 思想和创新的力量是无穷的。当看到创新发生时你能发现前所未有的机会。正如你环顾四周,世界就会变得更开阔。这种能力可以为公司、团队成员和社会的发展做出贡献。
>
> ——丰田汽车北美制造公司前副总裁,加里·康维斯

第二篇研究的核心是人力价值流，围绕价值流的4个阶段进行讨论：吸引、培训、重用和激励。丰田必须吸引优秀的人才，使之融入丰田模式；培训他们，使之胜任本职工作；重用他们，使之为持续改善做出最大贡献；激励他们，使之成为忠实于公司、社区和社会的人。

日本丰田国际人力资源部已经完成了《丰田模式2001》《丰田人力资源管理模式2002》《人力资源管理引导模式》第2版3个重要文件[⊖]。编写这些文件的目的是使构成丰田文化的重点和日常活动更清晰。与此同时，这些文件以及我们在丰田的经历是本篇的主要资料来源。

丰田生产方式因物流的准时制系统而出名，准时制是指在准确的时间和准确的地点获得准确数量的准确零部件。同样的原则也适用于丰田人力价值流：根据公司需要在恰当的时间派遣恰当数量的恰当员工。在丰田，任何流程的标准一旦确定，就要通过计划—执行—检查—处理循环发挥作用：制订计划，然后执行（做），接下来需要采取的步骤是控制效果（检查），进一步改进以产生新标准。世界上没有完美无缺的流程，流程总是处在不断发展和改进的过程中，丰田在全球化和学习其他文化细节的过程中尤其如此。

⊖ 这些文件都是内部出版物，由东京丰田国际人力资源部完成，并定期更新。

第4章 | Toyota Culture

吸引能干可塑的员工

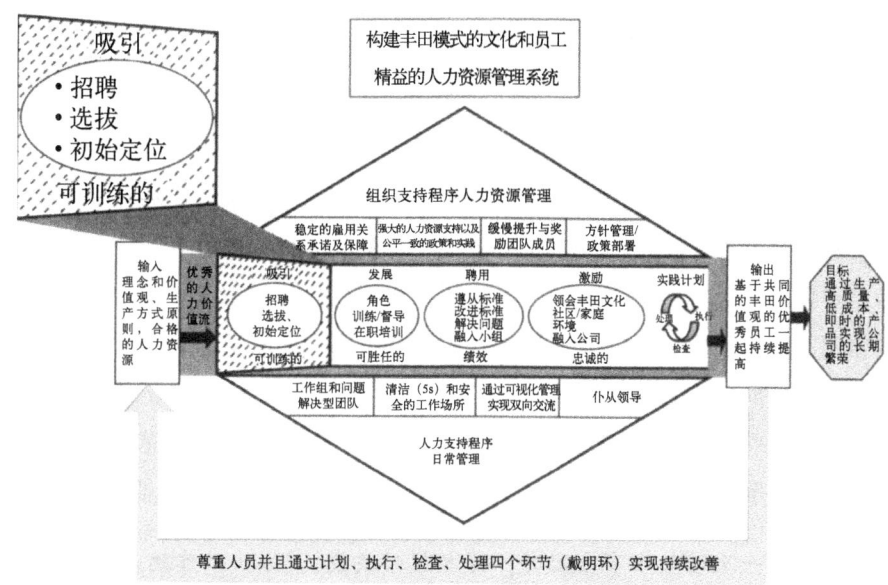

> 我一直在寻找一批具有无限能力、能够完成任何任务的员工。
>
> ——汽车制造业的革新者，亨利·福特

4.1 选拔终身员工

在一家公司中，常常由于有人离开或业务增加，或者需要新类型的专家，会导致职位出现空缺，这就需要新人来填补。一般的做法是，首先人力资源经理进行大部分的搜索和面试工作，然后再与人力资源部门合作，处理与行政和法律相关的事项。虽然此种招聘方式较为普遍，但却不是丰田采用的方式。丰田期待的是能与公司共度一生的人，因此每个雇用决定都要严肃对待。既要满足现在的需求，又要对未来的雇用需求做谨慎规划，两者之间要达到平衡，人力资源部门在此方面发挥着至关重要的作用。事实上，一个职位是否空缺只有人力资源部门能批准，而且更重要的是人力资源部门掌握着最终的雇用决策权。为某个具体职位聘请员工的情况也时有发生，但既然是希望员工终身加入公司，那么在公司的第一份工作就显得不是那么重要了。谁知道这份工作能维持多久呢？例如在工程师中，丰田会采用一种长期模型来判断相关职位的成长和补充，并以此来决定所需要的各种技能工程师的数目。比如可能决定在某一特定年份需要 50 名电力工程师，60 名机械工程师以及 20 名化学工程师。然后人力资源部门就到日本顶尖的大学里去寻找适合丰田文化的最佳人选。在从事具体的工程特长工作之前，这些新人将花数年的时间来学习和做一般性的工作（如电脑辅助设计）。丰田从不让工程师一开始就从事具体的工作。丰田的员工雇用是建立在长期需求基础之上的，雇用员工后，丰田会花大力气来培养新的工程师，并搞清楚其应该从事的工作。在确定雇用人数方面主要的问题就是要避免员工过剩，被雇用的员工因此可以受到长期的保护。

我们在采访皮特·基顿时，他正担任 TMMK 的人力资源副总裁，早在做出第一个人事分配决定时，他就从导师铃木那里学到了这一点，他说道：

在我第一次进行人事分配时，铃木就对我说："你的工作就是保证 8000 人的工作安全，不能有任何闪失。丰田保障员工工作安全的历史已经有 40 多年了，不要把它搞砸了。"我们希望员工能更努力地工作，但是一定要保证他们的工作安全。如果需要做好一件事的话，那就是规划好我们的用人计划以保护丰田的名誉，并且不能损害团队成员长期的工作安全。这一点在丰田非常重要。这是每次在雇用时必须要考虑的。

丰田如此强调雇用关系的稳定，因此对每个新员工的雇用都是从公司整体的角度来考虑的。"合适的人选"是各个分支机构里广泛讨论的话题，目的是为了能够找到与经营、人力需求、预计需求的能力、工作角色以及职位的独立性等相匹配的人选。谨慎的态度、紧急的事态和企业的价值观，促使公司决定利用临时工和全职员工相结合的用人机制。"稳定的人力雇用计划"利用谨慎构建起来的模型计划应该雇用的全职和临时员工人数，在第12章，我们将考察"稳定的人力雇用计划"的逻辑过程。

在决定雇用后，接下来需要考虑雇用的质量。如果可以很轻易地解雇工作不力的员工，那么就没有选拔人才的动力了。终身雇用制意味着在雇用员工时需要通过严格的程序和审慎的考察。丰田以计划谨慎和注重细节而出名，这一点在雇用过程中表现得淋漓尽致。如同丰田致力于设计和生产优质汽车一样，它的员工招聘、选拔以及新员工的入职培训为人力价值流的过滤提供了一流的保障。

4.2 在恰当的时间，以恰当的方式雇用合适数量的恰当员工

4.2.1 恰当的员工

想象一下，如果你是一家新建工厂的创始人之一，你的职责是雇用员工。那么你需要找的是哪种人呢？是希望这个人具有汽车行业的工作经验呢，还是需要至少具有工厂工作经验呢？是否要求这个人能够适应于使用工具和机器进行长时间辛苦的工作呢？思考下面的案例。

案例4-1　　　　　　雇用恰当员工

候选人珍妮：女，9年的理发经验，擅长卷发和染色。

如果你是人事经理，在决定是否雇用这个人从事组装工作时会投什么票：赞成？反对？还是不确定？你决定对她进行面试，走过来的是一个身着粉红上衣，脚穿3寸高跟鞋，留着1寸长指甲的身材娇小的女人。那么现在你的决定是什么？

面试珍妮的是一个4人小组：2位生产经理，1位日本协调员和1位人力资源专家。用丰田以表现为基础的面试方法进行面试后，得知珍妮是在肯塔基州东南部的一个农场里长大的，是一个善于自我表现的行为类似男孩的姑娘。她有4个哥哥，她与哥哥们一起在农场干活，修理机器，曾经修复过一

台1957年的雪佛莱以及新型的克尔维特。因为厌倦了去理发店，理发师的技术也不佳，还老犯错误，于是珍妮曾经到美容学校接受教育，她的目标就是掌握一种30年不过时的能够给自己剪出漂亮头发的好技术。

珍妮具备一些理发师罕有的机械方面的天赋。面试中她讲述了很多自己面临的挑战并与团队成功解决问题的事例，面试过程还表明她对所从事过的任何事情都能做得很成功。她穿粉红上衣和高跟鞋以及留着长指甲的原因是她目前的职业属于美容行业：如果她穿得像个工厂工人，她将无法代表她目前的专业技能。她像面试小组保证，如果给她一份在汽车工厂的工作机会，她的指甲、鞋跟以及着装都会与新的职业相称。

1988年，珍妮被录用为剪裁流水线上的组装小组领导（一种计时制的领导职位），组装车门并对安全、质量、产品、成本以及5个团队成员的士气负责。她在职业中所显示出的技能正是选拔系统所寻找的。她的团队工作以及人际关系技巧促进了其团队的成功，在1992年她被晋升为车门流水线的团队领导（领薪水的主管职位）。

在选拔程序中所显示的她在机械方面的天赋和解决问题的技巧在工厂中得到不断的展现，其中一个例子与凯美瑞前门侧镜的损坏有关。镜子损坏后就要扔掉，导致损坏发生的原因有很多。划痕对她的团队来说是一个成本问题，她决定不让划痕的成本转嫁给消费者。为了在减少划痕的同时保持产品质量，她成立了临时修理区，在这个区域珍妮和她的团队成员利用一些破损的镜子的回收部分"制造高质量的"的镜子。

珍妮意识到这只是找到真正原因之前的临时应对措施。她的团队所存在的最大问题是他们将镜子粘在门上时所用的工具会划伤镜子。他们将螺丝钉射入镜子时所用的风动工具有一个十字螺丝刀头，这个刀头会从镜子上滑下来并损伤镜子。她带领团队成员一起想出了新的方法，然后训练每个员工掌握新的标准操作方法。划痕的数量有所减少，但问题依然存在。这时珍妮就召集来自丰田技术中心的产品改进工程师以及供应部门开会，最终决定改变镜子的设计，装入一个顶部可以活动的螺栓来代替小的螺丝钉完成镜子的安装。这样刀头就不容易从螺栓上滑下，从而杜绝了问题。不仅如此，这种做法还为她的团队和整个公司在每辆车上节省了宝贵的两分钟。

经过丰田独特的招聘和选拔程序的精挑细选,得到的是像珍妮这样的员工,她不仅能胜任工作,还能长久地忠诚于工作和公司。其他组织在雇用员工时常犯的错误是他们只满足眼前需要,这种短期目标可能会实现,但有时候甚至连短期目标都实现不了。丰田的方法是将公司所需要的技能与候选人的技能相匹配,以成功地满足双方的即时需要,以及对新角色和职位轮换的特性需求。对员工而言,这种方式能建立起员工对公司的信任并有助于对他们的长期雇用,因为员工知道自己将获得与公司一起进步的机会。从公司的角度,这在培养有效的管理者方面也是一个关键性的工具。现在,珍妮·休斯是组装工厂的助理经理,每天她要负责将2000多个用于1000多台汽车的部件送到1000名团队成员手中。她在丰田的职业生涯已经达到20年,并且仍在继续。

4.2.2　合适的数量:以长期雇用需求为基础

有些公司将雇用员工的权力赋予了各个经理,由其自由决定用人需求,在这些公司里过度雇用是常见的现象。很多时候,经理在雇用员工时的意愿是良好的,但却忽略了对长远需求的考虑。当有大项目或者销售额提高时,会需要更多的工程师,更大规模的销售队伍,或者更多的生产工人,此时具体的部门就要劝说增加人手以满足需求。这在大工程结束或销售回落之前不会出现问题,但是下一个大项目不可能接着出现,通常在时间上会存在滞后,因此这些员工被解雇,毕竟雇用一个人比解雇一个人要容易。有时主管会发现系统太"胖"了,就命令进行全面裁员。丰田偏好利用类似于平准化⊖的原则或丰田生产方式中的平滑化原则。雇用和解雇上的反复意味着:繁荣时,要重新培训新员工融入企业文化中;萧条时,要解雇员工,而这又会破坏信任。两种做法对人力价值流都是破坏性的,都会造成人力价值流的浪费。

⊖ Heijunka,平准化。在固定的生产周期内,平衡产品的类型与数量。这样可以在大量生产的同时,有效地满足消费者的需求,最终实现企业价值流的库存、投资成本、人力资源以及产品交付期等的最优化。——译者注

案例4-2　　　　　　　　　雇用合适数量的员工

来自迈克尔·豪瑟斯的经历。

我担任组装工厂的经理时，我们没有实现安全、质量、效率及成本等方面的目标。所有的团队领导都告诉我他们已无能为力，因为所有的小组领导都在生产线上。核对数据后发现，他们是对的：平均75%以上的小组领导在生产线上进行生产工作，但标准是不得超过50%。标准表明至少要有一半的小组领导不应从事生产工作，这样他们才能到处巡查并回应安灯信号的呼叫。在丰田，我们面临一个问题。小组领导的在线比例比标准多出了25%，还要应对长期的病假、兵役以及天数日益增加的常规假期。这种趋势在去年就出现了，如果还不采取措施的话，该趋势很有可能会持续到下一年。我们收集了所有的事实，并到人力资源部门要求雇用更多的团队成员以弥补高出标准数量的员工空缺，并且保护这些人，我们都累了，但仍没有实现目标。

在请求增添人手时，我已经考虑了当前的状况和员工数。觉得人力资源部门一定会同意的，但事实上并没有同意。这是在学习丰田文化过程中所上的最令我惭愧的一堂课。他们告诉我，以超出标准为形式表现出来的问题主要是由于太多的员工因工伤请病假造成的。而对工伤发生的控制及改进则是我的责任。即使短期内雇用更多的员工也不能解决根本问题，也无法真正的保护员工。而如果给我机会，简单地雇用更多的员工，那么当请病假的人回来时，就会处于"人员过剩"的状态，也无法给予员工长期的保护。人力资源部门决定临时调其他员工到我们部门来，保证有足够的员工可以使用，从而使部分小组领导从流水线上下来，去寻找造成工伤的根本原因以防止更多的人请假。就这样在人力资源部门的帮助下，最终解决了问题。当请病假的员工回来时，我们就能重新分配那些帮助进行这一短期项目的员工了。我想这正是"丰田文化"不同于典型的"美国管理"思维的最好例子。我们将在第12章"稳定的雇用关系承诺及保障"中讨论这个完整话题。

4.2.3　以恰当的形式

防止过度雇用的又一关键点就是能够根据工作的需求选择恰当类型的雇用职位。维持适当比例的临时员工（称为可变的员工）对工作安全是必需的。

雇用临时员工本身不是什么独特的策略，但丰田的独特之处在于其选择和对待这种宝贵财富的方式。丰田选拔临时员工的程序与选拔全职人员的程序类似，对此将在第 5 章予以介绍。

丰田临时员工制度独特之处在于，丰田努力将这些员工融入团队和丰田文化中去。当然，在薪酬、福利以及法律事宜方面与正式员工会有所不同，但在车间，相互尊重和信任以及持续改进对两者都是一样的。尽管对于临时员工的培训不像正式员工那么多，但是他们也是人力价值流的一部分。尽管临时员工仅仅是对冲经济下滑风险的可变要素，但是公司对其管理却是围绕着永远不让他们离开的目标进行的。事实上，临时员工和公司的共同目标就是通过培训、符合标准的表现以及忠诚等来成功地实现人力价值流，两年的临时期过后，他们就可以转成正式员工。2006 年，那些在乔治城工厂出色完成任务的临时员工在临时期满后都转成了正式员工。

4.2.4 在恰当的时间

与丰田准时制生产的部件传输系统类似，雇用系统也要准时地向它的消费者（比如，生产部门）输送员工，这点在丰田的精益环境中显得尤其重要。例如保持离线的小组领导人数的适当平衡是很重要的，使得他们能及时对安灯呼叫做出回应，以实现在最短时间内以尽可能低的成本制造出最高质量汽车的整体目标。前面提到了在丰田行之有效的标准，即不论何时，在线上的小组领导的比例不得超过 50%。如果太多的小组领导在流水线上工作，而不是在线下支持团队成员，就会给团队成员带来负担，并给工厂的正常生产时间带来消极影响；如果太多的领导在线下，又可能对衡量单位劳动时间成本的关键绩效指标带来不良影响。

4.3 漏斗型招聘模式：多层考察聘用少数精英

漏斗一词可以帮助我们理解丰田的招聘程序。如图 4-1 中的漏斗所示，为了在漏斗的底部出现合适数量的合适人选，丰田希望在漏斗的前端有大量的候选人。这是相当重要的，因为早先我们也提到，丰田很挑剔，只有极少数的人能够成功地通过筛选程序。一旦决定了空缺职位的数量、雇用的形式以及所需的员工类型，丰田就开始招聘员工。现从观察丰田如何处理招聘这一端开始。

在程序开始时，能吸引大量员工的重要因素之一就是使自己成为这一领域雇主的首选。首先从有竞争力的薪酬和福利开始。正如将要在第14章讨论的，丰田的工资和福利差不多是汽车制造行业中最高的，这无疑在该行业的同类工作中

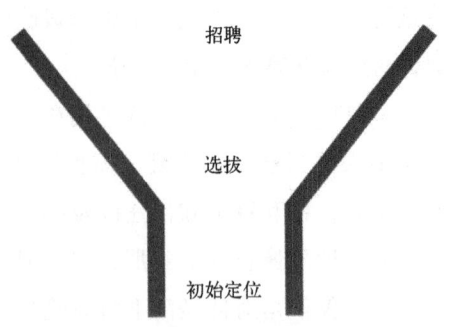

图 4-1 招聘和选拔的漏斗模型

具有典型的竞争力，这种情况已经延续了20年了。除了高工资之外，公司必须在员工中有良好的口碑。的确，丰田员工的口头传诵能为公司带来一批潜在的人才。良好的口碑源自于将员工视为最重要财富的观念。一位丰田主管表达了如下的情感："我们的团队成员是我唯一拥有的能够增值的财富，其他的一切在我们买到手之后就开始贬值了。"

我们会提供为期一周的丰田文化讲习班，有时在肯塔基大学进行，肯塔基大学则通过人才系统来测评这些参与者。在讲习中他们有机会思考丰田的方法，将其与自己的方法相比较，并设法缩小两者之间的差距。讲习中的一些见解为本书的很多部分提供了例子。一次讲习中，当讨论到雇用员工这一问题时，一个大型制造公司的主管很沮丧地说："这正是我们的问题，我们没有将员工视为财富，而将他们看成是可以用钱买到的商品。反过来，我们也不为他们付出什么，这致使无法录用最好的人才，没有选拔最好人才的系统，而且在使员工投入工作的方式中也存在问题。难怪我们得到的是目前这样的结果。"

4.4 选拔：长期匹配

许多公司努力学习丰田的主要原因是丰田有一种不同的文化，它能从员工身上获得更多。因为丰田的文化特色如此鲜明，所以不可能找到一个在其他公司工作过且具备丰田公司需求的所有能力的人。困难的是要用两种方式评价他们：从他们过去的经验和表现来看，是否与丰田环境下的成功所需要

的特质相符；是否能在相关工作情形下展现所表现出的这些能力。雇用系统的逻辑前提就是过去及现在的行为是对未来行为的最好预测。

　　日本领导者在建立新工厂时希望选拔出一些聪明好学、能理解和应用丰田生产方式的人。在为 TMMK 雇用员工的早期努力中，丰田利用职位分析信息来决定各具体职位所需要的工作表现以及工作标准即大家所熟知的维度，在生产环境下成功所必需的各个方面。因为 TMMK 是丰田在当地建立的最早的工厂，没有其他工厂作参照。因此，在考察了加利福尼亚 NUMMI 工厂的 6 个具有可比性的职位后做出了职位分析，它们分别是：团队成员（生产和维护）、小组领导（生产和维护）以及团队领导（生产和维护）。除此之外，日本的主管还和美国的第一位主管在技能类型以及他们对这些职位所期望的表现进行了讨论。选拔系统能观察和衡量组成工作表现的各个维度。尽管对小组领导和团队领导的要求更严格，却有一些可以适用于这 3 个职位的一般形式。具体如下。

　　1. 以团队为导向——利用适当的人际关系和方法帮助团队实现目标；维护小组的一致和合作，加快小组工作进程；在时机成熟时提供程序性的建议；意识到他人的需求及其可能做出的贡献。

　　2. 主动性——发起行动并通过持续的努力实现个人或团队的目标；自觉行动而不是被动接受。采取行动，但范围不限于实现目标所必需，积极响应而不是消极反应；寻找工作所需要的信息；与等着他人来告诉该做什么不同，要采取行动；承担负责工作/团队效率的责任；为其他团队成员提供帮助，并在需要的情况下（比如，旷工、质量等），与团队成员一起共同扭转局面。

　　3. 口头交流——不论是以个人还是小组的名义都能有效地传达观点及信息（包括组织，姿势及非口头的交流等），还要具备主动聆听的技巧。

　　4. 识别问题——识别出个人或小组的问题；努力找出相关信息（发现事实/收集数据）；将来源不同的各种数据联系起来，找出因果关系。

　　5. 解决问题——能够单独或与其他人一起为所采取的措施提供可选程序，做出决策，该决策要利用基于逻辑假设的事实信息。解决方案要考虑到组织的文化和价值观。

　　6. 实际学习——快速学习；能够遵守指示。快速吸收和应用复杂程度各异的工作信息；对组织政策或主管所要求的操作指导或指示能合理的谨慎注意。

7. 工作节奏——在没有不必要的时间或供应及材料浪费的情况下，能以特定的速度完成某项重复性工作；能够以连贯的速度频率完成某种具有特定顺序的活动。

8. 适应性——在各种不同的环境、任务、责任或者人际关系中都能高效工作。

9. 机械技能——能够完成基本的机械操作任务。

显然，很难找到具备以上所有特质的人，而且对新成员的培训和融合过程中，大部分时间都是集中在发展这些能力上。然而，丰田希望找到尽可能具备这些特质的人，并需要一个能够有效、合理及高效的工具来衡量候选人的能力，即他们在以往的工作经历或模拟任务中所展现的能力。为了有效，这些工具必须能够识别和衡量表现；为了合理，这些工具必须与工作紧密联系（与职位分析数据相关）；为了高效，这些工具必须能够在合理的时间内完成大量候选人的选拔。例如在 TMMK 的例子中，超过 10 万人提交了申请，有超过 2.5 万人实际进入了选拔程序，最终大约 3000 人被雇用为受薪团队领导（类似于一线主管）、计时制的小组领导和计时制的团队成员。与其他公司的选拔程序相比，丰田投入的时间之多、程序之严格都是很惊人的，即使雇用的仅仅是一个从事一分钟循环生产工作的计时制团队成员也是如此。就如我们所提到的，丰田对其团队成员的期待要远远高于简单的根据标准完成一分钟的操作。

4.4.1　丰田乔治城工厂对计时制团队成员最初的招聘和选拔程序

详细了解丰田乔治城工厂的例子对说明其招聘和选拔团队成员的方式是很有价值的，因为它能帮助回答下面的问题：丰田是如何实际识别和衡量候选人的工作能力的？该过程共有 7 个阶段。

案例研究：丰田乔治城工厂的员工选拔程序（1987～1990 年）

第 1 阶段：广告和招聘

候选人对招聘感兴趣

通过公共媒体对丰田新工厂的相关报道以及地区就业服务部门，大量的候选人获取了招聘信息,最初就有 14.2 万人提交了申请。丰田要对如此多的候选人进行选拔。

第 2 阶段:定位、申请及测试

1. 候选人预先了解实际工作

第二步的目的是让候选人了解丰田工厂及其理念,也给那些可能不愿从事此类型工作的人提供一个自我选择的机会。丰田用录像向候选人展示了丰田肯塔基州工厂积极向上的画面,集中体现了对有志于成为汽车制造的一员以及渴望制造出有价格竞争力的优质汽车的人才的需求。录像也如实地描述了工作的挑战性和高强度的工作节奏。

2. 候选人完成申请表

填写申请表格的目的是为了搜集候选人先前职业的相关信息。获取的内容,尤其是技术性及管理性经验等方面的内容,有助于初步判断他是否适合该工作,也是其成绩和成就的最初表现。申请表的形式与当今的"姓名、级别及系列号"形式不同,而是要填写体现工作成绩的具体例子。

3. 候选人完成一般能力倾向测试

一般能力倾向测试采取笔试形式,旨在通过对候选人的认知、感知及心理调节能力的可靠而高效的评价来筛选候选人。具体用到的测试则是一般能力倾向测试(General Aptitude Test Battery,GATB)。测试得到的信息被用于发现候选人的推理和实际学习能力,以此来预测未来培训和工作中的表现。

4. 候选人完成工作适应清单

工作适应清单的目的是衡量丰田的工作任务和活动特征能够在多大程度上与候选人的偏好相适应。利用职位分析的结果,制定出一份由两部分组成的调查表。调查表的第一部分是一些表述,候选人要在 5 个标度的等级范围评价这些表述的重要性;第二部分包含 10 个表述,候选人也要在 5 个标度的等级范围内给出他们对这些表述的同意度。工作适应性的例子是"我更喜欢的是独自工作而不是与小组的人一起工作",这不仅能衡量候选人的能力是否与丰田的标准相匹配,还能看出其选择这样做的意图及动机。这样做的目的是排除那些虽然可以成功完成工作但没长久持续动力的那些人。

5. 做出筛选决定

利用到目前为止所收集的信息,就可以做出哪些人可以继续,哪些人不可以的初步决定。能力倾向测试总体通过率是42%，大概有6万人通过。接下来，选拔小组就要面试这6万人，从中选拔出4万人并将他们安排到测评中心。但是，这4万人中有的改变了主意，有的找到了其他工作，最终实际上只有2.8万人进入了第3阶段。

第3阶段：测评中心的活动

1. 候选人参加两个为期半天的测试

测评中心的测试为候选人提供了一次展示自己胜任乔治城工厂工作能力的机会。精心安排的活动使得候选人能够展示出与技能相关的有针对性的表现：基本的团队技巧以及生产技能。受过训练的测试员认真观察每个候选人的表现，并根据标准方法和测评标准来给他们打分。我们将在本章稍后的阴影框中对能力测评进行详细的描述。

（1）候选人参加为期半天的基本团队技能日——3个活动

1)"小组讨论活动"评价候选人在未经过指导的小组或团队中有效工作的能力。测评员要努力发现那些积极为小组做贡献、具有积极主动性和良好口头表达能力的候选人。在这一小时的时间内，3～6个候选人在没有角色分配的情况下组成一个没有领导的小组。然后把团队成员在工作中会遇到的4个典型问题的案例交给这个小组，要求候选人对生产率、团队成员的纠纷、工人安全以及工作拖拉等问题进行讨论，并对每个问题提交一致性的意见。

2)"团队解决问题活动"旨在衡量候选人通过询问收集相关数据的能力，收集数据后得出逻辑结论或决定的能力，以简洁明了方式提交结论的能力，捍卫一个决定以及应对反对意见的能力。测评员可以通过该活动对候选人的阅读能力、写作能力和发现问题解决问题以及口头表达能力进行评价。要求3～6个候选人在一个小时内查明真相并做出决定。在活动之前会向每个人简短介绍与某一生产问题有关的现状。候选人的任务就是在有限的时间内寻找信息，并得出与问题相关的结论。在查明真相阶段，候选人可以通过向提供资料的人询问来获取额外的信息。在查明真相阶段结束后，候选人要对得出的结论进行口头陈述。陈述结束后，资料提供人员会向候选人发问以探究他的逻辑推理能力，以及理清思路的努力等。

3)"生产实践活动"的目的是衡量候选人做出与工作效率相关的重要决定的能力以及在有组织的组群中有效工作的能力。测评员通过该活动评价候选人会见员工的能力、积极主动性、口头交流能力以及发现问题和解决问题的能力。在该活动中他们的角色是某小公司的团队成员，4～6个候选人需要在2个小时内将电子元器件组装到电路板上。角色可以自己分配，而且候选人必须做出团队组织的重要决策以计划和分配资源。

（2）候选人参加为期半天的制造技能日——1个活动

设计"T"项目活动是为了衡量候选人在没有不必要的时间或供应和材料浪费的情况下以特定的节奏高质量完成工作的能力。测评员通过该活动评价候选人的实践学习能力、跟上工作节拍的能力、适应能力、发现问题和解决问题的能力、机械技能以及胜任工作的能力/工作动机。在给予了指导、演示以及一段时间的简短讨论后，每个候选人都要进行2个小时的反复组装工作，该组装工作由6～9个步骤组成，其间需要在不同位置间反复移动。活动结束后，要求候选人以更好的方式设计组装流程。

2. 做出筛选决定

选拔程序进行到这一步，所获取的信息就可以决定哪些人员可以继续留下，哪些人员需要离开了。在参加测评的2.8万人中，有1.2万人达到了标准。

案例4-3　　　　　丰田如何进行能力测评

前面我们列出了一组职位9个维度的要求。这些方面反映了丰田的团队成员、小组领导以及团队领导职位的职位分析信息⊖。以积极主动这一维度为例，积极主动被定义为"发起行动并通过持续努力实现个人或小组目标的能力——主动地去做应该做的事"。积极主动维度的表现是：

（1）寻找工作所需的信息；

（2）不是等着他人来告诉该做什么，而是积极地采取行动；

（3）工作主人翁的感觉；

（4）勇于承担负责工作/团队效率的责任；

（5）为其他团队成员提供帮助，并在必要的时候与团队成员一起采取措施扭转局面。

小型的小组模拟活动使候选人可以展示其与积极主动性相关的表现。比

⊖ 工作分析是了解与某工作相关的任务、职责、义务和工作条件的过程，因此工作分析可以是决定促使工作成功的重要维度。

如，如果出现了消费者对产品质量的一系列抱怨，那么致力于该问题的解决就是这样一种活动。这就要求候选人互相交流生产过程中的重要信息，将抱怨与可能的生产流程问题联系起来，并达成一致的解决方案。

在候选人参与活动时，经过训练的测评员会寻找他们与积极主动性相关的表现，按照以下几个程序评价候选人的表现。

（1）观察候选人的表现；

（2）记录观察到的表现；

（3）根据标准，将与上述"积极主动性"定义中前5项表现相类似的表现归纳到一起；

（4）评价表现的类型和数量并打分。

公司对候选人的期待则是符合所有能力的最低标准。然而，他们可以用在某方面所得的较高分数来抵消在某方面较低的分数。

1987～1989年，吉恩·查尔里斯是乔治城工厂测评中心的执行和管理人员。在那段时期内，有2.5万多名候选人参加了测评中心的活动，吉恩记得很清楚：

> 测评活动能那么好的让候选人展现其是否具有丰田所需要的能力，真是令人惊叹！以测评员的身份与团队成员坐在一起，我可以观察到他们的行为，并做记录。我记得有一个人，他认为领导一个解决问题小组的最好方式就是站起来，对意见不同的人大声叫嚷，他的声音基本上盖过了整个小组的声音。另一次遇到一位女士，她一开始就问其他人对问题的看法及怎么解决问题，使得每个人都能参与其中。谁能比较有效地工作，谁不能都一目了然。让我惊讶的是，我的确在那儿并且记笔记，但团队成员好像都忘记了我的存在，直奔任务而去。

第4阶段：最终筛选

1. 核实候选人信息和工作履历

TMMK也会进行信息和工作履历的核实工作。通过与肯塔基州就业服务部门合作，丰田能够浏览候选人以往的工作记录（要在候选人的同意下进行）。

此外，还会打电话查询相关信息。信息及过去的工作能够带来与积极主动性、实际学习能力，以及胜任能力或工作动力等工作维度的信息。对过去工作记录的考察主要集中在旷工与否、工作表现、守时性、工作的主动性以及工作的稳定性等方面。

核实程序通常需要 1 小时。信息核实程序不仅限于通常的"此人是否曾在你处工作，工作多长时间以及职位是什么"。丰田在进行信息核实时所问的问题还有"请描述一下此人在你的组织中发起改进的能力"。很多情况下，帮助信息核对的人力资源专家会直接给候选人的主管打电话，以此获取真实的信息。所有的问题都集中于此人在展现才能方面的能力上。这一阶段结束后，大概有 1 万人还留在选拔程序中。

2. 候选人参加结构性面试

结构性面试的目的是为了决定录用哪些人进行为期 6 个月的在岗观察培训。测评员所寻找的工作维度的表现是口头表达能力、适应性、积极主动性、胜任能力/工作动力以及机械技能等。根据面试指南，面试人员（由产品经理、团队领导和人力资源专家组成的小组）搜集具体体现工作表现的实例，这些实例要能够体现候选人的能力以及候选人在团队成员目标职位中有效做事的动机。在此过程中，面试人员知道如何有效地提问深入的问题使候选人充分表现自己。这一过程中需要仔细地记录，用来帮助决定哪些候选人可以成为生产小组目标职位的最后备选人。

结构性面试中的面试人员都经过培训、认证。他们熟悉维度与能力之间的对应关系，并懂得如何提问以允许候选人展现他与某一维度相关的表现和能力。所有的面试人员都接受过 STAR（Situation or Task, Action and Results）培训，通过候选人对问题的回答探查出"STAR"。这种评分方式就是著名的STAR(情势、任务，行动、结果)。在面试中，每个面试员都收集 STAR 信息，然后对每个维度与能力的对应关系在 1~5 的等级上给予评价。最后，面试小组交流他们各自的发现，给出分数和评价。然后面试小组对每个维度与能力的对应关系给出一个一致的分数。这一阶段结束后，大概有 8000 人能留在备选范围内。

结构性或以表现为基础的面试就是要求候选人描述他所经历过的能够展现自己特定能力的实例，现在这种方法的应用相当普遍。所问的问题可能包括类似的话题,如"告诉我你在工作中曾经面临的艰难挑战以及你是如何解决的"。很显然,这个问题是在考察候选人解决问题的能力,但也可以借此洞悉候选人在团队中工作和利用人际交往关系的能力。在候选人回答问题时,面试人员会根据候选人给出具体实例的能力给他打分。候选人往往倾向于概括性的描述。

面试时安排1个以上的面试人员是合理的,可以将主观偏见最小化,促进整个程序的公平性和一致性。

在下面的案例中,我们比较了两个假定的面试片断。

案例4-4　　　以表现为基础的面试——假定案例

候选人:我很擅长解决问题。

面试人员:你能举例说明一下吗?

候选人:我的现任老板经常说我很会处理问题。

面试人员:能举个例子说明一下你实际解决过的问题吗?

候选人:好吧,我是我们问题解决小组的成员,当程序中出了问题时,小组就一起来解决问题。

面试人员:在解决问题小组中你的角色是什么?

候选人:我是小组一员。

面试人员:在解决问题时你的具体职责是什么?

候选人:我去开会。

这次信息交流涉及的是问题解决能力,该候选人的得分将很低。面试人员希望候选人能描述情况(任务),总结她的行为,描述与她的行为相关的结果等。很显然,从上述候选人的回答中可以看出,她本人没有在解决问题活动中真正发挥作用,或者她缺乏交流技巧去解释自己的作用,而这同样也是一个弱点。

用下面这个候选人的面试与前者进行对比。

面试人员:告诉我一个你在工作中面临艰难挑战的例子,并说明你是如何解决的。

候选人:我喜欢解决问题。

面试人员:能举个例子吗?

候选人： 当然。有一次我们小组出现了问题，不能准时为消费者赶制订单。我就主动地去收集上个月和接下来一周的数据以及所有与延迟订单相关的具体标准。例如，哪些发生的最频繁，哪些发生的最少，问题出在哪个轮班以及在哪个部门等。我把数据带回了组里，发现 80% 的延迟订单都发生在第二个轮班中的某一部分。为了到那个轮班中观察所发生的真正情形，我主动要求值一周的夜班。我很快发现，他们没有遵守我们在白天轮班中所设定的程序，没有在完成一个部件后及时将其处理。他们就这样让部件一直堆积，等到轮班结束后才处理，有的甚至等到下一轮班结束后才处理。剩下的夜班我和主管一起为该班设定了标准方法，然后确保每个操作员都能得到该程序的培训。我们还设置了跟踪机制，以确保所有新来的操作员在上岗之前都能得到培训。因此，我们最终完成了由那个轮班所造成的整整 80% 的延迟订单。

显然这是一个理想的回答，除非该候选人已经在一个相当好的实施精益的公司工作过，否则她永远给不出这种答案，但该回答说明了哪种才是理想的回答。该候选人详细介绍了自己的行动以及这些行动如何影响结果，除此之外，她还能够给出更多的具体例子并对具体情况进行描述，因此她就可以在解决问题能力这一项中获得很高的分数。从这些例子中很容易看到以表现为基础的面试的有效性。在普通的申请、问卷调查或面试程序中可以看到，以上两个候选人可能都能很好地回答解决问题很重要；都有在解决问题小组中工作的经历，都很擅长解决问题。但深入挖掘，丰田的面试人员能够更好地比较出潜在团队成员的不同之处。

第 5 阶段：健康评价

候选人进行体检。体检是为了确定候选人的身体状况是否会对他从事高强度的生产工作产生不利影响。医师所寻找的工作维度是员工是否适合工作。可靠有效的一般性体检是由权威性的医疗机构承担的。这一步结束后，有 6000 人被确定为通过雇用考察的候选人，获得在 TMMK 工作的机会并进入第 6 阶段。

第 6 阶段：见习期

候选人在见习期接受在岗考察。在见习期间进行在岗考察的目的是在实际的生产条件下，综合衡量候选人各维度的工作表现。在为期 6 个月的在岗培训期间，是否适合长期雇用候选人，要在小组和团队领导对工作表现进行系统考察后决定。

对以上各个流程的总体概括以及进入见习阶段的候选人人数如图4-2所示。TMMK利用相同的流程选拔最初的团队成员、小组领导和团队领导。排名前100名的人员为团队领导，接下来得分最高的500名为小组领导，其余的就是团队成员。其他工厂比如得克萨斯州圣安东尼奥新建的工厂对这个流程进行了改进，在工厂成立之初不直接从外面雇用小组领导而是先从其他工厂借用，然后晋升那些开始就表现良好并在晋升系统评价中得分较高的新员工做小组领导。之所以通过这种方式选拔有经验的小组领导，是因为TMMK已经证明在建立工厂的同时培训新的小组领导是件很困难的事。

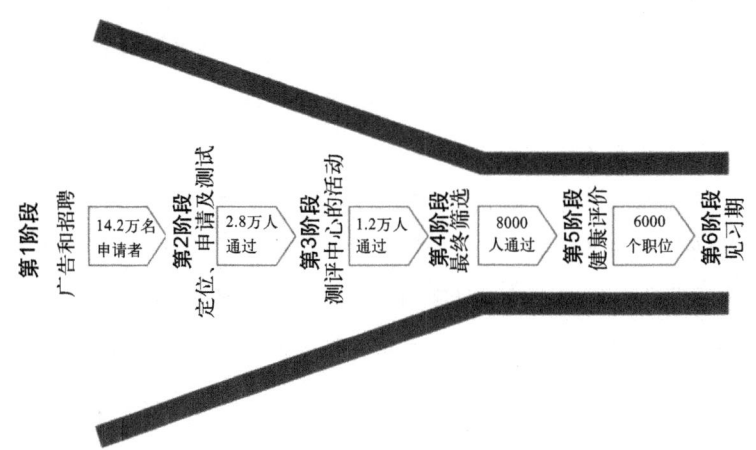

图4-2　肯塔基州乔治城工厂最初招聘和选拔员工的流程

第7阶段：做出全职雇用的最终筛选决定

根据见习期候选人的实际表现，最后决定哪些人可以继续留下，哪些人需要离开。在听了丰田文化讲习班的解释后，丰田严格的程序给某公司的一个主管人员留下了深刻印象，相比之下，他对自己公司薄弱的程序有点担忧。

你知道，在引进新材料的时候，我们公司非常重视，会用各种各样的要求、规章和指南等予以规范，并且跟供应商进行长期昂贵的协商。但与此同时，我们目前的雇用程序却允许任何人随意进入，然后再根据营业状况决定是否实施精简程序并裁员。

4.4.2 丰田乔治城工厂改进后的招聘和选拔程序

肯塔基州乔治城工厂所做的主要改革都集中在招聘和选拔程序上。20世纪80年代后期招聘和选拔程序在NUMMI及TMMK工厂建立之后,丰田的许多工厂(比如,加拿大、日本、亚拉巴马州、得克萨斯州、墨西哥及弗吉尼亚等地的工厂)都一直在对它进行应用、精炼和改进。

推动持续改进的力量主要有:

(1)新工厂应用和改进前者的经验和有效措施。

(2)团队小组工作有所创新,相应地更新了职位分析信息。

(3)包括应用计算机在内的测评技术创新。

(4)在学校、人才培训项目以及其他公司中对现场解决问题的培训日益增加。

(5)根据丰田工作和文化的要求,设定了更准确的测定候选人技能的需求。

2005年,丰田乔治城工厂对一整套招聘和选拔程序进行了重新设计,吸纳了全球丰田系统所做的整体改进。新程序如图4-3所示。选择国际咨询有限公司是一个承包公司,由它向丰田提供临时员工。除此之外,还有肯塔基中部就业中心,一个由城市和州就业办公室组成的一站式中心。这些单位在候选人录用、日程安排、进行智能化测评等方面发挥着重要作用。丰田还与一个第三方咨询小组合作,以改进程序中的关键步骤。⊖

这些程序开始是用来选拔永久性员工的,但后来又有临时员工加入,他们也适用同样的筛选程序。下面将从申请即著名的"EZApp®"开始对该程序进行描述。

第1阶段——EZApp® 或者 EZ Application。候选人通过按键式电话或因特网进行申请,并开始回答一些基本的问题以接受程序的筛选,例如:

- 你有在美国工作的合法权利吗?
- 你是否愿意在任何轮班中工作?
- 最近10年你是否有犯罪记录?

⊖ 选择国际咨询有限公司提供全球领先的人力资源评估解决办法,已经为世界上2000余家公司提供过员工选拔和培训解决办法。想了解更多关于员工选拔程序的种类,请通过电话(1-800-786-8595)联系选择国际咨询有限公司或登录 www.selectinternational.com。

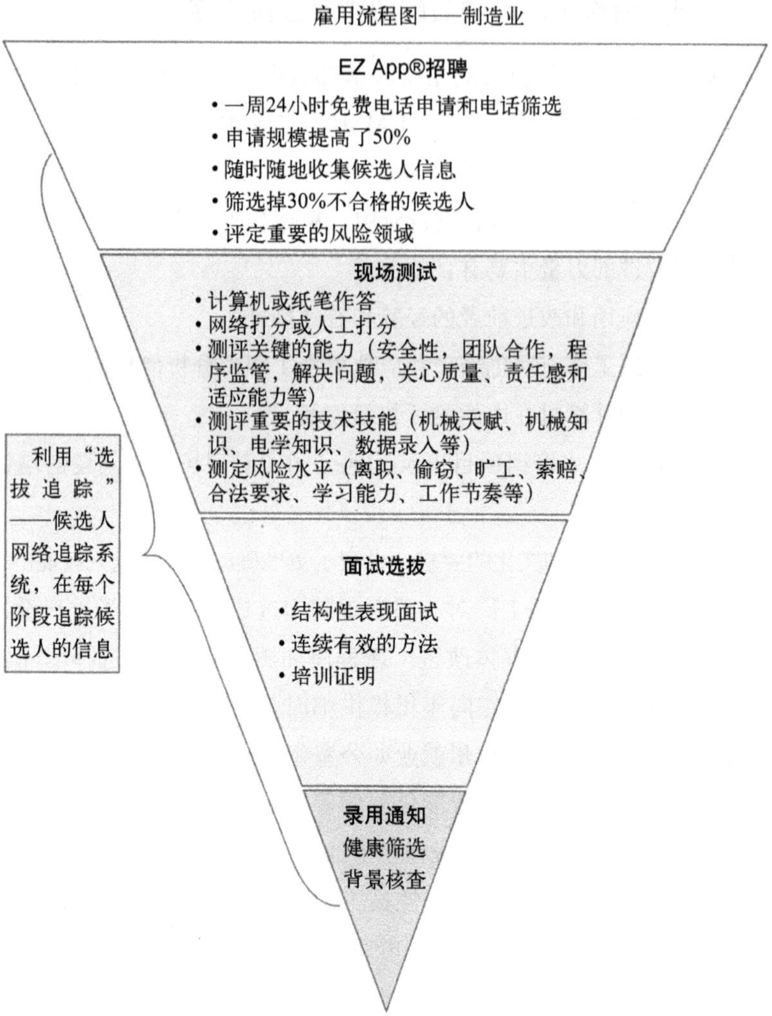

雇用流程图——制造业

EZ App® 招聘
- 一周24小时免费电话申请和电话筛选
- 申请规模提高了50%
- 随时随地收集候选人信息
- 筛选掉30%不合格的候选人
- 评定重要的风险领域

现场测试
- 计算机或纸笔作答
- 网络打分或人工打分
- 测评关键的能力（安全性，团队合作，程序监管，解决问题，关心质量、责任感和适应能力等）
- 测评重要的技术技能（机械天赋、机械知识、电学知识、数据录入等）
- 测定风险水平（离职、偷窃、旷工、索赔、合法要求、学习能力、工作节奏等）

面试选拔
- 结构性表现面试
- 连续有效的方法
- 培训证明

录用通知
健康筛选
背景核查

利用"选拔追踪"——候选人网络追踪系统，在每个阶段追踪候选人的信息

图 4-3　2005 年起 TMMK 实施的新招聘和选拔程序

这些问题被认为是非常重要的"敲门砖"，比如是否有工作的权利，如果候选人没有正确地回答这些问题，系统就会在申请结束时自动提醒申请人他不合法或不会被录用。还有其他的一些问题需要回答，它们不是类似的问题，但通过这些问题可以将成功概率较大、被拒绝机会较小的候选人筛选到程序之内。在该阶段大约有 20% 的人被筛选出局。如果申请人通过了第 1 阶段，将进入第 2 阶段。肯塔基州政府就业中心负责通知这些候选人并安排参加网上测试的时间。

第 2 阶段——网上测试。这项著名的 SAM（Select International 为制造业研制的选拔测评系统）网上测试由肯塔基州政府负责组织和监考。为了提高效率，测试通常以小组的形式进行。由政府来监考的原因是为了保证参加测试的是申请人本人。测试中的问题包括：认知能力测试程序模拟、实际方案、价值观、解决问题，大部分的能力都被覆盖。图 4-4 中展示的是网上模拟的一个例子，在模拟中候选人需要用鼠标保持左边所有量表的指针远离黑色区域，同时还要观察右边的数字序列，并判断序列是否相同。这么做的目的是在保持所有量表远离黑色区域的同时做尽可能多的比较。这种测试经常被用来展示候选人处理多重问题的能力，而且也跟实际工作类似。

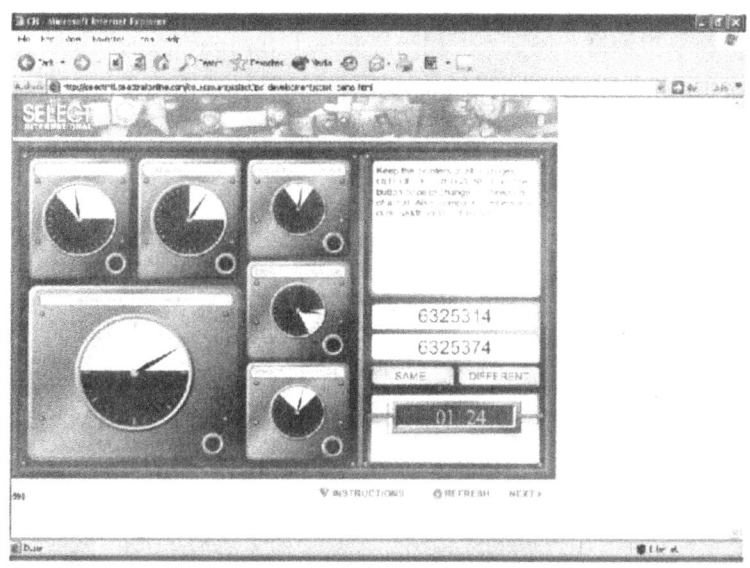

图 4-4　第 2 阶段在线模拟测试的例子

第 3 阶段——生产模拟。在该阶段，把候选人安排到工厂，让他用 6 个小时的时间模拟工厂一天的工作。虽然这些模拟程序不是在生产线上，但却是在真实的汽车上进行的。在这些程序中设置了 4 项工作来模拟组装区域和车体焊接区域的工作，因为这两个区域是多数新员工开始工作的地方。候选人要接受工厂安全程序的训练，包括戴防震帽保护头、戴手套保护手，以及戴眼镜等。做这些训练时所执行的标准和文件与实际生产完全相同。通过这种方式，可以在正式雇用决定做出前对候选人进行潜移默化的丰田文化培训。

申请人在 4 项工作中的每一站都要花一个半小时来完成工作任务，其中包括：

（1）从显示器读取指示后，候选人要坐在汽车的框架内用风动工具按照指定的顺序将螺栓射到车底板和车顶内侧（见图 4-5）。这项任务检测的是候选人遵从指示和应用基本工具的能力，还能表现出其在可接受的工作节奏内操作的准确性和灵活性。

（2）从车内显示器读取指示后，候选人要从车体里面拉出一束电线，将这束电线拉到后备厢，并将电线接到一系列有色的接头上。这些任务是为了考察候选人在有限的时间内按照标准操作的能力。根据候选人的工作质量和工作数量得出这次活动的结果并利用计算机输入电子表格。在该测试中质量的权重要高于数量的权重。

（3）读取指示后，候选人要用吊在头顶上方的滑轮上的焊接装置进行焊接（见图 4-6）。检测员让在什么地方焊接，他们就要用焊接装置在相应的位置进行焊接。事实上不会有火花也没有真的焊接工具，但所使用的装置能记录焊枪所焊接的位置。然后从质和量两方面对候选人进行评价。

图 4-5　候选人在测评区的组装工作中用风动工具安装螺栓　　图 4-6　候选人在测评区模拟焊接

（4）候选人将染色后的很重的圆盘（3～10 磅不等）从指定的挂钩处取下，把它们搬到另一个挂钩处，并按计算机指令将它们挂到指定的挂钩上。挂钩的高度从接近地面到两米高不等。这项活动考察的是候选人心理和身体的耐受力。大多数候选人都认为将这一活动放入到测评中来是正确的。这些经验表明了丰田将实际工作预演部分放入测评程序的重要性，这样候选人就可以对将来的工作有符合实际的认识，以考虑自己是否真正适合这项工作。它能帮助候选人和公司双方尽早发现不适合的地方，而不是经过两周或两个月，双方都投入了宝贵的时间和金钱后才发现。

第4阶段——背景/信息核实、面试、药物筛选、体检及录用通知。这一阶段的内容与建厂时的最初设置类似。

录用程序的设置要保证公平性和一致性，还要使可靠性和有效性等方面符合法律规定。在我们描述这一程序时，经常被问及丰田是如何进行这些核对、测评和论证工作而不被起诉的？事实是，丰田也因为它的录用程序而被起诉过，但丰田从未在法庭上因为录用程序而输掉官司，因为他们从来没有偏离过自己的标准程序。

丰田录用的每一个员工都要经历同样的选拔程序，都能达到录用所需的标准分数。你认不认识丰田内部员工并不重要。最近一个看过这个流程的人问了一个问题"录用程序如何考虑口头推荐和招聘因素？某个人是否会因为公司员工的推荐而获得'人情分'呢？"事实上，并不存在"人情分"，这也正是该系统能保持完整性而丰田没有输掉一场官司的原因。

艾伦·鲍曼最近从公司退休了，她是从事招聘和选拔程序20多年的专家。她记得很多人问过她同一个问题。

> 好像是我中了头彩一样，一些我根本不知道的亲戚都打电话给我，问我能否帮助他们进入丰田。当然，我所能做的就是把他们带到"系统中"，让他们像其他人一样去经历需要经历的一切，如果被录用了，那是因为他们自己而不是因为我。我们的教导是给每个人同样的回答——即使是州长提出了请求也一样对待。我记得当我的表弟通过系统被录用后，我成了当年家庭聚会中的英雄，不论我多少次告诉他们我并没有对此做任何事。他们仍然会说"是的，当然，非常感谢，艾伦。"这种情况一直持续到另一个表弟也进入系统却没被录取时。很快，我从英雄变成了戴罪的羔羊，他们终于相信我真的无法影响丰田是否录用某个人。

4.4.3 选拔丰田主管

丰田已经能成功地在内部培养自己的领导了，但公司的快速发展不得不从外部雇用高级管理人员，把他们培养成领导。需要一个十分细致的程序去发现一个从开始就有耐心并具备学习丰田模式的特性的人。加里·康维斯任

TMMK 总裁时，正是 TMMK 发展最快的时期，他描述了从内部提拔或从外部雇用的领导人员应该具备的要求。

我们要找的那个人必须有能力、有个人动力、能欣赏团队成员的工作、谦卑并能够尊重他人所做的工作、能够利用他们解决问题的技巧，当他们在事业的阶梯中越爬越高时，这些问题解决技巧能发挥更大的作用。首先，我需要的是合适类型的人，在日常的工厂运作中能接受我的挑战的人。TPS 领导必须能够真正理解管理员工的恰当方式，而学到这一点又需要几年的培训。我要寻找的是不论在我们雇用还是在晋升他们时能够很自然地实施丰田模式的人。我们不会晋升那些最聪明的能够在讲台上做精彩陈述的人，他们的这些才能可能很有价值，可能与工作的某一部分相适应。在制造业，我们需要的是人际交往——尊重他人以及激励他人，能够真正地与各个层次的人合作。

史蒂文·圣·安吉洛在 2005 年 4 月被 TMMK 录用为执行副总裁。2006 年 6 月加里·康维斯接任丰田汽车北美公司总裁时，他被晋升为 TMMK 的执行总裁。让从丰田外部录用的美国人担任主要工厂如此重要的职位这还是第一次。丰田的领导感觉到，公司内部那些适合这个位置的人要么不存在要么还没准备好。于是选择到外面去寻找和选拔在汽车制造行业取得显著领导成就的人。安吉洛在通用汽车工作了 31 年，尽管在通用汽车他已经是经理了，但是他仍然着迷于丰田生产方式并找机会向 NUMMI 学习："在被任命到 NUMMI 之前，我可以一下在那里待 6 周，然后我就至少可以学会一个可以应用在通用汽车上的项目。我们开始从丰田模式中发展出通用汽车模式。"

后来他被任命到 NUMMI 做高级咨询员，终于能够生活在 TPS 中并对它进行深入的学习了。之所以被 NUMMI 选中，是因为他具有丰田所需的领导特质："他们对安排哪些人到那个职位上很谨慎。他们希望得到的是个很谦卑的人，而不是将要成为《沃德汽车世界》(*Ward's Auto World*) 杂志封面的人。他们希望得到真正合适的人。"

安吉洛在 NUMMI 的第一次面试持续了一整天。中午休息的时候，面试委员会让他到车间去观察一个半小时并形成报告。在车间里安吉洛写下了长达 4 页的观察报告。在通用，如果某工厂的经理批评另一个工厂是一件无法令人接受的事。因此，开始列清单时，他还感到有些尴尬。不过 NUMMI 的主管似乎对自己的发现很感兴趣。当安吉洛询问自己所指出的需要改进的地方是否合适时，他们请他继续。正如安吉洛所解释的，"我不知道我是否也能在通用那么做——像那样公开批评一个工厂。他们并不是对我的发现感兴趣，他们感兴趣的是哪些是我所寻找的，哪些对我很重要，为什么要寻找这些东西。"

安吉洛在等待电话告知是否被录用时，接到了另一个电话要求他第二天飞往日本去面见高层主管。到达日本之后，与大约15名高层人员进行了会面，其中包括丰田章南和张富士夫。然后安吉洛就飞回底特律等电话，接下来又接到了NUMMI的电话说还想再与他谈一次。这一次谈的更多的是技术方面的事，还询问了很多详细的问题。得到这份工作后，安吉洛想知道面试时委员们想发现什么，后来日本协调员告诉他："在NUMMI的第一次面试，我们想衡量你的技术能力和现地现物能力（即直接观察实际生产并看到浪费的能力）。邀请你去日本时，试图了解你的性格、基因及精神类型。谁是安吉洛？他是不是只知道工具或思考方式？"

无疑，NUMMI对丰田来说有战略意义上的重要性，因此安吉洛这一候选副总裁就很重要了。丰田的1位家族成员以及3名日本丰田的董事都参与了会面来评价他的"精神类型"，这足以说明丰田选拔的严肃性。

4.4.4　此时不付出，以后也会付出

审视过这个面试流程的主管们常问的问题或常见的反应是："花那么长的时间和精力去雇用一个人，丰田何以负担得起？"当然，我们的回应则是："如果不那么做，我们又何以负担得起？"能够长期雇用一个遵循公司价值观并能致力于持续改善的员工所获得的利益，用商业语言来说是无价的，是很难在报表上计算的。丰田用来反映其录用程序好坏的金钱指示器是离职率。自2007年起，TMMK每年全职员工的离职率不到3%。

多数公司都追踪离职率，但他们认为没有必要借此推动改进。我合作过的一家公司决定做出改进，他们对自己的发现非常吃惊。该公司的离职率是18%，而且大多数都是发生在就职后的第一年。他们计算了一下雇用及在培训员工所花费的成本是每人5000多美元。每年有500多个员工离开公司，结果公司需要进行新的招聘。负责该项目的小组的观察结果是："由于选拔程序

中没有筛选部分，公司引进会任何来应聘的人，然后就利用第一年的工作表现进行筛选。但是公司没有考虑过这样会花费多少钱。"

这家公司决定实施与丰田类似的选拔系统。当然新系统的设计、实施及维持都需要花费成本。观察小组通过计算，认为如果改进后的新系统能将离职率控制在12%以内，他们就决定为这一系统买单。

小结

在丰田模式中，吸引、选拔、优秀团队成员的定位、从生产一线成员到总裁的职位等都是人力价值流的重要组成部分，并且都在促进丰田文化的成长。如前讨论，相互间的尊重和信任，持续改善等丰田模式的价值观，及其与之对应的核心能力就像一条线将各种程序以系统化的方式连在了一起。

你的公司应该考虑的要点

1. 人力资源部门负责实施适应于整个公司的、旨在恰当的时间以恰当的方式雇用合适数量的恰当人选的具有连贯性的雇用程序。

2. 有一个合理的广告、面试及评价候选人的程序，这些程序要明确地建立在工作任务、职责和能力的基础上。

3. 通过笔试（或者网络为基础的测试）、表现性工作任务模拟以及见习期，让候选人展现自己关键的工作能力。

4. 推出清晰明确的定位课程及相应各部分的时间安排，旨在让新员工从一开始就能熟悉公司的所有重要政策、程序、工作期望以及工作项目等。丰田的培训和融合程序就始于这一部分。

5. 有一个收集数据并监测整个系统有效性进而推动改善活动的系统。

第5章 Toyota Culture

发展能干的员工

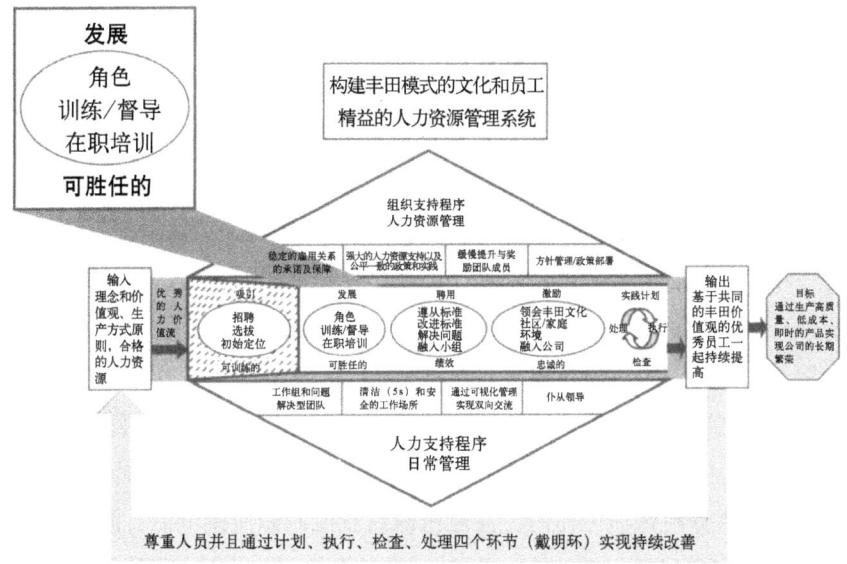

仅仅尽最大努力是不够的，你必须知道要做什么，然后再尽最大的努力。

——质量管理大师，爱德华兹·戴明

5.1 丰田培训员工如同培训外科医生

既然丰田付出了巨大努力来吸引和挑选能够在丰田模式中成功的人，那么丰田对这些人是如何做的呢？当然，丰田可以把他们放在缺乏培训和支持、枯燥乏味的工作岗位上，然后期望中间会有一些精英浮现出来，但这是人力价值流的巨大浪费。数十年来，丰田坚持不懈地构建了一种强大而有效的文化，使得员工在这种文化氛围内能够持续地改进善生产过程。丰田是一个学习型组织，不仅对如何做好每一份工作进行了大量的探索，而且对员工如何合作、如何交流、如何共同解决问题等进行了大量的研究。对于刚刚进入丰田的新员工，即便具备了丰田所需要的各种个人品质，也不可能马上了解如何做好工作和适应丰田文化，因此需要对他们进行工作流程和企业文化的培训。

在丰田常常会听到有人将操作员比喻为外科医生，也就是将组装汽车的操作员描述成工厂里的外科医生。他们是工厂中唯一增值的群体，所以其他辅助员工必须通过为其传递工具、零件、信息以及任何支持来实现增值。我们可能会将外科医生的比喻扩展到丰田的每一个员工。

众所周知，外科医生需要经过大量的专业训练才能做好本职工作。在医学院他们只能学到书本知识，当然没有人会愿意让一个一手拿书一手拿手术刀的医生为自己做手术，因此外科医生还需要练习动手能力。对此，他们会跟随专家来学习所需的技艺，并随着时间的增加而承担更多的责任。现在我们不需要争论组装线上的每一项工作是否都具有类似心脏手术的复杂性，但是每一项工作都已经被分解、改善、记载成为标准化的工作，并反复地改进。丰田以外科医生所应具备的精度要求，教给生产员工当前最好的方法。这同样适用于工程师、团队领导和人力资源专家。

本章将主要集中讨论丰田如何将日常生产工作教给TMMK公司（位于美国肯塔基州）的员工。稍后在第17章我们将看到丰田汽车销售公司如何针对凌志的销售来分解每项工作的，甚至精确到教他们如何接电话、问候消费者、修理和清洗汽车以及保养汽车。没有一项工作是因为太琐碎而被认为不能进行分解和标准化，所有的工作都进行详细的教授。

新员工进入丰田之后，首先需要接受入职培训，然后被分配到相应的岗位。通过严格的入职培训，员工具备了工作岗位所必需的基本技能。他们在实际工作中必须扮演好合格队员的角色，以正确的方式高质量地按时完成工作。对于生产者来说，这意味着需要按照标准工作的时间（例如，消费者需求率等）精确地完成工作的每一个步骤。对于管理者而言，这意味着在日常工作中需要运用大量的判断，与许多人协调责任和信息，同时还要执行进度表。丰田不存在"非技术性工种"，（unskilled labor），因为丰田的工作在不断改进，为了满足工作的需要，员工必须练就过硬的技能。如果某公司存在非技术性工种，意味着该公司只是简单地将员工投入到不稳定的、定义不清的生产过程中，而没有研究如何在更高水平上完成工作。

新员工在学习基本工作技能的同时，逐渐融入丰田的工作模式之中。例如，在组织良好的环境中，团队领导手把手地教新员工如何按照"高度自治"的方式进行工作，这种言传身教的方式是独具一格的。长期以来，公司形成了观察、思考、交流和处事的丰田模式，这种模式从招聘过程就开始影响员工，它必将成为员工精神气质的组成部分。在这样的公司里，人们不仅仅满足于保质保量地完成工作，而且还关心公司、消费者和员工。

5.2 启动：员工定位

人力资源部门负责新员工为期 5 周的入职培训，完成入职培训后，新员工转到其所属部门。入职培训的目的是使新员工适应丰田的生产环境和企业文化。图 5-1 所示的时间表就是入职培训的一个例子，不过它仅仅给出了 3 天内熟悉基本概念的培训时间表。为了有效利用所有员工的时间，并且持续地向新员工传递时间观念和处理时间问题的信息，5 周的入职培训计划既紧密又详细。与此同时，入职培训也是 3 个月试用期的开端，良好的开端是成功的一半，因此入职培训对于员工和公司都非常重要。每位新员工都会收到时间表，并且公司要求他们每天向培训师提供反馈信息。在丰田，入职培训包括技能训练、人力资源政策培训、生产培训以及工作培训 4 个部分。

5.2.1 技能训练

新员工需要在技能培训中心参加系统的体能训练，这些训练可以增强员工的体能。体能训练由专业健身教练指导，训练项目集中在生产任务所需求的与工种、柔性、耐久力相关的器械训练和有氧运动训练。体能训练的同时辅之以理论教育，强调杜绝工伤、力量训练、腰背部保护、人体工程学、营养学等。员工在非工作时间也可以使用技能培训中心，因此入职培训也可以帮助员工学会使用健身器械并鼓励他们在入职培训之后继续锻炼。

时间	培训事项	培训事项	培训事项
第一/第二	周一	周三	周五
5:15～7:15	GPC 集体培训	CQPO 介绍质量圈	CQPO 复习/测验 模块1-4
7:15～7:30		休息	休息
7:30～9:45		生产小组领导介绍JIT主要程序 25%主要现场培训	与专业团队成员一起参加25%的主要现场培训
9:45～10:30		午餐	午餐
10:30～12:30		生产小组领导介绍JIT次要程序 25%次要现场培训	与专业团队成员一起参加25%的次要现场培训
12:30～12:45		休息	休息
12:45～13:05		器械健身	器械健身
13:05～14:00		核心/心脏电路训练	工作训练
	员工在每天第二次休息时（5分钟的时间）填写该表，并交给他们的团队领导者。周五，员工将该培训时间表归还给健身公司助理经理		
你是否与专业的团队成员一起培训?			是/否
是否遵循培训时间表?			是/否
在完成这些程序的过程中是否存在不便之处? 如果是，你是否向你的小组领导或团队领导汇报? 是否需要额外的培训?			是/否 是/否
新员工评论			
新员工签字			
团队领导、小组领导评论			

图 5-1 TMMK 新员工培训时间表的一部分

资料来源：April Crosby, Health, Fitness Corporation, 05/2006.

5.2.2 人力资源政策培训

为了帮助新员工适应企业的环境和文化，需要对他们进行人力资源政策和基本生产过程的培训。除了学习基本人力资源政策的机制、安全规则、工资和津贴外，在培训中重点强调公司对员工在生产过程中所扮演角色的期望。

高层管理者会出席新员工的欢迎会,并强调每一位员工对丰田经营持续成功的关键作用。这部分培训由人力资源部门的成员负责,并由优质人才与组织中心协助完成。

5.2.3 生产培训

人力资源部门完成入职培训之后,将员工移交给其所属部门,以接受实际生产工作的培训。在这一阶段,员工会参与完成实际的生产工作,逐步适应生产过程和质量标准。丰田工作教导法详见《丰田智慧》,在本章的最后也对其做了总结。员工在被永久地分配到某特定生产领域之前,需要学习本部门之外一些相对简单的生产岗位(被称为新手岗位)的知识。然后,入职培训小组领导和健身专家对员工进行面试,以确保每位员工都适当地运用了前面训练中所强调的人体工程学方法。

一旦新员工较早地选择放弃,接下来公司会对其进行一个退出面试。目的是掌握他们退出的真实原因,以确定将来能否采取有效的措施留住更多的新员工。

在乔治城的工厂,历史上全职员工的流失率(对于那些参加入职培训的员工)小于3%,临时员工流失率稍高一些。我们确信相对较低的流失率部分归功于一开始比较详尽的入职培训,该培训使得员工能够比较容易地逐渐融入丰田文化。

5.3 工作培训

入职培训之后,团队成员被分配到其所属的部门,由小组领导和团队领导对其进行培训,他们将作为团队的一员开展工作。一提到培训,人们常常会认为是有一群人坐在教室里,有教师站在前面使用直观教具讲解,如果考虑在职培训,经常会将其描绘成某个人按照指令去做某项工作,而其他人则观看直到其完成任务。丰田有不同的培训模式,且每一种都十分完善,如图5-2所示。丰田会根据培训的目的慎重地从中选择合适的培训方法。

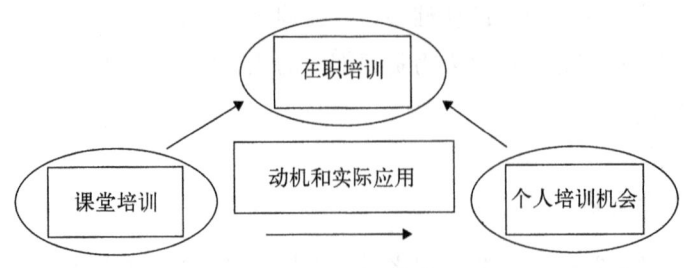

图 5-2　人力资源培训模式

很显然丰田不是学校,而是一个特征非常鲜明的制造业公司。那么,为什么丰田如此重视培训,且对培训的思考如此深刻呢?我们认为这是由于许多因素对丰田文化产生影响的结果。

- 农耕社会的血统。农民坚信自己的未来取决于对下一代的培养,而下一代通常是他们所关心的家庭成员或者收养的家庭成员。
- 日本文化对教育的高度重视。作为一个缺乏资源的岛国,人力资源无疑是日本最宝贵的资源。
- 日本高度重视对各种技能的钻研。玩偶的制作、园艺的设计、寿司的制作,甚至酒店房间一丝不苟的清洁,都可以从不同侧面映射出日本文化的这一特点。
- 产品创新——制作产品的艺术,它常常被丰田强调为公司的脊梁。在日本,对制造技术的重视反映在焊接、快速冲模和其他制造技术的民族竞争力上。丰田最大的供应商电装公司,每年举行一次奥林匹克制造竞赛,公司会将获胜者的照片贴在荣誉墙上作为激励。

在前面介绍的培训模式中,丰田最重视在职培训(On-the-Job Development,OJD),这是丰田文化的另一部分:高度重视在干中学。在第 1 章所讨论的《丰田模式 2001》的核心价值之一就是现地现物,即通过观察实际问题来加深对事物的理解,但是其价值主要体现在"把你的手弄脏"这样干中学的过程中。丰田佐吉亲自实践发明了第一架木质织布机。他跟父亲学习木工,凭借学到的技能和自己的聪明才智制造了一架半自动的木质织布机,这种织布机容易操作且节省了大量的劳动力。丰田喜一郎和丰田英二通过亲自实践学会了经营汽车生意,他们通过拆卸美国汽车来学习技术细节。大野耐一通过实验和尝试建立了丰田生产方式。在丰田流传着一个叫作大野池塘的著名故事，讲的是大野耐一在改进加工工厂的时候，把不合格的机器部件扔到一个池塘里，据说池塘里的机器部件比水还多。由此看来，诸如"我刚刚获得某学科的学位，因此我是该领域的专家"这类说法与丰田文化是格格不入的。丰田所关注的是你真正做了什么，你如何显示自己的优势，你对工艺的改进做出了什么贡献。

在接下来的一节中将主要考虑不同的培训模式，从最传统的课堂培训和个人培训机会谈起，然后再用一节介绍更加核心的在职培训方式。

5.3.1 课堂培训

在大野耐一时代，并不重视课堂培训。他认为在工厂里能比在教室里学到更有价值的东西。大野耐一对课堂培训的观点是将课堂设在工厂里。在《丰田模式2004》中所讨论的由其提出的著名的"大野圆圈"，就是他向员工传授丰田生产方式的方法。大野耐一在工厂的地面上画一个圈，要求员工一整天都站在圈内观察，每隔两个小时检查一下员工看到了什么。如果员工对生产过程进行了深入的观察并看到了其中的浪费，就会满意地让员工下班。不过他从来不告诉员工自己看到了什么，员工也绝对无法从他那里得到"正确的答案"。但是，很明显大野耐一在以自己的方式进行传授，多数站在圈中的员工认为这是自己从未有过的、意义深远的学习经历之一。这种培训是教授员工现地现物的开始。通过培训，会使员工意识到仅凭对生产过程的初次、表面的印象并不能发现生产系统中所存在的浪费，为了真正了解生产系统中的问题，必须进行更加深入的观察。

这种教授方式类似于哲学中的苏格拉底问答法。苏格拉底为了促使学生独立思考，向学生提出问题，但是并不给出答案，让学生自己回答。因此在丰田，TPS也被称为"思维生产方式"。每天在生产中都有实际问题需要解决，比如缺货，由于质量问题导致生产线暂停，或者由于某个员工跟不上节拍而被迫拉下安灯线。这些中断都会促使工作团队思考。这就是丰田的教授方式，在日本文化中这也是非常自然的。

在丰田飞速发展的今天，我们也许会认为丰田公司现在仍然不重视课堂培训。事实并非如此，在丰田的工厂、工程办公室、零件配送仓库以及销售办公室都有很多课程。对此，可以用不同的方式解释这种趋势出现的原因。其中一种解释是公司正在走下坡路，丰田模式逐渐被淡化，如同其西方同行一样，丰田的员工也要坐在教室里，不假思索地看着眼前变化的幻灯片。这的确是一种令人沮丧的想法。

另外，从积极的角度来看，这是丰田适应全球化，是利用课堂培训探索有效方法的过程。当张富士夫要求编写《丰田模式2001》时，他已经选择了这种立场。作为大野耐一最好的学生之一，张富士夫之所以将丰田模式写了下来，是因为在变化的外部环境下，公司发展太快，没有足够的指导者，为每个员工分配一个熟悉丰田生产方式的指导者，像铁匠教学徒那样每天传授已经不再现实。与此同时，随着工厂开设到世界各地，教师与学生的比例急剧变小，因此迫切需要新的教学方法。

丰田时刻准备迎接挑战，公司的迅速成长就是其面临的一个巨大的新挑战。丰田怎样才能用数量有限的教师培训大量分布于世界各地的员工，并保证员工能够掌握从实践中总结出来的经验呢？怎样才能跨越新培训方法中幻灯片的内容与丰田文化本质之间的鸿沟呢？《丰田模式2001》为课堂培训方法与干中学的传统培训方法提供了一个很好的平衡点。

当然，该培训的创建者也曾经为如何找到合适的平衡点而苦恼。当《丰田模式2001》首次全球发行时，公司要求所有的执行官、管理人员和领导人员都参与该培训。通过课堂培训，将丰田模式的基本原则传授给他们。培训内容包括词句、词句背后的概念以及丰田简史，通过培训了解著名的丰田领导是如何理解这些概念的。然而，如此简短的课堂培训是远远不够的，员工在课堂上仅仅接受了思想，但是没有强化任何实际技能。为此，培训内容还设置了案例，由管理人员自己确定其各自领域的实际问题，然后回到工作岗位上加以解决。另外，每位管理人员还需要对自己的员工进行同样的培训。这样做能够取得两方面的收益。首先是众所周知的一个原则，一个人教的越多学到的也越多。最关键的是，在向所有下属讲授的过程中，管理人员也参与到讨论中来，他们也得到了需要改进的地方存在的问题和挑战。在培训后期，领导人员需要负起自己的责任，面对面地向员工讲授丰田模式，不仅自己遵循丰田模式，而且要成为整个部门遵循丰田模式的拥护者和监护人。有足够的指导者参与这样日复一日的培训。在日本执行层面设有执行协调员，但是现在通过数年的深入学习和实践丰田模式，美国管理人员中也出现了大量可以教导别人的骨干。

数年来，课堂培训已经成为丰田培训的核心部分。因为课堂培训的效率较高，它可以使人们在短时间内接触许多概念。但是，最初在接受导师培训的时候，美国人提出的抱怨是导师只告诉做什么但不告诉为什么要这么做。这是一个发现问题的过程，他们不希望被别人用勺子喂。不管怎么样，美国人想知道为什么，课堂培训则可以解释这些原因。在丰田有件大家公认的事情，那就是理解基本概念也是学习的一部分。有组织的思维方式是非常有用的，但是在以制造为导向的丰田世界里，这种抽象的学习必须迅速转变成实际的技能和行动。因此，每门课程都包含某种程度的实践成分。事实证明，仅仅听老师讲课并不能培养员工的实际技能，也不能真正吸收课堂所学知识。因此，员工必须亲自实践并从体验过程中得到启发。有许多种训练都可以提供这样的体验，例如动手模拟、车间练习活动等。

团队领导晋升前的培训项目就是渐进式学习的一个例子。渐进式阶段培训是由 TMMK 的组织发展专家安娜·玛丽·埃费尔特设计的。在小组领导被提升为团队领导之前，需要对他们进行为期 4 周的培训。这种培训被设计成渐进式的，每个阶段都能反映出员工的能力，这些能力主要包括领导/人际关系技能和解决问题技能。培训首先从讲座开始，接下来进行角色扮演和模拟，然后是车间练习，最后进行现场应用。在每个阶段都需要确认员工已经进行了关键的学习并具备了相应的能力。最后一个阶段确认员工能将所学到的技能付诸实践，这些技能会帮助他们在培训之后的数月内改进自己负责的经营领域。

解决问题培训是渐进式培训的阶段之一。在解决问题模拟中，有一个"迷你工厂"可以供参与者建造"陆地巡洋舰模型"。参与培训的团队领导需要在最短的时间内用最小的成本生产出最高质量的产品。因此，他们跟踪一些变量，例如，需要的工人数、在制品库存（WIP）、质量和运输等。该生产过程包括 7 轮，团队领导可以在每轮之间解决问题并做出改进。因为培训是在工厂中进行的，所以可以到车间去观察相似的生产过程。然后，他们 3 个人一组到车间去解决实际流程中的问题，并以组为单位提交一份 A3 格式报告，总结这一解决问题的过程。

负责课堂培训的老师指出从理论上讲，团队领导们应该能够看到亮着的安灯。这与典型的"打钩式"高管培训不同。丰田发现需要花费时间反复确认是否真正开展了学习。小组领导们不断报告相同的问题，但他们从来都不知道问题的解决在多大程度上取决于自己的人际关系技能和技术技能。有一个小组在"解决车间问题"的报告中说，为了解决该问题他们不得不与 17 个员工进行交谈，对每一个人，都需要运用新学的提问和倾听技巧来获取解决问题所需要的事实和信息。培训的几个阶段如表 5-1 所示。

表 5-1　团队领导晋升前培训项目的阶段

阶段	提交方式	确认学到的主要能力
Ⅰ（A）课堂——领导/人际关系技能	丰田价值观、人际交往和冲突管理的演示文稿和讲座	书面测验
Ⅱ（A）模拟——领导/人际关系技能	冲突情景角色扮演的 A3 格式报告	观察、评价、其他观察者和培训者的反馈
Ⅰ（B）课堂解决问题的技能	演示文稿和讲座	关键点的测验和案例分析练习等级
Ⅱ（B）解决问题模拟	模拟工厂，用汽车模型运行 7 轮生产，利用解决问题过程进行改进	每轮都用 KPI 来衡量，记录学生的成绩。学生完成 A3 格式解决问题报告总结他们的改进活动
Ⅲ 车间练习	3 人组成一组选择车间的一个实际问题，按照解决问题的步骤完成一个 A3 格式的报告	完成 A3 格式的解决问题报告，交给管理者
Ⅳ 现场应用	—	培训后设计一个间隔期。对团队领导进行检查，观察其对所学技能的练习。找出差距，提出进一步培训和改进提高的措施
Ⅴ 对关键绩效和经营指标的影响	—	在既定的间隔期内，掌握团队领导表现出的能力与达到经营目标所需能力之间差距，提出进一步培训和改进提高的措施

丰田课堂培训课程的数量增加了许多。表 5-2 给出了 TMMK 每一层次员工所需要的核心培训。在每一分类中被列为"核心"的培训由相应职位的员工来完成，除非该课程是晋升前的培训课程。我们再次强调，丰田的课堂培训非常重视学员所做的讲演，并将教师讲座控制到最少。

表 5-2　丰田课堂培训衡量标准的示例

课程名称	小时	管理者	团队领导	专家	小组领导	团队成员	员工
教练技术	8	C	C	E			

(续)

课程名称	小时	管理者	团队领导	专家	小组领导	团队成员	员工
多样化管理	16	C	C	C			E
赢得认同	7	C	C	C			
团队领导晋升前培训	160		C				
如何讲演	16	E	E	E	E	E	E
PDCA	8	C	C	E	E		E
解决问题	16	C	C	C	C	E	C
解决问题Ⅱ	16	C	C	C	C		E
标准化工作	8	C	C	C	C		
TPS 负责人	8			E		E	E
工作描述	10	C	C	E	C	E	
情境领导艺术	16	C	C	E	E		
改进领导	7	C	C	C			
从反馈中学习	7	C	C	C			
建导○	16	C	C	C	C	E	E
效率理念	8	C	C	C	E		E
A3 格式建议书的撰写	8		C	C	E	C	C
质量圈—领导	8	C	C	C	E	E	E
质量圈—管理	4	E	E	E	E		
倾听和建导	7	C	C	C			
新员工—管理培训	64				C		
对冲突的反应	14	C	C	C	E	E	
办公室 STW	8	E	E				C
建议系统	3	C	C	E	E		
小组领导提升前培训	120				C		
时间管理	8	E	E	E			E
理解变化	7	C	C	C			
工作交流	16	C	C	E	E		
正确撰写	16	E	E	E	E	E	E

注：C=核心课/必修课，E=选修课，专家包括工程师、人力资源师、会计等。

5.3.2 个人培训机会

丰田称个人培训机会为"自主培训"，因为所有员工都要参加。当目前的

○ 建导是一种先进的参与型领导方法，意思是建设性地引导、提供架构性、步骤化的方法，帮助个人或群体找出自己的发展方向并激发对于行动的热情和责任，按照专业化的程序和技术，主持和引领团队活动而使活动达成最佳效果。——译者注

"公司培训机会"不能满足个人需求时，就由个人自主提出培训，以处理个人技能与实际需要之间的差距。这些培训可以在公司内或公司外进行，无论是从内容还是过程来看它们都十分重要。从过程的角度看，这些机会是员工实现自我激励的有效手段，还可以促进领导与员工之间的交流。从内容的角度看，它们可以弥补个人发展过程的不足。

内部个人发展机会包括参加项目组，例如安全委员会、成本改进特遣队等。组织的不同层次都设有这些委员会（班组、部门和工厂，因此在组织的每个水平都能找到）。内部个人培训机会的另一个例子是质量圈，尤其适合团队成员。丰田的每一位团队成员都可以在业余时间自愿参加自费培训课程，从而可以成为质量圈领导。在 8 个小时的培训之后，员工就可以建立自己的质量圈，并且通过解决问题的过程（得到团队领导的认可）建立一个小组。对于团队成员来说这是发挥他们领导才能的好机会。事实上，在 TMMK 进行的一项研究表明，绝大多数被提升为小组领导的团队成员都有过质量圈的经历。

"摘星"项目是 TMMK 将"外部"活动转化成"内部"活动的一个例子。这是丰田与五所大学合作为感兴趣的学生提供现场教学和远程教学的项目。团队成员完全可以在下班之后自愿参加这些课程。参加人数最多的项目是工程学学士和组织管理学学士。根据学员取得的成绩，公司最高可以为其支付全额学费。

有许多员工通过摘星项目获得学位，并因此被提升。许多获得工程学学士学位或其他学士学位的团队成员作为专家被调到支持领域。许多中层管理者获得了学士学位或硕士学位，并以此作为迈进管理层的基础。例如，TMMK 制造副总裁谢丽尔·琼斯在 1987 年作为团队领导加入 TMMK。被丰田雇用之前她是当地一家百货商店的经理。2004 年，她利用摘星项目获得了管理学学士学位，后来攻读硕士学位。数以百计的人都是这么做的。许多人问：这个项目的投资回报是什么，如何进行判定？这是丰田追求长期关系和培养员工的一个例子，尽管短期收益是无法量化的。

外部个人培训机会一般是由其他提供者提供的专业培训。在丰田的支持下，几名管理人员参加了北卡罗来纳州大学的创新领导中心及其项目。几名高层管理人员加入了沃顿商学院的高层管理人员培训与发展项目。从副总裁到团队成员，无数的员工都曾参加过丰田的这种培训。

5.4 在职培训

我们曾经与许多企业合作过，在探讨如何培养员工时，他们自豪地展示自己的培训中心和先进的视听设备，他们考虑到了讲台控制视听设备的每个细节。其中有一个家具制造商的艺术设备，这家制造商把精力投入到了产品附加特色的设计中，所以导致唯一可以讲课的地方是教室前的讲台后和右方的一个角落，因为一个硕大的投影屏占据了房间前面的大部分空间，教师只能坐在讲台上讲课。他们显然没有考虑到教师与学生之间要进行互动，学生上课就像是在看电影。当询问员工如何学到工作的细节时，他们答道："都是在工作中学习的。我们车间的员工都有义务指导新员工工作。"当到车间询问一些细节问题时，我们发现有些事情是完全不同的。在职培训的本质是："师傅领进门，修行靠个人。"

丰田的在职培训是一个与众不同的过程。丰田起源于农村，值得称道的是它让丰田发展实际的才能。去任何一个成功的家庭农场，你会发现祖父母和父母都是老师，他们教没有经验的家庭成员做好经营农场所需要的耕地、播种、采摘、干草打捆、准备机器设备、看管家畜、基本的木工等各项工作。年轻人总有一天会接管农场，在每一个领域都需要从数代农民积累的知识中学来的真本领。

在丰田，在职培训被认为是所有管理者最重要的责任，并且形成了一套系统化的方法。丰田使用"培训"这个词是因为它比我们常常想到的"训练"具有更广泛的内涵。训练是指通过做什么使得工人可以完成工作。培训是指培养员工，使他们在如何工作、如何评价工作、如何改进工作、训练其他人等方面的能力显著增强。

丰田培训生产工人的过程如图 5-3 所示。㊀团队成员被分配到一个小组之前要接受"基本技能"培训。该培训由丰田的一个组织创新机构——全球生产中心负责。培训结束后他们被分到一个小组，由小组领导和团队领导将其介绍给其他员工，并分配他们学习第一份工作。这份工作可以分解成细小的部分，用丰田作业指导法一件一件教会他们。团队成员会全程支持新员工，

㊀ 下面讨论的方法和全球生产中心在杰弗瑞·莱克和戴维·梅尔撰写的《丰田智慧：丰田培训员工的方式》中进行了详细的描述。

直到新员工能够从轮班到自己自如地完成工作为止。我们将依次介绍这些步骤。

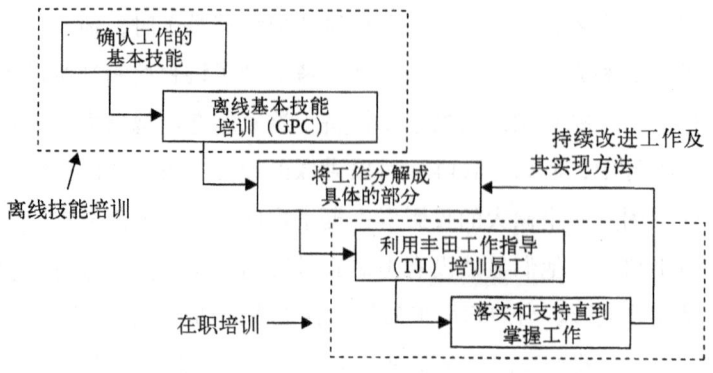

图 5-3　实现稳定工作绩效的发展步骤

5.5　基本技能培训

在前往生产线学习实际工作之前，团队成员需要参加一些反映工厂流程的离线工作，并按照一定的速率逐渐接近生产线标准。模拟区域设在全球生产中心，这是丰田在世界范围内培训新员工的标准化程序。第一个全球生产中心设在日本，他们将标准整理出来，然后培训来自世界各地的员工。后来又建立了 3 个中心为全球提供服务，分别位于泰国、欧洲和美国。肯塔基州的乔治城被选为美国中心的所在地，该中心紧挨着 TMMK。在工厂这一层次还有更小的全球制造中心。TMMK 是北美的第一个典范，因此每个美国工厂都派遣潜在的培训者来这里，经过培训后回到自己的工厂建立相同的区域。通过实验建立标准、在实践中改进标准，然后建立地区培训中心在全球范围内推行标准化是丰田的一个特征。

在 TMMK 建立之初，公司派日本培训者用 3 年的时间培训小组领导和团队领导。他们教会小组领导和团队领导使用工作指导法（本章稍后介绍）指导团队成员。工作指导法直到现在都没有改变，但是现在增加了一个标准化的前期培训，即在学习具体工作之前通过基本技能培训（GPC）对基本技能进行培训。基本技能培训使用视频指南，该指南包含文本和音频（翻译成多种语言），利用视频可以指导新员工在每个工作站学习具体技能。每个工作站都有一台笔记本电脑和一副耳机,学员可以在练习相应工作岗位技能的同时复习工作指南。除了视频之外,还有按步骤实施基本技能的标准化工作文本。在播放视频的时候,与对应技能、安全有关的关键点、质量和产出率的文本都会跃然于屏幕之上。指南的每一步都可以被放慢或暂停,以便于被培训者可以随时练习所学到的技能。

在一个学习主导型系统中,随时有培训人员负责回答团队成员的任何提问。一旦团队成员理解并学会技能,他们可以向培训人员展示,如果达到了标准,就可以转到下一个培训站。否则,就得再次复习视频指南,进行更多的练习。有了基于网络的系统,丰田就可以将世界各地的最佳实践方法汇集到视频培训指南中,使世界各地的成员可以按照完全相同的方式学习基本技能。如果有更新或改进,全球的其他培训中心会在24小时之内获取。丰田如此描述其视频指南。

允许每个工厂在应用层面存在灵活性的同时,在世界范围内的丰田工厂寻求生产的一个共同基础。这意味着寻找最佳实践方法并消除个人方法。丰田传统的传授技能方式是口口相传,因为知识是隐性的并且改进是持续进行的,所以很少被记录下来。

但是现在,丰田利用专家的广泛经验,选择和组织每个技能的最佳实践方法,利用数字化技术将这些方法编辑成视频指南,尽量少用文字,而是用伴有动画的照片和视频短片帮助快速理解。慢动作视频使得被培训者能够抓住那些由老练的专家快速示范的技能,这些技能就像用螺丝钉那样基本。总体来说,GPC一共存有大概2000个视频指南,覆盖了汽车组装流程的全部技能。

从视频指南到标准化工作

学员在GPC需要通过4个阶段有效的技能培训:① 通过视频指南学习基本知识;② 练习基本技能,比如在特别设计的工作台上练习如何拧螺丝,因为螺丝既不能拧得太紧也不能拧得太松;③ 进行"细分工作部分"训练,例如连接门锁杆与门把手;④ 学习标准化工作的基本要素,比如如何开始和结束一项操作,准时订购零部件的看板系统,以及如果发现问题如何利用看板系统暂停生产线。

行动训练和思维训练

位于乔治城的地区 GPC 拥有 8000 平方米大的"最佳技能培训场"。这里，接近 130 名被培训者在大约 400 张专门设置的工作台和几个模拟设备上练习自己的技能。在练习"细分工作部分"时，学员将获得在标准化时间框架内完成每项工作的能力，这种标准化时间框架对于保持节拍以实现组装线平稳运行是必需的。

在德语中"节拍"的意思是节奏或音乐节拍，而在生产中是指团队成员以消费者需求为基础完成自己工作所需要的时间。有节奏的动作对于实现工作的熟练化是非常关键的。例如，在给车体喷漆时，精确、有节奏的身体移动不但可以提高效率，还可以保证喷涂的完整和均匀。

思维训练也非常重要，尤其在组装阶段，该阶段有些工作需要在工人视线之外比如说门板后面进行操作。为了迅速提高效率，学员使用可视化指南，通过离线或静态技能练习培养一种想象力，想象他的手在动态生产线上该如何操作。

以人体工程学为基础选择和提炼最好的动作，不但有益于工人的安全和避免身体过度疲劳，还可以提高生产效率和质量。

GPC 的培训者来自于不同级别的小组领导和团队领导，他们都曾经改进过劳动生产率，因此拥有丰富的生产经验。经过他们的培训，有越来越多的领导者获得作为培训者的经验。GPC 的所有培训者都需要通过为期 6 个月的学习和测试，并且每两年重新认证一次。当新员工通过了所有的培训任务（10～15 项/部门），就可以向其所属生产部门的主管报到，开始使用工作指导法（本章稍候介绍）在生产流程中进行实际培训。

丽莎·理查森是乔治城丰田北美生产支持中心（北美版本的 GPC）负责冲压的培训师。她来自 TMMK，大部分经历都是从事冲压工作，先后经过日本和美国培训者的培训。她带领我们参观冲压基本技能培训场。今天基本技能培训中心的培训和 20 世纪 90 年代初她所接受的日本培训者的培训一样好，甚至比那时的培训还要详细。丽莎说：

在冲压方面，我们将基本技能培训的重点放在安全、质量和生产效率上。以安全为例，冲压的一个关键基本技能是握住零件，这是冲压团队成员大部分的工作。每天团队成员都要抓起并握住零件许多次。因为需要冲压的零件都有非常锋利的锯齿，就像剃刀的刀片一样锋利，所以掌握安全地握住这些零件避免被划伤的技能是至关重要的。

有一些需要冲压的零件非常大、非常重、非常锋利。因此，不能正确地握住这些零件就会导致划伤。丽莎回忆道："当我还是一个新员工时，他们告诉我安全地握住零件和适当使用安全装备是非常重要的，但并没有对其含义进行细节上的培训。"

GPC 的一个例子是握住零件的基本技能培训。该培训可以分解成 4 个基本技能：

- 重心（COG）；
- 握住面板的位置；
- 握住面板的方式；
- 握力。

培训从向团队成员传授什么是重心以及如何找到任意零部件的重心开始。重心对于握住零件非常重要，因为通过理解重心的位置，员工就可以熟练地确定从什么地方抓起零件是比较安全的。

首先用由 9 个规格为 3 英寸 ×3 英寸的简单竹节塑料方块构成的方块（见图 5-4）开始练习。很显然，该方块的重心位于中间那个塑料方块的中心。然后，在培训过程中，培训者制作出各种各样的形状，让被培训者练习寻找不规则形状模拟零件的重心。

例如，如果将右上方的方块移除，重心就会沿着对角线向左下角移动 1/9。学员将一个 X 标志放在自己确定的重心位置，答案模板就会落下并立即给出正确答案。

当团队成员能够熟练地定位这些模拟方块的重心后，就可以用竹节塑料做成的模拟生产零件进行训练了。例如，一个门内板的竹节塑料零件，其规格大概是 3 英寸 ×3 英寸，与训练用的方块比较类似，但是现在形状不规则，在不同的地方有许多像实际零件那样的孔。团队成员需要把刚学到的技能用在模拟零件上。一旦他们确定了模拟零件的重心，接下来就是学习如何用这一信息确定抓起零件的位置。这有两个方面的好处：首先是站在合理的位置用合适的姿势抓起面板，然后确定抓住面板的什么部位才能不让它从手上滑落。另外，还要教会员工使用适当的握力，使手尽可能多地接触到面板的表面，在抓起零件前确保使用合适的握力。

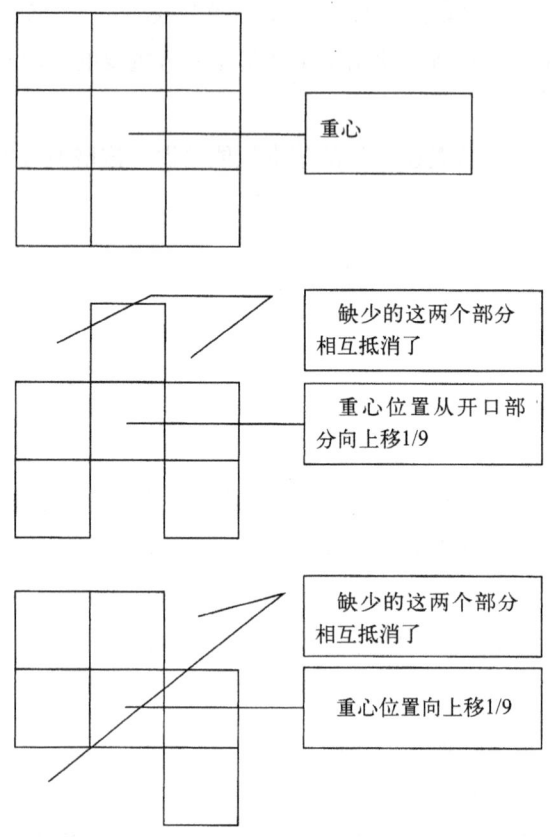

图 5-4　GPC 关于重心的培训

当新员工掌握了练习部分后，他们就可以到冲压区域用所学的技能练习抓握实际的钢质生产零件。面板抓握培训的最后一部分是教会团队成员用适当的握力抓起一个零件。这时需要用测力计培训正确握力的感觉，测力计是测量握力的计量器，握力用千克/英寸^{2}来表示。成员要反复练习，直到能够熟练确定自己所使用握力的大小。然后，要求他们每只手用零件重量3倍的握力抓起零件。例如，如果零件重4千克，需要成员每只手用12千克的握力去抓起它。这是非常重要的，因为如果握力太小，可能会使面板从手中滑落，就有划破手的危险,如果握力太大会导致重复性累积伤害。

通过使用由丰田最佳实践得出的全球课程,并由 TMC 认证培训者系统详细地教授,冲压团队成员现在已经具备了日常工作中安全抓握零件所必需的所有知识和技能。将所有这些零件抓握技能汇集到一起,TMMK 员工就可以提高冲压生产的安全率。

TMMK 车身焊接区有一名培训师叫埃迪·贝克。他描述了利用实际生产设备进行焊接基本技能培训的过程。车上绝大多数焊接都是电阻焊接,所以大部分时间和练习都在这儿进行。在焊接区域校验也是一项关键技术。首先要教会团队成员通过触摸,校验看不见的瑕疵。这些瑕疵可以通过戴着手套的手感觉到,团队成员必须学会使用适当的压力。如果压力过大,手会变得不敏感,从而很难发现瑕疵,相反如果压力太小也不行。发现瑕疵所需的标准压力是 1.5 千克/平方厘米,为了掌握该技能,需要使用一个简单的带有铁托盘的厨用天平,团队成员利用天平练习,直至能够立即判断出自己的手所施加的压力为止。一旦他们能够连续应用标准压力,就可以使用练习车门进行训练,试着发现设在练习车门上的瑕疵。车门上有肉眼看不到的凹凸点,团队成员每找到一处瑕疵就放上一块磁铁做标记。车门上有一个标记出瑕疵位置的塑料模板,团队成员可以根据它检查自己查找的准确度。一旦能够找到车门上所有的 30 处瑕疵,就可以到另一个测试门证明自己的技能,最后由埃迪进行确认。

车身焊接区还用两个车身面板来教授零件的配合,它们之间有间隙和水平差异(见图 5-5)。这是丰田著名的质量区,定义了整个行业的质量水平。GPC 还为团队成员建立了练习区,供他们学习如何发现两个零件之间的间隙以及平整度。两个练习面板都装有刻度盘,可以给出间隙和平整度的测量值。培训者将间隙和平整度调整到

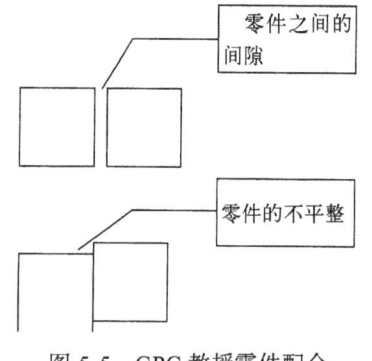

图 5-5 GPC 教授零件配合

不同的数值,训练团队成员仅通过触摸和目测就能分辨出细微的差异的能力。对团队成员的要求是能够判断出 0.3 毫米以内的间隙以及不平整,即大概 3 张纸摞到一起的高度。只有团队成员具备了这种能力之后,才可以到真正的

汽车生产线上工作，以确保丰田向消费者提供的产品的质量。

通过丰田的网站，新员工的技能得到了改善，培训时间也减半。"在同一时间向成倍的员工提供高水平的、始终如一的培训。丰田虽然将培训时间减少了一半但却提高了所学的技能。"在员工接受培训的过程中，丰田用"指导效率"来衡量学习的质量。例如，如果两名员工都进行了一个小时的课堂学习，在测验中一个的得分是另一个的两倍，这说明前者的学习效率是后者的两倍。丰田通过研究建议 GPC 用 6～10 倍的系数乘以指导效率（见图 5-6）。

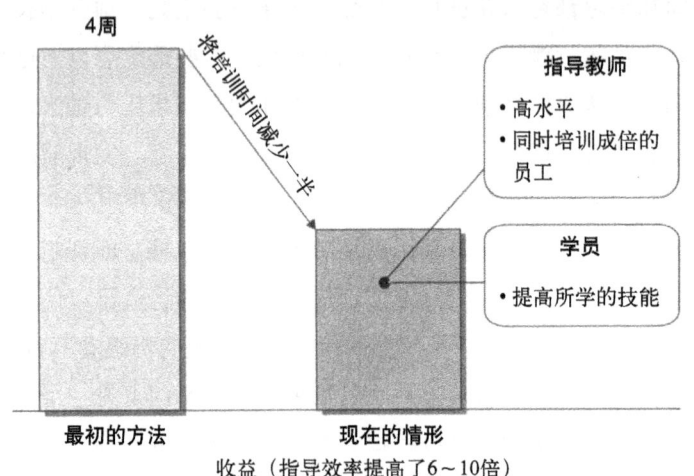

图 5-6　GPC 显著提高了指导效率

TMMK 的 GPC 在培训新员工方面是非常成功的，所以他们现在已经决定让所有的员工都进行这种培训。工厂的所有员工用下班时间轮流进行 2～3 天的培训，然后是所有的团队领导。尽管这些员工已经在在职培训中接受了广泛的培训，但是他们发现这与自己以前的学习方式截然不同，并且以前的培训遗漏了一些基本技能。

5.6　标准化工作与工作分解

在大多数企业里，一般都会指派老员工向新员工传授工作技能，老员工首先需要确定教什么，怎么教。因为没有标准化工作，所以新员工学到的只能是教授过程中一些偶然的工作方式。他们只能大概地跟导师学习，然后自己在工作中临场发挥填充一些细节性内容。结果是每个人都按照自己的方式工作，不是真正的组织学习。持续改善也变成了个人改进，缺少共享，没有形成标准的工作方式。

标准化工作是建立生产所需产品的重复生产流程的基础，同时也是培训的基础。只有自己知道如何做才能够培训其他人，同时也无法改进一个各人各法的不稳定流程。

在团队成员传授如何工作之前，必须清晰地定义方法。在丰田，标准化工作是目前我们所知道的最好的方式。标准化工作包括：

- 时间概念——生产一件产品的频率（例如，每分钟多少件）。
- 标准工作顺序——应该遵循哪些步骤，按照什么样的顺序。
- 标准在制品——流程的两个步骤之间允许有多少存货。

要想实现真正的标准化，工作及其附属流程必须是稳定的。如果消费者的需求每天都在改变，时间概念就没什么用了。如果零部件、工具及其他材料在不同时间以不同的数量到达，或总是放在不同的地方，那就不可能有标准工作顺序。机器设备故障，或者出现了随机质量问题，都将影响标准在制品、时间和工作顺序。换言之，你需要一个稳定的流程来实现标准化工作，只有实现了标准化工作，才能进行指导培训所需要的工作分解。

丰田在一个稳定的环境中培训员工，熟练的团队领导和小组领导知道如何做和如何教。工作已经被细分：身体和手的姿势如何摆、零部件应该放在什么位置、安全议定书是什么、需要注意哪些质量关键点。同时公司已经建立了准时生产制。在这些基础之上，丰田就可以使用工作指导法进行培训了。

当然，绝大多数公司的工作地都不具备丰田的高度稳定性和工作的高度标准化。那么，他们能做什么呢？答案是一步一步地实现目标。我们建议，在建立培训所需要的系统之前，不要在整个公司实施全面的培训。应该先挑选一些流程或区域建立一定水平的稳定性，至少要实现大致的标准化，然后在这些区域进行培训，成功后再扩展到其他区域，最后到整个公司。《丰田智慧》一书描述了组织这一过程的方法。

5.6.1 工作指导法

在职培训以团队成员学习基本工作开始。图 5-7 是丰田工作指导法（TJI）实施过程的一个总结。它来源于美国的督导人员训练（training within industry，TWI），丰田对其进行了发展。基本的工作指导法深深地根植于丰田文化，在 50 多年的时间里从未改变过。这种连续性是一种深层文化的基础。

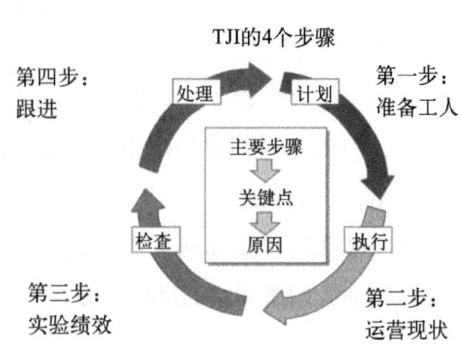

图 5-7　丰田工作指导法

注：TJI 源于美国的督导人员训练（TWI）。

丰田工作指导法以培训资料和培训方法两个主要程序为基础。它们都可以用戴明所提出的计划—执行—检查—处理流程来实施。下面是对丰田工作指导法的高度概括。

（1）工作指导卡——这是一个详细的文件（一般是一堂培训课一张纸），介绍如何做这项工作，是主要的培训材料，它包括：

- 主要步骤——一个因素的主要步骤，是促进这项因素成功完成所必需的一系列行动。
- 关键点——是某项工作成功或失败所依靠的关键操作点。包括质量、生产效率、成本和安全。它们也是使工作更容易的关键点（理解、技艺、经验、技术、时间和专业知识）。
- 原因——如果忽视了关键点情况会如何？他们为什么要这么做？原因是什么？

（2）培训方法。

- 选定学员；
- 消除学员的紧张感；
- 说明工作（用标准化工作单）；
- 查明学员对这项工作的了解程度；

- 让学员对这些工作产生兴趣；
- 将学员安排到适当的位置，这样可以看到你是怎么做的；
- 运营现状。

（3）将操作展示3次。

- 一次性展示并解释一项因素及其主要步骤（第一次）；
- 强调每个关键点（第二次）；
- 解释每个关键步骤和关键点的原因（第三次）；
- 清楚、完整、耐心地讲解；
- 实验结果。

（4）学员操作4次。

- 让学员静静地操作并纠正自己的错误（第一次）；
- 让学员在操作的过程中向你解释每个因素以及主要步骤（第二次）；
- 让学员在再一次操作的过程中向你解释所做工作的关键点（第三次）；
- 让学员解释原因（第四次）；
- 继续操作，直到学员完全掌握了这些工作；
- 跟随。

（5）让学员独自工作，但不是没人照看。
（6）为学员指定可以寻求帮助的人。
（7）经常检查学员的工作。
（8）鼓励提问。
（9）给予任何必需的额外指导，逐渐停止跟随。

5.6.2 跟随和支持直到员工掌握工作

通过丰田工作指导法，员工首先了解工作的每个步骤，最后可以通过标准化工作完成整项工作。此时，员工的知识和技能水平仍然比较低、比较脆弱。如果放任自流，他就会以自己认为比较容易的方式完成工作，而忘记关键点。另一个问题是持续跟上时间的能力。员工可能在某个时间内就已经完成了几轮工作，如果让他自己独立工作，可能会出现在某些轮次上有所疏忽而落到后面，然后再努力赶上的情况。这样就有可能跳过某些步骤，例如质量检查。

指导教师的职责是与学生待在一起，直到他们能够按照标准化工作在时间内轻松完成工作，这被称为"稳定性阶段"。让小组领导做培训者的好处是他们就在车间里，在生产过程中可以要求学员前面或后面的员工关照他，在需要时提供帮助。因为成熟的团队成员经历过轮岗，了解所有的工作，所以可以在整个稳定性阶段帮助和指导新员工。

需要说明的是丰田所有的工作都使用相同的理念和基本方法，甚至在生产之外也是如此。你会发现在丰田所有的组织里都有类似于团队领导——小组领导这样的组织结构，他们负责按照严格、系统的方式培训员工。

5.6.3 丰田团队成员在培训临时和新员工方面所扮演的角色

新团队成员在加入基本技能培训、通过丰田工作指导法学习、遵循标准化工作的同时，还通过有组织的生产培训计划学习自己所扮演的角色。这项计划融合了课堂讲座、交互模拟以及强化现地现物的车间培训。

该项目是为所有到丰田工作的临时员工和新员工设计的。项目包括两个阶段，第一阶段是 40 个小时的培训，第二阶段是 24 个小时的培训。目前，几乎所有进入乔治城工厂的新员工都是临时员工。临时员工需要在 2 年内完成第一阶段的培训。直接作为新员工进入工厂的人只需要 6 个月就可以完成第一阶段的培训。临时员工和新员工都要在接下来的 3 年里完成第二阶段的培训。

该计划如图 5-8 所示。第一阶段从安全原则、丰田模式价值观、丰田生产方式原则、团队合作、交流技能、解决问题开始。培训是在优秀员工和组织中心的帮助下进行的，培训者都是具有丰田直接生产经验的人。为了顺利通过培训，学员必须参加所有的项目，完成所有的作业，证明自己具有课堂资料所覆盖的所有能力。学员要想加薪必须成功地通过每一阶段的考试，然后进入下一阶段。例如，在关于安全、价值观和 TPS 原则的第一阶段，学员需要在前两个月接受 10 个小时的培训。如果他们去听课，通过了考试，证实自己理解了所有的关键概念，就可以获得加薪，进入下一阶段。学员听课可以拿到加班费，如果未能通过考试可以再次听课（没有报酬）直到通过考试为止。绝大多数的作业和演示都是解决问题，从车间挑选出实际的问题，运用解决问题的程序，在培训者和小组领导的指导下一步一步地解决。在 40 个小

第5章 发展能干的员工 119

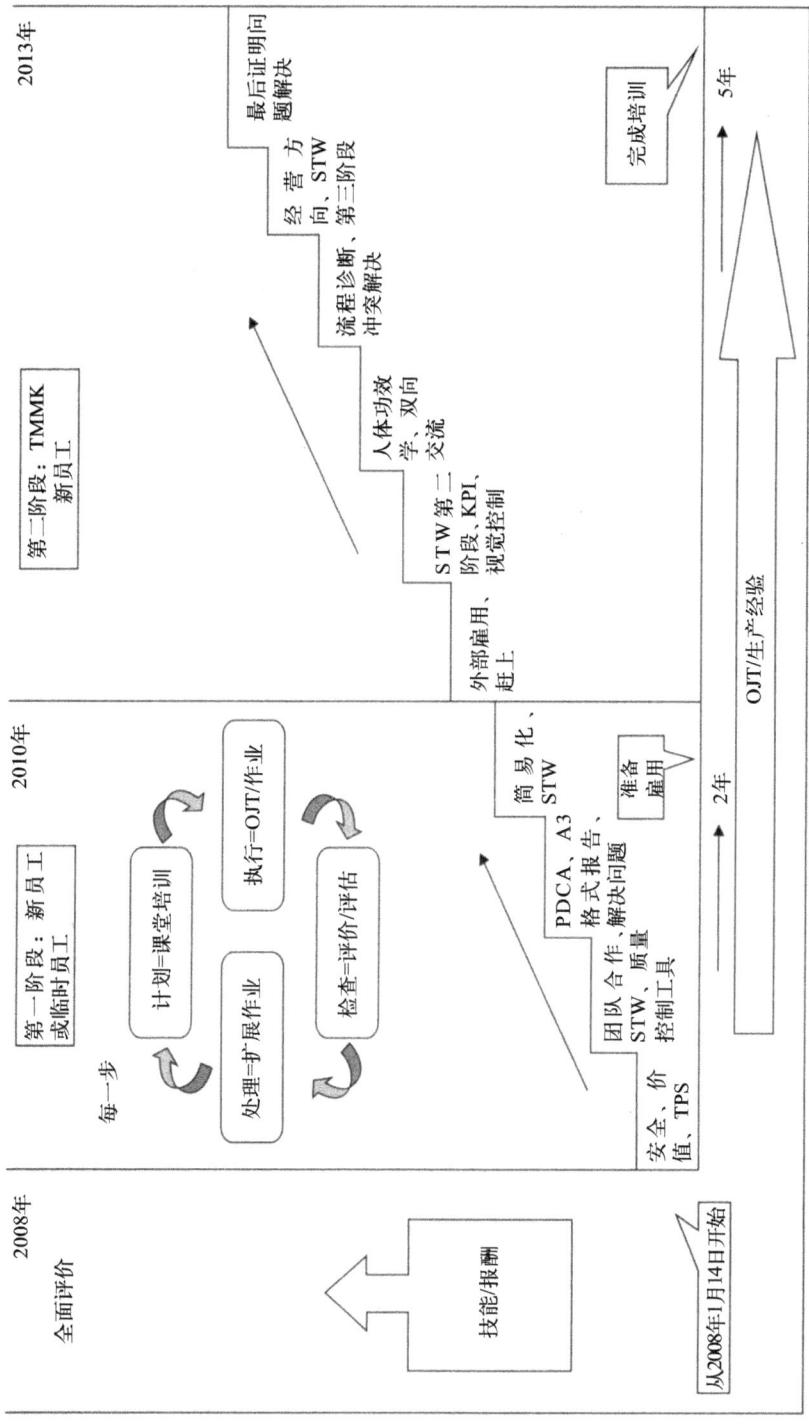

图 5-8 TMMK 新员工生产培训计划

时的培训结束后，学员需要提交 A3 格式的解决问题报告总结整个过程，向其他学员陈述。

对于临时员工，这项培训具有特殊的意义，因为它决定着其能否被丰田雇用。在两年内成功地完成 40 个小时的培训后，临时员工就有机会成为全职员工。这种情况只有在学员工作表现好、具有良好的出勤记录、非员工需求低迷时期才能发生。事实上，直到撰写本书为止，几乎 TMMK 的每一位临时员工都有机会成为全职员工。

一旦临时员工成为全职员工，就要注册进入下一阶段的培训，在 3 年里完成 24 小时的学习。第二阶段仍然教授丰田能力，但是在现有的基础上更进了一步。以标准化工作（STW）为例，第一个模块是基础知识，包括理念、重要性以及遵循标准化的好处。课后作业是解决车间问题，包括观察标准化工作，解决发现的任何偏离。标准化工作的第二个模块是教新员工如何实地制作一个流程的标准化工作图。第三个模块，将能够教导其他人如何制作和遵循标准化工作。需要强调的是，所有有经验的计时制生产工人都将具备培训其他生产工人如何制作和遵循标准化工作的能力，这是怎样的实力呀！新员工在通过每个阶段后都会有所提高，3 年后他们就能够拥有与其他团队成员一样的生产效率了。

5.6.4　工作培训的持续改进

许多企业的管理者不能理解为什么对下属进行在职培训也是自己日常工作的一部分。他们认为培训是培训部的事。在丰田，每一位高级管理者都是其下属的老师，那些从事在职培训的人被明确地告知如何进行这种培训。事实上，在职培训是向所有管理者和主管们提供的一门课，重点是如何运用标准化流程培训下属。在职培训的目的是培训实践丰田模式的团队成员。一名主管的工作是帮助下属完成"好的工作"，促进下属的成长。"好的工作"是指具备挑战性、激励性的工作，能提供成就感或个人成长的感觉。

这 3 个组成部分按照丰田的计划—执行—检查—处理（PDCA）的程序排列。在计划阶段，主管需要了解下属的优势、劣势以及其需要完成的工作，然后提供能够稍微发挥下属技能的工作。在执行阶段，主管必须激励下属，这需要通过良好的观察、跟踪和反馈来实现。最后在检查、处理阶段，主管可以评估下属的工作，在这两个阶段可以讨论为了实现个人的成长目标将来所需要努力和行动的方向。在课堂上，要告诉主管培训下属是其责任，丰田的目标是亲自照顾每一位下属以及下属的发展。还要告知他们培训程序必须因人而异。每个人都有不同的价值观、个性、能力，因此培训时必须以此为基础。

丰田通过 PDCA 程序改进产品和流程。当出现质量问题或团队成员出现时间问题时，就会拉安灯线，于是就需要解决问题。解决问题的一个环节是观察标准化工作，以及团队成员遵循标准化工作的情况。有时候就地对团队成员进行标准化工作培训，就能很容易解决问题。如果在工作过程中问题反复出现，就需要重新评估整个培训系统。5.7 节给出了确定培训需求的一个例子，在该例子中因为一个问题导致了对培训程序的重新评估，主要讲的是小组领导需要具备清晰的鉴别能力。

5.7 通过 COPA 确定工作必需的相关培训

我们已经讨论了如何做好具体的培训，但是从更一般的意义上讲，丰田是如何确定具体工作所必需的相关培训的呢？关键结果分析系统（critical output analysis，COPA）提供了一种严格的方法，它秉承了丰田模式的员工培训理念，首先从了解工作的目的开始，然后转化成所需要的具体能力。在丰田，当某人开始解决问题时，其主管就会经常问：出了什么问题？在解决问题之前必须清晰地了解目标。比如培训，在进行培训之前，需要了解工作的预期目标，然后转化成培训需求。

接着考虑一下使用 COPA 法时会出现的棕色地带情形。当一条新的生产线安装启动后，该生产线的几个小组领导感到工作不很顺手，团队成员也有同样的感觉。他们一起去见团队领导，请求召开会议解决这个问题。团队领导意识到自己应该为此事负责，于是决定召开一个 COPA 会议以确定小组领导的培训需求，这样就可以解决整个团队和小组领导的问题。她的方法包括如下 4 个步骤。

第 1 步

将团队成员聚集到培训室里，询问整个团队以下 5 个问题，将答案记录在活动挂图上，每个人都可以看见：

- 你们工作的关键结果是什么？你们所负责的完整的流程/工作是什么？

- 构成、导致、促成这些关键结果的主要任务/活动是什么？这些关键结果依赖的活动是什么？
- 完成主要任务需要什么样的信息和知识能力？
- 完成主要任务所需要的人际能力是什么？为了与你的同事有效地工作你必须做哪些事情？
- 工作所需的知识能力或智力和操作是什么？涉及哪些思维能力？

第 2 步

团队领导询问小组领导记录的这些信息是否是可理解和精确的，是否是用他们能够辨认的语言记录的。然后她与团队一起解决上述问题并达成一致。这个会议持续了近 1 个小时。该系统的理念是：为了企业的成功，领导者需要生产某些产品，为了生产这些产品需要成功地完成某些任务。接下来需要鉴别完成这些任务需要哪些能力。这些都是训练和培训需要解决的问题。会议的总结如图 5-9 所示。

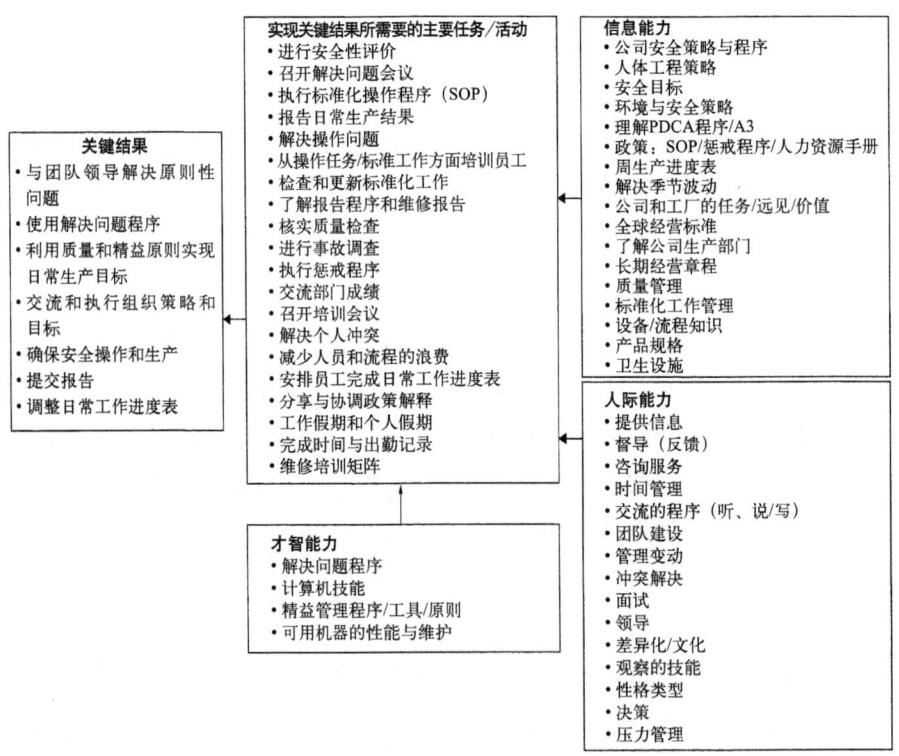

图 5-9　从 COPA 会议得到的结果

第3步

具备了关于工作内容的信息，团队领导就会将其转化成 COPA 的形式为下一步所用。用来评价人际能力的 COPA 的例子如图 5-10 所示。⊖她再一次召集团队成员，回顾了整个内容之后将注意力集中在 3 页纸上，涉及知识、人际关系的和智力方面的能力。与左边条目紧挨着的是两个标准，分别为按照从低到高顺序排列的 5 级评分标准。最右边的标准是"工作重要性水平"，允许团队领导评价各项能力对于工作影响的重要性水平。中间的标准是"能力水平"，允许小组领导评价自己掌握这些能力的水平。这一步得出 3 个有价值的结论：团队领导有机会强调其所认为的工作所需能力的优先级，小组领导有机会评价自己的能力，有机会明了个人的和总体为了达到改进目的所需要培训课程。

COPA评价的主要人际能力

下面给出的是主要的人际能力及其所需的主要工作。如果不止一项工作需要同一种人际能力也是不足为奇的。如果真的出现了这种情况，不需要重复列出这种人际能力。位于右边的是两个评价等级。第一个评价自己某种能力的水平，第二个评价工作需要该能力的程度。1和2的水平表示较低，3表示中等，4和5表示高。

人际能力	能力水平	工作重要性水平
• 在培训模式、回答问题方面口头表达信息的能力	1 2 3 4 5	1 2 3 4 5
• 指导、咨询服务、彼此交流以及在工作设置方面的能力	1 2 3 4 5	1 2 3 4 5
• 鼓励团队工作、信任以及问题解决的能力	1 2 3 4 5	1 2 3 4 5
• 解决冲突和误解的能力	1 2 3 4 5	1 2 3 4 5
• 观察、面试、减轻压力的能力	1 2 3 4 5	1 2 3 4 5
• 尊重差异文化活动的能力	1 2 3 4 5	1 2 3 4 5
• 解释变化和争取支持的能力	1 2 3 4 5	1 2 3 4 5
• 解决主要问题的努力和持续改进的能力	1 2 3 4 5	1 2 3 4 5
• 赏识他人的工作成就和创新的能力	1 2 3 4 5	1 2 3 4 5
• 发现自己缺点的能力	1 2 3 4 5	1 2 3 4 5

图 5-10　团队成员 COPA 形式的人际能力自我评价

⊖ 图 5-10 是人际能力形式的一般例子，与图 5-9 的例子没有直接关系。

第 4 步

以确定的需求为基础进行培训。由于团队成员参与了培训需求的确定,所以培训效果显著提高,并且由于团队成员报告了自己的实际工作及在能力方面的差距,培训既可以解决整个团队的需求又可以解决个人的需求。在这两种情况下,培训既需要与整个工作相关,又需要与 COPA 会议上提出的最新需求相关。

5.8 丰田不同层级的培训

前面所列举出的绝大多数的培训的例子都是关于车间的团队成员、小组领导和团队领导的培训。在本节,将重点放在管理者和主管层的培训。随着组织层级的上升,工作变得更难清晰定义、重复性更少,但丰田工作指导法的基本理念在丰田文化中是根深蒂固的。

- 总是了解谁需要培训、目的是什么、谁适合负责培训。
- 由在培训员工方面接受过较好训练的高级主管在实际工作情形下进行核心培训。
- 将一个可重复的流程展示给学员,让学员尝试,然后让他们进行有监督的练习。
- 不让学员单独工作,直到他具备独立工作的能力。

区分丰田组织层级中每一级的角色和功能,将有助于了解丰田文化中训练和培训的战略。丰田的组织结构分 4 个层级:团队成员、小组／团队领导、经理、总经理／副总裁(见图 5-11)。每一层级的员工都把注意力放在具体工作内容和工具上,但各个层级都通过解决问题程序连接到一起。

5.8.1 小组领导和团队领导培训

我们已经从某些细节方面讨论了小组领导和团队领导的培训。培训组织的基础是对于每个成员、每个程序实现标准化工作。一旦标准化工作出现了偏差,小组领导和团队领导以及团队成员就会使用解决问题的技能,将流程恢复到标准化工作。与此同时,持续改善的精神使他们抓住所有机会杜绝流程中的浪费,进一步改进流程。

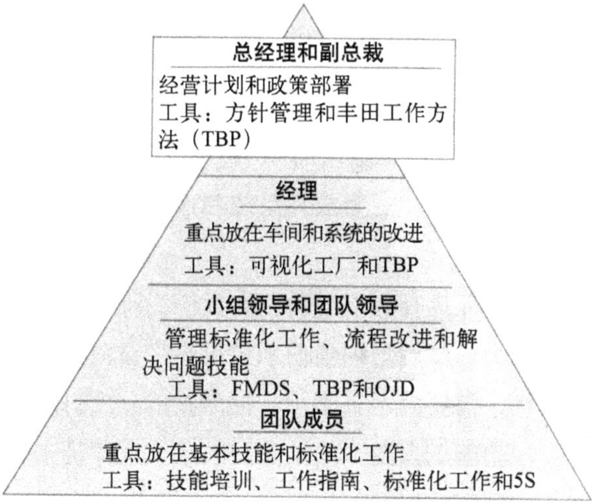

```
        ┌─────────────┐
        │ 总经理和副总裁 │
        │ 经营计划和政策部署
        │ 工具：方针管理和丰田工作方
        │ 法（TBP）
        ├──────────────────┤
        │      经理         │
        │ 重点放在车间和系统的改进
        │ 工具：可视化工厂和TBP
        ├──────────────────────┤
        │  小组领导和团队领导      │
        │ 管理标准化工作、流程改进和解
        │ 决问题技能
        │ 工具：FMDS、TBP和OJD
        ├──────────────────────────┤
        │         团队成员              │
        │ 重点放在基本技能和标准化工作
        │ 工具：技能培训、工作指南、标准化工作和5S
        └──────────────────────────────┘
```

图 5-11 丰田训练和培训战略：角色、重点和工具

　　有了这些相关因素在脑海中，团队成员、小组领导和团队领导的培训主要集中在工作场所的组织、标准化工作、准时制生产、解决问题以及更多问题的解决。丰田的培训是建立在一层一层的基础上的。团队成员学习基本工具，随着团队成员向人力价值流方向发展，学习的内容不断增加。小组领导以丰田工作指导法为工具，开始指导解决问题程序。交流和团队合作技能也一并纳入这些工具的教授过程中，目的是为了在持续改善过程中能加强尊重和信任。这些交流技能已经超出了人力资源培训的范畴。事实上，当建立起相互尊重和相互信任的关系之后，解决问题就会更容易。交流技能在解决问题过程中起到润滑剂的作用。在在职培训解决问题的练习中，一个小组领导使用了交流的技能："我们小组到一个地方去解决问题，他们的团队领导比较封闭，非常恼火我们到他的地盘上。我运用了听的技能，消除了他对外人进入会影响流程的担忧。在了解问题之前，他回答了我们所有的问题，提供给我们很多有用的信息。"

　　相应地，培训强调一种永久的循环：执行标准化工作、遭遇偏离问题、解决问题、设立新标准、用新标准培训、执行新标准。这个序列是团队成员、小组领导和团队领导日常活动的核心。没有这个序列就不会有持续改善所需要的稳定性，就不会有标准化所需要的系统，也无法实现标准化的共享。令人难以置信的是，在某些有精益历程的组织里，例如降低库存、创立工作单元等,其车间里竟然没有标准化工作和问题解决流程。我们已经介绍过,高层和中层管理者在车间的流程上只花费2%~5%的时间(丰田的管理者花费更多的时间在车间里),他们在组织中所占的比例也差不多如此。但是,车间里的团队成员的数量占到总员工数量的80%,他们将99%的时间都放在流程中增加价值的部分。通过将注意力放在系统和这些员工的培训上,丰田能够积极地影响其关键经营指标。

因为每一层的工作都具有清晰的角色和责任,所以丰田首先培训员工具备完成当前工作的能力,然后培训他们承担更高一级角色的能力。要想进行更高一级角色的培训,需要确定其必须掌握的技能、项目和经验。将这些技能用一个类似于"多功能工人图"的矩阵图表示,这样员工和教练可以清楚地看到当前的状态并制定计划缩小差距。丰田的团队领导将通过适当的授权,使得小组领导可以承担团队领导的角色。图5-12是小组领导培训图的一个例子,包括交叉培训以及将所有小组领导进行岗位轮换,这样他们最终可以精通所有小组的情况。同时,团队领导的工作诸如参与安全、质量、生产效率和成本等领域的管理,所有小组领导也要轮换参与这些管理。每个岗位的轮换至少需要一年的时间,在这期间小组领导将代表团队领导参加安全或成本委员会。

团队领导		小组领导			
姓名:杰夫 部门:组装部 时间:2008.01.02		麦克	玛丽	马克	玛格丽特
	流程或技能				
1	小组1流程	●	⊕	◐	●
2	小组2流程	⊕	●	●	●
3	小组3流程	⊕	●	●	●
4	小组4流程	●	●	●	●
5	时间/出勤	●	⊕	●	●
6	安全特别工作组	●	●	⊕	●
7	领导质量控制圈	⊕	●	●	●
8	成本委员会	●	●	●	●
9	报废流程	⊕	⊕	⊕	●
10	设备的全面生产维护	●	●	●	●

注:⊕ 0   ◐ 50%   ● 100%

图5-12 小组领导成为未来团队领导的多功能培训图

团队领导的工作，例如流程报废或对时间和出勤的跟踪，也同样要教授给每个小组领导。教授这些工作的方式与前述的小组领导培训流程一样。在丰田，几乎每一项工作都有标准可以遵循。比如，如何校准风动工具或风动扳手以获得正确松紧度的标准，如何适当维护机器设备以避免损害的标准，流程报废的标准。有了这些标准使得培训变得更容易，培训者可以通过比较学员与标准的差距进行跟踪培训。通过这种跟踪培训，培训者可以确定学员是否能够独立完成工作。在培训图中得到一个 100% 的圆，就可以认为能够进入下一项工作的培训。在第 4 年或第 5 年年末，小组领导已经能够完成绝大多数团队领导的工作。当他们被提升时，就已经具备了担当团队领导的很好的基础。

5.8.2　经理层的培训

在绝大多数情况下，丰田最好的经理首先是作为最好的团队领导而被培训的人。他们已经证明自己有能力运用标准化工作和丰田工作指导法等工具，并且熟练于问题解决，维持信任和尊重。在乔治城工厂建立之初，经理很少接受正规的课堂培训。公司为每位经理安排一个全职的来自日本的协调员。在几年里他作为导师传授着丰田模式。这个协调员通过潜移默化和不断询问经理问题，教导和挑战他按照不同于往常习惯的方式来看问题。

例如，组装工厂的第一位经理迈克尔·达普里莱，在通用汽车公司工作过多年。在建立新的组装工厂时，他要求在生产线末端建立修理区域。他想知道工厂为什么没有生产钥匙的机器。通用汽车所有工厂的生产线末端都设有为丢失钥匙的汽车生产钥匙的机器。于是，他就向他的协调员尔特·尼米询问此事，并解释了可能重复发生的问题即汽车到了生产线的末端没了钥匙，却没有办法生产钥匙。尼米问他为什么会丢钥匙。迈克尔回答说常常要么是丢了，要么是被拿走了，要么是根本就没有。尼米简单地说："花时间查明为什么丢了或被拿走了，解决了这个问题就不用花时间和金钱制造钥匙了。"这是一种简单的、常识性的方法，在丰田模式下，经理们不会再有不同的思维方式。

这种日复一日的教导培养了经理们的思维能力和行动能力。与此同时，前面描述的丰田生产方式的基本工具在一开始就已经准备就绪了。乔治城的工厂具有很多优势,因为它完全是一家新工厂。"棕色地块"(brownfield)组织在向精益生产方式转变的过程中常常不得不战胜旧的工作习惯。的确,丰田最近在迅速扩张和全球化过程中形成了一些坏的习惯,改变这些习惯也面临着类似的挑战。由于向其他国家例如印度、中国和俄罗斯的扩张,日本已经没有资源和能力向美国派遣大量经验丰富的管理者作为协调员。经过日本培训者 15 年的指导,TMMK 的经理已经足以承担起培训其他人的义务。他们被派往北美的其他工厂担任新经理的协调员,例如南加利福尼亚和得克萨斯州的工厂。乔治城的工厂被新建在密西西比州的图珀洛工厂视为"姐妹工厂"。因此,就有更多的正式的培训课程和教练课程来弥补缺少日本协调员的缺陷。

5.8.3 经理轮岗:交叉培训

丰田的培训工具之一是在其组织的每一层级进行岗位轮换,经理层也不例外。岗位轮换被认为是训练经理人技术技能和人际/领导技能的有效方式。很显然,进入组织的一个新领域就需要新的技能,在许多情况下,生产经理要被变换成行政经理,反之亦然。

但这种轮岗也是有一定限度的,很少有将一个组装经理变成财务经理或人力资源经理变成生产经理的情况。除了学习该领域的新技术,他们也需要被安排到一个不依靠旧的管理方式也能够更成功地起到领导作用的岗位。如果某人是技术专家,把他放到一个领导者岗位,他就很容易倾向于采用自上而下、独断的领导方式。一个日本协调员说:"当经理被轮换到一个新的领域,他们不得不做两件事。第一件是他们不得不谦虚,依靠下属为其提供所需要的技术信息;第二件是他们必须依赖于丰田模式中的 PDCA 和解决问题的技巧。"

丰田高度重视经理轮岗,几乎所有被晋升为总经理的人都至少被轮换过两个不同的管理岗位。

5.8.4 总经理和副总裁的培训

在丰田,对高级管理者的培训所采用的策略类似于对经理的培训。这听起来好像是陈词滥调,但丰田高级管理者被期望在其岗位上能够不断实现精益。在副总裁这一层级上也要进行岗位轮换。唐·杰克逊是得克萨斯州圣安东尼奥丰田卡车工厂的副总裁。他在丰田的职业生涯始于乔治城，沿着管理阶梯，他从一个专家被提升为质量管理总经理，然后被晋升为汽车厂的副总裁。接着，他被调到得克萨斯州，负责建立一家新的工厂。在这个岗位上，他有责任"全面雇用和培养"自己的管理梯队，从某种意义上是整个组织的管理梯队。与此同时，他还得到了当前日本总裁的培养，获得了建立新工厂的许多经验。当被问及是如何发展到今天时，他迅速地说出了自己过去的日本协调员们的名字，将自己的成功归因于这些人所传输的丰田 DNA。

基思⊖是我担任质量管理总经理时的协调员，他对我的学习和职业产生了极其重大的影响。他告诉我一路上需要披荆斩棘，但在铲除这些障碍时需要坚持不懈，并且告诉我工厂里的每一件事都是一个教与学的机会。他用一个生产和质量相结合例子来讨论质量问题，用这种方式教授稳定性、标准化、控制、数据收集与决策。他总是先将这些事情简单化，把所有的事实都写在白板上，使之一目了然。他会首先围绕"是什么"进行提问，然后是"为什么"，让整个小组都参与到确定问题和寻找对策上来，确定"谁将在什么时间做什么事"。然后教我如何组织会议。有一次，在会后我问他为什么要我这么卖力。他说："我不能给你答案，最好是你自己去发现，这种方式非常有用。从 A 到 B 最短的路是直线，但不是唯一的路。你可以绕一点弯，但仍能到达 B 点。绕一点弯是没有问题的，我的工作就是不让你从桌子上摔下来。"

记得我在做 TMMK 助理经理时，有一次在解决工厂的一个问题时犯了一个重大错误，我用了整个晚上做一个避免类似事件重复发生的 A3 格式的解决问题报告，这份报告需要在第二天交给总裁张富士夫。由于犯了如此巨大的错误，所以当时非常紧张，当我走进会议室时，张富士夫也在那里，他双手交叠、满脸笑容，仅对我说了一句话："你今天学到了什么？"就是这句话使我这次犯错的经历变成了一个学习的机会。类似的事情也曾经发生过，在得克萨斯工厂建立之初，有一位小组领导与一个负责油漆的员工交流失误导致油漆溢了出来。这是一个非常严重的事故，虽然可以确信这不会对环境造成影响，但是财务损失是非常巨大的。我第一时间赶到现场调查问题，车间到

⊖ 基思在1997年达美航空公司飞机坠落中去世。他在两个改造项目中为 TMMK 提供支持。他的指导、友善和教诲永远活在丰田中。

处都是人，负责的小组领导恰好在人群中间。当我赶到时他显然很紧张，我意识到所有的眼睛都在盯着我。叫它丰田模式或丰田DNA，无论叫什么都行，但从我口中溜出的话与张富士夫所说的一样："你从中学到了什么？"小组领导有所放松，兴奋地与我寻找解决对策。第二天又碰到了他，他戴着沾满油漆的安全帽，我问为什么不换一个新的？他说自己打算一直戴着它，以记着自己的错误。别人怎么对待他，在将来他就会怎样对待别人。

唐学习的绝大多数丰田模式都来源于日本协调员的直接经验，他会把自己的学习所得逐一传授给下属。在丰田的文化环境中，学习是永无止境的。对于经理人除了这些非正式的学习机会外，还有许多正式的培训机会。

日本丰田学院在开发管理课程方面起到带头作用，然后再与每个地区合作以证实培训者具备在各自国家传授这些课程的能力。在美国，培训由与TMMK位于同一地区的北美生产支持中心负责。该组织的培训分为两部分，一部分是生产培训（由团队领导培训小组领导），另一部分是管理培训（由总裁培训助理经理）。管理支持中心则由具有公司管理经验的培训专家组成。这些专家不必负责具体实施层面的事项，因为不需要他们那么做。他们更多的是负责信息和活动之间的协调，这对信息共享和准备工作的分配都是十分必要的。该课程的一个例子就是"丰田模式的促进"课程，该课程要教会主管（经理）看到整个组织的全景，并重点强调用工具以标准的形式来评价它。

主题包括：

- 以丰田价值观和原则为基础的长期政策；
- 职业道德和社会责任；
- 能够理解高层管理思维及组织中各个部门作用的领导系统；
- 制定并规划方针政策；
- 通过人才的成长创造价值；
- 通过工作程序的改进和供货商的改进创造价值；
- 对每天的结果实施控制；
- 基准、信息共享及应用。

这些主题关注的是较大范围的价值流，从供应商一直到消费者等各个方面都包含在内，甚至还有更广泛的主题，比如社区、环境及竞争的衡量。

丰田用于改进的方法也是如此，每种方法类型都有清晰的规定，并附有客观的标准用于与现状的比较。对工厂现状的衡量涉及管理、安全、人力资源、成本、生成控制及工厂的整体等所有重要领域。其中安全性就是一个例子，表5-3给出了安全性评价的关键因素。标准的设置是相互联系的。

表 5-3 管理系统安全的测评

	如何收集消费者的要求	与竞争相关的因素	相关的内外供应商	衡量指标
安全	• 工厂的安全和健康会议	• 其他工厂的安全和健康情况 • 实用的系统 • 环境系统 • 设备管理系统	• 安全和环境委员会	• 重大灾难发生的数目和频率 • 无故障时间 • 污染量和二氧化碳排放量 • 回收比例 • 能源消耗量

一旦界定了每个标准，主管的任务就是回到各自的领域，去"掌握每个指标的情况"。所掌握情况的主要组成部分就是利用外部对团队的一致性评价，然后通过消费者直接获得反馈，并根据调查重新审视自己的团队成员。主管将所有的反馈集中在一起以明确自己的强项以及需要改进的地方。利用成熟的丰田方法，制订并实施一项计划，遵守PDCA程序持续改善，直到符合标准、满足经营需求为止。

获取反馈信息后，经理就回来聚在一起组成一个班级来回顾自己的成果，并从班级的其他同伴那里获取反馈。这次活动采用班级的形式的唯一目的就是共享信息、协调任务以及获取反馈。每个执行组织都是做这些工作。

5.8.5 配备培训资源

在丰田，培训责任被广泛地分配到了不同部门，而且培训员本身在培训方面也获得过认证。人力资源部门负责公司层面人力资源发展课程，但多数培训的责任将被分解，由经理和主管负责其各自领域内的培训。

首选的和最常见的方法是让负责实际生产线的经理和主管（小组或团队的领导者）作为那些课堂科目的培训者。当然，让经理及主管在生产时间内离开生产线去提供培训是有一定难度的。但是丰田公司却有两种方法来解决这一问题。

- 在换班或周六时讲课——这对员工和培训员来说都有灵活性。
- 让"离线"的经理和主管帮助培训。通过有效的持续改善使得许多经理和主管可以离线去从事一些"特殊的项目",如引导团队(为新型指导模式做准备)、改进团队(致力于将来效率的提高)、保证团队安全或提高团队质量等。在从事这些角色时,主管具有一定的灵活性,可以做某一特定课堂培训的培训员。

虽然这两种方法可以帮助工作人员以培训者身份参与到课堂中,但是有时候也需要利用其他资源学习课堂教学内容。丰田公司在这些情况下的策略是要么保证指导者都有生产经验,要么通过现场活动为学员提供一个理解现场生产的机会。

丰田公司有一个核心的培训小组作为全职培训员,在培训高峰期或特别的培训中雇用合同制培训者。即使是合同制培训员,公司也遵循相同的理念:招聘有生产经验的人员,或者为他们提供现场学习机会。丰田公司已经在美国建厂20多年,日益增加的丰田退休人员都可以在高峰期进行培训。这是一种理想的状态,因为这些培训员不仅能够获得学员的信任,其本身也没有生产工作的压力。

小结

丰田在组织每一层次的培训与改进都建立了相应的系统与标准。新成员的入职培训包括价值观、身体适应性、基本技能及最终的生产流程等方面。在全球范围内,各种基本技能的培训是相互协调的,以此来收集最好的做法,并通过网络视频进行实时传送。每一个生产流程的培训采用的都是在公司内部相互协调的标准化了的方法。由于丰田的快速发展,课堂培训比以往多了很多,但丰田仍然强调在工作过程中对各组织层次进行培训与改进。

你的公司应该考虑的要点

1. 清晰的入职培训课程以及对应的会议日程,以使新员工熟悉重要的公司政策、流程、工作预期和项目。丰田在挑选员工的时候就已经开始对其培训和同化。

2. 在整个组织确定和交流所有成员所扮演的角色。组织所有层级的每一个角色都包含解决问题。

3. 用标准化指导法（丰田工作指导法）对组织中所有的操作员进行标准化流程培训。生产线和人力资源管理层也需要遵循该方法。

4. 用确定的方法将与工作相关的学习、行为、序列和绩效标准与个人和小组培训的需求相匹配。

5. 为了解决全球化和缺少日本协调员的问题，课堂培训在丰田变得越来越普遍。绝大多数的课堂培训都伴有现地现物项目，以此强化训练和培养实际技能。

6. 入职培训的目的是提供广泛的技能并强迫员工走出自己习惯的领域。将员工从其擅长的领域拉出，迫使其依靠其他员工，并培养丰田模式的领导技能。

7. 绝大多数人力资源协作培训都是由获得作业指导培训认证的小组领导、团队领导和管理者完成的。

Toyota Culture 第6章

鼓励积极能干的员工持续改善

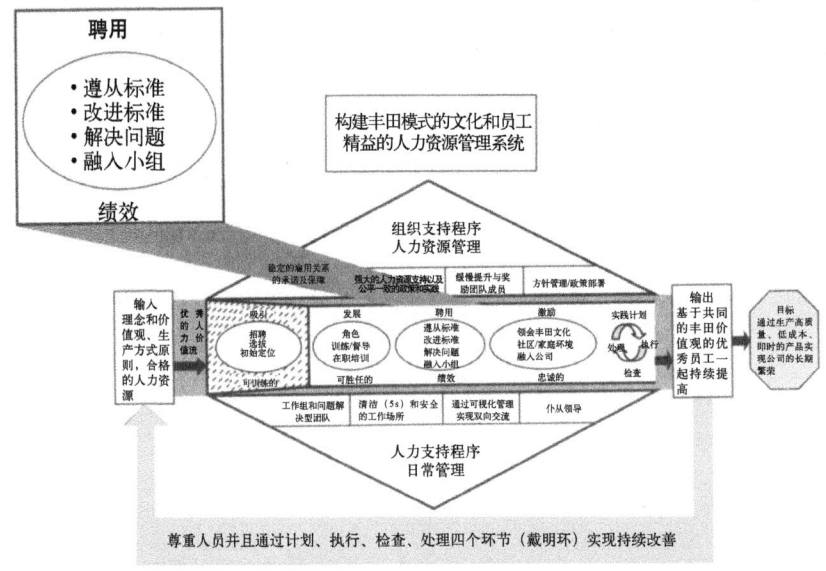

还有更好的方法，去发现它吧。

——发明家，托马斯 A. 爱迪生

6.1 解决问题就是"灵丹妙药"

很明显，在丰田模式中并不存在所谓绝对普遍适用的及时解决问题的"灵丹妙药"，但如果非要认为有什么要诀，那就是解决问题。跟大野耐一学习丰田生产方式的人所上的第一堂课就是学会解决问题。有时他确实会把学员拉到工作现场，让他们站在事先画在地板上的圆圈里，去观察并思考真正的问题所在。大野耐一要求学员心无杂念专心观察并问5个"为什么"。大野耐一碰到学员正在做一件事时，就会要求他们说明为什么此刻处理的是这个问题，而不是其他问题。有时大野耐一甚至会大喊大叫，强制学员深入思考：问题来自于何处？问题的根源在哪里？而接下来要做的就是到问题发生的地方去直接观察。后来，大野耐一的教学方法被含蓄地称为"现场改善"。虽然这种方法一直是通过工作现场中的日常辅导逐个传授的，但是到了20世纪80年代，国外才正式开始通过课堂培训和现场训练相结合的方式传授该方法，并将其视为丰田解决问题的标准方法。

最近，丰田又有了新突破，引进了新的解决问题的方法，旨在将常用的一套方法形成固定体系，因为有观念认为，既然对持续改善可以有不同的理解，那么对解决问题也可以有不同的理解。解决问题是丰田文化的重要组成部分，所以当时丰田国际的董事会副总裁张富士夫先生亲自介绍了这一名为"丰田工作方法"的世界标准方法。张富士夫在丰田内部文件《丰田工作方法》中提到：

致丰田全体员工：现在为什么要介绍丰田工作方法呢？

我们的目标是建立一个全球性公司，使来自世界各地的员工能热情工作并实现自己的梦想。今天，世界各地都有不同文化背景的人在为丰田工作，是丰田模式将我们凝聚成一个整体。但是丰田还不是真正意义上的全球性公司。我们渴望来自世界各国的成员能理解并应用丰田模式的价值，并能在履行公司职责的同时实现自己的梦想，把丰田建成真正的全球性公司。

自公司成立伊始，每一个丰田人的智慧都凝聚在了我们向社会和消费者所提供的最好的产品和服务中，并成为丰田模式发展的基石。虽然丰田模式的原则已经广泛应用到了整个公司，但是我仍听说全面理解和应用丰田模式对个人而言并不是件十分容易的事。因此我想把通过解决问题概括了丰田模式在实际经营中应用的"丰田工作方法"（Toyota Business Practices，TBP）介绍给大家，希望我们都能掌握"丰田工作方法"，并将其应用于日常工作中，以实现丰田模式的价值。丰田模式价值的实现在使我们对社会、消费者以及丰田自身做出贡献的同时，不但能够促进个人的不断成长，而且还能满足我们的事业成就感。这种标准化了的方法并不是为了限制个人工作的方式，而仅仅是为个人发挥其独特才智提供一个基础性框架。

丰田工作方法是一种解决问题的标准化方法，但和所有标准化工作一样，它并不是为了限制人们的创造力，而是为其发展提供工具。图6-1概括了这种新的程式化了的丰田工作方法。

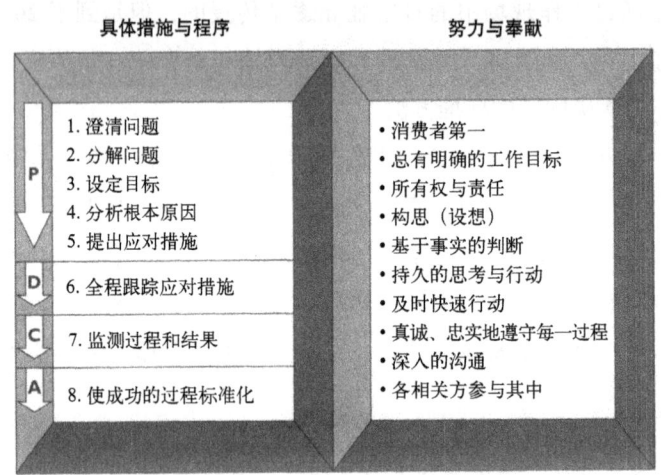

图6-1　丰田工作方法是修订的解决问题程序

丰田工作方法包括两部分：被描述为具体措施和流程的方法与被描述为努力和奉献的途径。解决问题的新方法和旧方法之间有很多共同之处，基本上都是建立在PDCA模型和事实管理基础之上的，但有时细微的差别也会导致巨大的差异。

丰田工作方法增加的一项主要内容是鼓励团队在澄清问题时界定出进程的理想状态。它促使团队能超越进程中较小的、增长的变化，能以更广义和更长远的视角看待问题。构想一种理想状态也能导致与当前方法形成巨大的差距。尽管当前方法能实现今天的目标，但在理想状态的参照下，就会发现还有许多可以改进的地方。问题的关键是，理想状态的风险是它看起来很难实现，对此我们应该从何处着手呢？

为了付诸实践，丰田工作方法增加了第二步——分解问题。亨利·福特聪明地发现："分解可以使任何困难变简单。"TMMK 制造副总裁谢丽尔·琼斯在访问日本期间学会了该方法，并与丰田工作方法中那个旨在细分大问题的步骤联系起来。

整个丰田工作方法所强调的是那些我们努力去缩小的各种层次的问题和差距，即细分后的问题。如果一个工程太过巨大，咨询员的作用就是分解各项因素——比如人力、材料、机器等，并鼓励团队关注其中的某一方面并予以改进。也许存在 50% 的差距，但不要一开始就致力于此，可以从 2% 的差距着手予以改进，并在完成后集中处理下一部分。

我在日本时，推荐了一些并非真正具有可行性的大项目，尝试后失败了。他们说"从手边的事情做起，也许能节省一两秒钟"，于是我决定将其分解，坚持观察后发现这样做是合理的。

去年到日本考察，看看我们在乔治城工厂还需要做哪些工作。一个工厂展示了所有团队成员实施的细小改善，他们用一本本书记载了每个团队成员努力去实施的建议。所有这些细微的改善以及对每个团队成员贡献的认可方式给我触动很大。在我看来，我考虑的总是些与众不同的大工程，而这次展示的都是小项目。

加里·康维斯也注重将大问题分解成可实施的小问题。他曾骄傲地解释，从丰田外部来看巨大的改善是少数几个人努力的结果，但实际上却是诸多微小创新积累的结果。通过各个层次上改进设想的实施，创新就得以提升并达到外界所看到的水平。例如，他提到了 20 世纪 90 年代后期通过机器人系统革新车身制造技术的全球车身生产线：丰田通过减半工作区空间和新产品的发布时间，做到了不做巨大改变就能以任何顺序生产任何车身。该流程被应用于全球所有的丰田制造工厂。应用简单的机器人技术而非十分复杂的技术就实现了如此大的革新，这正是简单、流畅和灵活的丰田方针的体现。康维斯说道：

我们每次只采取一个步骤——通过观察会发现任何创新都包含很多小的创新。例如，全球车身生产线是丰田一项重要的技术进步，它的出现也依赖于许多细小的创新。在旧的流程中，制造车身时依靠工程技术来加工结构加固点非常不灵活，这自然就导致了以更简单却不昂贵的机器人为基础的技术的产生。技术和知识能以更好的方式融合，这不是一项突破，而是利用许多知识点构建了可行的技术方案。当然突破性思维并不是创新的全部，你还必须以一定基础为起点。在清晰了解了事情之后，依据技术进步、经验或一个企业的知识产权才能够逐渐勾画出不同的图画。

丰田技术的另一个飞跃是车身喷漆技术。他们采用一套墨盒系统，每个墨盒负责喷一个车身，这样就可以在同一生产线上为不同的车身喷上不同颜色，而不需要分批上色，也不会因转换颜色而中断。康维斯继续说道：

另一个例子是喷漆车间的自动喷漆系统。利用管道将油漆分别输送到墨盒中，大大降低了清理成本。在警铃的提示下，通过添加溶剂就可以消除色差。新系统具有很多移动装置，但仍然可以使每辆车的成本节省15美元。接下来我们将通过减少移动装置创造更高级的喷漆自动化系统，实现新的突破。因此，平时看到的巨大进步都是一步一步积累起来的。

每天不断地解决问题是丰田文化极其成功的关键。人们经常说"质量圈"和"建议系统"是丰田成功的关键，不过，在此需要强调的是，二者虽然构成了丰田系统和文化的一部分，但它们并不是丰田文化的基石。例如，在丰田文化中，质量圈项目关注的是发展丰田解决问题的文化，而不是具体的结果，它以过程为动力而不是以结果为动力。也就是说，它的目标是培养优秀的团队成员，提高他们解决问题的技巧和改善他们的团队关系，而不是具体节省多少成本。写此书时来自乔治城工厂的总裁史蒂文·圣·安吉洛（曾在通用汽车任职）看到了这种差别，这可能是两者之间最重要的差别。在一次访问中，他说道：

在丰田，解决问题是非常重要的。我在这儿工作快3年了，发现丰田与传统企业的区别就是，丰田以过程为导向，而后者以结果为导向。当然，丰田也关注结果，比如利润等。但是我们把更多的时间用在讨论产生结果的过程上。在"质量圈"项目中，存在大量个人交往和友好竞争。每个工厂都有其团队成员组成的"质量圈"和来自管理上的支持。在竞争中，对小组的评价不取决于他们多好地解决了问题，而取决于多好地经历该过程。由管理小组做出评价（分解问题、现地现物等），我们选出获得金、银、铜奖的质量圈。金奖由总裁和员工评定，其中一个将被选为白金奖获得者（一年选拔两次）。每个获奖者每年都要与所有美国工厂的获奖者比拼一次。今年的颁奖典礼在 NUMMI 举行，明年将在乔治城工厂举行。白金奖的颁奖每年举行两次，一次在春季，一次在秋季。春季白金获得者要去日本与来自世界各国的白金获得者比赛。金奖和银奖的获得者将获得奖励，但不是现金，而是 5~6 个手提电脑、小奖品、煤气卡以及 DVD 等。我们不希望员工为了钱而做这件事情，希望他们做这件事情，是因为它能让员工成长，给他们一次参与经营的机会，能鼓励团队合作，并通过成立多功能团队来实施多样化。获取反馈是质量圈项目最好的一部分——我将以总裁的身份与任何金奖或银奖获得者会面，查看他们所做的事情。没有别人的参与，只有我和他们，一起共进一流的午餐，一起讨论他们想讨论的一切。

6.2 丰田员工都是问题解决者

对于新的团队成员或被分配到新岗位上的团队成员，其首要任务就是研究岗位。他们必须通过丰田岗位指导培训掌握执行具体工作的技巧。通过反复训练，团队成员最终能够熟练地执行任务，并且总能在规定的时间内完成工作。我们可能认为，只要他们按照标准高质量地完成工作就足够了。但在丰田，这仅仅是起点，所有的丰田团队成员都必须提出针对工作的改进计划。

为什么所有团队成员都用批判的眼光评价他们的工作并提出改进计划是如此重要呢？是因为这样做能让他们感觉良好呢，还是为了实现管理层所期望的改善呢？这些似乎都有道理，但却不是真正的原因。反观亚洲文化以及从该文化中演变而来的丰田思维方式，你会发现存在一个潜在的前提：人们永远无法详细地知道未来会发生什么。世界是动态的、复杂的，我们必须了解并适应自己将要面临的环境。当工程师提出一个新流程时，他就对该流程如何操作、可能的条件以及员工需要做的事情有了最初的构想。一旦付诸实施，现实情况将出现任何问题打乱既有的构想，导致这个流程以意想不到的方式失败。工程师能从失败中吸取教训，然后尝试建立更好的系统，但新系统必定会出现新的、意料之外的问题。如此往复，使我们无法预料现实的迅速变化对流程有什么样的影响，那又该如何解决呢？也许可以通过安排细心、思维敏捷的人监控每个流程，从而迅速排除所有故障。但是，设想一下如果在每个流程中安排一个工程师来监控流程及操作人员，虽然可以第一时间发现偏离标准的问题并阻止该问题转到下一个流程，然后采取长期的应对措施，但是这种方式成本太高了。不过，我们已经安排员工在操作这个流程了，为何不让他们充当工程师呢？花一个人的成本做两个人的事。

为此，需要遵从以下步骤（见图6-2）。

（1）从流程中的工作人员挑选出工程师。工程师通过解决已存在问题，尽其最大努力建立操作流程。

（2）车间中的团队成员需要在可视化管理的帮助下发现偏离标准的问题。

（3）建立一个能即刻控制任何问题的程序，防止任何缺陷传到后续流程中，使情况恶化。

（4）建立一个能发现已经存在一段时间的问题的程序，建立能解决根本问题的长期应对机制——发现问题频率越高的措施，越能较早发现问题并防止造成更大损失。

（5）建立一个程序，能帮助管理人员发现较大的系统问题，将业绩提高到新的水平。

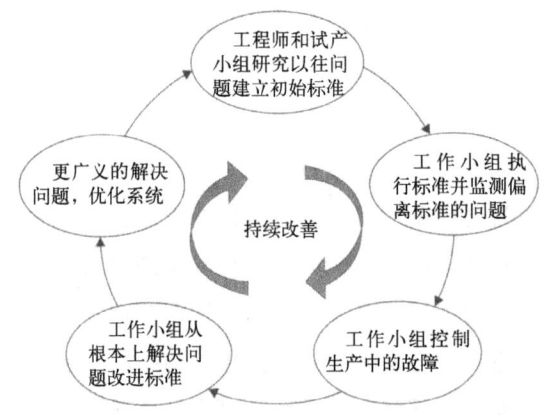

图6-2 丰田持续改善的文化

丰田总裁张富士夫简单准确地阐述了背后的原则："丰田生产方式的灵魂是持续改善原则……其精髓是工程师、管理人员和流水线工人持续合作使生产任务系统化，及时发现并解决问题使工作变得更加平稳。"

五步骤流程似乎很简单，但很难想象有人会反对我们想在不同层次上改善并从错误中学习的观念。但是，不幸的是多数跟我们合作过的企业并没有坚持持续改善，尽管可供改善的机会大量存在。普通的一周一度的车间持续改善流行起来，因为它会带来很大的改观，但其主要工作也不过是整顿混乱，比如放置不当的工具，到处乱放的边角料，毫无章法的操作，不断发生的机械故障，等到最后检测才能发现的质量问题，不知如何开始排序待解决问题的管理人员等。根本问题是，其文化与一出现问题就解决的系统解决问题规则相抵触。我们已经设置了一层又一层的管理部门、程序、衡量标准以及通常的官僚体系，他们将负责改进流程的管理者和工程师与实际问题隔离开了。

与那些希望向丰田学习的企业合作时，我们通常让高层任命中层管理人员去实施能够降低成本的精益项目。图6-3以流程图的形式概括了这些企业通常采用的自上而下纠正问题的流程。该流程背后的假设则是，运营中的系统由一系列稳定的技术流程组成，只要合理操作就可以获得要求的结果。高层管理人员依据衡量标准和订单想象他们的目标，中层管理人员与技术专家合作开发出那些影响较大的问题的解决方案，并要求基层管理人员遵循新系统或利用新技术。基层管理人员则对员工进行所谓的训练，并鼓励员工遵守新流程。我们之所以将其称为所谓的训练，是因为通常训练的质量不高，工人的态度通常是"又来了"。

在合作过程中，合作企业问我们的第一个问题就是：衡量精益的标准是什么？你们的数据能否让经营者相信据此做出的投资能够得到回报？我们的一个同事将其与星际旅行模型相比较，在星际旅行中，所有重要的决策都依据飞船舰桥上的遥感系统做出（尽管事实上，在星际旅行中寇克船长和他的团队也会进行现场调查）。在传统的企业中，除非管理者想让高层看到现场的实际情况，否则高层管理人员很难了解真相。这就导致了高层的决策、技术人员努力实现的目标与工作现场的实际相差甚远。

而丰田的逻辑起点是根植于东方文化的另一种假设。他们认为世界是复杂多变的，人的作用要远远超出技术。为了抓住每个学习机会，丰田的管理者希望接近流程的员工能够尽量发现问题，然后由管理者来协助解决。他们意识到不论是小问题的解决还是主要项目的优化，公司各层次问题的解决都能持续地强化人力和技术系统。投资于人们解决问题的方法的决策并不是建立在成本－收益分析基础之上的，它是丰田文化的组成部分，形成了丰田的主要竞争优势。

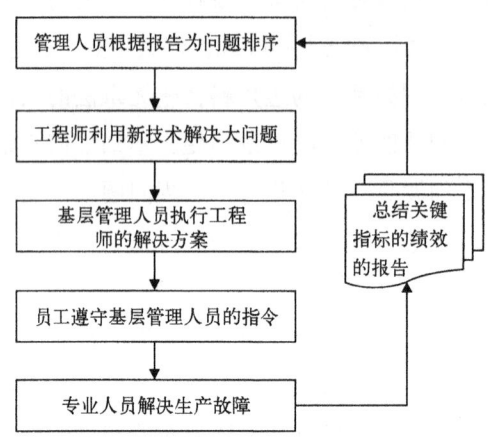

图 6-3 自上而下纠正问题的文化

要想改变将问题与解决问题专家相隔离的传统文化，首先需要把组织各层次的"想"和"做"直接对接起来。在本章，我们将举例说明丰田开发的系统，它将发现问题、解决问题和组织学习连接起来，在该系统中每项任务可以通过 5 个步骤实现。表 6-1 列出了这些步骤及其采用的主要方法。

表 6-1 丰田工厂持续改善方法示例

工厂改善程序	主要方法
1. 工程师和试产小组研究以往问题制定初始标准	新模式发布程序
2. 团队成员执行标准并监测偏离标准的问题	安灯系统
3. 工作小组控制生产中的故障	维持标准所需的"事件型"解决问题方法
4. 工作小组从根本上解决问题改进标准	提高标准所需的局部层次的"设置型"解决问题方法
5. 更广义的解决问题与优化系统	通过丰田工作方法进行系统革新

6.3 研究以往问题制定初始标准

6.3.1 工程师开始改进标准工作

当新建一家工厂或现有工厂发布一款新产品时，先由工程师负责产品和生产流程的开发，然后交由工厂负责优质产品的制造。丰田首先是个制造企业，其工程师需要铭记他们必须要支持生产。这种始于新产品研发的支持在丰田被称为同步设计（对新产品和生产线的设计）。虽然有很多计算机工具可以支持新产品和生产线的开发，丰田也利用这些工具，但是丰田主要依靠工作人员（包括制造汽车的那些人）从过去产品中获得的知识来支持产品开发。丰田逐渐将同步设计提前，直至生产代表也成为学习小组成员，他们观看汽车黏土模型的制作过程，将对新车型中那些给生产带来困难的方面做出评价并帮助解决。

虽然产品工程师对生产车间不甚了解，但是他们必须在加入企业的几个月内获取一线生产的经验。在日本，丰田每年春季招聘新的工程师，入职第一年他们需要在生产线做2～3个月的计时工，作为工作小组的一员要参与组装、压模、制作缓冲器等工作。目的是让其明白工程师需要深入生产现场，开发出能够支持一线员工的产品和生产流程。加里·康维斯这样解释对年轻工程师的培训：

在丰田，我们高度评价那些深入现场、能够亲自动手的工程师。一旦被丰田录用，他们必须尊重、重视并开发能够为实际生产和现场增加价值的方法，这是一个工程师成功所必需的潜质。同时需要具备能在车间待8小时的耐性，否则就是入错行了。我们试着告诉他们应该怎么做，可能有人不同意，但是这是不可改变的事实。

除了在生产线工作外，年轻的工程师们还要用几个月时间销售汽车，获取消费者需求的第一手资料。此后，工程师被分配到工程部门，一个导师将会监督他们完成一个"新人项目"。这是一个具有挑战性的项目，因为这些新人从未真正进行过设计。比如，要求一位生产工程师为车身面板设计一个检查夹具。这是非常复杂的夹具，它可以将面板精确地固定在一个点上，从而检查质量。丰田导师的工作方式是布置具有挑战性的任务、询问高难度的问题，然后就不管了，而学员却要去奋斗。如果年轻的工程师找对了人并能正确询问，他就会得到答案。导师会定期询问他们在做什么。一个很自然的问题是："你最近什么时间去车间观察流程了？"把现地现物的思想灌输到学员的脑海中。去实验室、去车间、去看供应商的流程，这对于丰田的工程师来说都是很自然的事情，以便更好地在生产中开展工作。

产品工程师属于研发部，而生产工程师属于制造部。生产工程师实地设计了工厂中的所有流程。据我们所知，与绝大多数制造工程师相比，他们更具有动手能力，而且常常要学习建造实际设备，多数人能够从头设计机器人。生产工程师在工厂里有自己的办公室和实验室，以便直接参与日常生产操作。生产工程师与产品研发工程师分别代表了汽车研发过程中的生产和制造体系，从新产品构思阶段开始直到产品投入生产，他们紧密合作。其工作的关键部分是全面回顾在已有车型的生产中所存在的困难，并与来自生产车间的团队成员合作为新车型的发布提出应对措施。

根据经验获得的知识被很正规地记录在技术清单中，技术清单的每一部分都由产品工程师和生产工程师的记录共同组成。负责车身不同部位的高级工程师都要保存这份清单，并在新项目出现后予以更新。在丰田大部分的历史中，这些清单记录在纸质笔记本中。提供给工程师的技术清单都是最新的版本，用以核对确认是否考虑了清单中所规定的事项或是否在允许的范围内。现在，这些清单保存在专门的技术数据库中，但应用过程仍然不变：工程师在计算机上核对确认是否考虑到了所有的事项。这是一种积累知识的方式，并确保能把积累的知识应用于每个项目。

6.3.2 试验小组是团队成员参与并得以提高的一种方式

丰田文化的一个核心组成部分是将组建生产流程的责任赋予真正从事此项工作的人。例如，在模式出现重大改变或建立新模式时，从各小组挑选领导或成员组成新模式创建小组，即通常所说的试产小组，由他们代表各自的小组与工程师一起构建生产流程。这种从最初就参与、"买入"流程的方式使得团队成员不仅能规范作业，还能有所创新。流程中划分了责任，改进流程的主要任务是减少浪费。

2006年凯美瑞的发布是其工厂历史中最顺利的一次新车发布。新车型发布中存在模式之间的转换，其间的停工期仅用了 3 个小时，而质量却是历史上最好的。加里·康维斯曾经历过多次模式改变，他简洁明了地解释了此次发布相对顺利的原因：工厂所有的人都参与到标准化工作的制定中，这种做法最终证明是正确的。而在过去，主要是试产小组在办公室里制定作业标准，然后让没有达到标准的车间实施。在这次发布中，是各小组自己完成了最终的作业标准，所以提高了效率。

谢丽尔·琼斯支持加里·康维斯关于 2006 年凯美瑞发布的观点。

在新车型发布中，我们有机会完善流程的每一部分。我们用两年多的时间对凯美瑞的发布进行创新。通过研究低效的布局、部件流水线、部件供应、组装顺序以及安装困难的部位等事项，在新款凯美瑞车型设计早期就节省了大量成本。试产小组成员的早期参与使事情有很大的改观，新车的设计非常好，对于团队成员来说制造汽车更容易了。⊖

6.4 在没有责任压力的情形下实施标准并发现偏差

6.4.1 没有标准就没有问题

在丰田，标准或标准化是所有系统性改进的焦点。最直观的就是与 5S 工程相联系的标准——整理、整顿、清洁、标准化、维持。有时我们将 5S 与干净整洁联系在一起。通过 5S 工程，能够直观地观察标准和对标准的偏差。例如，在用线围起来并贴了"垃圾箱"标识的地方会摆放垃圾箱，并设置相应的清洁标准，如果垃圾箱不见了，每个人都清楚"出现问题"了。如果地面上没有标识，那么并不是每个人都能知道那里应该有一个垃圾箱，因此即使垃圾箱不在那里也没人知道"出现问题"了（见图 6-4）。

通常，丰田会派员工到供应商那里，要求在整个车间实施 5S，然后传授相关的知识。这的确提供了一些可见的标准，但更重要的是它让每个人明白基础原则的重要性。在丰田工厂，5S 也可作为教学工具用来强调标准化的重要性。在 TMMK，工作车间到处都有基本的 5S 项目，它延伸到了生产车间的所有部

⊖ 本节所引用的话都来自对谢丽尔·琼斯的访谈，当时她担任丰田汽车公司乔治城制造工厂的生产副总裁。

分及其辅助区域。就连团队成员的休息区也安排得整洁有序：衣服挂哪里，午餐盒放哪里，当上班铃响起工作人员奔赴各自的工作岗位时，休息区看起来应该怎样等都有清晰直观的标准。例如，休息区有一张照片，上面所有的桌面都是清洁的（没有杂志或报纸），所有的椅子都排放整齐以备下一组使用。

图6-4 关于可视化标准的丰田的5S项目

在生产区，补给柜的设置也采用这种方式。团队成员知道在哪儿可以找到他们的手套或耳塞。补给柜整洁有序并注有标签，还建立了迷你看板系统，即柜子中每一类物品的数量范围都有规定。因此，如果规定手套的数量不能低于10双，那么拿到第10双手套的工作人员就必须到存放指令卡片的地方拿出指令卡片放在订购盒中，以保证明天下一个人能够拿到正确数量的手套。

服部善树被丰田录用时，他就被告知标准是持续改善的基础。如果不遵守已有标准，就会出问题。问题的出现是改善的契机。服部说，在乔治城工厂创建时，教会美国人这一点是极其困难的。

如果没有给出标准，即使你认为存在问题，那也不算问题，那只是种现象。需要先建立标准，然后检查事实，如果实际情况与标准存在偏差，那就说明存在问题。这一点我很早就学会了。进入丰田的第一年，监督员要求我做一份解决问题的报告。我选择了一些事项并开始调查，然后告诉上司发现了一个问题，并给出了解决方案。上司不相信，他说那只是我的主观观点，因为报告中并没有指出任何偏离标准的情况。这是我在丰田所上的第一堂关于解决问题的课，也是印象最深的一堂课。你可能认为事情运转不顺，但没有给出任何标准，那就只能是你自己的主观认知了。如果你不能给出标准并指出偏离标准的事实，那就不能说存在问题，这是一种观念。

基本的5S项目是丰田文化的教学工具，是建立更多高级标准和解决问题的基石。在丰田文化中，这个项目最重要的应用是标准化。

6.4.2 标准化工作是工作小组改进的基础

在实施精益项目的过程中，标准化工作的概念常常被误解，会经常听到标准化工作将我们变成一群机器人夺走我们思考的能力这样的评价。然而，我们的回答恰好相反：丰田文化中的标准化工作并非如此，它是改进的起点。

在西方我们经常听到大家担心被标准化工作变得像机器人一样，这反映了西方文化中的个人主义观念。他们不想用别人的方式做事，希望能够自由选择自己的工作方式，需要个人创新等。如果工作强调个人的作用，那还是可以的。

我们看看丰田制造工厂。员工被称为团队成员，因为他们以小组为单位完成一系列任务。小组内部的岗位轮换能保证每个成员学会所有的工作。每个小组都有小组领导，小组成员和小组领导一起负责界定标准化工作，并随着改进想法的出现随时更新标准化工作。改进的想法可能来自于导致生产线反复暂停的质量问题。团队成员就要采用解决问题模式回答：问题的根源在哪里？为什么会发生问题？为什么？为什么？为什么？接下来要做的就是尝试并完善应对措施，然后建立能够反映应对措施的新标准化工作，或者挑选出能提高团队产能的措施。在这一过程中，标准化工作的建立和实施都由整个小组负责。

反之，如果由团队成员自己决定工作方式，那么情况会怎样呢？每个人会想出自己的改进方案，以不同的速度工作，遇到不同的质量问题等。在这种情况下如何采用系统性方法进行持续改善呢？成员个人可能认为自己学习并用到工作中的方法是有效的，但事实上却可能是错误的。即使可能是一个更好的方法，其他人也不会去学习该方法。而成员个人是否会因自己的改进方案而有成就感呢？可能采用这种方法后自己能在每个循环中节省几秒钟时间，但是产品质量并未改善，产能也未提高。因此，他们无法从整个团队的良好表现中分享到满足感。

在丰田文化中，现存标准化工作在程序中的适用性是小组领导最有用的指标。如果标准化工作陈旧且过时，很明显不是程序缺乏改进就是虽有所改进但并未与所有团队成员共享，未融入新标准，团队动力或团队领导没有发挥作用。团队必须掌握被视为记录和传授最新方法工具的标准化工作。

6.4.3 采用标准并非意味着每一个操作都相同

一些大公司的文化具有自上而下的强制性官僚主义特性，这些公司倾向于抓住丰田工厂的共性，使自己所有的工厂看起来也一样。他们组建了大的企业集团，花重金请咨询公司以确定"最优方法"，并建立公司标准，试图借助执行机构的权力"告诉所有人必须按这种方式做"。不幸的是，他们忽视了关键的一点，即不了解持续改善的观念，不明白告诉工厂该怎么做，扼杀了发展真正的持续改善文化的可能性。

谢丽尔·琼斯解释了丰田对自上而下标准的理解中微妙却又重要的一点。

如果我们仅是要求所有人遵守现行标准，就会错过改善的机会，因为你们没有考虑时代的改变。因此必须保留一定的灵活性以鼓励创新，同时允许采取稍微不同的路径并学习到一些不同的东西。

看起来，似乎当有效的技术标准建立之后，丰田就想传播这种标准并确保其在世界范围内的统一适用，果真如此吗？谢丽尔解释说事实上并非如此，并不是先建立标准，然后将其从总部传递到所有工厂，严格的标准只会扼杀持续改善。

丰田的持续改善程序包含了 Yokoten 的概念。Yokoten 意味着传播或扩散，实质上就是一棵大树众多的嫩枝被嫁接到许多新树上。这些新树在事先备好的土壤和天气等条件下能够繁茂生长，但每一棵树都需要适应新环境，以其独特的方式生长，它们不是复制品，而是有自己的生命。这个道理同样适用于 Yokoten。因此并不是"去看然后复制"，对丰田来说是"去看然后做出改善"。为了赋予各工厂这种自由度，就需要从另一角度看待最优方法的普及。最优方法的普及不是将一台机器搬到一个新的地方，而是给有机组织注入新机制，鼓励其按自己的方式成长。在问及丰田交流新标准的方法时，谢丽尔借用了日语中的 Yokoten 概念。她解释道：

每次交流最优方法都是 Yokoten，但并不是没有其他方法。在北美有一个 NAPJM（日本制造者北美联合会）会议，每 3 个月在不同的工厂举行一次。会上每个部门都要与其他部门分享自己正在做的事情和可以看的东西。我们用一大张单子记录自上次会议以来哪些工厂做了哪些事情，还存在哪些差距。

记录单不得委托他人制作，必须由各工厂自己决定做哪些事情来解决自身问题。我们不能让来自公司的人员告诉他们需要做哪些事情，因为这是与丰田解决问题的规则相悖的。

6.4.4　团队成员充当问题探测器

从技术角度来看，我们认为探测器就是一种装置，它探测出与标准的偏离并向人们提醒所出现的问题。当油压过低或发动机出现故障时，车里的傻瓜灯就会亮起。丰田佐吉发明了自动织布机，它能够探测到一根线的断裂，并迅速自动关机发出求救信号，这是安灯系统的一个例子。当一个金属片突然弹起时安灯就会启动。丰田的工程师尽其最大努力致力于各种自动信号探测器的研制，尤其是对自动仪器的研究。但是很多问题是无法自动探测到的，必须由工作人员来勤勉地提防这些问题。安灯系统需要人工拉线或按下按钮来启动。

持续改善的第一步就是发现问题，每个团队成员必须愿意而且能够集中精力发现问题。第3章谈到了古田清，丰田创立 NUMMI 之初，他曾担任人力资源部的主管，最后成为北美地区的人力资源副总裁。他解释了自己所理解的丰田生产方式："对我来说整个系统就是发现问题。但在美国，人们愿意称之为机会，我却认为是问题。因为对机会你有接受或不接受的选择权。"

在美国，为什么更愿意用"机会"这个词呢？答案在美国的文化里。提到问题，我们会不假思索地认为有人应被谴责，这是丰田在美国建厂时所面临的问题，也是在全球建厂时面对的主要挑战。

服部善树最初在日本接受人力资源培训，他早在选址时就参与了乔治城工厂的建立。我们问他，建立 TMMK 之初所看到的一切与日本丰田在文化上最明显的区别是什么？他毫不犹豫地说：

让我们十分惊讶的是被问及问题时当地人的反应。在丰田，人们总是问问题是什么？美国人的反应则非常消极，对此我们非常吃惊。在日本，"问题是什么"的询问不具有任何消极的含义。当问美国人这个问题时，其反应类似于美国的"Oops"⊖，认为"我搞砸了"。"问题是什么"是我加入丰田时

⊖　表示惊讶，狼狈时所发的喊声。—译者注

所经历的第一件事，你每时每刻都能听到它。我们怎样才能将"消极的问题"转换为"积极的问题"呢？这是丰田文化的特有例子。

当问及如何解决这种左右为难的境遇时，他进一步解释道：

起初，我们不知如何消除"问题"这个词所具有的消极含义，而是努力将问题与人分离。我们解释说，这并不是为了指责你，而只是想了解事实以解决你和公司所面临的不理想的境况。这花费了很多时间，我们反复到生产车间，努力让员工相信这么做并不是想责怪任何人，鼓励团队成员指出而不是隐瞒问题。

在与"问题"有关的文化假设上，西方传统文化与丰田文化的比较如表6-2所示。当出现严重问题或工作表现低于预期水平时，传统西方管理层会着手寻找该承担责任的人：谁做了这件事情？该怎么惩罚？他们的假设是：工作人员导致了问题的发生，问5个"谁"就会找到原因。下面是一个虚拟的例子。

表 6-2　西方与丰田问题观念的对比

	西方传统	丰田
问题是什么？	某个人把事情搞砸了	与标准的偏离
原因是什么？	个人（5个谁）	系统（5个为什么）
谁的责任？	犯错的那个人	管理层
犯错的那个人应该做什么？	如果可能，自己解决问题	帮助唤起对问题的注意，以防止将来再次发生
与人有关的假设	只在强制下才会承担责任	如果在解决问题时获得积极支持，就会感觉很有干劲
解决问题技巧	有些有技巧，有些无技巧	能够也必须教会技巧

问题：在一家生产厨房橱柜的工厂，出现了拒货现象，原因是表面喷漆不连贯。

谁？喷漆人员技术不过关，把事情搞砸了。

谁？喷漆人员在使用新的喷枪方面没有得到较好的培训，而监督人员的职责就是培训他们。

谁？监督人员说旧的喷枪用得很好，但工程师指定的新喷枪操作复杂而且性能不稳。

谁？工程师说他没用那支喷枪，因为听说其性能不稳，但采购的价格优惠，且采购员坚持。

谁？采购员说他的姐夫在喷枪公司工作，他保证了喷枪的质量。

无用的结论：根本原因是采购员的姐夫。

丰田仅仅将问题视为事实，即存在偏离标准的事实。首先的假设就是系统中出现的问题存在根本原因，通过问 5 次"为什么"就可以发现它。在上面的例子中，我们可以问的是，是什么容许采购系统中的采购员未经恰当测试和确认之前就能买进新品牌的工具？也许更重要的是，为什么系统中其他人都知道喷枪存在问题，却没有立即引起管理人员的注意？如果从事此项工作的人不能报告出现的问题，那么系统就无法得到改进，所以工作人员应该勇于承认问题的存在。那么在乔治城工厂，丰田是如何处理美国文化中这种隐藏问题的倾向的呢？

就某种意义而言，文化是时间累积的结果，它的演进更多地基于人们经历了什么而非人们说了什么。因此，解决上述问题就需要领导者行动一致。丰田的领导者已经融入"管理人员是老师"的日本文化中。作为老师，教学需要耐心，需要对要求学生做到的行为起模范作用，需要不断地发现教导学生的机会。而这些似乎是被派到美国的丰田领导者所具有的特殊技巧，他们耐心地鼓励团队成员披露问题，并且保证绝对没有人会因为提出问题而受惩罚。

最重要的是，丰田领导者在披露问题的重要性上从不妥协，从不放弃。这一点对 TPS 在美国的有效运行至关重要，他们别无选择，只能成功。公司的未来取决于丰田文化在其他国家的成功再造。经过长时间、耐心持续不断地强调"启动安灯的人不会受到惩罚"，在 TMMK 乐于分享问题的文化才开始逐渐形成。

来自通用汽车的罗伊·杰伊曾经是 TMMK 塑料生产部门的管理人员。他描述了协调员第一次向自己传授这种课程的情形。

早期在乔治城工厂生产稳定性的阶段，担任生产线助理经理时的一次经历让我理解了在丰田应该怎样以领导者的思维方式思考问题。有一次，经理去日本准备新模型，我为掌管整个塑料生产线的挑战而激动不已。塑料生产线的一部分就是生产由乙烯树脂作表层、乙烷泡沫塑料作中间层、塑料加固层为外层的仪器面板。工厂在以每班 57 辆的节奏生产汽车,因此像塑料车间这样的供应车间必须以同样的速度生产以满足生产线的要求。那天,仪器面板成型区在制造乙烷泡沫塑料时出现故障并导致了质量问题,被迫启用了中间程序和紧急存货(大约能够用 2.5 小时)。同时,组装线也暂停下来,因为没有仪器面板安装汽车。

当时我心情很沉重,总经理在身边不停地问:"生产线何时能恢复生产?"(我知道工厂停下的代价是每分钟 2 万美元)

我与车间里的维修小组保持密切联系,并在活动挂图上查找所采用过的矫正活动(后来被证明是很有价值的)。但这只是将我的紧张转移到了可以增加价值的活动上,只能向我的同事和总经理说明车间团队为解决问题做了什么、是怎么做的、结果是什么。此时,维修小组在调整现有材料几经失败后,向系统中投入了新的混合材料。当新混合材料投入到发泡机器中后,生产出的产品就能满足质量要求了,生产线在停下 64 分钟后开始将产品输送到组装线上。

你可以计算一下损失,这种损失足以让经理一回来就把我炒掉。但是,出乎意料的是,当时的日本协调员,也是我事业上最好的导师卡尔问我的却是从这次经历中学到了什么。我结结巴巴地说:"第一,停下生产线是不好的。第二,本应更快地解决问题,因为那是我先前负责的操作区。第三,我还能保住工作吗?"他的反应真的很不寻常:"我们应该做什么以防止问题再发生呢?"我审视了他好一会儿,终于从不被要求承担责任的震惊中恢复过了,并回答道:"必须找出需要解决的真正问题,然后分析深层原因,并研究纠偏措施,使得在以后出现类似故障时能减少或最小化损失。"

接下来的两天,我和导师卡尔致力于问题的发现、分析,并做了大量检测工作以制定应对措施,直到我俩对问题报告(A3 报告的一部分)的全面性都感到满意,才将报告提交给总裁张富士夫先生。然后我们将应对措施付诸实施,以减少发生同类事故的可能。

做完这些事情后,我总算松了口气,经理也没有炒我鱿鱼,但是我的导师卡尔的最终评价让我在另一个层次上理解了丰田方式的深层含义。他说:"罗伊先生,如果你能降低车间的存货水平,并能披露下一个问题,那么组装线一个月停下几分钟是值得的,这就是 TPS。事实上,在接下来的 2 个月里,我真的想停止向塑料车间传送部件，让你的管理团队和团队成员认识到，停下流水线是值得的。"看，这就是我所说的另类思考方式。

这并不是说，从丰田雇用一批日本培训员是创造员工自由分享问题的环境的唯一方式。因为这是在美国与美国人一起建立的工厂。随着时间的推移，美国的管理者学会了鼓励公开而不受谴责地讨论问题，并成为其他工厂的导师。迈克尔在第1章里和我们分享了关于"制造划痕"的故事，"制造划痕"帮助其了解了日本的信任文化，但现在迈克尔面临的挑战则是如何让肯塔基工厂也能拥有这种信任。

事实上，在早些年，划痕是组装工厂的一个大问题，大多数检测到的划痕都没有被小组领导贴上用以说明哪个成员承认了错误的标签。在这种情形下，为了鼓励团队成员自己启动安灯，我们将划痕的 ID 标签命名为"我做的"，希望所有划痕都有"我做的"的标签附在上面，这样能保证没有划痕越过检测。这样对解决问题程序来说，发现问题和找出直接原因这两步就完成了，剩下的就是发现根本原因和找出应对措施。如果没有标注"我做的"，就会花费大量的时间和精力来确定划痕来自工厂的哪部分以及哪个程序或程序的哪一步骤才是直接原因。

当数据表明，组装线上产生的多数划痕都没有标签时，美国的管理者聚在一起，决定采取措施让员工意识到犯错并没有什么。于是管理层决定印制几百个"我做的"饮料票。在接下来的一个月中，对任何启动安灯承认错误的员工，公司将在全组成员面前奖励给可以在工厂咖啡店兑换成现金的饮料票。这次行动有助于强化管理人员和团队成员之间的信任文化。有些管理人员担心，团队成员会为换取免费饮料而故意制造划痕，这种担心说明还需要做大量的工作来建立互相间的信任。一个月以后的结果是，"我做的"标签的使用比例大增，而这一个月的划痕总量却减少了，因为更快更好地解决根本问题的能力提高了。

6.5 通过"事件型"解决问题方法防止故障蔓延

丰田将解决问题视为各层组织的主要活动。解决问题的方法可分为两类：

利用偏离标准的具体事件来实现和保持标准的"事件型"方法和致力于设置新标准的"设置型"方法。想象一下恒温器，会有助于理解"事件型"方法。如果设置了固定的温度，当温度太高或太低时，恒温器就会增加或减少热量使温度恢复到最初设置的温度，设置本身不会被怀疑。相反，"设置型"方法实际上是改变了设置，以此来大幅度改进系统。比如，你最初设定的次品率目标是低于 25ppm ⊖，当该目标实现后，公司就会设定新标准要求低于 10 ppm，提出新的挑战。

这两种解决问题的方法推动了团队成员、小组领导和团队领导的日常活动。在本部分我们要讨论的是"事件型"方法。某一天如果出现了问题，首要任务就是防止其蔓延，使生产可以继续。接下来做的就是保证事故当天剩下的时间以及第二天能够继续维持标准。"事件型"解决问题的方法有时被称为"维持型持续改善"。

设置标准化作业（团队成员要以特定的顺序、在必要的时间内正确执行操作步骤）是每天的计划。核查步骤就是证实团队成员是否真正完成了任务。事实上，当天可能会出现很多变化使团队成员遵循 STW。思考下面的例子。

如果一个单面镜没有被恰当地粘在门上，镜子和门之间就会存在缝隙，团队成员就无法遵守标准，于是启动安灯，使得小组领导能够及时解决问题。他并没有实施改进，此时他所做的就是使生产回归到标准上。小组领导找到临时措施消除安装不恰当所造成的缝隙。他会联系团队领导、检测部门和质量部门以确保临时措施能保证符合产品的上市质量，使消费者买到车后，不存在缝隙再出现的危险。临时措施可以是另一种安装方法，也可以是增加一个垫片以消除缝隙。

接下来，团队领导和团队成员就要一起解决缝隙问题。团队成员通过收集数据使问题变得明朗起来。团队成员需要分解问题，确定缝隙是否只出现在某一特定车型、特定的一边、特定的颜色或特定的位置等。为了消除问题，团队成员即使很忙也需要及时在活动挂图上打上标记。活动挂图为分解问题提供了简单有效的方法（见表 6-3）。

掌握了这些信息，团队就能观察制造这一特定车型的标准化工作，以具体确定程序中偏离标准的地方。显然他们只需观察出现问题的那些车型和位

⊖ ppm, parts per million，每百万件产品中的次品数。——译者注

置,然后找出应对措施,检验后予以采用,以保证问题的解决。

表 6-3 维持标准的例子

	乘客方面	驾驶员方面
凯美瑞	√√√	
亚洲龙		
速乐娜	√√√√√√√√	

通过标准化作业发现偏差并予以纠正的过程相对简单,但为了完成这一过程,还需要大量的教导和筹备。考虑以下必须准备的事项。

- 向所有团队成员传授标准,让他们能够发现对标准的偏离。
- 团队成员必须对偏离很警觉。
- 必须鼓励团队成员放心拉动安灯。
- 安灯附近一定有人,在汽车被传送到下一程序前此人必须做出反应(反应时间小于 45 秒)。
- 做出反应的人(通常是小组领导)必须训练有素,能快速界定问题所在并找出恰当的应对方法。
- 团队领导必须对标准化作业有足够的理解,以核查团队成员对偏差的界定。

日本的培训员教会了美国的团队领导和经理一个重要的可视化管理工具,用以证实对标准化工作的遵守和确认,并鼓励团队成员拉动安灯以启动"事件型"解决问题的方法。迈克尔回忆了他上过的一堂关于红线和黄线的课。

案例6-1　　　关于红线和黄线的课程

作为团队领导,日本培训员首先要确定我了解自己领导小组的所有工作。他教我绘制一张标准化工作图纸,用图纸来显示工人从部件架到汽车,再从汽车回到部件架(如果必须的话),再回到汽车,然后再回到部件架为下一辆车取部件的步骤。

开始的时间是 60 秒,如果从部件架上为下一辆车取部件需要 6 秒,并且第一部分是在右侧前挡板处进行的,在团队成员恰好能到达汽车的地点放置红线,标准是:操作员必须在红线处停下,等待前挡板到达那里。我们很快发现,员工的倾向不是等待,而是跨过红线提前组装。培训员注意到,在日本，遵守标准似乎是一种文化规范。例如，指示穿越人行横道的是绿灯，而此时是红灯，即便没有车辆通过，在路旁等待的行人也不会闯红灯。在日本，通常只要告诉操作员"不要穿过红线"就足够了。在美国，他却建议，还需要给出理由。

他教我绘制了"不要穿过红线"的全景图并告诉我不能这样做的理由。从理论角度来看，遵守标准是为了将其作为改进的起点。因此，越过红线就意味着，将提前完成组装并打破现有水平，而不是"按时"组装。但从实际角度看，如果提前了，流水线就应该在那辆车上暂停，那么员工就会被卡在标准化工作中间，这就意味着，操作员要么停在中间要么提前整整一分钟完成整辆车的组装。标准化工作中的这种停顿更容易导致缺陷的产生。

我们教导团队成员停下来等待的另一个重要理由是，这样做可以凸显出问题或需要改进的地方。如果他们能提前到达红线，那就意味着用不到60秒的时间完成了前一辆车的组装，即流程中存在多余时间。如果流程有多余的时间，就要思考如何减少浪费，然后小组一起研究整合所有程序中的多余时间，以减少整个小组的操作量。我们能向所有团队成员解释：长远的共同繁荣是我们的目标，以尽可能低的成本和最短的时间生产出最高质量的汽车则能使我们实现该目标，而正确地遵循标准化作业、在红线处等待等都与我们的目标及实现目标的能力有关。这个解释对所有的团队成员都有效，但一个人除外，这个人总是提前跨过红线工作，工作还很卖力，汗水都从前额流下来了。我让一个小组领导把他替换下来，和他一起到休息区谈话，当问为什么总是提前跨过红线工作时，他回答说在尽最大的努力防止落后。

根据培训员告诉的知识和原始标准化作业图，我向他说明是如何根据红线布置部件架上的所有部件以及工具的。我先在纸上，然后在实际流程中向他说明，如果在红线前等待并遵守标准化作业，行走的距离（因而包括时间）都会减少，因为根据红线所做的计算，在完成前一部分之后恰好能到达下一部分。提前跨过红线会使他每次走到流水架时要多走2~3步。我们计算了他每次越过红线的时间，他确实在60秒的工作上多花了5秒钟。尽管他想努力工作避免落后，但这样只会制造更多问题。如果从红线处开始，少走5秒钟，那么跟上工作是没有问题。从那天以后，他再也没有越过红线。从此，我也开始理解为什么丰田要求自己掌握小组的所有流程并实际写出标准化作业。我的工作不是"做老板"去命令团队成员遵守标准，而是要"做老师"去教导这么做的重要性，直到每个人能理解原因并遵守标准。

日本与 TMMK 分享的另一个"工具"则是黄线，即著名的 70% 线。就像红线被标在标准化流程图上，并画在地板上作为开始线一样，黄线也标在了每个标准化工作上，并画在了地板的相应位置上以指示操作员在完成 70% 工作时所应处的位置。例如，在一个流程中，团队成员需要先后在汽车前拱板、汽车门下和汽车后拱板处安装部件，我们就需要确定在 42 秒钟时（60 秒的 70%）团队成员所处的位置。在本流程中，团队成员在触到黄线前刚好完成汽车门下面部分的安装。所以，我们告诉所有的团队成员在那个时间应处的位置，如果越过了黄线，或者还没有完成那一步操作就要拉动安灯。这样做的理由是，在需要停止流水线之前，给小组领导足够的时间（18 秒）去查看安灯板，走到团队成员处，查出问题并决定如何解决。而且能够及时给予团队成员帮助，防止匆忙补救所导致的安全和产品质量问题的出现。

这条黄线对团队成员、团队领导和小组领导来说都是一个重要的工具，它使团队成员能够容易地遵守标准，为领导人员提供随时跟踪的简单工具。了解了所有工作的团队领导和小组领导能够根据黄线判断每个团队成员在流程中应处的位置。培训员教导所有团队领导和小组领导在黄线处来回走动以观察团队成员，并鼓励他们拉动安灯以早些获得帮助。红线和黄线创造并维持了遵守标准及在需要时寻求帮助的文化。

丰田的建议体系以其团队成员的参与以及在公司成本节省方面的回报而著称。在 TMMK 每年获得 9 万条建议是很平常的，而且 90% 以上的建议都会被采纳。这并不是说，所有的建议都具有突破性，能节省大量的成本。事实上，建议数量如此之多是因为，除非众所周知某些建议是有害的，否则管理人员都会尝试每项建议。如果分析这些建议的结果，就能将其中的事件类型予以分类，以帮助维持现存的标准。有时某些建议会导致改变标准，但更可能的是团队成员通过质量圈做大项目时改变了标准。

当一个团队成员对如何改进有自我创新的观点时，正式的建议体系就被启用。不过在丰田，团队成员的作用则更重要。丰田的建议体系不是由一个团队成员提出建议，交给管理人员去实施，然后期望获得大笔物质回报这种"墙上的盒子"（box on the wall）体系。事实上这种体系除了使双方沮丧之外，没有任何益处。这样做，留给管理人员的是一张长长的清单，上面的事项因缺乏资源而难以实施。管理人员对无法实施所有事项感到沮丧，提出建议的人也会因为自己给出了好的想法，而管理人员却什么也不做而感到沮丧。

在丰田，建议体系是完全以团队成员为主导的。当团队成员有了好的想法，他将从填写建议表（一张单面的纸）开始，对现状、目标以及二者之间的差距做简单清晰的概括。然后说明潜在的原因，并将其缩小到根本原因的范围内。一旦界定了根本原因，就需要给出可能的应对措施，并说明每个措施的成本、效能和可实施性等。最后，在这些应对措施的基础上预测结果，说明如何将应对措施转化成可以遵守的标准，从而保证该措施的应用。完成这一步后，必须给出验证其想法的策略，附在计划书后面提交给团队领导。团队领导对状况予以确认，并依照解决问题程序确认团队成员的"想法"。小组领导要么同意实验，要么对团队成员的想法和过程给予特殊指导，引导他用丰田方式解决问题。

如果实验成功了，该团队成员需要明确节省了哪些重要资源，例如节省了流程中的时间。如果团队成员对流程做了改进，比如移动了部件架或制造了一个架子提高了速度，节省了2秒钟，他就可以到建议系统指南上计算他应获得的奖励所对应的奖金，然后将实施情况和应获得的奖金填入建议表，完成表格。团队领导对实施情况、实施结果以及该建议已经在所有团队成员和所有轮班中实现了标准化等予以确认，并同意向该建议支付报酬。这个表格就会送到负责支付的人力资源部门，人力资源部门会抽样检查部分表格以确认其实施情况，以确保该计划的连续和公平。一旦确认，就会向团队成员支付报酬。

虽然团队成员因提出建议而获得奖励，但丰田的建议体系与我们看到的对建议支付报酬的多数做法不同。通常的做法是，建议有多大，奖励就有多大，这些奖励可以是巨额奖励，比如一辆新车。在丰田建议体系中，对团队成员的奖励是基于小改善而非大改善。换句话说，在工作中节省了2秒钟所获得的报酬极有可能是 20～25 美元。注意到了安全风险并做了处理可能获得的报酬也类似。因此,大部分的钱都支付在了日益增加的细微改善中。某一改善即使为公司节省了几万美元,团队成员获得的报酬也只有 100 美元。这是丰田文化的一部分,不仅是建议系统,对通常的问题解决也是如此。他们知道这些小事情当然能够积累成大的改善和节省。

6.6 通过"设置型"解决问题改进标准

通常安灯呼叫能够及时控制问题。像组装部这种大部门,每天接到的呼叫数量很轻易就可超过 5000 个。团队领导应该能够对这些工作中出现的呼叫进行总结并迅速做出判断,决定哪些呼叫可以用另一种方法解决。有些事情能自动引起其他更多细节问题的解决,例如一次安全或质量事故就可能涉及任何一种解决问题的方法。

在无法满足现有标准时就需要启用"设置型"解决问题方法,考虑设定新标准。设定新标准可能是由于标准超出了操作能力,必须放松标准,例如库存缓存标准太低了,需要调高标准。可以想象的是,丰田的领导是不会倾向于放松标准的,而更倾向于建议改进流程。流程改进包含了标准的改进,因此其本身也是"设置型"解决问题的一种类型。但这并不必然意味着团队要花几个星期的时间将解决问题的流程走一遍,然后完成一份 A3 格式的解决问题报告。它可能仅仅涉及小组和团队领导一致同意的对工作与标准之间比较的观察以及改变。

其他适用"设置型"解决问题方法的情形,可能是现行标准已经运行得很稳定,但基于持续改善的精神,需要设定新目标。新目标设定后,就要设定新标准,就会产生新的差距,也就需要进入新一轮的解决问题。例如,可能团队认为时机成熟了,便决定减少流程中一个程序。如果每组包含 20 个程序,而目前组装一台车的时间是 60 秒,那么可能的挑战就是要找出存在每个程序中的 3 秒钟的浪费,并找到减少该浪费的解决方法。整个活动下来,将节省 60 秒的时间,那么在重新调整后,就可以删除一个程序了。

图 6-5 展示了各种类型的解决问题方式。首先必须达到与解决某些问题相关的标准。"事件型"解决问题方法是用于实现标准并通过解决故障维持标

准的。"设置型"解决问题方法则是用于实现更高标准的。尽管在没必要立即改变标准的情况下,可以单独利用"事件型"解决问题方法回到标准上来,但通常情况下,长期存在的事故必然导致"设置型"解决问题方法的介入。

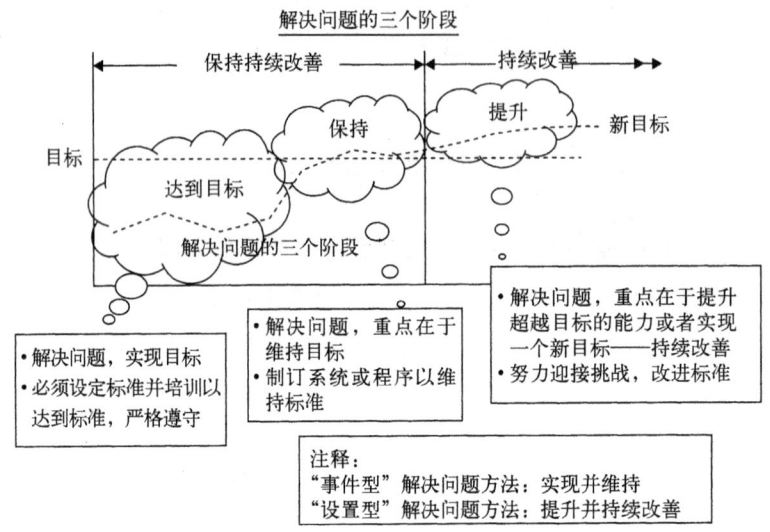

图 6-5　解决问题的三个阶段

丰田的团队成员都要学会用 3 个步骤来思考和解决问题。组装流程中风动工具的应用可以很好地说明这 3 个步骤。例如,如果标准的要求是,用一定规格的工具在 20 秒内,以一定的压强(例如 750 千克/平方厘米)射出 4 个螺栓,那么首要任务就是能够持续达到那个标准。如果风动工具安装部位过低,使得安装花费的时间多于 20 秒,或者无法达到 750 千克/平方厘米的压强,那么需要解决的就是事件型问题,解决问题的程序就要开始启动。为了回到 20 秒内以 750 千克/平方厘米的压强射出 4 个螺栓的标准,团队成员和小组领导需要检查整个流程。如果团队发现是因为气枪漏气使得空气不足而导致偏离标准,为了遵守标准,他们就要采取短期应对措施来解决漏气问题。但工作并未结束,还需要持续解决问题,因此首先要找出漏气的原因,以及需要进行哪些日常维护以使气枪保持良好的工作状态等。

一旦程序能够稳定实现改进后的指标,下一步就要启动"设置型"解决问题。例如,如上所述,团队可能要致力于减少一个程序,决定如何缩减流程中的时间,那么此时有待提高的则是 20 秒内射出压强为 750 千克/平方厘米的 4 个螺栓的标准。可能团队设定的新目标为 15 秒，那么极有可能采取的应对措施就是找到一种改进的新的风动工具，该工具能够在不改变压强的情况下将射出每个螺栓花费的时间缩减到 3.5 秒。那么将要设定的新标准是：压强不变，但射出 4 个螺栓花费的时间减少到 14 秒。

以上所述解决问题的 3 个层次都是很重要的。这 3 个层次虽然听起来像一个渐进的过程，但不可否认，在丰田，解决问题大部分都发生在第一阶段即回到标准上。这并不是说需要解决的都是些轻微的问题，因为通常情况下，找出低于标准的根本原因是非常困难的。

6.7 解决更广义问题以提升系统

6.7.1 根据组织的层次划分解决问题的角色

持续性改善贯穿各个组织之中，虽然这些组织在经营层次、扮演的角色以及满足的需求等方面各有差异。即使每个人都使用相同的流程及术语，但适用的情形却大不相同。通常来说，管理人员（经理）的责任是解决更广义的系统性问题。

丰田工作方法最先介绍给 TMMK 时，是按照丰田模式运行的。首先，由精通丰田工作方法的培训员来培训最高级管理人员。这些高级管理人员要做的不仅仅是听课并实际找出一个需解决的重要的系统性问题，还要虚心地向培训人员提交 A3 格式的解决问题报告，并等待反馈意见。80% 以上的人在第一次做时都会失败，需要返工，重新研究解决问题程序中的某一方面——通常出自早期的问题界定阶段。完成培训后，这些高级管理人员再参与培训下一层次的组织成员，这样依次进行，直到完成对所有团队成员的培训。

持续性改善常常被误解为在工厂车间里对单个流程进行的细微改善，而改革指的才是整个系统的较为根本性的改善。事实上，丰田的持续性改善意味着每个层次的每位员工都要持续性地寻找改善机会。这些改善有些可能带来很大的变化，比如系统性创新；有些则可能仅仅是在工作地点出现的细小的、逐渐增加的改善，比如程序性创新。从巨大改善到细微改善，各个等级都要遵守相同的解决问题程序，只不过大的改善往往需要遵守更正式的程序，需要更严格的数据搜集、分析以及更严格的 A3 格式报告。通常而言，高级管理人员在系统性改善中起主导作用，而工作小组则致力于较小的、局部性的改善。不过，质量圈机制允许计时制员工也参与到较大型的跨流程改善项目中。

表 6-4 归纳了企业不同层次在解决问题中的职能和责任。但实际中，职能分工很模糊，各种类型问题的解决可能需要各个层次的参与。例如，计时制工作人员以试产小组的形式参与到了整个新生产线的开发中。

表 6-4 企业不同层次在解决问题中的角色

工作分类	解决问题流程	系统 PDCA	经营计划
部门领导	解决问题的形式	系统持续改善	确定企业和部门问题的顺序
经理/助理经理	绩效问题流程	绩效管理流程	确定部门问题的顺序并改善
团队领导/专家	操作管理问题	操作 PDCA 及改善	年度计划项目
团队成员	具体流程问题（建议）	流程标准和目标管理	日常工作

从团队成员开始，图表说明他们的主要职能是改进具体程序并提出建议。所有的常规团队成员要在团队的各项工作间进行轮岗。这种岗位轮换制度对解决问题的好处就是，他们面临的是整个团队的共同问题。我们经常看到，在一些企业中，每个员工的岗位是固定的，没有兴趣讨论团队中其他工作的改进，因为那些工作不是自己亲自执行。同时，当别人讨论他人自身工作中的改进时，被讨论者还会极力抵触："这是我的工作，我才是专家，不需要你来告诉我如何改进。"其后的潜台词则是："我喜欢这份工作，因为有些地方做起来很简单，不想你来添乱，给我增加工作。"而在轮岗的情况下，大家讨论各方面工作问题的兴致就很高，我们很少见到这种抵触行为。

团队成员层面的工作涉及部件提供、工具放置以及各种工作援助。在公开参观 TMMK 时，参观向导喜欢向参观人员指出那些团队成员找到的、使工作更容易的装置。例如，团队成员可以坐在上面滑进滑出车底的椅子而不需要弯腰进去。这种椅子就是一个团队成员制作的，车库中一些从废旧渔船上卸下的东西启发了他，即在轮子上放置一块平板，工人可以躺在上面滑进滑出车底（当然，做这种斜躺姿势时，团队成员希望流水线停下）。由于意识到轮岗的重要，所以没有人会把这种节省体力的工作只留给自己。

多数小的项目只要得到团队领导的认可，就可以在团队内部通过并完成，也可以要求持续性的帮助，但也要得到小组领导的同意。但这并不意味着他们没有参与其他两个层次改进的意识。

在公司，解决问题中等级最高的角色就是经营计划，其中包含我们已经简要讨论过的方针管理，对此我们还要在15章详细介绍。如表6-4所示，团队成员花在经营计划上的时间和精力是很少的，因为那不是他们的主要角色。但他们也与其改进和实施过程联系在一起。

团队领导和工程专家既研究具体的程序问题，也解决操作管理问题，操作管理问题的一个例子是部件短缺问题。当部件短缺时，团队领导的主要精力也要放在具体程序层次上。例如，是不是部件的可见性出现问题，使得团队成员忽略了部件短缺的事实？这本应在短缺发生之前就引起小组领导的注意并拉安灯线。或者，也许还需要继续培训团队成员如何拉安灯线。然而在丰田，团队领导也要解决系统层次的问题。例如，在系统层次，材料处理路线可能需要重新平衡，以使材料处理员能完成高峰期的大量工作。这本是材料处理团队的责任，但团队领导可以参与其中，帮助解决问题。在较高的层次上，团队领导也可能在年度计划中（或方针管理）发挥作用，但他们的主要工作就是设定自己团队的目标并为实现该目标做出日常规划。

在小组领导和团队领导层次上，发展和训练解决问题是每位管理人员工作的核心。他们的时间都用在让系统突出问题，并训练员工利用解决问题程序来解决这些问题。通常情况下，问题出现时，这个过程并不是很正规。当然也设置了一些促使这些程序正规化的系统。例如，丰田设置了内部审查程序，即从每个轮班中抽出5辆汽车，质检员用锯齿精良的梳子检查全车，以发现可能存在的缺陷。如果发现缺陷，相应工作区的小组领导和团队领导就会被立即召集。他们需要利用"事件型"解决问题程序，直接采用临时应对措施，以防止问题蔓延。短暂休息后，所有的团队领导以及上述人员要在日常核查区召开会议，一起回顾缺陷，并由团队领导给出报告，介绍他们对解决问题所进行的调查，所采取的临时应对策略，以及长远应对措施等（如果他们已经发现的话）。管理人员就会抓住这个机会询问并教导团队领导更深入地思考问题，并转入到"设置型"解决问题程序中。

日本培训者给美国管理人员所上的一堂重要的课就是，机会是用来传授和改进解决问题程序的，而不是用来贬低主管或让其尴尬的。他们不希望这次审查"大会"变成审查"批斗"。日本培训者教导领导者到程序中去查看，而不总是给出答案或明确地指导下一步。丰田的方法就是通过问问题让员工思考。在"大野方式"中，团队领导需要站在出现问题的程序旁观察，去"学会看出"导致问题的真正原因。这种教导使得员工在发现问题时所做的反应不同于标准式反应，即"是工作人员没有遵守标准导致的"，那么应对措施就是"撤换操作员"。这种教导下的员工能更深入地思考问题。

从表6-4可以看到，在丰田，当一个人被晋升为管理人员后，其花在程序问题上的时间就减少了，花在系统PDCA上的时间增多了，甚至将更多的时间用在了他们领域内的经营计划上。部门主管仍然会参与程序问题的解决，但还要找出"典型"以尽快将其视作系统性的PDCA，该典型还可能最终成为公司经营计划的重点。例如，如果经理是从某个系统提拔上来的，就要培训这些经理到源头处"去查看"。如果经理发现某一典型问题是由某个区域的新员工造成的，就要与该区域的负责人一起研究出其区域内的新员工培训系统。如果该问题出现在该经理的很多区域内，那问题就可能成为整个公司下一个年度计划需要解决的重点。

6.7.2 自主研修

在很多公司，持续改善已经是很流行的实施精益项目的工具了。它的典型结构就是持续5天的事项安排，即周一培训，周二分析解决问题，周三、周四应用和实验，周五提交报告。改善事项在丰田很常见，但与在过去其他组织中所看到的不同。持续改善已经成为许多公司实施精益项目的基石。他们希望快速利用这个精益工具来推动操作上的改善，以实现巨大的改善。为了让董事会认为实施精益项目是值得的，有些组织甚至计算事件的数目，用于判断精益活动的水平及其节省下的美元。

丰田最初改善事件的目的是为了提高经理的领导力和解决问题的技能。当然，它的副作用是可以充当"指示器"，却不能充当"推动器"。最近，这些事件被称为自主研修（jishuken），意思是自愿地自学。自主研修是由丰田内部的培训组来组织的，通常每周进行一次。在TMMK，这个小组就是著名的操作改进组（Operations Development Group，ODG）。在TMMK最初的12年半的历史中，由这个小组来负责发现工厂的瓶颈区域，然后将一些欠缺这方面经验的经理聚集在一起，组成一个小组。小组中的多数人来自不同的生产领域，对来自非生产领域的个人来说也是获取新经验的一种方式。

OGP小组推动整个活动并致力于促进经理们在工作技术、领导力和促进技巧等方面的成长，教会他们更好地与各自区域的团队成员交流，更好地鼓励团队成员的参与，让每个人都投入到改善行动中来。

早在2000年，由于快速增长的需求，丰田的供应链就显示出了不足。丰田将其视为再次提高经理技能的机会。公司的所有经理都转到供货公司两个星期，去参与一项自主研修活动。该活动的第一周集中于具体程序的改善。丰田的经理与供货方的经理并肩工作，询问团队工作人员，找出流程中的浪费并做出改善。以上活动所花费的时间很长，此外经理还要学会协调诸如维修部门和工程部门等支持部门。一周结束，小组需要向双方总裁提交程序改进方案及实施结果。加里·康维斯当时任TMMK的总裁，不仅在提交阶段忠实地履行自己的参与和支持职责，当经理回到工厂在各自领域中继续进行主要的自主研修活动时，他也积极参与并予以支持。

杰克逊回忆了他作为TMMK生产部门副总裁时，参与过的一次程序层次的改善事件。这是在日本的一次独立于TMMK的管理自主研修，但它说明同样可以进行高强度的学习。

作为副总裁，我可以参与丰田的管理课程，其中包括在供货方处进行为期一周的TPS或改善活动。我与另外两个执行人员一组，由供货方的TPS专家对我们进行指导。我们被专家带到留待改善的工作区里，站在那里观察程序中存在的浪费。几个小时过后，出现在我脑海里的是"大野圆圈"的画面。张富士夫先生告诉我们发现存在TMMK中的浪费不是件容易的事。4小时过后，我认为专家给的是"一个不存在浪费的程序，以此来取笑我这个新来的副总裁"。我的培训员告诉我："不，那里存在着浪费，继续观察。"最后，又过了两个小时，灵光一闪，程序中存在的浪费跳入了我的脑海。我能列出二十多项需要改善的地方，我与其他两个学员都认为自己能够改善整个流程，甚至想实施"更大胆的改善计划"，但仅靠我们无法实施。我们把主要精力放在了能够实现的改善方案上。TPS领导要求获得第3轮维修组的帮助，要求改善小组在实施过程中对团队成员予以帮助，以减少额外的浪费。在丰田的教学方式中，培训员通常不会告诉答案，而是让我们自己经过努力去发现答案。这个课程很有效,在得克萨斯时也能用得到,那时离最初开始生产仅6个月,我们就着手进行时间的改善。整个过程中,我的目标就是持续改善员工,将丰田的基因传递给他们。丰田新团队成员以及供货方团队成员学会丰田模式就是对我最好的奖赏。

TMMK 管理所做的第二周的培训包括,观察那些使一个制造工厂运转的较大的流程——系统性改善。在这个活动中,来自丰田北美总部的协调员将教会经理绘制"材料和信息"价值流程图。经理又要花几天的时间精心规划出体现现状和将来状态的示意图,然后实施改善。这一周下来,紧接着就是提交报告,然后就是各位经理带着分配的任务回到各自的工厂继续进行主要的改善活动。

6.8　指导、信任和训练以鼓励和发展持续改善

许多奉行不信任观念的公司采用了一种策略:组织一个由程序工程师和"专家"经理组成的特殊小组负责制定整个操作过程,然后将其计划交与"做事"的员工强制实施。这种策略是泰勒在20世纪初提出的科学管理理论的最初基础。泰勒认为工程师能够找出完成任务的最好方法。这种做法产生了"我们与他们"的对立文化,我们在第1章概括了这种文化的特征。因此,经常可以听到抱怨说交给车间员工的改善措施无法持续。因为车间里没有所有权,只能通过进一步的强制来维持这种命令式的改革——通过持续的监督、提供奖励以及惩罚措施来维持强加给员工的标准。

这种文化仍然存在许多组织中,即使那些建立在精益程序上的组织也不例外。即使出现了诸如六西格玛等有用的工具,或改善事件得到普及后,我们仍能听到与这种文化相关的故事。以六西格玛(以静态质量工具为基础)为例,我们发现,数个组织还将精力集中在其所证实的黑带或者绿带数量,以及正在实施的项目的数量上。他们创建了专家小组,派出该小组去解决组织中的所有问题,我们想问这些组织的问题就是:"你们是愿意派出由几个专家组成的小组去解决问题呢?还是愿意派出由你们组织中的所有成员组成的军团去解决问题?哪个会更有效,更有可能赢得竞争优势?"

这种"专家"策略不仅在人数和持续性改善的立足点上存在缺陷,从相互信任和尊重的角度来看也不合理。如果专家不与那些日复一日从事此项工作的人一起参与到程序中来,就会忽略一些有价值的信息,也不会获得团队成员对改善的极力支持。

丰田文化中,持续改善事件是与团队成员一起做的,而不是交给团队成员来做。可以给工作小组添加额外的人力,让部分工人下线,询问他们是从何种角度发现问题及解决问题的。该事件的经理负责搜集信息,而团队工作人员则配合提供所有的信息,以及解决问题所需要的资源(比如维修和工程支持等)。团队成员将自己的想法提交讨论,经理开放思维,尝试某些改善想法,这才是真正的团队努力。双方共同合作,互相信任去实践自己的想法并进行彼此的改善。持续改善和相互信任都得以存续并令人满意。

上述事件可以与我们所听到的一些事件相比较,这些事件可以描述为:专家小组来到一个厂区,指出团队成员所有出错的地方,并给出快速改进方案(这些改进可能需要一些团队成员通常不具备的资源),在周五时宣布做了重大改进的程序,然后离开。他们所有在一周之内没能完成的事情就列入了家庭作业单。一周之后当他们回来时,他们不明白为什么改进计划没有应用到程序中,为什么又回到了最初的条件和状态。家庭作业仍是家庭作业,而且随着每个改善事件的出现,家庭作业单变得越来越长。在这种行动方案下,持续改善和相互信任都不存在或无法令人满意。丰田的改善事件能奏效是因为它是已经存在并繁荣的持续改善文化的一部分,它不是自上而下的人为地强加一次闪击式的改善努力,留下新的指导命令让厂区工作人员去遵守。

即使具备了本章所讨论的所有辅助系统,有效地解决问题的员工也不是一夜之间成长起来的,这是一场持久战,大量的艰苦工作才能造就一个优秀的解决问题的员工。迈克尔回忆了他从培训员那里学到的关于解决问题的经验。

我们已经在满负荷生产了,但需求还是超过了我们的生产能力,因此每个人都很努力地工作以实现所定产品目标。这时,一台设备出现了故障,使流水线停了十多分钟。维修组和工程师使它重新运转了。我们正要开始讨论5个为什么时,广播说另一台设备又出现了故障,而且流水线已经停了几分钟了。就像救火队员奔赴救援一样,我正要奔赴下一处突发事件的现场。日本培训员却抓住我的袖子，阻止了我，命令我与维修和工程组待在一起，详细调查该小组区域，用 A3 格式报告展开一次完整的解决问题行动。

"但是，流水线停了。"我向他请求道，他解释说："流水线停下来可以，但找不到根本原因和应对措施却不可以。会有其他人使那条流水线重新运转，你要做的是找到这条流水线出现问题的根本原因。"不论从心理还是职责上来说，都很难做到这点。我想到现场去，但在内心深处，我想我可能知道自己那时并不是一个优秀的解决问题人员，指导解决一次故障要比带领一组工程师和维修人员完成一个解决问题程序简单得多。

我们小组努力解决此问题，培训员则对我们进行定期检查，以确保不要偏离路线太远。小组最后发现了根本原因，并且找出了一些有效的应对措施，将其付诸实施解决了问题。但更重要的是，我学会了不再到处乱跑去"解决问题"，而是克服不安，腾出必要的时间来解决问题。在将这些经验传授给我的团队时，我发现有这种解决问题恐惧症的不只我一个，我们必须保证工作人员能够真正地解决问题。日本的培训员告诉我们，没有人是解决问题的专家，因为你实际做得越多，对此就越精通。

正是这种解决问题程序的持续传授造就了丰田的文化和丰田已经达到的技术水平。他们将此称之为用解决问题改进解决问题，比如，你必须利用 PDCA 去改进 PDCA。抓住机会对解决问题进行日常实践和改进是丰田的文化。每一次标准的偏离都是解决问题的良机。

小结

持续性改进循环就是反复地从标准化延续到持续性改进，它对丰田成员的影响确实是持续的。他们将这种思考方式应用到了生活的其他方面。很多故事讲述了丰田成员是怎样将这种方法和文化应用在他们的家庭、教堂和社区的。下一章将讨论另一个层次的发展，即团队成员是如何超越他们具体工作的改进，将其变成个人的生活方式，并带到他们的家庭和社区中的。

你的公司应该考虑的要点

1. 标准和标准化操作是所有工作的基础。直观的方法被用来突出对标准的偏离。
2. 配备并应用问题识别方法，获取改进并将改进保持在新标准中。

3. 团队成员将解决问题视为工作的一部分，在日常生活中应用。

4. 各层次员工能够有机会在多项课程中接受解决问题培训，每次课程一定要包括解决问题的实践。

5. 有一个系统，用于记载解决问题的最好方法，使其能够在整个组织内共享，当然，最好的方法不是强加给每个单位的，而是由他们自己有选择地适用和改进的。

6. 具备诸如质量圈、建议体系等辅助项目，以提高和承认团队成员的解决问题和做出的改进。

7. 在更深的文化层次上，与具体项目或事项所实现的具体结果相比，更重视持续改善程序以及相关的学习。

8. 细微的程序改善和大型的系统改善都要进行，但如果有所侧重的话，则更强调大量的细微程序的改善而不是少数几个大型系统的改善。

Toyota Culture 第7章

激发员工忠于公司、家庭和社区

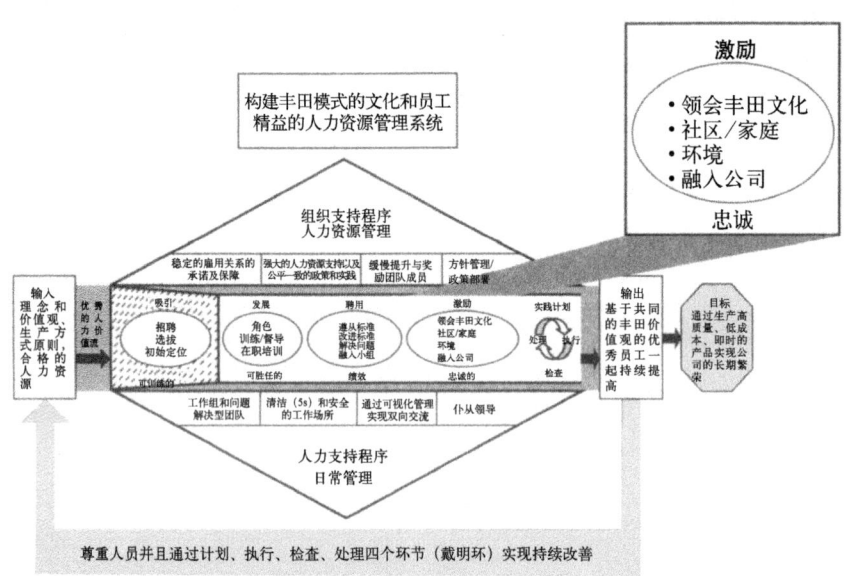

正是个人对集体的奉献，才使一个团体运转、一家公司运转、一个社会运转、一种文明运转。

——橄榄球教练，文斯·隆巴迪（Vince Lombardi）

7.1 忠于丰田的意义

丰田在培养员工时，不仅仅局限于思想方面，还注重内心感情的培养。自公司成立伊始，丰田在将自己定位为企业的同时，也把自己看成是一个尊重员工、工厂周围社区以及社会的社会组织。例如，丰田通过为员工提供难得的学习机会来激励他们，表明公司对员工承担的责任。在丰田有这样一个故事，查尔斯·勒特雷尔刚从组装部门调到操作改进小组（ODG，丰田内部的咨询小组）就不得不面对如下情形。

我们刚刚完成一个材料传输系统的大型持续改善项目，目标是尽可能地通过"单件流"（one piece flow）[⊖]生产和供应零部件。通过对车道系统的改善，使得零部件可以直接从卡车上卸到负责运输的小车上（停在车道中），然后直接运到流动料架旁。从而取消了接货区的零部件料架，这在很大程度上降低了所有零部件的存货和安全库存量。开始，TPS小组担心可能会产生零部件缺货，不过令我们惊讶的是最终不但没有出现缺货，反而有大量多余的库存堆放在流动料架旁，零部件都溢到地面上和过道里。

我们迅速组建了一个工作组到现场调查情况。除了我，还有来自组装、物料运输、零部件订购部门的代表以及相关的供应商共同解决问题。大家的情绪非常高涨，因为问题对负责组装的员工产生了影响，他们旁边是堆积如山的多余库存。我还记得自己从组装部门调到ODG时，日本教练给我的指示："查尔斯，你不增加价值，你唯一的工作就是照顾好那些增加价值的团队成员。"基于此种想法，我与组装部门的代表将问题推给了零部件采购部门和供应商，让他们重新计算供货数量以及时间等。

工作组解散之后，导师渡边悄悄地将我带到一边，说："你刚才解决的问题是什么？"我马上回答道："您的问题是什么意思？我解决的是存货的溢出问题。"他只是说："不是。"接着再一次问我："你刚才解决的问题是什么？"接下来的一个小时，他不断问着同样的问题，耐心、安静地等我给出正确的回答。"问题来自生产计划员错误的订货数量。""不是。""问题是流动料架所能承载的货物量太少。""不是。""问题是零件箱的大小和零件的数量造成的。""不是。"他一直安静地、不带任何情绪地听着错误答案，这是在职业生涯中最令我受挫的经历。不得到正确答案决不罢休，很显然他对任何人都是这样。最后我终于开窍了："问题是组装的实际速率与计划速率不一致。""你

⊖ one piece flow 是指单件（或小批量）的进行生产，即工人每次只加工一件产品或组件。——译者注

说对了，这才是要解决的问题。"

多么重大的突破呀！通过进一步分析，我发现自己把过多的时间都放在了解决问题的表象上，而没有抓住根本原因。组装生产线没有按照计划不间断地运行，因为一旦拉下安灯线生产线就会停下来。零部件是按照组装生产线96%的开工率订购的，但是实际的开工率仅为93%。这一偏差导致了过多的零部件积压在生产线旁。

接下来我们用了一年的时间帮助组装团队成员改进。在改进过程中既没有减少零部件订购量，也没有增加流动料架，而是帮助团队成员识别和杜绝生产过程中所遇到的障碍和问题。通过关注这些问题，安灯线拉下的次数减少了，运营速率提高了，生产线旁边堆积的零部件消失了。组装团队成员和我的两位导师对这项改进都比较满意，我对丰田模式的理解也得到了深化。

此种经历所产生的独特感觉，诸如工作的困难、潜能和责任是在其他行业很难找到的。确实，大多数丰田管理者都喜欢这种激励环境。

到人力价值流的这个阶段，丰田已经培养了那些遵循标准化工作、通过解决问题帮助改进标准、与小组融为一体的员工。为什么丰田还需要其他的呢？如果丰田仅仅是一个以财务目标为基础的企业这就足够了，但是丰田更像一个社会组织。丰田希望员工忠诚于公司，鼓励员工用学到的知识服务于家庭和社区。忠诚的一个定义是：奉献。例如，对事业或某种关系的奉献。丰田做的是一项事业，而不仅仅是生意，因为其致力于增加消费者和社会的价值。为了实现公司和团队成员的共同繁荣，丰田在两者之间建立起了牢固的关系。丰田希望所有的团队成员和事业伙伴忠诚于这项事业和关系。亨利·福特说："质量意味着在没有人监督的情况下仍能把事情做好。"如果公司想让员工真正做到相互尊重、承认错误、解决问题并投身于公司，就必须激发他们的忠诚。

我们并不是暗示那些注重短期目标的公司就赚不到钱。不管所有者是否在员工的长期培养上进行了较大的投资，只要在适当的行业、适当的时间、拥有适当的专利技术，公司就可以获得丰厚的利润。许多人建立一个企业，往往经营到一定程度时卖掉，从而获得丰厚的回报。我们不想评价这样做是否正确，但是如果企业的领导者想为子孙后代积累一笔能够经得住市场波动考验的遗产，那么他们需要向丰田那样培养员工的忠诚度，设法激励各个层次的员工像对待自己的企业那样努力改进企业。

有许多实例证明，诸如金钱等外部奖励并不能产生真正的忠诚度。真正的忠诚度需要具备心理学家所称的"内在动机"，即员工的忠诚度是由内心驱使的。换言之，在没有领导者对具体工作给予奖励的情况下，员工能够通过充实的工作获得动力和满足。如果员工为了奖励而工作，那么不管这种奖励是物质还是简单的表扬，从逻辑上讲，奖励一旦取消，员工的积极性也会随之消失。除非你能够时刻盯着，否则他们只会去做那些能够获得奖励的工作。丰田对于生产系统应该如何运行、员工应该如何识别和解决问题、如何为5S做贡献、如何协作、如何承担责任都有明确的期望。如果想让员工按照这些期望行事，丰田必须促使他们自我激励和独立思考。

培养的终极目标是激发员工更高水平的忠诚度，将丰田模式及其价值观作为思考和行事的基本方针。当团队成员都将丰田模式视为正确的做事方式时，就形成了一种内聚文化。《丰田模式2001》培训向员工传授共同的价值观集合、日常管理规则、团队成员行为，这是实现该目标的一个步骤。为了激发团队成员的忠诚度，在日常工作中领导者必须以身作则，成为践行丰田价值观的楷模。通过为社区做贡献、慈善捐赠、树立环境意识等活动，使团队成员感觉到自己是对他人具有积极影响的重要组织的一员而受到鼓舞。

7.2 西方社会激发忠诚面临的挑战

丰田在美国建立工厂的时候，就担心公司对员工忠诚度的要求可能会与西方社会的价值观产生冲突。有人可能会认为企业就是企业，不应该在正常工作之外期望员工的忠诚。正如我们在第1章所讨论的那样，西方文化一个强大的潜在假设是工作生活与个人生活应该分开。工作的目的就是为了赚钱生活，生活当然在工作之外，将工作和个人生活划分开是很自然的。事实上，人们也常用一些贬义词来形容那些无法将工作和个人生活分清的人，例如工作狂。这被视为一种不健康、不自然的现象。

如果要追溯丰田在日本社会的起源，我们必须理解东方人理解问题的逻辑。当日本人在商务活动中介绍自己时，不是先介绍自己的姓名，然后介绍工作，而恰恰相反。例如，他可能依次介绍丰田、工作部门，最后才是自己的名字，因为他将自己定义为公司和团队的一部分。

人类学家爱德华 T. 霍尔将这种"东方—西方"对立的倾向称为"低语境"社会与"高语境"社会的对立。在"低语境"的西方文化中，人们都是独立的个体——彼此之间相互独立，并且独立于任何社会组织。在不同时期，某人可能会参加某个团体，或者说隶属于某个团体，但却始终是独立的。而在"高语境"的东方文化中，个体的定义被限定在团体或组织之中，领导者的职责不仅仅限于本职工作，还要对其所负责的每个组织成员的行为负责。团队成员首先是组织的一部分，而不能单纯从个人的角度考虑问题。在某种意义上，公司是一个扩大的家庭。当员工加入某个团体，其工作的好或坏会直接对公司产生正面或负面的影响。

在美国这种高度信仰个人主义的文化中，我们尽量不把公司放到第一位。对于许多美国人来说，将公司跟个人视为一体的观念是极其令人恐惧的。但是，根据我们在丰田的经历，丰田文化并不是建立在将员工视为没有头脑的集体中的一员、所有人都以相同的方式思考的基础上。事实上，公司还鼓励思维多元化，因为这是创造和创新所必需的，而创造和创新又是丰田成功所必需的。建立共同的工作文化是非常重要的，这在《丰田模式 2001》中被描述为两大支柱：尊重员工和持续改善。到目前为止，我们已经讨论了关于"持续改善"的大部分内容。通过这些方面的培训，员工已经能够了解工作并改进工作。"尊重员工"强调的主要内容是关系，而且激发员工忠诚度的最后步骤就是尊重员工。在第 1 章，我们描述了尊重员工的两大基本元素：一是"尊重他人"，这要求团队成员之间尽量相互理解；二是"相互信任和协作"，这要求丰田激励个人成长和职业发展，以实现个人和团队绩效的最大化。

在美国建立工厂之初，丰田认为这些尊重员工的特征是成功所必需的。尽管为了让美国人买账，丰田接受了美国人是个人主义者的现实，但是仍然要让他们认识到与团队和公司保持高度统一的重要性。虽然美国的丰田员工不需要像在日本那样成为一个十足的"丰田男人"或"丰田女人"，但是他们需要依据丰田的核心价值观行事。依据《丰田模式 2001》，团队成员需要：

- 相互尊重；

- 自重并努力成为更好的员工；
- 与他人协作持续改进产品和流程；
- 通过现地现物实现持续改善：通过现场观察以及与其他人直接接触来实现；
- 总是考虑如何服务于最终消费者；
- 将所有团队成员和供应商视为事业伙伴；
- 为了使团队其他成员更好而工作；
- 为了对社会产生积极影响而工作。

这超出了本职工作的范围，扩展到使员工成为一个好的家庭成员，并为更广阔的社区而工作。丰田增加价值的基本原则为："充分利用人力、物力和财力提高生产力和增加价值，尽量改进全球生活标准，造福我们的公司和社区。"

本章将讨论丰田是如何激发员工的忠诚度以及如何使员工按照尊重员工和持续改善的核心价值观行事的。同时，讨论丰田如何激励团队成员的个人成长和职业发展，以及随着团队成员的成长他们是如何用其所学知识为家庭、社区做贡献的。最近，公司甚至通过"走向绿色"活动将这种积极影响延伸到了自然环境。

7.3 学习和忠诚度的深化循环

人力系统模型给人的印象是存在一个培养优秀员工的一次性线性流程。从表面上看，只要员工经历了每个培养阶段，最终就会完全忠诚和献身于丰田模式。以这种方式进行描述是比较方便的，但事实并非如此简单，学习和培养忠诚度是一个持续的过程。将其视为一个螺旋过程比较合适，员工在螺旋上升中不断深入经历各个阶段。例如，可以安排团队成员到一个新的工作岗位，通过学习和改进工作培养一定水平的忠诚度，然后再转移到另一个工作岗位，进行新一轮的学习和改进，不断扩大视野、增强忠诚度（见图7-1）。

例如，在本章开头，我们介绍了查尔斯·勒特雷尔，正是这种反复的学习和忠诚度深化循环过程使他的潜能得到了充分发挥，其职业生涯也正是这种循环的贴切写照。查尔斯在肯塔基州东南部的萨默塞特小镇长大，当听说丰田要在乔治城建厂时，还在肯塔基大学读工程学的他毅然退学，决定抓住这次机会从新工厂的底层做起。查尔斯于1988年通过了招聘和选拔程序，成为组装工厂底盘流水线上的一名计时制小组领导。这份工作使其能直接与团队领导和日本培训员一起工作，向他们学习小组中所有的程序，以逐步掌握丰田生产方式。

图7-1　学习和忠诚度的深化循环

1989年，新工厂开始在全厂范围内提拔团队领导。查尔斯通过了提拔程序，成为底盘流水线第二个轮班的团队领导。通过课堂和工作中的培训和提高，又一次为其学习TPS和丰田模式打好了基础。此时，公司安排了日本培训员和一名美国助理经理对其进行指导。查尔斯回忆说："我时刻牢记自己第一个日本培训员的教导，'如果你制造汽车，就要为消费者的汽车质量负责；如果你不制造汽车，就要为消费者负责'。"

1992年，查尔斯轮换到持续改善团队担任团队领导。利用持续改善团队来安置因生产率提高而产生的剩余员工是丰田的一种文化。当团队的生产率提高后，就可以减少一部分程序。因此而产生的剩余员工主要用于弥补工厂的自然减员，以避免员工失业。但也可以将一部分剩余员工组织起来，组成持续改善团队，由该团队来帮助做出更多的改善并进一步减少程序。作为持续改善团队的领导，查尔斯有机会与整个组装部门以及其他部门合作，一起致力于新的改善。该岗位还使得他能够直接与不同组装区域的日本培训员和协调员一起合作，并在他们的指导下得到提高。

在持续改善团队工作两年后，查尔斯又被调回组装部门，成为车门生产线的团队领导。此后，他又在1994年被提拔为装饰配件组装线的助理经理，负责领导5个安装各种装饰配件（如软垫、地毯、车顶内衬及座椅等）的生产团队。此时，按照丰田文化的精神，在指导和培训其所属员工的同时，他本人仍然要在日本和美国培训员的指导下继续成长。

作为丰田持续改善循环的一部分，后来查尔斯又轮换到了 ODG。在该岗位上，他可以应用从持续改善团队中获得的经验和从制造汽车过程中学到的技术知识。当然，在工作过程中与其他部门建立起的人际关系也非常重要。作为 TPS 团队的助理经理，查尔斯还可以得到日本培训员及新一代美国 TPS 导师格伦·邬明格和罗伊·杰伊的双重指导。按照图 7-2 所描述的学习安排，查尔斯相当于得到了大野耐一在 TPS 方面的真传。大野耐一常说如果放任生产系统自然发展，它就会像流水一样，找到障碍最少的途径后就静止不前了，因此需要用催化剂来敦促它们持续改善。为此，大野耐一在日本创立了运作管理咨询部门（Operation Management Consulting Division，OMCD），以此来促进 TPS 的持续成长。

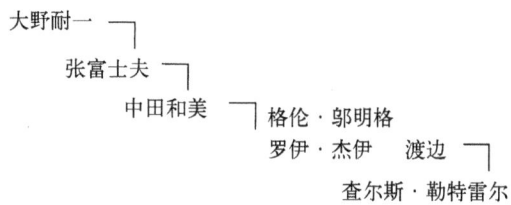

图 7-2　指导查尔斯·勒特雷尔改进的"家谱"

此后，查尔斯又从 ODG 轮换到了生产部门，不过这次他轮换到了喷漆车间。喷漆是一项复杂的技术流程，需要化学方面的知识，但查尔斯所学到的大多是丰田模式中关于领导方面的知识，因此他需要继续完善自己的知识结构。

当轮换到喷漆车间后，我努力按照导师的教导，耐心地指导新下属。但不幸的是，我总是不相信员工能给出正确答案，并多次仓促完成指导的过程。同时我也体会到在组织的不同领域，解决问题的方式也有所不同。丰田教导我们解决问题时要着眼于 4 个 M——人、方法、材料和机器。在组装车间，人多机器少，因此处理的问题及相应的改进都与团队成员和标准工作方法相关。但是，在喷漆车间大多数问题都出在材料和机器上，因此我必须与工程师和维修部门合作，将精力集中在程序的控制和可重复性上。经过各个导师的指导以及在各个轮换岗位上的历练，我在丰田模式中打下了坚实的基础并获得了广泛的经验。这为目前的职位——组装部门助理经理做好了充分的准备。我现在负责整个组装工厂的生产员工以及两个组装工厂的工程和维护事宜。面对工厂楼前的TOYOTA标志，我的自豪感油然而生。为此，我也为所负责的事项设定了两个目标，一是要继续学习并深化对丰田模式的理解和实践；二是要将这种文化传递给那些与我一起工作的员工。

此时，查尔斯已经在丰田工作了20多年，在不断的岗位轮换和提升过程中，他至少在公司的9个岗位上工作过。查尔斯的经历展示了丰田通过人力价值流的理想螺旋使员工理解公司流程并提高其忠诚度的做法。

7.4 挑战团队成员成长和发展

丰田文化以及对公司的长期忠诚中至关重要的一点就是员工个人有机会甚至有义务进行持续的自我改善。在《丰田模式2004》中，莱克将丰田对待员工的方式陈述为：尊重他们，挑战他们，并让他们成长。在这种文化氛围中，尊重员工就意味着让其逐渐成长以发挥最大的潜能。如果安逸于没有任何挑战的常规性工作，员工不可能成长起来。如果丰田要求某工程师承担一个项目，使得产品质量缺陷降低70%，这就是在挑战他去努力工作、努力思考，并通过这个工程最终实现个人的成长。

来自日本丰田模具工程与生产部门的一位总经理刚刚完成了一个项目，该项目将模具的设计和压铸时间减少了一半。他说："我接受挑战去实现这个高难度的目标，虽然与同行业的竞争对手相比，我们在模具的设计和制造方面已经很成功了，但是老板仍然希望进行更努力的尝试。我们的团队进行了数周的努力，终于实现了目标。大家都非常高兴，但就在实验项目成功的第二天，老板又问我'你们的下一个改善目标是什么'？这就是丰田模式，一种持续改善的思想。"

一次饭后，莱克与这位总经理在比较随意的氛围下进行了交谈。他承认在连续不断的挑战下，确实会感到很大的压力。莱克继续问道："你是否乐意为丰田工作，除了压力之外有没有其他的感受？"他说："是的，我的确感到压力很大，但是当实现目标时我的感觉很好，这种感觉让我很高兴。"

显然，这种做法对公司很有利。公司通过提高团队成员的方式获得了一个强大的团队，其成员能够完成巨大的程序改进，从而降低公司的成本并提高竞争力。因此，可能有人会批评丰田所有关于尊重员工的讨论都是用来掩盖公司对员工剥削的策略。但丰田对员工的期待不仅限于完成工作然后就回家享受个人生活，丰田还要敦促他们向更高的水平发展，而这就需要员工长时间工作，全心全智的投入改善项目中。这位模具工程和生产部门的总经理很随意地说："有时我都能梦见自己的项目，它总是浮现在脑海里，我甚至都能从梦中获得启发了。"

那么是不是这个人的忠诚度已经达到顶层，甚至变成一种心理困扰了呢？尊重员工的核心就是让其学会用丰田模式的方式进行思考、完成富有挑战的项目、进行自我拓展并在成功和失败中学习等。如此沉浸于一个项目甚至做梦都会梦到，这是一个人工作热情的极致表现，是我们对艺术家或作家的期待。从该意义上来说，这位经理是在以丰田模式的方式生活。我们也问过他，如果做出了巨大的努力后仍然没能实现将设计时间减半的目标，他会怎么办？他毫不犹豫地回答道："即便将时间减少了49%，他们仍会要求我去反思，并找出问题的根源，最终实现目标。我的老板想知道为何没能100%地实现目标。我是否需要从他那里得到更多的帮助？是否已经尽了全力？是否需要其他部门的协助？是否需要在持续改善方面进行再培训？每年年末我都要对当年的工作进行总结，并提出以下问题：今年哪些目标没有实现？根本原因是什么？可以采取哪些应对措施？"

《丰田模式2004》将日语中的"反省"作为丰田的原则之一，但反省并不是丰田所独创的概念，而是日本文化的一部分。反省有3个关键性的要素。

- 每个人必须意识到理想和现实之间存在一定的差距，要坦然面对负面结果。
- 每个人必须自愿承担个人责任，并进行深刻反思。
- 每个人所采用的改善方式必须与自身的具体情况相适应。

在丰田文化中，反省被视为持续改善的本质。反省的直接推动力是每个人对改善发自内心的渴望，即不满足于现状，自觉地设定改善目标，直到100%实现目标后才会满意。他们甚至认为，成功的结果也不一定意味着100%的完美，通过反省总能发现需要改善的地方。对此一位丰田的主管解释道:"在我看来,这就是丰田与其他一些公司的区别所在。我曾在一些美国的公司工作,在那里如果公司要求实现20%的改善,那么成员只要做出15%的改善就可以了。只要有所改善,老板就认为做得很好了。与之不同的是,只有100%实现目标丰田才会满意。"

丰田不仅期望团队成员实现挑战目标,还要求按照丰田模式的方式实现目标。随着团队成员被提拔到更高层次,他们所面临的工作将更具挑战性,因此实现目标的过程同实现目标的结果同样重要。团队成员需要深入现场去观察以获取有关情况的真实信息(例如,现地现物),通过根回(nemawashi)征求重要相关者的意见,严格遵循解决问题的程序操作,更为重要的是通过有效的团队合作实现自我改善和团队改善的最佳结果。这样的要求同样适合丰田的领导者,加里·康维斯对此做了如下的解释。

我们信任的是那些有实际经验的人,而不是大学毕业后就成为老板的人。我们所寻找的人要有能力,有个人动力,并且能够欣赏团队成员的工作。这个人还要很谦虚,能够尊重他人的工作,而且当他在事业的阶梯上越爬越高时,其解决问题的技能也会发挥出越来越大的影响。首先,我所需要的合适人选是那种可以在日常工作中接受挑战的人。TPS的员工要能够真正理解TPS的内涵,但是这可能需要花费数年的时间。因此,我寻找那些在被录用和提拔时都能自然地应用丰田模式的人。丰田不提拔那些善于做精彩报告的精明人士,当然他们的那些才能可能是有价值的,适合于某些部门,但是在生产领域,我们需要的是人际交往能力,是尊重他人、激励他人、与各层次人员真诚合作的能力。

在丰田模式演变的历史中一个永恒的主题就是强调到现场工作("把手弄脏")的重要性。丰田汽车公司的创始人丰田喜一郎就不信任那些"吃饭前不需要洗手"的工程师。丰田认为,工程师应该到现场去工作,与团队成员一起创造价值,并在不断成熟的过程中学会领导整个团队。对此,加里·康维斯进一步解释道:

在丰田,团队的成功远比个人成功重要得多。员工必须对此有所了解并团结一致,必须将团队放在个人之前。当然,我们有很多非常成功、非常出色的年轻员工，其中一些人决定到其他公司工作，并且也有很多人在那里取得了巨大的成功。但是更多的人是在丰田这个集体中取得了成功。在工作现场，面对脏脏的机器，你不应该感到不自在。你要知道，若想成为成功人士就必须增加价值。工作现场是一个没有自我的地方，在丰田如果以自我为中心，就不会走得太远。

以上所述概括地介绍了对丰田模式忠诚的真实含义，它不仅仅是信任公司并拥护公司的各项政策，还意味着你要深入工厂，不怕弄脏自己的手，领导团队做出重大改进；当完成艰巨的任务时，你不能自我吹嘘，而要谦虚地将其归功于团队。我们所信奉的原则是众人拾柴火焰高。这种原则乍听起来体现的是东方文化而非西方文化。但是就像康维斯所说的，丰田已经在北美的工厂里成功地培养了许许多多忠诚的员工。

无疑，丰田创造的是一种风险很高的高压工作环境，有的人能够适应这种环境，有些人适应不了并选择离开。即使是选择离开的那些人，在离开时也要比刚进公司时更坚强更有能力。但是丰田只能承受一定限度的人员离职，稍后我们将在本章讨论员工保持方面的问题。

7.5　关注家庭和社区

令人感到奇怪的是，像丰田这样关注结果、成本降低和流水线改进的企业，也会花如此大的力气与工厂和办公室所在地的社区建立牢固的关系。乔治城工厂的外联部很好地说明了丰田对员工及其家庭所做的投入，即使这种投资并不会有什么特殊的回报。外联部是从人力资源部门分离出来的，共有5个成员，并且有自己的经理，其成员的全职工作就是实现外联部的唯一目标——帮助有需要的员工。他们所处理的事情包括：为员工居住在城外的家庭成员安排住宿，方便他们看望生病的孩子；为房屋遭受火灾或水灾破坏的员工提供无息贷款；帮助丧偶员工或去世员工的配偶安排葬礼；确保按正当程序申请死亡抚恤金等。其中有些听起来应该是属于人力资源部门的典型工作，但又不局限于此，他们要真诚地与有关人员会面，包括参加葬礼及看望病人等。

外联部的成员记得他们曾在一个员工失去亲人时给予了帮助。那个员工是出了名的"反公司"分子，平时态度强硬而又消极。但是，最终他感动得哭了，对外联部充满了感激之情，对公司的态度和观念也发生了彻底的转变。可见这种对个人的关注在激发员工对公司的忠诚方面是大有帮助的，虽然丰田并不指望这么做能带来多少金钱利益。

我们访问了技术工人谢尔比·雪弗德，他受丰田的影响而服务于社区。1989年，他成为公司的一名生产团队成员，并在1990年被提升为小组领导。1993年谢尔比参加了一个技术培训项目，接受为期3年的课堂和实践相结合的技术培训。3年结束后，他获得了工业维护技术方面的相关学历，在公司设备部门的工资也提高了。2001年9月11日以前，他一直享受着工作和生活的乐趣。

"9·11"恐怖袭击发生后，我认为自己应该做点什么，但是不知道该怎么做，于是就制作了一个"9·11"捐款录像。公司允许我将录像分发给同事们，以筹集捐款。我们一共筹集了500美元，提供给了当地的食物银行⊖用来帮助那些无家可归的人。我们还在团队里筹集了其他捐款。有一次我们的一个同事得了癌症，在他同癌症做最后斗争的日子里，我们通过捐款筹集路费，把妻子接到了他身边。我们还为他购买了电脑并连上互联网，以便与其保持联系。

2001年，我加入了当地的扶轮社⊜，参与了伍德福德县维修事务。该活动帮助那些没钱或没有能力维修房屋的人修缮房屋。在1160多名志愿者的帮助下，帮助当地170多户人家维修了房子。因为我既作过小组长也作过项目组长的协调员，所以可以充分发挥自己在维修、解决问题及团队合作等方面的优势。可以说，这个活动最棒的部分不是看到房子的屋顶被修葺一新或被涂了新的油漆，而是看到自己的工作给房子的主人及其生活带来了积极影响。我们曾经为一位71岁的盲人老人修理了房屋。听说由于年久失修，她不得不

⊖ 食物银行（Food Bank），一种非营利的慈善机构，接受食品或其他食品杂货的捐赠，并发放给需要的人。

⊜ 扶轮社始建于1905年，是世界上历史最悠久的一个国际性公益组织。它结合全世界事业及专业的领导人士，以培养"服务精神"为准则，提供博爱的服务，在职业方面鼓励崇高的道德标准，并帮助建立世界的亲善与和平。——译者注

离开自己住了一辈子的房子时，我们及时进行了修理，让她能够在自己的房子里度过最后一段生活旅程。对于丰田来说，将公司的成功与员工分享是件很自然的事情，那么与社区一起分享我们的成功也是理所当然的事。

谢尔比是与团队合作为公司和社区做贡献的优秀员工的典型代表。我们还获知，谢尔比18年如一日准时出勤，他还献过血，为人类家园⊖工作，筹集善款，参与美国癌症协会组织的生命接力，在圣诞节时为救世军⊜敲钟等。图7-3展示的是正在工作的谢尔比。

的确，丰田对忠诚的团队成员

图 7-3　忠诚的丰田团队成员
帮助社区修理房子

的期望就是，在工作时强烈认同丰田文化的价值观，并将这些价值观应用于工作之外。而挑选出价值观与公司相匹配的候选人是丰田选拔程序中非常重要的一部分。丰田文化的另一个关键因素就是要超越单纯的员工与公司的关系，将程序中其他利益相关者也包含进来。丰田希望这种"影响圈"能够尽量扩大，将家庭、社区，甚至整个社会以及自然环境都纳入进来。

丰田判断一个公司在内外关系方面是否成熟的标准就是看这个公司是否致力于发展高水平的外部影响圈。一个不成熟的公司往往只关注自身的发展和利润，而较成熟的公司则能够将自己置于更大的背景下考虑问题。图7-4就阐述了这个过程。

这种共享价值观的渐进过程为各种利益相关者创造了一种多赢的局面。当然树大招风，像丰田这样的成功公司往往也会成为众矢之的，当开展有益于社会的活动时也被质疑为是在掩盖公司的真正利益，比如有人评论，"他们

⊖ 人类家园（Habitat for Humanity），1976年成立于美国，是一家非政府、非营利的国际性组织。该组织致力于在全球范围内消除无家可归的现象。人类家园与合作伙伴和社区携手，为低收入家庭提供简洁、体面和经济的住房，营造和谐社区。——译者注

⊜ 救世军（Salvation Army），1865年创立于英国，是一个能在全球109个国家开展项目的世界性组织。它既担负着基督教普世教会传播基督教福音的使命，也以服务社会为己任。在世界上一些最富有的国家里，它持续地帮助弱势群体例如无家可归者；在很多发展中国家，它资助一些赈灾和发展项目。——译者注

为社区做贡献仅仅是为了给自己在政治上开道"或者"他们只关心环境，因为良好的环境对企业有利"等。对于这些批评，丰田最好的回应方式就是回到最初的目标上去，这些目标反映了丰田文化中长期共同繁荣的价值观。丰田从不否认要通过该过程来实现公司的繁荣，但为了将更多的利益相关者包含进来，丰田希望能够走得更远。这些价值观对利益相关者很有效，但前提是他们要认同这种观念，并做那些有长远回报的正确的事。

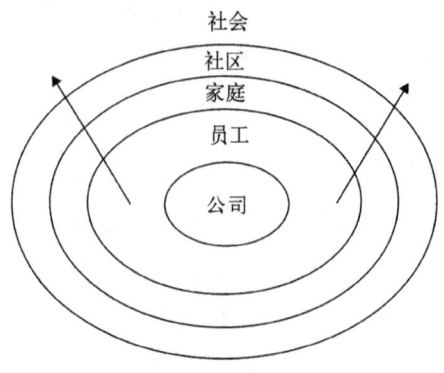

图 7-4　扩展的丰田价值观

7.5.1　关注家庭

正如前面所讨论的那样，日本与美国对公司在个人及家庭生活的影响方面有不同的期待，两国在期望员工个人为公司做出牺牲方面也有不同的见解。在日本有些现象是很常见的，例如，当员工加入公司后就可以住在公司的公寓里，然后公司会为员工提供家庭住房、医院及健身场所等。公司对员工的生活做了周到的安排，目的就是使得员工能够长时间工作、受薪员工能够在日本国内流动工作或到国外处理项目。这就意味着员工常常无法顾及自己的家庭，如果正值孩子准备大学入学考试的关键时期，这种工作与家庭的冲突就会变得更加突出。

被派往美国建立 TMMK 的那些日本员工深刻体会到，美国人要比他们更重视自己的家庭和个人时光，希望工作和家庭生活能够截然分开。因此 TMMK 的很多人力资源政策都非常关注员工的家庭生活。尽管这些政策对于日本丰田来说很不寻常，但是却与其他优秀公司的做法没什么两样。丰田为其在美国的工厂提供了一些福利，包括：

- 一站式儿童保育设施；
- 设备齐全的家庭健身中心，包括成立网球、垒球及篮球队等；
- 灵活的工作时间，方便办公人员平衡家庭生活；

- 为家有小孩或孕妇的员工提供兼职受薪职位；
- 为正在上学的家庭成员提供暑期及平时的兼职工作；
- 国王岛（Kings Island，当地一个主要的休闲公园）家庭野餐；
- 外联部。

7.5.2 关注社区

丰田文化中对社区的投入主要有两种方式：一是公司为社区提供资金；二是为员工提供机会，鼓励员工利用自己的时间和才智直接为社区做贡献。

在第一种方式下，丰田通过提供资金和资源积极融入社区。但是做这些事情时，丰田努力避免引起公众的注意。与那些讽刺者的观点相反，丰田并不是要通过对社区的投入来获取权力或为自己的利益开路，事实上，丰田在做这些事情时都极力避免过度影响当地政治，从而在建立良好的公众关系和融入背景环境之间取得平衡。TMMK 在过去的 20 多年里累计向社区捐赠了 2900 多万美元（见图 7-5）。经过设计，这些捐赠多以 500 美元到几千美元的形式捐赠给了美国联合慈善总会、社区学校、城市联盟、大学以及其他向别人提供帮助的非营利组织。对于某些特殊项目，赠予的数额会大一些，在 25 万 ~ 30 万美元不等。对"肯塔基中部骑乘希望"项目的赠予即是一例。"肯塔基中部骑乘希望"项目为年轻人提供骑马和照顾马匹的机会以此来考验他们。但在肯塔基州多变的气候下，该项目有半年多的时间无法进行。为此，

图 7-5　1987 ~ 2006 年 TMMK 的累积捐赠额

丰田帮助他们建造了室内场区，使其能全年对年轻人开放。

负责上述项目的乔治城工厂行政总经理汤姆·扎瓦茨基描述了丰田是如何避免成为"400磅的大猩猩"的。他说，TMMK小心翼翼，避免成为公众瞩目的领头羊。例如，当地一家自来水公司正挣扎在财政崩溃的边缘，政府想让其停产并予以接管，但是这家公司希望保持自身的独立性，于是到丰田来寻求帮助。凭借丰田的规模和影响，完全可以很轻易地引导事情向其所希望的方向发展。但是，丰田认为这是社区内部的问题，应由该社区自己解决。扎瓦茨基这样解释了丰田的立场：

丰田是一个十分保守的公司。丰田确实可以利用自己的影响圆满地解决问题，但是我们不想通过直接干预来解决问题，而是希望像处理内部事项那样，在意见一致的情况下解决问题。我们希望与他人共同起到主导作用而不是独自起到领导作用。丰田所追求的不是个人的卓越而是整个组织的卓越，这一原则同样适用于外部事宜。如同我们不希望员工在公司里自我炫耀一样，公司也不希望在社区里自我炫耀，我们更愿意做幕后支持者，而不是将任何事都归功于自己。

在这方面，与社区共享管理资源是丰田文化的一部分。在前面我们讨论了丰田培养经理时所采用的程序。该程序所关注的价值观、团队合作及解决问题技能等优点也同样适用于社区，丰田也努力将这些优点应用到社区。乔治城工厂有一个明确的目标，要求95%以上的员工，包括部门经理、总经理助理、总经理、副总裁及总裁等都要亲身参与到社区活动中。公司像对其他生产指标一样对该目标进行追踪，并以此作为衡量公司表现的关键性指标。汤姆·扎瓦茨基补充说："已经有92%以上的员工参与了社区活动，有的人在教堂作为执事指导少儿团队，也有很多人成为非营利组织的董事会成员，其中列克星敦城市联盟的现任主席就是丰田的员工。"

丰田关注社区的另一种方式是鼓励所有的团队成员自愿融入社区。所采用的主要手段就是设置VIP（Volunteers in Place）项目。VIP项目主要由社区关系部门来组织，该部门包括1200多名丰田团队成员，记录显示，2006年这些团队成员作为志愿者工作了31 000多个小时。这些成员可以随时与社区项目网络联系，任意选择一个社区在下班后进行志愿服务。他们有的参加了一些青年领导活动，比如指导少儿体育团队，作男童子军和女童子军的头领等。还有其他一些日常项目，从参加健走到粉刷地方应急避难所等各个方面都有所涉及。

VIP项目的成员可以累积志愿服务的时间，将其兑换成现金捐赠给自己选择的慈善机构。每年丰田的总裁都要举行特殊的颁奖典礼，奖励表现突出的志愿者，并为5个志愿者提供额外的善款（1500～3000美元），捐赠给他们所选择的慈善机构。这些慈善机构的代表也应邀参加颁奖仪式，接受VIP的捐赠。这是一项所有参与者共赢的活动：慈善机构在公益事业方面获得了实际帮助，公司赢得了良好的社区公共关系，团队成员在为社区贡献时间和才智的同时也提高了对公司的忠诚度。

还有其他数不清的公司项目及活动为团队成员提供服务社区的机会。去年，有一百多人参加了一年一度的"志愿者日"，带薪离职到外面的社区机构工作一天。丰田公司参与献血的人数是最多的，同时丰田也是通过联合慈善总会向社区捐款数额最多的企业。通过与TMMK的社区关系专家妮拉·威尔斯及金·斯威兹的谈话，可以明显体会到他们对此深感骄傲，但他们更骄傲的是通过服务为社区居民的生活及团队成员的生活带来了积极影响。

对于丰田，以上所有这些听起来都像是商业性活动，但真正贯穿整个公司的理念是：制造高质量的汽车、培养优秀的员工以及建立高品质的社区是相互联系相互作用的（见图7-4）。有句话说"对丰田好就是对团队成员好，反之亦然"，我们也可以说"对丰田好就是对社区好，反之亦然"。对此，可以用另一个社区延伸项目——丰田奖学金为例。该项目每年从美国高中四年级中选出100名在学业、领导能力及社区服务方面表现突出的学生，并为每个人提供1万或2万美元的奖学金。

TMMK每年还为从斯科特县高中毕业并考入乔治城大学的毕业生提供奖学金。2003年，斯科特县高中提名艾希莉·瑞为奖金的获得者。艾希莉在完成了申请和论文后，获得了在乔治城大学学习的全额奖学金。她学习的是传播与交流专业。学习期间，她有机会到丰田进行为期一学期的参观学习。她说，第一天自己就被深深吸引了。

在新主管的带领下，我参观了丰田，深刻感受到了成功的氛围和团队合作的环境。所有的一切都是如此的干净整洁、井然有序。当看到公司总裁的工作间也与其他员工在一起时，我希望毕业后能够在这里工作，成为这种参与式管理模式和开放式交流中的一员。丰田文化激发了我的兴趣，为此我用一学期的时间完成了一篇"迷你论文"来介绍该主题，并在毕业后来到这里工作。生长在乔治城的我对丰田为社区所做的一切及其对人们生活所带来的影响充满了感激。如果没有丰田提供的奖学金，我永远没有机会到县里这所最好的学校——很小却充满自由的私立艺术学校学习。现在我取得了学士学位，还在丰田找到了一份工作，真是很幸运！

丰田的奖学金项目在全美国范围内影响着人们的生活。虽然并不是每个奖学金获得者在毕业后都会到丰田工作，但是足以说明了丰田的价值观是如何取得共赢的，也充分证明了"对社区好就是对丰田好"。

7.6　绿色思维方式：积极影响自然环境

现在，丰田为消费者和社会创造价值的使命扩展到了对地球健康的长期保护上。丰田提出了一项很多人积极支持的政策——丰田地球宪章。该政策提出的目标就是不对环境产生任何负面影响。张富士夫对这种既有利于社会也有利于公司的挑战一向持积极的态度："环境行动是所有企业必须面对的事项。但是不要消极对待，相反，要把它视为一个可持续成长的机会。"

7.6.1　丰田汽车销售公司的绿色大楼

丰田汽车销售公司在决定扩建托兰斯总部时，认真考虑了"零"环境负面影响的目标，决定在保证工程经济可行，并能够帮助几个供应商建立绿色原则的同时，建造一栋符合 LEED ⊖ 环保指标的绿色大楼。在美国，LEED 绿色建筑评价体系是设计、建造和运营高质量绿色建筑方面全国公认的标准。

⊖ LEED（Leadership in Energy & Environmental Design Building Rating System），是由美国绿色建筑协会建立的标准，是目前在世界各国的各类建筑环保评估、绿色建筑评估以及建筑可持续性评估标准中被认为是最完善、最有影响力的评估标准。

丰田选择这种建造路径并不是为了得什么建筑大奖,而是希望在满足办公空间需求的同时,服从世界大局。在做这件事情时,丰田汽车销售公司广泛征集团队成员的意见,帮助解决问题。这种方式不仅能拓展团队成员的思维,还能使他们因自己有所贡献而感到满足。房地产设备公司的经理桑得福·史密斯这样解释他们的目标:"我们的目标不是建造一座绿色大楼,而是用一种对环境负责的方式为成员建造房子。我们的每一个决定在经济上都是合理的。"

在耗资 8700 万美元、占地面积 62.4 万平方英尺⊖的南区扩建计划中,从最初的设计开始就考虑了精益和环保。公司在设计过程中组建了多功能团队,该团队的目标就是在减少建造成本的同时符合地球宪章的宗旨。他们依靠从 TPS 中借鉴来的"减少浪费"的原则建造绿色大楼,这一原则虽然简单却十分有效。

没有哪个建筑公司知道应该如何实现上述目标,最终 TMS 选择了特纳建筑公司作为合作伙伴。特纳建筑公司也没有这方面的经验,他们开始也认为建立环境友好型大楼可能会增加成本。但是,丰田团队具有解决问题的技能,而特纳建筑公司具有深厚的建筑知识,在两者的共同努力下,最终找到了降低成本的方法。

在早期为整个工程设计框架时,他们做出了一个关键性的决策,即不采用建造摩天大楼的方法,而是像建造仓库一样采用混凝土立墙平浇结构。在建造摩天大楼时,要先用钢梁树立起基本框架,然后再在框架上浇筑混凝土。而建造仓库的方法则是,先用混凝土制造一些板块,然后用这些板块搭建框架。这样就节省了大量的钢材,从而节省了成本,而且在聪明的建筑师的设计下,大楼看起来比仓库要美观得多(见图 7-6)。

图 7-6 节俭而美观的混凝土结构大楼

与其他事项相比,节省成本是关键性的中心思想。节省下来的成本可以用于其他事项,使得大楼的热效能更高,比如使用双层玻璃、高倍绝缘材料及高折射率制冷顶层等。所有这

⊖ 平方英尺是英制面积单位,1 平方英尺 ≈ 0.092 903 04 平方米。——译者注

些措施都提高了这座大楼的能源效能，从而大大降低了运转成本。在关键性决策的基础上，结合许多小创新，使得整个工程得以顺利进展，其中包括：

- 按照不同的样式浇注所需要的板块，一次性生产所需的全部板块，以备及时供应。
- 板块需要在混凝土地板上浇注，但是空间不够，于是他们就临时建造了一片混凝土路面。通常，混凝土路面很容易破碎，然后就被当成垃圾处理掉。但是在本工程中用一部分临时混凝路面作基面，在上面铺上沥青建造停车场。剩下的临时混凝土路面被切割成类似铺路石一样的碎片，用于铺设天井和人行道。
- 通常在工程结束时一次性清除所有的垃圾需要花很高的费用，于是在建造过程中他们利用类似于 5S 的程序，安排垃圾箱非常有序地将垃圾分类随时处理，大大降低了垃圾处理成本。
- 在建造过程中，回收利用了 95% 的垃圾。
- 对大楼进行设计和定位时，尽量扩大东西两面的面积，并尽量减少南面的面积，同时在大楼的南面放置太阳屏蔽和半透明的板材以避免光照，尽量减少吸热。
- 尝试在楼顶上安装 5.3 万平方英尺的太阳能光伏发电板，用以满足 20% 的基本用电需求（见图 7-7）。如果这次实验成功的话，就可以将其应用到丰田其他设施上。虽然每年清洗楼顶的发电板需要一部分费用，但是其整体效能还是能够超出预期绩效的。以目前的能源价格计算，该功能 7 年所节省的费用就足以收回所花费的成本，如果能源价格提高的话，投资回收期会更短。

图 7-7　楼顶的太阳能光伏发电板

- 考虑每个细节。例如，选择使用经过绿色认证的清洁用品，并购买大容量的容器。

在建筑的内部设计过程中，尤其是在回收利用和提高建筑的环保功效方面还有数不清的小创新。例如，小隔间采用的是板材结构，所用的板材多数是以前在租赁的旧办公室里用过的，丰田希望所有的补充材料都能与旧的办公设施相配，并且能保证100%的可回收性和低排放性（例如，清洁车没有难闻的味道）。于是丰田要求其办公家具提供商诺尔（Knoll）公司在不提高成本的前提下提供这些材料。诺尔公司成功地做到了这点，并且以此为契机将低排放、可回收板材发展成其主要的市场组成部分。

建筑所用的地毯和油漆也都是低排放性的。这样做又带来了一个有趣的精益上的好处。LEED通常要求，在大楼建成入住前用大风扇通风两个星期，以保证室内空气不对员工的健康构成威胁。在丰田的设计下，大楼从一开始就不会产生有害排放物，因此丰田希望减去通风程序，这样做可以节省大量成本和时间。于是，他们邀请美国绿色建筑委员会（USGBC）的政府机构对空气进行检测，事实上，从此之后绿色建筑委员会也改变了要求，允许用空气检测来替代两周的通风程序。

在该建筑中处处都体现着绿色的理念，墙上的艺术品是可回收的，椅子是用可回收的座椅带制作的，建筑内所有的一切材料都具有可回收性或者可以通过焚毁实现零排放。比如，将循环水作非饮用水加以利用，利用循环水浇灌绿色景观，在美化环境的同时降低了建筑周围的热量等，类似支持环保的例子不胜枚举。许多员工也参与进来，积极做"绿色捍卫者"的志愿者，不断将最好的做法传播开来。

整个工程下来，取得了惊人的成果：

- 每年节省1100万加仑㊀饮用水，消耗量比传统建筑降低了94%；
- 与TMS的其他旧建筑相比，南区每平方英尺的能耗降低了30%~50%；
- 减少了建筑废料，节省了3.5万美元；
- 由于采用环境友好型建筑方法，获得了政府贷款；
- 实现了最初目标：与租赁成本相比，获得了10%的投资回报；
- 单位面积整体建造成本低于区域标准水平；
- 进行大量的有益宣传，对社会产生了积极影响；
- 获得LEED金奖认证，是获此殊荣的由私人建造的最大的商业写字楼。

㊀ 加仑，容积单位，分为英制加仑和美制加仑。1英制加仑≈4.55升，1美制加仑≈3.79升。——译者注

这座大楼的建造还带来了其他好处，比如培养了丰田的团队成员，提高了成员的环境保护意识。团队合作、解决问题及合作关系等在该工程的开展过程中都得到了应用。负责该项目的团队也在环境运动中发挥了领导作用，对社会产生了积极影响。丰田行政服务团队的副总裁罗伯特·皮特斯解释说："我们想证明建造环境友好型的商业写字楼并不一定仅限于一些小项目或特定项目，或只能在付出高昂成本的情况下才能实现。"

7.6.2 环境安全

在丰田文化中，公司不仅要保护团队成员的安全，还要关注对周围社区的环境影响。公司希望通过时间和资源的投入，维护和改进工厂所在地的环境。例如，当丰田选择在乔治城建厂时，当地的环保人士担心建厂会给空气和水的质量带来危害。丰田则证明，通过投入和改进，不仅不会带来负面影响，实际上还能提高水的质量。下面是乔治城工厂在环境方面所做的改进。

- 目前，85%的丰田汽车都可以回收。大型切割机使得钢铁以及其他非铁金属都能得到回收。新型工艺使聚氨酯泡沫、合金、玻璃、塑料保险杠等许多汽车材料得以回收利用。
- 目前，丰田工厂产生的废铁约有99%得到了回收。此外，塑料包装、油漆溶剂、废油、包装材料及硬纸板等废料也都得到了回收，甚至发动机组件也可以回收，从而每年减少超过50万磅⊖的废料垃圾。
- TMMK是丰田在国外建造的最大的工厂，现在TMMK每年的总回收量超过了10万吨，其中包括每年回收的4.5万多只灯泡。
- 在所有的丰田工厂中，木托盘和硬纸板箱的使用越来越少，主要采用可回收包装来实现保护环境。目前，TMMK所接收的北美零部件90%以上都使用可回收材料包装。包装容器的直接再利用有助于保护自然资源，防止废料流向垃圾填埋场。
- 在这些回收措施外，丰田还寻找新方法重新设计生产流程，以减少生产中所产生的浪费。例如，丰田现在用转鼓代替喷头给轮罩涂防划漆，这样不仅能节省油漆、减少排放物及对塑料遮罩的需求量，还能降低清洗

⊖ 磅，英美制重量单位，1磅=453.59克。——译者注

成本。合计起来，新流程将废料产生量降低了 40%。
- TMMK 甚至将其在环保方面的努力扩展到了建筑工地，在那里数千名建筑工人严格遵守从危险品处理、雨水控制到建筑材料回收利用等方面的严格规定。

近年来，积极影响环境已经成为丰田的头等大事，工厂也为此做了很多改变和改进。我们曾经讨论过，以前关键绩效指标（KPI）的记分板将注意力集中在安全、质量、生产率、成本及人力资源等指标上。现在，丰田在全球的工厂里加入了另一个指标：环境。设定的目标则是：填埋废物零排放。

7.6.3 填埋废物零排放的目标

一如往常，在丰田文化中，一旦设定了标准，就会有很多员工参与到解决问题和改进结果的过程中来。例如，在填埋废物零排放的目标方面，TMMK 的每个部门都开始跟踪自己丢弃了多少垃圾，哪些垃圾本应消除或回收。很明显，工厂做出了改进也带来了大量收益。他们不再丢弃运送部件时所使用的硬纸板和塑料等"垫衬物"，而是收集起来予以回收利用。同时这些改进促使可重复利用的塑料容器代替了原先的箱子，由供货商的返程卡车带回，予以重复利用。

工厂里的每个角落都实施了这种回收措施：在办公区、会议室或咖啡厅等地方不再设垃圾箱，替代垃圾箱的是一大排回收箱，上面有图解说明如何对可降解的餐饮垃圾、纸、塑料及玻璃等进行分类。可降解的餐饮垃圾将在工厂巨大的降解容器中转化成土壤。接下来将降解的土壤运到厂内的温室培育蔬菜秧苗。循环的下一站则是厂内的菜园，在那里秧苗长成蔬菜，然后捐赠给当地的食物银行。这个菜园一年就能生产 2500 多磅蔬菜，足够做 1571 餐饭。

7.6.4 喷漆废料改进

丰田还直接通过生产流程的改进来促进环境保护。喷漆部门是这一改进的焦点，因为该部门涉及无数的化学品，产生很多废料，其中废料之一就是油漆污泥——每天给 1000 辆汽车喷漆后剩下的"黏性物质"。以前，这些废料都被装在容积为55加仑的罐子里送到垃圾场去处理。现在丰田与一家绿化公司合作，将这些无害的黏性物质浇注到家用绿化砖中。这个主意很有效，既节省了成本，又降低了垃圾场的空间占用。

塑料喷漆区发明了一种新型的"生物滤池"，用大量的火山石和松树皮产生一种微生物来消耗挥发性有机化合物（VOCs）。目前这些挥发物经过过滤排放到空气中，然后在空气中耗尽。改进后的措施在保持空气清洁的同时，还能节省能源，每个单位每年能为丰田节省接近35万美元。几个单位累积起来，每年确实能节省几百万美元。

在丰田，这些持续改善环境的活动无处不在，并且对安全和成本产生了积极影响。将所有6个指标（安全、质量、生产率、成本、人力资源和环境）同时放在记分板上效果会更好：每个人都能同时看到6个指标，以便及时发现并停止相互冲突的行动。我们从其他组织的经历中意识到，有时成本部门或工程师降低了生产成本，不过却是以牺牲生产安全或产品质量等为代价的。但是，在丰田的矩阵式组织结构中，每个人看到的6个指标都是相同的，就不会出现上述情形，改进会同时对多个指标产生积极影响。

TMMK喷漆区所做的改进展示了这种一举多得的效果。很久以前，亨利·福特发明了著名的T型车流水线，并宣称"无论你需要什么颜色的汽车，福特只有黑色的"。可是现在每个汽车制造商都计划向消费者提供任何颜色的车。不过丰田拉动式生产系统的目标是：不进行批量生产，而是根据消费者的需求生产汽车。

这种以消费者为导向的目标对喷漆区来说是一个巨大的挑战，因为转换颜色时需要用溶剂对流水线和喷嘴进行冲刷和清洗。这样做不仅成本很高，还会产生大量废料。乔治城工厂从建立之初，喷涂的都是磁性漆，处理废料时需要很高的成本。因此，为了在消费者需求与喷漆颜色转换的高成本间取得平衡，喷漆车间对汽车的喷漆是成批进行，每批处理20辆。换言之，先给20辆汽车喷白色，再给20辆喷黑色，依次类推。

20世纪90年代，在日本丰田发生了巨大的工程改进，使其可以用水性漆代替磁性漆。众所周知，水性漆的化学危害要小得多，并且容易清洁。丰田的喷漆车间使用水性漆后，喷涂生产线的颜色转换更容易操作，清洗成本也降低了，于是将不同颜色的喷涂数量改为每批10辆。

目前，丰田在喷漆车间应用了一种新的"墨盒系统"：每辆车所用的颜料都盛在一个凤梨般大小的墨盒中。该装置可以在流水线上将颜料与水基进行恰当混合后给汽车喷漆。当下一辆车到来时，墨盒就会在圆盘式传送带上旋转，选择下一种颜料并开始处理。这种喷漆方式每次只喷一辆车，并且在最后一刻才将颜料加到水中，如此一来根本就没有颜料粘在流水线上，也就不需要清洗了。这是一项巨大的技术突破：因为不需要用溶剂清洗流水线，所以节省了冲刷和清洗成本，同时也节省了清洗溶剂及其处理成本。相应地，借助这个灵活的系统，丰田就可以在任何时间为汽车喷上消费者所需要的任何颜色了。

丰田通过减少环境废物改进计分板上各项指标的经验在最近的一项研究中得到证实。这项研究是由权威的"卓越制造新乡奖"（Shingo Prize for Manufacturing Excellence）组织的，研究了精益生产在保护环境方面的实践。该研究表明，工厂在减少环境废物方面所做的努力与精益计分板上的指标之间存在显著的正相关性。该研究打破了减少环境废物会损害其他精益指标的"零和收益"神话。该研究表明，减少环境废物和传统的减少浪费的协同作用可以积极促进计分板上各项指标的改进，有益于价值流的整体健康。

在"地球宪章"所孕育的新领域里，丰田的价值流不再从天然资源的萃取开始，而是延伸到了产品回收价值流。这是一种被称为"从摇篮到摇篮"的价值流改进方法。丰田汽车的高回收率、设备净水方法、绿色大楼、混合驱动汽车、降解及生物过滤器等都是这一方法的典型例证。丰田一向重视对价值流的改进，不过以前仅仅停留在通过改进满足消费者的即时需求（如精简浪费）阶段，而现在则扩展到了通过改进把材料回收到价值流，避免危害地球环境（例如绿色废物）。

7.7 通过高保持率持续培养团队成员

吸引和保留出类拔萃的人才是很多公司的目标之一。在丰田，更准确地说应该是吸引、培养及保留出类拔萃的人才。加里·康维斯承认丰田的确流失过一些出类拔萃的人才，不过这恰好是对价值流的选拔、培养、忠诚等因素的一种考验和补充，当然也是对"忠诚"因素的一种挑战。加利福尼亚州丰田汽车销售公司副总裁兼丰田学院院长麦克·莫里森（Mike Morrison）是那些强烈忠诚于公司的高级管理人员的代表。麦克·莫里森毕业于一所名牌大学，对MBA事业抱有极大的热情和雄心，希望丰田能够成为他职业生涯中的一个停靠站。那时丰田还不是一个许多公司争相效仿的明星公司，但他仍然被丰田尊重员工的文化深深吸引，尽管外界为其提供给了很多机会，他也从未离开过丰田。他说：

意见调查结果显示，在所有财富排行前100名的公司中，丰田在员工满意度方面的表现一直很突出。当拿到调查结果之前，你可能从没想过自己的公司那么好，因为你身处其中，能看到所有的缺点。但是丰田的确有一种很积极的文化，一直在实践着尊重人的基本法则，一直很注意维护自己的企业形象，这一点也是我所赞赏的。从MBA学校毕业后，我就来到了丰田。当时我们的工作是销售一种车身为银色、车内为棕色的汽车，这是一种省油的日本汽车，多数消费者出于经济上的考虑而购买它作为自己的"第二辆汽车"。我当时只是认为这作为第一份工作还是不错的，但是没想到会一直在这里工作，到现在已经28年了。让我留在这里的是丰田的价值观。丰田与其供应商、经销商、社区及员工之间都保持着极佳的关系。这就是丰田的独特之处。

麦克·莫里森仅仅是长期员工的一个代表，丰田如何在整体上维持员工的高保持率呢？丰田的员工可以分为3类：生产成员、监督人员和中层管理人员以及主管人员。考察这3类成员有助于理解员工的高保持率。

（1）非豁免权生产成员（由生产团队成员及小组领导，技术团队成员及小组领导组成）。2007年，TMMK 7400名员工中有6000名属于该类型。我们在前面提到，该类员工的年离职率持续维持在3%以下。在撰写本书的那一年，TMMK中该类员工的离职率为1.7%，而所有北美工厂中该类员工的离职率总和也仅为2.5%。该类员工确实是出类拔萃的，丰田成功地选拔、培养和保留了其中98%的成员。还有很重要的一点需要注意，该类员工从丰田得到的工资在整个汽车制造行业中都是最高的，他们通常无法在别处找到更高的工资。

（2）团队领导、经理助理及经理。丰田的这类员工在精益咨询领域备受追捧，可以在对生产进行精益改造的组织中担任精益维护的职务。丰田自20年前在美国建厂以来，在盈利持续增长的同时，其生产方式，即广为人知的精益生产方式也在持续地成长。当从保健到超市各个行业都在学习精益时，具有丰田现场经验的人才就变得相当紧缺，当然这种高需求也带来了高收入。即便是在这种情形下，丰田仍能将该级别98%的管理人员留下来，而且随时间的变化这一数字还在不断提高。尽管在"精益浪潮"下，大量需求经验丰富的精益管理人员，丰田的管理团队仍能在很大程度上保持完好。尽管有更多诱人的就职邀请，这些管理人员仍然能够留下来，因为他们忠诚于丰田，珍视自己的工作文化和生活的社区。他们为了自己的原则而放弃优厚的待遇。如果有管理人员想离开，丰田也不会提供类似的就职邀请对其进行挽留，因为丰田不想扭曲自己的薪酬结构。

（3）主管人员。丰田该层次的员工也有一定的流失，但绝大部分员工，尤其是那些与丰田一起成长起来的员工都留了下来。当年丰田到肯塔基州建厂时，与该州达成了优惠配套协议：工厂从肯塔基州雇用95%的员工，但为了能够雇用到有汽车制造经验的管理和执行人员，需要从外州雇用5%的员工。当然，这5%的员工大多是其他公司的高级管理人员，很可能是为了丰田更高的职位才跳槽的，那么他们也很有可能为了其他公司更高的职位而离开丰田。这些人真正经历人力价值流的时间很少或者经历的次数很少。在"精益领导需求"的高峰期，这类员工的流失是TMMK面临的一个大问题。但自从摆平该问题后，TMMK中该层次员工的离职率都保持在1%以下。

综合所有经验来看，好像"土生土长"的丰田员工的保持率要远远高于那些中途跳槽到丰田的员工，这些人在其职业生涯的后期才加入丰田，到丰田来是为了学习经验，然后以此为台阶使个人事业走得更远。当然也有一些非常出名的主管离开了丰田，但多数领导都是从丰田开始职业生涯的，是在丰田系统的培养下成长起来的，与公司有一致的价值观。他们经常说，与其他公司相比，在丰田自己能持续地受到挑战，在同样情况下能够学习得更深入。他们长期生活在"人力价值流"中，而且从目前来看，其整个职业生涯都要在丰田度过了。

尽管许多管理人员都很忠诚，但是管理人员的流失及成长仍然是近年来丰田所面临的一个真正挑战。例如，在建立之初，TMMK通过沟通向员工承诺了从内部提拔领导的目标。TMMK相信人力价值流的供应链足以满足人才需求。但是以下两个因素的同时作用使得事情复杂起来：其他组织对"精益领导"的需求吸引着丰田管理人员的同时，美国对丰田产品的需求也在持续增长，丰田只能继续建厂以满足需求。从20世纪90年代早期到撰写本书时为止，丰田的员工已经从最初在乔治城的几千人快速增长到4万人。

上述两个因素共同作用的结果是，在公司对管理人员需求增加的同时，一些管理人员却离开了公司。在这种情况下，丰田第一次开始依靠外界来填补其管理层的空缺。日本丰田的一个高级管理人员解释说，从外界录用的管理人员与从内部提拔的管理人员之间存在差距，这种差距不是体现在解决问题和领导能力上，而是在实际制造汽车的技术能力上。为此，丰田转而将目光投向了汽车行业和其供应商，寻找具有这些技能的管理人员。技术技能很重要，但是这些人成为丰田文化的中流砥柱后，要面对很多挑战，因此具备丰田模式的领导技能也很重要。

TMMK已经成功地从外界雇用了一些管理人员，他们多数都来自通用汽车公司和福特汽车公司，并且在以往的职业中充分展现了自己各方面的能力。例如，目前TMMK的总裁史蒂文·圣·安吉洛就在通用汽车公司工作过很长时间，还曾经在丰田与通用汽车公司的合资工厂NUMMI工作过。另一位来自通用汽车公司的主管人员是TMMK的现任副总裁帕特 D. 埃拉莫。组装厂的现任总经理巴里·夏普则来自福特汽车公司。组装厂的助理总经理菲莉斯·克鲁米曾经供职于TMMK的座椅供应商江森自控公司。

这些人通过努力学习和展现自己的能力来证明自己能融入丰田文化中。像菲莉斯这样从外部雇用来的主管人员能够与查尔斯·勒特雷尔这样从内部提拔的主管并肩工作，看起来TMMK在内部提拔和外部录用之间找到了良好的平衡。结果，工厂的各项关键性经营指标仍在持续的改进中，同时，退休也逐渐替代跳槽成为主管人员离职的主要原因。

7.8 在日本以外的公司培养忠诚的员工

人们经常问丰田生产方式是不是日本文化所特有的？它能否在其他非日本公司里实施？正如我们所指出的那样，丰田模式始创于日本，它所反映的日本文化倾向确实在某些方面不同于西方文化。此外，有很多例子说明许多美国人也能高度忠诚于丰田模式，能很好地适应丰田文化，这样的例子不胜枚举。

我们的经验表明，丰田模式同样可以在美国、加拿大、墨西哥等西方国家实施。它在几个欧洲国家也实施得很好。我们与各地工厂中不同层次经验丰富的丰田员工相处，发现西方的丰田员工都具有如下特点。

- 对自己的工作高度专注。
- 对自己的能力很自信。
- 在解决问题和改进流程方面有超常的能力。
- 掌握很多软团队技巧，如聆听、陈述、促进、鼓励、支持及积极处理冲突等技巧。
- 感觉自己是丰田的一分子，为成为这个大企业的一部分而感到骄傲。
- 有自我反省、自我改进的紧迫感。
- 认为不论在工作内外，都有义务将从丰田模式中学到的东西传授给他人。

小结

人力价值流是持续性增强团队成员能力、自信及忠诚度的循环。团队成员的成功就等于公司的成功，反之亦然。丰田并不仅仅满足于成为一个成功的公司。如果是那样的话，这个织布机的成功制造者永远都不会制造汽车。丰田认为，成熟的公司不能仅仅满足于做出最低限度的贡献，还要对团队成员、家庭、社区及环境等做出贡献。作为一个公司，它在要求员工忠于自己的同时也同样要求自己对员工忠诚。丰田不断向员工提出挑战，集中培养他们在解决问题方面的能力。团队成员不断提高自己客观看待事实并做出改进的能力，并使这种深邃的技能惠及家庭和社区。现在，丰田紧随世界潮流，将环境改进作为其优先考虑的事项。

你的公司应该考虑的要点

1. 培训的最高层次是使员工忠诚于丰田及其价值观，并将所学应用于家庭和社区。

2. 优秀的人力价值流不是一种直线型、一次性的程序，而是一种螺旋式的、反复深化理解和忠诚的程序。

3. 为了适应美国文化，丰田设计了相应的系统支持"工作—生活"的平衡，并将员工的家庭视作团队的一部分。

4. 建立相应的系统为当地慈善机构提供经济和人力支持。

5. 将环境改善纳入企业的"关键绩效指标"，并在整个组织内实施。

本篇总结

下面是对第二篇——优秀人力价值流的总结。如同每章开头的文化图所示，持续性改进程序 PDCA 贯穿于我们所讨论的每个系统。丰田文化是在对系统的回顾和改进中持续循环的。从该角度来看，就要承认人力价值流并不是完美无瑕的，丰田也并不是总能实现满意的结果。丰田的目标是获得员工 100% 的忠诚，实现终身雇用。从发起学校项目到改进团队合作和解决问题、选拔测评、为期 6 周的新员工培训、质量圈、意见奖励系统，一直到志愿支持等，可以看到丰田对每个员工的投入都是持续性的。

丰田进行这种投入的目的之一就是防止活跃的全职员工的流失。正如前面所提到的，团队成员每年的流失率低于 3%。事实上，有几年管理层的流失率要比这个数字高。20 世纪 90 年代中期，三大汽车制造商及许多其他的企业都开始实施精益改造，他们愿意花大价钱有针对性地聘用人才来帮助实施自己的计划，丰田则是其所需人才的关键性来源。迈克尔仍然记得他做人力资源总经理助理时所面临的困扰。

困扰我们的是，在花费了大量时间和金钱对管理人员进行培训后，他们却离开丰田到了一些甚至称不上是竞争者的公司。我将离职数据和很多困扰告诉了自己的日本协调员，并询问他的意见，看看如何解决该问题。他的答案很简单："只管做该做的事，把眼光放在企业的长远目标上。不要让少数几个人的选择影响你对丰田模式的实施。当然，要尽最大的努力促进管理系统的发展，保证管理层的连续性和适当的补充，但是不要试图减少对员工的投入。"

到丰田的参观者会发现一些特殊之处。例如，在白天参观 TMMK 时，经常听到参观者赞叹工厂的整洁干净。他们还注意到丰田员工看起来都很友善，对工作也很专注。这一点非常令人吃惊，因为工厂里的工作每 55 秒重复一次，是一种让人思想麻木的工作。参观者之所以会吃惊是因为他们没有看到为了让员工对工作、公司及其自身感觉良好，公司年复一年做了不计其数的工作和改进。公司的投入带来了双方的共同繁荣。

对于日本丰田，培训员工的长期投资是没有谈判余地的，因为它是长期竞争力的基础，也是高级管理层的责任。如图 II-1 所示，表面现象反映了长期存在的关于人的本性以及其与公司之间关系的深层价值观和基本假设。这些东方哲学已经深入到了美国员工的心中,不管丰田在世界的哪个角落建厂,都能体现出公司的文化。

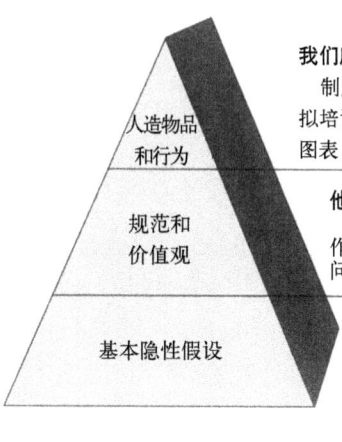

图 II-1　文化分析总结

第三篇

人力支持程序

> 如果非要用一个词来解释人类为什么没有并且永远也不可能完全发挥其潜能的话,那么开会这个词再合适不过了。
>
> ——专栏作家和幽默大师,戴夫·巴里

丰田模式的核心是培养那些愿意并且能够持续改进其工作方式的员工，我们称之为人力价值流。重复培养那些既有能力又忠诚的员工，但这不可能单独进行。对需要学习的员工进行培训、采取措施暴露并解决问题、使员工忠诚于公司，是一个不断发展的过程。在本节，我们将介绍以下支持这种培养和成长的日常程序。

- 工作团队支持日常学习和小组解决问题。
- 清洁和安全的工作场所，确保团队成员的身体和心理安全，使他们可以将注意力集中在更高水平的生产问题上。
- 倾听团队成员和小组领导的需求并给予回应，通过这种双向交流来改进自己和操作。
- 仆从领导提供支持、指导，并向输入端开放。

人力支持程序为团队成员了解本职工作、安全操作和解决问题提供支持。在丰田，这种支持通常来自于小组领导和工作小组中的同事。丰田的工作团队结构为团队成员和小组领导的交流和改进提供了一个平台。

为什么这些支持对丰田非常重要呢？团队成员经过了如此精心的选拔和详细的培训，为什么还需要额外的支持呢？丰田系统之所以建立在强大的日常支持和不断改进的基础之上，是出于以下原因。

（1）水位降低压力就会增加——可以用降低水位来比拟杜绝浪费的概念。将存货挪走，水位就会降低，岩石（问题）就会显现出来。任何严重的问题都可能使整个生产线暂停。团队成员每天都面临着挑战，公司期望他们能够帮助解决这些问题，这有助于团队成员的培养。但同时，团队成员要面临来自工作、健康和安全、质量问题等方面的巨大压力。幸运的是，小组领导就像"降压阀"一样缓解团队成员的压力，他们可以通过安灯系统提供快速帮助，保证团队成员遵循标准工作并公开解决这些问题。

（2）小组解决问题——在丰田有一种强烈的信念，即在解决问题方面小组比个人更有效。这是因为小组可以深入洞察问题产生的原因，能够提出更多改进措施，可以共同解决问题。小组领导的职能之一就是帮助小组解决问题并培养团队成员解决问题的能力。

（3）在丰田，员工通过相互学习不断提高——团队成员通过向其他成员、小组领导和团队领导学习得到提高。接受过工作指导法正规培训的小组领导和团队领导可以为团队成员提供持续的指导。他们通过持续的安全检查训练团队成员掌握安全方法。因为团队成员都经历过轮岗，从事过各项工作，所以他们可以为标准化工作提出综合改进意见。

（4）员工参与社会活动——如果员工在与世隔绝的环境中工作就不会快乐，从而丧失积极性。丰田选拔员工时更喜欢那些乐于在团队中工作的人。丰田在员工培训方面投入了大量的资本，培养员工的团队合作精神有助于创造更好的工作经历，这种经历是培养忠诚的员工所必需的，从而也降低了员工的流失率。

在丰田，支持是由工作团队直接提供的。但是，员工未必总能在团队中有效地开展工作。正如篇首所引用的戴夫·巴里的话，许多员工并不认为团队合作会更有效。有些人可能会说："他们只会拖后腿，或者将简单的问题复杂化。"这可能是某些组织的真实写照，但是在第8章我们将会看到，丰田努力打造高效的团队，提高会议的效率。丰田文化就是打造高效团队的一部分，在这一文化氛围内每个人的角色及其对团队的责任都非常清晰。

Toyota Culture | 第8章

工作团队和解决问题团队

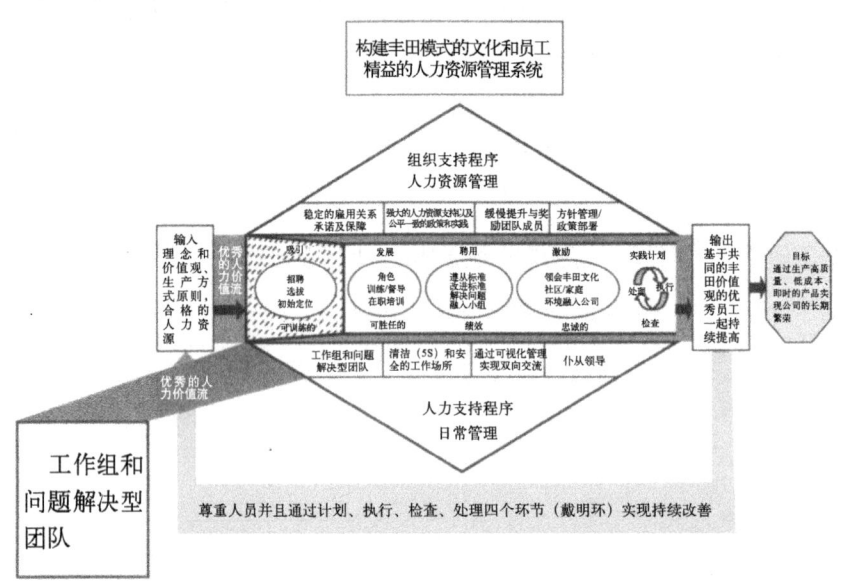

永远不要怀疑少数充满思想和责任感的人可以改变世界。事实上，这是以前曾经发生的唯一事件。

——人类学家，玛格丽特·米德

8.1 小组和工作团队是丰田组织结构的基本单位

丰田的团队合作非常著名，从工作小组到质量圈再到最近产品开发中的

"模块化开发小组"都是很好的例子。可以将"团队合作"看作丰田众多概念中的一个，比如被称为精益"灵丹妙药"的解决问题等。小组结构的想法本身并不是解决"精益改造"所有挑战的灵丹妙药。但是，这并没有阻挡人们尝试的步伐："让我们建立工作小组并实施改进，这一定有助于公司的精益改造。"

大多数公司对小组的看法具有明显分歧。一方面，认为任何贬低团队合作重要性的负面评述都是错误的。每年高级主管们都会向密歇根大学工程学院的管理者提建议，其中提的最多的就是要教会工程师进行团队合作。另一方面，对小组、会议和委员会也有一些非议，认为这些形式纯属浪费、缺乏效率并且会使聪明人变得平庸。毕竟"委员会设计出来的马有骆驼那么大"。㊀我们发现公司设置不直接从事生产工作的正式小组领导阻力非常大，因为财务部门主张裁减非直接生产员工以节省费用，于是他们往往成为财务部门的攻击对象。但是，非常有趣的是丰田的小组领导被视为丰田生产方式的关键，并且其他进行精益改造的公司很少拥有这种角色。

丰田也承认团队和会议可能会导致效率低下并降低个人工作的效力。实践中，为了杜绝这一现象，丰田采取了相应的对策，例如，通过指派经过高度训练的领导来协助解决问题，使小组始终在正轨上运行。可以说，基本工作小组是传播丰田文化的主要机制，如果没有车间里高绩效的工作小组，丰田生产方式就不可能发挥作用。因此，尽管其他企业可能将工作小组视为效率低下的组织结构，丰田仍然将其作为建立文化和组织的基础。

我们认为考虑小组的两个作用将有助于加深理解。小组的第一个作用是支持员工的工作，另一个作用是通过解决问题改进工作。有时候，根据不同作用分别将相应的工作小组称为"工作团队"和"解决问题团队"。

工作团队是正式组织结构的一部分，他们在完成日常工作的过程中不断寻找改进工作方式的机会。在车间里，5~7名员工向小组领导汇报，几个小组组成的团队向团队领导汇报。在产品开发过程中也存在几个工程师向首席工程师汇报的类似结构。如果观察员工的工作，我们很少会看到团队一起工作。但事实上，员工的工作方式、扮演的角色和承担的责任、在工作中通过各种方式相互支持都是由团队决定的。

㊀ "a camel is a horse made by committee"，字面意思是"委员会设计出来的马有骆驼那么大"，讽刺委员会喜欢夸大事实。——译者注

解决问题团队通常是临时性的，一般不出现在组织结构图中。这些小组包括：解决某个问题的工作特遣队、质量圈、跨职能小组和常务委员会。他们常常需要处理一些跨部门的问题，比如处理贯穿冲压、焊接和组装部门的不合格物流。

这两种团队的界限并不十分明显。工作团队有时候也解决问题，此时其扮演的就是解决问题团队的角色。有些解决问题团队也是全职的，比如由各部门计时制员工所组成的试产小组，他们会用几年的时间准备一款新车型的发布。

需要说明的是，所有的文化中都存在着第三种团队（工作团队和解决问题团队之外的）。这些团队不是管理层所创建的正式组织结构的一部分，而是由团队员工自发成立的、没有得到组织正式批准的团队，有时也被称为"非正式团队"。由于爱好而建立的团队便是其中之一，比如古董汽车收藏小组、体育运动小组等。非正式团队对那些沉迷于控制的企业来说具有一定的威胁。例如，那些组建了工会的团队通常被认为是管理层的直接挑战。当企业文化比较脆弱时，非正式团队的发展就比较快，趁机填补空白。这些非正式团队的文化通常与管理层所倡导的文化相对立。最初的工会就是由非正式团队成员构成的，他们感到管理层与工人的利益相对立，只有大家团结在一起才能引起管理层的重视。随着时间的推移，这些非正式团队也可能会变成正式组织的一部分，例如，如果非正式团队成功地组建了工会，那么工会就能成为正式组织的一部分。比如，具有环境保护意识的员工所成立的团队与丰田文化比较吻合，最终成为工厂中负责环境项目的正式工作团队。

团队有助于员工产生归属感，正式的和非正式的团队都有此功能，所以这些团队对于丰田来说都是必需的。对于公司而言，比较理想的情况当然是员工能够加入那些合作的团队。但是在丰田，即使员工是通过非正式集会来发泄对管理层的不满，他们仍然会起一定的作用。如果自己的抱怨被听到、被别人重视，员工的感觉会好一些。在这些问题对正式组织的凝聚力造成破坏之前，丰田的支持组织会努力运用正式的手段将其解决。在第13章，我们将看到TMMK的性骚扰事件是如何引起人力资源管理部门注意的，团队成员不相信人力资源管理部门会将自己的担忧向管理层汇报，并开始非正式地议论此事。这导致了一次全厂范围的持续改善，最终人力资源管理部门进行了全面重组,在正常的人力资源渠道之外创建其他正式渠道来沟通员工所关心的事情,从而大大提高了员工的信任度。

当问题涉及许多部门时,团队合作就显得尤为重要了。丰田也认识到人们有特定的观点和利益。比如,生产控制部门希望实现生产进度表的最优化;冲压管理者希望实现冲压性能指标的最优化;人力资源管理部门则比较注重员工的安全、健康和福利。在解决问题时,人们往往能从自身的角度和利益出发提出一个绝佳方案,但是如果其他利益相关者没有参与到提出和实施该方案的过程中来,那么该方案也不会坚持太久。丰田前董事长丰田英二说:"无论在什么时候,当你决定做某件事情的时候都必须协调好各部门之间的关系。我希望大家都能从整个公司的利益出发与其他部门通力合作,这样总能得到具体的结果。"

丰田希望通过工作指导培训和个人解决问题培训来培养优秀的员工。但是这些员工必须在集体中为了共同的目标而工作。每个员工都必须认同丰田。这种认同感的培养早在员工进入工厂时就开始了,下面是迈克尔·豪瑟斯刚加入丰田时的经历。

当我作为团队领导首次到日本学习时,公司给我们两天时间观察汽车制造的整个过程。在此期间,我们首先参观了炼钢厂、引擎铸造厂、冲压设备、车身焊接、喷漆等,并且到总部了解了公司在世界范围内的运作管理。然后参观了一个经销商,甚至还参观了丰田博物馆,看到了来自丰田织布机厂的织布机以及所有早期的丰田汽车。我有一种油然而生的自豪感,而且深刻理解了丰田宏伟的蓝图。我意识到我们已经开始融入丰田团队了。丰田向我们展示了宏伟的蓝图并欢迎我们加入团队,因此我们会永远记住自己所在团队的方向和焦点。

迈克尔只是一个普通员工,没有人能够保证他会在公司长期干下去或者一定能成为成功的团队领导。但是,丰田仍然像对待一个高级管理者一样花费资金和时间将他请到日本,使其熟悉丰田的整个历史。现在,这种理念已经贯穿到了丰田的日常行动之中。出于相同的原因,乔治城工厂的高级管理者也会为新员工安排一次参观整个工厂的机会,使之感知整个"团队"。

团队对于解决复杂问题和有效贯彻解决方案是必需的,同时解决问题程序又能强化团队合作。解决问题的方法确立了所要达到的标准或目标。该方法要求每个人都站在相同的位置，向同一方向前进。同时还需要不断根据实际而不是臆测进行调整。如果没有这一框架，那么团队合作的低效和破坏力就无法想象，只有一群人围绕在一起说着不可持续的观点。

丰田真诚地认为团队的效率要高于个人效率的简单累加，当团队获得解决问题的技能和系统后，便具有了无限的潜能。团队和流程结合到一起之后，就会实现创造性和纪律性之间的平衡。虽然对于企业而言有很多非常好的想法，但是企业却没有足够的时间和资本去尝试哪一个想法可行、哪一个不可行。由于团队依靠事实和共识解决问题，所以企业可以通过团队选出能够带来持续改善的想法。

在丰田，也许团队最重要的职能就是培养团队成员、维持遵循标准化工作和持续改进所必需的纪律。我们曾经合作过的许多企业想知道如何保持由精益项目或持续改进车间所带来的巨大变化。这些企业建立了非常好看的工作单元，制作了非常漂亮的、彩色的标准化工作操作单，但往往忽视了标准化工作，在不知不觉中工作单元已经堆满了存货。解决这些问题的答案就是工作团队。

在丰田，工作团队是员工发展和培训的来源，也是日常培训的组织机构。每天由小组领导对团队成员进行指导，审查他们是否遵循了标准化工作。团队领导在车间里巡查，如果出现存货积压，他们就会抓住机会对团队成员进行训练。日复一日，通过对流程的细致观察和对员工的耐心指导来维持标准。因为团队成员都进行过岗位轮换并且丰田采用单件流的生产方式，所以如果某个团队成员跟不上节拍或出现质量方面的问题，其他团队成员能够及时发现并协助解决。从而使得该系统在工作团队层面上活跃起来，这也是精益工具在日常实践中制度化的途径。如果没有工作团队在更高层面发挥作用，丰田的人力价值流就会瓦解，持续改进就会停止。

在本章，为了更生动地说明团队合作的概念，我们引入了团队的实例。介绍工作团队及其典型的工作日，同时也研究解决问题团队及其如何通过质量圈解决实际问题。

8.2 丰田的组织结构：扁平化和最佳控制跨度

丰田文化强化了员工是团队的一员，离开了团队就无法发挥作用这种感觉和事实。组织结构的设计也充分体现了对团队合作的支持。当然，并不是只有丰田发现了"和谐的团队结构能够产生巨大力量"。让我们考虑一下鱼雷快艇的例子。鱼雷快艇是第二次世界大战中海军用于袭击大型水面舰船的最快的舰艇。虽然每艘快艇非常小，力量也并不十分强大，所造成的创伤也微不足道，但是当一组快艇云集在一艘大型舰船周围时就足以造成惊人的损害，因此被冠以"鱼雷快艇队"的绰号。团队可以操作每艘快艇，让它们负责特定区域的巡逻，在第二次世界大战中，当需要将它们召集到一起袭击一艘大型水面舰船时，最关键的是鱼雷快艇之间的团队合作。虽然有各自的任务，但是为了实现更大的目标，每个小团队必须意识到自己是更大团队的一部分。

提到组织结构，我们常常会想到用来控制员工用最小成本实现最大产出的等级制度。在丰田，团队合作是共享解决问题的方式。丰田设立的理想的组织结构应该能够：

- 每个人都应该完全理解组织的目的和目标，尤其是经理和高级管理者；
- 各种功能、各个部门和团队之间应该有效地结为一体；
- 将各方面的专家组织到一起，以提高其专业知识和标准的深度；
- 促进决策和信息流的顺畅；
- 实现中期和长期的经营目标。

丰田致力于构建一种相对扁平，并能尽量缩小团队规模以提高员工解决问题效率的组织结构。丰田希望团队成员能面对并解决问题，因为对于一个小组来说，到更高层次的部门或到维修部门、工程部门请人帮助解决一个自身就能解决的问题明显是一种浪费。扁平化组织的优点之一就是能够避免这种弊端。此外，扁平化组织的层级较少，从而使信息的传递更快、更精确。

在实际设计组织结构时，常常会面临扁平化和以适当的团队规模提高员工解决问题效率这两种需求之间的冲突。众所周知，设置较大的控制跨度是实现组织扁平化最简单的方式。例如，在一个有800人的组织中，假设我们只需要一个领导，那么剩余的799人要向一个领导报告，这是非常扁平的组织结构，但是这种模式完全没有考虑领导在组织中的重要性。而丰田的组织结构系统在很大程度上依赖于技艺高超的领导所率领的小组。他们不信任没有领导的工作团队。丰田认为理想的工作团队应该由 5～7 人组成。每个小组都有一个小组领导，他承担着包括回应安灯呼叫、审核标准化工作、确保遵循安全和工效程序、推动解决问题程序等在内的许多重要任务。这些任务不仅仅是技术问题，还包括维持小组内部的信任和尊重。丰田发现为了使小组领导能够与所有的团队成员建立信任关系、集中投入、推动和指导解决问题，理想的工作小组控制跨度是 5 个人（见图 8-1）。在实际运作中，丰田工厂的小组规模也各不相同，许多小组有 6～8 个成员。

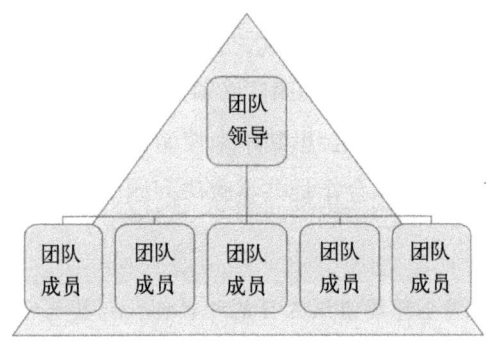

图 8-1　理想的工作小组控制跨度

对工作团队中工作小组的观点详如图 8-2 所示。小组领导是计时制员工，熟悉小组中的所有工作，承担一些离线责任（质量检查、审核、培训），但首要的责任是回应安灯呼叫。团队领导是一线的主管，是领固定薪水的受薪员工，在承担更广泛的计划方面的责任的同时，还承担着几个工作小组的生产责任。需要注意的是，我们将典型的金字塔式等级制度倒过来是为了说明团队成员从事着最重要的价值增加工作，是他们支撑着消费者和其他员工。

人力资源部门、质量部门和工程部门等典型的公司部门也必须为工作小组提供日常支持，以更好地为消费者增加价值。整个公司都致力于通过团队成员传递消费者价值。在丰田有许多支持团队成员的日常管理系统，第 9 章将从安全、交流和小组领导的角色等方面讨论这些系统。有趣的是，丰田的组织结构与大多数组织相比只有少许关键区别。

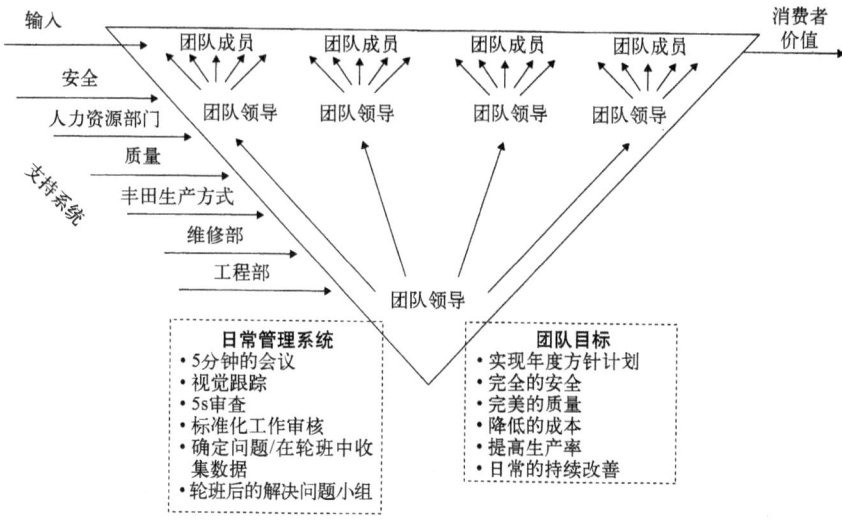

图 8-2 工作小组和团队是丰田组织结构中最基本的单位

- 大多数企业都没有小组领导。在其他企业可能有替补员工，当有人缺勤、休息时，他们能够顶上，但是没有像小组领导那样可以回应安灯呼叫、支持日常生产、解决问题。
- 其他企业的支持部门明令和强制员工执行政策，而不是像丰田那样提供日常支持。
- 其他企业的一线主管扮演的角色是灭火先锋，充当纪律实施者、管理层臂膀的角色，而不是为团队成员提供领导、指导以及计划等方面的支持。

工作团队是组织的日常报告和监督结构。每个工作团队都由几个长期改进标准化工作、解决问题、改进标准、创立新标准的小组构成。尽管理想的工作小组控制跨度是 5 个人，但这并不意味着所有的小组都不会超过 5 个人。例如，质量圈、安全委员会等解决问题团队都多于 5 个人。即便如此，小组成员的数量也不会超过 6～8 人。如果数量过多，信息流动和解决问题的能力就会受到限制。解决问题团队的人数最多为 12 个，如果出现超过 12 人的小组，就会自动分为两个团队。

如果小组的规模为 5～6 人，那么对于一个有 800 人的组织，其结构不可能实现扁平化，相反层级会比较多。为了在基层容纳 600 人，一共需要 5 个层级。丰田是如何在遵循 5 人一组原则的基础上实现管理结构扁平化的呢？一方面，为了实现更快、更有效的管理需要减少管理层级；另一方面，为了维持信任，解决问题需要较小的控制跨度和较小的工作小组规模。这两个目标看起来是对立的，必须实现二者的平衡。

对于丰田来说，关键问题是使控制跨度既能够维持信任和指导，又能促进决策制定和信息流动。丰田主要通过3个方面的举措来实现这两个目标。

- 使用矩阵式组织结构；
- 以清晰的标准为基础分配决策权；
- 清晰地定义小组领导的角色和职能。

丰田矩阵式组织结构包含两个维度，如图8-3所示。纵向是油漆、制造车身和负责组装的直线组织。横向是安全、质量、人力资源和生产控制等专业支持部门。丰田的矩阵式组织结构赋予了这些直线部门许多决策权（安全、质量、生产率、成本等），不但保证了这些部门能够迅速做出决策，而且还保证了组织内信息流畅通的需求。丰田之所以能够实现这种平衡，一方面是因为专业支持部门通过执行标准和政策可以完全支持直线组织，另一方面得益于活跃的现场交流。在实践现地现物的过程中，即便是专家也不能总坐在办公室进行管理，他们必须到现场了解实际情况并与现场员工建立关系。

具有清晰标准的直线组织使得工作团队不必通过支持团队和高级管理层就能适时做出多数决策，这是丰田成功的另一个关键。如果组织不是扁平的，较低层级的员工就会倾向于将决策留给管理层。尽管这些组织具有较宽的控制跨度，表面上看起来非常扁平，却存在许多"看不见"的管理层级。尽管丰田为了实现较小的控制跨度会设置一些层级，但是组织扁平化对其决策过程来说非常重要。在成本会计部门就能找到扁平化决策的例子。为了使管理层能够灵活地做出采购决策以支持其所控制领域的持续改善，成本会计部门为不同级别的管理层设定了决策额度。例如，团队领导能批准1万美元的购买额度，部门经理能批准5万美元，而总经理能批准10万美元。每个人都知道这些标准，可以依此直接做出相关的决策。

设置小组领导是实现组织扁平化与最佳控制跨度之间平衡的最后一个方法。当我们向其他企业描述丰田组织结构中的小组领导时，他们立刻做出如下反应："这不是精益，我们比丰田更精益，我们有35人向一线主管报告。"

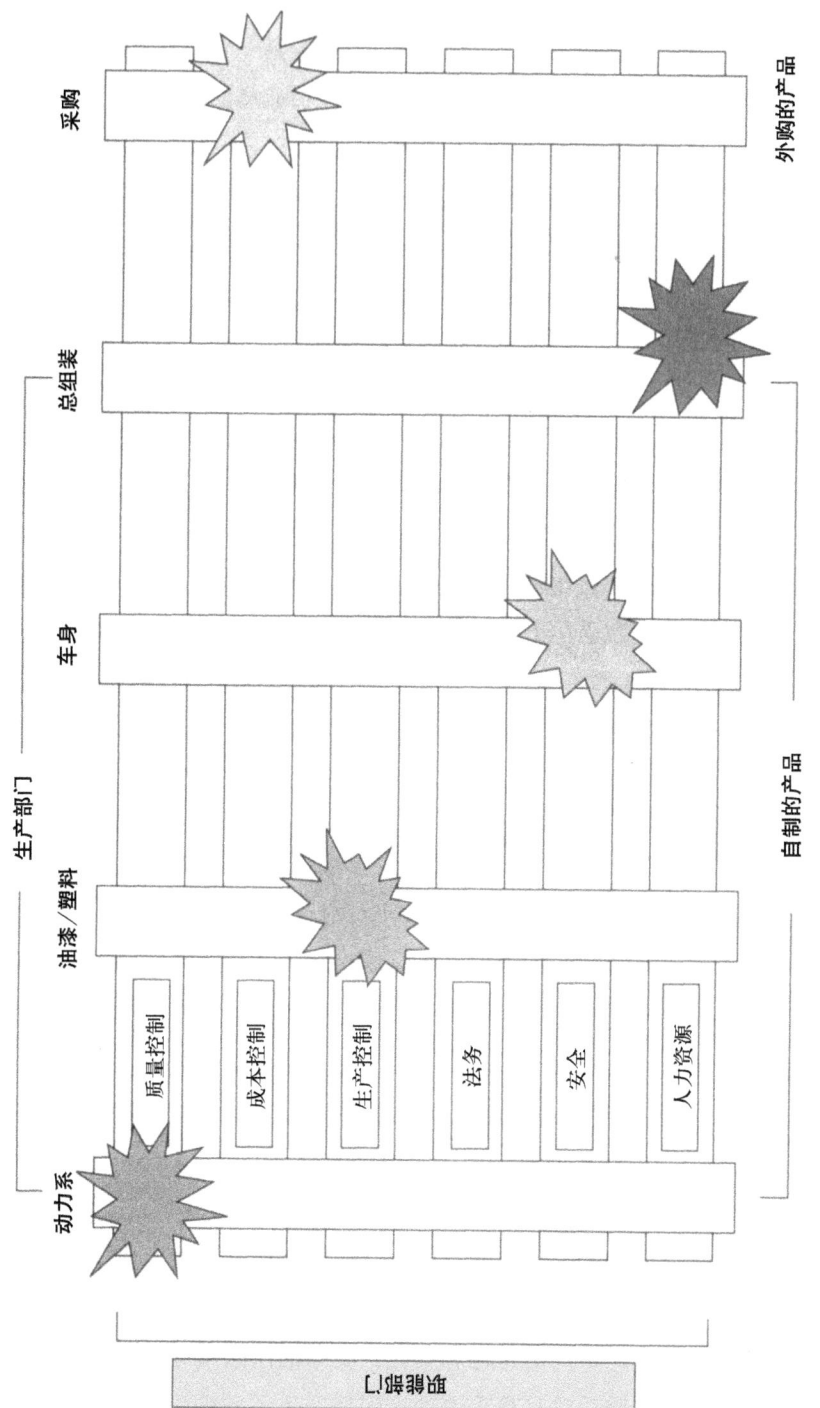

图 8-3 矩阵式组织结构

实际上，丰田一般有 25～30 人向一线主管报告。在丰田的美国工厂，小组领导是工作层的计时制员工，团队领导是第一层级的受薪主管（见图 8-2）。当我们解释小组领导也是工作层的员工时，另一种典型的反应是："现在我们明白了，我们公司在生产层从事全职生产工作的员工也承担一些领导责任，因此我们与丰田的组织结构非常相似。"于是，我们不得不进一步解释尽管丰田的小组领导也确实从事一些生产工作，但是实际上他们并不是全职的生产员工。

丰田的标准是小组领导 50% 的时间在线从事流程中的工作，剩下 50% 的时间离线处理安灯问题，指导和支持团队成员解决问题。因此，如果一个团队有 20 个成员和 4 个小组领导，则任意一天都有 2 个小组领导在线、2 个小组领导离线。在生产线运行过程中，离线的小组领导实际上在支持 10 个从事生产的员工。因此，出于降低成本和提高效率的考虑，小组领导在团队中的比例应该是 1:10。但是在休息和轮班的时候，2 个在线的小组领导将恢复其指导和支持的职能，使得小组领导在团队中的比例一下变成 1:5。丰田组织结构中的小组领导是实现组织扁平化与较小控制跨度之间平衡的一个很好的例子。8.3 节，我们将通过实际的案例说明小组领导是如何在组织中发挥作用的。

8.3　案例分析：工作中的团队

在《丰田模式》中我们详细地描述了丰田的工作团队结构，用一个长达 5 页的表格列出了团队成员、小组领导和团队领导典型的日常工作，并清晰地描述了各自的正式角色和责任。在本节中，我们通过乔治城工厂一个小组领导所讲述的故事使大家更深入地了解丰田文化。特蕾西·理查森已经担任小组领导 5 年了，在故事发生的时候，她负责离线组装工具面板，然后送到生产线上。她还通过优秀员工和组织中心不断支持丰田。

特蕾西对丰田和丰田生产方式表现出了极大的热情。作为小组领导，她已经学会了小组里所有的工作，并表现出了领导才能，还接受过广泛的培训来提高自己的领导能力。特蕾西的故事包括了以下几个方面：在紧急情况下，小组领导如何灵活应对不同的角色和责任；受薪的团队领导从制造零部件开始了解现场的工作；质量总是最重要的；即使发生了危机，也有明确的操作规则和可视化管理系统帮助做出处理决策；整个小组都没有恐慌，不会因为突发的危机陷入混乱；小组在如何执行所有的流程方面接受过良好的训练，员工甚至牺牲自己的休息时间聚集到一起履行小组的职责；小组成员一起工作感觉非常愉快。

案例8-1　　丰田小组领导的一天：特蕾西·理查森

汽车行业很少有人能够理解在 TMMK 工作的真正意义。你不仅可以为成为独一无二的小组中的一员而感到幸运，而且每个成员都深知，工厂每天生产 2200 辆汽车的保障是规范。这种理解具有非同寻常的意义。

丰田为其汽车设定了非常高的质量标准，并且对团队成员提出了很高的期望，要求团队成员知道、理解并严格遵循这些标准。如果某个团队成员在生产过程中没有达到标准，就需要将整个小组集合到一起共同寻找解决对策。这种情况有时候需要在几分钟甚至是几秒钟内完成，因为我们必须遵守所需的时间以满足消费者的需求。

一旦团队成员在生产过程中熟悉了彼此的优势和特长，就能在保证零部件质量方面实现惊人的目标。这使得丰田模式以最佳的方式存在，因为个人可以完成的工作是无法与一个小组相媲美的。当生产按照计划进行时，一切都比较和谐与稳定，但是当出现问题时团队和丰田生产方式的优势就显现出来了。

记得我刚刚被提升为第二个轮班的小组领导时内心非常紧张。我不知道当压力出现时自己能否担负起所有的责任。我对压力的定义是当同时出现几种偏离标准的情形时，应该如何快速决定先处理哪一个，由谁来协助自己完成，并且在此过程中不让生产线丢失哪怕是一个零部件。我常常思考自己是怎样做到在短时间内完成这么多任务的，但是回过头来看看答案已然非常明了，那就是我了解员工并采用授权的领导方式。当我不能同时处理两个问题时，就会授权员工去处理。

在丰田，在线小组领导和团队成员比较典型的比率为 1:5～1:7，所以如果团队成员都接受过交叉培训且每天的出勤率能达到 100%，你就能够提前解决那些可能困扰自己的问题以改进日常事务。

记得有一天，我想把自己的团队成员聚集到一起解决一些困难。我是负责仪器面板修饰流水线（仪器面板，也有人称之为仪表板）的小组领导。该流水线的任务是在仪器面板进入组装车间之前进行最后的修饰、检查和修理。我们尽最大的努力确保每个流程的质量，但毕竟我们都是人，有时候在检查过程中也会忽视一些瑕疵。

　　那时，对每个仪器面板进行全面检查并进行细微的修理大概需要60秒。标准化工作操作单规定要用将近50秒的时间进行检查，然后用将近10秒的时间对零部件进行选择性修理。如果所需的修理时间超过10秒，就需要送到专业的维修流程。对每个零部件的维修都要记录到质检单上，然后反馈给前面的流程，以帮助其修正流程参数，从而使得第二天类似的瑕疵减少。这是我们所期望的理想境界。塑料制品部门为了使仪器面板有塑胶球的感觉，许多零部件都是注塑件或者用聚氨基甲酸酯做的单体泡沫塑料。这实际上是一个非常敏感的流程。例如，某些天气条件对一些流程参数具有决定性的影响，如果小组领导和团队领导没有接受过处理此类波动的全面培训，就可能生产出有缺陷的产品。

　　我记得那是一个潮湿的夏夜，空气的湿度非常高。在肯塔基州，这种天气经常出现，此时可以采取温度调整或者化学调整的对策，在所需时间内烘焙固化泡沫。如果任何一件产品被拧过劲了，就会给这些流程中的质检员和维修小组带来混乱。

　　那是一个周五，行业中的许多人都知道，这一天每个人都不希望出现问题。像其他企业一样，丰田也有许多团队成员从周五休息到周一。此时一般由小组领导补上空缺，直到那个人回来。丰田生产方式追求杜绝浪费，当然不会安排额外的员工站在生产线旁等着补缺。于是，小组领导和团队领导就成了安全泄压阀，一旦出现计划外缺勤就需要他们顶上。当然，我们会把计划外缺勤的情形降到最少，但是在春天和夏天假期需求旺盛的几个月里这种情形时有发生。

　　那天，我们团队少了两名成员，其中有一个就在我负责的生产线，于是我理所当然替补到生产线上。整个晚上，除了生产责任外，作为小组领导我还要处理一些其他工作。处理"多任务"的能力是做好小组领导工作的先决条件。随时都可能有 10 件事情等着你去处理，尤其是有安灯问题的时候。当我在生产线上工作时，另外一个小组领导就会离线工作，她需要同时照顾到自己的小组和我的小组，我们的团队领导也在附近，可以随时过来。我们都有摩托罗拉对讲机，以便出现问题时彼此之间可以迅速交流。因为我们为组装生产线提供零部件，而这些零部件都是在生产线上直接制造的，库存量非常少，出现任何问题都会导致组装生产线停工，所以我们也同组装生产线保持联系，一旦需要协助，他们可以迅速做出回应。

晚班马上就要开始了，需要按时在轮班日志上做记录：第一个轮班生产的大部分仪器面板都有皱纹，这预示着我们也会面临同样的命运，因为这是一个非常潮湿的晚上。我们从下午 5:15 开始生产，完全是和组装生产线一起开始，因为第一个轮班需要加班一个小时以弥补白天生产的废件。开始的运行比较顺利，第一个小时没有出现任何有皱纹的废件。直到距离第一次休息时间 7:15 还有 45 分钟时，我发现生产线上有 3 个带皱纹的次品。

聚氨基甲酸酯泡沫注入仪器面板模具之后，在圆盘传送带上传输的过程中由于压力的影响发生膨胀，产生了次品。有时候当仪器面板模具封上时，在潮湿的环境里就容易挤压表面出现皱纹。这种情况一般在仪器面板的边角出现。许多小的皱纹可以在所需时间内进行修理，但是一些大的皱纹无法修理，必须等到轮班结束时重新生产。为了尽量降低成本，我们会用一些无法修理的废件让团队成员练习新的修理技术。

当这些次品接连不断地出现时，标准的过程是将信息反馈给单体泡沫塑料小组领导，告诉他我们发现了次品，需要拉下安灯线，然后做出相应的调整。单体泡沫塑料小组领导会立即调整流程，尽快采取对策；当化学调整涉及其他因素时，就可能是一个比较费时的过程。因为生产线不得不暂停以做出调整，所以我们又损失了一些生产时间。当这些情形发生时，需要从当前聚氨基甲酸酯泡沫注射中提取不同温度的样本，因此停下 15~20 分钟是比较正常的。

在他们对单体泡沫塑料流程进行检修时，我用各种活动挂图记下了停产的时间和维修率以帮助管理层了解目前的境况。这也是所有团队在生产线停产超过20分钟时的一个比较普遍的做法。我开始把各种责任转授给团队成员,以确保紧急存货的质量。在绝大多数紧急情况下,需要把零部件擦一擦,迅速检查是否有在库存过程中发生的瑕疵。与此同时,其他团队成员把自己负责的区域准备好以保证流动料架的存货水平,当零部件开始流动时我们的设备就已经准备好了。我们有几台大型的修整压力机,这些机器每小时都需要清理以保证切割流程的质量,因此几个团队成员需要在休息时间清理这些设备。这样,大多数情况下团队成员要么在清理机器要么在帮助我,以便减少每个人潜在的加班时间。

在单体泡沫塑料小组领导继续调整流程时,我们在准备零部件,我从对讲机里接到来自组装生产线的呼叫,说有带皱纹的次品流出了我们的流程。我接受过应对这种情形的培训,但永远都不希望这种情形发生。但是一旦发生了,我们就不得不用一个好的零部件将那个次品换掉,这样组装线就不会减少汽车的组装数量。在生产线旁边每种仪器面板都会有两种颜色的计划缓存,我们必须迅速将库存补上。我们距离组装生产线大概有 3/4 英里,所以走着把仪器面板送过去是不可取的,也是一种浪费。每个团队都配有一辆自行车,我们团队对其进行了改进,在车子后面做了一个运送料架,这样可以非常迅速地运送两个仪器面板,尽量缩短生产线暂停的时间。

在我确定需要哪种颜色的仪器面板时,有一个团队成员准备自行车,另一个团队成员准备需要运输的仪器面板。同时要求两个团队成员检查当前流程的手推车中是否还有其他潜在的次品,因为已经有一个不幸被忽略了。然后当手推车到组装线旁时,我还得再检查一遍,以确信没有其他的次品。我们把这种方法叫作"巡线"或"反向跟踪",以确信自己已经发现了所犯的错误,并再次检查了质量。日本培训者从第一天起就将负责的观念印入了我们的脑海中。造成组装生产线偏离标准,不是因为我不重视,也不是我的小组不重视。

当我从组装生产线回来时,单体泡沫塑料生产流程已经恢复了正常,团队领导代替了我在生产线上的位置,直到我回来并确保流程能够平稳运转。

我回来后，团队领导要求我们弥补生产数量并补充紧急存货，在休息之前他一直工作在生产线上。结果我们用了近一个小时的时间补充了紧急库存。在那些繁忙的晚上，生产不平稳是很平常的事。团队成员利用休息时间集合到一起帮助我们生产，并保证补充了线侧库存，以防次品继续出现。

轮流休息的时间一般为45分钟，在此期间其他小组领导和团队领导值班，以保证所有的团队成员都能轮流休息。如果情况允许，我们也会按照这种方式安排午饭时间。这充分体现了团队合作的优势，为了灵活地进行生产，需要很多人在15分钟内完成许多自己流程需求之外的任务，但是一般情况下每个人都能理解这么做的目的，为了避免零部件短缺他们愿意在额外的时间到更困难的流程中工作。

整个晚上我们偶尔还会收到带皱纹的仪器面板，这就为维修小组带来了许多额外的工作。当需要维修的仪器面板较多时，如果线侧料架已经被装满，我们就必须让组装小组的成员轮流进行选择性修理。在生产过程中有许多视听指示，我们的团队成员知道应该如何采取措施保证生产线的速度。

我们修理小组的团队成员都是各自领域的专家，当出现问题时需要有一些机动的员工将其从正常生产中替换出来，以便于他们专心解决问题。作为小组领导，当自己的团队成员帮助其他岗位解决问题或付出额外的劳动帮助他人时，我非常感激。

晚间的第二次休息结束后，空气开始变冷，带皱纹的仪器面板似乎开始减少了，单体泡沫塑料流程的小组领导尽了最大的努力去减少次品，并记录了所有的化学参数，以供下一个潮湿的晚上做参考。在第二次休息时，我们召开了一个5分钟的会议，总结了应该如何提高维修方法以及今天晚上所发现的有助于培训团队成员的技术。在丰田我们把所有能记录的都记录下来，以帮助找到问题的根源。

碰到那样的晚上，我无法同时处理所有的事情，而是将时间放在反应方式上。此时小组也学会了如何处理不可思议的问题，在应对困难时所有的人都全力以赴，似乎每个团队成员都可以一当二。

总而言之，到晚上结束时，我们加了1.2小时的班，生产出了所有的紧

> 急库存，仪器面板维修小组也获得了更多的经验。同时，对于环境影响的理解更加深刻了，知道了空气的细微变化都会对生产能力起到决定性的影响。最后，强化了彼此之间的尊重和信任，知道问题出现时，为了保证汽车顺利下线每个人都发挥着重要的作用。在生产线上的那些日子是无价的。

在丰田，任何一个小组领导都经历过类似的事。他们会永远记住那些日子，因为它们使其意识到了自己想在丰田工作的真正原因。这些经历将各个小组绑在一起，培养了所有成员的信心。这就像是一场大型的足球赛，你已经经历了反复的训练，尽管球赛即将开始时球队面临着失败的威胁，但是大家齐心协力赢得了比赛。对于公司外的精益顾问来说，其目的就是使自己帮助建立的所有系统和所有的指导焕发生机，使团队的运行与课堂上所描述的一样。不幸的是这种情况太少了。对于足球队、橄榄球队、篮球队和曲棍球队，教练让队员经历整个人力价值流——挑选、培训、重用和激励。每个人要学习所有的技能、不断地训练、通过模拟比赛学习如何处理各种情形。他们还要学习和练习规定的打法。一支顶尖的球队几乎可以完美地执行这些打法，然后在需要时做出适当改进。这与丰田的团队非常相像，但是与其他大多数企业里缺乏准备的团队不同，即时改进意味着在现场需要许多口号、喊叫以及奔走。对于丰田来说，这就是投资于员工所带来的回报。

8.4 各种类型的解决问题团队

丰田有许多不同类型的团队，这些团队除了日常工作之外，还从事信息交流和解决问题等方面的工作。这些团队既有正式的也有非正式的，它们分布在组织的所有方面和每个层次。这些团队的类型及主要从事的工作包括：

- 负责召开小组会议的工作团队；
- 质量圈小组；
- 各种工作委员会（小组）；
- 团队领导小组；
- 部门小组；

- 车间小组；
- 某个大洲内的企业小组；
- 世界范围内的企业小组。

丰田通常从整个组织（和价值流）中挑选员工建立项目小组来发起某项改进，其中最著名的例子是负责新车型试制的试产小组。该小组将设计工程师、生产工程师、生产人员（小组领导层次的）、质量工程师和供应商代表聚集到一起，参与新车型从概念提出到投产的全过程中。这比通常所谓的"扔过墙"（throw it over the wall）的方法更有效，"扔过墙"的方法是由设计师设计出新车型，然后交给生产部门进行论证，结果往往是新设计的车型在投产之前要经过几轮反复改进。

新车型投产之后，丰田还要对流程进行持续改善。以下是麦克回忆此种改善的一个例子。

丰田生产方式依赖于准时、平稳的零部件流，但是丰田在建立乔治城工厂时将许多零部件的生产转移给了美国供应商，这非常具有挑战性。凯美瑞早期一些车型的零部件总是达不到理想的标准（尽管它们通过了消费者的质量标准）。生产线上的团队成员遇到了一系列的问题，他们不得不花费额外的力气去推或拉使零部件达到消费者的标准。这给团队成员造成了许多重复性累积伤害。面对这些挑战，丰田开始依据自己的方式解决问题，包括在流程中运用了一些短期的对策措施，例如工具、新的安装方法和零部件临时返修。

产生问题的根本原因是，设计师不知道也不理解为了保护员工所设置的推和拉（安装零部件所需要的推和拉的力量）的安全标准。因此，在接下来的车型变化中，安全部门就成为横向试产小组的一员。他们的任务不仅仅是向设计师解释标准，而且需要通过实际测量证实零部件确实达到了质量标准。否则，设计师就需要和供应商一起改进零部件直至达到标准为止。新车型在零部件可用性方面进行了巨大的改进，工伤（和成本）下降了，员工的士气及其对公司的信任也提高了。

用于支持横向合作的另一个工具和程序是跨职能会议。这是管理职能部门为协调团队合作、实现所有职能部门的改进而举行的标准化会议。这些会议的召开有不同的间隔期,是解决问题、交流、分享最佳做法的重要工具。丰田有许多常务会议。表 8-1 ⊖概括了 TMMK 的团队和会议,而这长长的一览表也仅仅是所有会议的一小部分。

表 8-1 TMMK 会议范围的一个例子

责任	类型	领导	参加人员	频率	目标
跨职能	工厂总裁方针会议	总裁	总经理、经理	每年三次	方针的制定和修改
	总经理会议	总裁	工厂总经理、部门经理	每月一次	工厂战略的回顾与决策
安全与环境	工厂安全会议	总裁	工厂总经理、总经理、安全经理	每月一次	信息、回顾与工厂安全问题的解决
	部门安全会议	部门总经理	部门经理、经理助理、安全经理	每月一次	信息、回顾与部门安全问题的解决
	科室安全会议	部门经理	助理经理、团队领导、安全负责人	每月一次	信息、回顾与科室安全问题的解决
质量	工厂质量会议	质量总经理	副总裁、总经理、部门经理	每周一次	在车间回顾消费者的反馈和问题的解决
	日常审查会议	质量经理	部门经理、经理助理、团队领导	每日一次	信息、回顾与问题的解决
生产率	新车型准操作流程会议	生产控制总经理	总裁、副总裁、总经理	每月一次	项目状态和新车型标准操作流程的决策
	PEFF 会议	生产总经理	总裁、副总裁、总经理、经理	每月一次	工厂效率的回顾和问题解决
	生产会议	生产经理	总经理、经理	每月一次	生产计划的调整与决策
成本	工厂成本会议	总裁	总裁、总经理、会计部经理	每月一次	信息、回顾与工厂成本会计问题的解决
	总经理成本会议	部门总经理	部门经理、经理助理、会计部经理	每月一次	信息、回顾与部门成本会计问题的解决
	部门成本会议	部门经理	经理助理、团队领导、会计代表	每月一次	信息、回顾与科室成本会计问题的解决
人力资源/管理	人力资源部门会议	人力资源总经理	总裁、副总裁、总经理、经理	每季一次	人力资源部和工作环境的回顾和决策
	劳动力会议	人力资源和生产经理	部门劳动力协作者	每月一次	劳动力现有量和需求的月度调整

⊖ 来自丰田内部课程,即"改进丰田模式"。

8.5 案例分析：工作中的解决问题团队

就像工作团队一样，仅凭抽象的描述很难解释清楚丰田的解决问题团队究竟是什么样。解决问题团队由接受过良好解决问题方法训练的员工组成，其成立非常谨慎，并且遵循十分严格的程序。为了更好地进行说明，我们以一个曾经获过奖的质量圈项目为例进行阐述。质量圈的工作常常用一个 A3 格式报告进行总结。

质量圈是自发成立的。某人或某个小团队确定需求之后并自愿为该项目的持续改善而工作。他们必须正式提出支持该活动，并在管理层找到一个发起者来指导自己，从而不仅为数据收集扫除了障碍，还能为对策的执行带来相应的资源。对于团队成员来说，发起者往往是团队领导。团队委任一个领导，他必须在指导团队和丰田解决问题流程方面接受过特殊的培训。本案例中，质量圈的领导者是蕾妮·布朗，她第一次承担这个角色。蕾妮·布朗 1999 年末作为临时员工加入丰田，在此之前她是当地一家五金超市的客服经理，2002 年被丰田雇用为组装部门的全职员工。在一次私人会面中，她向我讲述了自己第一次领导质量圈的经历。后来蕾妮决定在组装部门承担一个新的角色。乔治城工厂一直致力于增加质量圈的参加者，质量圈成员告诉管理层其活动需要帮助，尤其是在分析原因和制定对策时需要部门间的协调。于是，组装部门决定指派两个小组成员（每个组装厂一个）全职承担这个角色。这使得蕾妮可以直接与新的质量圈一起工作，指导他们做好工作记录。她通过解决问题程序对质量圈进行指导，并教会他们如何通过面对面的交流而不依赖于书面信息取得信任。其中有一个小组的成员在工程维修部门工作，可以为质量圈提供大力支持。在他们的帮助下组装部门参加质量圈的比重从 18% 提高到了 34%。蕾妮对质量圈成员和关键指标的增加都很满意，她说自己最大的满足就是能够和一群热情洋溢的员工一起工作。很显然，这些经历拓宽了蕾妮的视野，加深了她对解决问题的理解。由于质量圈工作的经历，她在优秀人力价值流中迈向了更高的层次，成为对丰田更有价值的员工。

案例8-2　　　　一个质量圈的写照：蕾妮·布朗

我想学习一些新东西，当时我所在的小组有项工作，做该工作的员工肩膀很容易受伤，于是工厂批准我们成立一个质量圈解决此问题。通过相互观察彼此工作时的动作，我们制定了可以避免受伤的新标准。通过跟踪调查，证明该标准确实可行。这次尝试对团队成员的健康起到了积极的影响，也使我对质量圈产生了兴趣，因此我决定尝试担任质量圈领导。

此后，新的亚洲龙车型的组装开始增加，但是车后面的一个加固件（固定汽车后保险杠的金属部分）与汽车配合得不好。我们不得不用锤子"将部件敲到车上"（见图8-4），这确实可以解决问题，但却掩盖了导致问题的根本原因。为了从根源上解决问题，来自不同生产线的几个团队成员聚集到一起讨论，有人建议成立一个质量圈来解决。于是，我们以一个叫作"绝妙5人组"的质量圈为基础，又增加了几个人，最终成立了名为"绝妙7人组"的质量圈。我们的小组成员有克莉丝朵·布鲁尔、雷妮·布朗、史蒂文·丹尼斯、克里斯·哈里斯、卡尔·霍格、戴夫·加福德和马文·罗宾斯。

图8-4　锤子能解决产生问题的根本原因吗

我们从澄清问题开始，启动了解决问题的程序。经过调查发现，除了使大量团队成员感到沮丧以外，该问题还造成了以下影响。

- 每天有442辆亚洲龙的后保险杠的配合不好；
- 由于这一流程造成一例严重的工伤；
- 因为这一问题需要废掉7个后灯，损失323.28美元；

- 平均每次轮班拉下安灯650次。

我们设定的目标是在未来3个月将后保险杠配合不好的比率降低90%。我们进行了"现地现物",所有的人都亲自到生产现场从源头观察问题,根据掌握的第一手资料绘制出了包含所有可能原因的鱼骨图(见图8-5),然后将导致问题原因的数量缩小到便于处理的范围。

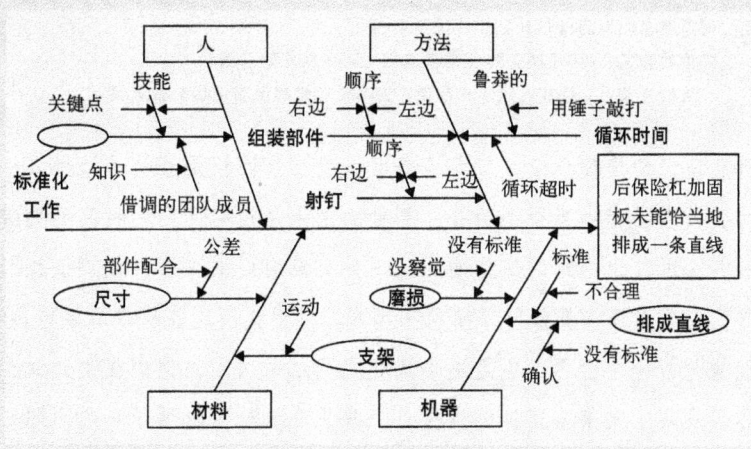

图 8-5　原因分析调查

通过排除,我们将可能的原因确定为5个,然后每个团队成员选择一个原因进行详细调查,从而确定导致问题的根本原因(见表8-2)。我的责任是检查标准化工作,确认是不是每个团队成员都接受过恰当的训练,并遵循正确的流程进行安装。调查结果表明,所有的团队成员都按照正确的方式进行安装。于是,我们接着调查下一个原因——支架。团队成员首先观察安装到车上的支架,然后再研究固定到它上面的后保险杠,在调查过程中我们请负责进料质量的生产工程师测量了支架,发现不存在问题。

表 8-2　潜在原因调查矩阵

潜在原因	如何调查	调查者	调查时间	调查结果	评价	等级
加固支架未能排成一条直线	生产工程师代表	绝妙5人组	10.15	导针错位	×	1
车身底板的公差	质量圈团队	克莉丝朵/史蒂文	10.4	不合格的零部件	×	2

（续）

潜在原因	如何调查	调查者	调查时间	调查结果	评价	等级
后保险杠加固板排成一条直线	RI 代表证实	马文·罗宾斯	9.29	被证实	0	3
加固板支架	生产工程师代表检查规格	绝妙 5 人组	9.26	达到标准	0	4
团队成员遵循标准化工作情况	准时制签字	雷妮·布朗	9.19	所有团队成员都很准时	0	5

注：调查潜在原因的活动计划。
评价的含义：0＝可接受的 ＝需要改进，×＝较差的结果。
等级的含义：1 最可能的潜在原因；2 比较可能的潜在原因；依此类推。

然后马文和检查小组一起去检查后保险杠加固板是否恰当地排成一条直线。将其放在固定的装置上检查，测量的结果是没有问题。我们不知道下一步应该怎么做，于是询问质量圈团队领导有没有好的主意，他建议我们到车身焊接区去看看零件是如何焊接到一起的。对于我们这些从事组装的人来说，那里就像是另一个世界，但是史蒂文和克莉丝朵去了，他们在生产线上反复寻找终于发现了支架与车身的焊接点，并且通过检查发现了一个问题——车身底板的尺寸超出了公差范围。

在尝试对其进行校正的过程中，他们发现还有另外一个问题需要处理——车身底板上的支架偏离了标准。托架上的螺柱偏离标准会导致连接到上面的零部件偏离标准。当我们努力寻找那个零部件是在什么位置制造的时候，一个车身焊接区的小组领导说："那个零部件不是在这儿生产的，我们从一个供应商那里进货。"因此，小组拿了一个支架作为样品，去询问负责该部件质量的生产工程师团队。于是，负责该问题的工程师约翰·麦考伊亲自拜访了供应商并考察了其实际生产情况，结果发现供应商模具上的指针没有对齐，导致螺柱对不齐。我们建立了 5 条为什么链（见图 8-6），以确保找到根本原因。

为了找出应对措施，我们与约翰合作，提出供应商应该实施 3 个主要对策。实际上，螺柱比较高且很容易弯曲，因此需要将其加粗 0.2 毫米，这样它就很难移动了。同时将螺柱所插入的孔变小一些，这样螺柱也不容易移动了。

最后，供应商实施一项预防性维修计划以确保模具的设置符合标准，甚至还将一些周和月度日志送给我们看，以证实他们的行动（见图8-7）。

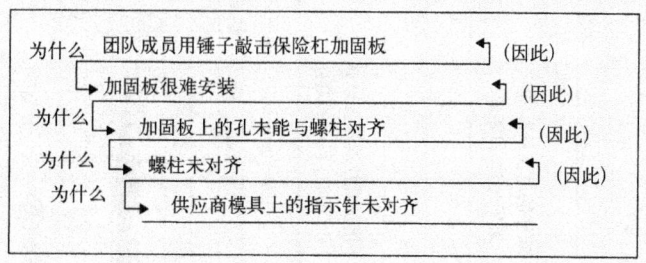

图8-6　分析问题原因的5个为什么

我们和约翰以及供应商一起努力向生产线输送好的零部件，并解决剩下的次品。我们的措施非常有效（见图8-8），在接下来的时间里，加固板不合适的情况急剧减少，从每天400次降低到每天20次，员工再也不需要锤子了，工作中受伤的情况也没有了，后灯报废的情况也消除了，车间拉安灯线的次数从每天接近1500次降低到每天1000次。小组对此感到非常高兴，因为我们通过观察找出了问题的根源。流程中的团队成员也非常感激我们。尽管最终由供应商采取实际对策解决了问题，但是如果没有我们的调查工作，供应商可能永远都不会知道这是个问题。

我们还发现在丰田实际解决问题仅仅是个开端，然后质量圈还需要用一个A3格式报告记录下解决问题的过程，这样就可以把对策标准化以便同大家分享。质量圈顾问建议并帮助我们更好地将解决问题的整个过程讲述出来。首先我们向组装部门的经理做了汇报。后来，经理又让我们代表组装生产线向工厂的总经理和副总裁汇报了整个过程。

我们想赢得"白金奖"，这样就可以代表我们工厂到日本去，但是最终另一个小组赢了，我们只赢得了"黄金奖"。由于没有赢得白金奖，小组成员曾一度比较沮丧，不过这种情况并没有持续太久。大家之所以生气，是因为我们起到了重要作用，不仅在安装保险杠时不需要使用锤子了，而且还对团队和工厂的关键经营指标产生了直接的影响。我们想坚持下去，在过去的两年里又解决了另外5个问题，获得银奖一项、铜奖三项。

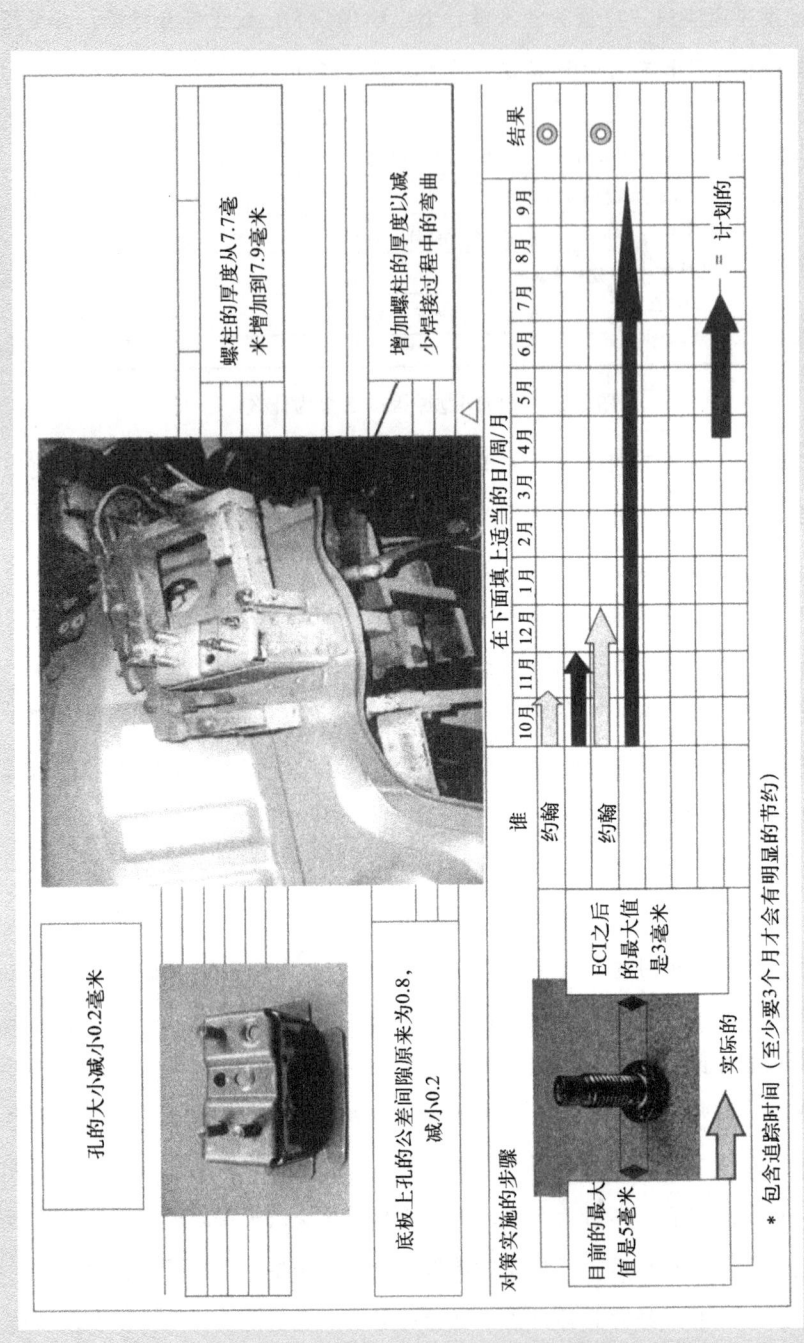

图 8-7 对策措施

另外一个例子是小组解决了车门从内饰组装线传送到车门生产线时车锁丢失的问题。我们录制了车门传送的整个过程，发现在传送带上车门是相互绑在一起的，在传送过程中车锁从车门上掉了下来。我们想了很多办法将车锁固定到车门上，但都没有效果。小组想到在车门的传送带上添加一个PVC杯子来固定车锁。我们在杯子里放了6把仿制的锁，通过一个月的实验来证明这种做法的有效性。结果在生产线上传送了一个月之后，这6把仿制的锁仍然在杯子里，这证明我们的想法是可行的。

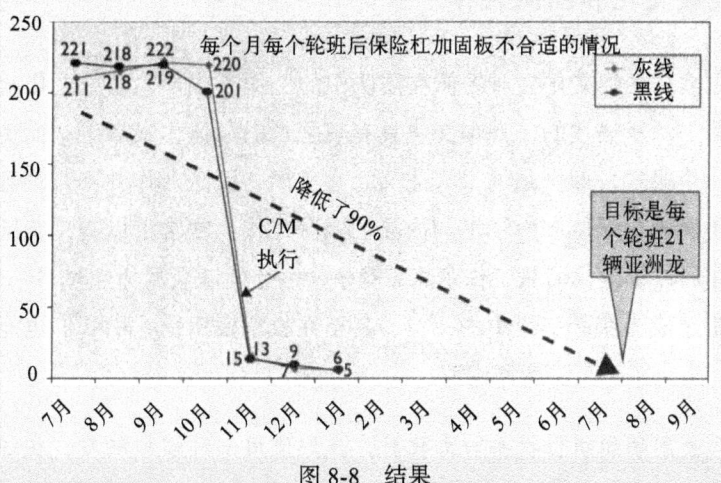

图8-8 结果

于是，我们到生产线前端的小组，向他们解释了这个问题。不过他们不喜欢这个方法，因为这样做需要在工作中多花一秒钟将车锁放到PVC杯子中。但是当我们展示了车锁丢失和报废数量的数据以及这种对策的有效性时，他们同意进行改进。于是，我们到劳氏购买了PVC管子，截成3英寸长的1400节，利用周六将这些管子粘到车门传送带上。从那以后，再也没有丢失或报废过一把车锁。当然，如果我们没有充分的证据，是不可能说服他们执行这些措施的。

在20世纪80年代的美国，质量圈是一种趋势，有人称之为一种时尚。它作为质量运动的一部分从日本引进，但是由于成功率较低而被绝大多数公司所抛弃。如果现在到这些公司建议它们要想实现进一步的精益必须致力于质量圈时，可能会遭到嘲笑，因为质量圈在他们那里根本不起作用。但是，

2008年丰田在做什么呢？他们正在致力于增加质量圈的参加者，以加深对团队成员的培训，加强持续改善。丰田将蓬勃发展的质量圈项目视为员工相互尊重和持续改善存在的一个最好的信号，我认为在20世纪80年代，美国公司存在的问题是他们将质量圈视为一种孤立的方法，没有建立相应的基础设施和文化促使这个强大的工具发挥作用。他们认为质量圈是一种可以改善品质、降低成本的快速修理工具，而不是优秀人力价值流的一部分。

8.6 民族文化和团队合作

很显然，民族文化会对人们在团队中的工作方式产生重要的影响。正如我们在第1章所描述的，日本文化具有很强烈的集体主义思维，而美国则倾向于另一个极端，即极强的个人主义。在美国，团队合作并不是很容易。事实上，美国文化促使产生了不同内涵的团队工作。常常可以听到美国公司对团队工作的评价是，团队工作意味着竞争，一个团队会尽力超过另一个团队。每个人都想成为获胜小组中的一员，甚至在教室模拟练习中我们也能看到这种趋势。迈克尔·豪瑟斯评论道：

在向美国的组织传授丰田文化时，我们使用一种模拟练习，在练习中高级管理者团队和经理人团队为改进一个流程而工作。这种练习常常会花费很多天，进行许多轮的改进，以此来训练每个团队成员在最短的时间用最低的成本制造最高质量的汽车模型。我们将他们分成两个团队，虽然都是同一企业的一部分，但是两个团队就像是在两个不同的工厂制造自己的汽车。这两个团队一般会将自己的想法隐藏起来。我问他们："为什么对队友隐藏自己的想法呢？"他们奇怪地看着我，就像我疯了一样，回答道："他们不是我们的队友，他们是竞争者。"这就需要在教授过程中向这些高级管理者和经理人解释：大家都来自于一个公司，属于同一个团队，认识到这一点并学会交流、相互分享最佳做法是挑战和目标的一部分。

显然，不论是在美国还是在其他地方，向人们传授团队内部和团队之间的合作时，总是说起来容易做起来难。美国人一般都比较独立，竞争意识非常强。在实践中常常会碰到这样的问题：丰田怎样才能用团队文化去影响这种独立意识呢？TMMK第一任总裁张富士夫是这样描述的："我们没有打算改变美国文化，我们希望能将美国最好的文化和日本最好的文化（当前的丰田文化）结合到一起，产生一种新的、改进的文化。"换言之，丰田希望努力利用美国模式中的独立性和个人主义，毕竟这种文化已经根深蒂固了。

美国文化中的独立性会在一些持续改善流程中发挥作用，这种本性强调竞争，"我会按照自己的方式独立完成"的倾向与丰田文化是不相符的。丰田文化更具有纪律性，员工愿意作为团队中的一员，并彼此分享正在做和将要做的事情。于是丰田充分发挥日本文化的优势，并结合美国文化中的独立性建立了解决问题的简易方案：设置并遵循标准（日本人纪律性的优势），改进标准（美国人的创新优势），设置新的标准，然后与团队中的其他成员分享标准（日本人的优势）。

这需要发挥两个世界的优势。但是有人可能会问：在丰田文化中，科室之间、部门之间和工厂之间是否存在健康的竞争？方案中最关键的特征是存在一个分享由竞争所产生改进成果的系统，该系统会对分享成功和失败的管理者进行奖励。

需要指出的是，竞争精神是《丰田模式2001》的原则之一："竞争进一步改进了我们的组织，具有增加价值的功能。"最关键的是丰田希望绝大多数竞争是与其他公司的竞争，而不是丰田内部不同部门之间的竞争。丰田在内部也使用比较健康的竞争，例如，丰田各工厂的冲压部门比较注重标杆管理，并在关键绩效指标方面进行竞争。但是，在一天即将结束的时候，丰田也希望这些冲压部门能够共享一些做法，这样对整个公司都有利。很显然，建立一种可以平衡竞争与合作的文化是一个巨大的挑战，对于丰田也是如此。

8.7 消除社会差异

丰田文化的一个关键部分也是意向人力资源程序的另一个例子，即建立团队合作以实现社会差异最小化。这种理念强调所有成员都是团队的一部分，管理者和员工没什么区别，只是在公司内扮演的角色不同而已。正如第2章所讨论的，丰田人力资源系统的目标是建立一种"我们"的态度和氛围，而不是一种"我们对他们"的观念。丰田采取了许多措施来倡导这种观念，包括：

- 每个人的着装规定都是相同的。
- 主管没有专门的停车位或停车区域，最先来的人可以获得最近的停车位。
- 主管没有专门的休息室。
- 主管没有专门的餐厅或食堂，每个人都在同一个地方吃饭（除了接待外宾的餐厅）。
- 主管没有专门的办公室，所有的办公桌都放在一个开放式的办公环境中。
- 所有成员都有相同的基础福利。
- 特殊的办公室，例如为总裁设计的漂亮的办公室，主要是有贵宾到来时才使用，主管很少使用。

在第1章所描述的3个层次文化模型中，这些措施都属于最顶层——可见的人造物品。所有人造物品的特征都可以完全复制，但是却复制不了真正的团队合作。只有将人造物品与组织结合起来才能够实现团队合作。丰田的领导每天都传出一致的信息，这些明显的组织特征传递出的信息是"我们都是同一团队的一部分"。除了在一起吃饭外，管理者与员工在开放式的办公室里共同工作，管理者到现场办公，所有这些安排都为管理者和员工提供了许多非正式交流机会。这些措施改进了交流的质量，为建立信任提供了机会。例如，所有的人坐在一起吃饭就有机会相互交流并建立信任；开放式的办公室意味着彼此之间没有隔阂，如果有门，当下属走进办公室时他仍然意识到自己走进的是主管的办公室。

迈克尔回忆了自己担任人力资源总经理助理时在开放式的办公室工作的经历。

确实没有地方可以隐藏。任何团队成员在任何时间都可以因某一个问题、事件或顾虑而走过来与我交谈。这确实需要我和我们的管理团队对自己所实施的政策和所做的决策负责。我将每个走过来的员工视为人力资源系统的一个安灯信号。系统或交流程序常常会出现故障，从而导致他来找我。我的工作就是找出问题的根本原因，然后采取对策避免同样的事情再次发生，这与生产中的做法一样。有时问题可能比较复杂，比如处理某个人的行为是否正确的过程（丰田纪律系统的重点是解决问题而不是惩罚），有时问题非常简单，类似于"公司周六举行的野餐什么时间开始"。每一个问题或事件都是系统的一部分，如果有团队成员走过来，一定是什么地方出现了问题。开放的办公室有助于部门内部和部门之间的交流。坐在100个成员中间有助于随时听到和观察到所发生的事情，问题也就很容易被识别和交流。

这些有意识的、有目的地消除社会差异的政策和做法并不意味着没有差异。虽然丰田的领导者在行事时不能觉得自己比团队成员地位高，但必须起到带头作用。迈克尔继续说道：

日本教练告诉我，作为一个团队领导，应该为团队成员工作，而不是相反。对他人的期望与对自己的期望不能有所不同。例如，他说："如果你不希望团队成员在生产时间喝可乐，那么你就不能在生产时间喝可乐。如果你期望团队成员能在休息时间去洗手间以减少生产中断，那么你就不能在生产运行时去洗手间。"这样做能够形成良好的管理基础，树立实践的规范，同时也能强化丰田文化的日常行为。

小结

团队合作在研讨会和战略会议上是一个比较简单的讨论话题，但是在丰田文化中却不那么简单。丰田文化中存在支持和鼓励团队合作的有意识的政策、程序和实践。丰田的独特之处在于一旦某个概念成为系统的一部分，丰田会设法将其转化为实践的一部分，并使之成为组织PDCA循环的一部分。这意味着它将成为有意识的、有计划的、每天执行的、看得见的、可衡量的行为举止，并且需要定期检查其状态，以弥补存在的差距。

你的公司应该考虑的要点

1. 组织是在企业各个层次的各个方面有意识地组建团队。

2. 日常工作由小组来完成，小组的标准规模是5~7人，他们向一个小组领导汇报。每个团队成员都有清晰的任务和责任，但当出现问题时，受过专门训练的小组会立即按照既定的程序做出灵活反应。

3. 工作小组从事日常工作和问题的解决，小组领导在了解团队成员的忧虑、促进问题解决、审查标准化工作、带领小组实现目标等方面扮演着重要角色。

4. 解决问题团队是解决某些具体问题或领导具体项目的临时性团队。设立正规的流程培训解决问题团队的领导，了解团队项目目标，督促和指导团队，并把这些流程作为培养团队成员的工具。团队成员的培养与实现具体的目标一样重要。

5. 组织有支持团队横向和纵向合作的程序和惯例，例如计划、跨职能部门的工作小组、行政管理部门。

6. 鼓励竞争，把竞争视为激发企业和个人做出最大努力的重要方式。但是，在一天即将结束时，小组之间需要相互分享心得，致力于整个企业的改进。

7. 采取有意识的政策和做法消除管理者和团队成员之间的社会差异，但是管理者必须以身作则。

第9章　Toyota Culture

清洁安全的工作场所

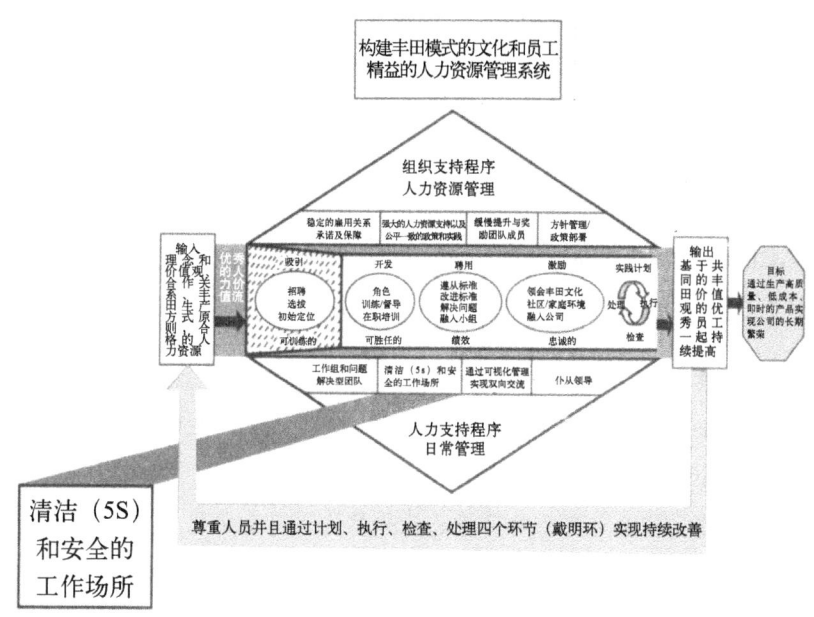

> 毋庸置疑，生理需求是所有需求中最强大的需求。如果一个人缺少食物、安全、爱和尊重，那么其对食物的渴望是最强烈的。
>
> ——人类学家，亚伯拉罕·马斯洛

9.1 全面分析

在丰田流传着这样一个故事，是关于丰田的一位日本教练为供应商传授丰田生产方式的。这位教练经过长途跋涉来到了工厂,但是去了趟洗手间后他告诉工厂管理者自己要走了。他生气地说:"厕所太脏了,在你们建立能保持厕所干净的纪律之前,是不可能引进丰田生产方式的。"

不管这个故事是真是假,它反映了丰田文化中关于清洁和有序的基本价值观。也许对清洁和安全的工作环境展开讨论的最简单方式就是重申我们讨论过的 5S 项目。5S 为解决问题的第一步设置了标准,也是给所有团队成员一个合适工作环境的基础。

在日本丰田,5S 项目指的是提供一个干净、舒适的工作环境,是持续改善循环的一部分。它不仅是解决问题的标准,还表明大企业有责任为员工提供并设法持续改善这种环境。

5S 项目是安全的基础,通过把一切安排得井然有序、贴上适当的标签,让所有的员工都能看到和了解标准。的确许多企业在实施精益改造时把安全作为第 6 个 S,为清洁、有序和安全的整合提供了支持。丰田并没有对安全进行大量的阐述,因为它是前提。如果没有了安全,其他的就更不用提了。

在丰田文化中,干净、舒适和安全的环境是一个整体概念。这一概念贯穿了整个工作场所,可分为如下几个话题,我们将依次进行讨论。

- 工作环境。干净、光线、温度。
- 人身安全程序。符合人体工程的岗位和轮岗;标准化工作、培训、跟随;早期症状调查。
- 心理健康。安全与尊重的环境、认知简化、安全文化。
- 个人健康与安全。有效处理工作限制;易于获得高质量的医疗保健;易于获得适当的药物治疗。

9.2 工作环境:干净、光线充足、舒适的温度

每年都有数以千计的人到乔治城工厂参观,参观者最普遍的评价是:"简直不能相信有这么干净的工厂。"一般工厂的车间都比较旧、脏乱潮湿。5S 是整个丰田文化的一部分,不仅存在于车间,而且延伸到管理、供应商的陈列柜,甚至是个人办公区的外观等所有领域。当然了,必须平衡 5S 与其他经

营指标的优先顺序，比如安全、士气、质量、生产率和环境。

在乔治城工厂就有平衡这些指标的例子，比如照明问题。为了努力保护环境并降低能源成本，工厂设定了降低照明成本的目标。在生产区有两种照明方式：几组大型的吸顶灯和几组安装在工作区汽车上方的日光灯。第一步是间隔关掉天花板上的吸顶灯和生产线上的日光灯。

该措施将照明成本降低了50%，但是团队成员不同意这一巨大变化。他们提出了一些质量方面的担忧，因为在昏暗的灯光下不容易发现瑕疵。于是，一个持续改善小组采用丰田解决问题程序对照明进行了改善，用像镜子一样的铝质底座代替普通白色日光灯的底座，这样即使间隔关掉一个灯仍然可以提供充足的光线。这种改善使生产线的照明成本是原来的50%，但是照明效果却几乎保持在原来的水平。

这种情形在一段时间内是能够满足生产需要的，但是，实验和解决问题的过程表明，照明的亮度对改进产品质量和增强团队成员满意度有直接影响。因此，丰田设置了团队成员工作区的最低照明标准。

按照这一标准，采用两种照明方式，包括工作区上方的直接照明以及利用反光底座反光所带来的整洁、明亮的工作区，有助于更好地改进产品质量和提高员工士气。与此同时，通过关掉非使用区域天花板上的大型吸顶灯，大大降低了照明成本。而且，在生产线暂停、团队成员休息或吃午饭时最低照明也自动关闭。这些努力实现了持续改善并增进了相互信任和尊重。员工了解并最大限度地改进那些能够满足质量、安全、士气和能源效率的创造性措施。

丰田文化追求降低成本与团队成员舒适度之间的平衡，并通常优先考虑团队成员的舒适度。另一个例子是关于工厂的温度问题。一个大工厂的采暖和空调是非常昂贵的，但是太热或太冷的工作环境都不适于工作。改善活动首先从设定标准开始，通过研究、采访员工和试验工厂将标准温度设置为冬天不低于18.3摄氏度，夏天不高于26.1摄氏度（为类似于恒温器仪器设定一个标准温度，而工作区实际最高温度设置在27.7摄氏度或低于27.7摄氏度）。设定温度是为了给团队成员提供舒适的工作环境，但是工厂也面临着平衡温度和降低成本的挑战。

与照明的改善类似，实现温度效能的关键是保证热气和冷气能到达团队成员的工作区而不是非工作区或整个工厂。丰田采用被称为"风向袋"的方法来实现该目标,通过天花板上的通风口直接将冷气或暖风吹到生产线上员工的四周,其结果是既改善了工作条件,又降低了维持温度的成本。

9.3 人身安全程序

团队成员最基本的需求是保证日常生产的人身安全。安全第一是丰田文化的关键之一。如果某个团队成员的工作岗位不安全,公司就失去了构建相互信任和尊重的氛围。

对于一个有很多手工劳动的自动化工厂,说起来容易做起来难。工厂中有许多又脏又重的设备和机器,它们可能带来严重伤害,甚至是死亡。可能的危险包括:化学品(油漆等)、焊接火花、数吨重的冲压部件的模具、滚烫的塑料等。即使在良好的手工组装岗位中也存在身体伤害,日复一日的重复动作会导致重复性累积伤害。处理这些潜在的危害需要哪些步骤呢?

9.3.1 设计符合人体工程的安全岗位

安全设计一直是丰田追求的目标。很多时候,产生问题的根源可以追溯到零部件的设计和组装流程。组装汽车是非常复杂的工作,需要用到来自于数百个一级和次级供应商的数千种零部件。正如第 8 章所讨论的,安全的关键是为零部件和组装流程设置标准,然后不断利用 PDCA 改进流程直到达到所有的标准。安全问题的根源之一就是给身体带来不同张力和应力的工作设计,该问题可以利用人体工程加以解决。表 9-1 展示了"人体工程设计准则"的一个例子,将用拇指组装零部件的最大推力设定为 3 千克,最好低于 1 千克。3 千克的最大的推力大概相当于将一个图钉按到宣传板上所需要的力量。

表 9-1 零部件组装时所使用推力的人体工程准则

项目	草图	标准	目的	设计应用
用拇指推		用拇指推接触的表面小于 30 平方毫米(大概是指尖大小)。如果无法用手指,建议最少要使用 1 千克的推力	手指/拇指尖的结构不适合较大的接触应力,因为它可能会导致对神经、筋和韧带的伤害	当用力超过了准则时,可以采取其他方法减少所需用力或者改进握力或接触面,这样才能安全地产生更大的力

（续）

应该不超过	理想值	典型零部件/例子	衡量标准
3千克	≤1千克	环管	用推/拉测量仪表或测压元件测量 测量时应尽可能接近生产状况，比如所需要的时间以及力线

来自丰田的日本人确信这些人体工程准则仅仅是准则而不是标准。我们曾经提到过，在丰田标准是非常有效的，企业会不停地为达到这些标准而努力。比方说，如果安装某个零部件所需要的推力大于3千克，那么它就超出了标准，设计工程师会不断改进，直到可以用3千克或更小的推力来组装该部件。并不是所有的零部件设计和人体工程都会出现这种情况，因此这只是一种准则。设计工程师的目标是达到3千克的准则要求，他们有责任这么做。但是，如果这么做极其困难或成本非常高，这种超出准则的情况将转交给制造设计师处理。制造工程师的工作是与团队成员一起设计一种工具或夹具来帮助操作员推部件，以使拇指的应力不超过3千克。这种效果对于操作员来说都是一样的，但这是通过改进流程来实现，而不是通过产品设计实现的。

在这种背景下，PDCA循环永无止境，其目标是不断改进标准。一旦实现了某种模式，他们就会期望在4~5年内实现流程模式比较大的改善。根据该时间表，零部件的设计和制造以及相应的组装也要发生变化。很容易理解，对模式进行大的改善的目的是希望将其作为改进安全、质量、生产率、成本和人力资源等指标的额外的机会。

丰田产品工程师利用数字组装流程进行安全方面的设计。在生产线各个工作点从事组装工作的员工被工程师用软件模拟成三维模型，这些人栩栩如生。这样做主要是为了便于产品开发工程师、生产工程师以及试产小组计时制员工在内的员工对生产设计进行评价。

让乔治城工厂员工引以为荣的是凯美瑞的创新设计。有一组零部件组装需要在引擎盖下面的引擎舱内完成，例如安装储液器。进行安装时，团队成员需要站在前保险杠前弯腰操作，时间长了这种不良姿势就会损伤后背。于是团队成员建议在完成引擎盖下面的组装工作之后再安装前保险杠。这样，团队成员就可以直接到引擎舱内进行安装而无须弯腰，同时也提高了生产率。不过，这么做需要对汽车的设计和制造流程进行改动，将散热器和结构支架放在后续的流程中安装，团队成员就可以到引擎舱内进行操作。这些改动要由生产工程师和产品工程师在汽车投产之前完成。

9.3.2　人体工程评价与轮岗

丰田花费了大量的心血来避免员工的人身伤害，尤其是重复性累积伤害和那些通过使用人体工程评价可以鉴别的损伤。丰田过去确实存在严重的重复性累积伤害问题，作为一个学习型组织，该问题必须优先解决。由于重复性累积伤害是累积性的，并且有时因人而异，所以无法在某一时刻及时判断出哪些接触会带来长期问题。人体工程评价能够鉴别出潜在的问题和那些带来长期问题可能性较小的岗位。丰田努力降低风险，跟踪人体工程评价等级的改进，并根据这些结果为每个团队和团队成员制定适当的人体工程轮岗计划。

人体工程评价可以鉴别出使得员工上身和下身不自然或负担过重的岗位。通过为每个流程设定目标评价值，丰田就可以根据行业标准和工厂的历史设定自己的标准，将岗位标记为红色（负担较重）、黄色（负担适度）或绿色（负担最低）。以这些等级为基础，可以设置团队成员岗位轮换的标准。

岗位轮换是丰田文化的重要组成部分之一，它是持续改善框架的关键，也是避免重复性累积伤害的重中之重。乔治城工厂在发展过程中比较重视岗位轮换。正如迈克尔在第 8 章中所解释的那样，因为第一个工厂已经处于满负荷状态，所以在第二个工厂加速生产过程中会有许多伤害。安全标准的设计对于未来的模式是比较有帮助的，但是另一个可以改进安全记录的因素是基于人体工程的轮岗。

迈克尔解释道："这是我们在工厂发展过程中所学到的经验之一。肯塔基工厂遭受了许多重复性累积伤害，而在日本工厂却没有。这个问题我们必须自己解决，因为日本培训员也没有答案。经过研究，我们发现了工厂的几个关键区别。一个是新供应商零部件的适用问题，另一个是美国工人和日本工人的体型差别。"

日本工人的身高、体重都比较相似。因此，在日本所设置的工作岗位，几乎每个人工作的角度和负担都是一样的。在美国，工人体型相差比较大，可能先是一个身高 1.5 米、体重 40 公斤的女工工作，然后是一个身高 1.8 米、体重 110 公斤的男工工作。这些差异突出了人体工程问题导致了伤害的增加。为解决这些伤害问题，我们尝试了许多对策，但主要解决方案是将短期和长期对策区别开来。

- 短期：进行基于人体工程的轮岗。
- 中期：设计适合于任何体型和身高的工作站。
- 长期：设计符合合理安全标准的汽车和零部件。

即使设计标准非常有效，但是也需要以岗位轮换作为补充。这意味着如果团队成员在主要依靠肩部活动的岗位上工作了 2 个小时，那么下一个工作就不能再主要依靠上半身来完成，他需要一个主要依靠下半身来完成的工作。同样

图 9-1　使用不同肌肉群的 4 项工作

地，如果在红色的工作岗位，即负担较重的岗位工作了 2 个小时，那么一天中剩下的时间他就不能再到另一个红色岗位上去工作了。图 9-1 来自 TMMK 流程诊断手册，展示了肌肉群在 4 个不同工作岗位中的负担。在一天中，你不会希望让一个肌肉群承受 3 次负担，甚至两次也不希望。

与丰田文化的其他方面相类似，首先需要设定标准，然后开始改善活动。例如，组装部门在了解工作站的实际运行情况时，需要观察近 1000 名员工的轮岗过程。当然，在认识和确定标准之前，所有地方都是不平衡的。所以，团队成员需要逐一按照人体工程等级研究自己的工作，然后由小组设计符合标准的轮岗。在某些情况下，除了调整轮岗外没有进行任何改变，如图 9-2 所示。但是很显然，经过调整后每个小组的红色岗位数量降低到不超过 1 个，如此一来每个团队成员每天只轮一次红色岗位。有些团队采取了短期的对策，当一个小组有两个红色岗位而另一个小组没有红色岗位时，他们进行岗位轮换，组成新的小组，这样每个小组就只有一个红色岗位了。

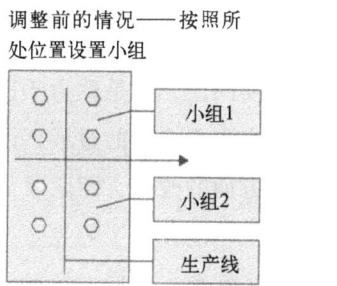 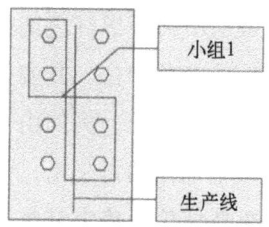

图 9-2　调整工作轮岗以平衡人体工程负担

上述改变有利于在短期内降低风险，增强长期安全的关键还是要找到根本原因，以减少整个工厂红色岗位的数量。关于这项活动的两个例子是团队成员和支持团队帮助实施某些改进。第一个是"沃尔玛低音船改进"(Wal-Mart Bass Boat Improvement)。有些团队成员需要在汽车一个前轮的轮舱前安装电线。在改进之前，完成这项工作需要弯腰。小组努力寻找改进措施，最终通过头脑风暴想出了坐在椅子上完成工作的办法，从而避免了弯腰。

在经验丰富的维修团队以及工程部门的支持下，改进小组对单轨道和座椅的设计进行了规划。为了找到合适的座椅，小组翻遍了所有的交易目录，但由于所有的座椅都比较贵，而且运输也需要好几个星期，所以没有找到一个合适的。正在进退维谷之时，小组中一个热心的员工建议使用低音船的座椅也许能够达到预期的效果：这种座椅有一个头垫，而且能够旋转，适合整天坐在上面。小组接受了他的建议，并在第二天他就买来一个低音船座椅，使得坐着工作的想法得以实施。对此，许多小组都妒忌他们能够坐着工作，既提高了工作安全度又延长了价值增加工作的时间。

在随后的几年里，日本和其他地方的工厂不断改进座位装置，并且彼此之间相互分享。这些座椅可以承载任何体型的人，可以使员工在车内外自由移动，避免了工作中的爬进爬出、屈膝、弯腰或拉伸，在减少人体工程风险、红色岗位和伤害等方面起了显著的作用（见图9-3）。

乔治城工厂安全性改进的另一个例子是升降台。工厂底盘安装区的许多零部件的安装都需要团队成员举到头顶完成。但是，通过升降台的上下移动使得任何身高的人都可以在腰部和肩膀之间比较安全地完成操作（见图9-4）。这种调整工作条件和工作配置的能力降低了人体工程风险以及高风险岗位所带来的伤害。

强有力的领导和积极利用团队成员提出的想法使整个工厂红色岗位的数量显著减少。管理层不再考虑红色岗位的轮换问题，而是致力于设定目标和标准消除整个工厂的红色岗位。其实这是一个永无止境的过程，说起来容易做起来难。工作细微的变化，例如由于其他方面的改进，团队成员需要实现从一个工作到另一个工作的再平衡，使得新工作的人体工程完全改变。因此需要对工作岗位重新评价以确定其是否变成了红色，然后有针对性地进行改进。当车型变化，所有的零部件和流程都需要改变时，就需要在整个工厂开展这样的活动。其他时间也常常会有一些不容易发现的细微变化。供应商所提供零部件的细小偏差都会对工作安全产生巨大的影响,并且这种细小偏差操作员常常发现不了。因此工厂安全标准规定每年对所有的流程进行两次再评估,以确认这些流程的安全等级没有变成红色。

图 9-3　座位装置减少有害姿势的例子

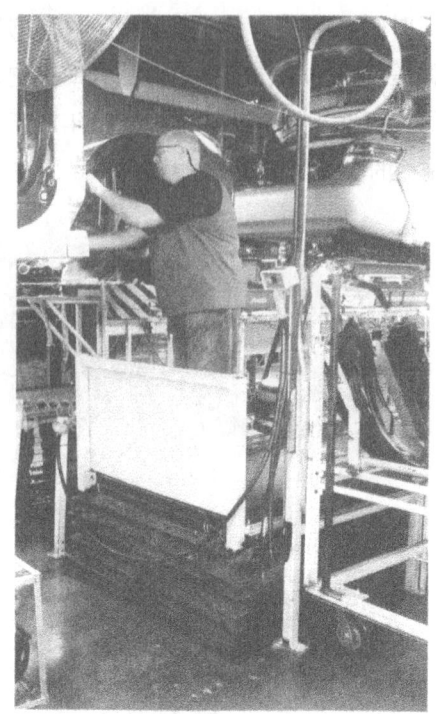

图 9-4　适合不同身高的人的升降台的例子

9.3.3　KYT 会议

TMMK 的风险预知训练会议被称为 KYT 会议（Kiken Yocki Training Meeting），是每个小组为了提醒团队成员注意安全而召开的一个 5 分钟的日常例行会议。Kiken Yocki 可以翻译成危险预知。会议的初衷是提醒团队成员注意周围环境，预见在工作地可能出现的与自己或队友相关的安全隐患。发现问题、讨论问题并提出解决对策是会议的主要内容。

这个日常会议是小组的迅速集合，就像篮球比赛中的暂停，用以回顾过去展望未来。这保证了安全第一，并成为日常行为和文化的一部分。每天在工作时间暂停生产 5 分钟来讨论安全问题，充分体现了丰田优先考虑团队成员的安全理念。

9.3.4　标准化工作、工作指导和安全

丰田通过流程和员工两方面来管理安全问题，以避免伤害的发生。一般

来说，标准化工作是提高工人生产效率、降低成本的工具，在丰田它还是关键的安全工具。标准化工作意味着设计一个非常安全的工作，可以杜绝带来重复性累积伤害的危险因素。接下来就是适当地培训员工，使他们可以安全地工作。一个流程在设置时可能是安全的，但是如果员工没有进行安全操作，也可能会带来伤害。因此，安全要综合考虑基本技能训练、标准化工作操作单、工作指导训练和跟踪系统。我们认为如果没有这些因素，一个企业的安全工作就无从谈起。

在第 5 章所讨论的计算机化的基本技能训练场是教授新员工射螺栓和电路连接的地方，例如组装区。计算机可视化手册包含使用风动工具和进行连接时的安全要点。例如，新员工在工作时一般比较紧张和兴奋，所以他们就会在无意中紧紧握住风动工具，手腕和胳膊上的静脉就会非常明显。除非进行专门训练，否则他们会一直这么做，直到最后受到伤害。教会新员工轻轻地拿枪、用手指底部而不是指尖扣动扳机，是视频培训和人员跟踪的一部分。这样就可以避免对手腕和食指造成伤害。

作为标准化工作的一部分，安全关键点总是被标注在工作描述中，并通过着色突显出来（见图 9-5）。图中描述的工作是安装一个"百叶型风道"。标准化工作描述了在所需时间内完成工作的步骤，并且给出了团队成员完成每步骤操作时的动作。在此之前已经发现某些步骤存在潜在的安全问题，并用绿色十字进行了标注。例如，在第 8 步中用 5 个螺丝固定百叶型风道，就存在潜在的安全问题。从下面的注释部分可以看到，在用风动工具射击时手腕需要不偏不倚。如果手腕反复向下或向上弯曲，时间长了会导致腕管综合征。

不论何时，只要在标准化工作表的描述中出现一个绿色十字，用于工作指导培训的相关作业细分表就需要包含正确完成该项作业的详细信息，同时要附上错误方法的一个例子。这些详细信息常常用图片来展示，包括站立的正确角度、手持风动工具的正确角度和高度，这样团队成员的手腕就不会放在不安全的位置（见图 9-6）。需要注意的是，在图 9-6 所示的例子中，越过头顶进行操作本身是不好的，但是至少手持风动工具不偏不倚的位置是比较好的。工作指导培训是将设计好的标准化工作向日常操作转化过程中缺失的环节。之所以称之为缺失的环节，是因为即便是那些已经采用了标准化工作精益操作的企业也很少建立工作指导培训程序。

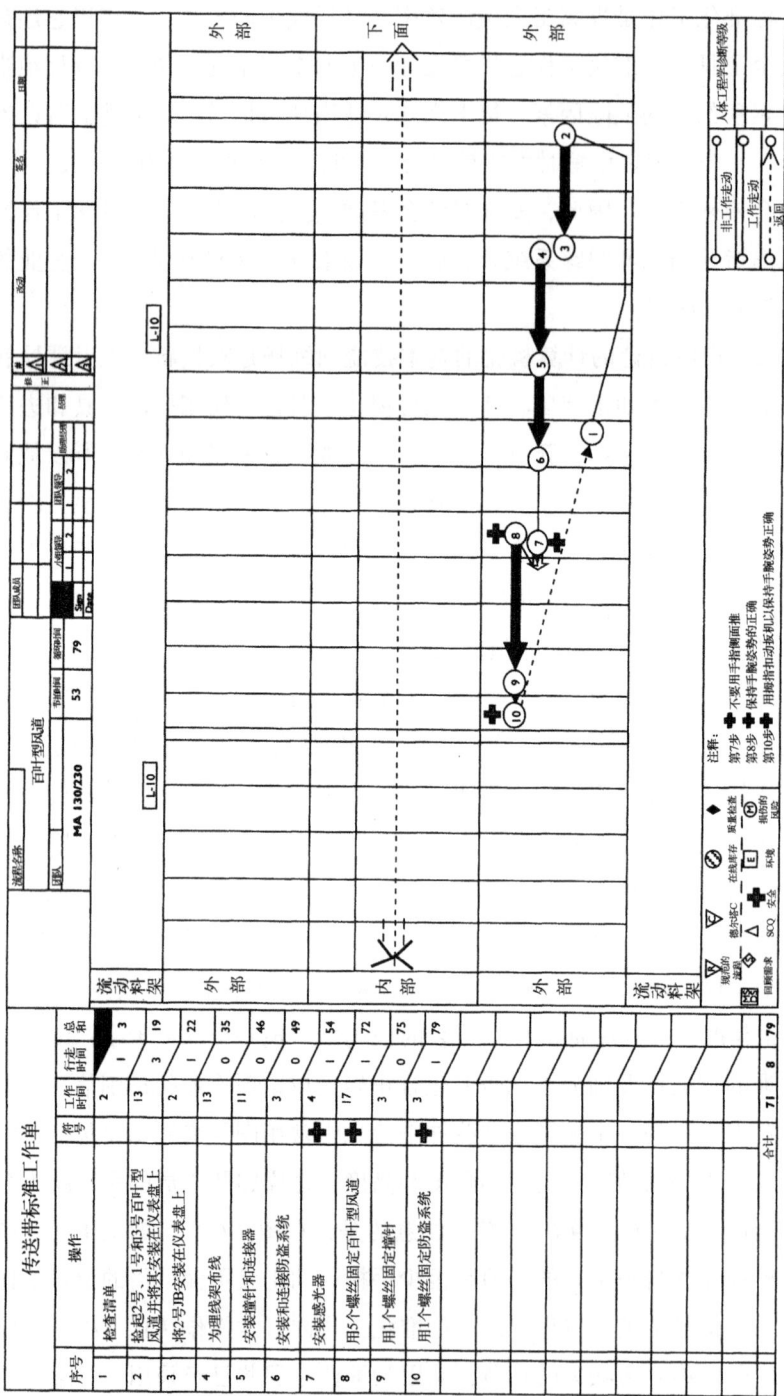

图 9-5 标准化工作中突出潜在安全隐患的例子

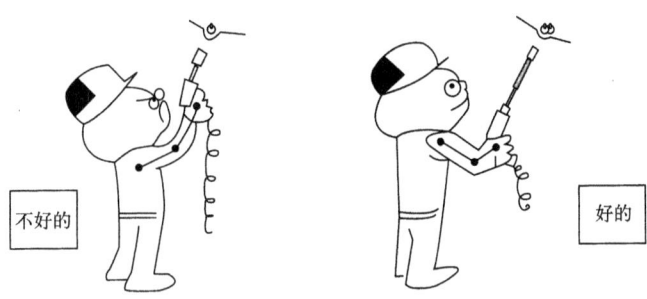

图 9-6　完成工作好的和不好的方式

团队成员在完成了标准化工作相关培训并能安全地完成工作之后，还需要对其进一步地跟踪。丰田期望小组领导、团队领导甚至是经理助理都要进行日常审查工作。一个团队领导大概会负责 20 个团队成员，每天观察一项工作，每个月就可以把每项工作都观察一次。团队领导利用标准化工作操作单或者更详细的工作细分表观察团队成员的工作，找出与标准化工作的偏差。小组领导也要在小组范围内这么做，更频繁地对每个团队成员进行观察。作为这些标准化工作日常检查的一部分，小组领导和团队领导需要确认团队成员都遵循了安全要点。如果出现偏差，就需要对团队成员进行指导、重新考虑物理设置或标准化工作以避免不安全操作再次发生。

我们已经讨论了标准化工作、解决问题培训和持续改善流程的作用。从问题中吸取经验，将其标准化并加以推广，如此就能使得所有从事该工作的人都能遵循目前的最佳做法。对于安全来说也是如此，利用标准化工作和安全培训系统，可以将安全融入丰田文化。但它并不仅仅是安全部门的事，而是一种经营方式。

9.3.5　症状的早期干预

从乔治城动力工厂经理的岗位轮换到管理工厂安全和医疗工作的岗位，对厄尼·理查森来说是个巨大的挑战。作为动力工厂的经理，他只对自己部门的安全工作负责，但是现在他需要对整个工厂的医疗工作负责。这种轮岗在丰田很常见，其目的是开阔个人视野的同时为该项工作注入新鲜血液。厄尼接受过解决问题方法的全面培训，所以他首先从"目标是什么"开始自己的新工作。通过根回，与许多部门讨论安全问题，并确定了使任何员工都不受伤的目标，如果有员工受伤就被认定为重大事故。

经过深入研究厄尼发现，幸运的是，在乔治城工厂严重的伤害很少发生，但是仅仅强调伤害是重大事故远远不够，应该采取进一步的举措杜绝此类事情的发生，就像通过质量管理可以实现零缺陷一样。因此他开始将注意力集中在症状的早期干预（ESI）上。为什么不在流程超出控制之前对其进行调整呢？

不久，ESI的效果就得到了证实。乔治城工厂在过去的两年内从工人赔偿准备金里支出了2500万美元，碰巧工厂准备在第2年年末更新短期和长期伤残的赔偿准备金。但是，赔偿准备金提取比率第一次没有发生变化。按照惯例，丰田在实施ESI之前，每年赔偿准备金至少增长15%，但是实施ESI后，实际年支出不断降低。ESI的目标是全面降低每年的医疗支出，比如，在厄尼的关注下员工赔偿支出（工伤）、短期事假和长期伤残支出降低了40%。工厂有7400名员工，相当于每年减少数百万美元的医疗支出。

ESI是一个系统，建立在这样一种假设的基础上——发现问题越早，就有越多的机会提出防范措施。重复性累积伤害是日积月累形成的，首先团队成员在某个流程的工作中感到有些困难，然后感觉不舒服、感到疼痛，最后导致伤害。系统的目标是训练团队成员拉下安灯线，在早期及时发现问题、解决问题，避免造成团队成员的伤害后才到医疗服务机构（IHS）进行治疗（见图9-7）。

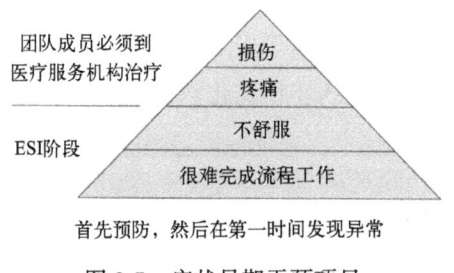

图9-7 症状早期干预项目

当团队成员因感到不舒服而拉下安灯线时，ESI系统就会迅速启动。团队成员因不舒服而拉下安灯线并解决问题，这听起来很平常。事实上，如果真的存在问题，就会引发一连串的障碍。一个PDCA系统，需要关注、支持、责任和标准。ESI系统也具备这些要素。表9-2展示了团队成员拉下安灯线后的重要反应。确定对策的响应时间、对策的执行、证实对策的有效性、在20

天内结束案例等方面都有非常清晰的标准。

表 9-2　症状早期干预的操作准则

关键步骤	时间	领导	支持
1. 团队成员首先报告不舒服/困难	小组成员		
2. 建立"新案例"并收集基本信息	≤ 24 小时	团队领导	小组成员
3. 调查	≤ 2 个工作日	团队领导	ESI
4. 应对计划	≤ 5 个工作日	团队领导	ESI
5. 执行短期（临时）应对计划	≤ 10 个工作日	团队领导	部门管理者
6. 康复顾问对所有超过 10 天①的案例进行评价	> 10，≤ 15 个工作日	康复顾问	ESI
7. 执行应对措施	≤ 20 个工作日	团队领导	部门管理者
8. 证实应对措施的有效性	≤ 20 个工作日	团队成员	ESI/团队领导

① 到第 10 天由康复顾问进行评价比较适宜。所有超过 10 天以上的案例必须在第 15 天之前进行评价。

定义
ESI 案例：团队成员报告由于累积性应力造成的身体不舒服或工作困难。
ESI 小组：部门管理者安排一个或几个团队成员支持 ESI 项目。
康复顾问：支持 ESI 项目的医疗服务提供者。
累积伤害：身体长期累积多次遭受压力而造成伤害的现象。
急性伤害：由创伤事件导致的伤害。
资料来源：TMMK ESI 操作程序的内部文件。

ESI 一旦启动，就要明确责任并进行跟踪，在调查后开始解决问题。第一步是与所发生问题领域能称得上是专家的团队成员进行交谈，收集其对该种情形和问题的看法。他能够确定一些关键问题，比方说什么时候开始不舒服的，流程或所需要的操作动作在这段时间是否有变化。

对团队领导和 ESI 小组成员进行培训，使他们能够发现某些症状。表 9-3 是手和手腕症状的一个例子。整个表还给出了身体所有部位的症状，包括脖子、肩膀、前臂等。

表 9-3　手和手腕症状的例子

症状	姿势/动作	力/负荷	检查
手/手指的中部（小指旁边）麻木不适	手腕长时间屈伸	拇指底部或手侧面的锤击应力	• 零部件不合适 • 没有使用工具或没有工具 • 没有保持工作平稳的装置，例如在拿箱子时没有使用搬运装置

接下来，观察团队成员的工作，有时候需要录制下来，对潜在原因进行

更加集中的分析。可能是工作的因素或团队成员的动作或姿势出了问题。小组所接受的培训及其所支配的资源，使其能够鉴别出哪些动作的长期重复会带来伤害。图 9-8 展示了对脖子不利的动作。

最后，ESI 项目设置绩效和过程指标以启动一个跟踪 ESI 过程（例如 ESI 的启动与结束、对策的实施、团队成员的遵从等）的、不间断的 PDCA 循环，同时还要确定 ESI 对具体经营指标的影响，比如衡量人均伤害率的 OSHA（职业安全与健康监察局）伤害事故率。为了帮助经理和团队领导履行自己的责任，这些结果要在各部门每月召开的安全会议上进行回顾，并且在所有部门经理参加的工厂安全会议上进行分享。

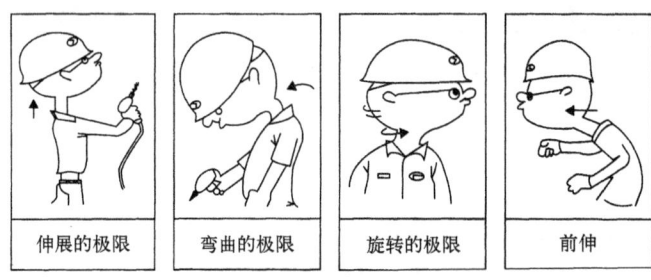

图 9-8　脖子姿势不安全因素的说明

令厄尼引以为荣的是，由于其强有力的领导和安全程序的持续改善，整个工厂的安全问题有了巨大的改善。衡量安全的行业标准是 OSHA 伤害事故率。20 世纪 90 年代，工厂的伤害事故率曾高达 20%，尽管这是行业的平均水平，但是丰田要在各个方面都处于行业的领先水平。现在，工厂的伤害事故率已经保持在 10% 以下，并且正在向 5% 迈进。这在行业中已经是最好的了，但丰田并不满足，其目标是将伤害事故率降低到 0。公司的这个挑战也转成了对厄尼的挑战。厄尼因其在安全方面获得的经验和在改进方面的领导能力被提升为北美制造公司安全与医疗管理经理。

9.4　工厂中的心理安全

安全不仅仅指身体的安全，还包括心理上的安全感。这首先需要营造一种团队成员不必担心会遭受心理虐待、没有过度工作压力的尊重人的环境。

我们强调丰田对员工的挑战，但是挑战不等同于心理压力。最后，文化本身必须建立在一种价值观的基础上，即把为团队成员提供安全、可靠的环境放在首要位置。

9.4.1 安全、尊重人的环境

我们已经讨论过，团队成员在提出问题时必须有一种安全感，也就是说公司或主管不会因此而惩罚他们。即使是更广义的文化中也有同样的概念。迈克尔回忆了自己在 TMMK 最初几年的经历。

我记得在乔治城工厂建立初期，作为高级主管，我们得到的信息是不能容忍任何不尊重人的行为和信息或直接针对某个人或某个团队的迹象。他们告诉我要为整个工厂特别是自己的团队着想，就像对待自己的妈妈或女儿一样。那正是我所期望的。同样，工厂里或衣帽间也没有"性感挂历"或下流的图画。无论是工厂车间的交谈、管理会议，还是其他任何地方都不准出现骂人的语言。现在，我认为工作场所中无礼的行为已经很少了，但是 20 年前，丰田正带着这些期望创建丰田文化。记得有一个来访者问乔治城工厂现任制造副总裁谢丽尔·琼斯来丰田工作时最令她惊讶的是什么。她回答说，作为一名女性在这儿工作感到很安全，她非常赏识这种没有辱骂、没有攻击女性的图片、女性能够被提升的尊重和信任的文化。在到丰田之前，她已经做好了在"粗糙"环境中工作的准备，但后来发现丰田并不是这样的。作为男性，她的回答是我从未想过的，但是从她的口中表达出来，使我体会到它已经成为文化的一部分。

9.4.2 认知简化：挑战但不是压力

在丰田文化中，有一种观念是员工的工作应该富有挑战但不是充满压力；希望每个人都能够遵循标准、改进流程、解决问题。改进流程可以发挥员工创造性的天赋，释放潜在的想象力。但是，如果员工充满压力，就会阻碍他们发挥自己的潜力。作为优质人才与组织中心工作的一部分，我们开始注意当前一些对大脑的研究，研究表明如果来自家庭或学校的压力太大，学生大脑中的斗争或逃跑区域就会比较活跃，并且当该区域活跃时，大脑的其他区域就会关闭，当然也包括前面负责创造性思维的区域。

在学校文化中，他们认为为了得到最好的学习效果，每天要确保学生能够放松，使其处在一个没有压力、充满信任的环境中。这些研究结果似乎印证了丰田文化的某些价值观和做法。建立在信任和减小压力基础上的关系对教育和工作都大有裨益。团队成员更加健康、更富有创造性对于个人和企业都是有利的。

在乔治城工厂建立之初，丰田训练团队领导要确保流程没有压力，给团队成员思考的时间。日本培训员的理念之一是"让创新发生"。他解释道：如果团队成员的脑子是满的，就没有进行创造性思维的空间了。为此，团队领导必须保证团队成员能够有一个空闲的大脑。但是，值得注意的是，同样的问题在相反的情况下也会发生。如果流程太简单没有挑战性，团队成员就容易胡思乱想，而不去想如何改进工作。问题的关键是，在两者之间找到一个平衡点。

这已经作为一个认知简化程序应用到了乔治城工厂的实践中。乔治城组装工厂总经理助理查尔斯·勒特雷尔认为简化程序系统要实现3个目的：促进流程的顺畅、简化记忆、简化动作。查尔斯解释道：

> 简化程序系统主要通过设置标准来减少团队成员的负担，然后为了达到这些标准而持续改善。在过去的几年里，简化活动一直把注意力放在持续改善上。即使在引进比较复杂的混合动力凯美瑞时，我们仍然能够达到这些简化的标准。我们重新设计了一些岗位，让团队成员始终待在汽车的某一个区域，取得的最大的成功是减少了团队成员在汽车制造过程中决策的数量。

> 在组装过程中，团队成员需要在众多的零部件中进行选择，需要确定哪些是安装在亚洲龙上的、哪些是安装在凯美瑞或速乐娜上的，需要确定汽车是六缸驱动的还是四缸驱动的，是标准车型还是豪华车型，是什么颜色等一系列问题。我们发现绝大多数内部瑕疵来自于需要做出3项选择决策的流程。这并不难理解，在55秒内组装1辆汽车，没有太多的时间可供决策。我们设置了一个标准（或目标），将80%的组装流程变成每辆车低于3个决策的"绿色简单"流程。最主要的改进是在零部件提供区。我们将选择零部件的决策从生产线团队成员转移给离线的零部件区。零部件区将零部件按照顺序排好

或者把整个流程的所有零部件都放在一个盒子里，这样，生产线上的所有团队成员直接到同一个地方去取零部件或盒子就可以了。

他们仍然需要确认所取的零部件是正确的，但是不需要花时间去决策或去找零部件。在很多情况下，我们把节省下来的时间留给团队成员用于确认组装和确保质量。与提高生产率相比，我们更强调减轻团队成员的负担和改进质量。在引进更复杂的新车型的情况下，组装工厂的"绿色简单"流程比例从36%提高到64%。同时将全厂的内部瑕疵率降低了30%。我们继续在全厂范围内开展改进活动，通过召开国际工程师会议简化零部件，得到最佳的零部件结构，从而简化生产线上员工的决策。

丰田文化中的流程简化基于一种态度，即生产线上的团队成员是专家，因为他们代表着公司唯一的价值增加工作，所以必须保护他们。一个日本培训员告诉迈克尔，生产线上的员工就像正在做手术的外科医生，材料运送者的工作是为专家提供支持，在需要时给为他们提供工具，满足其需求，而不需要他们去思考，使其把精力集中在汽车上。

9.4.3 安全文化

厄尼·理查森将TMMK在伤害事故率方面取得的巨大成就归功于症状早期干预、管理支持与责任以及建立安全文化这三个关键的系统。他描述了工厂是如何从"行为本位"模式发展为"文化本位"系统的。

过去，我们比较注重员工的行为，列出了哪些可以做哪些不可以做，让员工相互监督，指出彼此的错误。起初起到了积极的作用，但是很难长期坚持下来。于是我们决定深入研究作为一个企业和团队的核心价值观，把注意力集中到文化、思维方式、行为的原因上。这是一种与外部化的"行为本位"模式相反的内部化模式。

厄尼认为加里·康维斯到TMMK之后推动了这种转变。

他是安全的真正捍卫者。他认为我们基本上做得较好，但是不足够好，需要不断改进。在他的领导下，整个管理团队都在转变自己的文化。作为管理团队，首先需要做的是承认没有摆正自己的位置，在改变团队文化之前需要先转变管理文化。管理团队制定了一个长期计划，以总的事故率为基础，逐个部门检查流程、转变文化，并且决定安排一个全职的安全专家进行协调。

在项目启动初期，由于安全专家的职位调动，小组内部出现了职位空缺。于是小组决定从内部寻找一个适合该项工作的人。他们希望从生产车间找到一个现场经验丰富，并且具备安全知识的人。最后车身焊接区的一个小组领导泰芮·曼宁被选中了。她与部门安全委员会一起工作过，并且是症状早期干预小组的成员。就所经历的培训和聘用、作为一个团队成员忠实于自己的工作、积极投身于课程外培训等方面而言，泰芮是"人力价值流"的另一个例子。如今，她被安排到一个可以继续成长的岗位，负责整个工厂的倡议活动，以期实现改变每个部门管理团队文化的目的。泰芮向我们描述了在各部门实施安全文化的4阶段流程。

- 第一阶段，培训部门管理团队。TMMK决定对团队领导以上的所有管理者进行培训。该阶段是一般水平的培训，可以帮助每个人理解文化是如何影响安全的。
- 第二阶段可以分为3步。第一步是对团队成员进行评价。评价时询问一些直接与文化以及安全相关的问题。为了得到真实的答案，评价是匿名进行的，结果向所有人公布。第二步是成立焦点小组，仔细检查调查结果，与团队成员开诚布公地讨论，听取他们对问题的看法。团队成员可以坦率地发表意见，甚至可以直接指出自己认为在安全方面不能起到帮助作用的管理者。第三步，泰芮总结焦点小组所收集的团队成员的意见，为管理团队准备一份报告。这是一段比较困难但非常有效的时期，可以获得团队成员的信任和忠诚。
- 第三阶段将基层小组集合到一起，设置这些基层小组的目的是强化团队成员的参与。工厂为了支持基层小组而成立了一个管理引导小组。TMMK的管理引导小组由来自部门各层次（从总经理到团队成员）的7~9个人组成。这些团队成员同时也是基层小组的成员，其中有一名成员作为指导者参加所有的会议。这有利于从管理层到团队成员各个层次明确自己对流程的责任。然后，基层小组征募其他的志愿者采取行动。小组根据评价结果（来自第二阶段）确定应该优先从何处着手以及采取什么措施。所有小组共同的主题是关注眼前的项目，建立更好的安全文化，而不是发明新事物。下面是一个小例子：某个小组不想放弃自己目前所编辑的一份简报，也不想创办另一份新简报。因为它能提供较好的信息，但是在当前的文化中人们并没有看到这份简报的重要性或意义。于是他们与部门经理一起花了几个小时的时间在工厂门前向每个团队成员赠送简报，并感谢他们认真对待安全问题。虽然这是一个小行动，却具有重大的意义，很快就成为该部门传统和文化的一部分。

另一个基层小组在解决问题时更加深入。该小组观察 ESI 项目，发现虽然新事故的数量减少了，但是事故率却没有降低。他们发现，实际上在基层，团队成员不愿意在早期报告自己的问题，因为自他们报告问题的那一刻起，其为期 2 年的"工人赔偿金时钟"就启动了。如果遵循及早报告问题的检查流程，实际上会损害其获得伤害赔偿金的权益。当然这不是管理层故意设计的，因此发现该问题后，工厂立即修改了政策，将赔偿金的计算起点改为员工第一次去诊所接受治疗的时间。现在团队成员会因及早检查和纠正而受到奖励。

下面是一个关于团队领导如何改变文化的例子。团队领导发现增加了越来越多的管理和日常检查工作，以至于很难完成。他们重新审视了团队领导的职能，发现许多日常工作都不增加价值，于是将这些工作删除掉。这样做的目的是将注意力放在流程上，检查其是否带来最积极的影响。这些流程包括伤害事故率、岗位轮换、ESI 项目、日常标准工作姿势的确认。日常姿势确认是指团队领导每天观察团队成员在每个流程中的动作，确保他们的每个姿势都是正确的。团队领导需要记录偏差和纠正偏差所采取的措施。在当前的安全文化中，这是与团队成员的合作，而不是刻意找出某人所犯的错误。

- 第四阶段的重点是保持基层小组及其所做出的改进。从长期来看事故率呈下降的趋势，这也正是 TMMK 的现状。基层小组每周召开一次会议，有时在生产过程中召开。成果是改进越来越多，事故率持续下降。厄尼指出由于安全文化的实施，部门事故率在两年内降低了一半。

短短几年里，工厂在安全文化方面所取得的进步鼓舞着厄尼和泰芮，并努力与其他丰田工厂分享经验。

9.5 对团队成员的关爱：个人健康和安全

虽然零伤害的目标在工作内外都实现了，但是仍然需要关爱团队成员。

9.5.1 受限员工的处理

当某个团队成员出现工作限制时应该怎么处理呢？惯常的答案是让他回家。厄尼·理查森发现，事实上这对于公司或受伤者来说都不是最好的决策。

我们在对待受伤的团队成员方面取得了巨大的进步。我们发现将其送回家对于团队成员和公司都没有什么好处。如果让其离开自己的小组和生产工作，除了身体上的伤害之外团队成员还常常会感到沮丧。另外，因为支付保险费、雇用临时员工，公司要付出每小时超过 1.80 美元的成本。因此，工厂的目标改变为：在工厂里为其寻找一份合适的工作。这涉及包括保险人、团队领导、经理和团队成员在内的每个人的观念转变。我们在受限管理方面工作非常投入，现在可以通过计算机程序列举出适合不同带伤员工的工作岗位。我们记录下员工的受伤情况，从整个工厂找出适合他的工作。

第一个目标是让他们继续在自己的部门工作。因此，组装工人一天中绝大多数时间都可以在自己的小组中，但是可以在组装工厂其他部门进行两个小时的岗位轮换。这种轮换不能算作真正的岗位轮换，只是暂时的。这样做的目的是让他们回到自己的小组进行完全轮换。对于比较严重的受限，如果没有适合的在线工作岗位，我们就创建扩展的工作替代项目。设计该项目的目的是为受限员工找到一份离线的、增加价值的生产工作，使其在身体恢复的过程中仍然可以得到一部分报酬。现在该项目中有 22 名员工，其中已经有 5 名回到了自己原来的工作岗位。

9.5.2 现场医务室

丰田 TMMK 工厂一开始就有在线医务室，由合同制医生和护士提供与工作相关的医疗服务。为了扩展这些服务，他们做出了两个重要改进。第一个就是由于安全方面的改进，需要医疗服务的员工越来越少。第二个是对医务室本身的改进。在丰田管理者的帮助下，将丰田模式的基本原则应用到医务室的经营过程中。厄尼解释道：

我们开展了针对杜绝浪费的持续改善工作，公布医务室每个员工的时间平衡表及其每天的时间安排。小组为实现成员的高效工作而不断改善，与此同时成员也不断提高其服务质量。

"在一个仅有10名员工的医务室里，小组可以将所需要的劳动力减少2.6人。作为丰田模式的一部分，我们不希望有人因持续改善而丢掉工作。我们本来也可以等待离职情况的发生，但是从全局考虑，公司决定用富余的人手为团队成员提供个人医疗服务，比如治疗伤风、流感等。这样既为团队成员提供了方便，又可以省去到外面的医务室看病的支出，与此同时也为公司节省了个人医疗方面的开支。"

9.5.3 现场药房：由错到对

我们在第1章提到丰田并不是完美的。丰田和其他企业一样也会犯错误，但是丰田在回应和处理错误方面比其他企业做得要好。为了降低员工第一次意外事故的支出，乔治城工厂的管理层曾经进行了一项"增设现场药房供团队成员买药"的善意的改进。看起来这是一个伟大的降低成本的想法，但是因为管理层没有提前征求员工的意见，药房一设置就立即导致了团队成员的负面反应。乔治城工厂和丰田北美工程和制造公司的人力资源副总裁彼得·基顿对这一情况进行了解释："当我们设置现场药房时，有些团队成员不同意。有人认为这会带来不便、产生负面影响。本来可以到克罗格（当地一家出售药品的杂货店）花3美元买药，但是现在你的妻子却不得不到工厂里买药。但我认为这是保证公司提供切实可行的长期工作保障的一项积极措施。"

结果是由于买药的人很多，团队成员不得不提前排队才能买到药，因此而产生了焦虑。与往常一样，丰田采取了积极的措施解决问题。基顿进一步解释道："最开始没有充分的准备，员工每天都要在停车场排队，所以我们试着提高效率。一个人走到我面前说他一直支持公司保持工会自由的政策，但是现在却要到这里来排队买药，他不知道自己是否还应该支持公司。"

很显然，管理层都认为现场药房对工厂是比较有利的。对于公司来讲可以明显地降低成本，因此面对员工的批评公司没有辩护也没有放弃，而是运用严密的解决问题程序进行改进。问题不是现场药房不好，而是团队成员不方便取药，需要等太长时间。基顿讲述了公司是如何运用解决问题程序处理这种焦虑的。

为了方便员工取药，我们进行了许多改进，包括派 TPS 专家到药房以减少排队时间和服务时间，通过改变药品的布局减少动作浪费，使用装有软件的分药机器自动分出常用的药等。

同时，这也要减少人力成本，我们商量好了一个更合理的价格，但真正的结果是减少了交货时间。我们做得比这更多。现在你可以在去车间的路上将药方放到入口处的收发箱里。有人就会根据药方将药品送到不同的餐厅或直接送到团队成员工作的地方。你也可以使用一个自动化的系统在任意时间订药，然后下班的时候取走。现在每个月我们能处理 10 000 份药方，抱怨也减少了。那成本如何呢？如果有 60% 的员工到药房取药，一年就可以节省几百万美元。如果员工使用的是一般药品（比如，氯雷他定、奥美拉唑、耐信），在我们的药房里自付部分为零，但如果在外面药店买则需要自己支付 20%，某些药的自付部分可能会高达 30 美元，甚至连柜台一般药品的替代品也不要花钱。我从没有听说过公司有在柜台收费的计划。

我们还有一个半片药计划。不管大小如何，一定数量的药品价格是相同的。比如说如果你需要 30 克，我们会给你 60 克，你可以自己分割成两半（第一次取药时我们会给员工一个用于切割药品的工具），这样员工就可以省一些自付药费。这对于公司和个人都有好处，并且仍然存在巨大的改进空间。

小结

本章描述了丰田从所有利益相关者的角度出发看待安全问题，包括为每个团队成员及其家人提供身体和心理安全。这种有意识的价值观产生一些后续的行动。利用所有成员的想法和投入以产生值得自豪的积极成果是丰田文化的重要组成部分。

你的公司应该考虑的要点

1. 组织拥有一个可以提供积极工作环境的系统，包括有效的 5S、适宜的照明、舒适的温度。

2. 有一个能够确定所有流程安全标准和问题的系统，可以迅速解决短期问题，为零部件和流程的长期再设计提供反馈。

3. 建立安全文化，管理层需要有意识地、负责任地将安全放在第一位，用自己的行动促进和支持全员参加到安全文化的建设中来。

4. 存在能够鉴别和降低精神压力的系统，设计具体工作流程时要注意减少压力。

5. 将安全问题的检查和回应放到症状的早期调查和预防前。

6. 在产品和工作的设计中融入安全和人体工程。

7. 标准化工作与工作指导培训需要考虑安全和人体工程，并通过跟踪审查将标准化工作转变成实际行动。

8. 公司承诺要超越当前的工作安全水平，建立一种保证每个成员安全和身体健康的文化。

9. 健康和安全伤害事故的目标是达到零事故。

第10章 双向交流与可视化管理

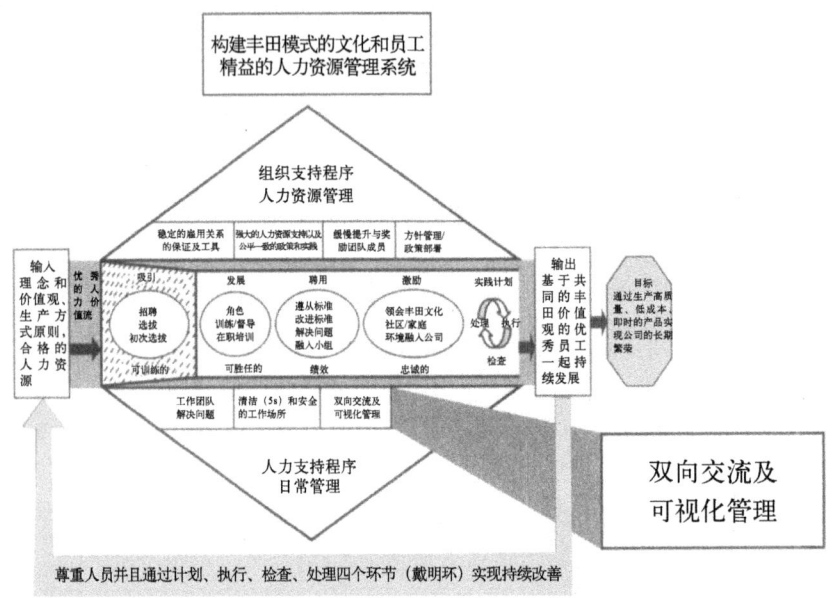

我知道你认为自己理解了我的话,但是我不能确信你是否意识到你听到的不是我的意思。

——美国国务院发言人,罗伯特·麦克洛斯基
1984年3月31日

10.1 交流是脆弱的

你能想出有什么比交流更脆弱呢?这里的脆弱是指很容易出现障碍。与

本章开头引语所表达的一样，出现障碍有很多种可能。我们思考自己准备交流的内容，然后将其翻译成语言，倾听者需要听清楚，然后做出正确的译解，再从其自身的角度出发转化成一定的想法。上述每一步都有可能导致出现交流障碍。

交流中最大的问题在于我们完全确信自己所说的内容非常清晰，任何人都可以理解自己的意图。正如罗伯特·萨默在其《心灵的眼睛》中所提到的："当人们自主地假设别人和自己的想法一样时，就会导致误解。"

我们是否经常假设别人能够理解自己所说的话？或者如果他们不理解，那么对方一定是笨蛋或者故意扭曲自己的话。进行有效的交流，首先要真正理解交流的脆弱性。一对一的交流已经足够困难，一对多的交流就更富有挑战性。再加上语言和文化的差异，你必须掌握对付较高交流缺陷的秘诀。

丰田将零缺陷作为核心价值观之一。那么，他们是否解决了交流中的缺陷呢？我想可能没有，但是丰田文化非常注重交流。丰田认为双向交流尤其是面对面的交流要比单向交流更有效。双向交流提供了反馈的机会：可以检验对方是否听到并且理解了自己的想法。但是，单向交流就没有反馈和检验。PDCA循环依赖于反馈，如果将其应用到交流中，就需要反复运用PDCA循环进行双向交流。

想要达到完美交流的顶点是不可能的，就像持续改善一样，交流的改善也是永无止境的。丰田构建交流系统，然后结合持续改善对其进行持续的监督和改进。

在丰田文化中，交流是润滑剂。不论是在两个人还是TMMK 7400名员工之间，如果彼此之间缺乏有效的交流，就不可能建立起相互信任的关系。交流是信任的基础，信任是开放式交流的基础。我们常常会认为，只有健谈的人才能进行好的交流，但是建立信任最好的方式之一是倾听，倾听所关注的问题并在交谈过程中解决。迈克尔·豪瑟斯回忆道：

还记得自己第一次给员工开会，那时我才28岁，刚被提升为经理。会议室里有几百名带着敏感问题和担忧的团队成员，其中一个粗暴的家伙说他对自己的流程设备有些担忧。他的年纪比较大，我觉得此时他是在胁迫我。为了先解决其他一般的、具有共性的问题，我要求他稍等一会，等会议结束了再跟他讨论。也许他觉得我是在拒绝他，最后他并没有留下来等我，而是去了工厂。我到车间并让他说出自己的担忧时，他感到非常惊讶。

他非常热情地把我带到流程中，解释了设备存在的问题并表现出无计可施的样子。我把团队领导和相应的支持员工叫到那里，在考虑该员工想法的基础上，当场解决了设备的问题。在处理问题的过程中，他转向我带着严肃的表情说："你确实给予了……不是吗？"这是我所得到的最好的评价。从那以后，我在生产线上有了一个朋友，一个可以朝着他微笑、挥手、掏心窝的人。

丰田用3种方式解释其交流和交流系统，如图10-1所示。

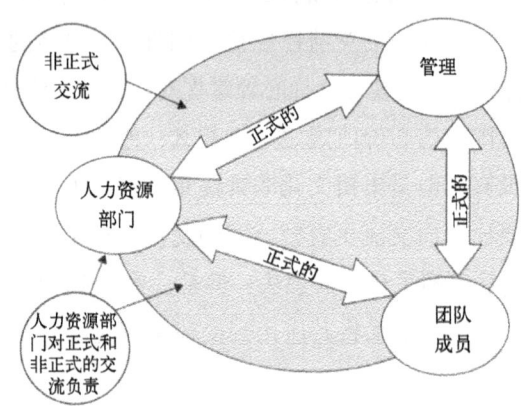

图10-1　丰田交流系统

- 正式交流。包括纵向的和横向的交流。主要是指从公司（或管理层）到员工分享信息、从员工到管理层分享信息以及员工之间分享信息。
- 人力资源活动。这些活动的目的是保持信息交流渠道的开放和畅通。
- 信息活动。这些活动的目的是使交流更容易并改进交流。

交流是丰田文化特征的重要组成部分。与此同时，它也是与丰田文化中许多其他概念（特征）相重叠、相融合的一个概念。当然也可以举例说明交流是人力价值流以及人力资源系统模型中所有支持系统的一部分。交流系统综合了入职、培训、在职培训与发展、参与解决问题、获得忠诚、团队合作、领导、方针管理等。本章将重点介绍正式的和非正式的交流系统。

10.2 正式的交流渠道

10.2.1 自上而下的交流

丰田文化的核心是对伙伴关系的假设。所有的员工甚至包括公司之外的供应商都是企业的伙伴，他们必须分享共同的目标。为了维持与所有员工以及扩展的关系网之间的伙伴关系，从理论上讲，高级管理层需要来自企业的所有领域，这样才可以全面了解企业的经营现状。这种交流包括以发展的周期性和竞争性为特征的汽车行业的教育。利用图表等形式展示丰田和其他汽车企业在质量、生产率和销售量方面的发展趋势。这种交流是有意识的，其目的是对团队成员进行企业经营现状的教育，是配合丰田模式以实现持续共同繁荣的需要。

许多企业可能说自己也与员工交流经营状况，这可能是真实的。但是，我们所看到的是，与其他企业相比，丰田与员工的交流更频繁、更有意识、更精确、出发点更长远。20世纪90年代中后期，TMMK就有这样一个例子，那时日本正处于长期的经济衰退阶段，但是乔治城的工厂却处于繁荣时期，销售额不断增长，雇用大量的新员工，每个人都从加班中获得许多额外的报酬。

日本管理者开始与美国员工一起工作，与员工交流现在的情形。使用我们在本章所讨论的所有交流渠道，告诉团队成员在日本情况是多么糟糕：减少的汽车产量，减少工作时间和停产的工厂数量。对员工进行日元、日元对美元的汇率、汇率对出口影响等方面的培训。告诉每个员工，丰田因在美国制造的丰田汽车而赚了更多的钱，但是TMMK应该将一些订单转给日本的母工厂——堤工厂，使其能够继续经营下去。

生产是按部就班的，但是美国的需求仍然在增加，因此，在工厂各方面都处于强势的情况下，根本没有可以让团队成员担忧的理由。但是，日本人坚持给大家描绘一种萧条的景象，认为在美国最终也会出现与日本同样的情况。美国管理团队将所有的录像带汇集到一起向每个人传达关于当前境况的信息。他们还将一个财务计划和管理课程结合到一起，教育员工不要依靠加班收入来支付账单：如果用加班费购物就要当心了，因为在不久的将来这些加班费可能就没有了。

由于在美国的增长势头仍然很强劲，团队成员很难理解这一信息，尽管如此，大多数人都听取了工厂的建议。果然，在21世纪的头几年，日本的衰退传到了美国。TMMK的产量在减少，根本不需要加班。5年来在理论上传达的衰退终于变成了现实。因为所有的团队成员都曾被告知过这些信息，所以许多人都采取了必要的措施来渡过难关。这是提前、持续、反复和有意识进行交流的一个很好的例子。团队成员之间建立起了牢固的信任，感到所有的人都在同舟共济。

丰田的交流系统是广泛的、多方面的，交流的方式也是多样化的，包括公司的时事通讯、简报、信件、布告栏、电子邮件等。这些方法强调信息的传播，对于任何一个组织都非常重要。另外两种比较有效的方法是闭路电视系统和电脑资讯台。我们来看下面的例子。

在每个休息区和办公区都有一台电视机始终播放运营的一般信息。例如，为实现月度生产目标所需要的加班时间、安全提示、下一次献血的时间、福利问题以及其他许多话题。这个系统的真实目的是可以同时将信息传达给全厂的7400名员工（或者至少传达给一半的员工，即一个轮班上的员工）。例如，当TMMK被选中作为混合动力凯美瑞的生产基地时，就使用该系统随时与华盛顿、东京、肯塔基州厄兰格的TEMA（总部）保持联系，同时向所有的团队成员公布最新消息。公司总裁也可以用这个系统交流质量或安全问题，可靠、精确、快速地与员工分享信息。

另一个高效的交流和传播信息的技术系统是电脑资讯台。根据战略需要将它们放在工厂的某些地方，但是绝大多数都放在餐厅里。原来人力资源部的许多信息传达事务现在都由团队成员自己处理，不再通过书面文件或人力资源管理者来完成。此类事务包括福利的变更、传送请求以及申请工作机会。

丰田的每个工厂和主要的单位，诸如总部、丰田技术中心和丰田汽车金融公司等都有专门负责公司交流的管理部门。在TMMK，他们所使用的很多信息交流工具，可以确保对所有成员的交流渠道都是开放的。表10-1对这些工具目的、受众、自愿还是强制的以及频率情况进行了总结，包括每天和每周的简报（《今日TMMK》和《内部跟踪》），还有每两个月和每半年出版一次的大型出版物（《丰田话题》和《丰田时报》）。最后，还有一个出版物叫《驱动》(*Driven*)，这是由丰田国际总部面向全世界45 000名员工按季度发行的出版物。

表 10-1　丰田交流工具矩阵

工具 / 选择	目 的	听众 / 频率
今日 TMMK / 强制的	工厂的信息和安全警报	团队领导和团队成员 / 每天
内部跟踪 / 自愿的	工厂新闻、生产更新、认识团队成员	所有团队成员 / 每周
实用新闻 / 自愿的	让团队成员了解汽车业动态	所有团队成员 / 每周
丰田话题 / 自愿的	向团队成员传达工厂和家庭新闻	所有团队成员和社区 / 每两个月邮寄一次
丰田时报 / 自愿的	向团队成员传达工厂的经营和财务状况以及行业和经济状况	所有团队成员的家人 / 每半年邮寄一次，同时还有网络版
工厂备忘录 / 强制的	工厂公告和组织变更	团队领导及其以上的人向所有团队成员宣读 / 在需要时
团队领导要闻 / 强制的	与团队领导教育和兴趣相关的工厂主题	团队领导及其以上的人 / 在需要时或根据计划
电子邮件 / 强制的	及时的敏感的通知、备忘录和调查	全厂或团队领导及以上的人 / 根据需要
公告板 / 自愿的	工厂通知、公告、工作公告、活动等	所有团队成员 / 周一到周三
新闻提要 / 强制的	工厂的重要问题、公司和行业新闻	所有团队成员 / 每周
探索丰田 / 强制的	提高团队成员对丰田的认识和理解	所有团队成员 / 每周二
TNN 活页 / 自愿的	日程提醒、公告和活动	所有团队成员 / 每天

表中所有的出版物都经过了专业化设计。前两种给团队领导，接下来的两种邮寄到团队成员家里。这些出版物除了介绍团队成员所取得的成绩外，比如说团队或质量圈运用解决问题流程取得较好的结果，也是对团队成员进行工厂现状、汽车行业以及社会经济等方面教育的有效工具。经常出现在《丰田话题》《丰田时报》《驱动》标题位置的内容有："TMMK 团队成员和经营状况""行业观察""我们的经营""丰田全球生产""丰田全球财务信息""美国汽车行业""美国经济"。另外还有介绍团队成员及其所取得成绩的照片和文章，但重点是对各种意义上的合作伙伴进行教育和分享经营信息。

从表 10-1 可以看出，这些出版物的主要读者是团队成员及其主管。为了将丰田的价值观贯穿于整个经营过程，强调这些出版物的时间、所做出的努力和投入的金钱就显得非常重要。管理层所使用的正式交流媒体的作用非常强大，许多企业也都有，但基本上都是单向交流，没有对话，因此就没有机会检查和纠正误解。也许，丰田所采用的面对面的交流方式要比自上而下的信息传递方式更重要。

10.2.2 开会、开会、还是开会

在丰田文化中，比较受欢迎的交流方式是面对面交流。丰田一直致力于为管理层和团队成员创造尽可能多的、有组织的、开诚布公的交流机会。尽管会议是一种非正式的氛围，但丰田的会议都是精心设计的，是整个系统和战略的一部分。日常交流系统是人力资源部门与生产部门共同向团队成员传达信息的很好的例子。在上一章中，我们讨论了日常KYK安全会议，每次休息时生产线要暂停15分钟，团队成员用10分钟的时间到休息室喝水、吃东西、休息，然后回到休息区用5分钟的时间开会。这些持续5分钟的团队会议每天都开。早晨的会议重点是团队领导与团队成员交流安全方面的问题，下午的会议讨论其他的事。短时间的集合可以使团队领导及时更新当前的记分牌，公布公司信息，发现是否存在问题、评论或担忧。

人力资源部门、生产部门和团队成员共同确定每天、每周、每月最需要哪些信息。有了这些数据就可以设定团队休息区交流墙的标准。在TMMK工厂，有300多处休息区，其交流墙都按照标准进行设计，标有一些标题和相应的关键信息，既有一般的信息也有具体某个团队的信息。

我们不知道该如何描述丰田对于面对面交流的高度重视。无论什么事情，只简单地强调其重要性是不能转化为具体行动的：必须首先正式地定义目标或标准，然后每个层次的管理者针对这些标准定期与团队成员面对面交流。而实际的标准要随着话题和目的变化而变化。表10-2给出了各种类型的会议及其召开频率。

表10-2 会议的类型、标准频率和时长

管理层	会议类型	频率/时长	目的
小组领导	KYK	每天/5分钟	安全
团队领导	私下碰头会	每天/5分钟	关键性能指标及其讨论
团队领导	午餐便当会议	每月/1小时	确定团队的问题，利用任务分解和跟踪实现问题的PDCA循环
经理助理和工厂经理	会议厅	每月/1小时	说明部门现状、开诚布公地讨论、寻找问题的对策
总经理助理和总经理	午餐便当会议	每月/45分钟	每次随机选择5~6个团队成员建立关系、确定并解决问题
副总裁和总裁	圆桌会议	每个季度/90分钟	每次随机抽取25~30个团队成员与总裁见面，分享公司信息、开诚布公地讨论和确定团队成员的问题

这些正式会议在为团队成员分享公司重要信息并保持工作积极性提供条件的同时，也为管理层了解和倾听团队成员的情况、迅速确定和纠正问题提供了机会。这些会议充当了人力资源系统的安灯系统，提供一个可以无所顾忌地说出自己的担忧的环境。

迈克尔回忆了一个与交流有关的重要突发事件："在某些经理午餐便当会议上，我们了解到了交流的困难。如果团队成员提出一个问题，我们会以非敏感的方式追究团队领导责任，而团队领导可能会将问题转嫁给团队成员：'你为什么非得自报家丑呢？'在这些会议上不会讨论太多这样的评论，因为它们会抑制问题的解决。我们对团队成员和高级管理者都必须格外敏感，目的是保持安全的环境，鼓励澄清问题。"

与团队成员开诚布公地交流是非常重要的。换言之，丰田相信团队成员既能够分享坏消息也能分享好消息，既能接受挑战又能接受赞誉。与我们合作的其他组织曾经谈到自己避免团队成员知道坏消息的做法。即便是出于善意，这种做法也是严重错误的，因为它会破坏管理层与团队成员之间的伙伴关系。

TMMK 和 TEMA 负责公司交流的经理南·班克斯强调这种伙伴关系存在于公司所有的交流中。

我们确实强调交流要从团队成员的角度出发。他们的核心利益是什么？每个人从自己的角度去理解所听到的信息是很自然的事。每个人都倾向于听"WIIFM"（这对我有什么好处）。而我们则希望每个团队成员都能考虑"根据这个信息我需要做什么不同的呢"？我们的目标就是成为丰田在北美的工厂，因此，需要把团队成员与关键绩效指标联系到一起。将安全行事与保持健康联系到一起比较容易。但是我们更关心的是将质量、生产率和成本与丰田长期共同繁荣的价值观联系到一起。现在，我们将所有的交流信息与 5 个关键绩效指标联系在一起，包括安全、质量、生产率、成本、人力资源，以及最近新加上的环境。我们知道这 5 个指标在交流中的百分比，如果某方面需要改进可以增加这个指标的百分比。

10.2.3 会议协调和交流培训

人力资源部门和交流部门协助实现了 5 分钟会议的程序化和标准化，使之对于团队领导和团队成员都更加有效。新提升的团队领导都要接受培训，学习如何以更有效的方式召开这些会议。培训的内容包括角色扮演和基本交流原则的处理，比如肢体语言、眼神交会、站起来陈述、在会议室里走动、积极倾听以及更复杂的问题，比如如何避免冲突和应对发牢骚的员工。为了使培训更可靠、更有效，培训员一般都是回到大学里获得人际关系学位的前任团队领导。

丰田还有一个会议召开标准，所有团队领导都需要学习如何使用该标准。最初，该标准是为质量圈领导设计的，目的是使其更有效地利用时间。但是，事实表明它是一个非常有效的工具，以至于丰田决定将其推广到所有团队成员和团队领导。这个简单而又基本的召开标准，可以非常有效地使每个成员积极参与到会议的讨论、决策、行动计划的制定中来。该标准包括 4 个步骤，如图 10-2 所示。

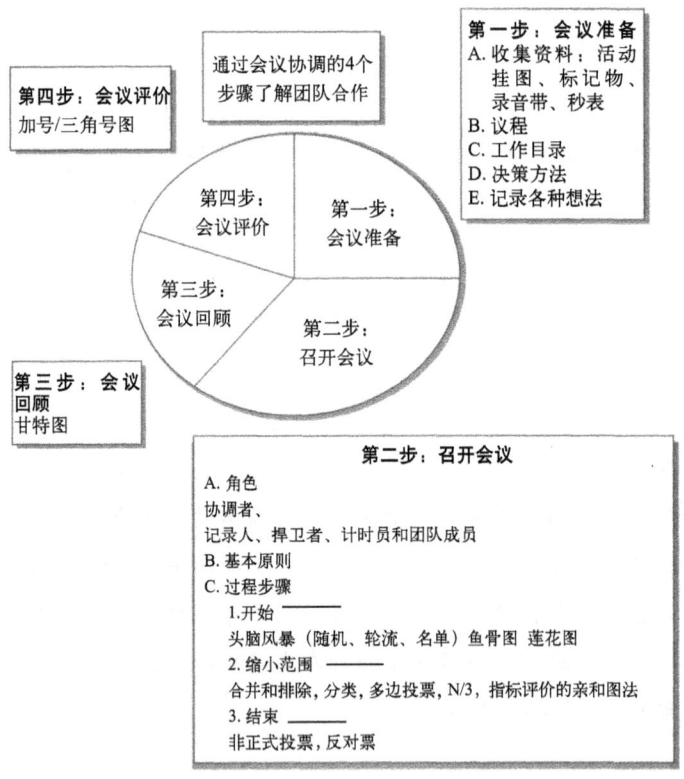

图 10-2 协调过程的 4 个步骤

第一步：会议准备。该阶段的标准是会议领导准备会议的时间至少要与会议持续的时间一样长。对于耗时 1 个小时的质量圈会议，领导应该用 1 个小时去准备，这样参加会议的团队成员才值得一来。会议准备的关键是制定议程，准备所需要的材料。在丰田，极力建议使用活动挂图，因为它们具有很好的视觉控制作用，能够使所有成员都参与其中。

第二步：召开会议。这是会议的核心，关键是使用各种工具让每个成员都参与到会议中。会议中的几个关键的角色——协调者、记录人、计时员和维持人员由参加会议的成员轮流担任。维持人员在会议上负责维持秩序，要求与会成员遵守会议的基本原则。例如，如果会议上有人窃窃私语，维持人员就会提醒他们会议不允许窃窃私语。会议的任务主要是通过使用头脑风暴等工具汇集每个成员的观点，然后利用缩小范围和决议的工具对问题的原因及解决对策达成一致。

第三步：会议回顾。正如标题所显示的，这是对团队达成的所有措施进行回顾。利用简单的图表，包含"做什么、谁来做、何时做"，来推动、记录和贯彻达成一致的行动步骤。

第四步：会议评价。这是对会议本身质量的回顾。团队是否遵循了会议标准？是否遵循了基本原则？利用简单的加号/三角号图来掌握哪些方面团队做得比较好并需要继续坚持，哪些方面效率比较低需要在以后停止或改进。

丰田发现演讲和召开会议的技能对于领导者进行有效的交流是非常重要的，但教会团队领导与个人进行一对一的有效交流也是必要的，尤其是领导训练下属的技巧。因此，新提升的团队领导还要接受双向交流模式培训，学习如何将丰田模式价值观贯穿于日常活动。为了传授聆听等基本交流技能并将其与丰田解决问题的 PDCA 循环有机结合起来，团队领导培训项目的创始人安娜·玛丽·埃费尔特和她的小组提出了这种模式。这两组技能与丰田模式架构屋的两根柱子——相互尊重和持续改善相互对应。为了保持尊重，领导者需要在建立信任关系的基础上与员工进行交流。与此同时，二者都需要用 PDCA 方法解决问题或做出改进。图 10-3 展示了这两组技能与丰田模式的结合。

第一组技能以丰田模式尊重员工的价值观为基础，重点是领导者建立与员工相互信任关系的能力。培训领导者的关键检查点是：

- 理解需求和共同的目标。
- 设身处地的回答。表示理解，但不是同意；寻找解决问题的对策。

- 使用简单而清晰的语言。
- 鼓励主人翁精神。在分享你的想法之前先征集其他人的想法，从而鼓励主人翁精神和信任。
- 表现出对能力的信任和尊重。深信人类精神的创造力和实现个人目标的能力。
- 用"我"的信息行事。根据自己的想法、感受和观察来说话。
- 通过分享事实建立信任关系。通过分享相关的感悟和观点谋求合作。

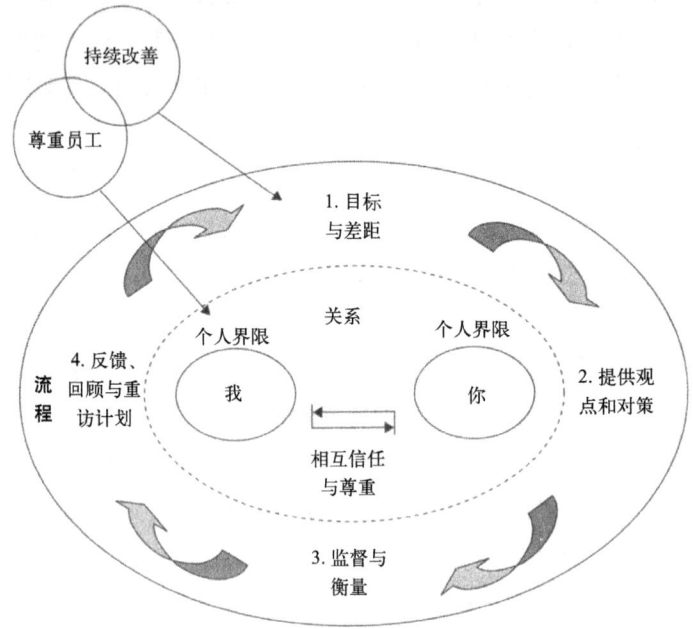

图 10-3　有效的双向交流模式

第二组技能以丰田模式持续改善的价值观为基础。重点是按照 PDCA 程序解决问题或进行改善的能力。领导者处理问题的关键检查点是：

- 消费者第一。从消费者的角度看待问题。
- 共同的目标。定义双方的成功。我们的目标是什么？其他成员的目标是什么？为了成功双方都需要做什么？
- 现地现物。到根源去寻找事实。
- 可视化。简单而又清晰地描述情形。

- 优势与挑战。确定优势以及成功的可能障碍。
- 伙伴与支持。确保可以取得所需要的财务、技术和组织资源。
- 衡量与监督。根据数据和监督进度决定哪些应该开始、停止或继续。

新的领导者之间借助摄像机来练习这些技能。使用交流计划表记录关键点并准备讨论的材料。该计划表以 A3 格式的问题解决报告为基础，但它是专门为双向交流定做的。

10.2.4 清晰的角色和责任使会议更有效

丰田召开这么多的会议，似乎让人感到所有的人整天都在开会。员工有时间完成其他工作吗？丰田的会议非常有效率。绝大多数常务会议比如说质量会议，只有 30 分钟，并且这些会议能够准时开始、准时结束并能实现预期目标。

丰田高效率会议的一个例子是对正在设计的新车型进行关键设计回顾的会议。⊖只要建造了一个汽车原型，就要召开设计回顾会议，要让所有的项目成员都来看看这辆车。会议由试产评估团队负责组织。首席工程师、项目经理、评估工程师和负责汽车每个部件（车身内部和外部、底盘等）的设计师要完整地观察汽车并列出他们所发现的问题。会议的组织者在墙上挂上活动挂图或将带有问题和对策目录的活页分发给大家，以便于记录所发现的问题。

由最了解这辆车的人对它进行评价，记录存在的每个问题以及改进措施。例如，对于一个 50 人参加的 2 个小时的会议，可能并不是所有的参加者都是工程师，但是每个部门至少派一人参加。对于美国人设计的汽车，要分别在美国和日本召开会议——当 50 位来自美国 TTC 部门的员工进行评价的同时，在日本相对应的部门也有 50 名员工对其进行评价。会议有确定的时间段，例如从上午 10 点到中午，两个小时的期限，除了项目管理人员之外，其他人并不需要一直待在那里。他们需要进去观察一下汽车和检测结果，在活动挂图上做出评价，或者与项目管理人员讨论一下自己的意见，然后就可以离去。然后，评估团对评价进行分类并按照问题、对策、责任人和到期时间记录在跟踪活页上。

⊖ 设计回顾的描述是根据密西根大学丰田安娜堡技术中心项目经理安迪·隆德的采访整理的。

某些情况下，在会上就要形成清晰的对策，如果没有，评估工程师就要跟随设计师去看看对策是什么，并在下一阶段执行这些对策。跟踪回顾会议可能要召开几次，每次会议会有 20 人左右参加，需要通过这些会议澄清 50~100 个问题。在原型阶段，必须为每个问题找出对策，因为这些都是现实存在的问题。这就是丰田零遗留问题的理念——在原型阶段不遗留任何问题。初始设计回顾会议的目标是确定问题和出现问题的原因。会议结束后，在相关责任人的领导下完成完整的 PDCA 程序。跟踪会议大多数是为了报告现状，或者向其他职能部门寻求帮助。

如果某个会议都像许多职能部门专家回顾整个汽车设计的会议一样复杂，我们可以想象会议会在激烈的争论中持续很长时间。但是在会上，大多数人可能比较放松，观看少数人讨论每个问题。丰田认为这种会议效率低下，是对资源的极大浪费。对此，在丰田有许多措施解决会议的效率。

- 丰田的时间意识影响会议。会议一般都准时开始准时结束。
- 会议有明确的目的。对议事日程的准备促进了会议的顺利进行。
- 明确的角色和责任使得每个问题都有明确的责任人，并跟踪确保问题的解决。例如，我们看到并不是每个人都参加设计回顾会议，也不是每个人都需要从头到尾待在那里。
- 明确的角色和责任有利于团队合作与个人责任的平衡。虽然小组在一起工作，但是每个人都有清晰的任务，有人负责介绍项目实施的现状，有人跟踪会议提出的想法。在回顾设计的时候只是确定问题。会议不可能完成完整的 PDCA 循环。实际的对策、执行、检查和进一步的行动都发生在会议之外，取得的进步会在后续的会议上进行报告。
- 绝大多数双向交流都发生在会议之外。在很多外人看来，丰田的许多会议都是枯燥无味的，在多数情况下都是进行单项交流，由个人进行汇报，其他人可能会提出几个问题或进行评论。事实上，丰田在会议之前和之后都有紧张的探讨和辩论。根回的过程就是达成一致并解决问题，最好是由最熟悉问题的 2~3 个人解决问题。在会议召开的过程中，最具挑战性的问题通常已经解决了或达成了一致。
- 会议的一个准则是将注意力放在对标准的偏离上。在很多会议上，员工用绿—黄—红的状态更新报告来报告自己项目的状态。绿色的项目是不需要讨论的，讨论最激烈的是那些落在后面的、需要帮助的项目。如果员工所有的行动项目都是绿色的，他们就不需要进行汇报了。
- 站着开会是丰田的准则之一，尤其是在车间里。信息都公布在墙上，墙上有属于每个员工的区域，他们可以将黄色或红色项目的数据报告到墙上。站着开会可能进行得更快一些，也更便于来回移动检查信息和各个目标。

会议能够在丰田起作用的根本原因是明确的角色和责任。谁负责准备、谁负责召开、谁负责会议的跟踪、谁负责汇报具体的项目以及谁负责跟踪行动措施等都非常清晰。"如果每个人都负责任，没有人会有责任"，这似乎说明了丰田领导人的思想，早在几十年前他们就清晰地表明了这种个人角色和责任的规则。

10.2.5　人力资源管理促进自下而上的交流

如前所述，人力资源管理部门在丰田起着非常重要的作用，包括使每个人都有公平和积极的工作环境。他们既需要听从管理者的命令，也需要倾听员工的心声。在有工会的企业里，工会可以把员工的心声转达给管理层。在没有工会的丰田工厂里，人力资源部门扮演着这个角色。

热线电话是交流系统的一种，每个人都可以直接给录音系统打匿名电话。这些信息由人力资源部门进行记录，然后由部门经理负责处理相关的问题。这些人力关系问题的解决步骤与生产问题的解决步骤相同。换言之，就是将问题分解，确定根本原因，采用短期对策解决紧急问题，采用长期对策避免问题再次出现。迈克尔描述了这样一个例子。

我担任组装工厂经理时，加班的问题引起了员工的担忧，于是就常常有人拨打热线。每个月我们都根据消费者需求和工厂当前的开工率，提前安排好日常的"预计加班时间"。团队成员可以根据加班时间安排自己的日程，但是每天的加班时间都需要根据工厂的需求进行调整。工厂每天都必须生产计划数量的汽车，常常需要一定的加班时间。工厂的加班时间受到制造工厂的生产能力（例如车身焊接、喷漆、动力系统、塑料制品等）以及团队成员拉下安灯线使生产暂停的次数等多种因素的影响。当自己的轮班发生了生产故障时，团队成员对加班能够理解，但是事情常常并不是那么简单。通常，当出现故障时，仅仅出现故障的部门加班是远远不够的。

然后，每个轮班必须确定需要多少加班时间才能弥补缺陷。有时候，第二个轮班的团队成员可能会因为第一个轮班的问题而加班。团队成员不能理解这些决策，因为他们不知道决策背后的原因。不需要对热线系统进行太多具体的解释，而是向团队成员解释在准时制基础上为什么需要交流的标准和交流系统。我们确定的标准是不管在什么时候，只要工厂的加班时间发生了变化，就得把所有的团队领导集合到一起告诉他们变化的原因。通过布告板对加班时间进行交流之后，团队领导可以在第二次休息时召开的5分钟会议上与团队成员共享这些信息并回答相关问题。该标准和程序减少了询问为什么要加班的热线电话。

与安灯系统具有类似功能的另一个系统叫顾虑解决程序，团队成员可以说出自己的顾虑并使之解决。这是一个申诉的过程，团队成员可以说出自己对待遇的不满，或者是对某项政策、某位管理者的不满。由人力资源部记录和追踪，通过不同层次的人力资源和生产管理人员进行解决。团队成员面对面地与管理者进行交流，说出自己的顾虑和解决建议。如果团队成员对通过会议得出的答案不满意，他可以向更高的管理层进行申诉，该过程可以一直达到副总裁的层次。

这个系统使用得非常频繁，通过该系统管理层有许多决策都被推翻了。人力资源政策也曾因为该过程被推翻过。第一个例子是关于一名员工被陪审团传去作目击证人的事。该员工在上班的路上目击了一起事故，需要请一天假去做证人，但是做证人没有纳入公司的陪审团义务政策。该员工认为做证人与做陪审团成员一样都是公民的义务，这不是他自己所能控制的需求。于是他提交了一个顾虑解决方案。通过正当的解决程序，作证人也被纳入了公司的陪审团义务政策。

另一个例子是关于女性员工阿米什的。公司的着装政策规定在生产线上工作时不许穿短裤、裙子或便服。但是阿米什不喜欢穿裤子，于是她发起了一个顾虑解决程序，结果公司对着装政策进行了修改，允许穿不露出皮肤的长裙和袜子。这既满足了她的需求，又达到了工厂安全和朴素的要求，双方都很满意。

丰田人力资源部门使用的另一个工具是士气和意见调查，这是改进交流和人力资源系统的一个指标和手段。每18～24个月就向所有团队成员分发调查问卷，掌握员工当前的士气。该调查的重要性在于，包含了100多个关于团队成员、高管和公司之间的交流和信任的问题。

该调查是一个自愿的、有偿的活动，最初是利用加班来完成的。后来我们发现尽管参与调查能够得到额外的收入，但是团队成员不愿意占用自己的私人时间。公司发现如果暂停生产线参与率会提高，于是决定在轮班时间内让团队成员自愿参与调查。如果不愿意参加可以留在团队做其他的工作。结果参与率大于90%，获取了非常有价值的信息。调查的问题与图10-4中所给出的问题相类似。

```
关系——涉及相关的两方或多方
66. 员工相互尊重
67. 组织负责帮助我职业的发展
68. 领导帮助我将错误视为学习和成长的机会
69. 与高级管理者交流的机会
70. 其他人非常清楚我在组织中的角色
71. 鼓励员工在工作中运用新技能和新观点
72. 好的想法可以迅速被批准，不用得到各层领导的批准
73. 组织与我以及我的同事分享生产奖励
74. 组织有适当的体系可以使员工专注于减少与工作有关的低效率
75. 组织及其成员致力于降低成本，而不是通过提高价格增加利润
信任我的主管/经理
76. 主管/经理最大限度地监督我如何完成工作
77. 主管/经理在允许的条件下提供灵活的工作时间
78. 主管/经理通过部门内部培训和提升为我提供成长的机会
79. 主管/经理允许我从错误中学习，并鼓励我为自己的行动负责
80. 主管/经理关心我的工作/生活平衡
81. 主管/经理能从个人和团队成员的角度认同并奖励我的努力
82. 主管/经理了解我工作之外的责任，帮助我更好地实现工作和生活的平衡
83. 主管/经理对我和我的同事一视同仁
信任所有的主管/经理
84. 所有的主管/经理期望所有员工有一样的绩效和忠诚
85. 所有的主管/经理能赏识并奖励积极的行为
86. 所有的主管/经理能对没有遵守政策或程序的员工一视同仁
87. 所有的主管/经理能够尊重每个员工
```

图10-4 员工士气和意见调查中的部分问题

调查是匿名进行的，在指定的团队中至少有5个人参加才能保证匿名。工作团队对获取的数据进行分析，为主管提供反馈。以如此详细的方式对数据进行分解，目的不是为了用结果引起主管或经理的注意，而是要确定需要解决的问题。

结果出来之后，每个团队领导都要与团队成员见面，团队按照解决问题的流程对那些有能力并期望解决和改进问题的小组排序。然后给予他们一定的加班时间和财务预算，解决调查中发现的问题。发现的问题很多，从"对团队成员的培训"到"衣服架上的空间需要大一点"，无所不包。这些问题团队不需要外部帮助就可以解决，其他的一些问题可能需要工厂的合作与帮助。比如，在调查中发现工厂中缺少供早餐和午餐使用的微波炉和冰箱。出于安全和整个工厂一致的目的，该问题需要在人力资源部的协调下，由工厂来解决。最后做出的决策是在工厂不同的地方放置一定数量和类型的冰箱和微波炉，为团队成员提供更好的服务。

意见调查的结果也可以用来确定组织中任何一位领导者在交流和人际技能方面的差距。意见调查结果是人力资源职能区域内领导能力的一个关键性能指标。经理在调查中的得分在绩效考核、增加年薪和提升等方面是与其生产质量和数量同等重要的关键指标。经理或团队领导在其下属面前承认自己在交流中存在的问题不但是谦逊的表现，而且也是与团队成员建立信任关系并纠正问题的一种有效方式。

为了采取措施改进自己的技能，经理需要直接从其下属那里获取反馈。人力资源专家会对经理进行培训。专家会跟踪他，观察他的团队和人际交往，并能给出实时反馈。如果需要帮助他进行改进，可以直接联系高级教练。

整本书我们都在强调相互信任的重要性。没有什么能比自下而上向管理层反馈更重要了。团队成员及其主管对这种反馈都非常敏感。在许多公司里，团队成员害怕惩罚，更极端的情形是没有人理睬他们的反馈或者主管会在团队中对负面的反馈进行打击报复。丰田始终致力于建立信任和开放的环境，这样目标才能实现并得到改进。如果变成一个谴责的游戏，这种调查反馈将不利于问题的解决。

10.3 非正式的交流渠道

有意识地在工作之中或工作之外为管理层和团队成员创造尽可能多的交流机会是丰田文化的一部分。在第8章我们已经讨论了多种类型的交流方式，例如工厂中的日常娱乐活动、运动社团、公司野餐等，都可以为团队成员和管理层提供非经营层面、无官衔和职位障碍的交流机会。

丰田在工作时间也鼓励这种类型的非正式交流。众所周知的管理层巡视与现地现物比较类似，即直接到源头去发现问题。解决问题时，现地现物的主要目的是亲自掌握情况并深刻地理解问题，同时还可以使团队领导直接与团队成员接触，深入了解他们目前的顾虑。

学习精益系统的一些学员问我们巡视是不是表示不信任团队成员。他们会将其视为一种监视和不信任。诚然，在没有相互信任的环境下，可能会将巡视作为监控的一种手段。二者的区别在于，团队领导巡视时与团队成员的交流方式。如果交流是一种尊敬、真诚的询问，非常乐于收集和利用团队成员的投入，结果会增强信任。

威尔·詹姆斯（在本书撰写时）是长滩丰田汽车车身工厂的总裁。他回忆了自己在乔治城 TMMK 担任领导的最初岁月。1987 年，威尔从一个团队领导开始做起，1988 年被提升为副经理，1991 年被提升为经理，1994 年被提升为副总经理，1997 年被提升为总经理，2003 年被提升为 TMMK 负责生产的副总裁。2006 年他被调到 TABC，2007 年被提升为总裁（丰田的提升是缓慢的，而对他的提升则是异常迅速）。

威尔的特殊之处在于，他大部分工作都是在做修理和设备工程，这些都是支持生产部门。在威尔被提升为副总经理时，他要在没有任何组装工作经验的情况下承担起整个组装部门——2000 名员工的管理工作，极富挑战性。在交叉培训和轮岗中，管理者可以实践所有层次的管理工作，被轮换的管理者要到一个新的领域，一个需要依靠团队才能工作的岗位。尽管交叉培训和轮岗比较重要，但很好的交流也是必需的。在没有经验的情况下被扔入深潭中，威尔是如何应对的呢？他本能地把自己放在团队成员的角度去理解其顾虑。威尔解释道：

成为组装部门的副总经理是我的一个转折点。我要在以前从未有过组装工作经验的情况下独自承担几千人的管理工作。我与所有的团队成员、团队领导、副经理逐一见面，并询问了他们 4 个问题。

（1）我会简要地介绍自己，你们也要简要地介绍自己。可以是关于你们的家庭、工作或者其他任何事情。

（2）你们认为阻碍自己的部门向理想状态发展的主要的三四个问题是什么？

（3）你们个人期望在工作岗位上实现什么？也就是说，你们的个人抱负是什么？

（4）除了刚才询问的，你们还想告诉我什么？

在与270个人交谈的基础上，威尔浏览了自己的记录，对问题进行了分类。从中找出了几个突出的一般性问题。

一个是关于替换离职的问题，很显然工厂没有一个很好的人力计划系统。另一个是团队规模不均的问题：有些团队有七八个人，有些团队则有40人。团队的规模需要有个标准。威尔还发现了许多自己能够解决的小问题。威尔说："这就是现地现物如此重要的原因，你可以发现自己能非常容易地解决而团队领导个人却无法解决的小的系统障碍。"

威尔得知最大的顾虑是：领导者团队认为没人听他们的，没有充分的个人指导、培训和发展。他们对自己的角色、应该做什么没有清晰的认识。威尔已经在乔治城工厂工作了很长时间，比较熟悉该工厂的历史情况。他非常清楚在工厂建立之初有很多日本培训员，他们都是具有较强指导能力的领导者。事实上，他们是一对一的亲自传授丰田模式，但是最终这些培训员还是要回日本的，或被聘到丰田的其他工厂。与此同时，乔治城工厂在不断发展，包括增加了第二条组装生产线、雇用了许多新员工，而一些经过良好培训的领导者却跳槽到了其他公司，这些公司对经过良好培训的丰田领导者的需求比较贪婪。

不幸的是，没有人花力气将自己所学的东西记录下来。在初期还好，当时许多员工都可以接受这种耳濡目染的指导。但是后来日本协调员的数量在逐渐减少，却没有把每一件事都记录下来，并且缺少个性化关注，致使一些重要的事情被淡化了。威尔很快启动了培训项目，通过指导明确角色和责任。作为一项长期措施，在21世纪头几年为记录所传授的这些内容做出了很大的努力，现在员工就可以通过这些材料开始学习。

威尔认为自己之所以能够认识到面对面密切交流的重要性，是因为乔治城工厂伟大的领导者，其中之一就是张富士夫。威尔深切地回忆了在经营设备团队的经历，设备团队距离日常生产中心比较远，于是他就有更多去张富士夫家里的机会。

在张富士夫担任TMMK总裁时，他的家门向各个部门开放。周五的晚上，他轮流安排邀请我们去他家。他也邀请团队成员参加。我们唱卡拉OK，或打乒乓球、篮球、台球。他会在人群中闲逛，与每个人交流。我曾与他讨论过丰田模式，询问为什么事情以这样或那样的方式存在，还问了关于不同部门的非常具体的问题。给我的印象是设备团队经常拜访他。

当问及为何对设备团队特别关注时，张富士夫说道："生产部门的主管每天都可以接触到自己的员工，可以见到他们，但是对于设备管理的角色，你的员工不得不信任你、尊重你、支持你。你对他们的支持也非常重要，因为你无法同时看到所有的人，他们分布在工厂的各个位置，所以你需要认识他们。这里就有机会让你去认识他们。"他做事有一种方法，他会花时间去解释自己做了什么以及为什么这么做。

这就是丰田的领导者，在这个例子里介绍了张富士夫是如何通过实例教授个人交流的重要性。当威尔成为 TABC 总裁后，较好地总结了自己所学到的内容并通过与数百人交谈说明了自己对此的理解："我认为一对一的交流是丰田模式的全部。我常常引用它的主要观点：'人们不关心你知道什么，除非他们知道你关心什么。'如果你花时间询问他们的顾虑，花时间交流你对他们的认识，然后有计划地解决问题，他们就没有理由不尽自己最大的努力了。"

10.4 可视化控制和 A3 报告交流系统

我们已经强调过交流是将团队成员视为合作伙伴并传达相关信息的一种方式。交流也是生产系统日常功能的组成部分。在第 1 章和第 2 章，我们讨论了确定问题在系统中的重要性。丰田生产方式的主要功能之一是可视化交流，该系统使丰田能够简单、清晰地向所有观察者传达某种情形的状态。

我们可能会认为可视化控制是纯粹的技术问题，但它深深地扎根于丰田文化。它充分反映了丰田赋予信息共享的价值以及对人类信息处理障碍的实践体会，这些共享的信息可以将问题暴露出来。通过实践体会，就会对书本或电脑上的信息能否广泛地用于解决问题产生怀疑。

我们将讨论深入丰田文化的两种视觉交流，最著名的是在工厂和办公室中的各种可视指示器，包括图、表、安灯和看板等。这些指示器的共同点是形象地显示某项工作偏离标准的程度，其目的是暴露问题，从而尽快解决问题。最近，在丰田出现了一个著名的解决问题视觉工具——A3 格式报告。

10.4.1 流程现状的可视指示器

视觉管理的目标是将问题展示给所有的人。需要注意的是，此处的问题是指当前状态与标准之间的差距。在图 10-5 中，用 4 种不同的视觉方式来表示这种差距。在第一个级别，必须分别阅读带有刻度的仪表，需要与另外的检查表对照，才能知道哪个仪表偏离了标准。这是视觉控制最脆弱的形式，因为你需要分别解释结果。在第二个级别，在每个仪表下方都标注了各自的标准刻度，这样你就不需要参阅其他文件了。这种方式稍微强一些。在第三个级别，把仪表的指针指向 12 点确定为标准，所以任何偏离 12 点的情况都不符合标准，不用读数字也不用解释，看一眼就知道结果。最强的形式是第四个级别，当偏离标准时就会发出报警信号，甚至可以在仪表偏离标准达到一定水平时，自动锁定或停止流程。例如，当任何仪表指向 2 点或 10 点时，生产线就会自动停止。

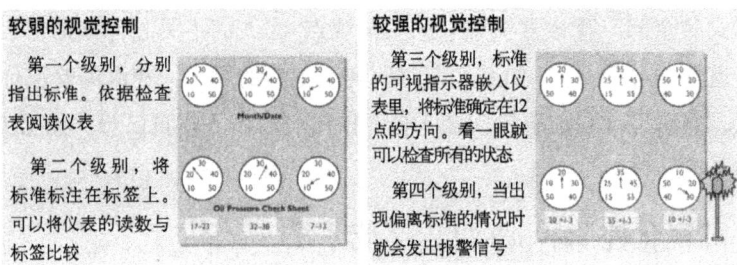

图 10-5　4 个级别的视觉控制

不幸的是，由于交流信息的目的没有经过深思熟虑，或者缺乏良好的交流技巧，致使制造工厂的很多信息交流欠佳。在很多推崇技术的企业文化里，往往存在一个假设，即应该通过积极的方式发现和利用任何可以从电脑上获取的信息。许多公司没有意识到定义问题必须得有标准。

迈克尔回忆在参观一家企业时，看到一个命名为精益的交流板，但是其实际的交流价值却很小。

当我参观一家在过去几年里进行了精益改造的企业时，精益生产倡导者带我从一个新的"生产交流板"前经过，这个交流板放在所有成员出入都经过的工厂门口。交流板上写着"昨天的生产 =505"。我就问他该产量是好还是坏。他说自己也不能确信，但是所有的团队成员都知道目标是什么。于是我建议询问下一个从旁边经过的员工。结果该员工说上个月的日产量的目标是 500，但是这个月不太清楚。这里需要强调两点：很显然，为了更好地与员工交流、让员工参与交流，组织已经采取了措施。但是他们丢掉了有效交流最简单的原则，包括标准是什么、实际情况如何以及差距是什么，在所有的交流中要清晰地确定问题。

表 10-3 展示了丰田是如何将相同的信息传达给所有员工的。员工只需要一瞥，就可以看到宣传板，掌握当前的状态。在该例中还加入一些颜色来突出说明，用红色说明从 4 月 15 日和从月初到本日的数据低于生产标准的程度已经超过了 5。

表 10-3 生产状态板的例子

日期	目标	实际值	每日 +/-	从月初至本日 +/-
4 月 15 日	500	490	−10	−24
4 月 16 日	500	505	+5	−19

注：标准：产量值低于标准 5 件以内可以接受。

10.4.2 可视化交流现状的 A3 报告

设计可视化交流和控制的关键目的是促进行动，在丰田通常是指解决问题。我们已经讨论了丰田是如何解决问题的，但是还没有讨论解决问题离不开 A3 报告。作为解决问题的工具，A3 报告的定义在《丰田汽车——精益生产模式的实践》和《丰田生产开发系统》中都有阐释。在此，我们的目标是将 A3 报告视为一种交流工具，看它是如何在丰田文化中应用的。

A3 报告不仅仅是解决问题的工具，而且是丰田信息交流的重要工具。所有重要的信息都汇集到一个 A3 报告中。乔治城工厂花了好几年的时间解读 A3 报告，不断告诉团队成员将信息形成一个 A3 报告。他们一直认为 A3 报告是某种秘密的日本代码，直到一天有个员工在复印时发现 A3 代表的是纸的大小（11×17）。也许员工会使用比 11×17 规格大的纸，但 A3 报告有一个原则是不管你什么时候与丰田的某个人交流，都要把交流的内容写在一张纸上。

A3 报告设计的目的是进行多方面的信息交流，用于解决问题、书写建议和状态总结。该工具用于非正式的根回，在以正式的方式提出问题和建议之前与其他人一起准备方案。

A3 报告也被称为"让人抨击的草案",它是丰田文化的重要组成部分。在这种文化中作者提出信息的目的是寻求批判。这一工具固然非常有效,但是只能在相互尊重、相互信任的文化环境中使用。提出报告的作者会说:"我不是因为个人或者情绪原因而提出该信息,我想将其拿到桌面上,让大家帮忙提些意见。"与此同时抨击者会诚恳地说:"我的批评对事不对人,评判的是信息,而不是你个人。"有了彼此之间的相互理解就可以打破许多组织中存在的正式、礼貌和表面性的反馈,从而进行真正的交流。

丰田的交流以报告、通知、商量或日本人所谓的报—联—相(hou-ren-sou,报告—联络—相谈)3 个因素为基础。这 3 个因素可以分成几类,有的需要征得领导或其他部门的同意,有的需要了解其他员工的信息,有的需要与其他相关者商量。比如,有些问题需要与主管、工厂经理等交流,征得其同意,如果需要还要与会计和财务部门交流。有些问题需要与其他相关的团队交流,根据主题可能包括整个工厂的团队。在该阶段还包括通过分享进行交流。就像我们所讨论过的,解决问题的最后一个阶段是分享,通过与相关部门交流问题和对策,使他们吸取别人的教训避免类似问题的发生。

交流的最后一个阶段需要商量,包括与所有的利益相关者进行讨论。日本协调员教导所有的丰田员工在报告重要问题时,尤其是涉及 A3 报告时该如何实践这 3 种形式的交流。因为"hou-ren-sou"在日语里的读音与"菠菜"相同,所以"报—联—相"又被音译为"菠菜"。很多时候,日本培训员会告诉自己的学生"去吃你的菠菜吧"。

在解决问题的过程中或之后,A3 报告这一工具具有 3 种交流功能。这 3 个阶段的任何一个,尤其在报告和商量阶段,A3 报告都被视为一种改进工具。对 A3 报告的批判可以视为建设性的反馈。丰田的管理人员欢迎来自其主管和培训员的口头或书面形式的建设性反馈。最初,所有的反馈都是通过逐一询问的方式完成的。随着培训员和主管之间关系的深化,以红色钢笔修改的形式进行反馈,类似于对论文的修改。当 A3 报告返回时,如果进行了修改,被培训者会认为这是培训员对自己的关心,用心给予的反馈。否则,被培训者会非常担忧。

再次强调,A3 报告仅仅是一个工具,它可以帮助建立一种相互信任的文化,也可以迅速地推翻这种文化,正所谓"成也萧何,败也萧何"。在某些组织中会存在许多争斗,在这种情况下 A3 报告或解决问题报告变成了用于打击报复的工具。"去完成你的 A3 报告"成为一种处分，成为员工为忏悔错误而需要完成的作业。在另外一些组织中，A3 报告仅仅用于显示自己做了一些像丰田那样的精益活动。在文化方面，虽然组织领导层不会对外宣扬，但是这些都是其默许的潜在理念之一，组织内部对此非常清楚，有时还会与其他组织一起分享。

小结

丰田非常重视培养员工、建立相互信任的关系和持续改善，这样对交流进行巨额投资就不足为奇。构建丰田文化的关键是有意识地建立发生在工作场所或工作场所之外的正式和非正式的交流系统。这些系统能够促进开诚布公的讨论，员工可以放心地说出自己的顾虑和改进意见，并在改进活动中做出贡献。

你的公司应该考虑的要点

1. 公司清楚地向员工传达期望、目标和当前事件。

2. 公司建立起能使员工放心表达自己观点、想法、担忧的环境和系统。并将其视为用于持续改进的数据。

3. 人力资源部门是员工与公司之间交流的桥梁，也是关键性能指标的测量者，包括跟踪流程的员工信任审核。

4. 所有的领导践行现地现物，直接与存在担忧的团队成员保持联系，并以减少影响发展的障碍作为回应。

5. 对领导者进行强制的培训，以培养其协调会议以及与团队成员交流的真实技能。

6. 利用可视化方法清晰地显示实际情况与标准之间的差距。

7. A3 报告是一种用来传授解决问题方法的可视化交流形式，也是简单地告知其他人项目状态、寻求有帮助的建议或想法的工具。能否成功使用 A3 报告，取决于是否存在一个可以分享信息和接受反馈的公开的、尊重人的程序。

第11章 仆从领导

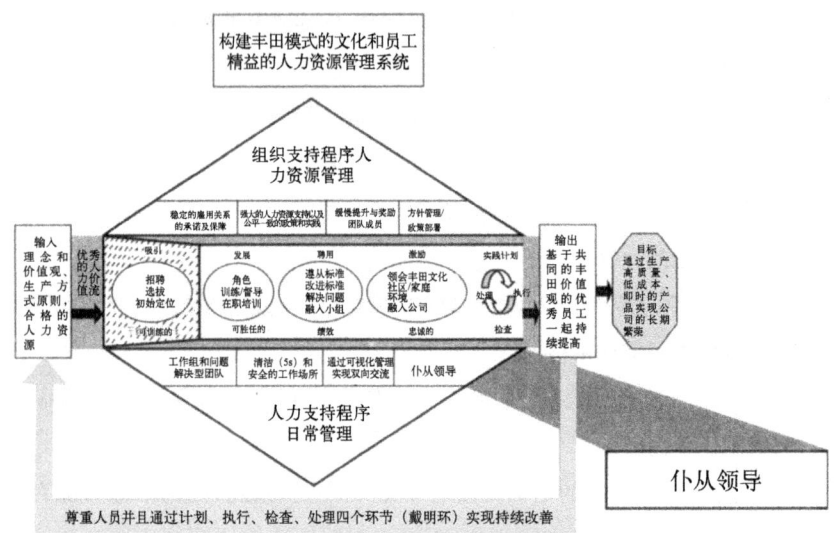

如果你在现场进行观察，就为员工做点事吧。因为如果你做了，员工会想"他虽然在监视我们，但也提出了一些好主意"。这样，当员工再看到你的时候，会期望得到你的帮助，于是他们会告诉你导致工作效率低的原因，并请求你想办法帮助改善。相反，如果你什么都没做，员工则会想"他又站在那里了，但是他从来没有为我们做过什么，他一定有很多的时间"。久而久之，就不会有人过来请你帮助解决问题。⊖

——丰田生产方式的创始人，大野耐一

⊖ 资料来源于《大野耐一的现场管理》，该书已由机械工业出版社于2008年5月出版。

11.1 建立文化的领导者

领导意味着什么？很显然，领导需要有追随者。员工追随领导是因为他们被领导所吸引。但是需要注意的是，管理者不一定是领导者。管理者实施管理主要是通过期限、预算和章程支配员工来确保以正确的方式、按时在预算内完成工作。二者之间的关系可以根据以下方式加以清晰地区分：员工未必愿意追随管理者的领导。他们甚至觉得管理者缺乏创见性，就连其规定也令人厌烦，也许员工认为自己有更好的方法，但是由于管理者的控制而不得不遵循这些规定。

为了更好地理解领导与管理的区别，我们可以推动式系统和拉动式系统的对照为例来说明问题。传统的自上而下的管理是推动式系统，系统推动员工执行管理者的命令。相反，领导则是拉动式系统。追随者会感到一种巨大的拉力，驱使他们沿着领导者的方向前进。他们追随领导者，信任领导者，想从领导者那里学习，喜欢与领导者在一起。某些人具备所谓的感召力，这种特质使领导者对员工充满了吸引力。

领导者具有权力。早期的社会学家马克斯·韦伯把权力定义为影响其他人的能力，这种能力甚至可以使他人违背自己的意愿。让某人做他自己想做的事情证明不了权力，如果能让某人做平常不喜欢做的事情，才能展现出真正的权力。

最有效的领导者用自己的权力建立一种共享的文化。一个具有超凡魅力的领导者可以逐一影响其他人，但这样做既没有效率也没有效果。如果一群人几乎在同一时间向同一个方向移动，其力量是巨大的。一个管理者可能会通过规章和奖励使人们按照同一方向前进，而有效的领导者会在一群人中间建立共同的目标和信仰以及实现这些目标的正确方式，从而为长期持久的高绩效奠定基础。

当丰田派遣日本协调员特遣队到其他国家建厂时，他们寻求的是领导者而不是管理者。设计丰田模式的目的之一就是培养领导者。当然，并不是所有被选做领导的人都能胜任，但是成功率非常高。丰田模式的第 9 项原则表明：丰田致力于"培养能够彻底理解其工作、记住丰田理念并将理念传授给其他人的领导者"。

我们常常问：怎样才能把精益改造的成果保持住呢？一项持续改善活动

会带来许多积极的变化，一个精益项目会降低存货，我们想把收获的改善收藏起来，紧紧抓住，以免丢掉。但是，如果做出改善的时候没有遇到有效的领导者，这些收获就有可能会丢掉。因为自我维持系统基本上是不存在的。事实上，热力学第二定律里的熵是指随着时间的推移化学系统倾向于达到能量最小的状态——随着时间的推移事物会慢慢衰退。熵的概念也可以应用到文化中，如果不向系统里注入新的能量，随着时间的推移文化也会趋于衰退。在社会系统的例子中，领导者提供了持续的能量之源，使得组织文化能够维持、改进和发展。如果在任何时点把领导者从系统中拉出来，系统将会持续衰退。

丰田的领导者如果想维持并不断发展丰田文化，不仅要了解公司的理念，还必须注重将其传授给其他人。他们必须在丰田成长，积累直接的经验，把丰田文化变成自己的基因。因此，丰田不轻易招聘领导者，而是挑选具有领导天赋的人，利用10年或更长的时间培养其每天按照丰田模式思考、行事。

在理想状态下，丰田领导者应该能够将产品价值流和人力价值流融合到一起，确定核心竞争力，雇用最好的员工，培训他们遵循标准化作业，指导他们如何发现问题并解决问题。丰田的领导者也是团队的一员，需要按照要求下属的标准要求自己，将安全放在第一位，不但是一个好的信息发出者，而且是一个积极的倾听者。在一天即将结束的时候，丰田的领导者需要尽最大的努力培养其他人的价值观、信仰、承担责任和履行义务的能力，并且授予其他人权利、责任和义务。

11.2 仆从领导的概念

丰田内部文件《丰田模式2001》将"体贴的领导者"定义为"具有使他人生机勃勃、富有朝气的能力，乐于给下属挑战、给予下属发展机会并培养其成就感的人。体贴的领导者监控个人和团队的表现，使员工能够对自己的行为负责"。

监控个人和团队表现的体贴的领导者，听起来比较像传统的管理者。因为一提起监控，我们就会想到评价与控制。这难道不也是管理者做的事情吗？设定目标，传达对员工的期望，监控员工使其遵循正确的流程以免偏离实现目标的正确轨道，通过正式的奖励和惩罚保证任务的完成。然而与作为监控者的管理者不同，丰田的领导者注重"确认流程"，而不是去抓员工所犯的错误。每个流程都有一组定义好的操作规则——标准化工作、5S、在制品库存标准、经过良好训练的员工、完成工作的安全方式、指标、所需时间，领导者需要确定所有这些规则是否都运行正常。出现任何偏离标准的情形都必须通过基于问题解决的程序处理，而不是去批评责任人。

体贴的领导者不认为适当的奖励和惩罚会自动使下属按照自己的期望行事。事实上，他们甚至不把自己所领导的人当成下属，而是通过建立一种文化，在信任团队成员的基础上进行有效的授权，使其在设计良好的流程和系统中工作，从而产生最优的结果。在该文化中，所有的团队成员都共享正确的价值观和信仰，接受过良好的培训，知道如何做好工作，于是当出现偏离标准的情形时会把注意力集中于解决问题上。在《丰田模式2001》中指出公司的领导原则是：

通过授权而发展——我们信任团队成员，对其出主意、创造机会和解决问题的能力充满信心。我们重视节约时间以及通过对在个人权利、责任、义务等方面进行投资所带来的结果。

在《丰田模式2001》公布之前，丰田的领导原则通过语言一代一代往下流传。在乔治城工厂，日本领导者教给美国领导者最关键的一个方面就是"仆从领导"的概念。这种思想被清楚地描述并灌输到美国丰田领导者的脑子里。这种思想表现为如下的陈述：

"团队成员是专家。"

"对事不对人。"

"犯错没什么，只要他们能从中学习就行了。"

"关心制造汽车的员工。"

"为团队的成员而工作。"

TMMK的第二任总裁北野干雄把这种观念正式化并将其主要思想教授给丰田的领导者。他首先画了一个倒置的金字塔，然后把自己置于金字塔的底部，而把团队成员置于顶部。这样设置的原因是团队成员处在连接供应商和消费者的价值流中。因为丰田是一家汽车制造企业，关键的价值创造环节是制造汽车的流程。完成该流程的团队成员从事生产工作，制造可销售的产品，因此他们最重要，所有其他的人和事都是为了支持并满足其工作的需求。图11-1 说明了这种领导观念。

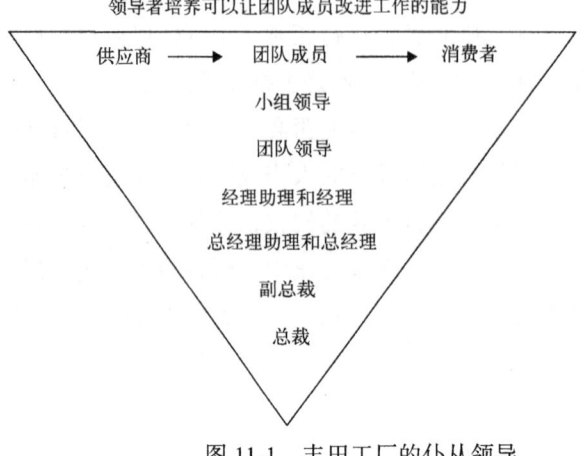

图 11-1　丰田工厂的仆从领导

仆从领导的主要思想是距离价值流越远，比如说上层管理者，其所能直接增加的价值就越少。作为领导者，只能通过支持那些实际增加价值的员工来增加价值，因此越接近金字塔的底部，就需要支持越多的人。当团队成员处于顶部时，组织可以充分利用集体的力量包括想象力对其进行支持。但是在传统的集权式组织中，力量和想象力仅限于少数高层领导者所有。

请记住，丰田不会采用集权式领导方式，因此丰田可以轻松地将公司的控制权移交给团队成员，从而形成自主的工作团队。丰田的领导者都接受过良好的培训，被认为是激发组织活力、积极指导、发展丰田文化的关键。领导者的职责是支持团队成员，提供他们所需求的东西，包括经营战略、长期计划、培训、持续发展等。另外，进行授权的领导者如果放弃了责任，那也算不上是领导者。就像在本章开头我们引用大野耐一的话所描述的那样："如果员工认为'他又站在那里了，但是他从来没有为我们做过什么，他一定有很多的时间'。久而久之，就不会有人过来请你帮助解决问题。"

仆从领导是丰田领导文化模式中的重要价值观之一，它跨越了民族或地区背景的限制与丰田文化相融合。当在美国培训管理者时，北野干雄有时候会采用精神术语进行讨论，值得注意的是服务不仅是丰田文化的精髓，也是包括佛教、印度教、伊斯兰教和基督教在内的所有宗教的主要价值观之一。耶稣说："让你们中最伟大的人为大家服务吧。"

11.3 体贴的领导者遵循丰田模式的价值观

在丰田文化中,丰田模式的价值观驱动着领导者的日常活动。我们在第2章讨论了丰田模式的核心价值观,即作为丰田文化基础的相互尊重和持续改善,并且这种价值观的讨论贯穿于整本书中。我们还简要地讨论了丰田模式的支持价值观,由于它与丰田模式的领导力关系密切,所以在这里进行详细的讨论。丰田模式的5个支持价值观分别是:

- 挑战——树立长期理念,以富有勇气和创造力的精神接受挑战。
- 持续改善——持续改善经营,致力于创新和发展。
- 现地现物——到现场去看,从根源寻求事实并以最快的速度做出正确的决策,达成共识,实现目标。
- 尊重——承担责任,并尽最大的努力构建相互信任的关系。
- 团队工作——使个人的职业发展和团队的绩效最大化。

11.3.1 挑战

树立长期理念,以富有勇气和创造力的精神接受挑战,实现自己的梦想。(《丰田模式2001》)

经过第二次世界大战的洗礼之后,丰田从一个经营织布机的工厂向汽车行业转变的过程中所面临的挑战可想而知。丰田常常以面对和战胜挑战而自豪。这是其历史和文化不可分割的一部分。

每年都有数以千计的人参观乔治城工厂,丰田的效率和秩序令他们感到惊奇。他们了解到车间员工向管理者提供数以万计的建议,发现操作现场的员工具有异常高涨的热情。于是,有人会认为丰田的高效率和员工所表现出的活力是理所当然的事情,但是根据工厂创始人的讲述这并不是很容易实现的事,而是非常巨大的挑战。当丰田建立乔治城工厂的时候,被派到那里的日本人承受着异常巨大的压力。虽然丰田有在北美成功经营NUMMI的经历,但是TMMK是其第一个独资的工厂。TMMK的前任行政副总裁服部善树经历了工厂建立的最初阶段,他讲述了20年前丰田向肯塔基州进军的计划和准备。

对我们来说每天都是一场严酷的战斗。这并不是在计划一个宏伟的试验,如果该工厂失败了，日本丰田就会遇到极大的麻烦。我们不想创造虚假的东西，而是建立一个优秀的汽车企业并开创一个新的汽车时代。由于大家都熟悉日本丰田的运作模式，所以在方法方面没有改变，我们尽量按照日本的做法去做。当然，工厂最主要的事情就是生产高质量的汽车。如果当地人不能很好地理解某些事情，我们会尽力去扭转，试着去描述丰田都做了些什么，也就是把隐性知识显性化。当然，这些远远不够，我们仍然需要经验、奋斗和学习。

通过大野耐一的传授方法可以了解到挑战的精髓。其传授方法是挑战学员，使其在生产领域实现巨大的改善。例如他可能会要求学员实现生产效率翻番，达到该目标后还必须保持下去，否则他就不会满意。第二次世界大战之后，公司要求大野耐一负责实现生产效率的巨大提高，赶上实力强大的福特公司，这需要使丰田工厂的生产能力提高到原来的8倍，他接受并在3年之内实现了目标。这就是挑战精神。

丰田最大供应商（日本电装公司）的总裁曾经是大野耐一的学生，他说自己从大野耐一那里得到的最大收获就是达到目标之前永远不满足。他曾经作为工业工程师接受过提高效率的培训，但是后来遇见了在其工厂传授TPS的大野耐一，大野耐一的教导改变了其看待世界的方式。

在遇见大野耐一之前，我在生产中实践自己所学的工业工程知识，并尝试实现85%的生产负荷。但是，实际上由于存在自然变异等原因，85%的生产负荷已经是最大值，也就是说十全十美是不可能的。大野耐一则挑战实现100%的负荷——任何低于100%的负荷都是一种妥协，我们应该致力于实现十全十美。

我们通常会认为NUMMI是美国第一家使用TPS的企业，但是实际上，丰田在1972年就建立了丰田车身有限公司，该公司才是第一个在美国使用TPS的企业。建立该公司的目的是为塔科马卡车生产车身，因此从日本进口其他部件的同时，也在当地生产车身。当然了，车身和其他部分的喷漆必须匹配。

TABC的一位高级日本顾问曾经是大野耐一的学生。他在工厂建立初期就进入了工厂，并对大批量的喷漆非常不满。喷漆车间的管理者解释说从一种颜色向另一种颜色转换的成本非常高：需要花时间清洗软管里的油性漆料，并且油漆从喷漆系统中流出来时浪费严重，因此他们不得不对同种颜色的车身进行大批量生产。

但是，该日本顾问并不赞成这种解释，他要求喷漆车间缩短更换油漆颜色的时间并减少批量。喷漆车间努力地改进，等到他下次来的时候，转换时间已经减少了一半。但是他仍然不满意，并要求再努力一些。等他下一次再来的时候，转换时间又减少了一半，批量只是原来的一小部分。他要求喷漆车间的员工将每次喷漆的数量降低为一个车身。他们的确非常努力，最终将转换时间降低到几分钟，使得每喷一个车身就可以改变一种颜色，尽管这样浪费的油漆和时间比较多。当该顾问再次来参观时，他显然对员工的贡献和取得的成绩非常满意。他非常高兴地说："你们做得很好。现在你们已经实现了批量为1的目标，那么就从经营的角度确定一个最佳的批量吧。"

他承认即使转换时间降低到几分钟，一个车身换一种颜色也是不经济的，但是他不想让员工妥协。在喷漆车间的员工证实了自己能够完成任务，也上了重要的一课之后，为了降低生产的成本，他乐意让喷漆车间将批量定得大一些。丰田可以将喷漆批量降低为1，但该目标是在喷漆技术取得几个重大突破之后才实现的，比如说将油性漆换成水性漆。

11.3.2 持续改善

在追求改善方面我们毫不松懈、从不轻易满足，不断努力改善并鼓励创新。（《丰田模式2001》）

挑战精神与持续改善的价值观是紧密相连的。纵观整个丰田的历史，领导者都在追求持续改善的价值观。

- "我们通过每天都做出改善来生产更好的产品。"（丰田喜一郎）
- "不要机械地思考。即便是拧干的毛巾，只要发挥智慧依然能拧出水。"（丰田英二）
- "持续改善活动是创新的孵化器，因为持续改善活动创造了一个变化的环境。"（高桥明）
- "通过无限的创造力、好奇心和追求改善而走在时间的前面。"（丰田的格言）

这些语录暗含着丰田领导者的价值观，将这些价值观付诸实践是最基本的。我们访问 TMMK 制造副总裁谢丽尔·琼斯时，她描述了丰田通过这些价值观驱动日常活动：即便是在汽车行业中占主导地位、汽车销售量居世界第一的情况下仍设法保持竞争精神。她还解释了丰田努力实现挑战精神和培养的统一，而不至于使被领导者失去热情。

我刚参加了一个工具和模具团队的质量圈演讲，该小组尽力让团队每个成员参与其中，当然在工作过程中他们也经历了一段艰难的时期。3 个成员组成的团队做了一个关于我们与 TMC（日本丰田汽车公司）工厂效率差距的分析报告，在报告中找出了形成差距的 3 个原因，他们把精力集中到一个方面进行持续改善。虽然这些改善都比较小，但这是取得更大改善的必经之路。在取得许多小的改善之后他们终止了，结果使生产过程节省了 6 分钟，而我们与 TMC 的差距是 1.2 小时。于是，我挑战他们再想别的办法，争取节省更多的时间。有时候，大家可能认为 6 分钟太少了，但是可以用该过程鼓励团队成员使其看到希望并继续努力。

乔治城工厂总裁史蒂文·圣·安吉洛在描述丰田领导能力时重申了持续改善和团队合作的价值观。"在一家典型的工厂里，取得成功被认为是领导者的责任。但是在丰田，我们的责任是照顾好做出改善的团队成员。我们鼓励持续改善精神。团队成员有责任寻找问题并花时间研究它们。他们知道如何杜绝浪费。"

11.3.3 现地现物

到根源去寻找事实才能以最快的速度做出正确的决策，达成共识，实现目标。（《丰田模式 2001》）

"通过亲身经历来直接学习"的价值观深深地根植于丰田文化。创始人丰田佐吉的话仍然被整个公司所引用："没有 3 年的亲身经历，不要企图设计出什么。"

"现地现物"和"持续改善"一样，是在工厂的任何地方都可以找到的价值观。有一些概念，比如说拉动式系统，很难直接在管理层和办公室应用，而"现地现物"则存在于丰田的每个角落。例如，我们常常会询问，丰田在设计一款新车时是如何了解市场情况的？市场营销部门能够确定消费者需求吗？他们是否使用同一种工具？比如品质机能展开（Quality Function Deployment）。其实，解决这些问题最主要的途径是由接受过深入培训的首席工程师通过现地现物来了解消费者的需求。丰田有很多关于首席工程师绞尽脑汁了解消费者需求的著名故事，比如住在贝弗里山了解凌志的潜在消费者，在设计赛昂的时候到美国年轻人集中的地方去观察其生活等。

凌志集团前副总裁兼总经理吉姆·法利讲述了丰田设计小组在南加利福尼亚一个非常富有的地段租房子了解凌志需求的故事：

> 设计小组在橘子县的海边租了一套房子作为设计室，在一个月的时间里设计者和首席工程师就在这个位于切尔西的西海岸的设计室里工作。周末，他们拜访乡村俱乐部。我想有时候丰田的工程师可能看起来很怪异，因为他们喜欢在停车场游荡，并且给那些往后备厢装东西的人拍照。

公司经理，同时也是丰田学院教育、计划和企业经营系主任的玛米·沃里克讲了一个故事，该故事已经成为丰田汽车销售公司首席工程师的培训内容之一。

> 他们（日本协调员）向我们传授了现地现物。他们希望我们陪其到现场看看，会发现有很多关于现地现物的有趣故事。例如首批运达市场的RAV4没有任何茶杯座，为了帮助首席设计师了解这种情况，我们的一个分销人员开着RAV4带他去当地的一家7-11商店，并为其买了一杯1升的热咖啡。当然，这么做的目的就是让他发现根本没地方放杯子。分销员将首席设计师请到车里，然后把咖啡递了过去。首席工程师看到咖啡非常高兴，但是他还没来得及享用，杯子就从手中滑落了，因为咖啡太烫了（日本人对高温液体的忍受能力较强）。此时，首席工程师看着空杯子才意识到车里没有设计茶杯座。问题就这么解决了。

11.3.4 尊重

我们尊重其他人，不遗余力地相互理解、承担责任，尽最大的努力构建相互信任的关系。（《丰田模式2001》）

很少有人知道，丰田生产方式最初的名字是"尊重人性的系统"。当提及TPS及其所体现的精益时，我们可能会想到杜绝浪费、提高效率、减少生产线上的工作人数以及降低主要的成本等。因为提高效率和尊重人性并不会自然而然地结合到一起。

事实上，精益常常与裁员结合在一起，尤其管理者有时谈论通过车间的持续改善来裁员。但是从丰田的角度来看，持续改善的重点不是裁员，而是杜绝浪费。杜绝浪费最终会通过员工数量的周密计划来提高生产效率。

追溯丰田生产方式两个支柱之一——自动化的来源可以看出，丰田最初是通过使用自动织布机实现高效率的。丰田佐吉发明了一种方法，当线断了时自动织布机就会自动停止。在该方法发明之前，员工需要坐在织布机旁观察，一旦出现断线的情况就得手动关掉机器。如果出现断线时织布机能够自动停止，一个员工就可以同时照看许多织布机，从而大大提高生产效率。丰田佐吉认为这样不仅可以提高生产效率，而且可以成功地将员工从机器中解放出来。从某种意义上来说，在传统的系统中人是为机器服务的。按照丰田佐吉的想法，人不应该为机器服务，机器应该为人服务。因此使用了"自动化"这个词，这种自动化增加了人的特征。于是，丰田佐吉将人放入自化操作中。任何对人的时间的浪费都是不能容忍的，哪怕是一秒钟，因为时间无法失而复得。后来，丰田英二很好地表达了这种理念："人的生命是时间的积累——仅仅一个小时就可以等于一个人的生命。员工将其宝贵的时间提供给公司，所以我们应该有效地加以利用，否则就是在浪费他们的生命。"

员工通过持续改善杜绝浪费，可以看成是人类的巨大进步，因为他们通过开发自己的能力来加深对问题的思考，丰田非常重视这种收获。正如我们在书中所讨论的，改善并不意味着他们自己或某个同事的工作面临着威胁，而是意味着丰田更加具有竞争力，提高了所有员工的工作安全水平。

丰田将对员工人性的尊重扩展到对更广泛的环境的尊重。当丰田最终被允许在举母市（现在的丰田市）建立第一个大批量生产企业时，丰田喜一郎在一次著名的演说中说道："我将尽自己最大的努力确保工厂没有缺陷，并且对此充满信心。如果丰田因为生产运营的问题导致失败，我们建造的工厂和设备还可以被其他的企业家利用，我们的努力是为了让举母市受益，永远不会损害其利益。"

后来，在20世纪90年代末，丰田董事长奥田硕说："我们必须成为一家被世界人民诚心诚意接受的企业。当人们看到丰田的规模成为世界第一的时候，会认为这是很自然的事，因为丰田的产品在环境保护、安全方面具有超群的吸引力，同时直接为当地社区做出了巨大的贡献。这就是'和谐发展'的目标和我所奉行的宗旨。"

11.3.5 团队合作

我们鼓励个人和职业的发展，分享发展机会，实现个人和团队绩效的最大化。(《丰田模式 2001》)

亚历克斯·沃伦在美国汽车行业干了几年之后加入丰田，是早期加入丰田的美国人之一，由于对丰田文化的敏锐把握，他被提升到了高级管理层。回顾自己在美国公司以及丰田的职业生涯，他得出了如下结论："高级管理者只有撇开自我，融入团队，与团队成员在一起、领导他们，才能够不断地发挥所有员工的智力及非凡的能力。"

我们与一个正在进行精益改造的美国公司合作，该公司也认识到了文化的挑战。在实施精益生产过程中，他们发现了文化方面的巨大差异。高层领导者认为如果要使精益起作用，必须让所有的员工参与进来，于是他们开始询问员工对自己所经历的各种问题的看法及解决途径。结果他们被问题及解决方案的数量和质量惊呆了。基于这种精神，公司使得"让所有的经理和主管会见自己的员工，讨论即将发生的问题及对策"成为一个日常惯例。通过这种方式解决了许多问题：大到那些数年未决的消费者投诉问题，小到无数节约时间的想法等。有个经理说在实施精益生产过程中，团队合作与其他事情有很大的差异。当问到为什么工厂经理没有取得同样的成功时，他回答道：

因为并不是所有的工厂经理都领会了精益生产。一提到精益生产，有人就认为这会给自己带来更多的工作，从而没有足够的资源去解决团队成员所提出的问题。这些工厂经理没有认识到最关键的问题是，如果给予团队成员机会，他们自己就是解决问题的资源。认识到这一点的工厂经理就会胜过他人。

非常有趣的是，该经理表示作为一个组织其前进的下一步是改进整个组织的管理者和员工解决问题的能力。这恰好也是丰田领导者在带领整个组织迈向共同繁荣的道路上所必须做的事。正如第 5 章对解决问题的讨论，丰田建立了丰田工作方法，目的是树立一个用于教授和培训领导者在日常工作中实施丰田模式的全球标准。

我们在许多情况下都使用了可视化度量板的方法来解决日常问题。令人吃惊的是，在办公室、铁矿石开采、研究开发中心、飞行器修理厂和出租停车场等地方都使用了这种方法。简单地提出某种形式的可视化管理，每天实施追踪程序，标记出对标准的偏离，并教会团队成员解决问题的基本技能，你就可以发现整个组织的水平会持续改善。当然，管理层必须坚信持续改善的作用并热情地实施任何好的想法，甚至实施一些不太好的想法。

有效可视化的关键是保证信息的简洁、及时，突出对标准的偏离。最常用的方法是某些形式的绿—黄—红指示器，比如交通信号。在丰田工厂的某些宣传板上，可以看到按照职能排列的当前问题目录，比较关键的、需要立即解决的问题旁会放上一个红色的大磁铁。

和许多美国人一样，迈克尔了解应该如何通过传达具体的信息打动老板。他不得不学习丰田所重视的内容。在一个简单的、可视化的演说中，他说道：

作为工厂经理，我正在与自己的团队准备一个演说，迎接一位日本高层主管的来访。我们把一些大的展示板放到一起，上面的信息非常详细，希望包含贵宾可能提到的所有问题。但是，他看了看说："不是很好。"我问为什么。他说："太复杂了，新来的人不容易理解。你的工作是确保任何问题或交流足够简单、清晰，即使是学前儿童过来也能理解你的意思。更不用说是新员工或公司总裁了。"我记得这与我们在学校，尤其是在大学里所学的不一样。在那里我学到的是要用复杂的语言保持事情的深奥。而现在，我需要像幼儿园的老师一样思考。

似乎很难找到否定团队合作价值的人。对于各种流行运动、乐团、军队以及很多人来说，团队合作是基础，他们最愉快的经历是作为团队的一员使问题得到了解决。但是，正如我们在第1章所看到的，其中也存在一个问题。某些文化很自然地接受团队合作，而其他的文化则很自然地信奉个人主义，西方文化就是这种倾向的一个代表。即便是在当今的美国，似乎有近1/3的首席执行官在两年内被解雇，因为企业总是寄希望于新的首席执行官来拯救公司。丰田信奉团队合作，但是也喜欢能够扭转败局的个人英雄。他们重视那些为公司服务30多年得到金表的老员工，但是对那些快速晋升然后又被另一家公司以双倍薪水挖走的人印象也比较深刻。伟大的管理学大师彼得·德鲁克一直在说：

> 在我看来，工作效率最高的领导者从不说"我"。这不是因为他们接受过相应的训练，而因为他们想的不是"我"，而是"我们"，是"团队"。他们接受责任，不回避问题，但是"我们"得到了荣誉……这就建立了信任，使你能够完成工作。

促进团队合作的不一定是善意和管理层的激励，而是丰田生产方式的一部分。在丰田生产方式中非常重视工作在车间并促进团队成员增加价值的领导者。当你拥有了标准化工作和可视化管理的工具，建立了只有通过团队合作才能实现目标的系统后，团队合作便成为与核心价值同样重要的成功因素。加里·康维斯在向美国人传授团队至上的价值观时经历了许多挑战，他将团队合作和现地现物进行了有趣的结合。

我们美国人，是个人主义者，这是你无法改变的事实。但是你必须找到满足个人需求与到现场解决实际问题之间的平衡点：你每天都必须走出办公室到车间去。人们需要调整自己的个性以适应相应的工作需求。总体来说，这里有一些共同点。在日本，基于团队至上的文化特征基础，个人很容易融入团队并作为其中的一员而工作。而在美国文化中，员工则需要适应到现场亲自体验的工作方式，需要将自己的自豪感与团队成员、团队成功、部门以及生产的产品结合到一起。因为自己的价值是一群人共同努力的结果，而未必是"我"自己所创造的。

11.4 丰田如何选择和培养领导

加里·康维斯向我们讲述了关于丰田成功培养美国领导者适应丰田文化的可喜成绩，但是他也提到了公司所面临的挑战，以及某些人也令丰田非常沮丧。可以证实，在迅速的全球扩张过程中丰田所面临的最大的挑战是，尽快培养出熟悉丰田模式的领导者来领导分布于世界各地的工厂。丰田是如何做的呢？

我们从丰田所学到的最重要的事情就是忠实和忍耐。丰田的领导者对丰田模式的文化具有如此强烈的情感，并且有足够的耐心致力于保持和培养这种文化。他们不希望妥协。丰田模式的短期训练发挥不了多少作用，因为这需要花费时间和耐心。加里·康维斯解释道：

从本质上说，丰田不是一家高速发展的公司。虽然形式上与日本公司有所不同，但是北美丰田公司的基本原则和选择领导者的方式与日本基本上是一样的。只有那些能够在日常工作中按照丰田模式进行管理的人才能被选为领导者。如果你做不到这一点，就不会取得成功，包括我在内的所有人都是这样。因为在美国，丰田没有一个快速提升的系统，你需要培养并展示自己的能力，与之一起成长。每次提升都需要培养新的能力。这种丰田文化伴随在你的左右。

谢丽尔·琼斯丰田从内部培养领导者的一个真实、成功的例子。我们进行采访时，她正担任乔治城工厂的制造副总裁，大约负责管理6000名员工。虽然这是一个非常高的职务，但是与谢丽尔交谈时你会感觉像是在和一个车间小组领导交谈。因为她是从车间里走出来的，具有培养员工的激情和谦卑的精神，这对丰田是非常珍贵的。

在加入丰田之前，谢丽尔从未在制造企业工作过。在那之前她是肯塔基州列克星敦市克罗格食品杂货商店的一个主管。当丰田工厂广告招聘时她抓住了机会，并且充满了自信，认为"只要我的脚迈进门里，我就一定能进去"。很显然，人力资源部门发现了她的潜力，并让她担任团队领导，在丰田生产方式中担当着重要的责任。

她到日本去学习TPS。才刚刚适应自己的角色，就被调到了试产小组。建立试产小组的目的是让生产车间直接参与到新车型的开发，并进行改进。这是一个长达数年的过程，起初谢丽尔认为和在调试小组工作相比，自己宁可在制造车间工作。但是她的主管建议："永远不要对机会说不——抓住任何机会去学习。"然后她同意了，并且从未后悔过。

试产小组为她提供了与许多日本培训员在一起工作的机会，学会了如何建造汽车原型、建立流程和新的组装岗位。从日本引进产品为她提供了深入了解日本生产流程的机会。后来，她被调到一个工厂帮助建立新的组装生产线（2号）。她还帮助该工厂建立流程、雇用员工和培训新员工。接着，她被提升为组装部门总经理助理。后来，在没有喷漆经验的前提下被调去领导喷漆部门。到目前为止，她已经学到了很多，并在未来的7年里经营喷漆工厂——一个具有很多学习机会的高技术流程。

很快她又有了新的学习机会，公司要求她到墨西哥下加利福尼亚州的卡车工厂工作一年。此时，乔治城工厂已经被选作向新工厂传授 TPS 的母工厂。这在丰田历史上是第一次，过去，所有的母工厂都在日本。她答应接受这个巨大的挑战，因为要两地分居一年，所以这也需要得到其丈夫的支持。因为下加利福尼亚州的工厂比较小，从开始到结束的整个生产流程一目了然。她在那里从零开始向员工传授 TPS，自己也从中也学到了很多东西。

从墨西哥回到乔治城工厂后，谢丽尔被任命为整个工厂的制造副总裁。虽然已经学习了各个方面的制造技术，但是她认为最重要的是学会了如何培养员工。

营造一种员工可以轻松提出问题并将问题视为改进机会的环境至关重要。营造舒适的环境的确是一个巨大的挑战。为什么需要营造安全舒适的环境呢？因为要想让员工参与持续改善，必须有安全的环境。虽然没有什么背景，但是我在发展过程中不断接受新的任务，并且一直感觉很舒适。只要我能从每次经历中学习，学习的得分就是正的，其他人也这么认为。我的工作就没有风险。

在第 10 章，我们描述了威尔·詹姆斯在北美丰田被迅速提升的过程，先是在乔治城工厂，然后是 TABC 总裁。威尔指出这在丰田是非常少见的，原因是丰田在北美的迅速发展迫切需要领导者。很显然，丰田高级管理者看到了威尔特别的地方。威尔是这样解释的：

我的确将丰田持续改善和尊重员工的理念内化为自己的理念并运用到日常工作中。在加入丰田之前，我就持有这样的原则。幸运的是，我找到了一个非常尊重员工的地方，并且我一直在寻找一种更好的方式。我对许多其他美国公司的做法感到沮丧，因为这些公司不让员工参与到流程中来。丰田对我来说就是一个梦，因为以前我一直按照这种方式生活。

小结

两个世界的精华

丰田任何新建工厂的目标都是将日本丰田模式的精华与当地文化相融合从而创

造该工厂特有的丰田文化。TMMK 行政总经理汤姆·扎瓦茨基解释道:

最初,张富士夫指出我们的目标是将日本的精华与美国人的管理技术相结合创造一个新的、独特的管理体系。我确信他所指的是管理美国人松弛的一面,而不是要改变 TPS。毫无疑问,我们仍然会按照 TPS 做事。有些事情是永远都不应该改变——尊重人性、标准化工作和 JIT,这些对于我们的 DAN——持续改善、现地现物、避免问题发生等都是非常关键的。

这些事情在日本丰田根深蒂固,在 TMMK 也应该如此。持续改善对于美国人来说非常困难。对于他们来说,要求今天做得更好,就意味着以前做得不够好。对于那些还没有接受或者没有从文化的角度理解丰田模式的人来说,持续改善是很难实施的。那些理解了的人可能会说——那是丰田的做法,日本方式的精华是 TPS。而美国方式的精华是如何在 TPS 环境下成功地管理美国人——差异化、在家工作、通过灵活的时间安排帮助单身妈妈,以及其他与美国价值观和生活方式相关的事情。

虽然丰田需要两种文化的精华,但是丰田的领导方式在很多方面与西方的趋势背道而驰。表 11-1 总结了一些关键的差异。美国管理者希望快速获得结果,从而具有较强的个人自豪感,想迅速取得权力和威望。他们认为结果比过程重要,将员工视为实现结果的手段。一个成功的美国领导者能够克服障碍、不为自己找借口。结果需要通过量化来进行评价。

表 11-1　传统西方领导者与丰田领导者的比较

传统西方领导者	丰田领导者
快速取得结果	耐心
骄傲	谦卑
迅捷攀升	深入学习、横向调动、逐步提升
不惜代价取得结果	正确的流程会产生正确的结果
通过员工实现目标	培养员工
克服障碍	在采取措施之前花时间深入了解问题和根本原因
量化管理	深入理解过程

相反,丰田期望领导者有耐心、谦卑。与迅速提升相比,他们更喜欢通过对每个阶段的工作进行深入学习实现慢慢发展。丰田的领导者在得到提升前通常要水平调动好几次,以获得更广阔的视野。鼓励领导者遵循正确的流程,坚信正确地做事

会产生期望的结果。丰田的领导者是培养员工的老师。障碍是需要进行深入分析和了解的，并且需要经过仔细评价找出适当的解决对策。深入理解过程比量化管理更有价值。

文化也有阻碍生产的一面。我们需要一种文化来支持精益生产，但是我们的文化似乎又妨碍了精益的实施。最近的研究表明，"仆从"领导在东方比在西方更自然。有一组心理学家对东西方文化中的领导方式进行了比较。首先，他们观察了各国在足球世界杯比赛中选择队长的方式。西方的国家队选择中锋和前锋（进攻队员）作为队长，而东亚的球队更多的选择守门员和后卫作为队长。然后他们利用投影测试进行控制试验，在测试中参加者通过观察图表来确定领导者。结果发现美国人认为在前面的人是领导者，而新加坡人则倾向于认为在后面的是领导者。他们的解释如下。

美国人认为领导者是代理人，相信他们能为团队找到机会（与民主的模式相一致），相反，新加坡人也认为领导者是代理人，但当其未能保护团队免遭威胁时就应该受到责备（与家长式的模式相一致）。这两种文化的成员都认为在前面的领导是革新者，在后面的领导是保护者。

该研究结果隐含的意思是，美国的领导者负责领导团队成员冲锋陷阵、开辟新道路，而新加坡的领导者站在后面支持团队。领导者能够从后面看到整个团队、了解他们的需求，而冲在前面的领导者不了解团队的具体情况。与具有这种文化倾向的美国人一起工作，对于丰田来说曾经是一个挑战。丰田的目标是利用两个世界的精华，实际上可以将美国人的某些文化倾向培养成促使成功所必需的丰田文化。培养一种强大的、积极的混合文化是需要时间的，丰田领导者需要具备的就是耐心。加里·康维斯也认为建立管理文化要比 TPS 技术慢得多。

在美国我们距离丰田模式有多远？如果用操作水平来衡量，那就非常接近。在美国自力更生、建立工厂确实对我们很有帮助。从经营的角度来说，我们与丰田模式非常接近，但是从管理的角度，并不是那么容易。在实际操作中，我们可以感觉到为什么丰田的方法有效。因为循环比较短，所以员工可以进行体验。如果有意义，人们就会愿意做。反之，管理循环比较长、不清晰，就不容易进行体验。在操作层面我们与日本非常接近，这就是我们不需要日本的协助就可以投产凯美瑞的原因。上一次我们在 200 个日本成员的协助下投产新车型，但是这一次一个也没有。

你的公司应该考虑的要点

1. 领导者创建文化，因此丰田投入数年的时间培养在思想和言行举止方面带有公司 DNA 的领导者。

2. 丰田的领导有时候被认为是"仆从"领导。领导者的地位越高，具有的直接权力就越小，就越需要努力工作来支持增加价值的员工。

3. 丰田需要体贴的领导者遵循其核心价值观，包括挑战精神、持续改善、现地现物、尊重和团队合作。

4. 丰田喜欢从内部培养领导者。通过慢慢培养，进行广泛的轮岗使其在每一步都获得深刻的经验，从而胜任领导岗位。

5. 当需要从外面雇用领导者时，选拔程序非常严格，需要寻找具有现地现物意识和丰田文化精髓的人。

6. 丰田在美国工厂的经营层面已经实现了高水平的 TPS，尽管几十年来一直致力于将美国员工培养成丰田领导者，但是在理解和实践丰田模式方面，美国丰田的管理文化仍然落后于日本丰田的管理文化。

本篇总结

人力资源支持系统既包括正式的有组织的程序，比如定期的会议、质量圈、早期症状调查，也包括领导者和团队成员一起完成工作的日常行为。如果没有这种正式和非正式的支持，团队成员就无法在人力资源价值流中充分发挥其潜力。

从本篇所描述的众多实践中可以发现丰田文化的缩影。从丰田的运作过程来看，就会清楚地看到召开许多会议，白板上记录很多内容，用图表进行各种度量，对团队成员进行安全审查等。我们常常听到别人（即便是到乔治城工厂进行短暂参观的人也这么认为）说丰田的员工看起来积极工作、精力充沛，另外丰田的会议也非常独特，因为多数会议都是在车间召开，而不是坐在会议室进行。

这些实践实际上反映了丰田支持团队成员的规范和价值观。这些规范和价值观包括提供有助于团队成员身体和心理健康的安全环境，通过仆从领导培养团队成员，强调清晰和经常交流的重要性（见图Ⅲ-1）。客观解决问题的强烈理念构成了大量日常持续改善的基础，解决问题的重点是改进系统而不是批评责任人。

我们所看见的
小的团队、标准化的问题解决程序、5个原因链、5S、岗位轮换、日常安全会议、早期症状干预、时事通讯、资讯查询系统、调查、精力充沛的领导者

他们所重视的
相互支持的团队成员，清晰的标准，改进的机会，生理和心理的安全感，双向交流，坏消息也没关系，非正式渠道比如日常娱乐和运动小组，对事不对人

他们所深信和践行的
领导者是老师、是教练，从企业的角度思考，不断保障安全的文化，面对面的会议确认交流，领导者将生产和人力价值流结合到一起，领导者支持增加价值的人

图Ⅲ-1　第三篇文化分析总结

所有这些内容的目的是维持团队成员及团队之间的合作，增加价值。每个内容都为暴露问题提供了极大的机会，这些问题成为PDCA循环的主题。这些支持程序的最终目标是使所有团队成员在其日常工作中身心舒适。

人们经常问及为什么丰田总在讨论质量、成本、配送而不考虑安全和士气呢？因为丰田已经优先考虑了员工的安全和士气，所以根本就不用提。例如，管理质量会议首先汇报安全问题。没有什么比安全更重要。仆从领导的概念也是从增加价值工作的角度提出的。管理者不增加价值，因此他们只能通过支持那些从事价值增加工作的人增加价值。不管是召开日常团队会议、强调按照正确的人体工程设计螺栓的技术、向其他团队成员演示问题分析，还是在经理领导的交叉培训部门大声发言，重点是鼓励参与，保持价值观，并积极支持致力于持续改善。

第四篇

组织的支持程序

在两种类型的官僚机构中，人们较为熟悉的是第一种：以强制和服从为目的的官僚机构。该种机构所设置的职权等级、操作程序及员工指南等都是为了监督那些潜在的不服从、不称职或不负责任的员工，以确保他们能够做正确的事。而第二种官僚机构则以"扶助"为目的。这种组织结构和系统是为员工的工作提供支持，而不是彰显高层权威的工具。如果采用这种形式，而不是较为传统的、偏向于强制性的形式，那么即便是高度官僚化的机构也会成为帮助员工更好地完成任务的工具，而不是监督他们、与之作对的武器。

——南加利福尼亚大学管理学教授，保罗 S. 阿德勒现在，我们先把目光从团队成员每天所经历的日常性支持工作转移到促进员工发展、实现高能效的正规性支持流程中。在管理学课程中，最先教授的内容就是关于正式组织的话题。我们通常以组织图的方式来考虑组织结构。官僚机构已经成为代表繁文缛节的贬义词。如果你问员工对人力资源部门的感觉如何，多数人认为就像看牙医一样可笑，即便是修改一下福利计划或增加一个受益人这么简单的事，都要填写又长又复杂的文件。如果说丰田没有这些令员工厌烦的繁文缛节，似乎也不合乎情理，但是可以肯定的是，丰田所设置的许多正式组织程序都是为了支持其尊重员工和持续改善的文化。

《丰田模式2004》根据保罗·阿德勒所提出的"强制型官僚机构"与"扶助型官僚机构"的显著区别，解释了丰田与其他大型官僚制组织之间的差异。可以说丰田也很官僚，其劳动分工十分明确，角色和职责的定位十分清晰，任何事情都有规则和标准化的操作程序来规范。从这些角度来看，丰田无疑是世界上最官僚的组织之一。但丰田的官僚机构与我们在其他多数大型组织中所看到的官僚机构有一些不同之处。因为典型的官僚机构是为了给领导层提供控制他人的权力，而丰田的扶助型官僚机构所追求的是帮助员工创造性地解决问题、改善流程和持续学习。那些为了控制员工而设置的缺乏灵活性的、死板的官僚机构只会遏制持续改善，与丰田模式所追求的效果背道而驰。

本篇我们将从第12章开始，介绍丰田是如何通过谨慎的计划和控制雇用规模为团队成员提供稳定性和安全感的。在第13章，我们要论证丰田的人力资源部门，在确保工作环境公平性以鼓舞团队成员士气和帮助员工成长方面，要比大多数公司更具有实践经验，在某种程度上也更具有直接控制权。参观丰田的人最喜欢讨论的话题之一就是其奖励系统。在第14章中，我们将说明丰田为了鼓励员工缓慢深入地学习和成长，极力弱化金钱奖励，设置与当地文化相适应的多种奖励方法和认可方式，并防止过快地提拔员工。当员工表现不佳需要采取纠正措施时，要充分考虑客观事实，并且以解决问题为目标，使员工达到期望的表现水准。最后，在第15章我们将讨论丰田如何通过著名的方针管理（政策部署）引导团队成员的活力，实现公司和员工的长期共同繁荣。

第12章 Toyota Culture

稳定的雇用关系承诺及保障

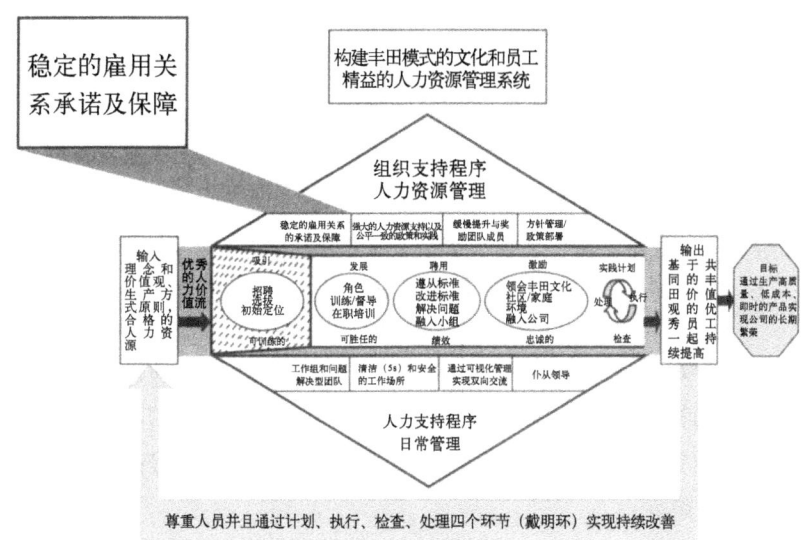

作为管理层,我们的责任是创造一种环境,使流水线上的团队成员不必担心自己的工作安全,而是全力以赴地致力于产品质量的控制和生产效率的提高。

——《丰田模式2001》

12.1 建立长期合作关系还是雇用临时工

几年前,一些顶级的西方公司就宣称"人才是我们最重要的资源",几年过去了，他们的行动却表明并非如此。他们的人力资源部门开展了大量的培训项目、职业规划，制订了大量的工作宣言，表扬从事持续改善的员工，而与此同时，其主管人员紧接着规划下一个计划。杠杆收购使公司欠了大量外债，CEO游走于各公司之间，通过改组和上市来缩减成本。表面看起来，这些公司是在诚心诚意地对工作人员进行投资，但是高层的决策所带来的混乱却在持续地破坏这些投资。同时，那些作为成本削减者的CEO们却声称要对发展员工和改进程序作大量投入，虽然从某方面来说，他们看起来也真的想为员工投入。

美国人仍然认为在人力资源方面，员工是可牺牲的资源，可以根据经营状况的好坏进行增减，而且看起来只有法律规定和工会组织才能使其放缓裁员的脚步。对此，丰田文化讲习班上的主管给出了各种辩解理由。

- "在不景气的时期，我们必须裁员。对留下来的员工及股东来说，这是拯救公司的唯一方式。"
- "我们的责任是，用短期内的裁员，来换取公司的长远生存。这样做起来很难，但作为管理层，你必须这么做。"
- "汽车业与我们的行业不同，我们有自己的行业周期，不裁员是不可能的。"
- "股东给我们施加压力，要求提高季度盈利，丰田好像没有这种压力。"

例如，一家雇用莱克担任顾问的公司，开始在外部咨询机构的帮助下实施为期一周的精益项目。这些精益项目成功地找出了大量的浪费，并通过建立生产单元和重新平衡生产，大大提高了生产率。生产率提高的结果之一就是很多员工被解雇。

莱克的要求真是在挑战人们的智慧：让员工参与那些可能使自己被解雇的持续改善项目。企业经理对自己决策的辩解则是：

这不是丰田文化。在生产效率提高后，我们只能解雇一些员工，或者在其他机构恰好有适合他们的空缺时将其转移过去，只有这样我们才能获得好评。就我而言，就是用持续改善项目来剔除那些无用的人。那些与精益项目息息相关的员工也都认为这些人是无用的，所以他们欢迎将这些人剔除。

首先，将员工称为"无用的人"是很无礼的。其次，用改善项目来剔除表现不佳的员工是越过正当程序的行为，是逃避责任的表现。我们必须指出的是，并非所有留下来的员工都认为被辞退的员工是无用的人。而且这样一来，消息很快就会传开：当要实施改善项目时，很快就会有人因此下岗。精益也因此获得了很坏的名声。在这种情况下，尽管员工仍然会执行管理人员的指令，但却不再像以前那么热情，对公司的忠诚度也大打折扣。

爱因斯坦对愚昧的定义是："反复地做相同的事情，却期待会得到不同的结果。"不知为什么，那些实施精益的经理一方面希望创造出环境让员工为公司的愿景高度投入，另一方面却将员工当作可变成本和缓冲器来对待。事实上，这样对待员工的公司，其员工也总是将公司看作一个短期停靠站，赚足了钱之后就会转到下一站。

丰田真诚地相信，人才是其竞争力的来源，应当对人才也做相应的投资。尽管高层领导需要能力强、忠诚度高的员工，而且工作层的员工也乐意为实现这些愿望而努力，但是我们仍然需要一些中介将主管的意愿和车间里的工作联系起来，这个中介就是规划良好的系统。丰田为了将其价值观融入实践中，仔细设计了详尽的车间规划系统，提前调整需求以避免解雇永久性员工情况的出现。

我们在第2章就已经讨论过，丰田在经历了20世纪50年代的那场劳动力危机后，就决定开始重视公司与员工之间的信任合作关系，将解雇员工视为"最不愿做的事"，在经营公司时，也尽量避免需要解雇员工情况的出现。丰田文化的出发点是这样一个基本假设，即丰田与员工之间的合作关系是以双方的长期共同繁荣为目标。丰田很珍视与员工之间的信任关系，将员工当成"财富"而不是商品来对待。因此，丰田采取了许多措施和行动来支持这些价值观和假设。我们可以用3层文化模型来说明在劳动力管理中是如何实施这些措施的，如图12-1所示。

丰田做事情从来不靠运气，为了支持对员工的长期投入，丰田设计了详细的稳定雇用关系的方法。图12-1显示的是，丰田为了实现员工的职业安全感所采取的日常程序和行动。丰田就是以这样的方式来防止解雇员工情况的发生，而这也正是许多美国经理在实施精益时所忽视的一点。尽管他们也承认对人才的重视是丰田成功的原因，但他们也常说："当公司高速成长并大量盈利时，提供职业安全是件很容易的事。"事实上他们只说对了一半。丰田很重视员工是正确的；丰田积累了大量资金能渡过难关也是正确的。他们错就错在，认为丰田不需要担心出现经营困境。丰田实际上有非常强的忧患意识，因此也开发出了很多企业管理系统来应对市场的起伏。

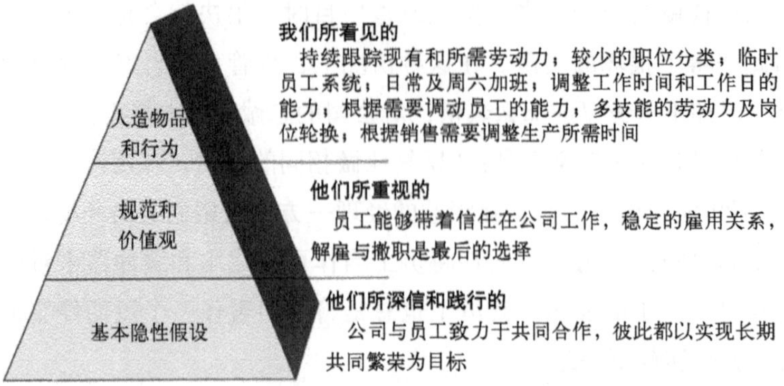

```
              我们所看见的
                 持续跟踪现有和所需劳动力，较少的职位分类；临时
      人造物品     员工系统；日常及周六加班；调整工作时间和工作日的
      和行为      能力；根据需要调动员工的能力；多技能的劳动力及岗
                 位轮换；根据销售需要调整生产所需时间

      规范和    他们所重视的
      价值观       员工能够带着信任在公司工作，稳定的雇用关系，
                解雇与撤职是最后的选择

      基本隐性假设  他们所深信和践行的
                 公司与员工致力于共同合作，彼此都以实现长期
                 共同繁荣为目标
```

图 12-1　劳动力管理文化

马克·道格提是负责丰田所有北美工厂人事安排和人员控制的经理。我们从他那里了解到，丰田的生产控制部门是极其重要的，该部门的员工要为整个工厂设置日程安排，他们精于此道，不但用各种运算法则确定日程表，而且还要利用多种方式与销售部门合作，为消费者提供最优质的产品和服务。道格提在进行人事安排时同样也要用这种方式——考虑许多方面的因素，来决定恰当的雇用规模，帮助公司安然应对市场的起伏。道格提在丰田的职业生涯始于乔治城工厂，负责那里的人事规模，后来就负责丰田整个北美工厂的人事规模。他解释了丰田在劳动力管理方面的观念。

丰田很重视雇用关系的稳定——这是一个备受关注的、独一无二的特征。它可以追溯到丰田的相互尊重和相互信任等重要的价值观上。我深信，如果你真正想建立并维持相互之间的尊重，你就必须消除员工对未来工作的担心。而这在短期内要付出一定的代价。

我们的光景显然要比其他公司好，汽车业整体上也是如此。其他公司在管理劳动力时常犯的错误是，根据经营状况的好坏和趋势来决定对待员工的方式。收益好时，就多雇用人，收益也与员工分享，短期内每个人都感觉很好；经济下滑、利润下降时，员工就要走人，严重影响其供养家庭的能力。丰田通过防止经营状况的起伏波及雇用关系的稳定，获得了员工更强的忠诚度。为此，我们也付出了一定的代价——必须用我们特殊的经营方式来应对市场的波动。

本章将详细介绍丰田是如何在市场起伏之前、期间以及之后进行劳动力管理的。

12.2 稳定的雇用关系取决于灵活的劳动力政策

丰田应对劳动力需求自然波动时所采用的第一种方式被应用于每一家工厂。这种方式需要一个能够协调工厂内的重要利益相关者与人事安排之间关系的系统。丰田有一个内部手册——"人力资源管理指导模式"，其中阐述了丰田劳动力控制系统的目标。

通过精确的配置、最优化的固定人数以及精益有效的用工政策，我们保证能够灵活适应生产中的波动，并保证雇用关系的稳定。为了实现雇用关系的稳定，需要将固定人数维持在较低的水平上，建立中长期的雇用和用工计划，然后根据生产、销售等方面的波动进行适当的调整。

在第13章，我们将详细讨论丰田的人力资源如何行使团队成员"信任守护者"的职能。不过他们的另一个作用就是协调全厂的人事计划和调整系统。丰田每做一件事，都很重视规划阶段，在人事安排方面尤为明显。在丰田，所涉及的重要利益相关者及其在程序中的作用是：

- 销售——把握市场环境并制定、调整和传达销售计划。
- 生产控制——制订和调整生产计划，平衡各工厂和各时间段的进度表。
- 生产——依据灵活的混合模型生产系统，调整生产一线的用工计划，实施生产管理。
- 人力资源——在所有的利益相关者的协调中发挥核心作用，并对包括人员录用和调动在内的人事安排计划进行调整。

具有讽刺意味的是，稳定要由灵活来决定。灵活的劳动力政策使得丰田能够平稳地度过市场的起伏，而不必解雇正式员工。有时这样做会给团队成员带来一定的不便，给公司带来一定的额外成本。因此，公司和团队成员都必须理解稳定雇用关系的重要性，继而认识到对其进行规划和付出努力的必要性。使得劳动力能够灵活调整的方法包括：

- 临时或永久性地调动到工厂里的其他岗位（较少的职位分类使灵活调动成为可能）。
- 岗位轮换培训及多功能员工。

- 灵活的加班时间（两班制生产，三班制维修）。
- 周六生产日。
- 临时员工。
- 新员工岗位。

接下来我们将依次对上述方法进行讨论。

12.2.1 调动（灵活的调动）

我们在第3章讨论过，能够根据时间和场合的需要调动员工在丰田文化中是很重要的，是丰田模式不容置疑的几个要点之一。还记得，在这一点上达成一致后，古田清（见第3章）才同意继续与NUMMI的工会进行谈判。对于灵活性的其他一些人力资源上的考虑，包括"较少的职位分类"及没有人"拥有"某个岗位。每个人都是团队的一部分，这也是丰田只划分了少数职位分类的原因。例如，乔治城工厂里有6000多名计时制员工，却只有4种计时制的分类，即生产团队成员、生产小组领导、技术团队成员、技术小组领导。

这种结构为满足不同岗位的需求进行灵活的人员调动提供了基础。

12.2.2 多技能员工（灵活的技能）

与丰田的其他实践相同，岗位轮换培训有很多目的和好处：能够使得成员懂得尽可能多的技能；通过小组内的岗位轮换促进团队合作；通过轮流使用不同的肌肉群达到人体工程的目的，以及帮助团队做出改进，以提高团队成员的能力，为公司提高生产率等。并且在需要进行岗位调动时，也能为劳动力管理带来灵活性。如果一个员工已经掌握了部门中的4～5项工作，精通我们所讨论的几项基本技能，那么这个员工就能调动到一个新的小组里，能够快速有效地学会并从事一系列新工作。相反，如果一个员工只会一项工作，已经与这项工作融为一体，或者用几年的时间积累一定的资历后被分配到一个较简单的岗位，那他就不愿意进行岗位轮换，因此降低了灵活性。

12.2.3 灵活的加班时间

灵活的加班时间是丰田文化的另一个基础。公司的每位员工都知道，加班是非常灵活而且不固定的。除非在特殊情况下，生产线都是实行两班制而不是三班制的，以便于每个轮班在需要时可以安排加班。表 12-1 给出了一个例子。

表 12-1 支持灵活生产的加班能力

轮班	生产时间	加班能力
1	6:30 ~ 15:15（包含 45 分钟不付薪的午饭时间）	15:15 ~ 17:15
2	17:15 ~ 2:00	2:00 ~ 4:00
3	无——用于预防性维修	无

丰田会根据目前的生产能力和销售需要制定生产日程表。在正常的生产形势下，日程表中将包含一定的加班时间，以便能够在销售需求下降时起到一定的缓冲作用。例如，如果组装部门目前的运转率是 95%，生产时间是 53 秒，而本月销售部门的要求是在 20 个生产日内提供 4 万辆汽车，那么日程表可能就要包含一个半小时的加班时间。如果组装厂的运转比预期顺利，就可以稍微地减少加班时间或者增加几个生产单位。但是，如果在组装车间、供给车间或供应商等处出现了产品问题，那么当天的加班时间就要延长以满足生产日程安排。加班时间将在第二次中间休息之前（对于白班第二次休息在 13:45）贴到安灯板上，以便于团队成员及时安排维修和运送等工作。

为了在产品出现问题时，能够及时做出调整以帮助实现生产目标，丰田使用的另一个工具就是灵活的午餐和休息时间。例如，如果把汽车从一条生产线转移到另一条生产线的过程中出现了问题，最终整个组装线都要停下来。但是，如果出现问题时接近午餐时间，生产控制部门、生产部门及人力资源部门等就联合发布通知让员工提前吃午饭（提前半个小时），同时组织相关人员解决问题，从而减少整个流水线的停运时间。灵活的午餐及休息时间与日常加班时间的调整确实提高了丰田的柔性，对团队成员也提出了很高的要求，但这正是帮助丰田实现长期共同繁荣目标的合作文化的一部分。

周六生产日是丰田为了应对销售需求增加或产能问题而设置的另一种缓冲方法。为此，丰田工厂每年通常草拟出 18 个可能的周六生产日。这样，销售、生产控制及人力资源部门等每个月都要审查目前的形势，并决定是否需要安排周六生产日。如果需要，至少要提前两周的时间与团队成员进行沟通。以乔治城工厂为例，单单这一程序一年就为工厂增加了 36 000 多个灵活的生产单位。

只安排两个轮班，为日常生产的加班和偶尔的周六生产日留出了空间，这是丰田整体策略的一部分。但是许多企业的生产主管对此持反对意见。他们的第一个疑问是，既然需求大于供给，丰田为什么不建立持续运转的生产线，每年365天、每周7天、每天24小时连轴转呢？如果丰田只考虑产量和利润，而不考虑生产的柔性，也不需要防止解雇员工情况的出现，那么他们的观点是对的。而丰田放弃了短期的利益，却赢得了员工的长期信任、忠诚和贡献。当然，两班制还能为预防性维护留出时间，提高设备在工作时间内的生产率。

12.2.4 临时员工和新员工岗位

丰田的临时用工制度也能够灵活地应对消费者的需求变化，同时还能平衡正式员工的长期就业安全。但是，临时用工并不是应对消费者需求增加的首选措施，首选调整措施应该是我们刚才讨论过的那些程序。如果调整后仍然有需求缺口，工厂就要降低工作所需的时间（比如，加快生产线速度）以提高生产能力，此时就需要启用临时员工完成增加的操作任务。

在使用临时员工时，丰田很注意在生产柔性和团队成员信任及士气中间寻找合适的平衡点。为了找到该平衡点，乔治城工厂设定了临时员工比例不得超过15%的标准。例如，如果将临时员工排在白班工作，那么在夜班工作的正式员工就会感觉临时员工取代了自己在白班中的"位置"，自己反而变成临时员工了。为了避免这种错误的认识，需要持续与正式员工沟通，告诉其临时用工的目的和长期策略。另一方面，如果临时员工感觉自己并不是团队的一部分，只被当作临时员工对待的话，其士气也会受影响。因此为了取得平衡，丰田特意让这些可变员工（临时员工一种较敏感的称号）多参与公司的活动。公司也会为临时员工安排与正式员工一样的指导和培训，甚至可以让他们领导质量圈。丰田还为临时员工设定了为期两年的规划，如果两年结束后，还有生产需求并且他们也足够优秀，就可以转为正式员工。只要公司在成长，公司和员工个人都要以此为目标。乔治城工厂建立15年来，一直是这么走过来的。以乔治城工厂为例，到此书撰写时为止，所有的临时员工都成功地完成了自己的任务，带着其主管和人力资源部门的好评，转为正式员工。马克·道格提解释了将转正期限标准设为两年的来历。

最初的标准是，工作18个月到2年的时间就可以转成正式员工。但

"9·11"事件后，市场有些疲软，我们提出将该时间延长到3年、4年或5年。对此，有人认为我们过于谨慎了，而且此事关乎信任问题。"因为公司的转正期是18个月到2年，所以我们才留了下来，现在却要改变转正期，真是很不公平。"实际上，如果坐下来与其沟通，说明这么做的原因他们就会感激我们的处理方式。因为这是为了保证就业安全所必须付出的代价。

美国的法律没有规定临时员工的雇用期长度。我们唯一需要做的就是必须提供服务信用，因为它与员工的401K退休金账户[⊖]有关。虽然该账户的设置与丰田没多大关系，但是丰田一定会为员工保留该账户。当然，法律对合同当事人及员工的定义本来就存在争议，并且该账户与所得税扣缴有关。

日本政府采取了严厉措施，规定了2年的期限。最近我们在北美也达成协议，无论如何都要下决心制定2年的标准。从技术角度来看，这是每月有多少员工要离开的问题。我们必须想出采取何种改进措施以减少用工量、预期的员工流动率以及计划的销售额等，以便知晓我们需要做的事情。

丰田很重视产品质量，使用临时员工肯定会带来一些质量风险。丰田采用一系列的机制将风险最小化。

- 新员工岗位——整个工厂内，很多特殊的岗位都被指定为新员工岗位。临时员工在首次被分配到一个小组时，最先从事的就是这些工作。这些工作在很多方面都比其他工作容易，在每个循环中的工作量也较少、决策量较少、对手工熟练度的要求不高等。
- 有限的轮班——刚开始临时员工不能像正式员工那样轮班，所以正式员工要围绕着他们进行轮班。
- 卓越的培训——经过GPC、标准化以及工作指导培训等，小组相信这些临时员工能够按照工作时间高质量地完成工作。
- 组内关照——临时员工分布在各个小组中，因此在每个小组中都有正式员工来关照他们，并在需要的时候提供帮助。

⊖ 401K退休金账户是1981年美国所创立的一种延迟纳税的退休金账户，由于该规定列于美国政府国税条例第401K条中，故简称为401K计划。——译者注

12.3 应对市场起伏的计划

制订用工计划是为了应对那些较大或持续时间较长的需求变化。用工计划可分为两个阶段，即 1~3 年的中长期计划和包含季度、月度的短期计划。这两个阶段通过一个简单的公式联系到一起，类似于丰田对"问题"的定义。

记住，丰田将标准与实际之间的差距定义为"问题"，然后弥补差距。同样的概念也可以用在人事安排上。在人事安排中这种差距可以简单地描述为"未来需求——现有劳动力"。他们先考察在短期及长期内的用工需求，然后考虑现在所拥有的劳动力数量，通过比较找出差距并解决。表 12-2 显示的是，丰田的用工计划如何将长期计划、短期计划及需求整合到一个程序中。

3 年计划是根据销售和生产部门的预测做出的。首先预测销售的变化趋势和生产能力，然后根据两者之间的关系预测用工需求。每个工厂对销售量的预测都是以 3 年为一个周期，所以对用工规模的计划也要以 3 年的周期为基础。丰田建设新工厂的计划周期是 5~10 年，但这些都是粗略的预测。用工计划的目标就是用 3 年时间完成培养员工及其能力的计划。丰田总是以悲观的态度预测销售量，因此，对最好和最坏的情况都做了预计。

表 12-2　丰田用工计划中需求与现状之间的比较

策略	计算用工需求	了解目前的用工水平	用工计划
长期 （3~5 年 或年度）	• 中长期 • 预测——产品、利润、生产改进、销售与经济及生产率等	• 现有劳动力数量 • 流动率预测	• 确定正式员工与临时员工的恰当用工比例 • 草拟调动计划 • 草拟临时员工计划
短期 （月度或周度）	• 预测短期的产品及非产品需求，比如培训、新车型准备、目前的加班水平。确定需要的 T/L 在线比例及生产率目标	• 了解现有劳动力数量，预测出勤率，计算假期、兵役及病假缺勤人数和受限员工人数	• 每月开会确定下月的调动计划和临时用工计划

例如，在 TMMK，最初在一条生产线上生产赛纳微型厢式车和凯美瑞。后来丰田决定将微型厢式车的生产转移到印第安纳州的普林斯顿，而将速乐娜双门单排座小客车从印第安纳州转移到 TMMK。道格提解释说，他是根据 3 年期的计划做出这些决定的。

赛纳的销售量将减少 10 万辆，而速乐娜的销售量大约只增加 5 万辆，所以总体上来说，整个工厂的销售量将减少 10% 左右（凯美瑞的销售量占主要部分）。销售量的减少转化为过渡期内用工需求的减少，大概需要减少300人。赛纳具有一些独特的流程，因而需要用较多的员工，而速乐娜却不需要。根据3年计划，我们决定通过自然的人员耗损来吸收减少量，但是我们知道，在一次性减少所有岗位之前，需要有人临时填补这些岗位。因此，我们停止了对人员耗损的补充，并且通过缩减流程、提高小组领导的上线比例等方式平稳地度过了前两年。

但是去年，短期内需要人员填补缺口，因为我们不想负担他们一整年，于是专门针对这种情形创建了一个特殊的短期临时岗位，称之为临时家庭。我们对团队成员说工厂遇到了麻烦，在接下来的一年里对劳动力的需求量将减少300人。但是为了完成今年的生产任务，我们需要这些人工作9个月，然后离开。如果有人愿意帮忙工作9个月，我们就不需要雇用新员工了。结果，团队成员通过口头宣传到外面找到了300个临时员工。这是一个很好的案例。当然，这样做也有其缺点，那就是需要想办法让这300名临时员工积极主动地工作9个月，但是我们也处理得很成功，没有出现很大的质量、安全及影响生产率的问题。更重要的是，通过详尽的计划，成功维持了雇用关系的稳定，没有让任何人有失去工作的危机。而我们的竞争对手却不这么做，如果需要100个员工，即便是这种需求很短暂，他们也会立即招聘。丰田主要采用两种路径来应对这种情况。首先，对于3个月以上销售高峰期的短期销售需求，采用短期策略，比如调动人员、加班、让更多小组领导上线、从其他项目中抽调人员等。所需要做的就是对员工进行为期几个月的短期再分配，而不雇用新的员工。其次，根据3年的销售量预测制定长期策略。我们希望依据3年的长期计划来决定是否雇用员工。公司永远都不想陷入辞退员工的境地。

为了整个工厂的持续发展，短期计划及工厂内的资源平衡是非常必要的。高级管理人员负责制订长期计划，而经理、团队领导、小组领导以及专家则负责短期计划和日常活动的实施。一旦制订了3年计划，各工厂就可以将各自的年度计划汇总，衡量劳动力需求与现状之间的关系，适当地保持人员数量的平衡，从而防止短期内人数过多带来的高额成本，以及在长期内潜在的过度雇用。如果人员过少就会导致员工负荷过重，从而降低劳动生产率，同样也会给单位产品消耗劳动力带来负面影响。

生产控制、HR 及生产的每个部分都要在各自领域内安排一个人事协调员，掌握各自领域的用工需求和目前的实际人数，这些数字几乎每天都在变化。协调员要与各自的团队领导一起确认员工短期缺勤的种类，例如：

- 缺勤，如兵役假、家事假、短期病假、长期病假。
- 小组领导上线比例。
- 单位产品消耗工时。
- 不久将来的改进计划。
- 目前的加班时间水平。

所有这些都要记录在计划单上，并且需要在每周一次的团队会议上讨论如何平衡团队内部的短期需求或短期内增加临时员工的需求。团队会议上所获取的信息要汇入月度总结中，并带到由全体生产部门、人力资源部门及生产控制部门参加的月度人事安排会议上进行讨论。为了帮助说明这一行动，我们将用一个例子来说明新模式启动的整个过程。

案例12-1　　　　用工计划新模式启动的示例

第一步：根据消费者需求计算生产节拍以确定生产率

生产节拍等于消费者需求量除以计划工作时间，表示单位产品所消耗的生产时间。生产节拍是消费者需求最基本的表现，也是设计生产系统的基础（见表12-3）。

表12-3　生产节拍计算示例

一个轮班的工作时间（每个轮班中间休息两次，每次15分钟）	7.5 小时（450 分钟）
轮班的效率（每个轮班中生产时间的预期百分比）	95%
每个轮班的需求量	480 辆汽车
生产节拍①	53.4 秒/辆

① 生产节拍（可用时间/需求量）=（450分钟 × 0.95 × 60秒）/480 辆

第二步：计算需要的流程数量

在计算流程数量时，需要采用以生产率改进为基础的模型。这里所说的流程数量是指需要设置的职位数，而不是完成整个程序所需要的员工人数。将出勤率的目标设定为95%，其中缺勤包括无故旷工（不得超过1%）、度假、兵役假、病假、家事假以及出勤但工作受限的员工。在计算时还需要考虑员工的流失率，根据历史数据预测每月的员工需求数值。生产部门要填写员工未来需求与现状之间的报告（见表12-4），并在月度会议进行讨论，从而决定采取必要的措施应对。

表 12-4　需求/现状月度报告示例

	车身	喷漆	组装	质量	总量
员工需求量	299	199	398	100	996
实际员工数量	304	208	410	100	1022
预计长期缺勤数	5	6	10	2	23
预计流失、调动和提升的数量	2	1	3	1	7
需求与现状之间的差距	−2	+2	−1	−3	−4

月度用工计划会议的主要工作是使前几章所提到的一些系统具有一定的灵活性。丰田的劳动力管理分为3个步骤。

第一，利用加班、临时调动、改进及永久性调动等使已有人数保持不变。

第二，雇用临时员工。

第三，雇用正式员工。

工厂对员工的需求与现有人数之间的差距不得超过4人，否则就需要增加人员。委员会首先需要查看有没有可供调动的岗位，考虑是否可以通过团队成员间的调动来满足用人需求。例如，是否可以将喷漆车间的员工调到质量部门，如果可以的话，将有助于缓解短期需求。每个部门的劳动力管理代表既要与团队成员保持联系，又要与公司的医生保持联系，以便及时确认长期病假员工的身体状况和归队时间。

例如，对于组装车间来说，如果请假的10个员工中有人能在下个月归队，他们就不需要为填补1人的空缺而采取行动。如果请假的员工中没有人能及时归队，小组就要决定雇用临时员工来填补空缺。在决定雇用临时员工时，小组还要考虑临时员工比例不得超过15%的标准。如果临时员工的比例已经超过了该最大值，可能就需要决定雇用正式员工了。

每周、每天都要对这些计划程序的实际结果进行实时跟踪，并在月度报告中进行总结，以检查预测的准确性。表12-5给出了一个跟踪报告的实例。表中显示，可接受的目标是每天的工作人员维持在157人。第一个轮班的实际情况只与目标差了一点，平均起来比目标少了 0.5 人。第二个轮班的预测就不很准确，实际情况比目标多了 4 人。我们希望能够尽量接近目标值，因为，如果车间人数比目标人数少很多，虽然生产效率会比较高，但是会加重员工的负担，从而影响员工的士气；而如果人数太多的话，员工的负担减轻了，却无法实现生产率的目标，如果这种情况继续下去，就会影响丰田的竞争力。我们的目标就是在这两者之间寻求平衡。

表 12-5　实际需求与现状的跟踪示例

	每个轮班的员工平均数						目标/需求
	星期一	星期二	星期三	星期四	星期五	平均	
第 1 个轮班实际需求	155.2	158.3	158.8	154.9	155.3	156.5	157
第 2 个轮班实际需求	162.8	162.5	164.9	160.9	155.3	161.3	157
第 1 个轮班 +/–	–1.8	1.3	1.8	–2.1	–1.7	–0.5	
第 2 个轮班 +/–	5.8	5.5	7.9	3.9	–1.7	4.3	

12.4　劳动力管理中的波动

这个程序说起来容易做起来难。迈克尔还记得，他们在建立第二个组装厂时，也是几经周折。那时，他是第一组装厂的经理，也是该厂的人事协调员。

第一组装厂夜班的员工可能基本上都要转到第二组装厂的白班去。尽管有些夜班员工的服务期还不到一年，我们仍要将白班的计划优先提供给曾经上夜班的员工，而不是提供给新员工。夜班的员工也可以要求调到工厂其他工作区的白班中，比如喷漆区、塑料区或者车体焊接区等。但问题是，调动系统在设立时就规定，首先让白班的员工调换到其他白班的空缺上，如果白班中仍有空缺，才可以让夜班的员工来补缺。

接下来，夜班中所有的员工都可以自己选择填补夜班的空缺。所有调动都完成后，才把新员工安排到剩余的夜班空缺中。这种调动程序就是著名的"菊花链"，因为白班中的一个空缺就会连锁引起十几个岗位的调动。在进行岗位调动时，调动系统的公平性非常重要，甚至超过了在合适的时间将合适的员工安排在合适的岗位上。为此，人事协调员之间要进行广泛的讨论，因为填补"菊花链"所引起的空缺需要花费数月的时间。我们决定不再孤军作战，而是将问题整合在 A3 格式的解决问题报告中，向主管说明存在的问题并提出应对措施。各部门协调后，一致决定将"菊花链"空缺调动数目限制在 3 个以内。如果既要公平对待团队成员，又要满足经营需要，在二者之间取得平衡，就必须这么做。

就像丰田与其他人都经历过的那样，汽车业也有其自身的盛衰循环。我们的目标就是制定清晰的策略和计划来应对行业的盛衰。TMMK 在 20 世纪 90 年代经历了长达 10 年的增长。尽管从 20 世纪 80 年代后期到 90 年代后期，员工人数从 1500 人快速增长到 8000 人，但 TMMK 仍然很谨慎，每增加一个员工都要进行详细的计划。将前面所讨论过的临时员工及加班等缓冲制度付诸实施后，足足可以应对市场滑坡 25% 的局面，从而防止了对正式员工所造成的影响。在 20 世纪 90 年代日本经济衰退时，肯塔基工厂就极端谨慎，防止过度雇用。因此，加班时间被延长到极限。为了实现生产目标，有的车间每天都要加班 2 个小时，周六也要加班。

在过去，员工都乐意加班，许多人可以因此而获得额外的自由支配收入。而现在，加班则成了员工的一种负担，他们虽然愿意加班，但实在是心有余而力不足。

工厂反复传达着劳动力管理的宗旨，用柔性和偶尔的短期负担来确保长期的职业安全。但问题是，日本经济衰退持续的时间比想象的要长，因此，TMMK 的超负荷运转也要延续好几年。于是，公司的领导层召集人力资源部门员工，一起讨论该如何应对这种局面。第一步就是为所有的车间和团队成员设定标准，规定最长的加班时间，因为只有在标准之下才能发现问题。为加班时间设定的标准是平均每天不得超过两个小时（包括生产性及非生产性的加班），每个月的周六加班日不得超过两天。计算每个月实际的加班时间（根据每月的天数和周六加班日的数目），然后交给所有的部门经理。他们的第一个目标就是减少加班时间，使所有的员工都达到标准。

所有的团队成员都参与到了改善中，在非生产性和生产性加班方面做出了改进。非生产性加班方面，团队成员对许多日常工作进行了改进。经过改进后，很多日常工作所需要的时间减少了，比如以前没有标准化的校准扳手、气枪等现在都实现了标准化。他们还发现，很多工作都可以在轮班中完成而不必等到轮班结束后才开始做。整个工厂内数百个细小的改进累计起来极大地减少了非生产性加班时间，还能在不增加员工的情况下生产出更多的产品。

对于生产性加班，团队成员通过改进流程来提高工厂的运转率（每个轮班实际用于制造汽车的时间比例），从而以较少的加班时间完成每天的生产目标。但与非生产性加班相比，这些改进在实施时要花费更多的时间，因此，生产的改进跟不上销售需求。鉴于市场对 TMMK 产品的需求，丰田汽车销售公司不断地要求提供更多的产品。在需求仍然大于供给的情况下，TMMK 的领导决定拉下安灯线，不再要求增加产量，因为目前每个员工的加班水平都已经很高了。丰田汽车销售公司也同意了该做法。那是 TMMK 历史上很重要的一天，因为在此之前，TMMK 对任何增加产量的要求都能说"好的，我们能做到"。平衡短期超负荷及员工士气与团队成员职业安全之间的关系要比多卖几辆车更重要。丰田的价值观使 TMMK 做出了正确的决定。

在典型的丰田模式中，相互信任与持续改善之间能够迅速达到平衡，并且主要强调改进每个部分的运转率。此时的策略就是，找出团队成员所面临的问题，并共同合作解决这些问题。这样做能够帮助提高团队成员在日常工作中的士气，使得 TMMK 能够用较少的时间生产出更多的汽车，以满足更多的销售需求。

当 TMMK 面临需求过多、均衡负荷、不断检查劳动力管理等问题时，日本所面临的却是相反的问题。日本的经济衰退延续了好多年，丰田在 20 世纪 50 年代立下的不裁员的目标开始受到挑战。日本工厂已经经过了减少加班时间的阶段，后来都取消了加班。尽管采取了很多措施，包括提高生产节拍、停止雇用新员工、将临时工数降为零、减少轮班，在全厂范围内组建改进团队以在安全、质量、成本及生产率等方面做出改进，但是最后还是被迫关闭了一些工厂，将员工转移到还在运转的工厂以平衡生产。即使这样，还是存在人员过剩的问题，而此时短期改进措施都用尽了。

自第二次世界大战及 20 世纪 50 年代的失业期以来，这次经济衰退是日本历史上持续时间最长的一次。丰田早就可以并且完全有理由进行裁员，但丰田没有那么做，而是寻求其他的方法。丰田利用现有的人员组建了一个巨大的研发部门。买进了几十辆竞争对手的汽车，把它们拆分开。从各种汽车上拆下来的每一部分都分组放置。一大帮的团队成员、小组领导和团队领导整天对上千部件进行研究，对丰田的部件在安全、质量、生产率及成本等方面的设计进行改进。数以百计的想法提交给了设计工程师，由他们来实施。

根据这些活动中所提出的想法，丰田通过减少或组合支架、电线等方法减少了汽车的组成部分。在质量不变或提高的情况下，降低了成本。因为所有的改变都是设计上的改变，是工厂或消费者多年来都未曾见过的改变。这是一种长期投资，无论在财务上还是在团队成员的信任方面都获得了长远的回报。

12.5 全球范围内的整合

在北美建厂初期，每个工厂各自制定了自己的用工计划。后来，建立了更多的工厂，每个工厂都开始制造多种型号的汽车，这就为制订更为复杂的计划提供了机遇和挑战。后来这些计划转由北美公司总部来负责。马克·道格提解释了他们是如何解决凯美瑞需求量增加、卡车及微型厢车需求量减少这一问题的，并以此为例深入解释了该计划的思考过程。对凯美瑞需求量增加这一问题，其中一个解决方案就是与斯巴鲁做交易。斯巴鲁在印第安纳州的拉斐特有一个闲置的工厂。丰田想利用斯巴鲁在拉斐特的工厂，也帮助其盈利，于是购买了日本斯巴鲁 10% 的股份。拉斐特距离肯塔基州的乔治城很近，二者都在印第安纳州的普林斯顿，那里的销售量在逐渐减少。马克·道格提进一步解释道：

我们一直在努力寻找方案，将员工在 TMMK 和斯巴鲁之间进行分配。我们在研究 3 年计划，担心是否可以满足凯美瑞及凯美瑞混合动力的高销售量。昨天，我去了普林斯顿的工厂，估计形势不太好——苔原和红杉都是油老虎，赛纳才刚上线 3 年。得克萨斯州对苔原及普林斯顿工厂的产品需求必须增加，否则老牌的母工厂就会因为销售量下降而受损。在 TMMK，产品的需求都超过生产能力了。

肯塔基总部的观点就是，我们要通过资源共享保证每个工厂的就业稳定。应该如何利用自己的机会呢？我们开始以地区为基础制定人事决策。斯巴鲁将需要 300 人，印第安纳州普林斯顿的需求则不到 300 人。我们主要进行了两方面的讨论：印第安纳州的临时员工已经工作了两年，我们必须考虑哪些人可以成为正式员工，到斯巴鲁的新凯美瑞生产线上工作。对于临时员工，如果他们愿意到印第安纳州的拉斐特工厂工作，我们可以为其提供正式的工作机会。我们正在就此事与斯巴鲁进行协商。第二种选择就是，为在普林斯顿工作的正式员工提供在 TMMK 的正式工作机会。这样就为当初离开肯塔基列克星敦而现在想回去的那些员工，提供了选择的机会。

印第安纳州的普林斯顿距离斯巴鲁和乔治城有 3 个半小时的车程，那些来自普林斯顿的员工就要搬迁到斯巴鲁或乔治城。显然，在同样的距离问题上，丰田的北美工厂和日本工厂所面临的挑战是不同的。在日本，由于工厂之间的距离很近，所以工厂之间的人员调动是很容易的。在这里，地区人事安排的灵活性则受到了地理位置的挑战。然而，我们必须接受这个挑战，并快速找出应对措施，保证团队成员的长期就业安全。

让问题变得更为复杂的是，丰田的日本工厂已经能够进行多车型的柔性生产了。最终的母工厂都是那些在日本的工厂。这些工厂是最成熟、最具柔性的。丰田生产方式的一大优点就是重视柔性。有些日本工厂能够在同一生产线上生产 6 种汽车。这时候，日本的工厂开始试验新一代高柔性生产线，能够在同一生产线上同时生产 8 种车。这样，工厂就可以通过快速改变销售组合来应对全球市场的波动。例如，如果赛纳微型厢车在美国的销售量降低了，丰田可能就会决定减少日本塞纳微型厢车的产量，以保持印第安纳州普林斯顿的产量，与此同时提高另一种需求量增加的车型的产量。这些日本工厂都足够成熟，可以充当缓冲器，通过优化组合来缓解其他地区的需求波动。全球范围的调整增加了复杂性，同时也带来了很大的灵活性。

另一个例子则发生印度尼西亚。2006 年，印度尼西亚政府决定减少油价补贴，这一政策导致汽油价格增长了 40%，汽车需求量也随之降低了 40%。几乎一夜之间，市场对丰田在印尼的工厂的产品需求量降低了 30%，而该工厂的产品是为印度尼西亚市场量身定做的。该工厂相对较新，还不够成熟，只能生产一种车型。在这种情况下，工厂并没有选择减少轮班，辞退 30% 的员工，而是决定减慢每个轮班的生产速度，让多余员工对现有产品进行改进，并为接受新车型做准备。而泰国工厂则要成熟得多，一直在生产汽车运往印度尼西亚。因此，丰田决定将一种车型从泰国转移到印度尼西亚，而此时泰国工厂的生产能力也已经接近最大化了，可以趁机做出调整。印度尼西亚工厂用不到一年的时间就准备好了新生产线，随之发布了新产品。因为丰田在印度尼西亚需求低迷时期保留下了很多有经验的员工，他们使丰田受益匪浅。工厂也成功地应对了这次巨大的挑战，并因此而强大起来。

其他公司常说在销售滑坡时除了裁员没有其他的选择。对此，我们只能表示同情，因为在不对公司现行的计划系统及政策做出改变的情况下，确实只能那样做。但是根据丰田的做法，在很多情况下，可以通过结合各种策略如谨慎用工计划、柔性生产线、灵活团队成员政策、着眼于全球的销售量和需求、标准化及培训优秀员工等，完全可以避免裁员。

与我们合作的很多公司都开始尝试像丰田那样管理劳动力。有很多公司放弃了原先的辩解理由，如"我们没有丰田那么多的资金，所以我们做不到"或"我们不是汽车业，我们的周期波动巨大"，等等。有一家公司的中层管理人员创建了示范轮班。他们还用一个车间试推行丰田文化，认同互相信任和长期共同繁荣等丰田的价值观。其个人感受是，当你坐下来告诉员工自己将要辞退他们时，所有的信任都破裂了。

他们决定组建一个解决问题小组，将整个企业的状况呈现给主管小组。该小组的任务就是要将员工作为财富而不是商品来对待。数据收集阶段的结果极大地启发了该小组，其主要发现如下。

- 通过研究过去10年中出现的周期性经济低迷发现，每次低迷持续的时间不会超过两个季度。
- 每次辞退员工后，不到6个月又不得不回到市场去雇用更多的人。很多情况下，雇用回来的人就是曾辞退的员工。但更多的情况是，以前的员工都找到了新的工作，于是不得不雇用新员工并为此花费上千美元的培训和投入。
- 他们发现，上述成本加上相关的失业救济要远远高于自己在6个月的低迷期中保留员工所花费的成本。即使什么也不做，保留这些员工也要比辞退他们更划算。

当然，他们的应对措施并不是让这些多余的员工待在屋子里什么也不做。应对措施包括，培训员工解决问题的技能，在低迷期组建改善团队为将来做准备。短期内，工厂的生产率数值确实不容乐观（人数没变，产品却减少了），但整体成本并不会受到负面影响。而且当繁荣期到来时，工厂的生产率及整体成本都会因问题的解决而显示出改进的迹象。

在第一次团队讨论会上，管理小组能广开言论，但对建议的实施有些犹豫，希望对与成本相关的数据做进一步核实。再次确认数据的准确性后，他们同意采取这样的策略，即根据低迷期的长短不同采取不同的阶段性措施。并保证至少在 6 个月内不裁员，以等待繁荣期的到来，同时组建解决问题小组。其计划是，对短期计划进行评估，以便持续采取措施促进工厂的柔性，不断延长工厂保证不裁员的时间。整个管理团队都感觉自己在正确的方向上有了良好的开端，希望在实践中进一步证明理论的正确性。在写此书时，他们正经历一次低迷期，但是至今还没有裁员。他们直接将整个工厂关闭了一周（一个 4 天的假期），让所有人而不仅仅让几个小组将精力放在改进上。这样不仅获得了改进，还取得了员工的信任。时间将证明，成本改善所带来的价值能够远远弥补低迷期的损失，公司坚持这个计划是值得的。

小结

我们所熟悉的很多公司都认为就业安全是公司发展的绊脚石。这遗憾地说明，目前这些公司看到的还只是短期利益而不是长远利益，还只是将员工看作成本而不是财富。只有在转变了这种观念之后，才能在学习丰田模式的道路上走得更远。不要等到经济滑坡、面临员工过剩时，才开始解决这个问题。要未雨绸缪，先树立正确的价值观，然后再创建各种制度防止过度雇用，促进组织及其用工的灵活性。一旦领导团队认同了该价值观（包括获得董事会的支持），组织就可以根据"计划—执行—检查—处理"的步骤做出详细规划。首要的一步是，在观念上实现从"我们所在的行业无法这么做"到"我们公司也要这么做，让我们琢磨应该如何做"的转变。

你的公司应该考虑的要点

1. 关心员工的长期就业安全。

2. 制订和实施长期及短期计划，以预测和应对市场的波动。

3. 制订跨越多工厂甚至全球性的用工计划，实现跨地区和跨工厂的用工平衡。

4. 实施很多能够帮助提高组织及团队成员柔性的政策和实践，比如日常加班、公司发起的调动、多技能员工、改变生产节拍等。

5. 使用临时员工的方式应对市场的波动，同时在经营处于增长期时，为其提供转为正式员工的机会。

6. 在严重的低迷期，通过培训来提高员工持续改善和解决问题的能力，以保持生产效率。

第13章 Toyota Culture

公平一致的人力资源政策和实践

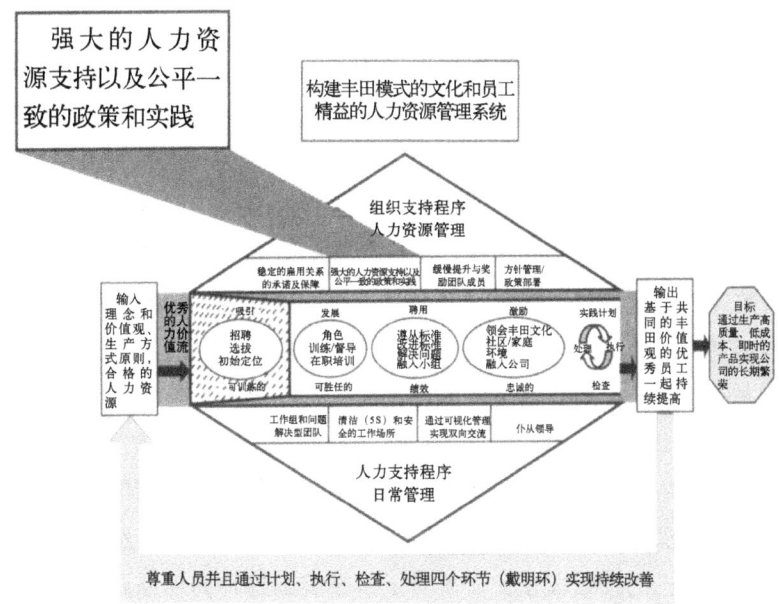

> 法律的规则是：诚实做人，不伤害他人，赋予每个人相应的权利。
>
> ——拜占庭帝国皇帝查士丁尼一世（483—565）

13.1 什么是公平

公平，看起来是一个很直观明了的概念。我们希望得到与其他人同等的对待。问问别人是否认为得到公平对待很重要，猜一猜他会怎么回答。"谁不希望得到公平对待呢?"不论是在家庭中,还是在社区组织或体育团队中,每个人都希望得到公平对待,在工作绩效相同的前提下,获得与他人一致的待遇。

基于此,学术研究者提出了相关的动机理论,对公平问题给予了理论上的解释。约翰·斯塔希·亚当斯将其称为公平理论。为了使该理论看起来更科学,学者用一个等式来表述该理论。即将自己的报酬除以绩效所得到的比值与相同环境下相同职位的人做比较,只有两者相等时待遇才是公平的(见图13-1)。

$$\frac{A的报酬}{A的绩效} = \frac{B的报酬}{B的绩效}$$

内容:理论认为,如果一个人的报酬与绩效之间的比值与其参照对象的比值相等的话,就可以认为该系统是公平的。

图 13-1 公平理论中的公平观

换言之,如果你感觉做的工作比他人多,得到的却不比他人多,你就会感觉到不公平,你的工作动力也就会随之下降。当然,实际情况要比这种简单的概念复杂得多。比如,你可能不清楚应该和谁做比较。对此,亚当斯认为我们用于比较的是"系统中具有可比性的参考对象"。如果和我们做类似工作的员工得到的报酬水平相同——例如一样的低,我们就认为是公平的。那么如果看到高层CEO得到了上百万的额外奖励,我们会做何感想呢?基层与高层之间巨大的收入差距是公平的吗?按照亚当斯的理论,员工不会将自己的报酬与CEO的报酬做比较,认为二者不具可比性,因此也就无所谓不公平可言。然而,我们从一些实例中发现,当经营状况差的公司要削减员工的工资,却仍然给予高级管理人员几百万的奖金时,员工就会开始怨声载道,感到不公平。

更复杂的是,公平的概念还会因文化的不同而不同。在第1章讨论过人们往往将文化深层的东西视为是理所当然的。美国人理所当然地认为自己的收入应当与自己的绩效成正比。事实上,在美国这种高度强调个人主义的文化中,员工凭努力获得报酬的欲望是十分强烈的,而在日本文化中,这种欲望要微弱得多。

在第1章,我们还讨论过高语境文化与低语境文化的区别。在美国这种低语境文化中,他们希望将事情清楚地表述出来,例如,希望雇用条款能够明确体现在口头和书面合同中。在日本这种高语境文化中,许多东西都很含蓄,不会陈述或记录得很清楚,甚至日本的合同也比较模糊。

丰田汽车公司控股的日野汽车制造公司最近也发展到了美国,主营业务是制造卡车并为丰田的组装工厂生产配件。日野的一个经理被调到美国负责该海外项目，该经理发现由于文化上的差异，将丰田生产方式引进到美国企业困难重重。他解释道：

> 美国是个以契约为导向的社会。在这种文化背景下，企业对每个人的工作都有清晰的描述。每个人都会问："我确切的工作是什么？我负责什么？"在美国工厂里有一些生产单元，如果某个员工被分派到某个生产单元，他就只关心该单元的工作。而在日本，我们对工作的描述就很模糊，希望努力营造一种所有成员一起合作改进的氛围。日本是一个面积很小、山很多、有1亿多人口的国家，可以说日本丰田的管理者和员工就像生活在同一个印第安帐篷下的大家庭（注：印第安帐篷很小，能容纳7~10人在里面生活）。每个人对彼此都很熟悉，因此很多事情不言自明。由于人们很重视彼此之间的信任，不用把事情说清楚大家就能互相帮助。

丰田的卡车业务发展非常迅速，而日野是在美国为丰田提供卡车配件的公司。很自然，日野的这位经理要求所有员工齐心协力，尽最大努力完成丰田所设置的具有挑战性的目标。

> 作为丰田的供应商，我们相信从长远来看，如果我们遵循丰田模式努力工作，丰田会对我们有所回报的。事实上，当我们出现问题时，丰田会派出生产经理、人力资源专家及成本方面的专家等来帮助解决。他们总是很友善，但也很严格。他们设定了富有挑战性的目标，希望我们能独立完成，解决自己的问题，因为只有这样我们才能进步。但到最后，我们实在无法解决时，他们会施以援手，他们从没打算要放弃我们。

这种思考方式也是丰田和日野员工的特征。员工的感觉是，每个人必须为团队和公司的发展尽最大努力，员工有时还必须做出个人牺牲，但会获得长远的利益，公司也会跟员工站在一起。员工没有像公平理论所说的那样每天在脑海里计算自己的报酬与投入的比值，因为他们信赖长远的公平公正关系，愿意尽其所能地工作，每天都为做出改进而努力。

日野的经理不停地问一个非常重要也是他认为比较难以解决的问题："如何才能将丰田生产方式引进到具有不同文化背景的国家？在丰田文化的生产方式中，分工不是很明确，每个人必须为团队做出牺牲；而在个人主义的文化中，每个人希望凭自己的贡献获得报酬。"

这个问题也是丰田在实现全球扩张及面对公平的不同文化内涵时所必须接受的挑战。被调往美国的丰田经理，若想将丰田生产方式成功地引入美国企业，就必须面对美国人的公平观念。为此，丰田在美国创建了一个系统，这个系统既让团队成员认可其公平性，又能超越狭义上的工作界线，符合丰田生产方式中关于团队合作的要求。本章将着重介绍丰田是如何做到这一点的。

13.2 信任经济与商品经济

有信任作为基础，丰田文化就能够长盛不衰。丰田文化及其效果本身就能说明信任的重要性，其他人的研究也证明其合理性。在《出色的工作场所》这本书中，罗伯特·列弗宁对一些员工满意度良好的公司进行了研究。他发现这些公司的共同点是都很重视信任关系的建立。他还发现，这种信任关系会随着"信任银行"中信任数量的多寡而有所不同。而组织中的政策、项目、程序及组织领导进行传达和实施的方式决定了信任银行中的信任数量。丰田位于加利福尼亚州TABC工厂的总裁威尔·詹姆斯在解释丰田模式的领导力时，用了类似的比喻："如果你不把自己最好的一面展示给员工，员工也没有理由把他们最好的一面展示给你。这就和你在取钱之前必须先向银行存钱一样。"

像丰田这样的公司，通过团队成员的日常协作来积累信任。这些公司都建立起了互相合作的文化，让员工感觉到自己是一个家庭或伙伴关系中的一分子，而不仅是一个企业或一份工作的一部分。罗伯特·列弗宁描述了在公司内部所存在的两种合作关系：第一种是以"以此换彼"心态为特征的，也就是"用时间来换取金钱"；第二种则是以信任和合作为基础的"礼物"型经济，在这里，不是直接以金钱作为交换媒介的。他以邻里关系为例说明了此问题：一个人去度假后，他的邻居会自愿地帮助他取报纸、收邮件、浇花等，这个过程交换的不是金钱，而是互相之间的帮助和支持。下次，如果这位邻居启动某项工程时，比如搭建一个顶棚，受过帮助的邻居就会在第一时间跑过来帮忙。

第6章所讨论的质量圈也是信任式协作关系的一个例证。丰田的质量圈已经实施50多年了，成为丰田文化的一部分。20世纪80年代，当质量圈的热潮席卷美国时，美国的经理都以"商品"经济的眼光来看待质量圈："如果支付给加班的员工报酬，或停下生产线去实施质量圈，我们最好能够得到投资回报。"这种以结果为导向的心态建立在"以此换彼"的观念之上，是导致质量圈在很多美国公司无法成功实施的主要原因。而质量圈在丰田仍然长盛不衰的原因是，丰田的质量圈是以长期的"信任经济"观念为基础的。丰田的经理并不追求在投资上获得一对一的回报。相反，他们看重团队成员在解决问题和团队合作技能等方面的长期发展，并且相信这些技能能够在将来得到应用，从而实现公司和员工双方的长期共同繁荣。

在本章，我们着重强调信任经济在丰田文化中的重要性，然后在第14章具体介绍雇用条款。当然，我们不打算将丰田伪装成一个大公社——丰田是一家企业，人们来这里是为了谋生。在这里，商品和信任的交换都会出现，都需要加以考虑。

表13-1对上述两种类型的协作进行了比较和对照。与丰田模式中的其他事项类似，信任式协作关系比商品式合作关系更难维持，需要你做更多的工作。商品式合作相对简单一些：我向你提供明确的薪酬，每年清楚地指出测评标准以及满足这些标准后你能获得的酬劳，到年终的时候结算。当然，如果你能做好每件事并获得奖金就更好了，就像销售员按件收取提成那样。此后，系统就可以很好地自我运转：你按照自己的方式去做，结果由我来评价，如果你做得好我们就都能获利。

表13-1 关于公司员工关系的两种观点

商品式合作关系	信任式协作关系
短期的一对一交易	长期的公平交易
低风险	高风险
易于矫正不好的交易	背叛很难修复
每次交易后都要更新关系	开放式的关系
通用条款	个性化条款
双方都以牺牲对方的利益追求己方利益的最大化	双方都能为了共同的目标做出让步
以各自利益为目标	以共同成长为目标
以金钱为流通货币	以信任为流通货币

但问题是，我们无法像所期望的那样对每件事都进行评价。在生产中，我们希望顾及各项指标，比如质量、安全、低成本、低库存以及在合适的时间及时地运送恰当的产品等。我们看到，有些公司实施了计件系统，根据员工生产的产品数量支付报酬。结果，虽然产量很高，但可能会出现质量问题，或者实际的需求并没有那么多。而且他们也没有果断地让员工停下来，一起

解决问题。另一个公司想实施看板系统，希望只在需要的时候组织生产，但是该公司却以每天的生产量及设备利用率来考评其主管，结果甚至在没有看板或者某种部件的产量已经足够多的情况下，主管也拒绝停止生产。当然，我们可以通过增加或减少某些指标来弥补系统的漏洞，但这样做有点像填补堤坝的裂缝，一条缝补上了，水还会找到更多的裂缝破堤而出。

信任式协作关系需要以双方的信任为基础，彼此都能长期地扮演好各自的交易角色（见表13-1）。如果信任关系破裂了，那么在受委屈一方的心里，几年来的信任关系也会被一抹而去。因此，我们在第10章所讨论的日常双向交流对信任式协作关系具有非常重要的支持作用。丰田建立了一套正规体系，通过人力资源部门来维持信任式协作关系。

13.3 人力资源的宗旨是公平一致

公平一致，说起来容易做起来难。"设定标准，对每个人保持一致"看似非常容易，只要在任何时候都以同样的方式对待每个人，那就没有人会感到不公平了。但事实上要做到这点是不可能的。尽管如此，丰田仍把它确定为员工关系的理想范本。

丰田的理念是，用价值观进行管理，努力让组织内的所有成员都发扬这些价值观。这种方法与多数组织的做法不同，多数组织内都有大堆的操作手册，详细记载了操作程序，但是员工却很少去看。相比起来，丰田的团队成员手册要小得多，记载的都是一些重要的政策，比如度假和病假等。TMMK以简单清晰的语言概括了其对团队成员的期待。

每个团队成员都很重要，都在TMMK中扮演着重要的角色。TMMK相信每个团队成员都能关心自己的工作，都能在接受充分的信息和培训后，承担起自己的责任。希望每个团队成员都能参与创新，设计出新型的工作方式，在改进工作、提高生产效率的同时提高产品质量。在参与创新的同时，团队成员还应该学会进行有效的团队合作，并在需要的时候帮助同伴完成工作任务。

团队成员应该准时上班，保质保量地完成生产任务，保持工作区域的整洁，避免中断工作流程，养成良好的安全习惯。

我们希望团队成员能够：

- 成为 TMMK 的良好"公民"——不做任何不利于团队成员或工厂生产效率的事。
- 坚持准时上班不缺席。
- 遵守安全规则——时刻以安全的方式工作。
- 出色工作——保质保量。
- 支持并遵守 TMMK 的政策。

在丰田，人力资源部门是公平一致的官方守卫者。丰田安排人力资源管理人员与管理层及团队成员一起工作，以寻求公司需求与团队成员需要之间的平衡。丰田的组织结构与其他大公司的结构没有什么不同，都由以下部分组成。

- 工资与福利（补偿金）；
- 培训与发展（HRD）；
- 安全；
- 战略规划；
- 员工关系。

丰田的独到之处在于以上每个单元所做的事情都与其他公司不同。员工关系单元是沟通管理层和团队成员的桥梁。该团队安排了由专家即人力资源代表任职的全职岗位，其成员的使命就是充当团队成员的拥护者，他们要深入车间，与团队成员接触，听取其对问题的反映，然后积极促进问题的解决。

丰田将人力资源代表的岗位职责定义为"人力资源部的代表，对工作场所进行监督，并支持每个车间的人力资源及管理工作"。他们的主要任务包括：

- 向经理及主管提供信息和建议。
- 为管理层或经理与团队成员之间的交流方式提出建议，并安排交流地点。
- 完全忠实于人力资源措施，并支持措施的实施。
- 收集并传递员工的意见和担忧，在经理或主管的协助下化解员工的不满。

为了充分发挥人力资源代表的作用，他们需要与经理或主管、员工及工会代表（如果合适的话）深入交流，营造一种易于接受的合作氛围，了解其负责车间里的员工状况以及公司和人力资源部门的规则和程序，并能准确地了解公司的现状、产品、质量及工作态度等。

人力资源代表的作用对于丰田文化来说十分重要。他们就是人力资源系统中的现地现物：他们到工作现场与员工接触，能够快速地识别和解决员工关系中的问题。

古田清（内特）对乔治城工厂人力资源系统的建立做出了巨大贡献，该厂的人力资源系统最终成为整个北美丰田工厂的蓝本。最主要的是，他坚持认为人力资源部门在工厂中是中立的，并且具有对雇用、解雇、提升、降职等任何雇用状况变化的最终决策权。

工厂建立之初，我们考虑的是如何才能让员工不畏惧管理层，能够主动告诉我们存在的问题。丰田生产方式要求将事情直观化，所以我们必须让员工相信其工作是安全的，不会因为承认错误而遭到解雇。为此，我对张富士夫先生（后来担任 TMMK 的总裁）说，我们需要一个强大的人力资源部门，我们必须掌握对雇用状况变化的最终决策权。主管可以提出建议但不能做出最终决定。尽管这样，人力资源部门的成员还是无法接受这种理念，因为他们已经习惯了做执行人员，执行部门经理关于录用、解雇和提升员工的决定。但是在新的系统里，人力资源部门有权力说"不"。

作为工厂的一名经理，迈克尔将人力资源代表当成管理小组中的重要成员，认为他们是反映用人状况的镜子。刚开始的时候，迈克尔跟其他美国人一样，也存在隐藏问题的倾向和防御心理，作为管理人员他认为出现问题是团队成员的责任，而不是管理层出了问题。经过一段时间的学习后，迈克尔不再提防人力资源代表提出的问题，首先将其视为管理层的问题而不是团队成员的问题。迈克尔回忆了一件使其产生这种认识的事情。

曾经有一次，人力资源代表指出，我们为非生产性事项安排的加班不够合理，比如更新工作特性图、为下一轮班校准工具等。以前这些工作都是员工自愿完成的，而且在最初的几年里几乎所有的员工都自愿加入进来，为需要完成的事项提供帮助。但过了一段时间后，志愿者的队伍越来越小，最后有人告诉人力资源代表并不是每个人都会为解决团队之需提供帮助，有些人为此承担了过重的负担，有点不公平。显然，加班所带来的额外收入对于那些更重视个人时间的员工来说并不重要。对此，我的第一反应就是为自己辩解，毕竟我负责安排加班。原以为这样做是正确的，能为每个人提供机会。

而且那些经常加班的人并不是因为我施压才那么做的。后来，我尝试用丰田的思维方式来思考这个问题。我开始清楚地意识到，必须找出系统性的原因，而不能简单地将问题归咎于个人。

我们把一些主管、人力资源代表以及员工组织起来，将团队的所有任务按照日、周和月3种形式列出来形成了一个新的系统。然后结合跟踪系统加以实施，确保每个人都能够接受各项工作的培训。最后，我们设置了一个大的看板，将所有的任务列在一起，每项任务都安排人来负责，并由可视化的控制系统来确认是否每项任务都完成了。所有的任务都明确了之后，就从月初开始轮岗，这样使得每项任务都能轮流到每个人身上。同时，员工在一开始就知道了预期目标，不论是否有生产停工，每个人都必须在当天完成任务，因此加班的时间就减少了。

我们最终创建了一个系统，既能完成公司所安排的任务，又能对所有的成员保持公平一致。减少加班时间对于公司和团队成员来说是一种双赢的结果。回顾整个过程，我学到了一个重要的教训：仅仅给员工提供机会是不够的，如果你提供的机会看起来并不公平，你就无权责怪员工做了不好的选择。我们必须设置一套系统，让问题暴露在所有人面前，然后寻求方法从根本上消除问题。

13.4 重大问题导致人力资源系统的重组

13.4.1 理解问题

乔治城工厂是丰田在美国建立的第一个全资子工厂，被视为未来海外工厂的重要学习资源来源地。1997年，工厂第一次出现了人力资源问题，该问题表明必须对人力资源系统做重大改进。

事情源于发生在喷漆车间的性骚扰事件，该事件还牵涉一些高级主管和普通管理人员，引起了管理层的高度注意。人力资源代表和管理小组发现此问题后，立即用标准的丰田方式来解决该问题。人力资源代表开始找员工谈话以获取相关事实，但是员工并不信任他们，这也是以前没有人向其反映该问题的原因。人力资源代表被视为管理层的成员，他们本身就是问题的相关者，因此不能解决问题。人力资源部门决定雇用外部的调查组与喷漆车间的团队成员和管理人员进行会谈。

会谈结束后，不光彩的真相浮出了水面。有一些高级主管和管理人员的行为偏离了丰田模式的价值观和标准。对此，丰田采取了各种惩罚措施，甚至开除了始作俑者。该事件发生时，工厂已经建立 10 年了。在此之前，所有关于该工厂的新闻都是正面报道。很多人认为，公司会低调处理，尽量将影响范围缩减到最小，甚至还会为采取的措施找到冠冕堂皇的理由。但事实表明，丰田在处理如此严重的人力资源问题时，也能像处理极小的生产问题那样，做到诚实公开，直面问题。丰田传递给媒体及团队成员的信息是一样的：我们出错了；我们用以暴露和解决问题的系统失败了；我们将进行调查，找出根本原因，纠正错误。

这些都是真实发生的事情。公司雇用了外部咨询专家来帮助解决问题，因为团队成员不再信任人力资源部门的工作人员及其厂区的人力资源代表。工厂成立了焦点小组，召开特殊团队成员会议，与团队成员会谈，征求他们对问题产生原因的看法以及应对措施等。

最后，形成了两个主题思想。第一，工厂必须回归到丰田模式的价值观上，管理小组必须为此承担更多的责任。第二，工厂必须处理人力资源部门，因为事实表明，人力资源代表没有获得足够的信任，在问题出现的早期没有人及时向其报告。

需要注意的是，"问题"这一定义的外延要比具体的性骚扰事件广泛得多。丰田在解决问题时，会在 5 个为什么的引导下，深入挖掘根本原因，直到发现导致问题发生的根本原因。简单地解决直接原因——例如，找出并处理参与性骚扰的人员等，都无法从根本上阻止问题的再次发生。而且，只要管理层没有遵循丰田的价值观，只要人力资源部门没有获得员工的信任，就会出现其他问题。即便性骚扰的问题解决了，那些问题仍然会存在。

13.4.2　回归根本：价值观

为了促进员工更好地遵循价值观，乔治城工厂开展了一系列的改进活动，比如，成立了更多的由管理层和团队小组参加的焦点小组，明确定义了公司的价值观，提出了使团队成员更好地遵守这些价值观的办法。团队成员和管理层之间达成了一致，为乔治城工厂提出了一套明确的价值观。这些价值观包括以下几个要点。

我们的愿景

在安全的环境中以最低的成本生产出质量最高的汽车，并因此而赢得全世界的尊重。为了实现上述目标，我们需要遵循丰田生产方式的原则，增进彼此之间的尊重、遵循丰田的价值观，保持一个持续学习的环境。

我们的价值观

- 安全：安全和健康至上。愿意为自己和他人的安全承担责任。
- 消费者满意：为了获得和保持国内外消费者对我们的尊重和忠诚，我们必须坚持"下一个流程就是消费者"的理念。
- 尊重：创造一种所有团队成员互相尊重、彼此信任、共同关注事业的环境。激发员工的积极性和创造力。
- 正直：在所有的互动中，表现出最高的道德水准。我们要践行自己的承诺，勇于承认自己的缺点，做一个对环境、社会和经济负责的企业公民。
- 团队合作：为了确保公司的成功，每个团队成员都有责任与他人合作。我们要坦诚地交流、分享观点、保证彼此之间的相互理解。
- 持续改善：为了提高公司的竞争力和促进长期的成功，我们有责任以创新思维改进自我、改进生产流程和产品。我们要不断地挑战自己去改进、以自己的工作为荣，为创建一个更好的 TMMK 发挥积极作用。

标准制定后，每个人都同意遵循现有的系统，并且当这些价值观不符合标准的时候，及时进行调整。现有的系统包括一些常规的交流渠道，比如团队成员会议以及热线系统等。基于团队成员不信任人力资源部门的现状，公司设置了一条直接接到总裁办公室的新热线，即著名的"公司抱怨热线"。事实上，该热线起到了核查和制衡人力资源部门的作用。

团队成员还提出了建立价值观"卡片"系统的主意，为每个违背公司价值观的人（包括经理）提供及时反馈。这些卡片的作用类似于足球赛中裁判所使用的红黄牌。每个团队成员都有一个口袋般大小的小册子，里面记录了一些价值观以及所期待的行为表现，还附有 3 张颜色分别为绿色、黄色和红色的卡片。如果某个员工的行为体现了公司的价值观，比如停下自己的工作去帮助队友，那么看到该情况的员工就会奖励给他们一张绿色卡片。黄色卡片则用来警示那些接近"警戒线"的员工或团队。红色卡片用于警告别人已经越过了"警戒线"。在会议上经常有人收到黄色卡片或红色卡片，比如说长道短，或者说一些对他人不敬的话，甚至开一些有损他人的玩笑等。虽然听起来有点过时，但该系统确实是个既严肃又有趣的工具。不过，它不是一个永久性的工具，在人们厌倦了之后，它就寿终正寝了，这也是需要进行持续改善的原因。

13.4.3　重组人力资源部门

在开展价值观活动的同时，人力资源部门也开始自我反省，确定自己需要做的事情。对此，典型的丰田方式就是，诚实地面对现状与标准之间的差距。人力资源部门的标准是，要支持公司的价值观，与生产部门合作，实现公司的目标。而实际情况是这两个目标都没实现。公司各项指标所反映的数据（包括从热线电话系统、意见调查及团队成员会议上获得的数据）都证实了这一点。确认了差距之后，就需要解决问题了。

我们已经讨论过，在丰田文化中，问题确认之后，需要组建专门的小组来解决。公司允许该小组通过问题解决程序做出所需要的各种决策。在这种情况下，高级管理人员只需要像"筹划指导委员会"那样为该工作小组制定活动目标和方针就可以了。活动的目标被确定为：

- 促进人力资源部门内部及其与生产部门的团队合作。
- 提高人力资源部门的员工技能。
- 将人力资源原则融入每个部门。
- 使劳动力更加灵活。
- 促进人力资源部门员工与团队成员之间的接触和交流。
- 促进各生产领域间政策实施的一致性。

工作组由助理经理和人力资源部门的专家组成。管理层对工作组的指示是：

- 通过消费者（团队成员和生产部门管理层）获得信息。
- 与其他组织相比较。
- 画出所有程序的流程图。
- 列出所有现存的员工的角色。
- 明确人力资源部门的核心作用，然后根据正式的A3报告，对组织做相应的调整。
- 将费用控制在预算范围之内。

工作组花了两个月的时间收集消费者信息，做比较研究；又花了两个月的时间进行分析。他们研究了目前人力资源部门的布局结构，如图 13-2 所示。工作组发现，目前的布局中最大的问题在于，人力资源部门员工几乎与生产区域完全分离，无法与生产人员一起工作或接触，从而无法建立起信任关系。

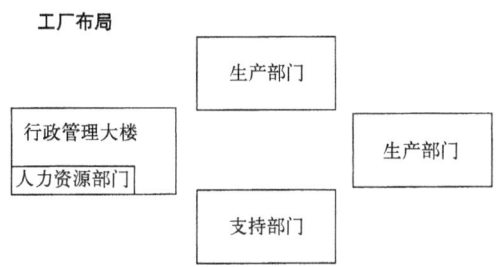

图 13-2　过去 TMMK 人力资源部门的布局

工作组还发现了该结构与人力资源代表这一角色之间存在的矛盾。TMMK 希望人力资源代表有一天能成为团队成员的代言人。但是当团队成员的行为需要矫正时，这些人力资源代表就会坐到桌子的另一边，与团队成员相对，执行调查和惩戒程序。由此而产生的逻辑结果必然是人力资源代表被看作管理层的代言人，而不是团队成员的代表。因此，当出现问题时，他们也不会获得团队成员的信任。

工作组所发现的最后一件事是，人力资源代表将大部分的时间花在了团队成员的行政管理事务上。整天回答一些诸如野餐的日期是哪天以及姑嫂的丧葬假期补助是多少等问题，而不是把精力放在解决团队成员所面临的问题上。回答行政性问题通常是传统公司中人力资源管理人员的职责，但不是丰田所追求的。

因此，工作组建议成立新型的人力资源部门，其机构围绕着 4 个核心角色及相应的功能展开。

1. 战略伙伴
- 成为整个经营团队的一部分。
- 对经营团队进行系统性的组织核查，明确主次顺序。
- 为经营团队提供人力资源。

- 清楚地了解当前的经营状况（公司内外状况）。

2. 行政事务专家

- 制定并实施有效的人力资源管理方针、计划及政策等。
- 作为专业领域的咨询员，帮助其他人力资源专家和顾客。
- 负责计划及实施持续性改善。

3. 员工代言人

- 为员工的需求说话，并传达管理层对雇用关系的关心。
- 了解员工并能预见他们的忧虑和问题。
- 与团队成员接触，平易近人。
- 成为帮助团队成员排忧解难的专家。
- 为员工提供必需的资源，使其全心投入到公司目标的实现中。

4. 改革促进者

- 影响并推动组织改革支持经营目标的策略。
- 管理过程，确保变革管理的成功。
- 根据公司内外部的环境，持续为公司把脉。
- 为了有效实施改革并响应组织的需求，需要了解最新的改革工具和实践。

为了支持这4个角色，工作组建议设置新型的人力资源结构。图13-3阐述了新的结构。

新的人力资源管理结构在每个生产部门（现场）设置了"迷你人力资源小组"，在更好地协助生产管理的同时履行其团队成员代言人的角色。

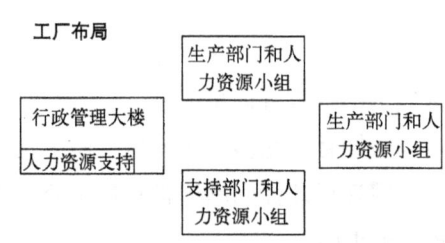

图13-3 TMMK人力资源部门的新布局

该小组扮演的是双重角色，既是员工代言人，又是战略性伙伴。其中包括：

- 发展——负责在职培训、流程改进，为特定部门进行培训，提供指导以及制定战略规划。
- 员工关系——作为员工代言人，为其排忧解难，进行同级评审，负责员工的安全和健康——事故随访、早期症状调查、人体工程。
- 受薪员工人力资源系统——负责经理助理以下受薪员工的提升，维持受薪员工关系，培训受薪员工。

这种改善带来了生产部门与人力资源部门的有益合作。现在生产部门能够与人力资源部门共同致力于方针规划的实现（见第 15 章）。不仅促进了两个部门的合作和整合，还可以消除团队成员以前的担忧。

这项措施还解决了组织中的筒仓⊖（Silo）问题。这种设计的目的是为了防止生产部门和人力资源部门成为并行的两个筒仓，建立了连接两者的管道。也就是说，丰田把人力资源部门分成许多迷你小组与生产部门的管理层保持更紧密的联系。这种做法促进了各部门的合作，但却很难保证各部门之间的公平和一致。为此，工作组建议，仍然要保留一个核心的人力资源管理团队，可以按照特定的职能将其划分成几部分，以便于解决暴露出来的问题。

组建核心人力资源管理团队的目的是为了保持与其他团队的联系，从而保证公平和一致性，并且使之成为丰田北美总部的一个窗口。该团队的功能主要有：

- 人事——工资 / 福利、人事安排及招聘、调动系统。
- 安全 /HIS——MLOA、残障法案（ADA）、家属病假法案（FMLA）、数据报告、新的雇用计划、体检、员工赔偿金。
- 员工关系——政策制定和培训、沟通、表扬。
- 培训——提拔程序、质量圈和建议系统、全厂培训。

现在核心团队能够专心于计划和政策的制定了，并且成为相应领域的专家。例如，为了让人力资源代表摆脱大量的行政性事务，核心团队建议成立一个电话呼叫中心，用于回答员工的一般性问题。员工关心的所有问题都用电脑进行跟踪，这样做有两个原因：一是保证问题能在规定的时间内解决，这样就不会把团队成员扔在一边，让他们回去等答案，从而树立团队成员对

⊖ Silo 在这里是筒仓的意思。在垂直的组织结构里，各部门的员工常常把其他部门当作敌人而不是合作伙伴。各部门之间是一种筒仓结构（一种又高又厚而且没有窗口的结构），这使得部门之间的问题不能在员工层面解决。例如，一些需要与其他部门合作快速完成的工作要被积压于筒仓的顶部即负责人那里，该负责人必须与其他筒仓顶部的负责人进行交涉，然后才能将解决问题的方案下达到执行的员工那里。如此一来，组织的效率就非常低下。——译者注

人力资源部门的信任；二是为了持续改善。

电脑跟踪使得团队能够跟踪团队成员常问的问题，从而应用解决问题的方法找出相应的对策，以此来解决那些团队成员不得不打电话咨询的系统故障。工厂会像对待每个缺陷那样对待每个电话，因为其前提假设是：一定是某个系统、培训过程或沟通过程出了问题，否则团队成员不会打电话来问问题。团队成员最常问的问题之一就是关于调动系统，因为调动意味着生产线上的团队成员要被调换到其他部门。团队成员最关心的另一个问题是福利问题，比如公司支付了哪些福利，还没支付哪些等。

核心团队在所有餐厅设置了电脑资讯亭，基本上解决了这两个问题。电脑资讯亭的设计简单，易于操作，使得调动系统成为无纸化的自助程序。因此，团队成员可以随时登录系统查看自己的情况，而不再需要求助于人力资源代表或咨询台。如此一来，很多事项就不再需要人力资源团队提供帮助。人力资源团队可以将主要精力用于解决员工通过电话提出的问题。公司也不需要那么多人力资源专家来回答员工所关心的问题了。于是这些专家可以从事本章所提到的那些能够创造更多价值的工作。这项措施效果显著，2001～2003年两年之内，平均每月的电话数量就从7864个降低到了3052个。接电话及解决问题的时间也减少了，因而对服务中心的需求也减少了，以前每天需6个员工值班开放13个小时，现在每天只需要两个人值班开放3.5个小时（周五需要4.5个小时）就足够了（见表13-2）。

表13-2　实施团队成员一站式服务后的改进结果

	改进之前	改进之后
每月平均电话数量	7864	3052
每周接电话及处理问题的时间（小时）	65	18.5
需要的员工数	6	2

另外，核心管理团队中还有两个小组负责处理突出的需求。为了避免生产部门中的人力资源代表参与对团队成员的调查或惩罚，工厂还成立了一个独立的"I"小组（调查小组）。该小组由4～5位专家组成，负责整个工厂的调查工作。这样不仅有助于重建每个部门对人力资源代表的信任，还有助于促进调查程序的公平和一致性，因为只有少数几个人而不是二三十个人负责调查工作。

核心管理团队设置的最后一个小组是工程和计划小组。该小组的角色是充当整个公司的"改革促进者"，与生产部门合作共同致力于下列领域的改进。

- 管理与组织的改进；
- 丰田生产方式内部的改进；
- 供应商的改进；
- 设定安全基准，与全球网络中的附属企业衔接。

这种重组在发展和保持丰田文化方面极大地帮助了乔治城工厂，TMMK 和 TEMA 的人力资源副总裁皮特·基顿对此进行了概括。

人力资源部门的消费者是谁？是工厂的每个员工。我们的使命就是充分利用公司的每个人，不管他是车间的团队成员还是副总裁。每个人都是消费者，而且我们正在为建立一个成功的企业而努力，而企业的成功需要每个人尽其最大努力。设置人力资源部门会引发不良的官僚习气，但是如果设置得当也可以避免这一弊端。新人力资源部门的结构将我们从人力资源"警察"的角色中解放出来，并且安排到真正需要我们的地方——工作现场。我们不再坐在"管理象牙塔"里进行管理，而是将人力资源人员派往工作现场与管理人员一起工作。并且在逐渐成熟的过程中抓住了问题的关键，即我们需要与生产部门更紧密地合作，需要与生产部门分享职权，成为其合作伙伴。这样才能为生产部门提供"一站式"的服务。

之前，我们都被安排在筒仓内。当出现绩效问题时，相关经理可能会先找到负责员工关系的人员，但可能被告知是培训方面出了问题，需要去找负责培训的人员，但是找到培训人员后又会被告知是技能方面出了问题，需要去找负责员工技能提高的人员，于是这个经理不得不穿梭于各个部门之间。官僚作风就是在这样的过程中产生的。现在就不一样了，出现问题后，经理只需要告诉他身边的人力资源小组就可以了。该小组集所有部门的功能于一身，负责将获得的信息反馈给核心人力资源管理团队，由其负责解决问题，经理不必再为官僚作风担心。

同时，人力资源部门还是员工的代言人，确保每个人都能获得均等的机会。通过相关系统，保证各种价值观得到恰当的遵守。其他公司多少也能做到这一点，但我们还希望建立确保制造高质量汽车的相关系统，比如员工聘用、培训及激励等系统。

丰田永无止境的改进程序所追求的目标是：以最短的时间和尽可能低的

成本制造出质量最高的汽车，并尊重从事工作的人员。丰田的人力资源部门在实现这一目标的过程中发挥着关键性的作用。我们曾经讨论过，一方面，丰田设置了很多内部系统来处理相关事宜；另一方面，从外部检测丰田管理团队实施丰田文化情况的一个重要标准就是，员工是否感觉到需要工会作为一个独立的外部机构来代表他们的利益。

13.5　是否需要工会代表员工利益

一想到工会，首先进入我们脑海的就是员工与管理层之间的冲突——罢工、不满以及谈判等。在传统的观念里，发生冲突时工会站在员工一边，代表员工的利益，而管理层则站在另一边代表公司的利益。员工希望能有一个安全的工作环境，包括无须过度劳累等在内的良好工作条件，与付出相匹配的收入，用于养家的有竞争力的薪水以及就业安全等。而管理层则希望实现公司利益的最大化，尽管管理层也关心企业的形象，但盈利仍然是他们的首要目标。在这种背景下，仅仅讨论公司文化是不够的，至少还需要讨论员工文化、管理文化，甚至可能还需要讨论公司内部许多辅助群体的文化。

日本丰田公司也有工会，丰田公司的工会与一个更大的行业工会联系在一起。当然，丰田的工会也非常关心公司员工的年薪增加了多少、公司的薪酬福利是否符合行业标准等问题，因为他们认为自己的主要工作就是保护员工的利益。但是他们也发现在许多方面员工的利益与公司的利益是一致的。公司强大，则所有人受益；公司衰落，则所有人受损，所以该工会的目标也会是促进生产效率的提高。所以从多角度来看，丰田工会就像公司内部的一个人力资源管理部门，既关心员工的利益也会与管理层合作共同促进生产效率的提高。对于传统工会的作用来说，丰田工会与管理层的这种关系有点太"和谐"了。因为传统工会里有句老话说："如果工会与管理层睡一张床，那么就没有人能够安睡了。"

当丰田与通用汽车在加利福尼亚的弗里蒙特合资建厂时，第一次感受到了美国式的工会。很显然，丰田在接受美国汽车工人联合会这一角色时，并不十分清楚他们的工作职责是什么。通用汽车建议从3个关闭了的工厂中挑选一个用于合资建厂。这3个工厂的劳资关系都很紧张，而弗里蒙特工厂的劳资关系是最差的。当弗里蒙特工厂还是通用的卡车生产厂时，每年的投诉高达4000多份，旷工率高达20%，还遭受过员工的野猫罢工。㊀日本丰田系统的很多基本假设都受到了美国汽车工人联合会的挑战，比如团队成员参与生产标准的设定，培养多技能员工，甚至包括员工和管理层之间的相互信任等方面。针对这些问题进行了多次谈判，当时谈判双方的代表分别是丰田的古田清和汽车工人联合会主席迪克·舒马克。

在开始谈判之前，丰田团队对汽车工人联合会自成立开始至今的背景进行了全面的研究。古田清描述了丰田所面临的挑战。

一旦汽车联合会同意了某个生产标准后，他们就不会对其进行更改。如果管理层想更改标准，就需要花费一番周折，这是一个刚性的系统。我们希望团队成员能够参与初始标准的制定，也希望他们能够参与标准的改进。我们需要的是多技能的员工，而不是单技能的员工，也不需要那么多的职位分类。我们将所有的工作分解为1个生产岗、9个技术岗和2个目标。

古田清和NUMMI的管理层最终赢得了联合会领导的认同，并且用实际行动兑现了他们重视员工的承诺。NUMMI在一开始时只生产雪佛莱诺娃，而且在第二年时只完成了销售计划的70%。但是在这种情况下，丰田没有像通用汽车那样选择辞退员工，而是把所有员工集合起来，创建了一个大型的培训项目，在进行改进的同时，还为员工提供了更多的假期。此后，丰田迅速在NUMMI投产花冠，使其销售量很快达到了预期目标。通过这件事，丰田赢得了员工和联合会领导们的高度信任。几年后，当联合会与NUMMI管理层出现分歧时，联合会的主席提议，将分歧交由古田清（那时他已经调到了TMMK）来评判，并同意遵守他所提出的任何建议。这是一种无法用金钱买到的信任，这种信任给NUMMI带来的好处也是无价的。这些好处多数可以通过联合会的书面合同体现出来，其中包括宽泛的职业分类，依据能力而不是严格的资历调动员工的权利，甚至包括了自主雇用临时工的权利等。

乔治城工厂没有设置工会。丰田根据NUMMI工厂的经验，在TMMK设置了很多同样的人力资源系统。㊁在没有工会的情况下，人力资源部门同时需要行使工会的一些职能，例如维护员工的利益等。如我们先前所看到的，要

㊀ wildcat strike，野猫罢工，指工人未经工会同意而进行的罢工。——译者注
㊁ 保罗·阿德勒对NUMMI、TMMK和日本丰田工厂的人力资源系统进行了比较，其工作非常出色。

赢得员工的信任并做到这一点，对于人力资源部门来说并不是很容易的。

十几年前联合会就希望将乔治城工厂的员工联合起来，建立工会。一些丰田的团队成员甚至举行联合签名，号召对组建工会进行投票，但签名数量一直不够，不足以举行选举。由此看来，并不是所有的计时制员工都能与管理层保持和谐的关系，丰田员工与管理层之间的关系也有好有坏。

到20世纪90年代早期，TMMK早已经习惯于自己的成功了，连续获得了5次J.D.鲍尔㊀企业奖（1990年金奖，1991年银奖，1992年铜奖和1993、1994年金奖），但接下来的5年，收获就没有那么丰盛了，仅在1997年获得了铜奖。主要原因是，该时期乔治城工厂的销售量快速增长，在雇用了大量临时工的同时，还要大规模地缩减成本，再加上管理人员的流失，受薪制和计时制员工都感受到了很大的压力。然而，并不能因此认为丰田的管理层放弃了丰田模式所遵循的原则。事实上在构建丰田文化的早期，由于偏离方向而促成了亚文化的形成，这种亚文化和丰田模式并不一致。对此，从史蒂文·圣·安吉洛及谢丽尔·琼斯等领导开始，就付出了巨大努力帮助重建丰田文化，主要致力于重塑20世纪90年代早期的丰田文化和成功模式。工厂也因此在2000年后又获得了两次奖，分别是2000年的金奖和2001年的银奖。

据全国性媒体所言，他们为了报道TMMK，将其他报道都剪掉了。2007年5月26日，《华盛顿邮报》的一篇文章称：

星期三，丰田工厂的员工在交班期间聚集在乔治城的贝斯特韦斯特国际集团㊁表达抗议。这家丰田旗舰厂制造的凯美瑞汽车销售量最好，但工厂条件却让员工愤怒。

全美汽车工人联合会利用该工厂员工对低工资、工作外包以及对处理伤病员方式的担心等问题发起了新一轮的攻势。从丰田走漏的一份文件详细记录了丰田的近期计划，欲给美国的制造业工资设定上限，全美汽车工人联合会和员工们抓住这个机会大做文章。密西西比的丰田新工厂正在建设中，丰田打算给那里的员工每小时支付20美元，而该地区的很多人每小时只能赚12～13美元。乔治城工厂的员工平均每小时能赚25美元。

㊀ J.D.鲍尔（J.D. Power）是美国权威的市场调查机构，也是全球知名的专业消费者调查机构，其调查基于消费者的反馈，排名完全反映消费者意见。——译者注

㊁ 贝斯特韦斯特国际集团，1946年创立于美国，是全球单一品牌最大的酒店连锁集团。——译者注

丰田这个刚被加冕的"世界最大汽车制造商",可能早就预料到会面临这种情况,毕竟追踪大人物、直击其弱点是媒体的天性。仿佛工会以及一些团队成员也希望将这次事件当成一次兑现的好机会。但工厂的管理层始终坚持公平一致地对待员工,坚持工厂文化中丰田模式的精髓。

日本的丰田汽车公司负责全世界的工厂运作和新工厂的设立,它对工会的立场主要包括以下几点。

- 必须无条件地实施丰田模式,建立丰田文化。
- 当地管理层所树立的工会观念必须考虑当地的文化、法律、劳工运动等因素。
- 如果公司组建了工会,工会和公司双方必须认识到公司的繁荣是双方的共同目标,双方必须通过协商解决任何观念上的分歧,并建立起相互信任的关系。
- 这种相互信任的关系可以确保公司的长期繁荣,进而通过保持及改善工作条件稳定员工的生活。

总之,保持平衡的关键在于,只要工会能够在丰田模式下运作,能够与公司相互信任和尊重,并为了促进公司的长期繁荣做出持续性改进,就会有利于所有的利益相关者。而如果工会干涉团队成员和管理层之间的信任关系或约束公司应对经营需求的柔性政策和实践,就会出现问题。如果他们破坏了平衡,无视公司和经营的需求,只一味地要求改变工作条件,那么公司的长期繁荣就会陷入危险的境地,当然所有利益相关者的利益也会受到损害。

我们与皮特·基顿讨论的时候,他述说了自己对美国丰田的独到见解,以及丰田对工会的观点。

工会组织者的主要观点是:如果没有工会,公司就会直接做出决定并通知员工执行,在该过程中,根本听不到员工的声音。而丰田最大的优势就是从长远的角度思考和解决问题,意味着需要针对不同的事情进行灵活的处理。我到丰田面试的时候,曾担任过另一家公司的员工关系经理,所在的公司有1000多名员工,也没有工会。那时我们的理念就是公司不需要工会,我们采取了很多配套措施来支持这个观点。直到面试结束,丰田的主管也没有提及工会。当他们问我有没有问题要问时,我就问道:"你们没有提到对工会的看法，你们的观点是什么？"他们回答说："我们也不知道，你对工会有什么看法？"我说，"如果公司管理得当的话，有没有工会都不是问题，工会只是个副产品。"他们说，"我们也不太确定应该对这个国家的工会持何种态度，但有一点是确定的，那就是无论是否有工会，我们的运营方式不会改变。"

被聘用后，我们花了几个月的时间对美国的用工环境进行研究，参观了本田和尼桑，对自己应该采取的策略进行了讨论。我们是否应该明确声明自己不希望在丰田成立工会呢？最后我们还是决定不那么做。我们只需要以自己特有的方式管理工厂，其他一切事情就顺其自然了。我们的目标是，按照丰田的理念对工厂进行管理，其他一切事情交由团队成员自己决定。

你希望正确对待员工，原因是你可以从中获得巨大的回报。在这一点上，丰田可能比其他企业做得都要好。当然我也是这么做的，因为我不希望有工会。我们将按照自己认为正确的方式进行管理。

不断追求完美是丰田模式的宗旨之一。《丰田汽车：精益模式的实践》和《丰田智慧》的作者之一大卫·梅尔在TMMK工作过十多年，然后又在其他制造商那里工作了十多年。在一次私人交谈中，他对前面所提及的华盛顿邮报的文章进行了评论。

问题是很多丰田员工都没有在丰田之外的工厂里工作过，因此他们不清楚与其他工厂相比丰田的工作环境是多么的好。丰田的工作是很辛苦，但在其他工厂工作也同样辛苦，甚至要更辛苦。俗话说枪打出头鸟，尽管我没有看到丰田有任何迫在眉睫的内部暴乱，但是由于丰田世界第一的地位，其坏消息肯定被大肆渲染了。而且，总会有一些人什么都看不惯，并且每个公司里也总有一些持不同意见的人，在这种情况下，管理层需要做的是与那些认真工作并取得成功的人一起合作。

除了能够让员工带薪失业外，工会无法减少任何问题。工会不能减少工作外包，也不能降低失业率或阻止工厂倒闭。看一看底特律汽车三巨头的失业率吧。工会也不会保护任何人免受伤害。底特律也与其他制造企业一样面临着累积性伤害等棘手的问题。我知道，作为一个企业，丰田比其他制造商更重视预防伤害——为了防止类似伤害的再次发生，需要不断对工作进行改善。

小结

很显然，丰田理念的推动力就是，在追求尊重和信任的文化中做正确的事。共同繁荣才是长远的利益。丰田产品价值流和人力价值流的共同理念是：做正确的事，才能得到好的结果。

合作关系中的公平一致并不意味着公司要随时随地满足团队成员的任何需求。这样做在短期内能给员工带来满足，但长此以往，会促成一种权利文化，并最终导致失业文化。当然，丰田的目标也不是授予管理层绝对的权威，由他们来决定团队成员的未来。管理人员也不完美，他们也有自己的个性。

丰田在某种意义也同意某些工会拥护者的观点，即管理过程中的公平一致是最重要的，不能完全指望工作团队的管理人员能够始终保持公平一致。必须建立一种机制，能够听到所有员工的声音。听取员工意见是丰田持续性改进文化的基础。所以，丰田通过人力资源部门建立了相应的机制，允许团队成员提出意见。但我们看到，即便是人力资源部门也可能被认为是有所偏向的。解决这一问题的措施是组建一个独立的"I"小组，由该小组来代表工厂的各个部门对员工问题进行调查。我们是否可以认为，多数公司里的管理人员都足够成熟，足以进行自我监督，并自觉维护企业和员工的利益？很不幸，答案是否定的。然而精益企业的成功取决于不断暴露并解决问题。只有在团队成员相信系统是公平一致的前提下，才能去发现和解决问题。立志成为精益企业的公司，必须做出变革，让自己看起来足够公平公正或者与既能代表员工利益也能顾及公司长远发展的工会进行有效合作。

在丰田的合作关系中，团队成员和企业的利益受到了同样的关注，有时候这就意味着，为了长远的利益必须接受短期的困难。

你的公司应该考虑的要点

1. 丰田致力于公平一致地对待员工。

2. 丰田不相信可以单凭主管人员就能保证升迁、奖励以及惩罚等标准的同一性。因此将人事变动权交由人力资源部门掌握。

3. 丰田的人力资源部门比其他公司的人力资源部门发挥着更大的作用，例如对所有提升（甚至主管的提升）的最后决策权。

4. 丰田人力资源部门的代表被分配到了整个组织，去了解每个员工的状况，积极听取员工的心声。

5. 丰田会结合相关条件来看待公平，但不会把目光局限在正式合同的范围内，而是把目光放得更长远，更看重个性化的条件和长期交易。

6. 丰田文化建立在"信任式协作"的基础之上，其逻辑假设是，随着时间的流逝，公平交易会自己显现出来；而商品型合作关系的假设是，我为你做了这件事，你必须为我做另一件事作为回报。

7. 在商品型合作关系中，双方为了追求自身利益的最大化，不惜以牺牲对方的利益为代价；信任式协作关系的目标则是共同成长，实现共同繁荣。

8. 丰田致力于创建相互信任的环境，将人力资源部门视为守护公平的"警察"，尽量不需要用第三方来代表员工的利益。

第14章 缓慢提升与奖励团队成员

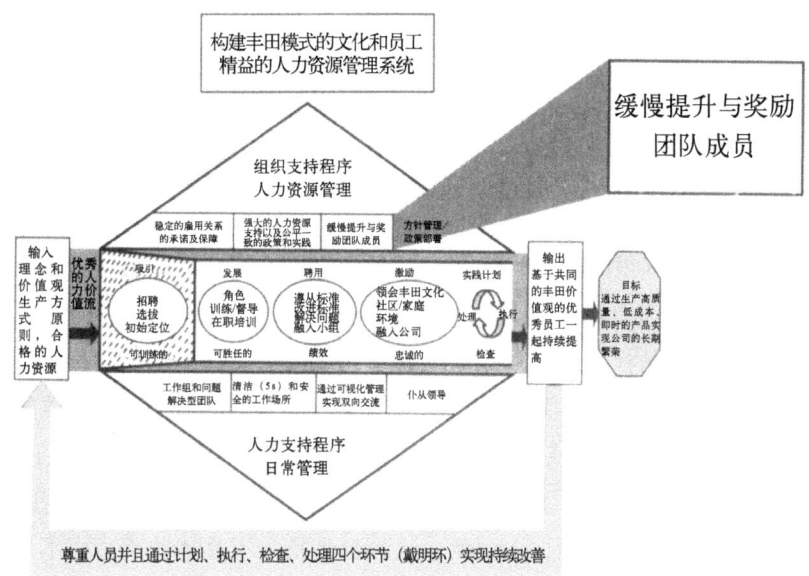

快乐工作的秘诀就是卓越。享受工作才能知道如何把工作做好。

——作家,珀尔 S. 巴克[⊖]

14.1 你的评价是什么

迄今为止,到丰田工厂参观的美国人最关心的就是丰田的奖励系统。当

[⊖] 珀尔 S. 巴克(Pearl S. Buck),即赛珍珠,美国小说家,曾获1938年诺贝尔文学奖。——译者注

我们谈到如何衡量员工的绩效或如何通过报酬和提升来激励员工时，大家都会洗耳恭听。如何通过绩效反映员工所做的工作？怎样才能在丰田获得快速提升？丰田如何奖励提出建议的员工？丰田如何激励员工遵守标准化工作？丰田如何衡量员工为团队做出的贡献？等等，关于评价和奖励的问题数不胜数。

很显然，如果员工能够得到与自己绩效成比例的报酬，他们就会干劲十足。虽然道理显而易见，但是现实工作中，这种情况却很难实现。学者对此进行了大量的社会心理学等方面的调查研究。下面是一些主要的研究发现。

- 只要通过设定现实而富有挑战性的目标，并根据目标进行绩效测评，不管是否有相应的物质奖励，这种方式几乎总是能够提高实现目标的概率。
- 通常来说，只有当工作与所获报酬绝对对等时，物质激励才能起到激发热情的作用。例如，如果以运载乘客的距离来决定出租车司机的报酬，那么为了赚更多的钱出租车司机就会开得更快。
- 本来很有趣的工作可能会因为物质激励而变得不再那么有趣，并且导致除非有报酬否则人们可能不会再去做这些工作。

前两个结论都很好理解，但是第三个结论却不是人们凭直觉就能感受到的，它表明物质激励可能会降低某项活动的趣味。心理学家蒂西在1971年通过一系列著名的社会心理学试验对这项简单的假设提出了质疑，即我们总能通过向人们支付金钱得到所期望的表现。当人们不是为了某些具体的奖励（比如金钱、奖品、表扬或赢得某项竞赛等）而从事某项很吸引人的工作时，会发现工作本身很有趣，很令人享受，而且有可能会再次义务做这些工作。但是如果提供具体的奖励，人们就会认为自己是为了具体的奖励而不是兴趣才去做该工作。这项与我们的直觉相异却很有意义的发现促使人们进行了长达十几年的进一步研究，尽管这些研究在延迟奖励和即时奖励的效果之间尚存分歧，但是都认为外部奖励实际上会削弱人们的内在动机。例如，研究者在2002年对人们空闲时间玩十分有趣或十分乏味的电脑游戏的频率进行了跟踪研究，结果表明：当能够获得即时奖励时，人们才更有可能把空闲时间花在乏味的电脑游戏上；相反，如果没有外部奖励，人们则更乐于玩那些有趣的电脑游戏。

该研究的应用非常重要，它表明管理层应该谨慎对待评价内容、评价方式以及评价对象的挑选。在第13章对信任式协作和商品式合作关系进行比较时，我们提出丰田非常关注商品经济的危害性。因为商品经济的基础是对员工所做的一切工作提供"外部激励"。我为什么要准时上班？我为什么要整天那么辛苦地工作？在别人没有发现问题之前，我为什么要主动唤起大家对问题的注意？我为什么要帮助那些为赶上工作节拍努力奋斗的同事？这并不是我分内的事。如果公司能够对所有这些事情进行评价，并且每当员工做好一件事时都能得到额外的奖励，那么每个人都会受益。不幸的是，每个人每天都要面对如此多的状况，企业不可能对员工所做的每件事情都进行监督和评价。以出租车司机为例，如果公司所关注的是提供给消费者高质量的服务，那么管理人员会希望出租车司机在交通灯变绿的瞬间启动车辆而把乘客搞得头晕目眩吗？在这种情况下，如果企业期望提高质量，就必须考虑拓展奖励的概念。

丰田不仅支付给员工可观的报酬，还通过设定富有挑战性的目标来激励员工，但是丰田更希望创建一种信任经济，从长远的视角来看待雇用关系。丰田也知道员工是到公司来谋生的，但仍希望与员工建立一种长期的社会联系——如果在没人监督的情况下员工也能为公司尽心尽力，那么长此以往公司就会变得更加成功，员工也能分享到公司成功的果实。能建立这种关系当然很好，但是它能成为现实吗？企业真的能够指望员工会相信自己最终能获得恰当的奖励吗？

在本章，我们将看到美国和日本这两个国家在对待奖励和表扬的方式上存在着巨大的差异。丰田在美国建厂时就开始努力平衡这两种方式。例如，在日本员工汇报完工的项目时，老板很少会提出表扬。即使员工100%完成任务时，也只是说一句"做得不错"，但员工并不会将其理解为对自己的特殊表扬，这只是对自己本职工作的肯定罢了。如果员工所做的不过是完成了事先承诺的目标，那么老板单独提出表扬甚至会被员工视为对自己的侮辱。热情洋溢的表扬会让员工很尴尬，被表扬的个人几乎会这样说"您太好了，但我必须告诉您这是整个团队努力的结果，我只是代表大家做个报告而已"。当然，这么说并不意味着所有的团队成员都做出了同样的贡献，甚至其中会有一两个偷懒的人，但做报告的人不会在正式场合承认这点。事实上，在日本很少有项目做得十分完美，因此没有100%实现目标的可能性会更大一些。老板几乎总能发现并指出项目的缺点。在这种情况下，做报告的员工就会勇于承担所有的责任，向老板鞠躬致意并说道："非常感谢您这些有价值的建议，下次我一定会更加努力。"

早期被丰田派到美国的日本协调员很快就发现日本模式并不适合于美国人。美国人并不接受这种模式，认为自己应该受到更好的对待。然而，就像我们所看到的，丰田也不愿意做出妥协，因为这种关于员工以及工作的基本假设在日本运行得十分成功。最后，日本协调员同意尽量多表扬那些圆满完成任务的员工，但是仍然坚持鼓励团队合作而非个人英雄主义的原则。同时，美国丰田的庆祝活动和公开表扬也比日本丰田多，但强调的重点仍然是团队成就。乔治城工厂的制造副总裁谢丽尔·琼斯举了一个关于 TMMK 的例子。

我们在全厂范围内开展了一次回归基本原则的竞赛，对整个工厂进行全面清理（5S）。这次竞赛所设置的标准是所有办公用品的供应量都要显示在看板上、桌子要干净整齐、所有的东西都要各就各位。在此期间，副总裁甚至总裁要到现场检查，确认是否所有的团队都达到了标准，并对符合标准的团队进行认证。我们第二工厂的第一团队通过了认证，当然在该过程中每个员工的贡献并不相同——为完成该项目，有些员工在周末加班投入了更多的时间。但我们表扬的仍然是整个团队，而不是单个员工。这么做会使某些员工扪心自问："这一次我没有尽到自己的本分，但是下次再有这种事情时，我会尽力做得更好。"于是，下次这些员工肯定能够做得更好。否则，小组领导或团队领导就会给予他们一些指导和鼓励，提醒此时此刻需要进一步提高了。

这是通过表扬和庆祝活动帮助建立包括团队合作和 5S 在内的丰田模式的很好例证。与此同时还尊重了日本的传统，即不把表现差的员工挑出来，不是依靠主管的力量而是依靠团队的力量（来自同伴的压力）进行监督。当然，我们并不是说这个系统很完美，也不是说那些做了大量工作的员工会很乐意跟那些工作懒散的员工享受同等待遇。但我们敢说，在美国采用这种方法利大于弊。丰田的领导努力向每个员工传达团队合作和公司成功对其自身的重要性，他们还通过提升来突出那些长期以来在工作中积极主动、取得重大成就的人。与丰田其他的事情一样，理解如何在不同的文化下使用奖励方式和纠偏措施是持续改善和学习程序的一部分。本例说明的就是如何根据当地文化和个人需求来保持丰田模式在全球范围内的一致性。

我们首先讨论丰田是如何在设定的基准线上利用奖励和表扬来支持人力价值流的，并简要地概括其在日本的有效实施，然后再详细地介绍 TMMK 如何将这种方法融合到西方文化中。在描述完政策和程序之后，我们将暂停一下，思考奖励和表扬背后的基本理念。

14.2　丰田在日本的奖励和表扬系统

讨论丰田如何在美国建立起这套新型的"杂交"奖励和表扬系统之前，有必要先了解一下其原始版本。正如我们先前所讨论的，东西方在对奖励和表扬的理解上所存在的分歧就如同美国的大峡谷那样巨大。丰田理念中的"缓慢提升"就是很好的例证。对丰田的日本员工来说，在各个职位上轮换5～10年是很正常的。在生产线上工作了25年才被提升为高级主管也是司空见惯的事情。对于白领经理层来说情况虽然没有那么极端，但是也大体如此。比较典型的例子就是丰田的工程师通常都要先工作5年才能管理他人，而且形式上可能还只是小组的"首席工程师"，尚未被正式提升为管理人员。在这种情况下，尽管团队成员可能表现出了很高甚至很杰出的水平，也许有一天他们能够成为执行副总裁，但在此之前他们只能耐心地等待属于自己的机会。即便如此，丰田的员工几乎没有跳槽的。员工个人长期为公司做贡献，公司也会致力于员工个人的发展。但双方都要尽最大努力，以便实现长期效果。

丰田员工是接受终身制的，他们愿意耐心等待，并重视对同事和公司的长期投入。不论这种方式是日本文化的因还是果，或者仅仅与其具有相关性，总之它在日本文化中运行得很好。反过来，丰田模式的价值观认为，丰田的经理作为领导人员对公司的认识要既有深度又有广度。在这一点上，员工的观念和丰田的价值观是一致的。《丰田模式2004》显示，丰田的领导不只是一个掌握熟练技术的技工，也不仅仅是一个将任何事都分配给他人的管理者，他需要深入了解自己主管的所有流程。作为小组领导应该掌握自己小组的每项工作，团队领导也是如此。工厂经理在被提升之前，需要花费几年的时间了解及管理工厂一系列的辅助领域（如配饰、底盘、总组装等领域）。不论是维修人员、工程师，还是人力资源管理人员，这种多技能、跨岗位的培训对其提升或奖励都很重要。

下面让我们来分析一下两个日本员工的职业生涯。这两个人都被派到TMMK做培训员。在日本丰田，有两条职业之路可以通往制造部门的管理层：一种是从生产车间做起，另一种是从工程师做起。对于前者，新员工通常会到丰田高中学习理论和生产流程，该阶段可以确定他们所具备能力是适合从事制造、技术（比如焊接、电工等）还是工程方面的工作。如果他们更适合从事制造，毕业后（大概 18 岁）就会被分配到丰田工厂工作。

作为一家公司，丰田的目标就是逐渐将其雇用的所有操作层面的员工培养成团队领导。这些员工被提升为经理助理及经理的比例会逐渐减小，只有少数几个人能被提升为总经理助理。随着员工的提升，公司也会为他们提供更多的培训，为其向更高层次的提升做准备。其中有些培训采用的是将正式课堂培训与车间操作相结合的方式，然而多数的培训都采用在职培训的方式。

日本丰田文化非常有助于在职培训的有效实施。丰田的内部调动及提升等人事变动不是很多，多数员工在几年内都不会变更领导。所以大家都把团队看作一个大家庭，并且要在"同一屋檐下"生活很长时间。团队领导被视为整个大家庭的家长，负责保护团队成员和小组领导，并帮助他们为下一层次的晋升做准备。在日本，团队成员通常要花 10～12 年的时间才能成为小组领导。这一点与丰田在美国的工厂不同，在那里只需要花费 2～3 年的时间。

14.2.1 生产车间方式

远藤俊二现在是 TMMK 组装厂的协调员，在工厂里大家都称呼他"埃迪"。他的经历能够很好地代表丰田生产员工的职业之路。远藤俊二 18 岁那年从高中毕业后就直接到丰田来工作了。他首先在堤工厂的组装车间工作，在那个工作团队中连续工作了几年的时间，团队领导都没有换过。其间他参加了人力资源部门组织的一些"小团队培训"，其中包括公司为工龄达到 10 年的员工提供的管理培训。与此同时，团队还为他提供了担任一年"代理小组领导"的机会，使其先感受一下这份工作，以便决定自己是否愿意在这条路上继续走下去。这样公司也可以考察其实际表现，以便决定他能否胜任。最后，远藤俊二在参加工作 12 年之后，也就是在他 32 岁那年被提升为小组领导。多数被提升为小组领导的人的年龄都在 30～35 岁，并且有 12～17 年的工龄。

远藤俊二又经过同样的程序被提升为团队领导。被提升为团队领导这一步走得相对快一点，通常多数被提升为团队领导的员工年龄都在 35～42 岁。远藤俊二被提升为团队领导时刚好 40 岁，那时他已在公司工作了 22 年。被提升为团队领导 6 年之后，46 岁的他又被提升为经理助理。多数在 TMC 的生产员工都走不到这一步，但是走到这一步的员工年龄也都在 43～53 岁。

我们在前面提到过，只有很少数的生产人员可以成长为管理者。为了成长为管理人员，员工需要在组织内以选择任务的方式接受更多的在职培训。可能还要轮换到其他领域担任一段时间代理经理。这样做也是为了让员工和公司感受这种角色，以便确定是否合适。远藤俊二目前所担任的协调员就是其需要轮换的角色之一。他已经担任了 4 年经理助理，并在 50 岁那年被派到 TMMK 工作 3 年。如果远藤俊二能圆满完成在 TMMK 的任务，并且愿意进一步发展的话，那么回到日本之后他将成为少数几个被提升为经理的生产员工。

14.2.2 工程师方式

担任工程师是加入制造部门管理层的又一职业路径。在日本 TMC，若想成为管理人员，尤其是高级管理人员，这是一条更为便捷的职业之路。相关人员需要先在日本的顶级大学学习，然后加入丰田担任初级工程师。与生产车间方式相比，该路径更快捷也更加多样化，尽管如此他们仍要作为工作层工程师历练 8～10 年，完成各种工作任务。在此期间，他们可能会担任小组的代理管理人员，以检测其是否有能力以及是否愿意成为管理人员。如果他们既有能力又愿意成为管理人员，那么将会在 30～35 岁迎来自己的第一次提升。此后，他们又面临着一个新的 10 年发展规划，旨在深度和广度两方面培养其经验和知识。公司的目标是至少将所有的工程师都培养成管理人员，那时他们的年龄多在 36～45 岁，但要在这个层次上工作到 50～55 岁。

TMC 的管理层比较复杂，很难描述清楚。因为在日本，管理人员有很多级别，担当很多角色。一般来说，管理层有 3 个级别，分别是第三、第二及第一等级。他们要担当管理工作小组的角色，比如负责管理工程设计小组等。在第三等级，他们管理的是人数较少的小团队，而第一等级的管理人员可能要管理 50 多名工程师，同时还直接管理 5～6 名其他管理人员。他们还要扮演项目经理的角色，虽然没有直接下属，却需要负责协调整个项目，比如某特定车型的转产项目等。最后，这些管理人员就可以进入制造部门担任经理，负责管理整个制造工作。

TMMK 的协调员主管长谷义久是这种职业路径的典型代表。协调员主管是工厂中最高级别的日本培训员。他们负责与美方的总经理和副总裁协调，并管理其他协调员。长谷义久 22 岁大学毕业就加入了丰田，在 25 岁时被派到"海外生产工程部门"。一听这个部门的名字就知道，他负责为海外工厂提供工程援助，需要执行一系列海外任务，被委派到的工厂越大、人数越多，任务就越复杂。在接下来的 6 年里，他先后被委派到菲律宾、马来西亚、南非、委内瑞拉以及土耳其等地的工厂。这些工程任务在深度和广度两个方面都有助于其发展。在执行任务的过程中他可能还要担任一些小组的管理人员。

31 岁那年，长谷义久被提升为经理助理。他回到日本工作了 2 年后，又被派到土耳其工作了 5 年。在那里，他深入工厂学习了整个生产流程。他在组装厂、喷漆厂以及发动机厂投入了大量的时间，非常成功地完成了此次任务，并在 39 岁时被提升为经理。从最初的 5 年到撰写此书时，长谷义久已经担任了 4 种不同的职务。分别是：

- 担任了 1 年半的工程部团队经理。
- 担任了 3 年的第二堤工厂制造经理，负责管理 800 多人。
- 担任了 1 年半的组装工艺经理，负责管理 7 个部门经理。
- 半年前到现在，担任 TMMK 的协调员主管，此时他 43 岁。

他目前的岗位是其成为第二等级管理人员的最后一站。此后，他将有机会成为制造部门的总经理。日本丰田汽车公司员工通过生产车间方式和工程师方式进入管理层的职业路径如图 14-1 所示。

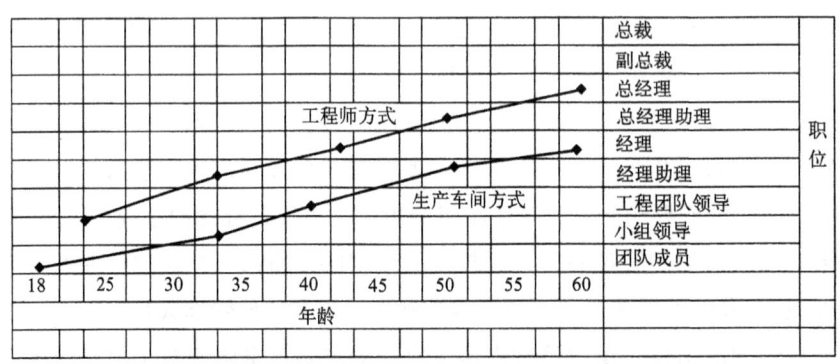

图 14-1　日本丰田汽车公司员工通过生产车间方式和工程师方式进入管理层的职业路径

注：在"生产车间方式"中，员工通常是从丰田高中毕业后被雇用的计时制员工，称为"团队成员"。在"工程师方式"中，员工通常是在大学毕业获得工学学位后加入丰田。

14.2.3 T型人才

丰田汽车公司总裁渡边捷昭将这些员工称为T型人才。丰田努力培养那些既有深厚知识又有广泛经验的员工。他解释道：

丰田培养T型人才……T型标准的纵向要求是员工深入了解其所从事的工作，横向要求是必须学习其他的工作。培养T型员工是一个长期工程。然而，在日本之外的许多国家很难雇用到长期员工。工厂刚建立不久就有人开始离职了，所以我们要学会挽留人才。

丰田产品研发部门对产品研发工程师的描述是倒T型。在产品设计中，技术深度是非常受重视的。底端较窄的一端代表的是产品工程师加入丰田工作1~2年时所具有的原始宽度。在最初的一两年，产品工程师要在工厂从事几个月生产制造工作，接着在汽车销售部门从事几个月销售工作，还要再从事一段时间的基本计算机辅助设计工作。第三年才开始专心从事专项技术工作（比如，仪器面板设计、外部车体结构或控制系统设计等），他们很有可能要在专业技术领域内一直工作到退休。通过10年左右的广泛的轮岗，少数工程师会被培养成首席工程师或高级管理人员。图14-2表述了T型和倒T型人才的发展路径。

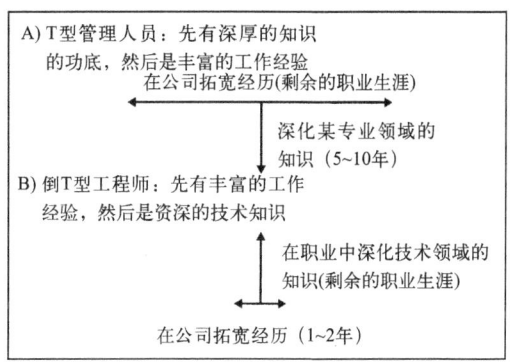

图14-2 T型人才的发展路径

不知道是丰田模式创造了这套与日本文化相协调的缓慢提升和发展系统，还是日本文化为其成为丰田模式的一部分创造了机会。尽管自20世纪60年代起丰田就进入了快速稳定发展阶段，但是大多数员工都没有得到提升，而是在自己的岗位上工作到了退休，因为丰田通过限制高层职位的数量从而限制了员工的提升。为了不让员工失望，丰田选择了横向调动和跨岗位培训。通过横向和纵向的培训，丰田造就了一支高效的管理团队。现在，这种模式在丰田内部备受青睐。

14.3 整体奖励和表扬的方式

也许是受东方整体主义观的影响,丰田奖励和表扬的方式着眼于将相关的所有因素整合成一个完整的系统。图 14-3 展示了该系统的一部分,并说明了它们是如何与丰田方式联系在一起的。

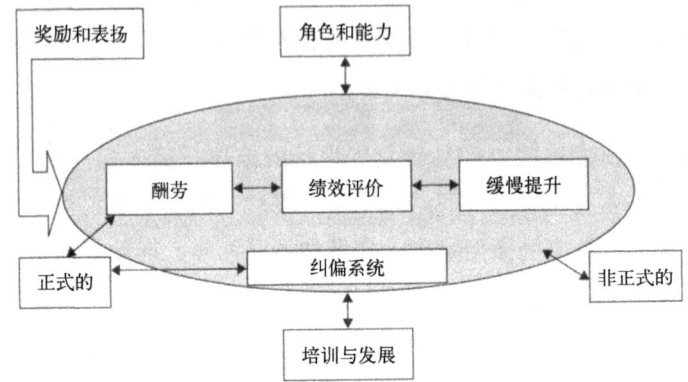

图 14-3　整体系统与其相关部分的关系

丰田的整体奖励和表扬系统需要与所有的关键系统联系起来,比如:

- 正规的酬劳系统;
- 绩效评价;
- 缓慢提升;
- 纠偏措施;
- 非正式的表扬和奖励。

日本丰田的这些系统是东方文化和丰田模式文化融合的产物。例如,在第 1 章,我们讨论过"所有利益相关者的长期共同繁荣"这一话题,这是日本丰田酬劳和福利系统的指导原则。

从员工的角度来看,长期共同繁荣就是公司不单单追求自身利益的最大化,还要努力实现财富共享。但共同繁荣真正的外延不仅限于此,它还要求员工承担一定的责任,将自己的酬劳视为整个团队的一部分。对于某特定的等级,所有人的报酬都是相同的,奖金也是相同的。而等式另一端的"长期部分"则列入到了对成员进行长远缓慢提升的策略中。奖励那些做出长期贡献的员工也是日本丰田系统的一部分。公司的工资等级和员工的提升以员工所掌握和展示的技能为依据，而不单纯以工龄为依据。随着职位等级的提高，工资等级和水平也会发生变化。高层管理人员可以享受特殊津贴，但公司顶层和底层员工的工资差距不像美国企业那么大。

我们已经讨论过的丰田酬劳系统也源于丰田模式中相互尊重和持续改善的价值观。作为整体奖励和表扬系统一部分的个人酬劳系统也同样源于这两个价值观（比如相互尊重的交流技巧以及持续性改善的解决问题技能等）。例如，相互尊重的交流以及解决问题等都是绩效评价、提升系统以及酬劳系统的一部分。那些在岗位上具备良好的解决问题技能和交流技巧、能够尊重他人、利用根回取得共识并从总体上适应丰田领导模式的员工都将获得进一步的提升。

14.4 东西方奖励和表扬方式的对比

在丰田，团队合作和共享奖励的观念非常强，公司希望员工能尽最大努力工作。丰田在向北美扩张时，不想在这些理念上做出让步，但同时又必须理解和尊重现实的西方文化。有大量文件显示东西方对待奖励和表扬的方式存在差异。例如，有一个大型的问卷调查对上千名管理人员进行了调查，询问他们更喜欢哪种类型的工作，是喜欢鼓励个人主动性并奖励个人表现的工作环境还是喜欢强调团队合作、不突出个人荣誉的工作环境？结果显示，在美国、加拿大、澳大利亚、英国、荷兰和瑞士，90%以上的管理人员都选择了第一种工作——注重个人自由。相比之下，在日本和新加坡只有不到一半的管理人员选择了第一种工作。德国、意大利、比利时以及法国人的偏好则较为居中。

同样的研究表明，东西方在惩罚员工方面也存在观念上的分歧。调查的问题是"你会怎样处理一个在公司工作了15年并表现良好，但在某一年表现不佳并且没有提升空间的员工？你会不顾其工龄和以前的表现而将他开除吗？不顾该员工已经为公司工作了15年并一生都重视公司责任的事实而将其开除是否正确呢？"75%的美国及加拿大人会选择开除这名员工，只有20%的韩国人和新加坡人会同意这么做，而有30%的日本、法国、意大利以及德国人会这么做。很显然，美国及加拿大人普遍奉行一套简单而固定的规则——一旦签订了合同，如果员工在经过几次警告后仍然违反合同的话就会被辞退，而不会顾及过去的关系或员工的特殊情况。东方观念则要在决策中考虑员工的长期忠诚以及以往关系的重要性。

我们在第1章所谈及的个人主义与集体主义的差异是存在于日本（丰田建立丰田模式的地方）和西方国家（丰田要建立工厂的地方）之间的一项强有力的、根本性的文化差异。观察表明，西方人对生活和工作的期待与丰田模式的基本原则格格不入，概括如下。

- 每个人都有自己的固定特性，而且，人们希望自己出众——在一些重要方面不同于他人。
- 人们在很大程度上控制着自己的行为。当所处的环境是由个人的选择和表现决定结果时，感觉会更好。
- 人们是以个人成功和成就为导向的。他们发现关系和队友有时会妨碍这些目标的实现。
- 人们努力实现自我满足，而个人成功以及对其优秀品质的确认有助于形成良好的自我感觉。
- 在人际关系中，人们强调平等，或在等级分明的关系中偏好高级职位。
- 人们认为同样的规则应该适用于所有人——个人不应该因为其自身的特殊性或与某些重要人物的关系而获得特殊待遇，正义不看人面。

表14-1概括了东西方文化在奖励和表扬的观念上所存在的分歧。这些并不是存在于习俗中的稀奇古怪的差异，而是一些根本性的差异，可以用以说明个人与组织关系的相关基本假设。

表14-1 东西文化对奖励和表扬的不同看法

西方文化：人们的向往	东方文化：人们的向往
因个人成就获得表扬	把成功归于团队，把失败归于自己。个人表扬会让人尴尬
掌控自己的选择，决定自己的命运	融入团队，通过团队合作实现团队目标
关系和队友往往妨碍个人目标的实现	高度重视人际关系，多数业务都有长期合作伙伴
人们为高工资而"跳槽"	以短期的损失换取长期的稳定和收益
认为自己具备良好的素质并且工作完成得很好	不需要因为完成本职工作而受到表扬，希望获得批评性的反馈意见以促进改善
强调人际关系的平等，或在等级分明的关系中希望是掌权人	接受自己在等级制中的职位，愿意接受管理人员的指示
以简单分类和绩效评价体系为基础的规则应适用于所有人	突出积极和消极的行为，并详细了解其发生的背景

如果看一下清单中西方人对生活和工作的追求，就可以预料到他们将这些东西视为"人的本性"。人们希望自己的成就获得认可或希望掌控自己的命运是件很让人惊奇的事吗？我们积极地确保自己受重视以及表现良好不是很自然吗？难道我们不希望对所有的人使用相同的规则吗？难道我们不应该让衡量自己是否成功以及是否有资格提升的指标很清楚吗？

然而这些看似明显的人性特征在东方文化中却不是那么显而易见。事实上，东方人更认同东方文化清单中所列出的事项，而不认同西方清单中的事项，反之亦然。东方文化影响了管理者在日常工作中表扬员工的方式。在东方，人们并不期望因为完成工作任务而受到表扬，他们把工作视为自己的义务，如果员工因为完成本职工作而受到表扬会感觉很尴尬。同时，他们非常尊重长者（主管），希望获得批评性的反馈意见，以为其指出不足之处和改进方法。在反思程序，即日本所谓的省思程序中，小组既会关注技术流程中存在的问题也会关注团队合作中的缺陷。他们不会为小组表现良好而额手称庆。尽管这种合作是在相互尊重的氛围中进行的，但是美国人仍然抱怨公司"批评多，表扬少"。

西方人是如何进行合作的呢？在西方，人们希望由于自己的工作达到要求而获得肯定。同时他们也不像日本人那么尊重自己的上司或老板，由于具有很强控制欲，他们甚至认为自己在很多情况下要比老板聪明。西方人希望"把我做得好的地方告诉我，但不要指出我做错的地方"。当然这种观念与丰田文化格格不入，而且正如 TMMK 的第一个培训者所言，这是将丰田模式引入美国时所面临的最大挑战。

14.5 丰田美国工厂融合与平衡两种奖励和表扬系统

日本和美国的人力资源专家共同致力于两种文化在丰田美国工厂的融合。比如，主管要学会在指导和改进时多给出积极的反馈，但要明确指出所表扬的具体行为。不要笼统地说"干得不错"，而要这么说："我看到在约翰掉队时，你主动伸出了援助之手，帮助他及时完成了任务。"与第 4 章所讨论过的行为面试类似，意见反馈在设计上要集中于情况、行动和结果 3 个方面。主管也要学会用同样方式给出批评性意见——对事不对人。基于美国的实际情况，主管还要多给出正面反馈（正面与负面反馈的数量比例为 4∶1），以便提高批评性反馈被接受及实施的可能性。

尽管指导和改进系统是正式的，但主管和员工之间的日常合作却是非正式的。在日本和美国都会有一些正式的表扬活动，通常都是在完成某些里程碑意义的任务后举办相应的庆祝活动。在日本，这些相对适中的庆祝活动表扬的是整个工厂、团队或小组，而很少表扬个人的成绩。这些工厂及团队的庆祝活动很快也成为 TMMK 及其他美国工厂文化的一部分。比如完成第一部分、第一辆车下线、第 1000 辆车下线、第 100 万辆车下线、第一辆亚洲龙下线、第一辆速乐娜下线、第一辆混合动力凯美瑞下线等都是将小组聚在一起庆祝的好机会。有时在庆祝活动中公司会请里克·皮蒂诺（1989～1997 年担任美国肯塔基大学篮球队教练）这样的名人帮助团队成员认识并强化团队合作的重要性。

14.5.1 薪酬和福利

基于标准工作等级的美国丰田薪酬系统是美国汽车行业通常做法与丰田价值观相结合的产物。其依据的理念和策略包括：

- 将薪酬和福利计划建立在良好的经营判断基础上，用以支持长期就业安全。
- 提供稳定的支付计划。
- 防止现金薪酬总量上的巨大波动。
- 反映公司的整体绩效。
- 在经营景气时进行奖励，在不景气时维持原有的工资水平。

很显然，这基本上反映了丰田模式的理念，它从长远的目标着眼于与员工建立合作关系，同时又能保持薪酬与经营绩效的紧密联系。因为奖金与经营绩效相关，所以在市场景气时员工的收入很可观，但又不至于非常高。丰田努力避免薪酬的巨大波动就是为了维护短期内的公平并维持长期内的稳定。这样就避免了经常看到的一些公司在景气时提供过高的奖金，但不景气时就大量辞退员工的做法。

丰田的理念强调稳定、长远以及长期缓慢而稳定的持续改善，而建立长期稳定的雇用关系是这种理念的基础。即便丰田的利润创了新高，也不会把所有的利润都分给员工作为短期奖励。当然丰田会从利润中拿出一部分奖励员工，但是大部分都将用于再投资，为员工作长期准备。西方通常不这么做，所以丰田要与其美国员工深入交流并利用丰田理念教育他们。

下面让我们来看一下丰田北美汽车制造公司总裁兼首席执行官尔特·尼美致全体员工的公开信。这封信发布于2003年，当时公司在美国的盈利创造了历史新高，但日本的公司却正在艰难的市场环境中挣扎。

亲爱的丰田员工：

丰田已经取得了巨大的成功，但是我们仍然面临着严酷的全球竞争以及北美消费者日益挑剔的期待。丰田必须保持足够的灵活性以迅速适应不断变化的市场，而丰田模式是我们行动和战略选择的路标。

我们在制定商业决策时要从中长期着眼，以确保持续获得以盈利为中心的成功。丰田财务上的成功源自于良好的管理、团队成员的贡献以及对长期计划的重视。盈利能够保证我们继续研究技术进步、有额外的资本创建新工厂、对现有设备进行革新、提高团队成员的工资和福利等。作为一个公司，我们还要对消费者、股东、经营合作伙伴以及当地社区负责。

我真切地期望，每个人都能继续奉献自己的忠诚和热情。让我们整个丰田团队共同努力，实现成为全球领导者的宏伟目标。

感谢你们为丰田做出的贡献！

丰田北美汽车制造公司总裁兼首席执行官
尔特·尼美

这封公开信通过正式渠道传达给了丰田在美国的4 000多名员工。其实，早在1992年，尼美就以非正式的方式将同样的信息传达给了肯塔基乔治城工厂组装车间的团队领队们，当时他是该工厂的助理协调员。他所传达理念和信息都是不变的。

14.5.2 计时制员工的薪酬

下面，我们将以TMMK工厂为例说明计时制员工的薪酬体系。TMMK工厂计时制员工的工资包括基本工资、绩效奖金和自由裁量奖金三种。⊖

基本工资由常规的计时工资组成，不包含加班费。丰田根据行业工资水平和当地条件每半年调整一次基本工资。该部分是固定的，可以满足员工维

⊖ 自由裁量奖金是由企业全权决定是否发放以及发放多少的奖金。——译者注

持生计和稳定的需求。3 年的"成长期"结束后,所有团队成员和小组领导的基本工资都是相同的。可能这种支付方式不是美国人所期望的,但至少与西方文化中"规则公平"的观念相符。

绩效奖金(又称作 T. I. E,即 targeted improvement extra earnings,表示完成预定改进所获得的额外收入)是一种将工厂绩效与酬劳联系在一起的额外收入。如果整个工厂达到了安全、质量、生产率、成本以及出勤率等 KPI 目标,员工就能获得该奖金。绩效奖金与工厂内部的"关键性绩效指标"相关,完全在员工的掌控之中,不受销售额、经济以及日元汇率等外部因素的影响。所有计时制员工获得奖金的比例相同。这种做法可以与西方文化中的奖励观相适应,即尽管奖励不与个人表现挂钩,但却是由员工自己控制的。同时还能与东方的理念相结合,为工厂所有的员工提供相同的酬劳,防止各个部门之间相互攀比。

自由裁量奖金取决于公司的绩效。公司的决策需要考虑所有外部因素,尽管外部因素不在团队成员的控制范围之内,但自由裁量奖金仍然是公司分享成功的好方式。这些外部因素包括较高的销售额、良好的经济形势以及有利的日元汇率等。自由裁量奖金每半年发放一次,以维持公司酬劳现金总量的市场竞争力。计时制员工所获得的自由裁量奖金比例也是相同的。这部分酬劳与东方文化着眼于整体形势而不拘泥于简单公式的理念相符,同时也使公司能够统筹考虑全局形势,比如在公司运行良好时将部分盈利奖励给员工等。当然美国人也很乐意获得额外收入,所以虽然在决策中加入了一些不受其控制的因素,但他们仍然很乐意,况且丰田的业绩一直以来都很好,能够持续支付奖金。

在正常的经营年份中,TMMK 计时制员工的工资组成及比例如图 14-4 所示。

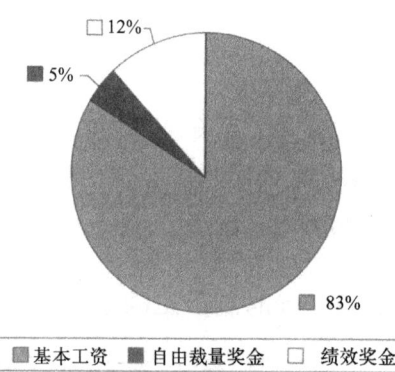

图 14-4 正常年份乔治城工厂计时制员工的工资组成及比例

14.5.3 保持简单、经常沟通

丰田的薪酬目标是使得酬劳系统对于所有的团队成员来说简单易懂,即

要保证薪酬系统的透明度，让团队成员明确系统的运行方式，并告诉每个员工自己当前所处的状况。团队成员信息包是一个包含了薪酬系统相关问题的内部文件，丰田为了实现上述目标将该信息包分发给团队成员供其使用。自从丰田在美国建厂时起，就确定了薪酬目标，即要始终成为美国汽车行业中薪酬最高的公司之一，成为所在地区员工的首选雇主。丰田每两年回顾一次自己的薪酬在汽车行业中的排名，并形象地显示在柱状图中，这样每个员工都能看到丰田的薪酬与国内其他汽车制造企业相比所处的位置。这些图表是人力资源部门通过行业共享整理的。有工会的企业会向公众披露信息，没有工会的企业会共享彼此的信息。

在撰写此书时，丰田生产员工的工资位居第二，技术员工的工资位居第一。即使在这么高的工资水平下，仍然会偶尔听到有人说："我们创造了那么多的利润，工资理应是最高的。"这种言论表明，建立长期一致的薪酬理念和策略以及经常的沟通是很必要的。

在持续性改善精神的指导下，丰田不断修订其薪酬目标。丰田在美国建厂20多年了，也目睹了底特律三大汽车巨头的窘境，因此丰田不再在行业层面与底特律三大汽车巨头进行薪酬水平的较量，而是将精力集中在成为地区员工的首选雇主上。丰田认为追逐行业的最高薪酬水平会影响其员工的长期就业安全。因为，工会规定的较高的工资率与日益增长的健康保健及退休金成本加在一起所带来的是汽车行业越来越多的不稳定因素和员工下岗。

从长远来看，选择追逐行业最高薪酬水平对公司或员工来说都不是最好的。但是正如第13章末尾所讨论的那样，让员工接受这种做法并不是件容易的事，而西方文化的短期思维方式正是问题的根源所在。对此，丰田的策略就是持续与团队成员沟通，教育员工要从长远的大局着眼，并在短期内为员工提供具有地区竞争力的薪酬。

14.5.4 受薪员工的薪酬

受薪员工的薪酬在理念和多数实践上都与计时制员工相同。基本工资大概占到其总收入的75%，另外25%则是机动性的奖金。与生产员工相同，受薪员工的奖金也设定了一定比例，目的也是为了保持一定的灵活性：在公司景气时提供奖金；在不景气时维持基本工资。受薪制与计时制员工在工资结构上的主要区别是受薪员工因个人表现而获得奖励的空间更大。图14-5展示了典型受薪员工的工资结构。

受薪员工工资中的奖金部分是丰田融合东西文化的典型例证。奖金按照一定的规则与工厂的整体绩效挂钩,这样就把每个员工与公司这个"大团队"联系在了一起。当然,这样做需要与支持区域的员工(比如人力资源部门的专家)进行一些必要的交流,因为员工可能会问"我的工作是如何影响公司绩效的"? 该问题也正是丰田希望每个员工提出的问题,主管可以向每个员工解释他们是如何支持生产线上的团队成员以及如何为生产价值流做贡献的。

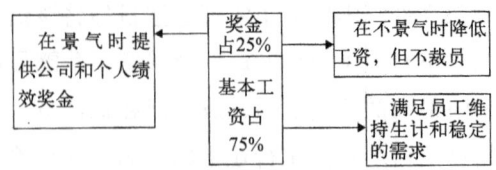

图 14-5　受薪员工的工资策略

日本丰田的奖金都是以公司绩效为基础,而美国丰田则有所不同,其奖金中还有一部分是个人绩效奖金。这么做是为了与西方社会表扬和奖励员工个人成就的传统文化相适应。不过丰田对这一组成部分也进行了改造,即每个管理人员都要制订一个支持公司年度计划的个人发展计划(individual development plan,IDP)。丰田不仅关注计划的结果,而且还关注执行计划的过程,还要衡量管理人员在执行计划时是否展示了丰田的价值观和能力。主管人员可以通过多种反馈渠道收集相关信息。这与我们在第 10 章所讨论过的"意见调查"与热线电话和为员工解决问题的情况等一样,都是衡量管理人员个人表现的方式之一。

采用薪酬制工资系统的另一个目的就是要吸引和留住公司的优秀员工,让其成为系统的一部分,将整个职业生涯贡献给公司。为了获取这种长期的忠诚,受薪员工的基本工资中包含工龄工资,这意味着如果员工在公司的工龄超过一定的年限就能获得回报。然而,如同第 13 章所讨论过的团队成员策略一样,丰田希望在不影响利润的前提下保持竞争力。当然,正如第 8 章所讨论的,这种策略也让丰田失去了很多优秀的管理人员,他们为追求短期的高薪而跳槽到其他企业。但是丰田仍然保留住了大部分具有丰田价值观的管理人员。

14.5.5　鼓励长期就业安全和信任的福利

福利是薪酬系统最后一个组成部分,也是奖励和表扬员工的一种形式。丰田的人力资源管理手册对福利的描述为:"福利是一种保障员工稳定性的方式，可以进一步丰富员工的生活，提高公司的形象。"

这三点也是丰田模式和文化实际应用的关键表现。员工稳定性的基础是他们信任公司会努力保持自己的长期就业安全。与此同时，为了保持合作协议及分享成功，公司希望自己能够在满足员工的基本生活需求之外做得更好。因此，公司通过提供福利丰富员工的生活，满足其生活需求。最后，丰田作为员工首选的雇主，在社区中保持正面形象也是很重要的。

以稳定性和相互信任为指导的福利包括以下项目：休假时间、个人带薪休息时间、短期和长期病假、退休计划（401K退休金账户）以及退休金计划等。以提高员工生活质量为导向的福利包括提供进修学费、提供灵活的工作时间、为员工提供购车折扣、提供无息贷款，等等。丰田根据行业水平和当地具体情况每隔两年调整一次福利，以保持自身的竞争力。

最后一种福利类型不在上述福利之列，而是丰田的特色福利（乔治城工厂提供的），其中包括完美出勤庆典、一站式儿童保育以及健身中心等。这些福利被社区及整个行业所称道，被认为是领先于行业的举措。很多书中都提及了完美出勤庆典，用于说明福利能够提高公司形象。完美出勤是指不存在无故旷工的情况。每年，公司都要奖励所有做到完美出勤的团队成员，邀请他们参加在当地体育馆或剧院举办的大型晚会。公司为晚会邀请了一些著名的娱乐表演者，比如比尔·寇斯比、大卫·科波菲尔或者基思·厄本等。在晚会上，包括团队成员及宾客在内的6000多人共享豪华晚宴、参加活动并观看表演。在表演开始之前，公司会通过随机抽奖的方式将12辆车（凯美瑞及亚洲龙）送给幸运的团队成员。当然所有的税费已经由公司事先支付，团队成员当晚就可以拿到钥匙把车开回家。这是工厂的一件盛事，每个人都为能获邀参加而感到荣幸。

丰田非常重视奖励和表扬按时出勤的团队成员，因为出勤率对整个系统来说非常重要。丰田若想实施精益系统并以最短的时间、最低的成本生产出质量最高的汽车，必须依靠一个关键性的因素，即尽量少雇用员工。这是持续性改善理念的一部分，也是日常管理文化的一部分。我们在第12章就讨论过，稳定雇用关系所设定的目标就是每天保持恰当数量的员工出勤，在任何时间都不能太多也不能太少。对于丰田来说，只有出勤率足够准确才能制定良好的计划。系统可以提前为员工休假、省亲或病假做出计划安排，却无法应对无故旷工。如果一个团队成员无故缺席，负担就会转嫁给其他团队成员及整个系统。

TMMK实施的另外两种很实用当然也很有特色的福利分别是一站式儿童保育和健身中心。公司所提供的儿童保育收费比市场价格低，设备齐全，24小时开放，以方便3个轮班中的所有员工。这项福利不仅得到父母的感激，还帮助公司提高了员工的稳定性和出勤率。员工离自己的孩子很近，可以在午饭时间去看望孩子。这是通过福利提高员工稳定性、生活质量、公司形象的典型例证。

14.5.6 绩效评价系统：个人发展计划

绩效评价在丰田非常重要，因为它能为每个成员提供发展所必需的反馈信息。评价流程和标准的重点在于支持丰田模式的理念和价值观，其关键点包括：

- 既表扬过程也表扬结果，并在二者之间取得平衡；
- 评价工作及改进工作；
- 配备核查系统以保证公平；
- 关注发展——日常观察、指导和反馈。

这些因素都与丰田模式紧密相关，但是为与西方文化融合做了适当调整。正如先前所提到的，西方人喜欢用简单的公式来衡量成败。丰田通过在评价过程及结果中添加公式将西方的做法与丰田模式融合到一起。

在TMMK工厂，计时制团队成员不参与年度总结。最初，TMMK生产区也对负责生产的团队成员进行年度绩效评价。但是在该过程中暴露出了一些问题。例如，我们在前面解释过，丰田新员工在成长期结束后，所有生产员工的收入都是相同的。无法将评价结果与酬劳直接挂钩。在听取了西方主管人员建议之后，大家一致认为评价不能增加价值，应该取消。但是，TMMK为临时员工及新员工保留了一些形式较为简单的基本评价（如第3章所讨论的），这些评价的内容包括出勤率、遵守标准化工作的情况、至少熟练掌握4个流程以及工作改进的情况等。这些评价是临时工和新员工培训期的重要组成部分，也是团队领导与员工建立关系以及制定改进计划的良好时机。需要指出的是，临时项目的时间是两年，新员工成长期是3年，除此之外还要对计时制员工进行为期5年的绩效评价。为了进行核查和制衡，评价必须有团队主管和人力资源专家的总评和签名。

在为受薪员工设计评价系统时，TMMK也是从非常传统的美国绩效评价系统着手，将其进行改造，使其与丰田文化相适应。事实上，丰田甚至不将其称为评价系统，因为这样就凸显出一种由老板做裁判的等级关系，会使下属对主管产生憎恶感。相反，如同前面所提到的，TMMK把它称为个人发展计划，因为其主要的功能之一就是培养员工。

丰田不仅利用该工具建立和强化合作关系，同时还利用其改进过程和结果，并将改进的责任交给员工个人，而不是主管。在面见主管前，员工需要填写完成其支持公司方针政策的个人发展计划。我们将在下一章详细讨论公司的方针政策。这样等于所要考察的结果就完成了。对于过程方面，公司列出了一系列的指标供员工评价自己的各项能力。如果员工认为自己在某一方面的能力需要改进，就可以把这方面的能力锻炼融入完成方针流程的个人计划中。例如，一名员工认为自己在团队合作及协作方面需要改进，而且她还需要对成本指标进行改进，那么就可以组建并领导一个由各个部门成员组成的工作组，全力降低成本。如此一来，她不仅提高了自己的能力还改进了结果。

员工与主管会面时的目标是与其一起回顾计划，获取进一步发展的支持，而不是评价过去，这样就把主管放在了资源提供者而不是裁判的位置上。但这并不意味着，计划实施过程中没有反馈和评价。在每个周期阶段（每季度到每半年），双方要再次进行正式会面进行反思。员工首先要对过程及结果进行总结，然后再以PDCA的形式对各个方面进行阐述，并要回答"到目前为止从过程和结果中学到了什么，为了进一步发展需要做出哪些改进"？这样，整个过程下来，员工得到了成长，而主管在这个过程中扮演的是良师益友和资源提供者的角色，强化了双方的关系。

14.5.7 TMMK的缓慢提升程序

我们已经讨论过了日本的缓慢提升程序。但是在美国这种做法必须有所改变。需要做出改变的实际原因有两方面：一是由于丰田在美国的快速成长，二是由于美国的提升原则，即很多人在很短的时间内得到提升。这种改变带来了意想不到的结果，帮助丰田解决了一个比较主观化的问题，即提升观念需要与西方员工保持一致，因为他们认为两年内得不到提升就意味着一份工作的终结。

在日本培训员和协调员的帮助下，丰田在美国成功地实施了这种快速提升策略。像威尔·詹姆斯、谢丽尔·琼斯或迈克尔·豪瑟斯等人都是每2年或3年就得到提升的，在日本协调人员的帮助下，他们也做得很成功。迈克尔·豪瑟斯仍能记得自己被提升为组装部门经理时的情形。

我们的日本首席协调员尔特·尼美找我谈话，他说："我们需要你去担任第一工厂的经理。第二工厂扩建后，我们规模扩大了一倍，管理人员就要一分为二，因为需要填补很多职位空缺。我们知道你在这个公司只工作了4年（两年的团队领导和两年的经理助理），这对于成为丰田经理来说实在太少了。虽然这样做违背了丰田模式，但我们没有选择。我们希望在获得纵向提升之前，你能够花更多的时间发展自己的横向根基。我们保证，将为你提供成功所必需的帮助。"不过，由于当时过于自负，我并不认同他的观点，认为自己已经准备好了。不久工厂进行了第一次大规模的车型转产，要完全改变凯美瑞的风格重建整条组装线。我很快发现尼美是对的，自己还没有做好成为丰田经理的准备。如果不是日本协调员的帮助，我可能无法胜任这份工作。

随着丰田在美国的日渐成熟，丰田开始实施其策略，进行缓慢提升以能够更好地与丰田模式保持一致。例如，在得克萨斯州建立卡车工厂时，丰田就决定不再从外部直接雇用小组领导。但是早期在肯塔基州以及印第安纳州等地建厂时采用的并不是这种策略。工厂的小组领导都是从那些申请团队成员的候选人中挑选出来的。通过省思发现，尽管经过评价这些小组领导表现很好，但是仍无法与那些具有长期生产车间工作经验的小组领导相媲美。在建立得克萨斯州工厂时，丰田不再采用以前的做法，而是转向其母工厂寻求帮助，由印第安纳州工厂和TMMK提供有经验的小组领导和团队领导，这种方法给3个工厂带来的挑战和压力都很大。小组领导是生产流程的中流砥柱，3个工厂的设备都要在人手紧缺的情况下运转。但短期的艰难换来的是长期收益，能够在最终决定将那些人提拔为第一批小组领导之前给公司和团队成员双方更多的时间彼此接触，适应角色。

得克萨斯州工厂使用的小组领导提升流程与其他丰田美国工厂比如TMMK相似。丰田提升系统的根本原则是要公平、严格。提升系统与第4章所描述的雇用系统类似，在该系统中不得由单个人员来提升员工。丰田的工厂经理也无权决定一个人的提升。如果他们有权这么做，那就有可能将个人的偏见带到系统中，其他团队成员就会质疑系统的公平性，不管这种质疑正确与否，都会损害公司和团队成员之间的信任关系。

提升系统的另一个组成部分是严格，其目的是为了确保系统将最佳人选提拔到各个职位。当然，我们必须根据丰田的价值观和丰田所要求的能力来给"最佳"下定义。最佳人选应当具备各方面的能力，比如通过尊重他人表现的沟通和协调能力以及通过持续改善表现的解决问题和项目管理能力来展示丰田模式中的相互尊重和持续改善等价值观。

选拔程序的构思方法同样适用于小组领导提升程序。要识别出关键性的能力，公司必须通过人力价值流来保证吸引、选拔、定位等小组领导选拔系统。

吸引

- 小组领导的奖金收入比团队成员多出 5%。
- 所有一线主管（团队领导）都要从小组领导中选拔。
- 邀请所有有兴趣的团队成员参加两小时的定位活动，其中包括实际工作的预先实践以及对自我的深入分析。
- 团队成员决定是否愿意进入下一程序。

选拔

第 1 步：判断是否有资格进入这一程序的标准包括：

- 在过去的 6 个月内没有重大的处分，在过去 1 年内没有任何纠偏行动。
- 至少在目前的部门中工作一年以上（录用或调动后）。
- 当前的表现受主管的认可。

第 2 步：由人力部门组织行为面试，方式与新员工的面试类似，但要用员工在丰田的经历为例。

第 3 步：开展供员工展示两种能力的活动。

- 单独解决问题，衡量候选人解决问题的能力。
- 培训员工的活动，衡量候选人指导解决员工冲突情况的能力。

第 4 步：进行管理面试。

- 行为面试，这次加入了有空缺职位的生产部门（由人力资源部门组织）的协助。

- 每个空缺职位只能有一个员工进入第 5 步。

第 5 步：开始培训，为提升做准备。

- 所有候选人完成一次为期 3 周的深入培训，包括课堂学习、实战模拟及现场活动等。

课程包括：

- 学习丰田模式的价值观和丰田生产方式的原则；
- 了解小组领导的职责；
- 个性工具及讨论；
- 培养人际交往能力，包括倾听、口语表达及解决冲突的能力（利用录像中的角色扮演和团队的反馈信息）；
- 多元化培训；
- 掌握基本的计算机技能（Word、Excel 及 PPT 等）；
- 为了接下来的学习和实施改进，事先在组装生产线上进行为期 3 天的解决问题模拟训练；
- 3 人一组到工作现场挑选一个实际存在的问题，在 4 天之内，在指导员的指导下利用问题解决程序解决问题；
- 提交现场问题解决活动的 A3 报告；
- 以小组为单位陈述 3 周管理培训的重要学习心得。

第 6 步：决策。

- 人力资源部和生产部门回顾候选人的全部信息。
- 考察候选人的工作表现（主观的评价）。
- 提升候选人。

为了完成提升，人力资源部门及候选人都要经历这个漫长而又紧张的流程。当然这并不是提升员工最容易的方式，但丰田敢保证这种流程既能保证公平又能保证所挑选人员的质量。

14.5.8 TMMK 的纠偏行动

丰田当然希望其挑选、培训、奖励和表扬等系统能够万无一失，永远不需要对偏离标准的情况进行纠正。但是与产品价值流一样，人力价值流也永远无法达到完美的理想状态。事实上，丰田很骄傲，在产品和人力这两个领域都能够暴露并及时解决问题。与产品价值流类似，人力价值流也必须快速暴露出任何不符合标准的行为。

丰田纠偏行动的基础是，对事不对人，只关注问题解决和员工发展，反对惩罚。我们说过，丰田实行的是终身雇用制，伴随该价值观更多的是责任和工作。直接解雇不符合标准的员工相对来说要容易些，至少从短期来看是这样。这种做法也与西方人注重短期效益的假设更相配，该假设认为，不要相信员工，他们永远都不会对公司忠诚，公司不应该信任他们。

丰田在美国与在日本所采用的方法是一致的——尽你最大努力纠正任何问题，经过长期培养，让所有员工都能够取得成功。这种理念对计时制和受薪员工同样适用。丰田会与员工一起努力并助其取得成功，但这不意味着丰田员工不会失业。如果真出了这种情况，那意味着员工放弃了避免被辞退的所有努力与尝试。

我们以出勤为例来研究 TMMK 对计时制员工采取的纠偏行动。我们已经讨论过出勤对于丰田实施精益的重要性，在录用新员工以前将这种重要性告知候选人也是很重要的。我们还讨论了丰田是用大型庆祝活动及赠送汽车来奖励那些完美出勤的员工。对丰田来说，在开始纠偏行动之前事先与团队成员交流是很重要的，这样对所有的人来说，任何不符合标准的行为就会一目了然。

丰田纠偏行动的原则是要快速、公平、一致并解决问题，对待出勤问题尤为如此。同时做到公平、一致要比单纯做到一致困难得多。出勤往往与人们的情绪有关，尤其是关乎员工或其家人的健康时更是如此。TMMK 的出勤政策从不把"生病天数"算到标准里，原因是，如果规定了员工每年可以生病的天数，员工就会"生那么多天的病"，直到休完病假为止。丰田选择将完美出勤作标准，将每次发生的怠工或缺席视为一个事故。

但这并不是说丰田鼓励人们带病上班，而是鼓励人们在感觉不好的时候也来上班，因为有时从床上爬起来到户外走走就会感觉好些。如果员工到岗后仍然感觉不舒服，他就可以到工厂的医疗服务站去。如果员工生病了，他可以在轮班开始之前打电话通知，在第二天可以申请一个紧急休假，团队领导会根据一个标准准则进行衡量并决定是否同意。团队领导需要考虑的因素有，该成员的出勤历史，请假理由以及是否在轮班前给出了通知。如果这些因素都是正面的，团队领导就可以同意紧急休假，该团队成员仍然有资格参与完美出勤测评。

下面我们了解一下处理无故旷工事件的流程。

第一步：指导

团队领导要将每次发生的员工旷工和迟到事件视为一种缺陷。就像用解决问题程序应对产品缺陷一样，团队领导和小组领导要与团队成员就旷工问题进行谈话，利用解决问题程序解决旷工问题。如果一个团队成员迟到了，团队领导就会问5个为什么进而找到根本原因，并帮助团队成员找出应对措施，防止问题的再次发生。谈话的内容如下。

团队领导：嘿，汤姆，我发现你今天早晨迟到了，你没事吧？（第一个为什么）

汤姆：是的，我还好，只是睡过头了。

团队领导：哦，是吗？怎么回事？（第二个为什么）

汤姆：我的闹铃停了。

团队领导：怎么会呢？（第三个为什么）

汤姆：闹铃出毛病了。

团队领导：你知道是什么原因导致的吗？（第四个为什么）

汤姆：昨晚发生了暴风，估计是断电了。

团队领导：下次再发生风暴时，你怎样才能保证准时上班呢？（开始找出对策）

等等

团队领导可以利用这次机会解决旷工问题，同时指导团队成员解决问题。团队领导可以停止问为什么了，因为这时团队成员可以承担个人责任并实施应对措施，比如买一个有后备电池的闹钟或带发条的闹铃等，或者团队领导可以与团队成员开玩笑说："咱们不需要再问为什么会有风暴或进一步探讨大气压力、季节变化或地球自转的问题了。"通过利用解决问题程序，团队领导将他们解决产品问题时所适用的原则应用到了人的问题上。他们将人和问题分开，只针对程序处理问题，而对员工实行"无罪推定"，相信他们已经尽了最大的努力来保持出勤了。

第二步：书面提醒表

如果某个团队成员在连续 12 个月内出现了 4 次旷工（标准），正式的纠偏行动就会介入。团队领导就会坐下来和该成员填写一份正式的书面提醒表。对于团队领导、团队成员以及那些关心出勤情况的公司来说，书面提醒表是一份官方文件，并且团队成员需要在书面提醒表中相应的位置填写改进的应对措施。

第三步：纠偏行动会议

在填写书面提醒表后 12 个月内，如果该团队成员再出现两次旷工，就需要召开纠偏行动大会。与会人员有：团队领导、生产部经理助理、人力资源部经理助理、该团队成员以及一名负责维护团队成员的人力资源专家。召开会议的目的是使该团队成员知道丰田对出勤的期望，告诉他问题的严重性，最重要的是找出方法帮助该成员纠正问题。

第四步：暂时停职的决定

如果问题仍然存在，该团队成员继续旷工（在接下来的 12 月内旷工两次），他就会收到暂时离开决定（DML）。然后他将被送回家一整天，以便有足够的时间决定是否希望继续在丰田工作。如果愿意的话，用什么样的行动来证明他的意愿。他需要写一封信给 DML 委员会（与纠偏行动会议类似的一个团队）。如果该委员会决定允许他回来工作，他就可以回来继续工作，公司还会支付当天的报酬。

第五步：终止

DML 委员会可能会在发出 DML 时就建议终止雇用关系。如果他们决定让团队成员回来工作，则该成员要在 48 月内接受考察。如果此期间再发生旷工事件，DML 委员会将会考虑环境和原因，并可以在任何时候提出终止建议。丰田的目标是尽量避免走到这一步，争取在前 4 步就解决问题。事实上，极少有人会走到这一步。

丰田在与任何员工终止雇用关系时，所关心的目标是，保证已经为该员工提供了一切纠正问题的机会，确保员工受到了公平、一致的对待。为此，丰田还设立了"同事审核程序"，作为系统的最后一道核查和制衡程序。

第六步：同事审核程序

并不是所有的不当行为都可以采用包括同事审核程序在内的纠偏行动来处理。实施严重的不当行为的人，比如打架、偷窃、酗酒或吸毒、销售毒品或持枪等都会直接被终止雇用关系。然而对出勤这种不当行为，公司只建议终止关系，然后由团队成员自由决定是否需要将其事件提交同事审核委员会。

同事审核委员会由3名团队成员（随机选择来自不同的团队）以及两名经理组成。该5人委员会将召开长达数小时的会议，会上公司（团队领导和人力资源代表）与该团队成员（其人力资源代言人将与他一起）分别就各自的情况进行陈述，委员会听取陈述后会问双方一些很尖锐的问题，以确保双方都为解决问题尽了最大的努力。会议结束后这5个成员通过投票决定是终止雇用关系还是让该成员回来工作。这是一个简单的多数服从少数的决议问题，如果3名成员建议留下该团队成员，则建议将交由人力资源部门执行。尽管根据政策，终止雇用关系的决定应当由公司而不是委员会做出，但自TMMK建厂20年以来，公司从来没有拒绝过委员会的建议。

如此看来，为了辞退某个人似乎要做很多的工作。开始在丰田工作时，迈克尔·豪瑟斯也是典型地以西方观念来看待这种做法的，并深表怀疑。

我当时想"这可太疯狂了。首先，我们要给在家待了一天的人支付报酬，不管怎样他都没做任何工作啊。我们还要把他送到一个5人小组中，5人中有3人是团队成员，他们怎么会出卖一起工作的队友呢？5个人中至少应该有3个经理才对"。但我完全想错了。几年下来我发现，不论是在生产部门还是人力资源部门，团队成员都很努力地通过纠偏行动的各个步骤来纠正他们的问题，很多人因此而被"拯救"下来。只有非常少数的人走到同事审核这一步。如果真的走到了这一步，与两名经理相比，团队成员会更严厉地对待该成员。当遇到一些泣不成声的讲述时，经理可能都要抹眼泪了，而团队成员可能会说"我或者汤姆也经历过同样的事，但我们仍能来上班"。该委员会确实解雇了一些人员，但一半以上的成员都被允许回来工作了。委员会只有在特定的条件下才能决定这么做。这些条件通常都非常严格，而且该团队成员还要真正地解决了问题扭转了情况，否则最终仍要被解雇。至今为止，尚没有员工质疑终止雇用关系的公平性。我也意识到该流程同样可以适用于6000多名正在工作的团队成员，让他们知道如果自己有什么困难，公司会为其提供任何改进的机会。

针对管理人员的纠偏行动流程采用的是同样的理念，但没有那么长。尽管目的仍然是利用各种问题对管理人员进行指导并解决问题，但丰田对管理层的标准和期待是很高的。TMMK 的人力资源总经理克雷格·格鲁克则这样解释道：

> 丰田的核心是尊重员工，我们有责任遵循这种价值观。我们正在对公司的每名员工进行培训，让他们了解公司的价值观，以及尊重员工的意义，这只与行动有关，无关信仰。这些在管理层也被反复强调——道德培训、法律培训等总是将它摆在我们面前。我们不断地提醒每个人"这是丰田对行为的期待"。《丰田模式2001》也强调这一点。在过去的 5 年里，我们让经理们接受了 5 个不同的培训阶段，即多元化 1、2、3，道德培训以及丰田模式 2001 培训，他们不断强化我们的期望。我们负责培训，现场的实施则由内部系统负责。
>
> 我们有人力资源部代表组成的人力资源团队。人力资源代表都在现场，员工可以将任何偏离标准的情况告诉他们。如果员工对此不满意，还可以匿名拨打热线电话。这个热线电话已经设置了 8 年，可以用来核查和制衡我们的人力资源系统。我们的目标是让所有人了解丰田的期望和流程。在这样的环境下，持续不符合标准或发生不当的行为是不允许的。我们的薪酬及表现系统以结果和过程为导向，同时还要尊重员工。利用差劲的过程实现结果也是不能接受的。我们工厂这几年也出了一些问题——性骚扰事件、包庇等。我们很透明地处理这些事情——能引入第三方实施调查并对员工负责。利用解决问题方法和指导来解决单个事件，然后再从系统整体着手加以处理。如果问题没有得到立刻解决而且我们也没有那么多耐心了，我们就会辞退不遵守公司原则的员工。

14.6　东西方在绩效管理方面的共同点

东西方文化在对待表扬和纠错行动上的观念具有很强的相关性。丰田文化与西方公司在对待该问题上也存在差异。丰田希望每个人都成为更大集体中的一员，能够为集团整体做贡献。例如，标准化工作的出发点就是这样的逻辑假设，即如果一个组织想不断学习和进步，其成员都必须遵守标准，除非新的方法被提出并得到证实。西方人感觉标准化工作很恐怖，认为标准化是对其个人自由和创造力的一种侮辱。

我们在早先介绍过的表14-1中增加两列形成表14-2，概括介绍了在日本实施的丰田系统以及在美国实施的东西合璧的丰田系统在对待奖励和表扬上的不同。我们可以看到，丰田对待奖励和表扬的方式与东方文化的假设相协调，却与西方文化的假设不搭调。例如，西方人渴望个人奖励，希望自己在工作中的贡献得到认可。在丰田，对于同一工种，所有人的工资都是相同的，工资随着资历的增加而增加；任何个人表扬都被转换为团队的成绩。我们还可以看到，丰田在美国采用的仍然是来自日本的表扬和奖励系统，但是为管理层添加了个人奖金。

表14-2　丰田模式以及东西文化在奖励和表扬方面所存在的差异

西方文化	东方文化	日本丰田的奖励和表扬系统	美国丰田所采用的融合与平衡后的奖励和表扬系统
因个人成就获得表扬	把成功归于团队，把失败归于自己。个人表扬会让人尴尬	对于同一工种，所有人的工资都是相同的，工资随着资历的增加而增加。任何个人表扬都被转换为"团队的成绩"	工资要基于工种、级别、公司绩效、生产员工的工作绩效。对管理层添加了个人奖金
掌控自己的选择，决定自己的命运	融入团队，通过团队合作实现团队目标	奖励和表扬归于团队，包括为团队活动提供小额基金，授予"质量圈奖"及"团队表现奖"等	提供一部分团队奖励，一部分个人奖励，但提供个人奖励要考虑其与他人合作的表现
关系和队友往往妨碍个人目标的实现。人们为高工资而跳槽	高度重视人际关系，多数业务都有长期合作伙伴。以短期的损失换取长期的稳定和收益	员工个人与公司，公司与供应商都能坚持长期合作，并可以为长期利益做出短期牺牲	设计出一种系统，让其既能为个人成就提供有行业竞争力的奖励，又能奖励和表扬员工对公司做出的长期贡献
认为自己具备良好的素质并且工作完成得很好	不需要因为完成本职工作而受到表扬，希望获得批评性的反馈意见以促进改进	希望员工通过省思对自己的缺陷进行反思；主管很少进行表扬	日常指导系统致力于提供正反两面的反馈意见
强调人际关系的平等，或在等级分明的关系中希望是掌权人	接受自己在等级制中的职位，愿意接受管理人员的指示	报酬以资历为基础。希望员工个人要有耐心，等待提升或调动到心仪的岗位。还要接受主管人员的反馈。有些员工能不断被提升为职位较高的管理人员，有些人则只停留在特定的级别上	报酬仍以资历为基础，但为资历浅的人留出一定空间，有机会比资格老的人员提升更快

（续）

西方文化	东方文化	日本丰田的奖励和表扬系统	美国丰田所采用的融合与平衡后的奖励和表扬系统
以简单分类和成败评价体系为基础的规则适用于每个人	突出积极和消极的行为，并详细了解其发生的背景	绩效数据是评价绩效表现的唯一输入变量。在激烈讨论和翔实的情况调查后，才可以对积极或消极表现做出评价	建立一种平衡系统，既能基于一个客观系统对整个组织的绩效进行一贯评价（每名员工的薪酬及涨幅都相同），又能在奖励时结合更多的主观因素和具体情况

例如，在东方文化中，人们将公司和团队视为家庭的延续，其身份之一就是成为公司的一部分。"我是丰田人"是受薪员工挂在嘴边的一句话，这句话体现的是，他们将成为丰田这个集团的持卡成员，直到退休。这样公司就能着眼员工的整个职业生涯来考虑其提升路径以及退休金。如果公司和员工之间存在30~40年以上相互承诺，缓慢提升就是非常自然的一件事。同样，供应商参与合作的事业看起来就能够永远持续下去，甚至供应商的员工也可能把自己视为丰田团队的一员。在美国使用临时工时，丰田考虑到他们有跳槽的个人自由，所以临时工获得职位提升和工资增加所需要的时间要短得多。丰田一直致力于在美国培养出长期忠诚的员工，但也不得不做出一些妥协，比如更快速地提升某些员工或给更多的表扬等。丰田一直在进行的一项改进活动就是不断提高员工的保留率。

在这里指出一个非常有趣的发现，即西方人认为自己比一般人表现突出，把错误归咎于别人的概率非常高；而东方人则更可能将失败归咎于自己，认为失败是其个人弱点导致的。"省思"这个概念多是指承担个人责任，深刻反思自己的弱点，对失败或错误感到很难过，并发誓避免类似情况的再次发生。正如我们在美国所看到的，丰田一直在努力构建一种批评更少、表扬更多的文化，将正面反馈和负面反馈之间的数量比设定为4∶1。然而，丰田也在努力构建一种责任文化，让员工为项目及目标的实现承担个人责任，同时在没有达到目标时，进行自我反思。创建这种责任文化需要十几年甚至更长的时间。

丰田所面临的一大挑战，当然也是那些希望从丰田学习精益的西方公司所面临的挑战，就是要充分利用东方文化的精髓，并将其与西方文化的优点充分融合。有了在日本成功实施的系统，丰田的首要选择本应是简单地将其移植到西方的土壤中。难道有人不愿意进行团队合作，共同致力于宏观团队目标吗？难道不应该把团队和公司的职业生涯放在首位吗？当然丰田不会那么天真地认为东方的一整套文化可以移植到西方去。不仅如此，丰田还看到了多元化价值观的存在。我们将在第 16 章和第 17 章看到，美国人对美国消费者需求心理的把握，以及某些有个性的大胆创新都大大帮助了丰田，尤其是丰田汽车销售公司在美国的成功。但同时，丰田模式中某些不可妥协的原则也不能改变。就像我们在本章所讨论的，丰田已经有效地将其一些核心价值观移植到了西方，为了与不同的文化预期相适应，做了一些必要改进。

14.7 谨慎模仿丰田变革奖励系统

丰田在美国对其奖励和表扬系统进行的改善和更新已经持续了 20 多年。一开始 TMMK 并没有要求受薪员工制定个人发展计划，而是先对西方文化及当地工厂进行了 10 多年的研究，然后才开始实施该计划。我们所描述过的所有系统都经历了逐渐增加的改变和数年的更新。丰田在美国的其他部分，比如丰田汽车销售公司以及丰田技术中心等都经历了类似的学习过程，都对奖励和表扬系统进行了不同程度的改变，以与当地情况及其员工类型相适应。丰田在其他国家也有些不同的做法，但所依据的基本原则都是相同的。

- 支持尊重员工和持续改善的价值观。
- 既强调结果也注重过程。
- 使系统对所有成员公开透明。
- 强调公司和团队高于个人。
- 培养具备深度专业知识的 T 型人才，尤其要培养 T 型高级管理人员；培养从事极富挑战性工程设计工作的倒 T 型人才。
- 增加对员工的培训和发展进行的投资，让员工的整个职业生涯都在公司度过。
- 将问题解决程序应用到纠偏行动中，促进员工的发展并解决纪律性问题。

我们为正在实施精益改造的公司以及有志学习丰田奖励和表扬系统的公司提供两点建议：

- 早期不要做不必要的改造，但一定要清除精益过程中的障碍。
- 放慢速度并在前进的过程中不断调整。

我们建议不要过早地对奖励和表扬系统进行大幅度改变，是因为公司在经历巨大变化之后，更多的改变可能会适得其反。员工对薪酬政策的任何改变都非常敏感，甚至不管你做出怎样的改变，有些人都会不满意。我们认为，将这些不确定因素加入到已经很复杂、很不确定的程序中是不明智的。同时，你需要从整体回顾一下公司的奖励政策和程序，找出其中有碍于精益实施的事项。

例如，我们曾经与一家公司合作，帮助其实施一种拉动式系统，将部件储存在超级市场，利用看板沟通需求。公司指导员工遵守标准，在没有看板任务的时候就停止生产，因为那时生产已经快接近饱和了。过度生产所导致的浪费是丰田生产系统中最主要的浪费，我们也教导这家公司，即使停止生产，也不要过度生产。当时该公司的经理有事出差了，员工想遵守所有的精益标准，以给他留下好印象。但员工的自豪感没能持续多久。当经理回来召集会议检查生产日的产量时，他对员工还没有完成 MRP 系统设置的生产目标就提早结束生产很生气。接下来的谈话可想而知。

工厂经理：你们为什么没有完成生产数量？

答：我们完成了所有看板的订单，达到了我们给超级市场计算出的最大值，根据标准，我们不应该过度生产。

工厂经理：我不管什么看板，MRP 日程表规定我们必须持续生产，对我的评价也要以此为标准，你们这样会让我看起来很差，回去继续按日程表生产。

很显然，该公司对经理的绩效评价系统存在一定问题，导致该经理拒绝接受拉动式系统和新标准。他还会阻碍这些标准的实施，因为对他的评价取决于其能否完成每天的目标产量（不管他用何种方式完成）。这一点必须马上加以纠正，并就拉动式系统的理念对工厂经理进行教育，保证将以新标准评价他。

我们还看到了一些普遍的障碍，这些障碍会不同程度地妨碍该公司向精益组织的转变。

- 即使某些个人目标的实现是以牺牲团队或公司的目标为代价也会受到奖励。
- 采用惩罚系统而不采用纠偏行动的解决问题方法，这样最能打击员工暴露问题的积极性。

- 主管和领导只关心短期结果，而不去努力创造一套价值观和原则，也不关注那些能够产生结果的过程，例如，不顾工厂运行对人数的要求，简单地追逐潮流减少人数。
- 通过在短期内提供大额奖金，鼓励主管去从事一项工作或经营一家新公司等，而不是建立一种长效激励机制，以放缓组织领导的"大换班"。如果激励机制的目的是在年底达到特定人数和减少库存，主管就会突击完成缩减任务，而不会建立一个健全有效的程序，也不会鼓励员工持续改善。

你们可能也会发现与上所述情况相符的具体实例，这也引出了我们研究的第二个关键点。如果你打算去解决其中的某个问题，我们的建议是，慢慢来！当然，有时你必须打破"神坛"，在组织内进行动员，集结行动大军。一家办公家具公司奋斗了几年的时间才最终将统治公司文化多年的计件系统清除掉。计件系统会导致过度生产，会打击团队合作的积极性，会鼓励员工不遵守标准，从而带来质量问题以及人体工程学问题。打破计件系统就像炸毁大坝一样，随之而来的改善之流会带来地动山摇。然而，公司需要与工会合作，逐渐淘汰旧体系，仅这个过程就花费了大约 3 年的时间。只在极少数的情况下，全面改革才会快速有效。

多数情况下，按部就班、谨慎对待每一步反而会更有效，粗略地选择某些特定指标，再增减其中一些指标以体现新的精益系统的目标，比如增加一个库存周转指标来降低设备利用率。通常来说，为了上垒，丰田会关注每个垒打、短打，甚至跑出的每一步，将所有这些积累起来就能得到很高的分数。丰田从不相信什么全垒打，也不试图去打出全垒打。我们也推荐丰田的方法，将每次改变看作一个长途旅行，利用 PDCA 原则和省思进行调整。我们将在第 18 章不断讨论这个主题，并推荐几种面对文化改变的思考方式。

在本章，我们根据 TMMK 的例子对丰田奖励和表扬系统的原则及其背后的思考方式进行了探讨。我们强调过程和结果一样重要，但并不是暗示丰田不关注结果。事实上，他们非常关注结果。丰田的每个员工都可以对你说出自己的改进目标，这些目标都非常具有挑战性。这些目标从何而来？答案就是方针管理，它是丰田文化模式的最后一部分，我们将在下一章进行讨论。最后并不意味着最不重要，因为是方针管理在指导整个组织向共同的目标奋进。

小结	你的公司应该考虑的要点

1. 缓慢培养管理人员和经理，让他们既能获得纵向经验也能习得广泛的横向经验，具备多种技能（例如T型员工）。

2. 丰田致力于从内部员工包括计时制员工中培养管理人员，提升那些学会培养他人、能够秉承丰田价值观的员工。

3. 奖励和表扬的根据是整个团队表现而不是个人成就。

4. 奖励和表扬既重视结果也重视过程。

5. 纠偏行动的目标不在惩罚而在于解决问题和指导。

6. 奖励和表扬系统背后的理念与丰田模式始终是一致的，虽然为了适应当地文化做了一些具体细节上的改变。

7. 利用人力资源部门以及各种审核委员会的参与，甚至在纠偏行动中利用同事审核委员会来加强奖励和表扬系统的公平性。

8. 在改变奖励和表扬系统时，要采用按部就班的方法而不是一步到位。

第15章 方针管理与现场能力育成系统

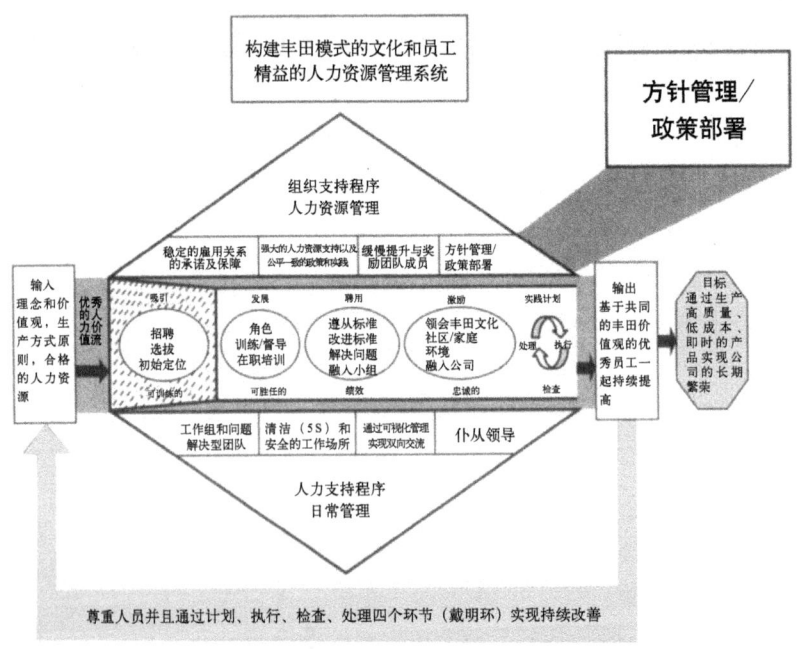

实现目标的唯一途径就是依靠计划,我们必须信任自己的计划,并严格按计划行事。除此之外,别无他法。

——艺术家,凡·高

15.1 方针系统使文化投资获得回报

整本书都在强调对人才和文化的耐心投资将会获得丰厚的回报。我们也曾经批评过用工具箱削减短期成本的精益和六西格玛项目。我们发现多数公司都希望尽快得到回报，没有几个能像丰田那样有耐心、看得那么长远。在没有投资回报的情况下，丰田是如何进行持续投资的呢？方针管理，就是著名的政策展开系统，能将优秀人才的精力集中到公司目标上。

Hoshin Kanri 可以翻译成方针管理。一个日本培训员将 hoshin 翻译成指南针，把 kanri 翻译成控制。方针管理是丰田的公司规划程序。有很多书对如何实施该系统进行了详细的介绍。本章将介绍方针管理系统的几个方面，旨在概括该系统的关键点，并介绍该系统与文化的联系，但本章不是指导手册。

对大多数人来说，典型的商业计划模式主要是先自上而下传达一些彼此之间没有连贯性的命令，紧接着就坐下来召开那些可怕的后续会议。会上管理人员试图用一些篡改过的统计数据向老板说明事情进展得很顺利，而老板则要努力找出其中的错误，这一过程并不那么令人愉快。日本培训员花了不少时间才在美国的丰田工厂建立起既强调结果又强调过程的文化，以及发挥支持和指导作用而不是惩罚作用的流程核查程序。时任总裁的张富士夫通过会议核查工厂各个部门方针目标的实现情况，在会议报告中管理者用○代表实现了目标，△代表没有达到目标，×代表存在巨大的差距。TMMK 的两位总经理对当时的情景还记忆犹新。

肯·克瑞夫勒曾经是通用汽车的员工，后来在 TMMK 车体焊接和冲压车间任总经理，现在是 TEMA 的总经理，是一名在丰田工作了 20 余年的老员工。他还记得自己的第一次"核查"会议。

我的报告看起来就像一个大大的×，×充斥了整个报告。我一生中从未那样紧张过。记得当时曾给妻子打电话告诉她准备搬家，告诉她自己很可能会因为糟糕的业绩而丢掉工作。走进会议室，我首先看到的是张富士夫的笑脸，他问我从中学到了什么，能提供什么帮助。我永远不会忘记那一天，从那天开始我才意识到丰田模式的真正意义。

迈克尔·豪瑟斯当时是组装厂的经理，他第一次与张富士夫进行方针核查的经历与肯·克瑞夫勒比较相似。

我的报告中有两个○和几个×，其余的都是△。我准备开会时好好表现一番，让他们知道提拔我是明智的。于是，我把打了×的项目都放在报告后半部分最不显眼的地方，把打了〇的项目放在前面最突出的地方以便每个人都能看到。会议一开始，我就讨论那些打了〇的项目以及我们为此所开展的工作，而张富士夫迅速地翻到报告的后面，开始询问关于×的问题。我并没有轻易放弃并尝试把话题转回〇。但是他再一次询问了关于×的问题。我是一个比较愚钝的人，仍然尝试着去谈论〇。最后，他不得不打断了我的话，说："如果你得到了〇，说明你做得比较好，就不需要我的帮助了。我想讨论×，这样就可以听一听你的困难，讨论一下如何才能帮助你。"我花费了大量精力来修饰报告以掩盖自己的弱点，而他想讨论却是问题，是帮助我更有效地利用时间改进问题。

鉴于丰田的现场能力育成系统与方针管理在车间的日常活动中有着密切的联系，本章将以一个一年期的方针管理为例，说明该系统是如何在日本产生并迅速转化成全球工厂的车间生产活动的。整本书我们都在强调车间活动不仅仅是生产产品，它还包括团队领导和小组领导的培养，以及如何利用方针系统中设定的富有挑战性的目标推动其不断改进自己的技能水平。

15.2　方针管理及其与现场能力育成系统的关系

丰田学院和全球人力资源总经理木村俊一说："丰田的优势源于能够通过团队合作和工作来培养员工并实现组织绩效的最大化。"

木村解释道：方针管理的过程就是实现团队合作和培养员工的过程。方针管理是丰田管理框架中的关键组成部分，它将领导者的愿景、价值观和理念（丰田模式）与车间的日常活动（培养员工通过解决问题实现经营目标）有机地联系到了一起。

丰田汽车公司将方针管理过程进行了更加细致的定义，方针管理作为一个系统要实现的目标是：构建一个具备持续实现高绩效能力的组织。

通过如下途径实现这一结果。

- 设定中长期管理计划和年度方针；
- 区分活动和资源的优先顺序；
- 全员参与实现目标；
- 保持PDCA，在实施的过程中不断检查和跟踪。

整个组织的所有成员都将积极主动地朝着一个方向迈进。

丰田通过方针管理能够使整个组织的活动跃然纸上，这将转化成为巨大的竞争优势。在丰田文化的研讨会上，其他企业的高层以及中层管理者都认为自己的企业拥有计划程序，但是高层管理人员以下的员工都没有真正参与其中。"我们按照命令行事，似乎不同的部门都有不同的优先顺序，但是从来没有进行过整体规划。更糟糕的是各种活动常常会相互冲突。我们有很多解决问题的好方法，但是这些方法都没有用武之地。"图 15-1 展示了方针管理过程是如何通过纵横两个方向将组织中的每个人联系到一起的。

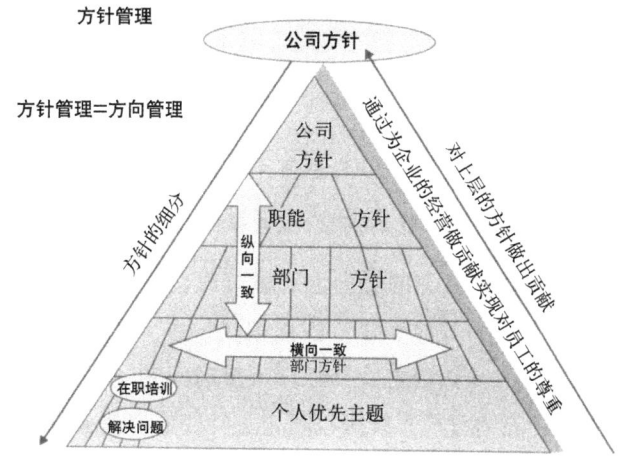

图 15-1　整个方针管理过程

方针管理过程遵循如下几个关键点，可以在每个组织中实施。

- 基于高级管理层的思维，理解使命和愿景。
- 以"设定目标型"问题为主（与"事件型"相反）。
- 优先处理主要的活动。
- 分解到每个团队 / 车间。
- 理解、质量和责任一起抓。
- 遵循 PDCA。
- 把好的程序标准化，以建立更强大的组织。

总体而言，方针管理主要关注过程和结果，利用 PDCA 方法进行循环，让团队成员在参与的同时得到发展。图 15-2 描述了方针管理自上而下贯穿整个组织，然后再从工作现场员工反馈回来的过程。

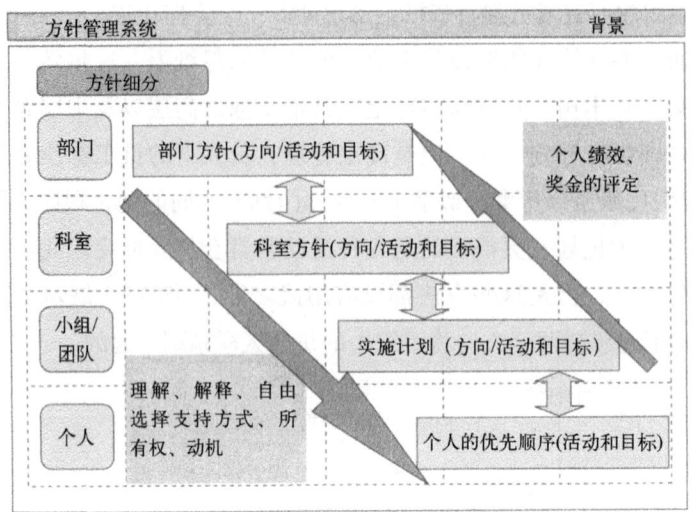

图 15-2　自上而下传达方针管理目标并自下而上报告结果

资料来源：丰田汽车公司／丰田学院关于方针管理和丰田管理的演讲。

没有人可以怀疑这些概念的合理性，但丰田在美国实施方针项目时却遇到了很多挑战。比如在 TMMK，工厂发展很快，每个人都很忙，让方针成为日常工作的推动力而不是耗费主管和经理大量时间的"救火员"的确是个挑战。丰田建立的现场能力育成系统可以防止方针变成"救火员"。

15.2.1　现场能力育成系统

正如其名称所描述的，现场能力育成系统是丰田目前用来教导团队领导和经理进行现场管理的系统。丰田描述了将现场能力育成活动连接成一个系统以实现公司目标的关键点：

- 直观地展示车间的管理条件，并对完成方针目标的日常活动进行直观排列。
- 促进双向交流，创造一种通过解决问题方法处理异常情况的氛围，确定所需要的帮助和资源，培养团队成员。

该系统以丰田模式的基本原则为基础，分为 4 个阶段。每个阶段与所讨论过的丰田文化模式类似：首先明确目的，设定一些可度量的目标，建立标准，暴露问题；然后再组织员工解决问题并做出改进以实现经营目标（见图 15-3）。

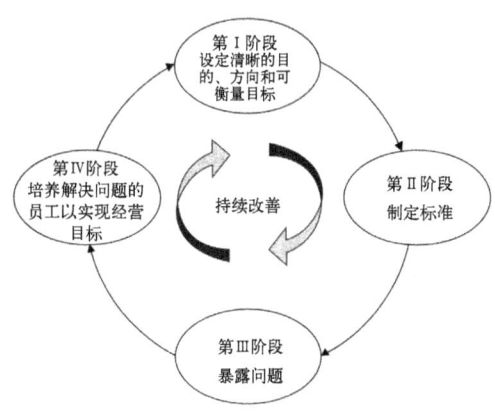

图 15-3　FMDS 的各个阶段

第 I 阶段从方针管理开始，然后将年度活动分解来支持该方针。方针首先为组织确定明确的目的和标准，然后再将其分解成可测量的目标。对日本人来说，方针通常与一个长期的至少需要 3 年才能完成的"突破"性项目相关。

第 II 阶段从 5S 开始，主要关注标准化，强化"没有标准的组织就不会有改善活动"的原则。由于标准非常严格，所以在 TMMK 团队通常要花几个月甚至一整年来获取第 II 阶段的认证。事实上，TMMK 总裁史蒂文·圣·安吉洛要负责监督整个过程，亲自巡查并确保每个团队都获得认证以继续进入第 III 阶段。

第 III 阶段主要是为工厂、部门以及团队设立可视化控制板，用以突出问题。第 I 阶段是描绘一幅宏伟的蓝图，这一阶段则是将其转述给工厂的每个团队。把事故及瑕疵比例转化成通俗易懂的指标，让每个成员都能清楚地看到问题的所在。

第 IV 阶段进行丰田工作方法的培训。工厂首先培训主管和经理，然后由他们培训其他员工，并利用全球通用的解决问题的 8 个步骤来弥补各指标的差距。该过程培养了员工利用解决问题程序的技能，而该程序正是以实现经营目标为目的。

15.2.2　将方针管理、现场能力育成系统和优秀人力价值流联系起来

21 世纪初，方针管理与现场能力育成系统及丰田工作方法的结合是一种全新的尝试。早在 1961 年，丰田为追求"戴明奖"而将"全面质量管理"引入公司的时候，就开始实施方针管理了。1999 年，由于日本国内外出现的一

些问题也波及了丰田，导致该系统的效率不尽如人意。由于该系统对个人目标的描述太多，致使往往分不清事情的主次。并且随着丰田全球化进程的展开，为了让所有的海外工厂在全球范围内统一行动，各国的工厂之间需要共享公司的愿景。

方针管理和现场能力育成系统结合了优秀人力价值流的很多要素。本书的开头讨论了丰田将产品价值流（在最短的时间内以尽可能低的成本制造高质量的汽车）与优秀人力价值流（培养优秀人才）的结合，而现场能力育成系统通过日常活动来支持两者之间的结合。方针告诉我们"需要做什么"，并概括出我们"应当怎么做"。而现场能力育成系统则是对"如何做"具体细化，然后针对"我们实际怎么做的"提供反馈意见（见图15-4）。

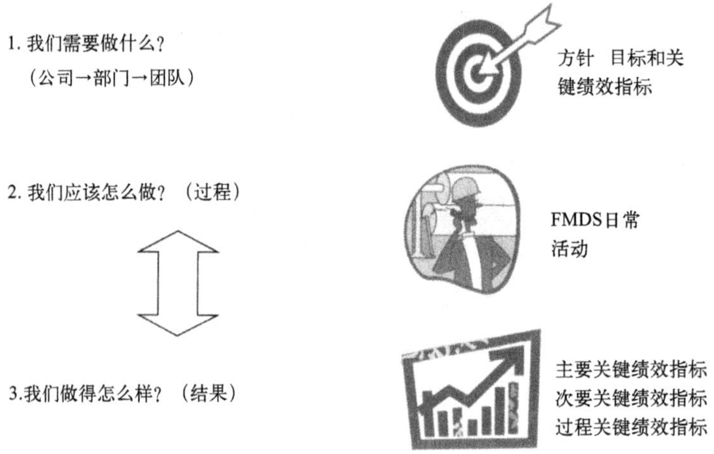

1. 我们需要做什么？
（公司→部门→团队）　　　方针　目标和关键绩效指标

2. 我们应该怎么做？（过程）　　FMDS日常活动

3. 我们做得怎么样？（结果）　　主要关键绩效指标　次要关键绩效指标　过程关键绩效指标

图 15-4　方针管理与 FMDS 的联系

方针管理程序与丰田模式在更广泛的水平上进行了结合，将团队成员培养和解决问题联系起来，从而与相互尊重和持续改善的核心价值观保持一致。很多组织在实施方针管理时，往往忽略了尊重员工。一位主管在参加了丰田文化讲习班后加入了一个新公司，他描述了在新公司所看到的情况，"这家公司也举行类似于丰田现场能力育成系统及问题解决的'现场会议'。他们用一面硕大的墙来显示指标，每天早晨召集所有的人进行回顾。但这与丰田的现场会议有很大的区别。在工厂里每个人都把'每日会议'称为'每日打击会'，因为经理开会的目的就是告诉员工他们做得很差、没有达到目标、需要做得更好……仿佛这样做就可以帮助员工实现目标一样。"

解决设置型问题时，几乎都要考虑方针管理中解决问题的要素。正如在第6章所讨论的那样，在设置型问题的解决流程中，丰田实现了设定的目标后，会再一次设定新的目标并解决出现的新问题。这就是方针管理的目的，要持续性地挑战整个组织，如此一来员工就可以得到持续提高。然而，方针管理既要设定富有挑战性的目标，又要使这些目标与员工应用解决问题技能完成工作的能力相适应。为一个尚未做好准备的团队设置挑战性的目标会对其施加过大的压力，也不公平。所以方针管理要随着团队和工厂能力的增强逐渐提高挑战系数。较年轻的墨西哥工厂所面临的挑战就不能与TMMK相同。

在设置目标时要掌握好分寸，既要体现出挑战性，又要防止目标过高超出团队能力的临界点。方针反映了丰田模式富于挑战性的价值观。挑战是促进团队成员成长的方式，所设置的目标必须略微高出其想象，当团队成员的能力达到新的水平时再提高目标。这样就能在解决问题的同时帮助团队成员获得满足感。方针管理是使工作始终保持挑战性及内在动力的原因。没有方针管理，进步就会停止，团队也会在获得几次胜利后逐渐丧失活力。

方针管理维持着优秀人力螺旋价值流的延续，使员工能够通过上述4个阶段不断深化自我，不断发展，不断解决问题。方针管理本身就是一个大的PDCA循环，不断促进团队成员进行同样的程序循环。

15.3 丰田一年期的方针管理

下面是一个一年期方针管理的例子。⊖方针管理程序首先从日本丰田汽车公司的最高管理层下达到各国工厂，然后在从工厂总裁一路延伸到车间的团队成员（见图15-5）。图中显示了7个步骤，方针管理经过这7个步骤下达到整个组织。我们将以2006年的方针管理为例来描述这7个步骤是如何形成一个完整流程的。

第一步：丰田汽车公司选择一个方针主题（需要优先关注的事项）

与丰田内部其他事项一样，做决策也要依据相关系统。图15-6显示的是

⊖ 这个一年期方针管理的例子是前几年发生在丰田和TMMK的方针管理活动的顶点。早期的方针管理目标和绝大多数故事都是真实的，但是根据多年的实践经验对程序的某些细节进行了适当补充。

396　第四篇　组织的支持程序

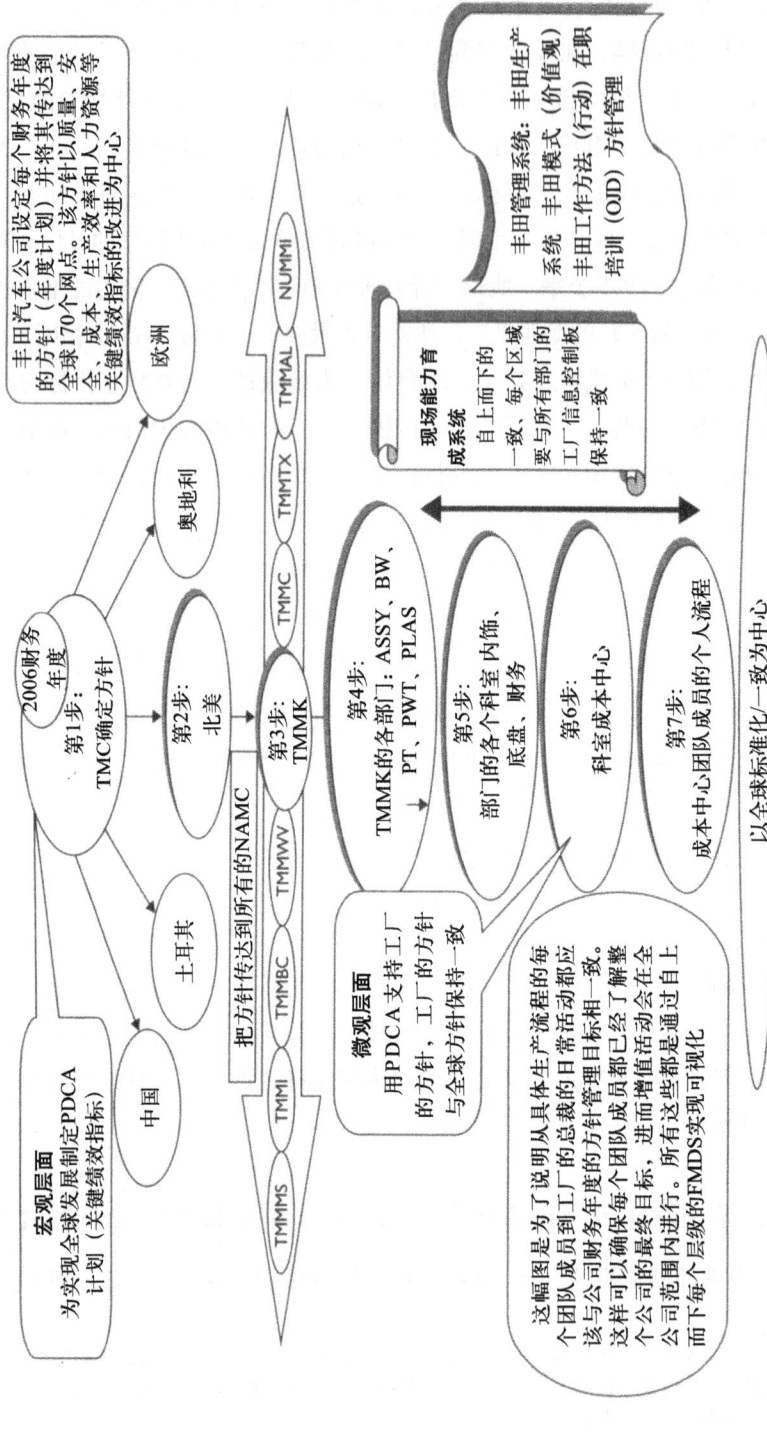

图 15-5　从日本到北美再到车间自上而下实施的方针管理（特雷西·理查森绘制，CQPO2007）

丰田挑选方针时所使用的系统或程序。该系统与多数企业制定战略计划时所依据的 SWOT 分析法（strength、weakness、opportunity 和 threat）类似。每个公司都应遵守这一程序才能将方针事项持续传递。方针一般先从 TMC 下达到 TEMA（丰田北美总部），然后再下达到各个工厂，在此过程中方针的实施步骤越来越具体。

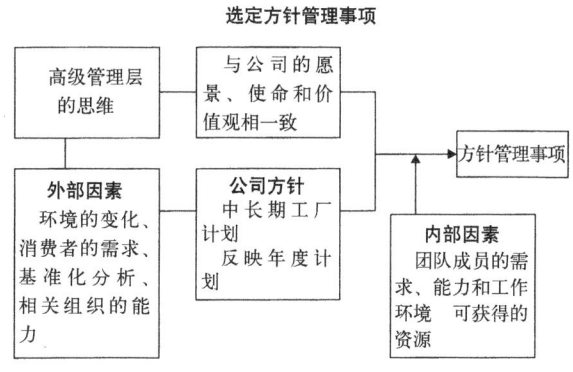

图 15-6　选择一个方针管理事项

资料来源：丰田汽车公司 / 丰田学院关于方针管理和丰田管理的研究。

1. 高级管理层的思维、愿景和价值观

在选定主题事项的时候，需要以支持长期共同繁荣为基础。使命和目标转化成了关键绩效指标，从而保证以最短的时间和尽可能低的成本生产出高质量产品，并尊重那些为此工作的人。这些关键绩效指标（安全、质量、生产效率、成本及人力资源）构成了方针管理程序的经营结果。尽管方针管理程序自始至终都要考虑这五个指标，但高级管理层要依据图 15-6 所显示的各种因素来决定需要特殊关注哪个指标。

2. 内外部因素

丰田首先从消费者需求、竞争力以及外部组织（如供应商）能力等决定方针管理事项优先性的关键因素入手。例如，2005 年，丰田根据竞争力发现了图 15-7 所展示的趋势。

丰田通过研究竞争力（根据美国汽车业调查公司 J. D. 鲍尔新车质量调查结果）发现，丰田汽车在售出后前 3 个月内所具备的质量状况正在逐渐丧失竞争优势，丰田汽车先前所具备的竞争优势正在逐渐缩小。一方面是因为竞争对手的汽车质量在提高，比如现代汽车；另一方面丰田自己也存在一些质量问题。在这段时间内，发生了几起丰田汽车召回事件，影响了丰田汽车高质量的声誉。当然，污点的产生既有内部原因，也有外部因素。行业专家指出其中原因之一便是 2000～2005 年丰田的产能快速增长（几乎增加了 300 万辆的产能），一跃成为汽车史上第二大汽车公司，仅次于福特汽车公司在 20 世纪初期的水平。1995～2005 年，10 年之内丰田工厂的数目也从最初的 26 家增加到近 60 家。

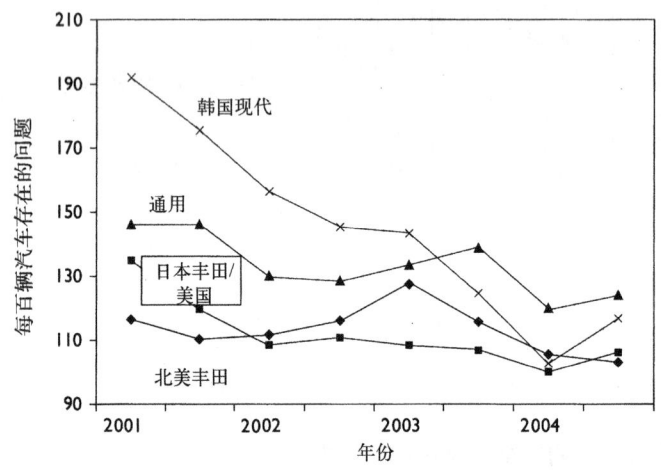

图 15-7　质量趋势与在北美的竞争（美国汽车业调查公司 J. D. 鲍尔新车质量调查）

与此同时，外部合作者——供应商的成本和销售量压力也在增加，他们要与丰田的快速扩张及其对零件需求的增长保持一致。丰田从不对他人指指点点，但事实的确是供应商生产的零件而不是丰田工厂导致了这几起召回事件。但丰田的名字贴在汽车上，丰田就必须对汽车出现的问题承担全部责任。基于此，TMC 将质量设定为全球工厂在下一个 5 年内需要优先关注的指标。在 2010 年需要实现的挑战性目标是：

- 零召回率；
- 2005～2010 年，丰田生产的所有车型都至少获得一次 J. D. 鲍尔新车质量调查一等奖；
- 将保修索赔降低 60%。

这些宏伟的全球性目标涉及丰田组织内所有的工厂，具有很大的挑战性。根据丰田的解决问题程序，"零召回率"和"所有车型都获一等奖"在丰田文化中被视为终极目标。不可能期待他们100%地实现这些目标，但如果将奋斗目标设低了就意味着妥协。将保修索赔降低60%是推动工厂前进的具体目标，如果实现了该目标，其他两个目标也会随之实现。为了使整个过程更具体，我们来看一看这些长期的宏伟目标是如何被分解成各层次组织的具体年度目标的。

第二步：下达到TEMA

TEMA是丰田北美总部，负责在2006年将方针管理的质量指标转化为所有北美公司的具体目标。但这并不是说，TMC将领导责任转交给TEMA就不管了，TMC仍要通过母公司的网络与北美各个工厂的质量部门和生产部门保持联系。TEMA作为北美公司总部承担这两项责任：首先，需要将实现质量目标作为其方针管理的一部分；其次，需要与其他北美机构（比如制造厂、丰田技术中心等）进行沟通和协调，帮助它们集中精力提高质量。

TEMA将方针目标传达给各部门的领导（比如，质量部门、人力资源部门、法律部门、工程设计和生产控制部门等）。由这些领导负责在整个北美范围内进行横向交流。这里不再详细介绍方针管理对供应商的影响，但TEMA会通过其北美生产支持中心（人力资源部门的一个分支）帮助供应商进行方针管理。TEMA还召开了很多供应商大会，把丰田模式和丰田工作方法（解决问题的8个步骤）传授给供应商。供应商也要承担实施方针管理的责任，因为没有他们的支持，丰田就无法实现自己的目标。

对于第二步，TEMA通过横向和纵向两种渠道将方针管理所关注的焦点——质量传达给北美所有的工厂（像肯塔基、得克萨斯、西弗吉尼亚、印第安纳等地的工厂）。纵向的渠道是从TEMA总裁传达给各工厂的总裁。首先要在质量部门沟通和讨论对质量的优先关注，因为该部门负责协调质量事宜，就像会计部门负责协调成本事宜一样。全北美所有工厂在该领域内的活动都由质量部门进行协调。也会通过北美全球生产中心横向组织一些相关活动。他们负责协调全球生产中心的基本技能培训、团队领导培训和经理培训，并负责将对质量的重视融入实际活动中。

第三步：下达到制造工厂（TMMK）

TEMA总裁通过会议向所有工厂的总裁下达了方针目标，TMMK的目标是实现零召回率、J. D. 鲍尔一等奖及降低 60% 的保修索赔等质量方针。在这次会议中，TEMA 的质量部门通过提供丰田及其竞争对手的全球发展趋势信息来支持总裁。

会后，TMMK 总裁将这些信息带回工厂，并与其日本及美国领导团队（包括总裁、副总裁、总经理、总经理助理及相应的日方成员，大概共有 20 人左右）进行讨论。每年的方针计划都会涉及包括安全、质量、生产效率、成本及人力资源等在内的所有管理领域，但是会从中确定一个需要优先关注的领域，当然今年主要的议题是质量问题。TMMK 需要按照全球及全北美的目标，结合自身情况量身定做质量目标。为了降低保修索赔、获得 J. D. 鲍尔新车质量调查一等奖，TMMK 又在方针管理中加入了两个特殊指标。需要指出的是，在 2006 年的方针中最后两个目标是以一年为基础设定的。虽然整个方针管理的焦点可能要持续 3 ~ 5 年，但在工厂层面上需要将其分解为年度计划。

- TMMK 要实现零召回率。
- 将保修索赔降低 60%（来自汽车销售公司的保修索赔要从每月的 10 例减少为每月 4 例㊀）。
- 2005 ~ 2010 年要让凯美瑞、亚洲龙及佳美等车型获得 J. D. 鲍尔新车质量调查一等奖。
- 完善工厂核查系统，2006 年年底，将每辆车的瑕疵指数降为 1.0（TMMK 的核查系统每次从销售线上抽出 5 辆车，由经过专业训练的检查员对全车进行全面检查，包括到试车跑道上试跑等）。
- 2006 年年底，将 TMMK 的直接通行比提高为 93%（直接通行比是指那些在生产中直接通过所有生产流程，不存在离线维修情况，并能通过最后检查不存在瑕疵的汽车占汽车总量的比例。这一比值包括所有车间产生的瑕疵，比如冲压、车体焊接、塑料、喷漆及组装车间等），但在生产线上被修好的瑕疵并不影响该分数。

这一阶段会讨论如何对一般性程序和活动进行创新，以帮助质量目标的实现。团队通过回顾去年的方针实施情况，将现行的改进活动与今年的方针联系起来。

㊀ 这里所选择的数据不是实际数据，是为了说明所举的例子。

第四步：部门经理与科学主管抓阄

方针要在该层次上分解成具体计划。每个工厂的总经理（冲压、车身、喷漆等）需要制订各自的计划来支持方针目标，然后在所属的部门内部传达。以组装部门为例，其总经理要召集助理总经理、组装区经理以及日本的协调员一起开会。该管理团队大概由 10 人组成，负责制定组装部门的方针实施策略。他们需要考虑同时期内亚洲龙主产车型转化所带来的工作量，还要关注下一年新员工培训和新流程的建立等众多因素。组装部门所面对的事项纷繁复杂，必须讨论决定其优先次序。管理团队经过研究将重点目标确定为车型转化、质量和安全。而对于生产效率、成本及人力资源等其他方针事项无须采取额外行动。

方针管理程序中的这个步骤被称为抓阄程序。方针管理不是一个下达目标后，让你自己去想办法实现的专制程序，但这并不是说不存在这样做的倾向，因为短期内这种做法既简单又快捷。然而，如果没有所有员工的投入和参与，这种优势也不可能长久地维持。丰田把在进行适当沟通并取得信任之前就简单下达目标的方针称为"隧道管理"。

管理团队通过会计和生产控制部门协调各部门之间的关系。在实现方针目标的过程中，这两个部门分别负责成本和生产效率的协调工作。当组装部门制定计划后，会计和生产控制部门计算出其对动力系、冲压及塑料部门的需求，发现这些部门不需要为支持亚洲龙车型的转化做出较多的改变。于是这些部门同意在 2006 年尽量对成本和生产率做出改进，以提前达到组装车间 2007 年的要求。通过团队合作工厂能够为每个部门（如焊接、喷漆、塑料部门等）设定符合实际的目标，同时能够实现 TMMK 整体的方针管理目标。

TMMK 内部一致同意将年度质量方针定为：将核查和直接通行率改进 10%。工厂的质量部门召集了一次各厂区参加的会议，要求他们依据去年的核查和直接通行率数据确定各自的具体目标。如果某个部门的产品质量已经高出了去年平均水平的 10%，为了更好、更准确地实现下一年 10% 的整体目标，则需要从某个部门减去 10%。当无法确定需要在哪个部门减少 10% 时，就采用抓阄的办法。工厂目标分解后的结果如表 15-1 所示。需要指出的是，为了将工厂整体的直接通行率提高到 93%，各个部门的直接通行率应该高于 93%，以便综合后能够达到整体目标。

表 15-1　工厂对方针管理质量目标的分解

事项	总体目标	车身焊接	喷漆	塑料	动力系统	佩饰	部件(QE)	其他
核查（检查出的瑕疵数/辆）	0.9	0.2	0.15	0.1	0.1	0.2	0.1	0.05
直接通行率（指在生产中直接通过所有生产流程，不存在离线维修的情况的汽车占汽车总量的比例）	93%	99%	98.5%	99.5%	99.5%	98%	99%	99.5%

会后，组装部门（及其他所有部门）就可以把 2006 年具体的方针目标带回自己的厂区了，并在部门经理的协助下规划改进程序以帮助实现这些目标。由于组装生产线的工作发生变化，并且需要对员工进行车型转化培训，所以组装部门决定在流程诊断和 FMDS 两个方面做出改进以实现方针管理的质量目标。

流程诊断是日本丰田汽车公司发明的系统，TMMK 对其进行了进一步的改良。设计这一程序是为了通过简化汽车操作员工的工作，来改进流程的安全和质量。FMDS 是关注标准、可视化控制及解决问题的现场能力育成系统。组装部门的管理团队认为，通过这两个程序可以实现质量目标。他们开会讨论下一年实施这两种程序的最佳方式。在会议上，部门经理建议总经理在组装流水线上树立一个将流程诊断和 FMDS 融合到一起的典型。这样就为其他团队提供了一个在车型转化中实施改进活动的样板。车型转化和示范流水线上的问题都解决之后，其他团队就可以按照示范流水线的做法实施改进。最后，总经理同意将第二组装厂流水线的一部分作为示范流水线。

第五步：将方针传达到每家工厂

组装经理在此阶段就可以回到厂区实施具体的方针计划了。经理会召集经理助理完善计划的各项细节。

第一个需要规划的就是流程诊断系统。流程诊断系统的理念是：生产线上的团队成员就像外科医生，重点在于简化其工作，准确满足其需求，并尽量减少其身体和脑力上的压力。很多方面都可以做出改进，比如，光线亮度、温度、噪声、标准化和封闭式培训、回到流动料架的数量、制造每辆车所需要做出的决策数量。

丰田为上述因素设定了相应的目标和分数，最后会根据这些因素对所有的流程做出客观的整体评价。系统分别用分数和 3 种颜色来表示评价结果，绿色表示该流程在 90 分以上（代表良好）、黄色表示分数在 70～90（代表一般）、红色表示 70 分以下（代表差），如果流程中的各项因素都达到了最高水平，就会得到满分 100 分。表 15-2 是客观评价的一个例子。

表 15-2 流程诊断的虚拟例子

事项	标准和分数系统	第 3 项工作改进前的分数	第 3 项工作改进后的分数
标准化工作	最近的和后续的 =5	0	5
人体工程等级	红 =0，黄 =1.5，绿 =3 每人 4 项工作 =4	1.5	3
轮岗	2～3 项工作 =2 小于等于 1 项工作 =0	2	4
照明	大于 380 勒克斯① =1	0	1
噪音	小于 79 分贝 =1	1	1
温度	在 65 到 80 度之间 =1	0	1
合计②		4.5	15

① 勒克斯（符号是：lx），照明单位。用于光度的测定，主要衡量光线的密度，依据照明函数对波长进行加权，得到关于人的亮度感觉的一个标准化的模型。
② 这里总分数加起来不是 100，因为这只是整个流程诊断分类的一部分。

丰田模式的原则之一是正确的流程带来正确的结果。另外丰田文化的一个基本假设是要强烈相信以事实为基础的科学方法。通过诊断所得到的客观评价分数可以用来衡量工作及工作站的设计效果。我们可以做一个设定，假设各个流程是自变量，而由这些流程所产生的结果为因变量，那么解决问题的员工通过改进这些自变量来影响自变量。在这种情况下，组装团队假定（样本和结果已在日本得到了验证）提高流程的诊断分数就可以改进质量（还有安全、成本和生产效率）。

有了这种客观、可衡量的程序，经理就可以设定跨部门的流程目标来实现总经理所设定的流程诊断和 FMDS 目标。他们首先需要汇总当前形势的相关数据，然后设定 2006 年的改进目标。他们决定将组装部门所有流程的诊断分数提高到一般水平（黄色），其中示范生产线所有流程的诊断分数都要达到良好水平（绿色），并且决定在所有厂区都完成 FDMS 的第一阶段，其中示范生产线需要完成 FDMS 的前三个阶段。

有了这些信息，就可以将 KPI 目标、流程目标及负责人纳入到方针管理表中。在第 8 章强调了团队合作的重要性，但在丰田，团队合作与个人责任是并行的。参与解决问题的员工很多，需要指定一个领导。因为如果在完成任务的过程中没有负责任的领导，再好的团队也会出现问题。接下来，列出完成年度流程改进指标以及方针核查的时间表。每当发生改进时，团队都要衡量一下该改进对整体直接通行指标的贡献。最后，工厂的目标就是要积极影响零召回率、获得 J. D. 鲍尔新车质量调查一等奖、保修索赔降低 60% 等全球目标的实现。

第六步：将计划传达到团队领导层

这些计划的草案制定好之后，为了征询意见，经理们会与团队领导会面。第二组装厂经理利用星期六在当地的一个宾馆召开了各个轮班经理助理和团队领导参加的会议。会议需要讨论方针中的所有事项（安全、质量等），经理还要把丰田汽车公司逐级传达方针目标的过程告诉大家。为了促进改进活动的实施，还需要针对每个方针分类成立一个由两个经理助理和六个团队成员组成的委员会。

例如，通过组建质量委员会来支持流程诊断和 FMDS 等方针活动。他们的第一个任务就是确保每个团队领导都能将关键绩效指标落实到其团队，甚至小组及团队成员。为了保证关键绩效指标能够细分到小组，还需要为每个团队设定新的质量目标。把一般性目标转化成一系列通俗易懂的目标是 FMDS 系统的一部分。质量委员会的任务还包括向每个团队两个轮班中的所有员工解释核查及直接通行率目标，从而努力实现这些目标。例如，如果组装部门的直接通行率为 98%，那么瑕疵率为 2%，这意味着每个轮班所制造的 500 辆汽车中存在 10 处瑕疵，即 13 个团队在每个轮班中所出现的需要下线维修的瑕疵数为 10。这就意味着有的团队每个轮班所所出现的需要下线维修的瑕疵数不能超过 1 处。于是，团队领导需要通过抓阄决定每个团队被允许的瑕疵数。如果每个轮班检查 5 辆车，每辆车的瑕疵数不超过 0.2，事情就更复杂了。两个轮班中的每个轮班每月都要工作近 20 天，这就意味着，每月要从每个轮班中抽查 100 辆汽车，每个轮班的 13 个团队在一个月内所出现的瑕疵不得超过 20 处或者每天不得超过 1 处。团队领导需要再次抓阄取得一致。

表 15-3 展示了如何根据团队规模和过去的瑕疵数将每月允许的瑕疵数分解并在各团队之间进行分配。让整个团队都清楚自己的目标是每天的瑕疵数不能超过 1 处，每月检查出的瑕疵数不能超过 2 处，这种效果要比告诉他们组装部门的瑕疵率目标是 0.2、直接通行率目标是 98% 更有意义。

表 15-3　把质量关键绩效指标分解到组装厂的每个团队

团队/小组	每月检查出的瑕疵数	每个轮班直接通行/离线维修的瑕疵数
配饰 1	2	1
配饰 2	4	2
配饰 3	2	1
配饰 4	2	1
底盘 1	1	0.5
底盘 2	0.66	0.33
底盘 3	0.66	0.33
底盘 4	0.66	0.33
引擎 1	1	0.5
整车 1	2	1
整车 2	2	1
整车 3	2	1
组装 2 厂合计	20	10

第七步：把方针目标下达到现场的团队成员

到这一步时，团队领导已获取了所需的足够信息，可以与自己的团队开会共享关键绩效指标和流程目标，并制定各自团队的计划以支持方针管理。比如说，第二配饰生产线的团队领导就可以召开团队会议确定自己的计划。在这一阶段实现关键绩效指标及流程目标时，没有那么多需要抓阄的情况，但有大量的关于信任、参与以及团队对如何实现这两者目标所作的讨论。第二配饰生产线在改进过程中，需要逐个小组提高流程的诊断分数，因此需要各小组实施改进的先后顺序。配饰团队决定，按照第 2、3、4 和 1 组这样的顺次进行改进。因为大多数问题都出现在第 2 和第 3 小组，而且这两组的团队成员条件很好，能够立即支持持续改善活动。

团队从各个小组中挑选出 4 名志愿者组成 FMDS 委员会，负责建立团队的可视化信息板。团队和小组领导要把所有这些记录在方针计划表中，然后将其贴在团队活动区域，为每个负责人分配一项任务。

15.4　PDCA 阶段

完成了方针管理的计划阶段之后，就可以向程序的执行阶段进发。为了便于理解，可以将方针管理视为分解到公司各个层面的 PDCA 循环（见图 15-8）。更为复杂的是从公司到工作组的分解过程中存在一组包含嵌套 PDCA 循环的同心循环过程。这种情况下的 PDCA 分别为：

计划——标准化、更新换代、年度确认、中长期计划（由高层管理人员和所有员工一起制定）。

执行——执行计划日程表（日常管理）。

检查——回顾过程和结果（年中及年末）。

处理——工作的标准化。

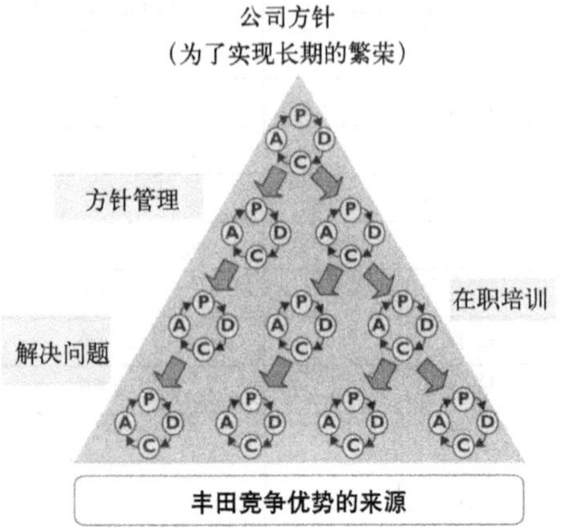

接下来第二配饰生产线要致力于方针管理的实施。2006 年，该生产线流程诊断或流程简化的执行事项包括：

图 15-8 方针管理是组织自上而下的 PDCA 循环

资料来源：丰田汽车公司 / 丰田学院关于方针管理和丰田管理的演讲。

- 在工作过程中增加 3 个手推车，将团队成员返回流动料架的频率减为每 2 小时一次。
- 除了与零件处理团队合作外，在流水线上添加"零件工具箱"，这样 8 个流程的附件就可以按顺序离线并被有序地带到车上。如此一来就缩短了所有流程与流动料架之间的距离，也将制造每辆车所需要做出的决定降低到 3 个以下。
- 为了达到光线和温度标准，增加照明和通风。
- 用新型改进的工作推车替换目前的 4 辆推车，新推车自动化程度很高，减少了团队成员把车或推车时所需要的体力。

与此同时，该团队也完成了 FMDS 的前两个阶段。第一个阶段包括为团队中的每个小组以及团队成员制定清晰的质量目标。第二阶段包括标准化和 5S 系统，在该阶段，团队成员在 3 个月内每月拿出一个星期六建立起团队所有的 5S 系统。他们建立了展示每日、每周以及每月 5S 责任的巨大控制板，为每个团队成员制作了照片卡。他们还为每项任务和每个团队成员制作了轮岗时间表，每个团队成员完成工作后都要将其照片移到控制板中标志着"完成"的那一侧，以显示自己每天、每周及每月所完成的任务。由于建立了个人负责制以及可以随时查看工作完成状态的可视化控制系统，整个系统的5S都得到了极大提高。不同级别的管理人员都过来察看其5S的状况并维护5S系统。经过细微调整后，6月末他们终于获得了邀请总裁来视察的资格并通过了认证。为此，团队领导在午餐时间请大家吃比萨以示庆祝。

同时，公司的管理层已经在TMMK的第一工厂建立了可视化控制板，以便于全厂都为实现质量方针而努力。他们还设立了两个专栏，一个展示全厂的内部管理（安全、质量、生产率、成本及人力资源等），另一个专门展示外部的质量反馈信息。质量部门负责组织外部质量会议，并利用外部质量信息专栏张贴J. D. 鲍尔信息以及TMS的维修索赔。他们把消费者的即时反馈信息直接传达给相关的流程。如此一来，随之进行的问题解决就获得了支持，提出对策并解决问题之后，可以将相关事项从专栏中删除。

有了可视化的内部控制板，就可以直观地了解整个TMMK工厂在5个管理领域的状况。每天所有为了流程改进而执行的事项及其结果都会通过控制板展示出来。每天早晨8:40。管理层都要到流水线旁的工作现场召开20分钟的会议，那里没有椅子，只有一个用来控制会议时间的大计时器。该会议并不解决问题，其作用是让管理人员快速地核查一下各个方针事项，以确定问题的主次及来源。此后，就要组建解决问题小组去查看问题、解决问题。该小组每天都要在管理层会议上作反馈报告。工厂将那些比较棘手而又反复出现的问题放在首位，并且总裁和副总裁也会加入解决问题小组，集合必需的资源解决问题。

例如，汽车的遮阳板和顶棚所存在的问题是反复困扰第二配饰生产线的两个主要问题，它们一直列在管理层的FMDS控制板上。解决这两大问题会使质量有很大改观。但是，这两个问题都与生产流程及供应商的工程师有关，如果没有管理层的关注，配饰生产线自己无法解决。于是，管理层出面并帮助解决了问题，这不仅鼓舞了士气还赢得了团队成员的信任。

第二配饰生产线每天都对产品的质量状况进行跟踪，另外还安排经理助理负责跟踪每周的方针管理事项。团队所实施的所有活动及其结果都要汇总到经理的月度报告中，并送交高级管理层审阅。正式的季度核查由总经理负责，半年核查则由总裁在每年的10月末实施。图15-9展示了核查方针管理实施过程和实施结果的日程安排。

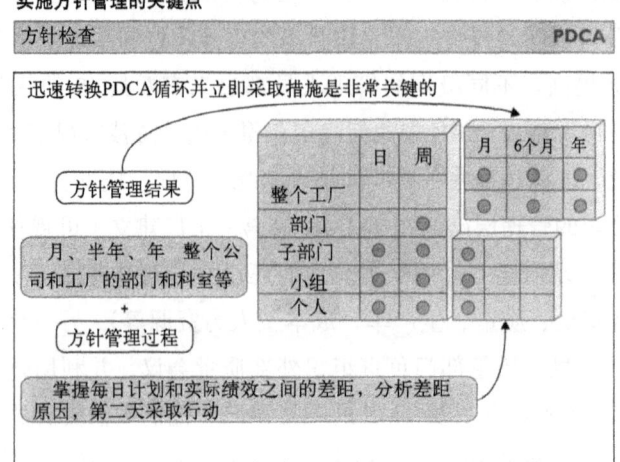

图 15-9 核查方针管理实施过程和实施结果的日程安排

资料来源：丰田汽车公司/丰田学院关于方针管理和丰田管理的演讲。

为了实现下半年的 FDMS，组装厂与第二配饰生产线更新了实施 FMDS 第 III 阶段和第 IV 阶段的计划。组装厂的管理团队还设立了一个用于显示所有方针事项和管理指标的部门控制板。出于同样的目的，第二配饰生产线及其团队成员委员会也设立了团队控制板。他们先依照工厂设立控制板的标准和分类设立了团队控制板，然后根据具体情况和活动对每个管理分类进行了量身改造。委员会想出了一个主意，在控制板上用大大的 ×、〇 及 △ 形象地显示需要注意的事项。

控制板上的分类包括：

关键绩效指标——每个管理分类都附有关键绩效指标。质量的主要关键绩效指标需要与 TMMK 方针中的核查和直接通行率两个关键绩效指标匹配。

辅助性关键绩效指标——影响主要关键绩效指标的指标。对于质量，第二配饰生产线设置了两个内部检查指标，即"配饰检查"和"最终检查"。该检查是在生产线上进行的，以便及时发现瑕疵并修补。

日常活动——为了确保问题的解决，需要每天跟踪的事项。第二配饰生产线设计了一个简易的问题解决表，列明了需要解决的问题、原因、应对措施、负责人以及解决结果等。第二配饰生产线每天都检查流程，甚至用红、黄、绿 3 种颜色的磁铁在铁板上快速显示需要特别关注的事项。这是一种快速解决问题的方式，一般不需要 A3 报告和外部协助。

流程关键绩效指标——为了确保关键绩效指标的实现所实施的活动的结果。第二配饰生产线选择给流程诊断方针指标标上红、黄、绿等颜色作为流程的第一个关键绩效指标。

流程控制核查——确保团队正确完成工作的日常检查活动。第二配饰生产线创立了一种标准化工作审核。小组领导每天都要对每个职位的工作进行检查，以确保团队成员得到适当的培训，并遵循每个流程的关键点，按照标准化工作的步骤操作。

主题活动——有针对性的或长期的解决问题的活动。对于那些反复出现、在团队的"日常活动"中又解决不了的问题，需要着手制定 A3 报告，并到工程、维修、零件供应等部门寻求帮助。

图 15-10 和图 15-11 展示的是团队控制板的例子。图 15-10 是区域的全貌，包含 5 种管理分类，图 15-11 则是质量区域的一个特写。

图 15-10　现场能力育成系统的团队控制板

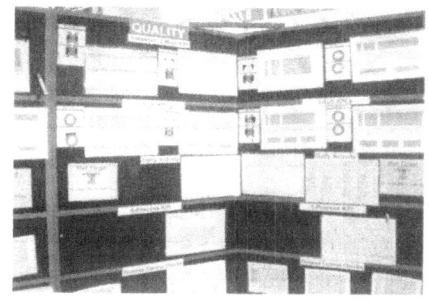

图 15-11　现场能力育成系统团队控制板的质量区

3 个级别的管理人员（高级管理层、工厂经理和团队领导）都要定期到 FMDS 可视化控制板前开会，下达方针目标，并帮助解决工作层棘手的问题。第二配饰生产线每天下午都要在 FMDS 板前召开会议，突出需要帮助的问题，并将问题分配给各小组解决。

FMDS 系统还在年终方针核查中发挥了意想不到的作用，由于该系统的存在，年末总裁可以直接到工厂的控制板处对现场进行检查。对于组装厂来说，他们还要亲自去第二配饰生产线，了解由流程诊断和简化系统带来的改进，同时还要抽查 FMDS 系统解决问题的例子。

在年末的方针总结大会上，要制订 2007 年的方针计划。在过去的一年里，组装厂的管理团队在示范流水线上取得了成功，所以下一年的工作焦点就是在全部门范围内推广流程简化和 FMDS 系统。现在他们可以为明年制定更富挑战性的质量目标，进行新一轮的丰田方针管理循环。

公司的高级管理层可以看到，由于内部目标的实现，保修索赔呈现出逐渐降低的喜人趋势。到 2007 年中期，他们就已经步入了实现 2010 年保修索赔目标的轨道。J. D. 鲍尔新车质量调查奖还未公布，但目前保修索赔方面的反馈信息足以证明他们正沿着预定的方向前进。

15.5　丰田的方针管理

方针管理是很多日本公司采用的一种战略性规划程序。与其他程序一样，丰田也对这个程序进行了改造，使之与丰田模式的做事方式相适应。很多人听到这个程序时的评价是，它听起来就像是目标管理。但事实并非如此。表 15-4 对这两种方法进行了比较，显示了二者在理念和程序上所存在的差异。

表 15-4　目标管理与方针管理在理念和程序上的比较

目标管理	方针管理
以结果为导向的评价	既关注结果也关注过程
自上而下传达指令	自上而下设置方针，自下而上传递信息及方法
命令式	参与式
主要以职权为导向	主要以职责为导向
线性图——为达到目标进行一次性的努力（没有反馈，没有第二次机会，每次从零做起）	螺旋式或循环式实现目标（增加了反馈循环，为改进留有空间）

资料来源：丰田汽车公司／丰田学院关于方针管理和丰田管理的演讲。

两种方法之间的差别体现了自上而下的西方管理方式与丰田的差异。在目标管理的实践中，主要由高层管理人员构想出自己所希望的具体结果（成本、质量，还可能包括安全等方面），然后以年终奖激励自己的下属去实现这些目标。于是，副总裁制定并展开计划以实现目标。如此一来，目标设定程序基本上无法进一步向下传递，最多只能传递到工厂的经理层，由他们完成质量、工程、安全等方面的目标。高层管理人员只关注目标，而很少关心过程。这些年度计划基本上不可能在车间层面做出。

丰田的方针管理体现了尊重员工以及持续改善的价值观，它将整个组织的力量紧紧凝聚在公司目标的实现上。丰田所采用的程序使得各层次的员工都参与进来，挑战并促进员工的成长。在丰田看来，员工的成长和学习与实现目标同样重要。

PDCA 循环与丰田文化构成了一个整体，成为方针管理的推动力。当下属从上司那里获知目标后，可以对目标在工作层的实施加以自己的一些影响。所有的员工都能积极参与到自己所在工作层面的 PDCA 循环中，他们可以通过报告将自己的改进反馈给上级，或者直接反馈给现场的高层管理人员。

15.6　关于方针管理的问题及解答

本章描述了方针管理及 FMDS 程序是如何以日常活动为基础将价值观、经营需求以及团队成员的发展联系到一起的，快速浏览了它的运行方式。但是，仅仅通过一年期方针管理程序的介绍，根本无法详尽说明方针管理是如何通过计划、执行及检查等程序来成功实现年度目标的。

由于方针管理是一个很宽广的、综合的论题，用一整本书都很难将其解释清楚，更别说一个章节了。以下内容，是在解释方针管理时经常被问及的问题以及我们的解答。

问：高级管理层如何处理一般方针和具体方针的关系？

答：就像示例中所展示那样，在结果方面（比如获得 J. D. 鲍尔新车质量调查奖等）高级管理层所做的方针管理都有一定的普遍性。但在程序方面几乎不存在这样的普遍性，尽管有时一般的程序型方针目标也会被传达下去。例如，张富士夫先生担任丰田的总裁后，其方针目标就是将丰田模式推广到全球。

问：如果是自上而下式的，那如何感觉到自下而上呢？在车间现场层面进行抓阄有多少灵活性呢？

答：在结果目标方面，工作现场中通常不会有太多的抓阄。给出的例子也表明，抓阄主要在总经理、经理及跨职能部门等层面进行。工作现场的抓阄主要用来决定由谁来做以及怎么做等。其中让哪个小组先做，让谁去参加委员会，以及怎么实现目标等都包括在内。

问：方针管理是如何与正在展开的质量、成本、配送、安全以及士气等指标相联系的？方针管理是另外加到这些指标上去的，还是每个指标都有一个方针管理？

答：每个指标都有各自的方针管理，这5个管理领域是方针管理的核心，与一些特殊的主题如前面提到的质量方针等构成了方针管理的整体。丰田的管理人员提醒美国的管理团队，方针事项不要太多，如果超过5个通常就要放弃一些。但有时也会增加一些其他的关注点。最近，环境指标也成为方针管理的关键绩效指标之一。

问：为了进行方针管理需要收集多少数据，提供多少报告？这些数据和报告都是用计算机处理的吗？

答：在问题解决和方针管理过程中，需要收集很多的数据，撰写大量的报告。丰田仍致力于寻求数据的手工化处理和计算机化处理之间的平衡。外人在参观丰田时，通常的反应是，"他们的数据比想象的要少。我们有成吨的数据存放在电脑里，而丰田只有一些手写的关于关键事项的数据。"日本人认为，只有首先学会用手完成一件事后，才会用计算机来完成这件事。如果你对自己的测量对象，测量原因以及测量方式等有充分的理解，就可以使用计算机提高效率，但不要丧失可视化。

问：真的尝试过将底层所完成的所有事项都定量地汇总给丰田汽车公司总裁看吗？会不会只是定性地描述？比如，只是说我们做了这件事或那件事等。

答：只在工厂级别上（比如TMMK的总裁等），方针的汇总才包括一切。当汇总到丰田汽车公司的总裁级别时，就只需要报告主要的关键绩效指标以及一些大致程序的概要等（要尽量做到定量化），比如说给出工厂级流程诊断程序的总结。通常，丰田汽车公司的总裁每年都要进行一次现场参观。丰田汽车公司的总裁要到现场去视察流程的改进情况，例如，到TMMK参观时，就有可能参观第二配饰生产线，以查看2006年内所做的所有改进。TMMK要向参观人员介绍"我们做出了这些改进（流程），获得了这些结果，因此我们将……（标准化、改善，以及进行下一个改进等）"

问：现在很多公司都会采用一种标准方式把关键绩效指标张贴在工厂或办公室内展示给大家。可否认为，他们有了这些关键绩效指标就能建立起方针管理了呢？丰田所采取的方式有什么不同？

答：简单的回答是"不能"。因为那样只是在进行可视化展示，而没有进行可视化管理。为展览建立一个漂亮的展示区相对容易些。真正富有挑战性的是要让那些展示以"推动前进"为宗旨。很多参观丰田的人都坦率地承认丰田方式的不同之处。经常听到的评价是："现在我知道丰田的展示正实际推动着日常活动。"这正是不同之所在。丰田会建议，如果不能推动日常活动，就不要进行展示了。

问：实施六西格玛项目的公司往往对评价很在行。事实上，有时有这种说法就是，评价是精益项目的弱项，应该由六西格玛来弥补。那么，如果不实施六西格玛项目的话，丰田如何评价所有的指标呢？

答：丰田对评价所持的理念是，只评价即将使用的事项。这是一种准时制生产思维。如果一个流程很重要，那么就需要使用统计过程控制，但并不是每个流程都有此需要。FMDS 系统的理念是"让我们少做点评价"，找出那些影响结果的关键流程和控制事项。借用一下减肥的逻辑，即多称几次并不会影响减肥的效果。

15.7 不要草率地进行方针管理

我们从几家公司那里得到的反馈报告说，他们已经尝试过方针管理，但发现很难取得成功。当询问其原因时，多数公司都会把文化当成罪魁祸首，并做出如下评价。

- 我们无法将所有的方针归纳到一张纸上。
- 工作层的员工根本不关心目标的设定，他们只想完成自己的工作后回家。
- 我们的领导不关心过程，只想看到结果。
- 我们没有那么多时间将方针传达到各个层面。

这就是我们选择将方针管理放在模型末尾的原因，尽管它是计划和实施程序的起点。事实上，如果没有前几章所提到的基础，就不会存在滋生方针管理的文化。在第 14 章，我们建议在改进奖励系统时不要操之过急。实施方针管理也是如此，在实施方针管理之前，需要考虑很多策略。如果没有一些基础性的铺垫，比如可视化管理、员工解决问题的技能、强大的团队领导系统、安全的环境、共赢的理念以及最重要的相互信任等，方针管理就无法在工作层顺利实施。尽管我们曾经批评过自上而下式的目标管理系统，但在上述文化扎根于组织之前，我们更倾向于建议企业采用自上而下式的目标设定程序。在早期，高级管理人员可以通过抓阄的方式在该级管理层设定方针目标。随着文化日趋成熟，可以将该系统向下传达到整个组织。

小结	你的公司应该考虑的关键点

  1. 配置中期及长期计划系统，将公司使命、愿景和价值观与实现经营目标所需的日常活动联系在一起。

  2. 要采用既能自上而下也能自下而上传递的程序，配置沟通系统以获得各层次的投入和信任。

  3. 计划系统既要横向展开又要纵向深入，还要具备协调功能，在简化方面起到带头作用。

  4. 计划系统既要关注过程也要关注结果。

  5. 在组织内设置可视化管理展示区，供各级管理人员和团队成员跟踪关键绩效指标和程序结果。

  6. 计划系统和可视化管理系统的焦点要以问题解决和团队成员的成长为中心。

本篇总结

有些管理专家将组织支持程序称为正式组织，需要列入公司的方针手册。但丰田所做的远不止于此。为了确保创建一个安全公平的工作环境，丰田已经正式安排人力资源部门提供相关支持。

在丰田，人力资源部门真正起到了促进发展的作用。即使是在人造物品的层面上，丰田人力资源部门所做的工作也与他人不同（见图IV-1）。从员工数据可以看到，丰田的员工留存率相当高，几乎没有临时辞退过员工，旷工率也很低。如果你看得更深入一点，就会发现有很多支持员工关系稳定的技术解决方案，以及用于计划全职员工和临时员工数目的详尽模型。与丰田其他的部门一样，人力资源部门积极地参与到问题解决和可视化管理中，因此在会议室里都有关于这两者的标语。观察一下人力资源代表，你会发现与其他公司不同，人力资源代表在工作现场的时间要比在办公室的时间长。你可能会忽视的一点是丰田精心设计的奖励系统。很多精心设计了绩效管理系统的公司会用一系列的公式来计算奖金，需要用很高的智商来理解，远比丰田的奖励系统复杂得多。丰田内的提升很缓慢，员工的奖金计算也很简单，主要与公司的绩效有关。尽管没有以绩效为基础的复杂的支付系统，你会发现丰田员工从高级管理层接到富有挑战性的目标后，仍会竭尽全力去予以实现。

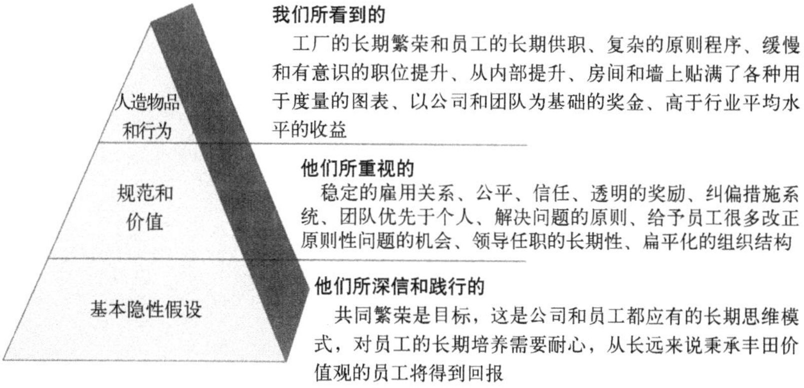

人造物品和行为
我们所看到的
工厂的长期繁荣和员工的长期供职、复杂的原则程序、缓慢和有意识的职位提升、从内部提升、房间和墙上贴满了各种用于度量的图表、以公司和团队为基础的奖金、高于行业平均水平的收益

规范和价值
他们所重视的
稳定的雇用关系、公平、信任、透明的奖励、纠偏措施系统、团队优先于个人、解决问题的原则、给予员工很多改正原则性问题的机会、领导任职的长期性、扁平化的组织结构

基本隐性假设
他们所深信和践行的
共同繁荣是目标，这是公司和员工都应有的长期思维模式，对员工的长期培养需要耐心，从长远来说秉承丰田价值观的员工将得到回报

图IV-1　组织支持程序的文化分析

如果问丰田的领导重视什么，坦白地说，你可能认为他们的答案会是十全十美的。他们认为应该公平地对待员工，在工作中，让员工在身体和心理上有安全感。要向员工保证公司会依据正当的程序严肃地对待他们所遇到的

任何困难。丰田的领导认为联系公司和员工之间的纽带是信任而非短期奖励系统。

如果研究一下领导的行为及其秉承的信念，久而久之你会发现他们的表现与其所提到的价值观十分一致。他们真正相信长期共同繁荣是公司的目标，员工愿意去相信公司，愿意与其长期合作。他们还认为，信任才是合作关系的基础，正式、具体的奖励反而不那么重要。

第五篇

向丰田学习精益文化的发展

> 一个人只有取得成功才能完成其在世上的使命。我渴望成功,就像求偶成功后被配偶咬死的雄性黑寡妇蜘蛛那样。我不喜欢活在过去,喜欢在前方目标的引领下不断前进。
>
> ——剧作家,乔治·萧伯纳

世界上有如此多的企业都梦寐以求成为精益企业，那么为了实现梦想，他们应该向丰田学习什么呢？我们认为需要学的东西真的是很多，但我们也认为试图模仿丰田文化是不可能获得成功，甚至是不可取的。

《丰田模式》出版后不久，杰弗瑞·莱克和密歇根大学的一些协会就开始组织年度精益大会，并就大会主题等相关事宜与丰田联系，欲将大会的主题确定为"学习丰田模式"。经过长时间的仔细研究，丰田的外事主管婉言拒绝了邀请。丰田为什么会拒绝邀请呢？因为在研究过程中，丰田一直疑问的是：其他企业是否能真正理解丰田模式？而且其他企业有没有必要模仿丰田文化？仔细研究后，丰田得出了最后的结论，即每个企业应该去寻找适合自己的经营模式。这是丰田主管深思熟虑后所得出的结论，是这些高管人员深刻洞察力的充分体现。在会议的名称被更改为"发展精益文化"后，丰田的一些发言人参加了该会。

一方面，我们认为，丰田文化是历史事件与日本文化融合的产物，它至今仍在不断的演变中，是其他企业无法模仿的。任何模仿很可能都是肤浅的，无法深入学习丰田文化的价值观及其隐含的假设。

另一方面，我们也开始关注丰田在其他国家构建丰田模式文化时所采用的方法。我们发现，丰田实现全球化的过程也是丰田在各个国家再造新式丰田模式的过程。即便是在日本，丰田模式的内涵也在不断发生变化。本书从头到尾都在集中介绍美国的丰田公司，尤其是TMMK。因此，确切地说，我们所描述的内容与我们在日本所看到的并不完全相同，但不管怎样，丰田所秉持的核心价值观和原则并没有改变，而且正是这些核心价值观和原则才成就了丰田公司的独特。

作为本书的最后一部分，本章所面临的一个挑战性任务就是把学习丰田文化的方法介绍给读者。我们相信，人们确实会获得很多机会。但古田清（在第6章大量引用过）也许会说："我宁可把你们所谓的'机会'称之为'问题'。"他真的是一语中的。是机会还是问题都取决于你公司所要实现的目标。现状与标准之间的差距可称之为"问题"。如果你公司的现状与标准之间存在巨大差距就说明出了问题，说明需要付出努力和奋斗去改变现存文化，以帮助实现真正的高绩效。如果任何问题都不存在，你就把本书当作一本介绍公司的趣味书吧。

我们认为，问题不但存在，而且还很多。

- 公司聚集了大量的资源，本应为多数人谋福祉。但他们却没有真正发挥自己的经营潜能，没有对人类进步尽到应尽的责任。
- 组织期望通过实施精益和六西格玛项目变得更好、更有效，但是除非这些组织能够变革文化，使之与其所追求的技术及绩效改革相适应，否则将会头破血流。
- 世界各地的绝大多数人正在将其有效工作时间耗费在官僚组织中，很不体面地浪费着自己作为人所具备的潜能。

据马斯洛记载，在古代，人们就开始为生存、为获得足够的食物以及栖身之所而奋斗不息。可时至今日，饥饿和贫穷并未杜绝，而彼此之间相互残杀的方式却越来越复杂。因此，我们可能并未做好向更高级别进化的准备，还无法创建一种互相合作因而也更有效的学习型组织。马斯洛说，只有满足了低层次的生理和社会需求，人们才能做到真正的自我实现。目前，我们在满足这些需求时，确实困难重重，但我们仍可以对一个崭新的时代满怀憧憬。那时，全社会将作为一个整体，一起为最大限度地利用地球上的资源和时间而共同努力，这样憧憬难道不合理吗？我们承认这种构想很宏伟，但透过丰田，我们隐约看到了未来组织的蓝本。

《改变世界的机器》一书创造了"精益生产"这个词，指的是下一代制造企业将会对粗放生产有一个大的突破。丰田一直致力于"用更少的消耗，创造更多的产品"，并且还在持续性的改进中。因此，丰田的宗旨就是，在将原材料加工成成品的过程中，每个生产步骤都要创造价值，以实现用较少的资源为消费者和社会创造更多产品的目标。这是一个崇高的理想，或许是在吹牛。在《丰田文化》中，介绍了一种组建公司的新模式，该模式将对人类的合作方式产生深刻的影响。但它并不是什么深奥的东西，而且正在世界各国发挥着作用。使用这种方法的都是些操着不同语言、具有不同文化背景的普通人。丰田并没有试图抹去各国文化，而是通过努力，让丰田员工像鱼儿一样游弋在丰田文化之中。

丰田本身是一个非凡的奇迹，教会其他企业学习该奇迹是一个非常崇高的目标，但我们必须谦虚地承认我们无法胜任这个重任。我们没有成功的秘方。经常有人问我们，在丰田之外有哪些优秀的日本公司成功地在各展示墙、各工厂以及各部门之间实现了精益改造，从而转变为学习型组织。对此，我们必须承认，我们也不知道哪家公司已经做到了这一点。我们只知道一些好的企业，曾经向丰田学习并取得了巨大的进步，而且至今还没显示出要放弃的迹象。我们曾经亲历了一些企业的改造，这些公司通过精益项目和员工的积极参与，在局部区域实现了明显改观———一种触及文化的转变。我们也参与了其他一些公司的精益改造，他们尝到一点成功的甜头就声称自己取得了胜利，但改进根本没有真正涉及管理文化。可以断言，无论他们从改造中获得了什么都不会维持长久。

我们在本书的末尾才开始介绍这个雄心勃勃的事业看起来有点太拐弯抹角了。因为我们不想从一开始就突兀地告诉其他企业该怎么做，而想更多地从丰田自身着手。在第 16 章，我们将离开制造业，把目光转移到美国丰田汽车销售公司。丰田汽车销售公司的总部位于加利福尼亚州阳光明媚的托伦斯，是丰田在北美建立最早的一个机构，刚在 2007 年举办了 50 年庆典。该组织的一些部门无论从内部的工作认知环境，还是从外部那些直接与消费者接触的广阔的经销商网络来看，都比较深入地采用了丰田模式。我们认为丰田汽车销售公司之行可以让我们学到很多东西。在第 17 章中，我们将以举例的方式继续对丰田汽车销售公司进行深入探讨。这一次我们要来看一看，对优秀人才的投资是如何从凌志和赛恩品牌的创新中获得回报的。最后在 18 章中，我们要反思我们与其他组织的合作经历，总结我们从丰田所获得的启发，为其他人思考文化改革提出建议。

第16章 Toyota Culture

在丰田汽车销售公司提升丰田文化

> 从汽车销售中所获得的利益应首先归属于消费者,其次是经销商,最后才是制造商。这是赢得消费者和经销商信任的最好方式,而这种信任最终会使制造商本身不断地成长。
>
> ——丰田汽车销售公司第一任总裁,神谷正太郎

16.1 经历50年风雨的丰田汽车销售公司

丰田汽车销售公司(TMS)成立于1957年,是丰田为了销售进口的丰田皇冠而在美国最早建立的一家公司,时值2007年迎来了50华诞,并举行了隆重的庆典。从时间角度来看,丰田模式几乎早就应该深深地扎根于TMS了。在张富士夫将尊重员工和持续改善写进2001年的文件之前,尊重员工以及持续改善这两大支柱就早已成为丰田汽车销售公司的一部分。我们与一位丰田经销商(也是底特律三大巨头之一)的谈话,可以作为丰田在实践中尊重员工的一个实例。我们让他比较一下自己的客户,他说:

简直是天壤之别。每当底特律三大汽车巨头的代表上门时,我就感到无比的压力,因为他们会让你购买更多你没有能力卖出去的汽车和卡车。他们就像来逼债的高利贷放贷者一样,威胁着要掐断你的脖子。而丰田的代表来我这儿时,会询问我需要哪些帮助,还会带来令人吃惊的当地市场信息,看一下(他拿出一厚沓文件,记载的全是与当地汽车市场、竞争及人口统计学相关的数据)这些资料,丰田每月都会提供。我还参加了丰田组织培训课程,

学习利用丰田模式进行销售，还在笔记本里记了很多材料。可以说，丰田是一个非常卓越的公司，它非常希望我能获得成功，还会提供一些力所能及的帮助。

如果在 TMS 转一圈，你就会发现在丰田任何地方都能看到的团队合作、协作、活力、创造性思维以及保持高效的意识等。在很多讨论中，商业决策与价值观之间的平衡是主要话题之一。某个决策对经销商来说意味着什么？对消费者来说呢？对于丰田的好市民形象又意味着什么呢？我们怎样才能赢得消费者的终身忠诚呢？答案就是，要让聪明的员工在丰田模式价值观的引导下积极投身于丰田公司。

在某些方面，美国 TMS 对丰田模式的接受速度要比北美的制造工厂慢一些。因为对于生产制造来说，丰田生产方式是一个非常完善的系统。比如，准时制生产和制造质量等都是生产和物流部门遵循的标准化操作程序。解决问题程序也在日常生产中被广为传授和使用。而 TMS 的业务范围很广泛，并不仅限于生产制造，配件物流、制定市场策略、策划宣传活动、税务会计以及管理数千个独立的经销商等都是 TMS 的职责。当美国驻军（occupation forces）希望避免垄断时，日本的丰田汽车销售公司就从其他部门分离出来了。逐渐地，TMS 就演变成了一个具有不同管理文化的独立公司。虽然美国的丰田汽车销售公司最初由日本的主管设立，但是随着公司的快速增长，公司聘请了大量的美国经理和主管。因此，丰田模式在 TMS 的渗透程度没有丰田制造工厂那么深，接受丰田模式的速度也就没有制造厂那么快。

服务配件物流要通过仓库网络（TMS 的一部分）为经销商提供配件，因此服务配件物流遵循丰田生产方式的原则并不奇怪，并且其运作方法也非常明确。在为经销商提供配件并及时满足其需求方面（比如填充率），丰田通常都能稳居汽车业榜首。其中的原因就是，流动配送中心使用了丰田生产方式的所有原则。自《丰田模式 2001》出版以来，TMS 的其他部门也一直在研究丰田模式对自己的影响。事实上，张富士夫总裁出版的独立文件——《营销中的丰田模式 2001》就是为了给这个团队解释如何应用丰田模式。张富士夫在该文件中写道：

在过去的 50 年里，丰田的海外销售实现了稳步增长，这源于我们建立起来的强大销售网，以及在适应每个市场过程中谨慎的营销活动……在销售丰田汽车过程中所积累起来的经验和专业知识已经被系统地纳入了《营销中的丰田模式》中。经销商、分销商以及TMC（丰田汽车制造公司）为将丰田模式应用于营销活动而做出的联合努力，使得我们能够成功地为消费者提供购买和拥有丰田汽车的美好体验。我们还需要为成为世界各个市场中最成功、最受人尊重的汽车公司而加倍努力。

美国的丰田汽车销售公司一直在努力诠释和践行丰田模式的精神。对于销售和营销理念来说，其基本模式与公司其他部门没有什么不同，都是尊重员工和持续改善，这一点并不奇怪。尊重员工这个支柱也已经深深地扎根于营销组织的文化中。与公司的其他部分一样，尊重员工对于TMS来说，也意味着要在满足消费者需求、培养员工以及尊重合作伙伴等方面的努力做到尽善尽美。正如在第7章所提到的，TMS在加利福尼亚的托伦斯所建造的绿色办公室就是其尊重员工的另一例证。但是将丰田模式引进到TMS与将其引进到一个从未见过丰田模式的非丰田公司又有所不同。TMS有数十年的经营经验，这些经验已经渗透到高级领导人员的血液中。例如，TMS总裁吉姆·伦兹仍然清晰地记着最初学习丰田模式的艰苦情形。

由于受日本母公司的影响，与我们的外部办事处相比，丰田基因在TMS总部更为普及。公司首先在总部传授丰田核心价值观，然后再由总部传遍到美国的各个地方机构。在过去的10年里，张富士夫先生在强化丰田基因方面发挥了至关重要的作用，他认为，正式的培训能够确保我们永不丧失丰田的核心价值观。

丰田模式内化于公司的核心精神，而不是简单的测试中。尽管我已经在这个公司工作了25年，也参加过正式的课堂培训，但从来不需要通过一些测试，比如某项正式的"丰田基因熟练程度测试"等。我敢断言，那些在丰田得到提升的人一定都是最能理解并能最大程度践行丰田模式的人。说实在的，我也无法找出一个合适的理由来解释为什么这些传统和价值观能够传承不断。也许，我们这些人以及我们的经营方式才是丰田基因始终强大的原因。

吉姆·伦兹很难解释清楚，因为他解释的是一种文化，而文化是很难解释清楚的——好像它本来就应该那样似的，不需要理由。凌志集团前副总裁兼总经理吉姆·法利也是通过实践，在他人的直接指导下学习丰田文化的营销主管之一。在陪同第二代凌志 LS 的首席工程师去拜见竞争对手的经销商时，他学到了丰田模式的精髓。

1989 年，我是凌志的第一位产品企划主管，那时我们已经成功地投产了最初的凌志 400，并在努力思考下一代产品的样式。为此，我获得了一次周游世界的机会，而与我同行的这个人，正是手下有 5000 多工程师为其效命的首席工程师。我们在路上就花了 3 个星期的时间，其间住的都是离经销商很近、远远称不上是高档的汽车旅馆，代步工具就是租来的汽车。我们要与销售人员谈话，要去拜访竞争品牌的经销商，与他们的销售人员、技术人员和工程人员谈话。我们利用收集来的所有信息设计下一代凌志。

为了多拜访一两家梅赛德斯-奔驰或凯迪拉克的经销商，我们起得很早。见到经销商后，所问的问题涉及各个方面——他们喜欢什么，不喜欢什么，对我们产品的印象如何等。如果他们必须销售我们的产品时该怎么办？看见技术人员拆卸汽车时，我们就会问哪点好，哪点不好？困扰他们的是什么？哪些应该做调整，哪些不应该做调整？当车轮失调时，该如何帮助消费者解决问题？等等。此次行程结束时，我们就很清楚自己应该做什么了。我猜想，在这过程中，最为关键的一点就是首席工程师认为销售和技术人员懂得要比他多，因而能够对他们示以足够的尊重，并愿意花时间来倾听他们的意见。

在美国建厂的早期阶段，很多人都有过一对一培训的独特经历，而培训他们的指导老师都是那些在日本丰田文化中成长起来的资深人士。后来情况发生了变化，没有足够多的日本指导老师可以到国外指导培训了，那么如何将这种理念有意识地、正式地植根于每个员工的思想就成为一种挑战。尊重员工的思维和行动方式是很难通过正式培训来获得的。所以，大量的培训也只集中在解决问题的方法上，这些方法可以用来支持持续改善。

毋庸置疑，TMS 不但是将精益思想扩展到过渡型和知识型工作环境的典范，更是许多服务型组织学习的对象。但是，就某种程度而言，TMS 的处境与那些正努力将精益思想引入组织的企业是比较相似的，因为一些基本工具、精益思想的概念以及正式的解决问题方法等也都是直到最近才引进到 TMS 的某些部门的。与此同时，一些经销商也才刚刚开始学习这些工具和概念。

本章将全面地概括 TMS 中的丰田文化。我们将拜访丰田学院，并深入探讨公司的税务团队是如何学习精益思想的。

16.2 在丰田学院传授精益思想

如何才能将精益概念应用到销售及营销这种交易型的流程中呢？丰田学院成立于1998年，它承担了传授、咨询和指导丰田生产方式、精益思想以及领导能力培训等任务，曾经为TMS讲授很多课程。TMS的员工必须通过学校学习来了解很多事情，比如有些丰田生产方式的基本工具都是在工厂中使用的，怎样才能将其改造以应用于销售环境等都是需要通过学校进行学习的。迈克·莫里森是丰田学院院长，早在《丰田模式2001》出版之前的几年里，他就开始研究丰田模式在营销环境中的应用了。

一个典型的工厂持续改善项目，通常只需花费你几天的时间，当然所带来的经济影响也不过是区区几百美元，但是通过持续改善文化，这种细微的改善足以带来巨大影响。我们在改进销售模式、开发新车型以及推广新的经销商项目时很少遇到这种"快攻"的机会。多数改善项目的周期都要持续3～6个月，其中的改善还要与更高级别的流程配合才能发挥作用。因此，我们必须转变方法。在给员工介绍改善项目时，我们要努力帮助他们理解：工厂在利用改善项目解决重大问题时所采用的方法与解决细小分散的问题所采用的方法是不同的。那些小问题都是内部问题，你可以看到并可以通过最优化的方法得到解决；大问题则不同，它们不在内部，可能需要花费几年的时间去解决。而且你可能永远都不知道自己所选择的解决方法到底是不是最优的，因为市场是变动不安的，即使当时你认为它是最佳做法，并不保证永远都是最优的。

在前面几章的学习中，我们已经习惯了高度集中大量适宜设备的工厂，但在丰田学院你别指望能看到一个从事制造业的丰田。恰恰相反，参观丰田学院你会感觉，它就像一个欣欣向荣的硅谷技术公司。丰田学院位于阳光明媚的南加利福尼亚，坐落在一幢建筑的高层里，周围是落地窗，能够观察到城市周围的极佳景致。决策者有意将这个地方设计成一个休假和放松的好地方，有供一小群人一起放松、配有一丛丛五彩缤纷座椅的凉亭，还设有艺术创作区，可供丰田管理人员像展现现代艺术作品那样展示自己的思想。

莫里森院长会与许多大学保持联系，并思考大量的创新问题，所谈的内容与制造业中的人也有些不同，用的都是"开放思维""肯定式探询"等词汇。

莫里森曾写了一本名为《名片的背面》的著作，集中介绍了人们应该如何发现自己的真正天赋和激情，并认为公司应该通过恰当的方式激发和利用员工所能提供的一切。这些听起来与精益所要求的标准化工作和严格的流程改进规则相距甚远。

你可能会认为丰田学院的这些做法太脱离实际，根本无法学习精益思想。但透过假象，你就能立即发现真正的丰田就蕴含其中。丰田学院所做的也正是我们所期待的，即深入挖掘问题的真正所在，因此并不十分深奥。过去几年，他们一直在寻找创造价值的最佳做法，还曾传授过基本的丰田生产方式和问题解决技能，但一些销售组织对此漠不关心，认为这与自己的业务没有关联。他们也曾尝试将培训外包给培训和咨询公司，但发现这些公司的培训用语在丰田根本行不通，所做的培训也很肤浅。

丰田学院的授课范围很宽泛，从向新员工宣传丰田历史和理念的入职培训，到如何进行在职培训，再到从战略高度培训高级主管等都在他们的授课范围内。在教学过程中，开展的比较好的课程之一是一门叫作"精益思想"的短期课程，它讲授一些基本知识，帮助你检测流程中的浪费、构思未来状态并加以实施。读过詹姆斯·沃麦克和丹尼尔·琼斯合著的《精益思想》⊖，你会发现那本书与该课程有很大的相似之处。"精益"这个词不是在历史上就属于丰田的，但它已经为美国的丰田汽车销售公司接受，并成为该组织文化的一部分。日本丰田看到 TMS 是以一种很严肃的方式在学习"持续改善"并且做得很好，也就没有阻止这种努力。莫里森解释道：

20 世纪 90 年代早期，精益思想与我们一起在 TMS 中成长，并逐渐成为自身文化的一部分。进入 21 世纪后，在新设立的丰田研究所（日本）的帮助下，丰田汽车销售公司开始更积极地实施丰田模式。我们支持这种努力，并与丰田研究所保持紧密联系，积极促进丰田工作方法（解决问题的 8 个步骤）的发展，使其成为培训和改进的核心模式。改编后的精益思想已经实施了 18 年了，但仍然属于非正式用语的范畴。TMC 也知道 TMS 正在进行不同的尝试，正努力将丰田工作方法应用到销售和市场环境中。丰田国际的其他部分对 TMS 所做的事情及做事方法很感兴趣，也开始以 TMS 为基准。但在标准

⊖ 《精益思想》通过考察美国、德国、日本若干具有代表性的大小企业推行精益的实际情况和心得，为进一步学习、应用精益的企业和管理者提供指南。机械工业出版社已于 2008 年 9 月出版该书中文版。

化层次上总是存在一些争议，因为既要保证全球实践的一致性，又要保证地方事务的灵活性。不管怎样，这是一种有益的辩论——我们将继续参与其中。

精益思想研究班所做的事情与其他学习精益的企业没有太大不同。班上只有少数几个指导老师，他们会尽量减少课堂讲授，并尽量增加解决实际问题的培训。他们坚持要求学员带着组织内的实际问题来上课。他们也会到组织中与工作小组一起解决实际问题。开始时，他们曾尝试使用严格的PDCA程序详细地记载每一步，但事后发现很多流程并不足够稳定，或不具有足够的可重复性，没法达到生产流程中的细化程度。于是他们选择将PDCA程序简化为计划—执行—学习（PDL）流程并更加关注思考过程。问题是什么？首先，我们要深入挖掘，通过问为什么找出根本原因；然后再回过头去创造性地思考各个选项，并逐一加以尝试以总结经验。可见，TMS的很多流程与丰田其他部分所采用的问题解决流程是基本类似的，只是更注重发散思维而已。莫里森总是努力寻找实际情况的本质，从不勉强使用并不合适的固定方法。

1989年，我曾多次尝试传授实际解决问题和PDCA程序。但我们总是无法让学员"吃自己的口粮"，总是浅尝辄止。当杰克·韦尔奇进行"解决问题"时，我们做的却是"剔除浪费"。传统方式很不适合我们，必须对其进行改造。我们不再拘泥于现有的封闭式系统，开始尝试那些具有更多功效的解决问题的方法。最初，PDCA课程要进行5天，其中实际问题解决培训要占用3天。学员感觉PDCA课程过多地以生产为导向，不太适合他们。解决问题是PDCA程序的中心，而问题解决后的坚持就是PDCA的焦点。学员可能是在经销处成长起来的，那里不会对不稳定的流程进行改进，只会将其扩大化。为此，丰田学院一直在谨慎使用一些以学员为中心的简化方法——与他们的需求而不是与自己别具一格的洞察力相适应。让我们感到非常高兴的是，我们与一些部门的合作很成功，我们的步调与日方也获得了一致，双方的交流也有了共同语言。同时，我们能够巧妙地使用更结构化的解决问题程序，但也会留出更多非结构化思考的时间。这种培训是为具体团队量身定做的。

有部分指导者来自于TMS的配件物流部门，他们接受过丰田生产方式的严格培训，所从事的工作重复性较强。这种经验将有助于他们发现重复性较少、以知识为基础的流程中所存在的改进机会。丰田学院所选拔的老师要有变通能力，无论实际情况如何他们都要抓住问题本质并对教学方法和解决问题方法作相应的调整以适应学员的实际情况。乔·凯恩是丰田学院的副院长，也是创设加利福尼亚州安大略丰田服务配件配送中心的元老之一，他长期致力于精益思想的教学工作，并将其推广到销售和营销部门。

在研究那些不以零件为导向的销售和营销流程后，我认为自己的工作就是要帮助丰田成员学会在其领域应用丰田模式和丰田生产方式。如果观察制造部门，你能很容易地发现，流程都是线性的，并具有明显的重复性。我所思考的问题是如何才能帮助员工沿着整个产品价值流继续深入，更加贴近终端消费者，从而意识到丰田基本原则同样可以应用在自己的领域。尽管非制造业在性质上不同于制造业，它更模糊、更富创造性，多以"人"而不是以"机器"为中心，但也同样存在制造业中所存在 7 种浪费，即过度生产、延迟和多余动作等。但你必须从后退一步的角度才能观察到这两种行业之间的联系。

丰田学院所有的管理人员，包括那些副院长都是从丰田汽车销售公司成长起来的，并通过日常指导非正式地学习了丰田模式，具有丰富的实践经验。威尔·戴克是一名副院长，时至今日依然记得自己刚从一家美国公司加入丰田时的情形。他惊奇地发现，日本的团队成员居然会如此频繁地到外面去拜访经销商和消费者。他在丰田的第一份工作是负责零件市场的营销管理，仅工作了 6 个月就眼界大开。"我的日本协调员曾对我说'你必须去看，去观察'。他没有将其称为现地现物。现地现物的内容很微妙，但在一定程度上被公认为：你要到源头处去听、去看所发生一切。"

丰田学院和丰田模式共同面临的一个挑战是如何使丰田模式在西方变得易于理解和传授。正如公司经理兼丰田学院教育、计划和企业经营系主任玛米·瓦里克所解释的那样：

在《丰田模式2001》之前，丰田的协调员会和我们一起工作，通过特定的行为和实践来展示丰田模式，对我们进行潜移默化的影响。然而，我们并没有记录下全部的术语。丰田学院的作用就是澄清相关术语，并将一些术语地方化。我们的工作之一就是：以一种团队成员和经销商都能接受的方式实施丰田模式。为此，我们展开了"丰田承诺"行动。我们提出了正式口号，鼓励大家把对待消费者所应采取的方式记载在小卡片上。比如，我们需要尊重消费者和同事的时间和权利；需要践行"没有最好，只有更好"的理念等。这些都是丰田模式的表现方式，但能够更容易地为员工、供应商及经销商所接受。

既然持续改善是丰田模式的擎天之柱，而丰田工作方法则被界定为实施丰田模式的全球标准，丰田学院也要接受这种界定，并派人到丰田研究所学习，去获得协调员认证，然后把丰田工作方法引进回来。从某些方面来看，丰田工作方法的范围要比以前解决实际问题的方法更宽泛。就像莫里森所解释的那样，丰田学院的努力目标就是充分展现这一广阔战略思维方式的宽度。

问题的解决方法是大家关注的焦点。但在介绍这些方法之前，丰田学院先组织了一次支持丰田工作方法的大讨论，目的是为了让团队成员站在一定的高度之上，以一种更广阔、更富战略性的眼光来看待经营团队所要实现的目标，这一点非常重要。在丰田这种优秀的经营环境下，问题往往会得到优先处理。但不幸的是，我们急功近利的心态往往会把问题和可能的解决方案限制在狭小的框架内，对此领导需要非常警惕，因为他们要指导整个流程沿着价值最大化的方向发展。为此，我们一直在研究如何才能让丰田工作方法模型与那些开放式系统问题相适应，这些问题可能早已因其本身的规模性、复杂性和存在的长期性而被过于夸大了。

在丰田将反映其文化的精益思想移植到丰田汽车销售公司的过程中，出现了很多有趣的现象。

- 丰田学院是由美国丰田汽车销售公司自主创建的，不是在日本丰田的命令下建立的。丰田希望地方机构甚至单个团队成员能够主动学习。
- 日本的主管已经洞察到了自己的优势和弱势。比如说，他们意识到丰田模式的主旨必须与当地文化相适应，对此需要获得美国人的帮助。
- 日本总部鼓励持续改善。各机构在准确界定丰田模式并加以改造的过程中有很大的灵活性。例如，美国丰田汽车销售公司就可以采用与日本公司不同的术语，设定自己的精益思想课程。
- 丰田学院指出，必须从方法上改造丰田工作方法，使其与销售和营销环境相适应，因为那里很少具有重复性，并且不是所有的问题都发生在内部。
- 丰田学院还意识到，销售组织中也存在一些常规性的交易流程，丰田工作方法结构中的绝大部分都可以应用其中。组织内的协调者完全有能力实施这些应用，对组织加以领导。
- 丰田学院是提供精益支持的内部组织，但具体的单位必须从大学中脱离出来，对学习和实施精益项目承担各自的责任。
- 丰田学院所传授的价值观和原则与日本丰田公司完全一致，与丰田汽车销售公司的领导方式也是一致的。
- 久而久之，丰田学院与丰田工作方法全球培训的联系越来越紧密。但改造丰田工作方法，使其适应于营销环境仍然是丰田学院的工作重心。

16.3　将持续改善引入 TMS 的财务部门

每位老师都会有个爱徒，丰田学院的爱徒就是 TMS 的财务部门。看名字就知道，该部门负责 TMS 的财务事项，其中处理丰田汽车销售公司的进口关税、纳税申报以及财务决算等事项都在其职责范围内。与丰田汽车销售公司其他部门一样，该部门已经成立十多年了，是在丰田模式中成长起来的。然而他们认为应该做得更多才能真正实现丰田模式。该部门的成员多为公司的新鲜血液，例如集团副总裁、首席财务官特蕾西是在 2000 年才离开美国电话电报公司加入丰田的；关税部、公司税和国际关税部门副总裁约翰·肯内利在 2004 年才从通用汽车公司转到丰田。

自从特蕾西加入公司就一直沉浸于丰田模式之中。她参加了大量的正式培训，例如，与另一名同级主管一起参加了由日本丰田研究所组织的、为期一周的以丰田模式为中心的主管发展培训项目。在这次培训中，特蕾西通过了解丰田的历史学到了很多东西，并通过深入的案例学习理解了丰田模式的概念。该项目最大的好处是让来自不同部门的主管建立一个关系网。尽管这门课程很有价值，但她觉得自己只学到了皮毛。她认为，对丰田模式的真正理解来自于日常工作中对丰田模式的践行，来自于领导整个组织提高改进水平的实践过程。她解释说：

虽然来公司只有几年，但这次却是学习的大好时机。与我一起并肩作战的有一个发动机研发部门的工程师、一个加拿大经销商的首席信息官、土耳其工厂的负责人以及两个来自北美工厂的总经理。该项目采用了案例学习的方式，要求利用丰田模式的原则来解决一些问题。然后再给我们分配团队任务，去努力解决与各自领域相关的问题。这个过程可能会让我领会到丰田模式的含义，但不足让我理解它的应用。TMS 的财务部门也是如此，虽然我们已经开始培养员工、改进流程及系统从而为获取更高的收益、实现更大的成就而努力，也设定了自己的目标，但还没有把持续改进正式化。所以当迈克·莫里森努力推广精益思想的时候，我可以将两者结合起来。在 2004 年以前我做财务主管时就积极地改进流程，但我始终没能将改进流程与丰田模式的原则联系起来，所以我认为正式的改进是从 2004 年开始的。

尽管丰田汽车销售公司已经实行丰田模式十几年了，但在 2004 年，公司董事长凤野先生认为作为一个分销公司，TMS 在全面接纳持续改善观念方面并没有达到制造企业的水平，特蕾西也同意这个公允的评价。凤野让执行委员会下达了全面提高持续改善的水平方针政策。特蕾西及其团队将该政策视为内部方针予以遵守，该方针是与丰田汽车销售公司所接受的增强丰田模式的整体命令联系在一起的。每个集团副总裁必须准备好提高改进水平的方针，然后下达到各部门实施。特蕾西负责的组织有 152 人，她与下属一起制定了年度计划；约翰·肯内利也为其 24 人组成的税务和关税团队制定了年度计划。正如特蕾西所解释的：

在我来之前，尊重员工就已经成为丰田模式的一部分。尊重员工是丰田模式中很显著的成分之一。其他公司可能仅仅以财务影响作为决策的底线，不会把团队成员、消费者或经销商放在第一位，丰田则与此明显不同。我想这可能就是丰田能够与消费者建立紧密联系，保持较高员工留存率的秘密之一。有时候尊重员工意味着你在决策时要多花时间，因为你在改变一项政策或实施一个新系统时，必须考虑到所有的利益相关者。过去，我就不会考虑那么多，本以为自己会进展得很快，但事后的善后工作并没有使我快起来，而且持续改善的意识不够强烈，采取的改善措施也不够正式。

2004 年，约翰·肯内利第一次来到税务和关税部时，就承担起了领导该部改善文化的责任。刚接触到丰田文化他感到很兴奋，也承认与自己曾经工作过的通用汽车相比，丰田的确具有更强的改善精神。

在通用，主管人员从来没有在财务方面设定正式改善目标。尽管可能会在相当常规的基础上出台一两项新的流程改善或"月度项目"，但说实话即便是这些也从未被严肃对待过。在丰田则不同，集团副总裁（特蕾西）的指示是：持续改善不仅仅是一个"月度项目"，还是丰田模式的一部分。为了尝试持续改善并将制度化的持续改善纳入财务部门的文化，我们为每个人的年度表现确定了非常明确的目标，并通过在人力资源文件中增加一项特别要求使其成为绩效评价程序的一部分。我们还通过一些正式及非正式的方式使流程改善中取得的成功可视化，并对团队成员所付出的努力进行奖励。团队成员在达到个人或部门的目标后，就会获得奖励，相反则会对其个人绩效评价带来不利影响。同时，通过非正式地分配给各部门一定的基金，用以奖励团队成员为改善所做出的努力。除此之外，还使用一些非物质奖励来表扬副手们对持续改善以及保证改善效果可视化所做的贡献。事实上，我们在每个部门都悬挂了 A3 样式的报道板，让员工明白若想在这里获得成功就必须审视自己的流程并做出改善。在丰田，为流程改善所做出的任何努力都会被打上"改善"和"丰田模式"的烙印，然而在通用，每一两年就会出现一个新项目，而每个项目的用词都各不相同。

丰田学院也采用了生产系统中实施的拉动式生产系统，会依据消费者的需求提供培训。财务部门的培训需求则源源不断。财务部门精益项目流程的第一步被约翰·肯内利称为"精益思想的典范"。就像运动员在运动开始之前需要伸展腰身放松肌肉一样，财务部门希望先给组织提出较宽松的要求，先针对问题解决开展一些小型的改善项目。2004 年，每个人都接受过丰田学院的精益思想的正式培训，并曾以 A3 报告的形式完成 2 个以上的 PDL（计划——执行——学习）项目。当然，相对于开启问题解决技能的过程来说，具体结果就显得并不重要了。

例如，一个小组将"杜绝联邦及州所得税申报过程中信息收集环节中的重复工作以及不创造价值的时间"选定为工作主题。而"现状"则是：

- 非统一地向各个公司发送信息请求，而且各公司使用的软件还各不相同（每年需要为此消耗 360 个员工工作小时和 24 个管理者工作小时，耗资 2 万美元）。
- 收集来的信息需要打印保存。信息请求发送后的跟踪很烦琐（每年消耗

16个工作时，耗资1000美元)。
- 需要调查总分类账目或薪资系统中所有不一致的事项，而且相关信息通常不可知（每年消耗480个工作时，耗资1.9万美元）。
- 经常发生信息丢失（每年消耗200个工作时，耗资8500美元）。
- 每年的浪费和重复工作所带来的总成本为1100个工作时，耗资5.5万美元。

把"问题"描述为："我们没有获得确保税务筹划所需要的完整的、准确的和及时的信息。"

把"根本原因"界定为："信息收集流程使用了一系列复杂的Excel宏电子表格，这些电子表格的界面不很友好，并且自使用ERP以来就没有更新过。信息收集流程没有实现集中化或标准化，而且不好说明。"

解决上述问题有很多种选择，但最佳选择就是选用全球数据交换系统，这是一种以网络为基础的数据收集软件，能够集中存储数据长达10年，还能将数据与纳税申报准备联系起来。为了实施选定的解决方案，他们制订了一个计划，把关键的利益相关者聚集到一起公开讨论一些重要事项（包括会计、财物报告、工资以及美国丰田补助金等），并达成一致意见。在所有的事项都完成之前要对实施进程进行跟踪。整个项目都要用单面的A3报告记录在案，报告内容包括完成的行动事项和实现的预期结果。最后，还要确定进一步改进需要采取的行动。整个过程遵循了完整的PDCA程序，整个团队都感到极端的自豪。

截至2004年年底，财务部门成员完成了很多小的改善项目，成绩非常突出。

- 创建了59个小组；
- 创建了8个跨部门项目；
- 启动了122个项目（截至年底，完成了66个，还有39个项目正在进行中）；
- 在生产效率和成本方面共节省了220多万美元；
- 节省了11 000多个工时。

从技术上讲，并不是所有的项目都很复杂。事实上，丰田汽车销售公司董事长兼首席执行官凤野鼓励员工在开始的时候努力实施一些快速简单的改善项目，让改善逐渐成为丰田汽车销售公司文化的一部分。比如说，有一个与关税支付有关的项目。丰田每天要有很多车辆被运到港口，每天都要为这些汽车和卡车支付关税，一年下来总共要支付 5 亿多美元。关税改善小组希望能将关税的支付由每天一付改为一月一付，还对这个新项目的启动进行了可行性调查。最终政府同意了这种做法，他们也成为第一批获得许可的公司之一。最后的改善结果是：每年节省 100 多万美元的利息，同时大大减少了每天一付所导致的管理负担，劳动力成本节省了 110 多万美元。

2005~2006 年的第二阶段，财务部门开始转战更大的项目，决定花更多的时间利用丰田学院所谓的"大纸流程"，即价值流程图，来勾画出自己的工作流程图。这些项目致力于构建一些首尾相连的线性流程。该价值流程的一个主要应用就是遵守《萨班斯－奥克斯利法案》。遵守法案就意味着要保证公开高质量的财政决算，丰田对此非常重视，因为丰田向来以其数据的完整性而自豪。他们组织了一个 PDL 小组，齐心协力勾画出极为细致的流程图。如此一来，就能发现材料整理程序中的浪费，从而提高整理效率。流程线型化以后，法案所要求的及时性就能够得到满足，审核及查证过的账簿也能够在第一时间内得到提交。

对流程改善的强烈关注已经将员工之间的工作沟通提高到了新的水平，也提高了财务部门员工的活力，对此特蕾西感到非常激动：

我们所取得的显著进步掩盖了某些低效率。目前的现实是，就现在的经营规模而言，20 年前的做法已经无法再延续了。我们的小组可以构建流程图为机会进行再评估，并退一步思考："是否可以做一些不同的事情？"每当通过改善流程图发现浪费时我们就很激动。在此过程中会出现很多"啊哈"。"我不知道你已经做了那件事。哦！如果我知道你怎样处理这件事，我就不这样做了。"每个人都可参与进来，并为自己所做的贡献而感到高兴。

自 2004 年伊始，财务部门的改善已经持续了 3 年之久，但是他们知道，自己远远没有完成任务。他们先从一些基本的问题解决开始，先关注重复性较强交易程序，然后再把目光转向规模更大、更需要精心规划的项目上。现在，特蕾西则希望对跟踪程序的测量能够进行更深入些。经过 3 年多解决问题技能的培养，她认为财务部门已做好了迎接挑战性目标的准备。对此，她解释说事实上自己的员工已经迫不及待地希望从新水平上起航了。

非常有趣的是在近期一次会议上，经理说，希望看到整个部门面临一次全面挑战，这样整个团队就会有一个挑战性的目标。事实上，这也正是我所希望的，如此一来我们的每个成员都可以说"不论我是在处理盈亏账目，规划税务策略，还是在为投资团队工作，我都和那个目标有关"。这个全面挑战将成为我们第二阶段的一部分。

丰田学院所扮演的精益思想专家的角色从一开始就已经很明确了——他们是老师和咨询师。所有的改善活动都是在财务部门领导的推动下进行的，丰田汽车销售公司自总裁以下的领导者都参与了进来。改进项目则由工作层的管理者以及全职员工来执行，这样做的目的是尽量提高其技能和理解水平，最终为丰田带来可度量的结果。为了保持员工的热情和活力，特蕾西和约翰一直致力于让改进活动变得更有趣。有提供简单奖品等方式可以让流程改善变得很有趣，比如星巴克礼物卡等。约翰·肯内利提到了一个例子：

我们确实注意到，如果没有持续压力的推动，你可能就无法应对项目开始后随之而来的巨额工作。去年10月，我们试图用一项称之为"CFO挑战午宴"的有趣的活动来克服压力匮乏所带来的障碍。在这项挑战中，如果你能在特定的期限内完成手头的PDL，你的团队就有资格获取奖励，与特蕾西共进一次特殊的庆功午宴。我们努力挑选一系列各不相同已经完成的PDL，用简单有趣的午餐来奖励员工。该活动确实带来了很多乐趣——我们拍了很多照片，还制作了改进小组T恤，每个小组还就自己的项目向财务总监做了简短的报告。说实话，这些活动没有一项是昂贵的，因为我们是财务部门，必须谨慎对待创建持续改进文化过程中的成本。

其他公司可以向丰田销售公司的财务团队学习很多启动精益思想的经验。

- 精益思想是在尊重员工的环境下展开的，这是经过数十年建立起来的文化的一部分。
- 从日本丰田汽车公司的总裁到丰田汽车销售公司的总裁，再到集团副总裁，都在努力推动改善水平的提高，这种推动力将沿着方针流程的传递路径一直延续下去。
- 内部专家（丰田学院）仅仅是老师、咨询者和指导者，改善的责任则完全由组织的管理人员负责。
- 最初是从快速简单的解决问题开始，在开始的两年很少强调主要的经济回报。

- 与其绞尽脑汁考虑如何将精益思想应用到一个与生产机构截然不同的服务型机构中，不如简单地从发现和解决日常问题开始，然后再加大难度着手改进首尾相连的工作流。
- 在流程中花费相对较少的资金，有意识地保持奖励的小额性、象征性和趣味性。
- 高级管理人员在最初两年所关注的是员工和团队合作的发展而不是经济结果。
- 一旦团队成员和管理者在问题解决方面成熟起来，就会迫不及待地去争取更大、更具有挑战性的目标，以提高整个组织的绩效。他们已经做好了准备，具备了自我驱动力。

16.4 丰田汽车销售公司精益吗

你们是否有过在服务型组织中实施精益的经验？在服务领域实施精益的人通常会这么问。对此，我们会与他们进行如下讨论。

问题：过去两年，我们在生产领域实施了精益，取得了明显的效果——库存减少了、生产期缩短了、生产效率和产品质量都提高了。现在经理要求将精益方法进一步应用于服务型组织中，比如产品研发部门、销售和营销部门以及信息技术部门等。你们有没有见过成功实施精益的服务型组织？或者丰田有没有那么做过？

答案：首先，我们可能会怀疑你所谓的在生产领域"已经完成精益"的断言，但相信你们已经开始着手了解精益工具了。其次，不能简单地将生产领域的方法复制到服务领域。最后，即使都是服务流程，彼此之间也各不相同，有的流程很简单，具有重复性，有的则很复杂，只在特殊情况下出现。

问题：是的，这正是问题的所在。生产领域易于理解和观察，而且我们已经完成了一些改善事项，每次巨大改善的结果都可以测量。在服务型组织中就没那么容易，因为人们看不到结果。有没有一个能够参观的典型，可以观察一下是如何在服务领域实施精益的？也好让我们在服务领域的管理者们相信精益对其也是有效的。

接下来的谈话内容就可想而知了。在本章中，我们了解了几件事，其中之一就是，丰田汽车销售公司为确定精益及丰田生产方式在交易环境下的具体含义付出了很多努力，至少在美国是这样。在该过程中，丰田学院起到了传授和指导的作用，它也用了好几年的时间来研究如何帮助各种类型的组织实施精益。丰田学院的结论就是，在特定的情况下，你必须丢开丰田工具包，从另外的角度和方法中获取更加"开放的思维"。

你还可以看到，丰田汽车销售公司一开始就为丰田模式奠定了坚实的基础——包括尊重员工、持续改善以及现地现物等基本因素。丰田解决问题的方法已经相当成熟了，实现了从解决实际问题到丰田工作方法的飞跃。丰田汽车销售公司也存在着一个强大、共同的文化，支撑着长期思维、消费者第一和投资与培养员工等理念。这种文化引导着丰田汽车销售公司采取一种非常有耐心的方式，通过反复的试验（尝试、反思、学习……）来提高持续改善水平。他们遵循了自己的PDL方法，并且将PDCA程序也纳入到了丰田工作方法的框架中。最后，各组织的流程及其改善都不属于丰田学院的专家，而属于各个独立的组织。

作为技术方法，能够带来具体结果的精益与作为学习进程，用于构建企业文化的精益是有区别的，我们将在第18章中对二者进行比较。在对其进行深入探讨之前，我们还将基于与前述不同的视角再次浏览一下丰田汽车销售公司的实例。通过本章我们看到，协商一致的努力使得改进方法引进了汽车销售公司，在本章，我们看到在协商一致的努力下，丰田汽车销售公司将改进方法引进了公司，还将持续性改善在公司进行了广泛传播。在第17章，我们将从丰田在美国的人力价值流中选取并学习两个进行根本创新的案例——凌志和赛恩的案例。

小结　　　　　　　　你的公司应该考虑的关键点

1. 丰田汽车销售公司的实例说明，丰田模式相互信任、持续改善等价值观可以成功地移植到服务型组织中。
2. 丰田汽车销售公司对丰田模式及其工具进行了改造，使之适应于自己的文化及所处的行业。
3. 丰田模式的核心价值观及其做事方式是由主管层自上而下进行传授，主管扮演的是老师的角色。
4. 丰田基因不是通过课堂教学传递的，而是通过工作的实践及解决问题来传递的。
5. 高级主管关注转型所带来的发展，而不是投资所带来的经济回报。

Toyota Culture | 第17章

凌志和赛恩的故事

使命宣言：创建赛恩发展俱乐部的宗旨就是为赛恩车主提供一个平台，让他们聚在一起分享其对赛恩汽车的热情。希望赛恩发展俱乐部能够谦恭地践行这种理念，建立起车主对赛恩品牌的长久信赖。

目标：通过各种活动和项目，对赛恩社区做出持续性贡献，从而将该俱乐部经营为最好的赛恩车主俱乐部。通过开展汽车巡游、汽车展览、野餐、保龄球之夜、见面会、慈善活动及俱乐部之夜等活动树立积极的形象。我们希望通过努力以一种积极进取的方式来持续展现赛恩品牌。

——赛恩发展俱乐部，发展的动力（赛恩车主俱乐部）

17.1 超越持续改善，实施战略创新

一提起丰田，大家常常会想到其渐进式的改善，丰田的领导也骄傲地以"乌龟"而不是"兔子"自居。丰田所培养的员工都要学会从不同角度仔细研究现状的每个细节，并通过细微调整使流程更加完善。当然，这能很好地描述丰田的大部分甚至是绝大部分特征，但是却遗漏了丰田的另一个重要特性——根本创新。丰田佐吉是日本著名的"发明大王"，丰田自动织布机就是其创新成果，因此技术创新在丰田一直备受重视。丰田领导的思考方式也极富战略性，因为仅有卓越运营而缺乏战略的推动也不足以取得成功。在本章，我们将以凌志和赛恩为例介绍丰田如何通过整合战略、创新及卓越经营来创建长期竞争优势。

汽车销售公司的总裁吉姆·伦兹认为持续改善和创新之间不存在任何冲

突。他一直致力于推动汽车销售公司实现这两个目标，并将两者的平衡视为当今世界快速变化的必然结果。

在自下而上式的领导方式中，组织内从基层到高层的所有成员都被赋予了一定权限。他们有权去发现改进组织的方法，而不是静候管理者的指挥。在这个复杂而不断发展的行业中，为了保证公司的成长和盈利，我们必须保持组织的精益化。为此我们必须进行创新和精简，将精力集中于重点——消费者。

不论在丰田还是其他任何地方，在消费者体验方面，凌志和赛恩毫无疑问都是最好的两个创新典范。在美国，丰田一直致力于东西方文化的融合，通过派遣日本老师去美国培养员工，向其传授丰田模式。凌志和赛恩这两个品牌就是东西方文化精髓相融合的产物。美国的丰田领导者灵活应用其所学知识，比如利用现地现物等技巧深入了解美国消费者的需求，并将其转化成一种绝佳的消费者体验。通过持续改善，全美国的经销商能够持续评价消费者的满意度，并不断提出有创意的方法。

凌志和赛恩这两个品牌在很多方面对丰田来说都是不可思议的。丰田向来以其高度可信度而闻名，其目标消费群体也都是中等收入的中年人，那么丰田怎么会突然参与高端豪华车的市场竞争呢？为什么还要开拓那些让时尚、年轻的美国人兴奋不已的低端车市场呢？本章将对其中缘由进行详细介绍。在凌志的例子中，我们将讨论凌志的代理商是如何通过与丰田员工成长方式极为类似的人力价值流实现自我成长的。在赛恩的例子中，我们将介绍消费者价值流——该创新背后的战略推动力就是要吸引年轻人参与价值流，使其成为丰田的终身消费者。该创新的基础是丰田要与消费者建立起终身关系而不是短期交易关系的愿景。

17.2 凌志模式：精益的客户服务

当丰田决定冒险进入豪华车市场时，他们就意识到自己很难与奔驰和宝马等已经建立起的品牌相抗衡。尽管在日本丰田皇冠已经是高端车型了，但在美国消费者还是无法把丰田与高端车联系到一起。即便是这样，第一款凌志车上市的第一年仍然取得了巨大的成功，其销售额超过了奔驰所有车型在美国的销售额总和。凌志的成功源于两个方面——良好的工艺和精益的制造所带来的卓越品质，以及经销商所提供的优质服务。凌志的故事很好地证明了投资于优秀人才能够带来巨大的创新和竞争优势，同时也极好地证明了沃麦克和琼斯所提出的"精益消费"理念，即要深入理解什么能够增加消费者的价值，识别消费者所参与的价值流，减少程序中的浪费从而提高效率，绝不让消费者等待。㊀

当消费者在购买豪华汽车时，他们购买的不仅仅是昂贵的性能和配饰，而且还包括一种身份地位以及贵宾式的服务待遇。密歇根州安娜堡市凌志经销商罗萨里奥·克里斯库罗也拥有一辆凌志，他解释说："凌志的车主坐飞机时都选择头等舱，住的也是五星级宾馆里极豪华的房间——他们习惯了接受特殊待遇，也愿意为此支付额外的费用。在他们来到经销处时，我们就知道其名字，有能够提供一切便利服务的高级商务办公室，他们无须等待。我们会积极主动地为其提供额外的特殊服务。"下面列举了一些凌志经销商都具有的典型特征。

- 多数情况下，对任何重大的维修（比如除机油更换之外的维修）提供上门接车服务。
- 即使在更换机油时，也会为车主提供另外一辆凌志作为临时替代。
- 提供装饰精美的休息室，配有大屏幕等离子电视和装有免费饮料的冰箱以及无线网络等。
- 透过窗口可以看到维修间里清洁、有序的服务区。
- 汽车修好后等待车主取走，如果有信用卡存档，车主可以直接换车把自己的车开走。
- 每当汽车来到店里，即使是为了换机油，都可以获得清洗服务。
- 用消费者的名字来尊敬地称呼他们，员工都非常了解每个消费者。
- 通常，经销商都会给需要等待的消费者提供特殊服务，每个经销商的服务都很独特，比如提供修指甲或按摩等服务。

在本部分，我们将集中诠释丰田是如何利用与人力价值流相类似的吸引、

㊀ 见两人合著的《精益解决方案》，该书将精益的理念带入人们的日常生活，通过"精益消费"与"精益供应"，将企业与消费者的认知拉近。该书中文版已由机械工业出版社出版。

发展、聘用及激励等步骤来建立凌志经销网络的。我们将以位于密歇根州安娜堡市的经销商为例，通过4个步骤来讨论凌志经销商的发展过程。

17.2.1　吸引和选拔凌志经销商

在凌志上市之前，丰田已经建立起了经销商网络，很显然，他们可能通过投标的方式从现有的经销商中选拔合适的人选，也为现有的经销商们提供经销凌志的机会。当然，这样做很方便，但是不会带来丰田所预期的服务水平上的突破。为此，丰田做了一些重要的决策。

- 向市场中所有的顶级经销商开放招聘程序以促进竞争，不论他们卖的是丰田汽车、凯迪拉克还是沃尔沃等。
- 预先告知丰田对经销商的实际期待，需要所有的经销商投入巨额资金建立一流的设备，接受丰田的强化培训以及培养独特的消费者第一的员工文化。
- 经销商候选人必须在消费者满意度方面做到当地市场的前2%，具有充裕的资金和优越的社会关系。

凌志集团前副总裁兼总经理吉姆·法利描述了他们所使用的程序。

我们首先要看的就是资本：经销商是否具有足够的资金来建造我们所要求的那些设备，因为这些设备与丰田现有的设备完全不同。以前没有人生产凌志车型的设备。没有人像我们这样，利用卫星与各工厂联系。当大家还用电话及大型主机联结计算机系统时，我们就开始使用卫星了。我们还要求经销商在服务间开设窗户，要能够透过窗户看到服务间里面的情况。世界上其他经销商的服务区对消费者都是封闭的。我们则希望消费者能够看到里面，给经销商施加压力，保持服务区的干净整洁。这些近乎极端的特殊要求都需要投入大量资金，因此我们希望经销商都要具有最好的资本基础。

其次，我们要看经销商的消费者满意度，无论他们代理何种品牌，在消费者满意度方面都要做到当地市场的前2%。所以，即便是凯迪拉克的经销商，也必须非常优秀。这就是他们的入围条件。必须有最充足的资本、最高质量的消费者服务。除此之外，我们还要看他们的管理团队。他们将推荐哪些人组成自己的管理团队？他们是否具有销售豪华汽车的经验？他们是否与社区有联系并能赢得富人们的信任？我们还要看他们经销处的选址计划，其地理位置是否对消费者很方便？他们是否会在其通用汽车经销处所处地段进行选址？我们总共列出了10项指标，并分别对这些指标打分。然后按照得分对所有的经销商从高到低排序。而且我们以销售量为基础来划分发展阶段。第一阶段达到都市级别的销售量，第二阶段要达到与菲尼克斯类似的世界销售量，最后要达到圣路易斯级别的世界销售量。

17.2.2 发展凌志经销商

尽管丰田选拔的都是顶级的经销商，其销售能力以及获得较高消费者满意度的能力都得到了证实，但是为了将其培训成凌志的经销商，仍然需要进行大量投资。因为除了这些富有的消费者所习惯的服务方式外，还有更高等级的服务。而且在培训员工方面，丰田所采用的方式也与经销商有所不同。培训首先从经销商开始，虽然丰田选拔了比较富有的经销商，但并不希望其大部分时间都在游艇上数钱。丰田希望他们对自己的生意充满热情，能够到现场反复检查整个经营过程。凌志所践行的是丰田模式的第10项原则：培养遵循公司理念的优秀员工和团队。吉姆·法利描述了这项对包括经销商到洗车员在内的所有员工进行的强化培训。

我们投入巨额资金为其提供了大量的培训，把经销商送到日本接受培训，同时对经销处的所有员工进行培训——不论是洗车员还是接待员。我们针对不同的角色制定了特殊培训项目：在接电话以及让消费者等待时，怎样才能表现得更专业？我们建立了自己的凌志语言——没有人是消费者，所有的人都是客人。我们还创立了不同等级的认证项目，那些获得大师级认证的员工，即便是技术人员也可以获得租赁凌志汽车的补助。我们平等地对待所有员工，不论其职位级别如何。即使是停车场泊车的服务员对消费者满意度也有巨大的影响。服务记录员与消费者的接触要比销售人员多得多。我们希望每个人都能认识到自己的重要性。每当公司有活动的时候，我们会邀请经销处的每个员工参加。

根据吉姆·法利的描述，再回头想想丰田的工作指导培训，我们会发现丰田为经销处的每个职位明确界定了一些具体的关键点，而且更为重要的是凌志经销处的每个职位都实现了高度标准化。虽然不需要按照一定的空间或时间顺序完成某些具体步骤，但员工仍然需要遵循一些关键点并接受过相关的培训。在经销处没有不重要的岗位，即便是停车场负责泊车的服务员也要接受相关关键点的详尽培训。安娜堡经销处的所有人罗萨里奥·克里斯库罗也是"凌志精英奖"的获得者。在采访时，我们发现他对每个职位的关键点都烂熟于胸。当时他拥有4个经销处——两个凌志经销处、一个丰田经销处和另一个品牌的经销处，即便如此他仍然对安娜堡经销处的每个方面都了如指掌。他还亲自参加凌志提供的所有培训课程。例如，他描述了一些具体职位的关键点。

我还经营着另一个品牌，但是没有哪个制造商会像凌志那样进行培训。我们的员工每年都要接受培训，并进行在线测试。这是"凌志精英奖"的标准之一——每年必须有90%以上的员工参加培训并通过测试。其中包括那些把车洗好并在恰当的时间将车开到服务区以便于消费者取回的员工，他必须确保收音机调到合适的频道，浏览核对单确保汽车已经完全清洗干净，并且确保车上所有的设备都运转良好。即使车主是来更换机油的，我们也会为其清洗汽车。电话总机接线员要学会向消费者进行自我介绍，要知道她是联系和协调的中间环节，她要让销售人员获知消费者的名字。她的另一项职责是接待消费者，把消费者带到休息室，为其送上咖啡，并确保一切都安排妥当。总机接线员是与消费者联系的一个关键点，需要亲自了解每个消费者。我们会保留绝大多数消费者的信用卡号，在交易时他们无须为支付流程而等待，但如果消费者支付的是现金，出纳员要及时完成支付流程，并将收据放入车内，以便在消费者取车时能及时拿到收据。如果消费者用支票支付，也要确保把收据放在车里。

克里斯库罗是去日本参观凌志生产工厂的经销商之一。工厂里员工的奉献精神及其对所制造汽车的自豪感，深深地打动了他。更令他吃惊的是，员工竟然都非常乐于听其讲述美国凌志车主的相关信息。他解释说："他们几乎想知道自己所制造的汽车是否存在任何问题。日本工厂的每位经理都想了解美国消费者的情况。他们真的是在认真倾听，这才是真正的合作关系。"

17.2.3　聘用凌志团队成员

丰田的凌志分公司在一开始就勾画出了经销处创业和雇用员工的蓝图，

但卓越服务的很多细节还是从经销处自下而上逐渐形成的。其中有一些非常基本，需要从建设一个清洁有序的经销处开始。经销处十分重视5S，而且经销处的绝大部分都是对消费者开放的。如果消费者愿意在豪华休息室里等待，透过休息室的大玻璃窗户，员工的操作一目了然。维修间的清洁工作非常重要，所以经销处把这项工作外包了出去，每天都要把工作间里的物品搬出去，对地板进行全面清洁。在凌志经销处，巨幅招牌布从顶棚悬挂而下，上面挂满了维修人员的资格证书，供消费者查看。维修零件部门的陈设也争取让每个部件都各就其位，保证能够方便地取到那些最常用的部件。

这种追求消费者第一的敬业态度是团队成员孜孜不倦的动力。凌志经销商承诺对于重大的维修提供上门接车服务，不管是对安娜堡市还是远在250英里以外的密歇根州特拉佛斯市的消费者，该政策完全相同。为此，团队成员提出了一些办法以帮助消费者避免将汽车存放在经销处。例如，如果汽车仅仅需要更换一根新的天线，那么消费者就没有必要把车送到经销处，相反，如果消费者愿意自己安装的话，凌志会主动为其运送天线。在经销处的日常持续改善中，每个店铺都会出现上百个不同的改善项目。

在安娜堡市，有许多经常旅行的专业人士会把车开到经销处进行维修，然后再开车去底特律机场。因此团队成员想出了一个好主意，为这些人提供接送服务。不论消费者的车是否需要维修都可以把车开到经销处，然后由经销处派车负责机场的接送，等他们返回时汽车已经被清洗过了。

安娜堡市经销处的团队成员还提出一个反季为消费者保管雪地轮胎的主意。雪地轮胎比较大，不易于存放。对那些已经习惯于在经销处接受贵宾服务的消费者来说，让脏兮兮的轮胎占据车库的宝贵空间的确令人失望。因此，安娜堡市的经销商会代消费者保管这些轮胎（放在二楼的某个地方），等到冬天来临时再为其安装。

安娜堡市的经销处没有自己的车身修理厂，而经销处又不想让车主单独去与那些车身修理厂打交道，因为他们不像凌志那样以消费者为导向，所以经销处决定免费帮助车主协调车身修理的整个过程。你可以把汽车送到凌志经销处，然后车身修理厂到经销处来取。该过程由丰田配件部门的卓越服务提供支持。经销处还为每辆汽车设定了识别码，并根据汽车识别码查看每辆汽车的所有特性及服务历史。凌志配件系统几乎能够隔夜提供所有部件而无须消费者支付额外费用。经销处几乎可以在两天之内，最多不超过3天提供所有的部件。如果汽车受到了严重的损害，需要进行价值2000多美元的车体维修，经销处就会订购维修所需的所有金属部件。这些部件在2~3天就能到货，通常在获得保险公司的赔付之前。即使车主对汽车的损害应该承担责任，经销处也会把消费者当作贵宾来对待，并给予他们应有的关怀。

凌志团队总是在想方设法与消费者建立联系。例如，他们会经常从当地最好的饭店雇用大师级厨师，在进行无声拍卖时为消费者准备私人晚宴。他们还在周末定期举办豪华午宴。

2007年凌志引进了一个新项目，即在全国范围内设立凌志创新奖，奖励那些最佳创意。对此，克里斯库罗做了如下解释。

我们奖励的都是有实质价值的创意，而不是那些无关痛痒的提议。15年前我们创立了机场接送服务，而当时其他人都没有这些服务，但是现在大家都有了。创新项目就是把许多细微的最佳做法在经销处付诸实施。我们会审视每个职位，看一看如何对这些职位进行改进？如何改善消费者关系并提高消费者满意度？我们并不是在重建一个汽车经营模式，而是在对其进行改进。

这些创意由裁判专家小组进行评判，排在全国前三名的经销处会获得奖励。

17.2.4　激励凌志团队成员

丰田一直致力于在内部培养长期忠实于公司的员工，这一点对于凌志也同样重要。凌志也会衡量员工的满意度，他们发现员工满意度与经销处的利润密切相关。内部研究表明，如果消费者了解某个销售人员并与之建立起信任关系，就能够提高其忠诚度。对此，吉姆·法利说："经销处的利润与其所拥有的长期员工直接有关，而长期性又与员工的忠诚度密切相关。凌志已经与盖洛普合作，每个经销商在决定是否雇用某个员工时，不仅要衡量其忠诚度，还要考察其能否全身心地投入工作。"

丰田为奖励凌志顶级经销商而设立的年度"凌志精英奖"的评价依据之一便是员工的保持率。丰田希望从经销商开始，与所有的经销人员建立起长期的合作关系。丰田不希望经销权像商品那样不断转手。吉姆·法利解释道：丰田之所以采取这种策略就是为了把精力投入到少数几个凌志经销商身上。这些经销商无论在规模上还是在资本上都有能力对消费者进行大额投资，这种投资要比一个城市的多个竞争者的投资更大。

我们希望确定合适的经销商的数量。我们的竞争对手由于找了太多的经销商，结果导致了经销商之间的激烈竞争，这样对公司和消费者都是不利的。应该存在一个合适的数量……我们将不得不培养更多的大型经销商，并为其提供独立的厂外服务区，因为经销处已经没有足够的扩展空间了。我们利用丰田生产方式简化流程并充分利用经销处的空间。希望经销商能够获得财务上的成功并获取巨大财富，只有这样他们才愿意对经销处进行再投资，并建设一流的设备。

要让凌志经销商获得财务上的成功，从文化角度来看是非常有意思的。其他公司的经销商在与我们交谈的过程中，往往会抱怨汽车公司不希望自己赚太多的钱。因为汽车公司认为如果经销商赚多了会损害自己的利益。同时，经销商好像还会受到并不富裕的汽车销售经理的嫉妒。然而，凌志的主管却认为帮助经销商取得广泛的成功是其应尽的义务。这样做的最终结果就是凌志经销处越来越壮大，经销商也越来越富裕，凌志分公司也对这种双方共赢予以积极的支持。克里斯库罗接受过凌志理念的良好培训，他一直致力于选拔和培训员工，通过促进员工的成长来留住人才。

即便是负责停车的员工也知道自己所做的并不是没有前途的工作——持续的工作培训会使其成长为一名服务记录员。如果你从10个人中雇用了9或10个员工，那么他就可以与公司一起成长，并在组织内得到提升。我们希望他能够了解消费者，为消费者打开空调，为消费者开关门，并能礼貌地说："莱克博士，这是您的车。"我们希望他能忠诚于经销处，忠诚于凌志，忠诚于消费者。因此，在一开始就要雇用合适的人，对其进行培训，获取其信任，接下来向其展示在经销处工作的前景。这样就能与之建立起良好的关系。在经销处成立之初，我们就拥有一批能够长期合作的员工，他们了解消费者及其需求。不久前的一个晚上，我们安排了一个大型晚宴来庆祝获得"凌志精英奖"。这不是在走过场：我们租下了整个饭店，邀请在经销处工作的每个员工参加晚宴，那些洗车的员工也在邀请之列。有销售人员、管理人员及技术人员，我们是一个大的团队而不是彼此独立的部门。

在鼓励忠诚方面,最引人注目的一个项目就是让技术人员有能力购买凌志汽车。那些获得大师级认证(最高级别的认证)并能够连续接受凌志年度培训超过3年的员工,在没有出现违纪事件的情况下,就能获得租借凌志汽车的补助。在员工购买或停止租用汽车之前,凌志每月会为其提供200美元补助,经销商也会提供等量补助,因此每月的补助总额为400美元。2007年,凌志小轿车的月租金为500~600美元,越野车的月租金为450美元。如果技术人员租用的是越野车,他们每月只需要从自己口袋里拿出50美元来支付租金。在安娜堡市经销处,有8名技术人员具备此资格,其中5人在使用该政策。

凌志作为一个典型的例子证明了各种战略、有针对性的创新及卓越的运营与丰田模式的密切联系,图17-1概括了这些联系。丰田意识到,要吸引那些富有消费者购买凌志,丰田自身就必须非常卓越。而卓越需要双管齐下——卓越的汽车和卓越的经销商服务。这种卓越始于首席工程师与销售人员的合作,他们通过现地现物深入了解目标市场,然后在此基础之上制造汽车。而销售人员则致力于通过类似于丰田培养优秀人才的方法构建一个优秀的经销商网络。丰田若想传递这种理念,就必须依靠丰田生产方式的有效实施、解决问题以及优秀的合作团队。

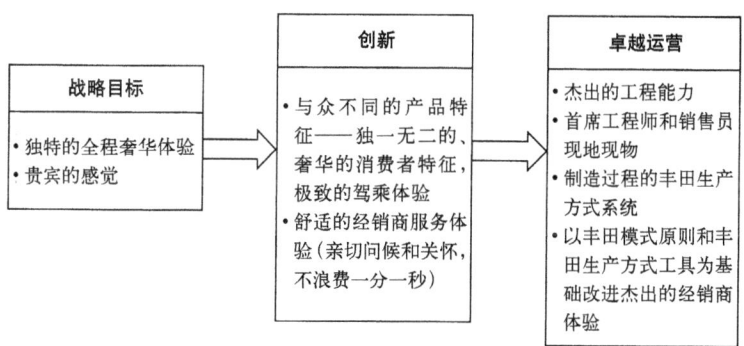

图17-1　凌志的战略创新与卓越运营之间的关系

人们常常问如何才能在服务型组织中实施精益。凌志就是很好的答案,它是丰田模式理念的典型例证——尊重员工、持续改善、减少浪费、及时提供配件服务、5S、解决问题、标准化工作以及工作指导培训等。从接待员到停车员,再到玻璃窗后面一尘不染的服务区等,一切都一目了然。

17.3　使赛恩吸引年轻人加入消费者价值流

赛恩的故事是通过一系列细微改善而带来重大创新的又一例证。同时，它也体现了丰田通过投资于人力价值流所获得的回报。在本例中，丰田通过投资人力价值流培养了一大批既理解美国市场又奉行丰田模式的美国人。

不论是小的改善还是大的改革，丰田所采取的行动都要从问题开始。丰田所面临的问题就是购买其汽车的美国人平均年龄偏高。而将来的趋势则是要吸引年轻的消费者，他们会从购买丰田的中档车开始，继而成为丰田的终生消费者，逐渐购买其更高档的汽车。是不是新颖的车型、优惠的价格就能吸引年轻人呢？答案并非如此，因为年轻的消费者通常将丰田品牌视为父辈们的标志。为此，丰田应该采取的策略就是树立一个全新品牌，以一种新的方式开拓市场、销售汽车。

接下来，我们将把价值流的比喻延伸一下，谈一谈消费者价值流。就像丰田人力价值流以雇用终身员工为目标一样，消费者价值流的目标就是发展终生消费者。在一定意义上，发展终身员工所使用的吸引、培训、聘用及激励流程同样可以适用于发展终身消费者。在这里，我们不打算做过多的延伸，也不会详细介绍每个步骤如何应用于发展消费者，但我们要说的是如果丰田没有把吸引年轻消费者纳入价值流作为自己的目标，就不会有今天的赛恩。事实上，生产赛恩并不是为了获取利润——利润是很多公司都难以把握准确的一个概念。即便赛恩没有盈利，从长远来看它对丰田也是有益的，因为赛恩将更多的消费者纳入了价值流。从长期宣传的角度来看，这是一项百年工程。实际上，引导这些项目的主要负责人都养成了用丰田模式思考的习惯，他们都超越了赚取利润、获取奖金的目标。在我们采访的时候，凌志集团现任副总裁兼总经理马克·坦普林还兼任赛恩的副总裁，他解释了发展赛恩时所设定的初始目标。

我们认为最重要的指标并不是销售额或利润（这些并不是赛恩的全部），赛恩要做的就是打开通往丰田的大门。我们在努力接近年轻人。赛恩车主的平均年龄在30岁左右，这在整个汽车行业来说是最年轻的。尽管我们也记录赛恩所获取的利润，但并不总是把利润挂在嘴边。然而最终的结果是我们确实从赛恩产品的销售中获得了利润。从4年前首次发布，到3年多来全国范围内的推广，我们对赛恩的最初投资获得了回报。介绍赛恩不是用以说明如何赚钱的,而是为了学习新的经营方式。即使赛恩没有为我们赚一分钱,它也是很有价值的。我们把赛恩的经验传递给组织的其他部门,向丰田和凌志传授如何用不同的方式思考问题。

坦普林认为,将新消费者带到丰田大家庭的主要目标似乎已经开始发挥功效了。

我们希望以一种符合成本效益的方式将新消费者带到丰田经销处。迄今为止,80%的赛恩消费者都是丰田家庭的新成员——也就是说,之前其家人并没有购买过丰田汽车。虽然多数年轻人都知道丰田能提供优质可靠的汽车,但并不认为那是为他们提供的。我们需要通过全新的经营模式、全新的销售流程和市场营销提供全新的产品。早期结果显示,我们已经能够吸引新消费者加入丰田家庭,并有能力维系住这些消费者。赛恩车主在更换新车时所首选的10款车中有8款是丰田的车。

凌志所采取的解决方式都很昂贵,消费者享受的是债主般的待遇:送车上门、顶级的操作环境、高档的产品性能等。与此不同,提供给美国年轻人的必须是低价格、高价值的产品。更具有决定意义的是年轻的美国人希望自己所购买的产品能体现个性,因此多样化及个性化也必须成为车体造型的一部分。从很多方面来看,丰田所面临的挑战就是如何以较低的成本进行跟单定做。当然,丰田生产方式就是在日本销量较低的情况下,以较少的成本、使用灵活设备进行生产的基础上产生的。其实,这也正是将丰田生产方式的精华拓展到现代条件下的绝佳机会。丰田并没有投入大量资金去建立一个全新的分公司和全新的品牌,而是依靠员工的智慧采用一种相当精益的方法实现了该目标。

这真是一场涉及各个层面的攻坚战。首先需要改革设计和制造汽车的方式,为此销售人员和首席工程师在设计赛恩车型时进行了通力合作。他们选取了两款在日本很流行的小型车,把它们打造成了赛恩品牌。例如,很受日本年轻人欢迎的丰田bB(bB代表着其箱型设计中的大箱体)就被改造成了赛恩xB系列。

其次需要改变汽车的营销模式,对此赛恩需要和经销商进行有效合作。

在创建赛恩品牌过程中,吉姆·伦兹负责营销。美国的丰田汽车销售公司在设计营销方案时被赋予了很高的自主权,但同时也考虑到了丰田汽车公司以及经销处的投入。吉姆·伦兹在参观通用汽车巴西分厂时受到了启发,赛恩车型的部分设计构思也来源于此。

我们花了很多时间去世界各地的汽车工厂参观,目的是为了找出那些适合不同消费者的最有效的方法。雪佛兰塞尔塔是通用汽车公司在巴西销售的车型,研制赛恩的早期阶段我研究了这款车型并去了趟巴西。塞尔塔是一款用于网上销售的价格相当低廉的汽车,出厂时只进行了简单的配置。工厂可以把产品存放在院子里,当经销处有消费者需求时就可以直接运过去进行最后的组装。塞尔塔在出厂时的赢利空间很小,经销商主要依靠组装配件赚取利润。

在建造赛恩制造厂及配送中心时产生了两个关键性的概念:一个就是单一规格,即各经销处可以对同一规格的汽车进行个性化组装;另一个则是订单池式的配送方法。制造个性化汽车的最高境界就是完全根据每个消费者的订单生产,但是这对于日本的汽车工厂来说不太现实。吉姆·伦兹说,为了解决这个问题公司决定在工厂根据一些标准生产汽车配件,然后把它们汇集到港口,就像一个大型超级市场一样,经销商可以根据自己的需要进行运输。

那时,利用配件赶制订单以及利用港口工厂屯集存货完全是一种全新的做法。我们不是直接把赛恩运给经销商,而是先把汽车运到在一个集中的港口工厂存放30天。这样,经销商就可以与该地区的其他经销商进行实际交易,为那些希望尽快拿到汽车的消费者提供其所要求的汽车。因为存在颜色及变速器等方面的差异,所以进行配件安装的关键是为每辆汽车限定基本车型。确定车型后就可以在港口工厂或经销处安装汽车了。我们有能力额外提供50~70个型号各异的配件用以满足消费者独特的个性化需求。

消费者还可以在很多装置上进行选择,比如Led灯、杯托以及音响系统等,甚至还可以选择改善性能,比如调低弹簧、安装平衡杆以及冷气等。这种经营模式启动之后,很多公司都开始提供用于增强赛恩性能的专用配件。例如,保险杠配件以及能让赛恩汽车别具一格的车身侧裙等。这样做的目的就是在赚年轻人的钱时,尽量为其提供更多的东西,并让他们能够实现汽车的个性化。这种标准配件能够带来较高的经济效益,也在丰田的能力范围内,因为在出厂时它们就像可以批量生产的普通圣达菲香草汽车一样。坦普林说创立这种模式是基于年轻人既要融入社区又希望具备独特个性的心理需求。

年轻人也渴望驾驶豪华汽车，所以我们尽量以可承受的价格提供其需求的所有性能。与凌志类似，赛恩的所有设备都实现了自动化，赛恩还配备了与苹果iPod互接的音响系统。而一般情况下，只有豪华车才会配备这些设备。我们销售价格仅为15 000～18 000美元的汽车都配备了大量的标准化设备和安全装置。下面讨论一下非常有趣的个性化问题。年轻人是在追求个性的环境里长大的，他们所做的每一件事都要体现自己的个性。手机上的壁纸和铃声，孩子牙把的颜色，他们所发明的使星巴克咖啡实现个性化的各种各样的冲泡方法，以及在网上购买个性化耐克鞋的能力都能体现出这一点。我们希望在销售赛恩的时候尽量实现个性化。人们希望自己引人注目，但是为了突出自己首先需要融入团体，成为团体的一部分。这种需求可以在赛恩车主群体中得到满足。

在生产赛恩时，借助于自有的基础设施，丰田可以把成本控制在很低的范围内，而且赛恩为消费者提供的购买体验是非常独特的。这需要从纯粹价格的概念说起。通过深入研究，丰田发现年轻人并不热衷于讨价还价，他们所关心的是能否获得一个合理的价格。他们不希望看到自己的朋友能以更低的价格买到相同的产品。赛恩的"纯粹价格"与土星汽车的单一价格还有所不同。赛恩的经销商有权根据当地市场调整产品价格，但一旦确定了某种车型及配件的价格，就不能再改变。这样下一个购买者就不需要再讨价还价了。克里斯库罗是凌志经销商，他同时还拥有一个赛恩经销处。

赛恩是唯一只定一种价格的车型。这种做法非常适合赛恩，因为其消费群体很独特。赛恩的价格必须保持一致，即便是维修也需要保持一致，比如，调整发动机的收费——一旦我们设定了费用，收费就必须一致。我们给配件的定价也是如此。我们每个月要销售20～25辆赛恩。对赛恩汽车我们不发送折扣券，服务费用也不打折——这就是单一价格理念。但赛恩最初的两次维修（比如上油、换防冻液、检查等）都是免费的。

在广告宣传方面，赛恩改变了传统的广告和营销方式。一般情况下，他们会与一个代理商签订合同解决全部的问题，但在本例中，他们采用的是"细分"的方法，由不同的人负责不同的营销计划。伦兹解释说：

> 我们有专门负责直销的公司，有专门负责在运动项目、电视、广播和因特网上进行广告宣传。我们对所有的营销途径进行了分类，找出每种途径的最佳广告商，并让他们像一个团队一样相互合作。这样，就能以一种独特的方式与消费者交流。丰田花在电视媒体上的广告费是丰田所有广告费的95%，而赛恩花在电视媒体上的费用仅占其所有广告费用的50%～60%。

赛恩已经超越了通过销售产品来组织有激情的车主建立车主社团的阶段。这种情况同样发生在某些产品的用户身上，如苹果麦金托什电脑或哈雷·戴维森的用户。赛恩在做这件事时非常具有策略性。就像本章开头所介绍的北卡罗来纳篇的使命宣言一样，赛恩创建了车迷俱乐部，各地的车主汇集到这里建立联系网分享他们对赛恩的激情。这种活动所带来的宣传效果是用钱买不到的。丰田也鼓励通过自身以及经销商所组织的营销活动来创建这种类型的社团。丰田所组织的每项活动都有一定的娱乐性，或者都有一个与当地情况相适应的主题。坦普林说这些活动具有多重目的：

> 我们会举办两种活动，一种针对市场中的时尚人士，因为他们会跟其他人说我们的品牌很独特。为此，我们尽量通过一些艺术、音乐、时尚以及电影活动来支持一些有创意的社团。我们每月要举办一百多场活动，多数活动都是用来吸引那些更具代表性的赛恩车主。除了一些全国性的活动，我们还会为地方机构提供举办活动的资金，也会为经销商的活动提供资金支持。赛恩俱乐部也会自己组织活动。在针对时尚人士的活动中，我们会租借长廊空间，将其作为年轻人的聚会场地，免费对年轻的艺术家开放，供其展示自己的作品，同时传播丰田的信息。如果服装设计师或画家卖出了自己的作品，他们还可以继续展示新的作品。另一个例子就是在纳氏草莓园举办的批发销售活动。在万圣节期间，我们会邀请赛恩车主以及一些潜在的消费者参加纳氏草莓园的年度盛会。去年，赛恩车主开着3000多辆汽车集体亮相。这样做还可以为市场营销人员以及首席工程师们提供一个与车主交流的机会，借此了解车主所关心的事情。

丰田并不强迫赛恩的经销商们参与这项看似很有风险的投资,但1200个赛恩经销商中有950个会选择参加此类活动。原因之一就是他们可以通过这些活动与其他经销商广泛交流。赛恩团队曾经策划过半拖车的销售,所以他们能够在赛恩汽车的独特销售方式以及目标市场的独特性方面为经销商提供专业化的指导。既然销售过程就是为消费者创造一种归属感的过程,那么从创建经销商协会着手是很合理的。此后,经销商协会召开了全国性大会,6000多人聚集在一起分享彼此的成功经历,讨论即将发布的新产品等。他们还提出了一个称为"赛恩拥护者"的新概念。一些经销商同意挑选一些销售人员,尤其是那些对赛恩品牌很有激情的销售人员扮演"赛恩拥护者"。提起赛恩,坦普林就有一种抑制不住的激情,这对于他来说有很多的乐趣:"那些拥护者真的充满了激情。他们生活在我们努力营造的文化氛围中,呼吸着丰田文化的空气。这些拥护者能够与消费者保持良好的关系。多数拥护者都很年轻或者心理上很年轻。我们为经销商准备了一些圆桌,按地区把赛恩拥护者和其他的经销商安排在一起进行讨论,分享经验。"

很显然,这是丰田在一个全新品牌上所进行的一项巨额投资,利用全新的制造和配送方法,甚至营销方法也是全新的。有人认为,在这种情况下公司的首要任务就是增加员工和必要的基础设施,事实真是这样吗?答案是否定的。如果你是丰田并已经培养了一批优秀员工,那么你就不需要这么做。高成本的基础设施导致的是高成本的产品,而这无法达到赛恩的目标。坦普林解释了赛恩的精益路径。

赛恩的启动是由一个只有5人组成的创始项目组完成的。当然后来人数稍微有所增加,现在我们整个团队只有17人,不久将要增加到19人——19人就可以经营整个分公司。我们依靠的是团队合作。没有人需要身兼数职,每个人只需负责一个职位。我们充分利用丰田其他的资源。另外,我们还有40名现场办公人员,由他们负责拜访经销商。至于配件管理、市场营销以及协调现场办公人员等则由我们这19人负责。没有哪个汽车公司能仅用60个人就支撑起一个品牌。当然,可以利用公司的其他资源,任何不与消费者打交道的事项都可以利用现有的经营团体,这样就能让更多的人参与到赛恩的创建中来。

在阐释各种战略、有针对性的创新及卓越的运营与丰田模式的密切联系方面，赛恩也是一个典范。图17-2概括了这些联系。首先要对消费者进行深入剖析，以清晰界定消费者需求；然后通过广泛调查各种配件的规格，确定汽车的单一规格以及后期提供配件的方法。另外，丰田生产方式的卓越运营以及销售组织在丰田内部调动资源的能力使得赛恩汽车的研发及品牌经营成本维持在较低的水平，从而使得丰田能够为年轻人提供高价值的产品。

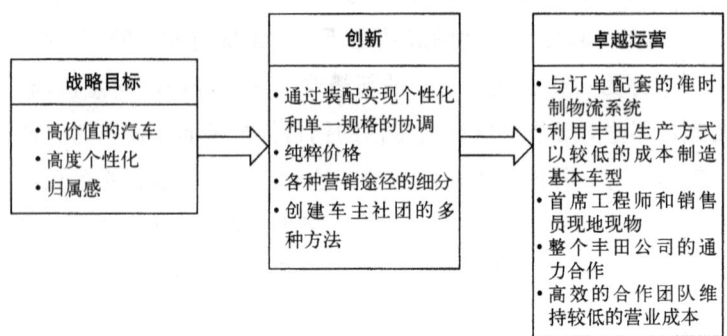

图17-2　赛恩的战略创新与卓越运营之间的关系

对于丰田汽车销售公司来说，凌志和赛恩是两项突破性的创新。从这两个实例中都可以发现提出和引进一个大的设想之后，随之而来的就是通过大量的持续改善使其不断成熟和完善。那么接下来要做什么呢？答案就是，通过美国境内的整个经销商网络广泛传播这种经验，继而把消费者体验提升到新的水平。

丰田已经开始致力于更高水平的改善，争取能够终身保留这些消费者。他们仔细研究消费者体验的每个方面，因为每个细节都至关重要。吉姆·伦兹对此做了如下解释。

简言之，这就是一种草根式领导。我们要求组织内的每个人都能采用自下而上的思维方式，而不是自上而下。但是在很多情况下，尤其在销售环境中人们倾向于采用自上而下的管理方式。

多年来，丰田一直致力于提高消费者满意度。而现在对于消费者满意度，他们已经不再拘泥于那些静态的测量了。丰田更重视的是如何才能建立起长期的消费者关系，这比那些粗糙的消费者满意度测量更进了一步。赛恩副总裁杰克·哈里斯这样解释道：

在我们的追求中，消费者满意度所占的比重实在是很少，或者说比我们所希望的要少。满意可以针对一次性的体验或一次性的交易。但我们关注的不只是消费者的一次性体验，更关心的是其在反复交易中的体验，因为公司的目标是保持较高的消费者维系率和消费者忠诚度。我们想更深入地做。怎样才能与消费者建立起良好的关系呢？除了购买之外，整个购物经历都能让消费者满意吗？交货后的消费者满意度如何？我们与消费者建立的是一种什么样的关系？怎样才能让其成为回头客？以上只列举了一部分，但却涉及了很多内容。大量调查显示我们的消费者工作做得相当好，消费者满意度在提高，配送质量也在提高。我们的工作已经做得很好了，但怎样才能做得更好呢？

既然经销商最直接地影响消费者的体验，那么丰田创建某种经销商质量工程似乎是必要的，比如说为最佳经销商设立各种奖项等。但哈里斯并不同意这种观点，而且丰田汽车公司得出的结论是必须从自我审视开始。

过去，我们也开展过类似的活动（设置了各种级别的奖项），但是这样做是远远不够的。我们直接传达给经销商的信息是公司正在进行自我评估。我们告诉经销商，在我们认定哪些事项可以采用不同的处理方式之前，不要改变既有做法。我们需要研究哪些事项有问题？哪些事项很成功？当然，经销商希望知道的是："好吧，你希望我们做什么？"我们的回答是："请你先回去，我们正在研究能帮你们做些什么，为成为最好的经销商而继续努力吧。"所以，我们需要对内部的员工、流程以及政策等进行细致深入的研究，以确保做好长远的打算。我相信这确实是一条非常独特的信息，经销商告诉我们说，他们也有点不太相信，但很欣赏丰田的这种做法。但不管怎么看待这种做法，丰田确实一直都在成长，而且从销售额和利润来看，我们的绩效成绩在世界一直是名列前茅的。做到这些之后，我们就能够利用现在的大好时机进行自我反思，剔除浪费以避免将来拖后腿。与消费者建立起良好的关系是我们取得成功的主要因素，也恰好是我们目前最关心的问题之一。

赛恩所采用的方法符合丰田模式的第9项原则：把彻底了解且遵循公司理念的员工培养成为领导者，使其教导其他员工。除非丰田汽车销售公司成为践行丰田理念的领袖，否则就无法要求经销商服从自己的领导。经销商不服从其领导也可以，但如果他们在消费者满意度方面没有达到标准该怎么办？丰田当然有权惩罚那些没有达到标准的经销商，但那样做与丰田尊重员工的理念不符。吉姆·伦兹解释说，丰田选择采用榜样式的领导以积极的愿景来激励经销商。

我们非常信任经销商。既然我们选择与其共享未来，就要与之共享信息和有效的工具。我们并不总是对经销商指手画脚。我们更愿意向其描绘与丰田合作的美好前景。最终的决定都由经销商自己做出。另外，我们很少提谁是最好的经销商，谁是最差的经销商。顶级的经销商都做得非常出色，我们也要持续向他们学习。但我们认为那些中级的经销商才是主流，需要积极地影响他们。我们希望帮助其提升消费者的总体体验，并且希望那些位于底层的经销商在看到其他经销商的巨大成功后，也能选择与我们合作。

"凌志协议"是这种高度自我反思的一个起点，是在凌志创立时期形成的，反映了尊重员工和持续改善两大理念。后来，又形成了与之类似但适用于丰田其他品牌的"丰田承诺"。下面列举几项丰田汽车公司希望在服务消费者方面得到践行的价值宣言。

- 我们从未停滞不前。即便在其他人停下来休息的时候，我们仍需继续前行以便寻找机会做得更好。
- 我们要像欢迎嘉宾一样欢迎消费者，并以其希望的方式来提供服务。
- 我们尊重消费者以及同事的时间和财产。

丰田汽车销售公司一直在这些价值观上进行自我反思，尽最大努力改善自我和消费者体验。他们想知道怎样才能更好地支持经销商。丰田学院教育方面的负责人玛米·瓦里克非常支持这种努力，认为这是丰田文化的一种反映。

"凌志协议"㊀是丰田文化的一种反映，形成于凌志创立之初。对他们来说，该协议从一开始就已经成为文化的一部分了。我们的立场是，如果自己都无法进行充分论证，就绝不会轻易要求经销商改变既有的做法。丰田学院的使命就是推动培训项目在组织内的开展，从新员工到高级主管都要学会权衡消费者和利益相关者之间的利益需求。随着你在组织内职位的提高，你遇到的事情也越来越复杂。我们称之为"解决问题"而非"机会"，目的是为了

㊀ 原书是"丰田承诺"，但根据整段话的意思，此处应该是"凌志协议"。——译者注

创造一种紧迫感。在"解决问题"期间，我们的协调员乔和鲁斯要以丰田价值观作为过滤机制，指导业务部门学会解决自己的问题。学员会带着问题来找我们，我们会采取一种能够体现丰田模式价值观的方式帮其理出解决问题的框架，然后再为其提供一些实践模式。

小结

在第16章和第17章中，我们深入研究了丰田汽车销售公司，深入探讨了其如何在组织内部深化丰田模式，以及如何在尊重员工和持续改善的价值理念下与经销商进行合作。这是一个长期的学习过程，没有明显的起点和终点。它不是一个项目，也不是一个方法论的简单展开，更不是一项慈善活动——底线式经营的效果很惊人，即使其他竞争者的市场份额和利润在持续减少，他们的销售额和利润仍能持续增长。读完第16章和第17章后，如果你认为自己的公司正在实施的精益或六西格玛项目与丰田汽车销售公司所采取的改进方法非常相似的话，我们建议你不要再接着读第18章了。然而，如果你感觉自己的公司与丰田汽车销售公司之间存在巨大的差距，我们就建议你继续学习第18章。在第18章中，我们将讨论应该如何进行自我检验，以及如何审视自己的文化。

Toyota Culture 第18章

建立培养优秀员工的企业文化，实现长期共同繁荣

> 千万不要试图在开始就改变文化。应该从组织所面临的经营问题入手，只有把这些问题弄清楚了，才能知道改变文化能否促进问题的解决。文化是由过去的成功所累积下来的，要将其视为力量的源泉。
>
> ——美国麻省理工学院斯隆管理学院教授，埃德加·沙因

18.1 精益改造：减少浪费的工具还是文化变革

丰田的老师教导我们在解决任何问题之前要先了解目的。精益的目的是什么？这得从头说起，创造"精益"这个词的目的就是为了描述生产和管理的新典范。下面将从丰田的视角入手，以丰田为例来介绍精益。

整本书都在强调，丰田汽车公司不仅仅是一个向股东递交财务报告的企业，它还是一个社会组织。很多企业家的经营目的是变得富有并早点退休，但这不是丰田佐吉的追求，他发明自动织布机的目的是将当地农村的妇女从繁重的劳动中解脱出来。当然，丰田佐吉对自己的儿子也寄予了厚望，他对儿子说："我为社会做出了自己的贡献，现在轮到你了。"丰田喜一郎掌管公司时没有辜负父亲的期望，丰田陷入困境时迫使部分员工自愿辞职，为了公司的长远发展他也引咎辞职来承担责任。不管是丰田佐吉还是丰田喜一郎，他们都是以为社会做贡献为己任，所考虑的是建立一个能够为世世代代带来繁荣的、基业长青的社会组织。

虽然丰田早已成长为一个全球化的强大企业，但是领导者一直在努力维

持公司建立时的初始价值观。张富士夫在《丰田模式2001》的序中写道：

> 自丰田创立以来，我们一直坚持着通过生产高质量的产品和提供优质的服务为社会做贡献的核心原则。我们的工作方法和活动都是基于该核心原则所衍生出的价值观、理念和方法……所有这些统称为丰田模式。

将这些价值观、理念和经营方法集合在一起就构成了一种文化。在第1章，我们研究了文化的概念，很显然丰田模式满足这个概念的要求。丰田模式是一种具有强大生命力的文化，丰田的领导者一直在努力使之更强大并推广到世界各地。

本书自始至终都显示出丰田模式在一定程度上反映了东方的理念和思想。不可否认丰田是一个日本企业，它成长于日本。我们还知道，丰田的领导者在长达20年的时间里潜心研究丰田模式的文化精髓，并成功地将其传播到世界各个国家和各种文化里。这花费了大量的心血和耐心，不过丰田仍然处于学习阶段。丰田的成功表明尽管需要适应不同的文化，但是丰田模式的组织文化可以融入其他的文化中。很显然，丰田的领导者认为必须在全球的丰田公司内建立丰田文化，因为它是竞争力的主要源泉。

《改变世界的机器》一书首次提出了"精益生产"这个词。该书主要描写了丰田生产方式和丰田公司的其他流程，比如供应链管理、生产开发和分销等。该书的结论是丰田创造了管理企业的新范式。"范式"是一种截然不同的思维方式，它过滤着人们看待世界的方式、人们接受的真实数据以及信仰。"精益生产"是一种新的范式，将逐渐取代西方绝大多数行业所采用的"大量生产"的思维方式。该书认为企业需要向新的范式转变，否则将无法在竞争中立足。因为在现代快速变化的社会中，消费者希望在满足自己独特品位的基础上获得更多的价值，而精益生产能更好地适应这种需求。

由于这本书开创性地介绍，"精益"一词迅速风靡起来，每个人都在学习精益项目。与此同时，由于联信公司和通用电气公司等企业所取得的成功，六西格玛也发展起来。于是，这两者不可避免地结合到一起组成了"精益六西格玛"。虽然所有这些努力都是为了改善，但是在此过程中是不是也丢掉了些什么呢？

在本书中，我们认为在此过程中的确丢掉了一些东西，丢掉了丰田模式的精髓——公司的灵魂。我们相信对于绝大多数企业，六西格玛已经成为降低成本和改进质量的工具集。精益六西格玛在董事会的控制之下，而董事希望经常报告精益六西格玛项目的短期经营结果。尽管丰田也采用了一些程序来强化思考，但是丰田模式不是一个程序。精益六西格玛的方法恰好与西方只考虑简单的因果关系并将企业视为一个运用适当工具箱来实现财务目标的技术系统的思维方式相适应。这种思维方式完全依赖于丰田模式的人力资源系统。

现在回到本章开头所提出的问题，精益改造的目的是什么？是不是运用工具消除浪费来实现关键绩效指标的短期改进呢？是不是向丰田学习如何成为一个具有高度适应性和竞争力的学习型组织呢？我们认为，回答该问题的方式就决定了你实现精益改造的过程。

我们认为，这本书对于那些有降低成本、减少残次品的数量、解决配送问题等短期需求，并且仅仅希望通过精益六西格玛改造解决这些短期需求的企业来说没有多少用处。很抱歉在本书最后才告诉你这一点。本章将为那些渴望建立成功的常青企业的人士提供一些建议。你首先需要了解一下自己所面临的挑战，即丰田文化产生于日本，其他企业尤其是西方企业很难复制。

建立一种文化是挑战，改变一种根深蒂固的文化更是一件令人心悸的事，但是这并不代表没有希望。回顾一下几个世纪以来那些成功和失败的管理变革将有助于你了解文化变革的难度。首先我们会对这笔丰厚的遗产进行概括的介绍，然后将针对引进人力资源系统模型各部分的具体步骤给出详细的建议。正如本章开头所引用的沙因的观点，试图直接改变整个文化不是成功之道，也不是一个好主意。希望在最后一章能为那些正在向成功学习型组织迈进的企业提供一些有益的建议。

18.2 在传统西方管理模式下建立优秀人力价值流所面临的挑战

20 世纪 80 年代初，日本小型汽车如潮水般涌入美国，占领了低端市场，美国汽车制造商谴责这种局面是由不公平贸易、低工资以及日本政府与企业的阴险合作所导致的。但是，他们逐渐发现消费者确实喜欢这些悄悄进入美国市场的小车，其中的关键在于美国汽车与日本汽车的质量差异。日本汽车企业正在努力制造具有合理特征和几乎不需要维修的高质量汽车。

这种启示在 20 世纪 80 年代的质量运动中展现出来，戴明、朱兰和石川等质量管理大师也推崇日本管理系统的优点以及质量理念。质量运动发起的历程本身也是美国文化的反映。戴明主张用统计质量控制来了解和控制变异,于是一时间每个美国汽车制造商都在教授统计学,甚至车间里仅有高中文化水平的工人也要学习。后来,克劳斯比宣称"质量是免费的",并传授衡量质量成本的方法,于是许多主管又争先恐后地赶往佛罗里达学习如何计算质量成本。克劳斯比认为如果在流程的早期就关注质量问题,那么就可以消除大量的后期成本,从而使得前期的投资获得可衡量的回报。

后来,美国主管超越了这一层面,他们发现日本的车间员工能提出大量的建议并且非常注重细节,于是也开展了一些类似的项目,比如福特的"员工参与"、通用汽车的"工作生活品质"等。从管理层自上而下雄心勃勃的减员计划,到对员工培训和致力于改进流程的解决问题团队进行的投资,所有的一切都表明忠实的信徒在努力改变文化。20世纪80年代末90年代初是汽车行业比较活跃的时期,管理层和工会开始了空前的合作,员工开始发挥自己从未意识到的潜能。很多在学校里成绩落后的计时制员工在这种环境中非常活跃,承担起了领导者的角色,培养了组织和分析数据、组织团队会议、做演讲、解决复杂问题的能力。这些员工以各种各样的方式发展着,给其家庭生活带来了积极的影响,同时他们也在社区组织担任领导。

那些曾因为重要、强硬、能够使员工害怕而被雇用的主管一开始对其"参与式管理"的新职责很谨慎。福特的一个主管很沮丧地抱怨:"过去他们训练我们攻击狗,现在却又转而让我们像呵护宠物一样呵护员工。"有些主管在挣扎,另外一些意识到,担当严厉的警察这一角色压力很大,也令人厌恶,于是开始尝试自己作为协调员和教练的新角色。对于那些建立在长期对抗关系基础上的保守的制造工厂,其文化能够改变吗?不过,20世纪80年代末采购领域也发生了类似的革命,以前为了寻求利润最大化采购者都是强硬的谈判高手,但是现在他们却需要同供应商和工程师建立伙伴关系来降低总成本。美国人一直在防御的日本人的影响开始瓦解美国汽车行业的结构,呼吁企业人性化的一面。

员工参与、自然工作团队和建立供应商伙伴关系的尝试都实现了。例如,克莱斯勒的发展在达到顶峰时(被戴姆勒收购之前)实现了显著的创新,与此同时,通过跨职能平台小组、与供应商的合作和员工参与降低了成本。莱克记得当时曾经建议丰田对20世纪90年代克莱斯勒的准时制物流与丰田在北美的方法进行比较。丰田说不行，因为他们担心克莱斯勒成为一个太强大的竞争对手。当时，克莱斯勒正在成为一个学习型组织，与丰田进行激烈的竞争。但是，当戴姆勒将克莱斯勒收购之后一切戛然而止，引导这一学习旅程的领导者都被赶走了，重点开始实施和巩固管理101中所提出的理性大公司的行为方式。克莱斯勒、福特和通用汽车等企业取得的显著进步开始使丰田的领导者变得紧张，但是这些进步并没有持续太久。

可能有人会说，20世纪八九十年代是美国汽车行业的黄金时期，但是大好的形势最终被兼并、收购和失业踢到了一边。这并不表示美国的汽车企业什么都没学到，比如员工的参与度得到了提高，公司可以做出取消某个项目和解雇员工这样的经营决策，或者某个正在学习成为伟大领导者的工厂经理，实现了某些财务目标后被轮换到一个完全不同的岗位。在汽车市场衰退时为了降低成本，公司为那些领导汽车开发项目突破记录的工程领导安排提前退休计划。来自外部（竞争压力、市场情况、错误的产品赌注）和内部（CEO的变更、管理层的巨大波动）的无数变化使得组织很难实现持久的、高水平的学习。

尽管美国的汽车行业曾经出现过多次改革的顶峰，但是每一次都伴随着同样剧烈的下滑。2003年左右伴随着石油价格急剧攀升而至的新一轮衰退似乎把汽车行业推到了边缘，数万名员工被解雇或被鼓励自愿辞职。这标志着一个时代的结束。

经常有人问我们为什么丰田会如此高尚地向竞争者敞开大门，允许对其工厂进行公开甚至是私人的参观呢？还有人经常问美国汽车企业比如拥有NUMMI一半股份的通用汽车公司，参观了丰田生产方式的运行，雇用了丰田前任经理作为顾问，为什么它们无法简单地复制这种生产方式来抵消丰田的竞争优势呢？这个问题反映了人们对促进高绩效组织运转因素的一种潜在文化假设。该假设认为存在一组能够提高企业绩效的、可以安装的技术系统和程序，而主要的障碍是学习这些技术和程序。按照这种假设，既然美国汽车企业观察和学习了丰田生产方式，只要通过简单的尝试就可以在自己的公司内实施。但是，正如故事后半部分所显示的那样，美国企业并没有学好摆在他们面前的生产方式。于是企业认为答案肯定是管理层无能，于是就解雇他们寻找能够正确学习这种生产方式的新主管。

我们认为有一组更深层次的假设蒙蔽了美国管理层的眼睛，或许面对如此严峻的障碍他们根本不能按照自己所学到的方式开展工作。这些假设遍布于企业的各个角落，变换管理团队绝对是没有希望的策略。我们用简单的模型来说明这种假设，如图18-1所示。西方机械论的假设是：成功的关键在于正确做出应用正确工具和技术的决策。决策由谁来做呢？当然是高层管理者。合适的高级主管制定正确的战略，对正确的产品和技术进行合理的投资，公司就会获得竞争力，为股东创造更多的财富。股东投资的目的是赚钱，如果股价停滞不前，唯一合理的决策是用能够做出更好决策的主管代替原来的主管。我们并不是说这些假设总是错误的。但是历史证明用那些经营决策激进、充满幻想的团队替换旧的管理团队，他们一般会采取诸如停产某些产品、关闭某些工厂、与适当的企业合并或兼并适当的企业、开拓新市场等重大经营决策促使股价上涨。虽然我们不是股票市场的专家，但是也会注意到一种令人困扰的趋势即那些急剧上涨的股票同样会迅猛下跌。

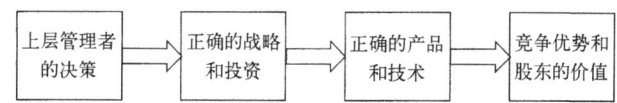

图18-1 传统的经营假设：聪明的决策、正确的工具和技术创新竞争优势

丰田并不擅长兼并或重组，对于迅速增加股东价值也不在行，他们完全是在玩另一种游戏。对于丰田来说，这种游戏是通过不断寻找增加社会价值的新方式来促使人力资源系统的稳定成长。高级管理者都是内部培养的，无论在什么时候都是相互信任的守护者。相互信任涉及所有的利益相关者——员工、经营伙伴、社区和社会。丰田模式潜在的经营假设如图18-2所示，其重点是对优秀员工、培养员工的支持系统和一种强大文化的投资，而这种文化通过分享价值观、信仰和目标将各种目标联系在一起。

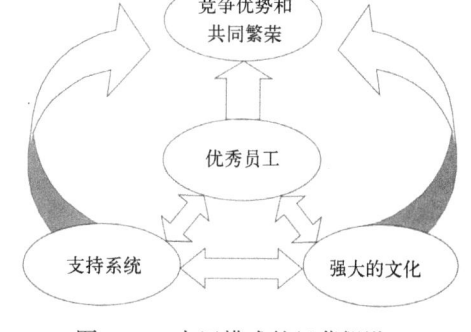

图18-2 丰田模式的经营假设：优秀员工创新竞争优势

丰田模式的核心内容可以追溯到20世纪80年代。那时质量管理领袖主张在制造产品的过程中控制质量而

不是事后检查。消费者看到的是高质量的产品，但本质上来说，丰田模式是基于优秀员工建立和改进的高质量流程生产出高质量产品这一牢固的信念。不幸的是，看起来你可以实施优质的工具或技术，但是却无法获得优秀的员工。这就是为什么在过去的30年里美国汽车企业断送了大好的发展机会的原因。他们用了30年的时间进行文化变革，他们不断重复开始培养优秀员工和建立支持文化的程序，但是都很快被短期的经营决策破坏了，这些经营决策没有反映尊重员工和持续改善的价值观。

在与古田清的一次会面中，我们进行了一次深入的学习，他画了一个简单的矩阵来说明过程导向与结果导向的区别（见图18-3）。他解释道，每个人都认为×不好——差的流程产生差的结果。他们也认为比较理想的是圆圈，即好的流程会得到好的结果。好的管理者与差的管理者之

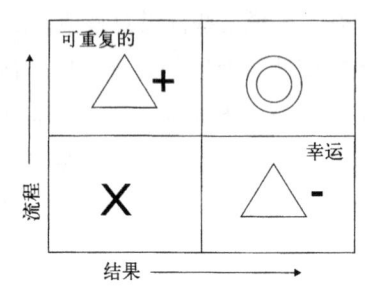

图 18-3　差的流程产生好的结果仅仅是幸运

间的区别在于其如何评价产生差的结果的好的流程以及产生好的结果的差的流程。绝大多数人会选择产生好的结果的差的流程，当被问及其老板喜欢什么样的情况时尤为如此。如果衡量和奖励的都是结果，那么结果就是我们的目标。古田清非常激动地说，差的流程产生好的结果只是一种幸运，说明不了什么。丰田会选择好的流程而不是好的结果，因为这样做至少会有一个持续改善的起点。流程是可重复的，因此可以对其进行分析并利用PDCA找出对策。这是获得可重复结果的唯一方式。

我们最后考虑的问题是：既然西方企业的文化与丰田文化差异如此巨大，那么他们能否真正从丰田文化中学到有用的东西呢？改变文化可行吗？西方企业能从一个扎根于东方文化的企业学到什么呢？持有短期的、个人主义思想观念的美国人能为共同的目标而合作吗？对于这些问题我们仍然保持乐观的态度。事实上，美国以及欧洲的汽车行业通过一些实验证明，员工参与、注重质量、跨职能团队以及与供应商合作等都有可能在西方实现。通过个人案例分析得到的证据也是毫不含糊的。丰田文化能起作用，而且已经起作用了，结果也非常好。真正的问题不是它能否起作用，而是我们能否让它起作用。

我们知道在构建质量文化方面企业需做些什么。答案就在整本书一直描述的人力资源系统模型中。首先从优秀人力价值流开始，然后需要支持系统和日常管理行为始终支持优秀员工。这并不容易但是完全可以实现。不幸的是，真正阻碍文化变革的恰恰是需要变革的文化。

在本章，我们将讨论以人力和产品价值流为重点的文化变革的程序。以杜绝产品价值流浪费为目标的精益方法，在为员工提供学习新角色和新技能的机会方面起到了关键性的作用。文化变革不能通过文化变革程序来完成，而是通过长期培养以开发和生产高质量产品为重点的良好工作方式来实现。高级管理者必须非常清楚自己要通过这些项目实现的目标。是运用某个工具箱实现短期成本的降低、向投资者提供赢得赞扬的报告呢，还是致力于建立一个能够不断找到新的增加消费者价值方法的学习型、适应性强的企业呢？我们可以建议怎么做，却无法让每个人都去做。变革的激情必须来自于内部。

18.3 组织改造的不同方法

"精益改造"肯定不是第一种尝试创建一个不断改善和适应环境的组织的方法。事实上，好的企业在向精益转换的过程中运用了许多其他方法。这值得我们考虑一些精益改造的替代方法，尤其是与精益相对照的六西格玛、精益六西格玛和丰田模式。我们将通过大船和小船进行精益改造的例子来比较这些方法。

18.3.1 大船和小船的精益改造对比

大船和小船是两个专门为潜水艇和航空母舰等大型防御舰船提供维修和检查服务的真实船坞的假名，它们同属于某大公司。2001年，一名负责管理那些按丰田模式传统工作的合同制顾问的高级主管开始着手帮助该公司进行精益改造。该主管认为要提高竞争力必须进行精益改造，却没有意识到改造的紧迫性。他不想强迫船坞进行精益改造，而是想通过向它们揭示这种想法来激起其自发投资进行改造的热情。

尽管这两个船坞同属于一个公司，但是大船和小船分别采用了截然不同的精益改造方法，事实上，两者是以竞争的方式启动改造计划的。双方都想按照自己的方式去做，以证明自己的方式是对的。大船倾向于官僚化，采用了机械的方法进行改造。它首先建立了一个精益六西格玛学会，然后用各种度量标准推动项目的开展。小船具有团队合作和解决问题的文化，采用了一种比较有组织的方法。它首先在球阀修理车间运用了一个深奥的模型。尽管两者都有一些好的做法，但是没有一个是与丰田模式相吻合的最佳做法。此外，它们在按照自己的方式向精益和六西格转换时显示出了一些共同的趋势，也都取得了一定的成功。接下来我们将分别描述这两个例子。

案例18-1　　大船机械的精益六西格玛改造
罗伯特·库克纳

大船是一个拥有7500名员工、为海军修理潜水艇和航空母舰的船坞。它隶属于一家大公司，并且是该公司最大、最具影响力的船坞。过去，它在质量和效率方面的名声很差，后来通过模仿布德里奇美国国家质量奖的方法实现了巨大的提高，并得到了公司内部的承认。

当公司的运营主管宣布2001年将举办非现场研讨会学习精益方法的时候，大船没有任何热情，因为他们对布德里奇全面质量管理方法充满了信心。他们不愿意参与，而是同意与一个外部顾问开一个持续改善的研讨会。他们挑选了一个没有实际实施价值和管理支持的管理项目，似乎想以此来破坏公司的程序。

当看到公司非常认真地对待精益时，大船提出了一个符合其官僚作风的方法，建立了一个学校，通过新成立的精益六西格玛学会积极地培训黑带专家和高级管理者。大船的部署策略是从一个汽车设备制造商那里雇用一个六西格玛黑带，并由其领导4～6个月的项目来实施精益生产和六西格玛。大船成功地建立了支持精益生产和六西格玛的大型基础设施，并受到了公司总部的赞扬。但是从船坞里走一圈很难发现精益的影子，而看到的实际情况是：几乎没有可视化管理，大量的库存，差劲的5S管理，没有标准化工作，基本看不到员工的参与。

在接下来的几年里，大船继续培训黑带和绿带专家，把他们安排到组织的各个主要部门。有许多项目都汇报实现了节约，却看不到变化的证据。最后他们决定将加工车间作为实验区实现制造领域的5S，其中有一个汇报说减少了35吨的浪费，实现了可视化的效果。接下来是的持续改善事件来强化加工车间的目标化流程。

在这些强化努力的基础上，黑带被安排到加工车间提高技能，他们开始怀疑精益六西格玛学会肤浅的培训。就像最高级的黑带转换中介对此的描述："员工参加6周的培训项目，当他们回来时，我要做的第一件事就是对其进行再培训。"老师所讲授的书本知识与老练的转换中介的实际经验之间开始存在偏离。

随着时间的流逝，公司总部认为需要一种进行精益六西格玛转换的统一方法，并采纳了精益六西格玛学会的方法。他们运用了大量的度量标准和标准路标，期望所有的船坞都采用曲奇－切割机法。因为这种方法很大程度上模仿了大船的做法，所以大船非常愿意遵循。大船感觉到"现在我们可以进入精益的下一阶段了"。

现在，大船派了一个最具进取心、最受尊敬的管理者去视察精益生产的开展。他依次实施，通过命令和控制进行视察。大船制定了严格的实施战略，以改进事件的数量、参加者以及实现的创新等形式为每个管理者和部门制定了定额。为了达到管理者的定额，大船所有的部门都在开展精益生产，并且每个部门都形成了内部典范和专家意见。但是，大船的各部门独立工作，不愿意分享资源，拔尖的人很少参与自己部门之外的精益事件。最终，在各部门内出现了一些创新成果。

虽然经过6年的精益改造，但是他们对精益的执行和理解仍然比较有限。于是，大船开始和小船交流，并认识到需要回到基本点找出关键。大船把注意力放在了精益生产的基础上。大船的经验是以建立新的基础设施为基础，缺少小船所经历的广泛参与和文化变革。组织减少了正在进行的创新的数量，将注意力集中到深入培养可供学习的典型上，将加工车间作为重点培养对象。

案例18-2　　　　小船有组织的精益改造
罗伯特·库克纳

小船是一个拥有约4500名员工的组织，与大船属于同一家公司，但是专门从事潜水艇的修理工作。小船以其特殊领域的专门技术为基础修理潜水艇并在公司内享有盛誉。

当公司在2001年启动精益改造时，小船积极参与了最初的培训，并投入到由专家领导的为期一周的持续改善事件中。小船的第一个持续改善事件的目标是球阀修理流程,该流程的运行显著超出了成本和循环时间,存在明显的质量问题。在一周的时间里,小组清理了工作场所,重新整理了工具,改进了工作流程并在工作场所实现了基本的可视化管理。尽管一开始存在怀疑,但是改进的努力得到了回报。然而,小船并没有将这种精神发扬下去,改进的成果也没能保持住。不久,工作场所又回到了先前的流程和绩效水平,人们开始怀疑。

在放弃了6个月之后,公司总部鼓励他们继续进行改善。于是小船安排一位德高望重的高层领导者、前生产导向型项目经理作为实施精益生产的主管,并雇用一个外部顾问协助其进行精益改造。小船试图通过他们将球阀修理车间树立成一个真正的典范,从而恢复精益改造的实施。这是一个很小的区域,仅有12名员工,在一个比较孤立的位置。在一年里的时间里,精益专家住在这个地方,每天指导团队。在这12个月里,球阀修理小组与顾问一起工作,做出了许多反复的改善,这些改善加起来对其运作和结果产生了重大的影响。球阀修理的循环时间平均降低了83%,工作时间不变、成本降低了(消除了加班)、质量改进了、员工全员参与,小组通过日常创新实现了持续改善。

许多主管到小船参观,并授予其学习精益最佳者称号。公司高层管理者对精益的效率以及员工的敬业度大为震惊。

小船经过近两年的精益改造努力,多条典型生产线开始建立拉动式生产系统。球阀及类似的精益改造结果给其他车间留下了深刻的印象。当领导们看到典型生产线使用的工具后,也自然而然地制定了精益措施。因为高级管理层对精益有了更深入的理解,所以这些追随区成熟得更快一些。另外,在组织中也突然开始运用现场管理、标准化工作和降低设置等工具。

当母公司决定发起一个正式的标准项目时,小船对精益的理解已经相对领先了,所以不愿意参加。小船的领导认为公司的项目比较肤浅,甚至会威胁到精益的成熟发展。他们决定最低程度地遵循,提供所需要的报告,但是不接受公司所聘顾问的帮助,继续按照自己的路子走下去。如此一来,公司的精益六西格玛办公室当然会将其视为背离者。

在此期间,小船发生了一次危机,由于生产能力过剩,公司决定将其关闭。小船非但没有简单地放弃,还更加坚定了实现精益改造的决心,期望通过自己出众的表现生存下来。小船的高级管理层召开了为期两天的会议，制定精益生产下一步的发展战略。节省大量资金的目标将从球阀修理等后方车间扩展到所有精益改造的流程。但是一艘潜水艇的检修大概会有10 000项工作，几乎每项工作都是独一无二的；在这种情况下应该怎样应用工艺流程、拉动式系统、降低在制品成本、安灯、可视化控制等技术呢？

此时，小船得到了一个非常重要的启示。他们意识到尽管这10 000项工作都是独一无二的而且比较复杂，但是每项工作的计划和跟踪都采用共同的方法。于是，该组织利用典型生产线所使用的精益生产工具和技术绘制了一张价值流地图，并制定了系统管理这10 000项工作的策略。把精力集中到不间断的流和每件的循环时间上，组织就能在短时间内实现巨大的跨越。他们建立了引入工作、可视化交流板、标准化工作指南、显著改进的现场管理、在制品存货控制、安灯系统和拉动式系统的超级市场。在所有的生产车间进行了部署，也在多边交易和职能部门之间进行了大量的交流。在很多情况下，策略是边制定边执行的，得到了很多评论，比如"我们与球阀典型生产线的情形很相似，这就是我们做的，这就是结果……让我们在这儿试试"。

由于小船积极主动地创新和改进流程，母公司决定不把它关掉。那个具有感召力的领导被提升为公司总部的高级主管，并负责在整个公司推行精益生产。

小船从被关闭的名单中移出之后，精益生产的推广并没有持续太久。自满的情绪加上缺少具有感召力的领导驱动，精益项目越来越衰弱。推动精益生产实施的非同寻常的干劲消失了，组织没有建立能够维持实施的基础设施。例如，只有一个人留在精益办公室，偶尔有顾问支持一下。

第一个持续改善车间建立后6年以来，精益的努力忽上忽下，最终"回到基本点"成为努力的目标，小船开始重新确定努力方向，与大船和公司项目开展合作。小船的所有高级管理者都需要参加精益培训，与精益管理团队定期进行"浪费行走"（waste walks）交谈。原来的富有感召力的精益捍卫者又回了，同时还来了一个新的船坞指挥官，他在公司的另一部分领导精益改造。雇用了新的工业工程师，由公司精益六西格玛学会对其进行培训，同时还要参观每一个典型生产线。最后，小船培养了很多典型，对精益生产进行了大量的说明，同时为了长期的持续成功，继续建立管理者之间的相互支持。

18.3.2 对大船和小船进行比较得到的启示

这两个例子中是否有成功的精益改造呢？是不是其中一个比另一个更好呢？我们能得到哪些教训呢？

（1）需要始终如一的、忠实的领导者——两个船坞都没有始终如一的、忠实的领导者。两个船坞都有在某些岗位上表现卓越的领导者，但是小船过度依赖少数几个有感召力的领导者，当他们被调走后精益流程就趋于崩溃了。大船也有一些比较强的领导者，但是这些做出精益改造努力的大都是官僚主义者，与效率相比，他们对控制更感兴趣。

（2）自上而下的机械结构不能推动深度变革——当看到报告上漂亮的基础设施时，包括认证课程、度量标准、精致的PPT演讲等，我们想问的第一个问题是这与现场发生的情况是否相符。到流程中观察会发现，90%的情形都是表面的精益。从报告上看大船的精益六西格玛学会非常好，并受到了公司的表扬，但是实际上给人的印象却不深刻。

（3）自大永远都不会成功——也许大船最大的障碍是领导者的自大，他们认为一切都在掌控之中。在一开始拒绝精益改造是因为他们对在布德里奇法基础上精心建立的系统感到很自豪。他们已经有了相关的培训、度量标准、项目、尖端的统计工具、广泛的系统方法，相形之下精益像个婴儿。他们所需要的是深入执行和培养操作工人的能力，但是自大使其无法看到自己这个致命的缺点。

（4）自下而上有组织的变革非常有助于文化的变革，但是如果缺少上层领导和基础设施的支持，作用是非常有限的。我们承认在现场也看到了很好的项目，车间里接触项目的员工学习得非常快。我们能够感到一些类似于丰田文化的东西正在形成，但是没有上层领导和基础设施的强大支持，它永远不可能超出这些孤立的区域。

（5）起伏波动对于精益改造来说很自然。在精益学习过程中，我们从来没有经历过完全线性上升的进步。在本书的很多地方都可以看到，即使是TMMK也遇到过很多困难。采取进退措施看起来都是很自然的事，但是成功的关键是多采取向前的措施。

（6）坚持就一定能取得进步——说大船或小船是失败者，或者说其中一个比另一个更成功都是不公平的。它们分别都有自己的起伏，但是有个好消息是，在本书撰写时，也就是2001年事件发生6年之后，这两个船坞仍然在继续运转，并且在流程和结果方面都取得了一些大的改进。最后，他们将各自的方法汇集到一起，相互分享好的做法。最重要的是两个船坞都采用了PDCA程序，并且在不断地学习。

我们可以想想大船和小船所采用的不同的概念方法，也来考虑一下2001年所有存在浪费的关键流程（见图18-4）。还是有许多容易达成的目标。

大船采用机械的精益六西格玛方法进行改善。他们的目标是培养能够完成独立项目的黑带专家。在图18-5中，用具有同一圆心的圆圈来表示这些项目。一个项目周围的圆圈越多，表明该项目越大，能够带来的财务收益也越大，但是无法进行深入的学习。事实上，我们可以将这些同心圆看成一些墙。大部分的学习都是通过黑带进行的个人学习，无法穿过每个独立项目外面的墙。

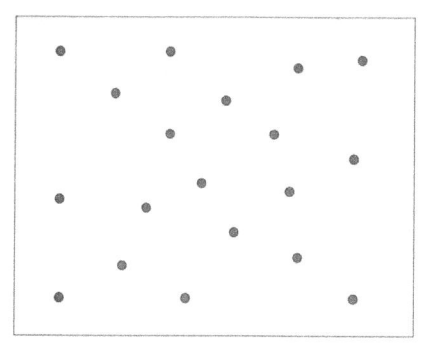

图18-4　可以改善的关键组织流程

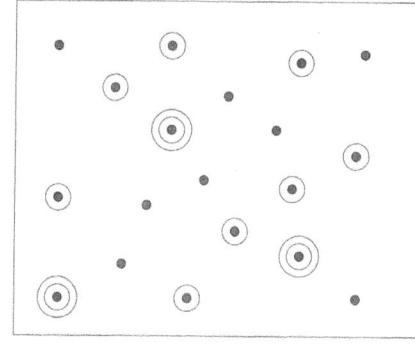

图18-5　以机械的方式实现流程改善

小船采用了一种有组织的方法进行持续改善，这是"精益改造"普遍使用的方法。比如，观察丰田开发供应商的过程就会发现他们会选择存在问题的流程。再比如，这些流程可能是阻碍工厂持续满足交货计划的瓶颈，于是他们会用TPS工具在这些流程中反复开展工作、解决问题，或者请求供应商来开展工作。丰田的顾问会提出建议和要求来挑战该领域的高级主管承担起责任。负责该流程的团队可能会犯错误，但是也会从中受益。通过对典型区域的深入钻研，学习得到了深化。图18-6中的螺旋（将其想象成一幅俯视图）反映了学习不断加深的过程，探查流程的细节，发现细微的浪费，创造真正的标准化工作。

同时，工厂的其他部分也可能决定启动这些项目，开始钻研自己的螺旋方式。在球阀修理操作的案例中，他们作为一个典型，然后船坞的其他部分开始向其学习。球阀修理操作是加工车间一个很小的部门，依赖于车间的其他部分，尤其是零部件的制造。随着球阀修理改造的成功，加工车间其他的因素成为一种约束，并希望能向球阀修理部门学习。随着时间的推移，上游和下游的流程

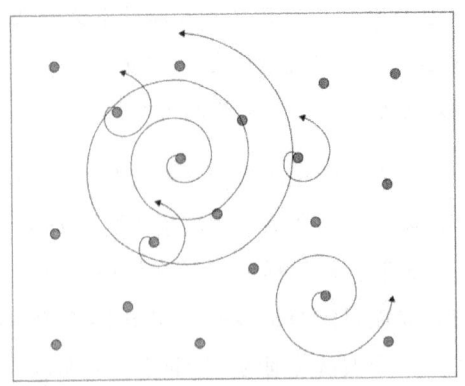

图 18-6　以有组织的方式实现流程改善

开始连接到一起，螺旋开始环绕着球阀修理部门和整个加工车间增大。当领导同意用相同的方法来处理整个潜水艇 10 000 多个零部件的检查和修理时，学习螺旋开始环绕船坞的大部分。通过对一个区域的深入钻研，推动该区域的技术和文化变革，然后从这个地方开始发展，我们就可以发现深入学习和实际文化的变革，而不仅仅是表层现象（人造物）的变革。

18.3.3　精益六西格玛背后的文化假设与丰田模式

因为精益六西格玛是机械的、以结果为导向，这与西方的思维方式相契合，所以能吸引西方管理者。它适合自上而下的官僚主义心态。图 18-7 用一个流程图来说明这种方法及其背后的思维方式。六西格玛最初建立在全面质量管理基础上，全面质量管理是一种使组织从关注成本转为关注质量的深刻理念。六西格玛引以为荣的是可以用货币来衡量关键结果，其优点是能够在整个组织内传授解决问题的方法，其缺点是最终又回到了强调成本第一的理念。精益六西格玛是一系列通过关注单一项目降低单位成本的工具和培训的集合。

由于项目由降低成本的短期目标的驱动，所以精益六西格玛很少能建立丰田生产方式那样全面的流程技术系统、拉动式系统和制造质量系统。尽管该方法有精益工具箱，但是我们所看到的是岛屿式的孤立对策，并没有看到尊重员工和持续改善。大多数可以进行简单衡量的成本降低都是以员工总数的降低来计算，而工作受到威胁的员工很快就厌烦了黑带及其采用的这种方

式。结果是，短期的成本节约也坚持不了多久，因为公司的理念是取得短期胜利，真正的领导能力不受重视，所以其领导者经常变动，文化也不稳定。

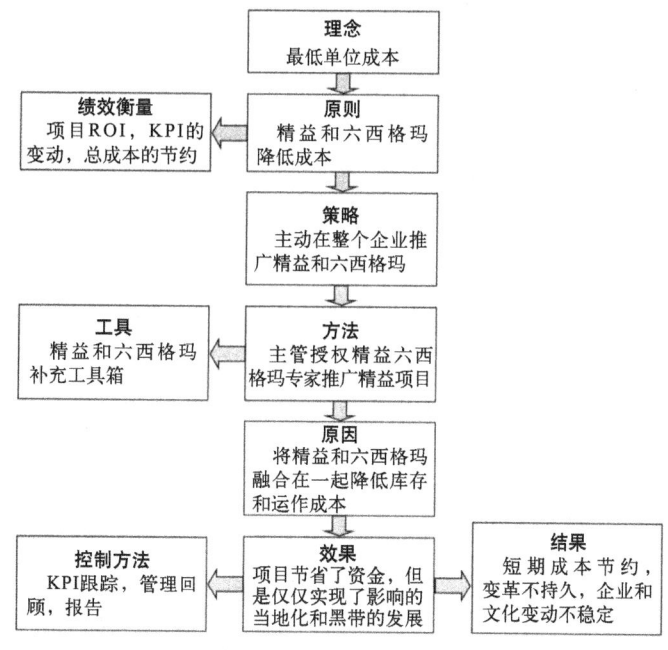

图18-7　传统企业开展精益六西格玛的方法

图18-8中的流程图说明丰田的方法更广泛、更深入。流程图的起点是尊重员工和持续改善的丰田模式理念。基本原则是培养持续改善流程的优秀员工。绩效的衡量更广泛，衡量对象包括质量、成本、交货、安全以及以系统的长期巩固和每个人的技能加深为基础的士气。与精益六西格玛相比，使用更加广泛的工具箱，能更好地暴露问题和培养员工。不是由黑带专家而是由负责经营的管理层承担责任，他们既是老师又是教练，带来的结果将是浪费的持续减少、竞争力的增强和共同繁荣。

以工具为基础的精益六西格玛法与丰田方法的差异不仅仅是方法论的差异，而且反映了不同的潜在假设。语言反映文化，这两个范例的语言具有显著差异。表18-1所提供的语言主要区别再一次反映了东西方文化的差异。精益六西格玛是由黑带通过收集数据、领导事件、实施项目、实现度量标准等来推广的一种方法论。当取得了一定的成功时，就会被标记成由黑带推广的最佳做法。而丰田模式的语言包括培养员工能力、传授、深入观察（现地现物）、自愿学习（自主研修）、授予工作团队权利。另外，丰田模式中关于传播

（移植和照顾树苗）的概念具有完全不同的内涵，不仅仅是推广标准方法。工作团队负责传播、移植、照顾和改进，与黑带开展精益六西格玛的责任恰好相反。

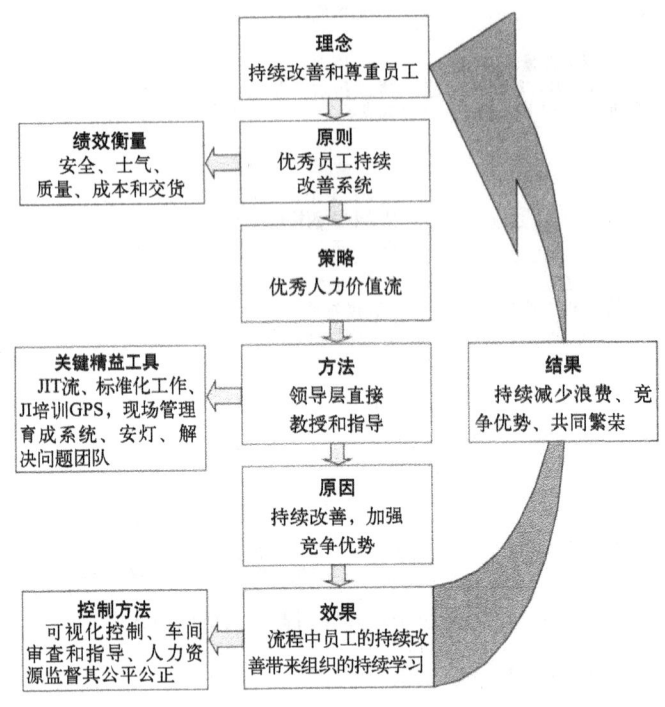

图 18-8 丰田推广其模式的方法

表 18-1 精益六西格玛与丰田模式的语言

典型的精益六西格玛	丰田模式
推广一种方法论	培养员工的能力
资深黑带	导师（老师）
收集数据	现地现物（到现场去看）
持续改善事件（迅速改善事件）	自主研修（自己自愿学习）
实施项目	系统/流程的持续改善
推广标准化的方法	掌握标准化工作的团队
传播最佳做法	传播（移植和照顾树苗）
DMAIC	丰田工作方法
推广度量标准	车间管理系统
负有实现度量标准的责任	方针管理（以流程和结果为中心的政策推广）
裁员	减少岗位

我们提供了各种不同改造方法的更广阔的视角，如表 18-2 所示。TQM 确实是六西格玛的基础，很明显它专注于整个价值流的质量意识。每个人都有直接的消费者，需要了解消费者的需求以及如何达到零瑕疵。这种理念在丰田模式中根深蒂固，它是 20 世纪 60 年代丰田在努力获得著名的戴明奖时形成的（获得了两次）。TQM 非常有效，成为丰田模式重要的组成部分。

表 18-2　改造方法及结果的比较

改造方法	目标	方法	主要的活动	推动改造的领导层次	社会支持系统的角色	如果成功，结果是什么
全面质量管理	整个价值流的质量	跨职能团队利用统计学的问题解决方法	• 统计质量培训 • 调整度量标准 • 团队项目	CEO	跨职能团队	较大的质量改进
六西格玛	降低成本	自上而下实施黑带项目	• 黑带培训 • 减少变异项目 • 结果度量标准	CEO	多数以个人为基础	降低成本和解决问题的技巧（尤其是黑带）
精益	减少浪费	自上而下的指导和现场的项目	• 用现场项目缩短交货期 • 在现场传授TPS管理	COO或制造副总裁	工作团队	局部的完全改变和局部强化学习
组织开发	促进社会向期望的方向发展	简单的团队介入	• 真实的交流 • 愿景 • 团队合作 • 行动计划	主管或部门经理（取决于范围）	层叠式团队结构	尤其促进目标员工敬业度的改变
丰田模式	通过QC-DSM实现长期共同繁荣	自上而下的领导挑战、传授和发展文化	• 领导是老师 • 日常管理 • 持续改善 • 人力价值流	CEO和整个管理层	仆从领导和工作团队	可转换的经营结果（尽管丰田之外很少有这样的例子）

当然，精益和六西格玛的推广各有其优缺点。六西格玛的优点不仅仅是统计工具，而且可以使 CEO 层次的领导者对项目负责任。但是它以短期结果为中心，具有一定的狭隘性和机械性。精益的推广更富有组织性，首先需要在工作场所建立持续改进的文化，但经常会因为短期效果不显著而突然被高级管理者叫停。

丰田模式不仅能被高级管理者看到，而且是高层领导者的 DNA。它自上而下、从各个角落扩展开来，成为一种生活方式。

我们将"组织开发"作为一种方法论和理念增加到表 18-2 中。这是一种几十年前比较成熟的方法，其重点是通过共同的愿景将人们集合到一起工作。

实践者将自己视为"流程顾问",他们不去努力改善自己的业务水平,而是通过流程变革的社会促进作用帮助员工实现所期望的愿景。事实上,丰田推动变革所使用的许多方法与组织开发的理念基础非常相似。

- 一线员工的参与和所有权。
- 强大的团队能力使得他们可以解决自己的问题。
- 用身教代替言传。
- 通过愿景领导员工。
- 对于一个团队实现其未来目标的能力给予积极的评价。

通过对组织和文化变革的讨论,我们可以看到组织开发方法的许多构成要素。丰田模式添加了大量的专门技术和标准化操作作为持续学习的基础。

18.4 丰田的组织和文化变革

组织变革的研究和实践具有很长的历史,在此不包括服务。在人类历史的早期,领导者就已经开始利用自己的技能来影响大众了。最近,组织开发和组织行为已经发展成为一门学科,数以万计的书籍和文章描述了各种各样的实践。我们将突出强调几个关键结论,并提出学习和实践丰田模式的一些建议。我们对自己的研究和实践经验进行了总结,得到了4个主要结论以及一些具体的建议。

改造变革的一些启示

领导者必须领导
- 从顶层开始。
- 领导者必须将自己转变成精益改造的领导者。
- 改进依赖于任何时间都能坦率接受当前的形势。
- 发展各层次使价值观永存的领导。
- 长期的变革依赖于持续的领导。

变革需要原因和愿景
- 员工需要一个变革的原因。
- 员工需要一个未来的愿景。

- 不能复制丰田生产方式，必须建立自己的生产方式。

员工必须得到培训和支持
- 抵触变革是人的本性。
- 干中学比听说教更有效。
- 为了应对变革的高度不确定性，员工需要日常支持。

变革需要计划和程序
- 组织结构的变革必须支持态度和行为的转变。
- 度量标准不能带来变革，但可以是关键的驱动者。
- 将变革过程分解成许多小的步骤。

18.4.1 领导者必须领导

整本书我们都在强调领导的重要性，以及丰田培养新领导所付出的巨大投资。比较欣慰的是，丰田已经在世界各地成功地培养了许多遵循丰田价值观的领导者。但是这需要在一种支持所有丰田原则的文化中，在近乎理想化的条件下花费 5～10 年的时间才能完成。其他的企业不能期望变成和丰田一样的企业，我们也不会这么建议。我们建议领导者建立一个愿景，领导公司最上层的领导者，然后再层层向下延伸改进其他的领导者。

1. 从顶层开始

公司顶层的领导者很容易被人挑剔，甚至受到轻蔑的指责。"CEO 做得不好，只知道让季报更好看一些"是常见的一种评论。我们都曾与善良的或者冷酷无情的 CEO 共过事，说实话他们一般都是非常灵活和优秀的领导者，热切地期望做出些与众不同的事来。但是为了能使众多委托人满意，他们也承受着巨大的压力。比如说，我们与丰田的一个 CEO 一起参加了一次关于丰田文化的讲座，主题是将西方注重短期结果的文化与丰田有耐心的、长期的方法相比较，他感慨道："我知道你们在谈论什么，我不需要肤浅的精益。但是作为一个领导者，我要对股东、消费者和我们的员工负责。作为成功的领导者，我不能完全忽视短期结果。"

对于这个体贴的领导者和大多数 CEO 来说，这的确很现实。然后，我们讨论如何做好那些既能获得短期收益又能加深领导者对精益理解的高杠杆项目。我们认为关键是考虑长期影响，即便是完成那些短期收益可以衡量的项目也必须如此。

没有CEO深入参与改造程序，就不可能在部门或工厂层面取得重大的胜利。没有高层领导者的绝对参与和领导，根本不可能实现整个企业的改造。

2. 领导者必须把自己变成转换型领导

现实中有很多不同类型的领导者，转换型领导与保持士气和方向所需要的领导者类型不同。大规模的文化变革需要转换型领导。为了更好地了解这一角色的特征，我们建议阅读迪奇和戴瓦纳所撰写的一部经典著作《转换型领袖》。转换型领导需要充沛的精力，具有目的意识，能够提出一个愿景并且具有推销该愿景的感召力。

除了推销愿景外，转换型领导必须能够清除转换的障碍。如果领导者本身就是障碍，那么根本无法实现转换。我们花了大量的时间讨论西方文化及其与丰田模式的区别。然而，我们期望来自西方文化的领导者以丰田模式为基础进行组织转换。如果这个西方领导者绝对是一个短期导向、结果导向、没有耐心、不擅长培养员工、希望跳过解决问题程序直接寻找答案的人，试想他又如何能带领其他人走上另一条路呢？不幸的是，组织转换必须从个人转变开始。我们必须先把自己培养成能够有效领导别人的人。

罗伯特·奎因用"裸体走进不确定的领域"生动地比喻"从内部发现领导者"的过程。他写下了下面这段有用的话。

> 我们都是潜在的转变中介。在训练自身才能的同时，加深了对"什么是可能的"的理解。我们对工具和周围的关系产生了一种敬畏。然后，把纪律加入我们的愿景进行完整的培养。生活变得更加丰富。我们开始与自己所处的环境相互影响。我们自己经历了深入的转变后，就能够为周围的系统带来深入的变化。

3. 进步依赖于认清自己所处的位置

大野耐一让他的学生站在圆圈里用空白思维观察，教他们在没有障眼物的情况下了解当前的实际情况。但是，精益改造的一个主要障碍是那些太愿意宣布胜利、不断前进却一直看不到当前实际的领导者。

中层管理者要求我们和高级管理者对话，比较典型的是要求我们提醒高层管理者注重现实。下面是一个典型的例子。

3年前我们启动了一个精益项目。一开始就比较困难，几个工厂尝试实施5S但是几乎没有可衡量的结果。然后，我们在南斯拉夫的工厂实施了精益项目。他们建立了工作单元，劳动力成本降低了20%，存货降低了70%，为新产品腾出了一半的空间，质量显著提高。这是在一些顾问的帮助下用一年的时间完成的。工厂经理极其富有进取精神，曾经在另一个公司领导精益改造。现在管理层希望在所有的工厂实施精益改造，并要求我们拿出一个在两年内完成的计划。请帮我们说服他们这是一个长期的历程。

我们怀疑所有的精益顾问都会与这个编造的但又非常普通的故事有关。让一个野心勃勃富有经验的领导者闪电般地接手一个工厂，用精益方法迅速做出巨大改变也是有可能的。但问题是这种改变能否持久，改进是继续还是在这个野心勃勃的领导者松懈时而停止呢。仅凭这个故事我们也无从得知那个南斯拉夫工厂的确切情形。可能其流程相对简单，存在许多实现快速转变的简单机会。它也可能是一个相对较新的工厂，年轻的工人渴望得到一份报酬较高的工作，所以会遵循上层领导所有的命令。我们可以非常自信地说，就算是再优秀的领导者也不可能在一年内建立一种强大的持续改善的文化。高层领导者最好能够到工厂实地了解实际情况。

组织理论学家卡尔·魏克是最早研究人类如何意识到所发生的事情并用积极的眼光来看待的学者。凯西·萨克里弗撰写的一本书中介绍了组织面对不确定性以及复杂性事物的反应。结果表明许多组织文化做得并不好："棘手的是人们都倾向于把被证实的期望当作证据。而且，我们还积极寻找能够证实自己期望的证据，抛弃那些不能证实它的证据。"

迪奇和戴瓦纳发现，真正的转换型领导能够正视自己看待事物的偏见。他们有自己的观点，也意识到为了做出正确决策还需要别人的观点。例如，他们建议"有效的转换型领导必须建立一种能够提供不和谐信息的机制，使得决策者周围能够有敢于提出反对意见的人。"

4. 培养各个层次的领导能力

因为大多数精益改造都是从工作现场开始的，精益改造中介倾向于在改造过程中引进高层领导，一般是负责制造的主管，然后立即转入工作现场。在丰田对从事价值增加工作的工人比较敬重，所以更注重赢得操作人员的支持。操作人员参与持续改进事件，高级管理者愉快地与之交谈。

这样做还比较顺利，但是留下一个问题就是所谓的"冷冻的中层"（从部门主管到部门经理等）。我们感觉没有理由认为中层管理者与其他人相比对精益改造更具有抵触情绪，我们也不认为其职位有什么特殊之处，使大规模的转换对其有困难。

有一本十分好的书叫《组织生活》，通过故事形象地描绘了组织高层、中层和底层的生活。大多数情况下，组织变革是高层要求中层去改变底层。中层被卡在了中间，他们要遵照高层的命令就会疏远其所依赖的底层。精益改造非常困难，因为常常是高层与外部或内部顾问一起直接改变底层，然后让中层担任新的角色、承担新的职责。

我们已经强调了团队领导和小组在丰田生产方式中的关键作用。很显然，在精益改造过程中我们不想疏远中层管理者，因为他们在培养员工、领导转换、维持转换和领导持续改善等方面发挥着关键作用。实际上，他们与组织中其他的人一样需要经历个人转换，也要面对严峻的挑战。我们将会看到，对这些人指导和培养需要与精益工具和方法的实施同步进行。

5. 长期变革依赖于持续的领导

如果精益改造是一个短期的过程就比较容易了。在适当的位置选择适当的转换型领导者，通过解冻文化来改变文化，然后再冻结文化，一切在击败竞争对手的过程中愉快地进行着。但这是非常不现实的。我们在第 1 章讨论了熵的概念。如果没有积极的日常领导者来强化你所期望的高绩效文化，它很快就会衰退为低绩效文化。一旦努力建立了一种新的文化，就需要各代领导者来维持和培养这种文化。

停滞是一种合理的恐惧，西方的解决办法更换领导者。最令人振奋的领导者总是下一个。通过《从优秀到卓越》⊖这本书，我们了解到一些在财务方面具有巨大优势的美国大企业的高层领导者完全忠实于自己的企业和产品，非常谦虚，注重经营的细节，竭尽全力培养若干个继承者。

尽管从内部培养领导者，但是丰田一直在设法成为富有创新精神的企业。其选拔和培养的领导者的特征之一就是具有持续挑战文化假设和创新的能力。公司高层主管实际上是一个主管团队。总裁成为副董事长，然后成为董事长，最后成为高级顾问。丰田有非常强大的内部高级执行董事委员会。总裁的压

⊖ 吉姆·柯林斯著，该书中文版已由机械工业出版社出版。——译者注

力很大，不仅需要使决策达成一致，还得公布年度方针。这可能是钳制决策的秘诀，但是支持挑战和创新的文化是如此的强大使得这一秘诀能够有效运行。从丰田调走1～2个高层领导，公司仍然能够很好地运转。尽管新总裁接管时会有自己的议事日程，但是还会继续建设丰田模式文化。

18.4.2 变革需要原因和愿景

1. 员工需要一个原因

常言道，任何公司在进行重大变革之前都需要一个"燃烧平台"⊖。也就是说，除非公司面临着歇业的威胁，否则不可能完成重大变革。这是一个极端的过程，财务状况良好的公司经常引进新的CEO进行重大变革。这通常是自上而下的过程，将部分业务外包，缩小部分业务的规模，然后以增加股东价值为名执行新的目标和政策。关键是燃烧平台可以由一个有进取心的高层主管来创造。

如果一个高层主管能够通过恐惧和威胁的消极方式创造一个燃烧平台，难道就不能通过一种积极的方式来创造吗？丰田有一种非常有趣的现象，不管公司多么成功，总是感觉到危机无处不在，总存在一个燃烧平台。高层管理者不断讨论竞争，逐步提高年度方针的目标，从而保证每个人都十分警觉。但是这些都是在非常积极的环境中完成的。

在一种存在类似于燃烧平台等危机的文化中进行转换会存在两个问题。首先，危机会使所有的努力付之东流，运营之外的任何精益措施似乎都是为了降低短期成本，而不是建立一种长期文化。其次，如果转换成功，在严肃的文化变革开始之前危机会更严重。转换型领导的一个关键任务就是通过提供一个积极的愿景而不是等待灾难袭击来创造紧迫感。

2. 员工需要一个愿景

如果说存在一种所有关于领导的书籍都同意的观点，那就是有效的领导者能够勾画出一个令人不得不接受的愿景。接下来我们将要讨论的是建议你不要复制丰田的每一个方面。通过活生生的例子来鼓舞人心是非常有效的。

有很多方式可以创造积极的、令人不得不接受的愿景，最好使用如下这些方法。

⊖ 一种让人迸发出巨大潜力的极端条件。——译者注

- 参观一个精益工厂（丰田、丰田的供应商、其他成功完成精益改造的工厂）。
- 创造一个学习团队，阅读类似于本书的书籍。
- 保留离线工作地，将你的领导能力与培养自己所期望的愿景结合在一起。
- 在自己的组织内投资开发一个精益流程或精益工厂的典型，带领其他领导者来参观。
- 一个企业栩栩如生地模仿一个不断改善的汽车制造精益生产线。
- 所有的高层领导者都需要参加持续改善事件……关掉手机。

3. 不能复制丰田生产方式，必须建立自己的生产方式

人们在参观精益工厂时常常很困惑，不知该激发自己建立积极愿景的灵感还是复制丰田的模式。当然，复制是不行的。经常有人问我们是否知道具体的精益的例子："在一个专门生产装饰品的小社区，你们知道在哪里能看到典型的精益花店吗？"对于此类问题我有一个标准的答案："没有，但是即使你看到了又能有什么用呢？"

我们知道，参观像自己一样成功的企业可能很惬意，尽管他们很可能成为自己的竞争对手。参观一个经营绩效非常好的企业一定会受益匪浅，这类企业具有截然不同的、强大的、积极的文化，这可能会降低复制的诱惑。

我们说过，你不要试图去复制丰田文化或具体的系统，因为它们与你当前的环境不适应。丰田建立了一组解决自身问题的对策，这些对策都成为今天最好的做法。他们拥有使用这些系统的能力和经验。例如，丰田用了数十年来发展自己按照订单生产汽车的能力，而不是过去经常采用的30天固定的日程安排。这需要组织非常成熟并实现一些技术突破，比如前面讨论过的喷漆系统的迅速转换问题。他们建立了遵循标准化工作的原则，以及根据新的生产节拍迅速平衡流程的能力。供应商每天小批量地送好几次货。这是否就意味着你的企业应该像丰田那样严格按照订单生产呢？答案是否定的，因为你的情形可能不一样，你的成熟水平不一样，你可能没有适当的技术和基础设施。也许这时候按照固定的日程安排来生产是更好的建议。另一个例子是，丰田一直在努力建立稳定雇用的系统，对职工做出某些承诺。承诺组织不会处在复制他人的境况中。尽管我们不建议复制丰田的对策，但是引入尊重员工、持续改善和生产系统原则等一般原则是没有问题的。

18.4.3 必须教导和支持员工

1. 抵触变革是人的本性

有两种会引起巨大冲突的趋势是很自然的。一种趋势是当我们对某个新事物非常感兴趣时，也希望其他人同样感兴趣，并将其改变成我们的方式；另一种趋势是其他人基本不可能会按照我们所说的去做。如果存在下述情况，抵制情绪是最强的，我们应该设法将其降低到最小：员工需要转变一个他们感到舒适的习惯；他们看不到这样做会对自己有什么好处。

为什么其他人会抵制这么好的想法呢？精益意味着杜绝浪费，难道大家不应该欣然接受这种减少浪费的方式吗？我们已经习惯于听到对变革的抵制，尽管是在改变某个人的个人缺点。"年龄大的人抵制变革。""杰夫是个非常顽固的人，拒绝接受新观点。""迈克尔总是希望按照自己的方式做事，不愿意考虑我提出的改进建议。"

随着 MRI 等成像技术向更精密的方向发展，使得我们能够监视大脑的活动，全新的神经系统学有助于揭开抵制变革现象的神秘面纱。但是结果证明这一切的根源都是人的本性。大脑的一个物理部分——基础神经中枢或"习惯中心"被习惯性的、熟悉的活动所调用，而另外负责记忆的部分则在接受新信息或学习新技能时比较活跃。利用基础神经完成习惯性的活动会感到比较舒服。大脑存在一种自然的趋势，会把接收到的任务传递给习惯部分，但如果我们接受的是新事物，大脑就会注意到，并产生不舒服的感觉。新事物的第二个问题是人的大脑要学习对错误——期望与实际之间的差异的反应，当发现问题时大脑会消耗大量的能量来发出强烈的信号。用额外的大脑能力来处理新事物，或者当大脑发现错误时，实际上会伤害大脑。选择舒适、避免伤害似乎是人的本性，这样至少会感到舒服，因此抵制变革是人的本性而不是某个人故意捣乱。

这项复杂的研究能否为克服对变革的抵制带来一些希望呢？一个结论是"专注就是力量"。强烈的关注可以改变大脑的模式。研究还发现，用"心理地图"代表的期望会影响我们对具体情形的解释和反应。我们可以通过培养瞬间领悟来改变心理地图。在阅读这项令人着迷的研究时，我们开始思考丰田培训者培养新员工时所使用的方式，似乎与这些建议对应了起来。

以全球生产中心为例。让员工都停止工作，将其放到理想的环境中集中注意力。在这里他们可以利用可视化指南集中精力学习新工作和不同的练习。他们专心地学习新技能,在完成工作的时候培训者马上会手把手进行强化。通过这种方式,一旦掌握了低水平的简单技能,该技能就会变成习惯性的活动,再接触更高水平的技能时大脑就会通过习惯中心进行处理。

此外,在丰田由导师建立新的心理地图,他会在适当的时间培养员工的瞬间领悟。整本书我们都在描述丰田那些具有很强领悟力的美国员工,他们在日本培训者的指导下形成了自己的思维方式或心理地图。这项研究建议,帮助员工发现更好的思维和行动方式要比告诉他们如何行动更有效。假设,迈克尔想提升组织中的企业家行为,为其提供的建议听起来非常像丰田培训者培训美国管理者的方式。

迈克尔希望在组织层面改变数千名员工的思维方式。一个普通的办法是通过某种文化调查确定组织当前的态度。希望确定问题的源泉有助于问题的解决。以对大脑的了解为基础,我们给迈克尔的建议是要更具有企业家精神,而不是专门确定每个人需要做出哪些改变。迈克尔的目标应该是让员工在自己的脑海里勾画出新行为的画面,建立新的充满活力的心理地图。这种心理地图具有成为固定线路的潜力。然后,他需要找机会让员工改正自己的行为,体会提升员工企业家精神的成功感觉。他需要不断走访以强化这些瞬间领悟。

2. 干中学比听说教更有效

多数管理者都喜欢通过告诉员工做什么的方式来改变员工的行为。刚才我们引用了神经系统科学的研究证明这样做不会很成功。罗伯特·奎因也发现这样做会导致深度变革的失败。

我发现在许多组织中管理者通过说教进行变革。管理者知道组织中的员工应该做出哪些重大的改变,于是就把它们列入"应该做的事"。管理者会在适当的时间做一个演讲或写一份备忘录责令员工做出改变。然后,管理者实施相应的检查。变革就完成了。

怎样才能避免告诉员工做什么呢?答案是让他们自己去做,鼓励自我发现的过程。回忆两种持续改进的区别:一种是由专家带领进行一连串的改变,然后让工作团队遵循这些由外部人员完成的改变;另一种是丰田喜欢的方式即由团队负责做出改变。当被引导时,想法是我们自己的,该过程不仅仅是接受，也是在学习。

工作指导培训的原则也是假设员工会通过干中学，而不是通过说教。虽然工作指导法也是从演示和说教开始，但是学员很快就开始反复实践，直到适应正确的流程为止。该过程中导师会一直跟在身边，直到学员可以有规律地轻松使用标准化方法。

3. 为了应对变革较高的不确定性，员工需要日常支持

另一本关于抵制变革的书为《应变求胜》。作者艾伦·多伊奇曼是一位内科医生，他发现大多数人都有潜在的、致命的疾病。但是让这些人从改变饮食和日常行为与死亡之间进行选择时，很多人都失败了。事实上90%以上的人都未能实现改变，即便是死亡的威胁也不足以让他们改变根深蒂固的习惯。

多伊奇曼努力寻求可以提高行为改变可能性的方法，从而帮助人们活下来。他能够把成功的概率从不到10%提高到80%以上。其结论是，许多人所谓的3F成功要诀，即事实、恐惧与暴力，根本不起作用。他建立了试验病例，通过进行为期一年的病人生活环境调查发现，取得成功的3个关键要诀是3R。

- 建立关系——与一个人或一个社区建立新的情感关系，可以产生和维持希望。
- 重复——新的关系能帮助你学习、实践和掌握自己所需要的新习惯和新技能。
- 重设——新的关系帮助你学习用新的思维来看待自己所处的境况和生活。

让我们再次回顾丰田建立新工厂时将具有不同历史、习惯、思维方式的员工纳入优秀人力价值流时的做法。丰田将他们放在许多情境中，使之形成能够提供社会支持的关系。领导者为他们提供在安全的环境中练习工作技能的机会。这种培养在招聘的时候就已经开始了，比如在虚拟工作环境中模拟训练、基本技能培训、工作指导培训以及作为团队成员的日常经历等。渐渐地，丰田的团队成员和领导重新构造了以解决问题为基础处理各种情形的思维方式。因此，当有些事情进行不顺利时，他们也不会疯狂和沮丧，而是客观地研究当时的情形，提出解决对策，不断尝试直到问题解决。

18.4.4 变革需要计划和程序

丰田成功的标志之一就是详细而又认真地进行计划。没有搬不动的石头。丰田的领导者通过多个角度观察问题，并利用根回程序获得利益相关者的信任。他们准备好备选方案，广泛征集赞成者和反对者的意见。这并不意味着他们会提供一份几百页的报告，事实上在丰田，A3 报告是非常受欢迎的。丰田成功的另一个关键特征是其计划总是临时的，这样就可以从经验中学习并及时利用 PDCA 程序调整计划。

很多企业也都比较擅长利用自己的方式来做计划。有些企业似乎喜欢做计划而不是做事。还有些企业对计划没有耐心，希望直接做，但是很少有企业擅长于检查和行动。根据我们的观察，很多进行精益改造的企业花费了大量的时间和力气来建立转换的组织结构、建立适当的度量标准、计划在组织结构图中应该把哪个人调到哪，而没有放在培养领导、创建共同的愿景、鼓励员工参与等方面。这是一种退步。获得"软"的一面并启动流程的实际改革以获得成功和员工的参与，这在精益改造的前期阶段尤为重要。如果精益改造确实是一个长期的旅程，在后续的几年有充分的时间可以进行组织结构变革。组织结构的变革需要制定逐步的推进计划。

1. 组织结构的变革必须支持态度和行为的转变

回到本章所提到的大船和小船的例子，我们看到两种截然不同的转换方法，大船采用投资于布德里奇法的办法，把精力放在建立精益六西格玛结构和程序上。他们对精益六西格玛学会进行了大量的投资，培训了许多黑带。我们将其描述为一种机械的方法，实际上，多年来他们在推动车间员工参与方面做的工作很少，因此影响很小。小船直接到工作现场推动某些领域和文化的变革，然后逐步在船坞里扩展。其主要的缺点是缺少对支持精益的基础设施的投资。

我们比较偏爱小船的方法，因为它与丰田的做法比较类似，但是我们也看到了其非常严重的缺点是缺少基础设施的开发。如果回顾人力资源系统模型会发现，小船开始在船坞建立人力价值流，但是缺少支持和发展的系统。要想进一步发展，就需要对包括日常管理系统和人力资源管理系统在内的所有支持系统进行投资。事实上，我们看到，在第 6 年年末小船开始向大船学习建立支持结构，反之亦然。在本章后续部分我们将回到如何划分支持系统的转换阶段这个主题。

2. 度量标准不能带来变革但可成为推动因素

回到船坞的例子，我们看到大船将度量标准和培训视为变革的关键手段。培训提供各种技能，度量标准可以提供动机。我们认为这是与西方机械主义观念相适合的最普通的精益六西格玛改造方法。同时这种思维方式也存在严重的缺陷。我们已经反复强调把精益视为技术转换是一种错误观念，这种观点具体来说就是在教室里传授技术，然后用胡萝卜加大棒的方法来领导被培训者。尽管这在培养技能和激发员工方面会奏效，被培训和激励的也只能是黑带和高层管理者。工作团队有来自各个方面的精力充沛的人，他们也都想参与到某个项目的实施与检查过程中。

要想进行渗入文化的深度变革，那么变革的动机必须来源于内部。在第15章我们讨论了方针管理系统的重要性，它是利用工作团队的干劲实现共同目标的一种方式。这种方式非常有效，但是只有当员工和组织发展到具备实现挑战性目标的能力时才能发挥作用。在第16章所提到的丰田汽车金融公司就是一个非常典型的例子，该公司首先在培养团队工作和解决问题的技能方面进行了大量投资。然后，团队成员渴望参与组织层面各种积极进取的目标。

我们建议在组织足够成熟能够实现方针管理之前不要忽略度量标准。我们认为有两种方式可以使度量标准在流程的早期比较有用。

- 学习整个组织的度量标准，比如工厂层面的和部门层面的，努力实现质量、成本、配送、安全和士气的平衡。一般来说它们是不平衡的，重点放在成本或安全上。⊖
- 通过干中学的方式传授解决问题的技能，团队总是希望衡量当前状态的关键特征，然后为项目设定具有挑战性的目标。这是培训和培养如何设定、衡量和实现挑战性目标程序的一部分。

3. 将变革过程分解成小的步骤

对于绝大多数公司来说，这可能是最具有文化挑战性也是最重要的步骤。

⊖ 一种正在发展的理论"精益财务"给出了非常好的建议。所有的活动都是根本性的变革，甚至淘汰传统的成本会计。该方面有很多值得一看的书籍，包括：Huntzinger, James R., *LeanCost Management*, Fort Lauderdale: J. Ross Publishing, 2007, and Stenzel, Joe(Editor), *Lean Accounting*, Hoboken, NJ: John Wiley, 2007. For a great lean accounting business novel read:Solomon, Jerrold, M., *Who's Counting*? Fort Wayne, Indiana: WCM Associates, 2003.

丰田文化建立在持续改善、耐心、缓慢和深度培养等概念的基础之上，并且通过跟踪确保在向下一个步骤迈进之前能够真正理解这些概念。莱克和梅尔所著的《丰田汽车：精益模式的实践》一书结尾通过一个楼梯踏步图来说明在你迈出脚步之前是看不到下一步的。这说起来比较简单，并且非常适合丰田文化，但是与渴望快速结果的西方文化不适应。我们希望有一个针对整个变革的计划，清楚地阐明结果，然后尽快跑向终点线。

西方典型的方法听起来像是快速奔跑。如果用赛跑来做比喻，那么将精益历程比喻成环法自行车赛再合适不过了。环法自行车赛行程非常长，你必须控制好自己的节奏。没有一个自行车手能够凭借自己的力量取得胜利，而必须依靠团队，与此同时团队中的每个人必须具有很高的技能和良好的状态。本章剩下的部分将帮助你制定计划，将历程分解成小的步骤以便于在学习中不断调整。

18.5 改造过程的阶段

面临挑战时西方的自然倾向是针锋相对。如果挑战是减少库存，就需要设定一个包含主要人员的责任、衡量目标和时间表在内的减少存货的计划。如果挑战是变革文化，就要训练变革代理人，由他们对可衡量的目标和时间表负责。不知道有多少人询问过我们该如何衡量文化，因为大家都认为你不可能改变一个无法度量的东西。不幸的是，文化很难度量，即便是最表层的简单度量也很困难。

我们从同事约翰·舒克身上学到了很多。他在丰田工作多年，帮助实施了将丰田文化引入NUMMI的伟大试验。他的结论是："按照新的思维方式行动要比思考新的行动方式容易得多。"这种观点与丰田注重干中学的思维方式非常一致。

我们没有发现向精益文化转换的诀窍。我们总结了丰田模式持续改善的理念并与精益六西格玛等方法比较。同时还讨论了管理变革的学习心得。下面是在思考一个组织的精益改造时几点有用的提示。

- 大多数严肃的文化变革是由不能提前计划的具体经历导致的。这就是丰田安排日本培训者待在工厂一有机会就培养"瞬间领悟"的原因；
- 精益项目为学习和思维方式的转变提供了很好的机会；

- 文化变革是逐步进行的，需要领导者的坚持和耐心；
- 在支持所期望的文化方面，领导者必须言行绝对一致；
- 领导者和变革代理人不可能独立完成文化变革，必须鼓励车间的一线主管参与建立所期望的文化。
- 如本章开头所引用的沙因的话，要构建组织文化的优点。构建优点要比拆毁文化的缺点更有效。

表18-3描述了在组织中建立人力系统模型的一般程序。所花费的时间取决于开始的时间、领导方向的持续性和严肃性，但是该过程肯定会花费几十年甚至更长的时间，而不是几年。与在小船的案例中所看到的一样，首先从车间的现场变革开始，然后慢慢通过领导个人的改变并逐渐建立日常管理系统、人力资源系统来支持变革。不要强迫这些变革进行的太快，因为这样有可能发生反灼。

表18-3 在你的组织中构建人力资源系统模型

是什么	怎么样
利用精益项目作为培养员工和文化的手段	导师的任务不是做项目，而是挑战学生，通过挑战支持和训练学生。必须将项目视为训练的工具，而不是简单的ROI
在广泛传播工具的过程中建立深奥的模型	在广泛应用这些工具时必须依靠某些流程或小型价值流更深入地建立人力资源系统和培养员工
高层领导要严肃对待自己及自己的动机	高级管理者在期望其他人改变之前必须先改变自己——需要反省、场外会议、领导能力训练
评估当前文化的优势和劣势，构建未来状态模型	所有关键领导者必须参加有组织的、便利的场外会议，利用组织开发方法评价当前的状态，并针对未来的状态达成一致的意见
在模型建立之初就构建日常管理系统，然后推广	在主管能够建立日常管理系统之前，必须具备最低的稳定性和TPS工具
为了排除变革的障碍必须首先变革人力资源支持系统	首先从人力资源系统具有目标性的变革开始，比如工作指导培训、广泛增加度量标准、杜绝精益系统中非常明显的冲突、杜绝奖励系统中非常明显的不利因素、增加诸如奖品和仪式等象征性的奖励
随着为精益所付出的努力的增加以及组织的成熟，在更高层次增加方针管理	方针管理需要高层制定具有挑战性的、可实现的周密计划以及解决问题的能力，以实现具有挑战性的目标。这需要一定的成熟度
随着组织的成熟，增加支持性人力资源结构	结构性的变革比如职业计划、薪酬和福利系统、公平待遇系统、提升和薪酬的增加等都需要经过认真考虑，逐步适应当地的条件
持续的反省、计划和改善	目标是使之成为文化不可缺少的一部分

18.5.1 利用精益项目作为培养员工和文化的手段

通过比较精益工具方法与文化变革方法的区别可以发现，二者强调的重点都是一样的，即到现场去做项目，利用各种工具推动流程中的变革。我们看到在丰田模式中比较引人注目的行动是解决问题的基本方法——丰田工作方法。

我们所说的项目不是单指项目本身。我们采用精益六西格玛方法是为了通过黑带领导的项目推动精益改造。对黑带进行相应的培训，然后放手让他们去应用所学的方法实施项目。

从丰田文化的角度来说，这些精益项目的重点是培养员工。图18-9展示了培养员工所使用的程序。⊖很显然，并不是每个人都能得到相同程度的培养，但是其思维过程是相同的。导师通过课堂教学或者现场教学指导学生工作。例如，丰田工作方法培训首先从授课开始，然后很快进入实际操作。学生在进行一项应用之后必须反复练习，在更深入的层面学习如何利用各种工具推动组织的改进和变革。

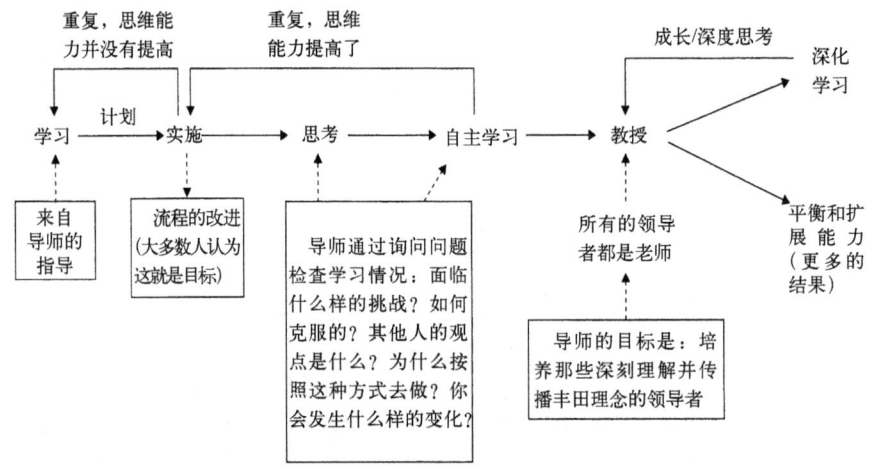

图18-9 丰田培养员工和改善流程的方法

与此同时，学生完成了从行动到思考的升华。导师希望学生独立思考，然后开始自主学习，这样导师就不用一直在旁边指导其行动和学习了。导师会询

⊖ 图18-9和这里的观点都是由《丰田汽车：精益模式的实践》的合著者戴维·梅尔提出的。在杰弗瑞·莱克和戴维·梅尔合著的《丰田的流程》中深入分析了精益流程的建立过程及其与培养员工的关系。

问问题、挑战学生，但不给出答案。这与苏格拉底式的教授方法比较类似。

丰田在英国工厂对新员工进行的培训就是一个典型例子。尼尔·史密斯⊖是丰田生产方式团队的一个成员，负责帮助培训英国的供应商。当初他被送到日本的工厂接受部分培训，在那里他和另外几个人需要站在圆圈里用 6 天确认工厂的 240 项改进，并在一名维修部门员工的帮助下现场确定这些改进项目。在 TPS 应用 25 年之后，这些流程已经非常完美了，因此发现任何浪费都是一项艰巨的工作。他们不得不寻找几秒钟甚至更短时间的浪费，以厘米来衡量工具的移动，用弓锯降低流动料架减少几厘米的弯度，这样员工就不需要把肩膀移动的太远。当时间用去近 79% 时，他们的 247 个改进想法已经付诸实施了。在另外一个培训中，尼尔被送到日本丰田最好的供应商那里去学习其生产均衡化系统。当他回来后，发现自己的一项任务是在英国的供应商那里实施一个类似的系统。当他正为完成这项任务而挣扎时，其日本导师又将他送到日本学习了一周。这一次他进行了透彻的学习，回来后运用所学到的知识取得了成功。那时，没有书可以阅读，也没有老师办讲座，唯一的办法就是去看、去做。

在丰田内部，TPS 通常被认为是"思维"生产系统。这是其真正的目的，当利用 TPS 工具和方法促进员工思考、教授其他人时，任何一个项目的效果都会呈指数倍扩大。但是，当企业由"专家"领导实施一次性项目时，就失去了这种扩大效应。

18.5.2　在广泛传播工具的同时构建深奥的模型

正如《丰田汽车：精益模式的实践》中所讨论的那样，有很多种方法可以用于精益的实施。你可以采用工具法，在整个组织中传播工具（5S，生产单元，看板等）；你可以采用"热点工作"法，即到存在严重问题的地方去解决问题；你可以采用典型生产线法，像小船的球阀生产线那样花费 6 个月到一年的时间树立典型。每一种方法都有优缺点，但是我们建议不要试图花小钱获大利，最好还是考虑一个培养员工的计划。

从培养员工的角度来看，没有哪种方法能胜过我们在球阀生产线所看到的"一英寸宽一英里深"的方法。总有更深层次的经验和教训值得学习。第一阶段是简单地教会管理层和团队成员如何使用工具，当他们适应了之后就

⊖　尼尔·史密斯是丰田英国工厂前任经理。

可以开始学习思考和改进系统。这需要时间，但是持续改善的车间或传播工具不能为这种深入的学习提供时间和机会。

对于较大的组织来说，每次完成"一英寸宽"的过程就需要好几年。更肤浅的以工具为基础的一英寸深一英里宽方法，可以在短期内让许多人都接触到这些工具。我们建议将二者结合起来。选择典型区域深入培养员工，从内部培养导师同时用一英寸深的方法传播简单的工具，比如说5S（见图18-10）。当需要解决严重的问题时，比如严重的质量问题，充分发挥精益工具的作用也是非常重要的。某个工厂落在了后面，堆积了大量的订单。工厂中的精益导师可以运用这个"热点工作"为机会，传授可视化管理、团队、工作和解决问题以减少延迟订单数。

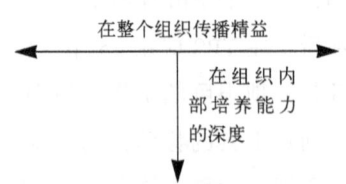

图 18-10　在精益转化过程中平衡实施的深度和广度

18.5.3　高层领导者要严肃对待自己及自己的动机

高层领导者的自我反省是一个持续不断的过程。我们并不是要求高级管理者一开始就能十分完美。我们发现在高层领导者了解精益及其职责之前，组织需要对精益有所了解。尽管少数几个领导者比如说生产主管已经是精益老手了，但是其他的主管比如说CIO和CFO可能还不了解精益。

你可以利用便利的场外会议作为反省的工具。我们还建议与导师一起到工作现场巡查。有家企业要求所有的管理者包括CEO都要参加一个为期一周的持续改善事件，并且需要关掉电话，反省整个过程。而另一个企业安排内部精益协调者指导主管，每个主管有一个导师（内部精益协调者），每两周召开一次正式会议。

18.5.4　评估当前文化的优点和缺点，构建未来状态模型

在讨论表18-2时提到了实现变革的组织开发方法，我们认为采用这种方法能得到很好的回报。从某种意义上说，当你从精益改造项目中获得了足够多的经验，能够理解精益在组织中到底是什么样，并且当高级管理层已经决定长期致力于建立一种文化来支持它时，关键的精益领导者必须走到一起对未来文化的设想达成共识。我们无法确定确切的时间，但是可以确信不止需

要做一次。组织代表着什么？你的价值观是什么？你所期望的未来状态是什么样的？

这超越了经营结果，成为一种日常工作的方式。丰田在经过几十年的日常实践之后形成了《丰田模式 2001》。他们意识到随着公司的壮大和新员工的进入，需要建立一致的价值观并将它们记录下来。你也将会这么做。

在这一阶段，你希望客观地评价目前的文化，无论是好的还是坏的。你想继承和发扬目前文化中好的方面。组织开发方法是用内部的或外部的协调者对当前文化状态进行描述。关键的领导者已经做好了解自己角色的准备，精心策划一个场外会议。日语里根回的概念在这里非常有用。丰田希望让所有的与会者都能提前做好准备，让他们对会议有所投入，这样大家就不会对会议做出的重大决策感到惊讶。场外会议的成果是确定未来的愿景，在一些行动上达成共识。⊖

18.5.5 构建日常管理系统并推广

在精益系统建成之前没有新的事情需要管理。可视化管理、过程质量系统和标准化工作仅仅是精益工具的一小部分，它们必须在有效的日常管理系统建立之前发挥作用。解决问题的能力也是必需的。更高层次上的工作指导培训、标准化工作审查、工作轮换也会为日常管理注入活力。

18.5.6 变革人力资源支持系统

我们已经对损害人力资源系统的行为发出了警告，尤其是在流程的初期，但是还有一些方法可以帮助排除精益改造障碍。你没有必要预计出所有的障碍，但是如果碰到了就可以这么做。例如，在实施精益项目的过程中，常常会发现注重数量要比注重质量得到更多的回报，很显然这是一个需要排除的障碍。

寻找创造性的方式来确定和奖励精益改造过程中所取得的成功也是值得的。当然不一定非得是精心设计或价值昂贵的奖励，可以是每月简单地确定出最好的 5S 区，或者是请表现最好的团队吃一顿午餐。

⊖ 了解关于整个组织开发过程和大规模变革所需要的工具等方面资料的一个非常好的资源是 Jacobs, Robert W., *Real Time Strategic Change*, San Francisco: Berret-Koehler Publishers, 1994。

18.5.7　在更高层次增加方针管理

如果方针管理仅仅是指把管理者召集到一起确定目标，告诉员工按照它去做，这样就比较简单了，但是困难是如何让它真正发挥作用。因为方针管理应该以"传接球"为基础。每一个管理者及其下属应该在目标和改进方法上达成一致，这需要他们了解自己持续改善的能力。了解并且具备了这种能力之后，就达到了一定的成熟度。另外对精益工具和解决问题的掌握也需要达到一个最低水平。

我们看到很多企业总是抢跑。比如说，有个组织第一年就在两个部门建立了示范精益的生产线，并取得了较好的成绩，然后第二年就期望其他的生产线都达到这个水平。其中存在的问题是，最开始的两个部门获得过很多咨询帮助，而其他的部门却要依靠自己。其结果是出现了很多混乱，为了一些数字而做肤浅的努力，没有建立稳定的流程或学习好的程序来解决问题。自上而下的压力不能体现尊重员工，从而向组织传达了错误的信息。

我们建议密切监控组织保持稳定和持续改善的能力。我们看到丰田销售公司财务部门（见第16章）花费了两年的时间来准备应对方针管理的挑战。我们还建议从高层开始，比如副总裁及其直属部下。只有在时机成熟之后才可以将方针管理推向车间。

18.5.8　增加人力资源支持系统

这是另一个关于成熟的问题。你不可能在一夜之间改变自己的人力资源系统，你真正想要的是一个能够随着情况的变化或关键事件的出现而持续改进的适应性组织。我们在第13章看到TMMK的性骚扰问题引发了深刻的反省，最终通过解决问题完善了人力资源系统。这需要超凡的领导力和组织的极度成熟。实际的、关键的问题促使组织走向成熟。

我们并不是建议你等待一个危机的到来，但是在知道用哪一种主要的方式影响人力资源系统之前，需要花费好几年的时间来学习解决问题并建立相互信任的关系。一般来说，员工愿意安于现状。如果改变福利或报酬，员工对损失的注意程度是对收益注意程度的10倍。很多企业已经学会了如何去逐步改变薪酬和福利。我们建议作为整个精益改造的一部分，需要认真对待，因为任何关于人力资源系统的负面观点都会映射到为精益而付出的努力上。

此外，需要解决的争议会越来越少。安全问题在任何时候都是一个需要认真解决的问题，因为这是改善物理环境的过程。从某种意义上说，你需要用工作指导培训为标准化工作带来生机。我们建议你先在试验区培养几个内部认证的培训者，他们就可以培训其他的培训者。具体的方法参见《丰田智慧》。

18.5.9 持续的反省、计划和改善

也许，这根本就不用提，但是无论你做什么都需要持续改善。如果目标是成为一个学习型组织，你所做的每一步——反省、改善和推广及其反复都需要像一个学习型组织。

小结

文化的变革是一个挑战，文化的巨大变革更是一个挑战。实现本书所展示的丰田文化的所有方面很难，事实上也是不明智的。每个企业都有自己独特的历史和经营环境，必须建立属于自己的文化。深入思考你的企业文化的优点、企业的价值观，并在这些优势的基础上培养遵循这种价值观的员工是非常重要的。丰田可以提供一个灵感和创意的典范，以及改进人力价值流所需要组织结构方面的实务。

有很多方法可以实现变革。我们将以实现精益六西格玛为典型特征的工具法与以培养员工和建立文化为目的的丰田方法进行了对比。我们认为丰田的方法更广泛、更深入，能够带来更多可持续的竞争优势。但是，它不是一个一次性实施的流程，而是一个通过解决问题持续改善的历程。

对于一个设立已久的企业来说，大规模的文化变革是不可能的。首先从了解企业的优势开始，设定一个积极的愿景，实施最初的几个步骤。从文化的逐步发展到实现期望的未来状态很漫长，你希望在干中学，不断计划、实施、检查和行动。

机械的以工具为基础的精益改造方式可以使用精益项目实现短期结果，或者利用一种有组织的方式培养员工、建立一个学习型组织。精益工具非常适合将问题显露出来，挑战员工不断成长，支持持续改善文化的建立。

此外要尊重员工。我们没有理由为一个不尊重自己的企业付出一切。对于丰田来说，尊重的基础是相互信任和长期的安全感。对于领导者来说这也许是最基本、最具挑战性的问题。你是否能承诺长期尊重自己的员工呢？还是将他们视为可以任意使用的商品呢？做出承诺需要领导者的稳定，这依赖于对继承者的培养，并与企业的所有者达成一致的意见。

我们提供了一些证据证明有可能在全球范围内建立一种精益文化——丰田已经完成了，其他许多企业在个别工厂和组织已经实现了巨大的进步。这是可以实现的。你是否希望它可以长期存在呢？如果答案是肯定的，那么就需要从现在开始一步一步去实现。每一步都是一个学习、强化员工和文化的机会。我们希望你们能在这个历程中取得成功！

你的公司应该考虑的要点

1. 在对所采用的方法进行计划之前，你必须对精益转化的目的非常清晰、明确。是以短期结果为导向还是建立长期持续改善的文化？

2. 如果你想实现长期的目标，以典型的短期工具为导向的精益六西格玛不会实现你想要的文化。

3. 领导者必须深入地了解文化，并使这种文化具体化，这需要在导师的帮助下认真地实现个人的成长。

4. 不要复制丰田模式，但是可以吸收丰田的很多原则和价值观。

5. 文化的变革是必需的，但是直接的文化变革很少有成功的。在导师强有力支持下的精益项目为集中精力和瞬间感悟来培养员工提供了很多机会。

6. 从分析文化的优缺点开始，并发扬你的优点。

7. 在局部地区深入实施精益推动文化的变革还是在整个公司广泛推广精益，要找到二者之间适当的平衡。

8. 将整个历程分解成便于消化的步骤，任何计划都是试探性的，需要反省和调整。

9. 在经过良好训练的精益指导者的指导下通过具体的改进活动培养员工，然后逐步将责任移交给直线型组织。

10. 首先慢慢建立人力资源支持结构，应对实施的障碍，然后建立支持尊重员工和持续改善的结构。

11. 投资于优质人力价值流，因为员工是竞争优势的来源。

参考文献

Adler, Paul S. "Building Better Bureaucracies," *Academy of Management Executive*, 13, 4, Nov. 1999: 36–47.

Arvey, Richard D, *Fairness in Selecting Employees*, New York: Addison-Wesley, 1979, p. 114.

Bergmiller, Gary. *Lean Manufacturers Transcendence to Green Manufacturing: Correlating the Diffusion of Lean and Green Manufacturing Systems*, University of South Florida, unpublished Ph.D. dissertation, 2006.

Balle, Michael. *The Gold Mine*, Cambridge, MA: Lean Enterprise Institute, 2005.

Brannen, Mary Yoko, "Bwana Mickey: Constructing Cultural Consumption at Tokyo Disneyland," in *Remade in Japan: Consumer Tastes in a Changing Japan*, edited by Joseph Tobin. New Haven, CT: Yale University Press, 1992.

Brannen, Mary Yoko, Jeffrey K. Liker and W. Mark Fruin. "Recontextualization and Factory-to-Factory Knowledge Transfer from Japan to the U.S.: The Case of NSK," in *Remade in America: Transplanting and Transforming Japanese Production Systems*, edited by Jeffrey K. Liker, W. Mark Fruin, and Paul S. Adler, New York: Oxford University Press, 1999: 117–154.

Choi T.Y. and J.K. Liker. "Bringing Japanese Continuous Improvement Approaches to U.S. Manufacturing: The Roles of Process Orientation and Communications," *Decision Sciences*, Vol. 26, Number 5, Sept/Oct. 1995.

Collins, Jim. *Good to Great: Why Some Companies Make the Leap... and Others Don't*, New York: HarperBusiness, 2001.

Deci, E. L. 1971. Effects of externally mediated rewards on intrinsic motivation. *Journal of Personality and Social Psychology*, 18: 105–115.

Deutschman, Alan. *Change or Die: The Three Keys to Change in Work and in Life*, New York: Harper Collins Publishers, 2007.

Hall, Edward T. *Beyond Culture*, Anchor Books, 1976.

Hampden-Turner, C. and A. Trompenaars. *The Seven Cultures of Capitalism: Value Systems for Creating Wealth in the United States, Japan, Germany, France, Britain, Sweden, and the Netherlands*, New York: Doubleday, 1993.

Hofstede, Geert and Gert Jan Hofstede. *Cultures and Organizations: Software of the Mind*, New York: McGraw-Hill, 2004.

Huntzinger, James R. *Lean Cost Management*, Fort Lauderdale, Florida: J. Ross Publishing, 2007.

Jackson, Thomas L. *Hoshin Kanri for the Lean Enterprise: Developing Competitive Capabilities and Managing Profit*, New York: Productivity Press, 2006.

Jacobs, Robert W. *Real Time Strategic Change*, San Francisco: Berret-Koehler Publishers, 1994.

Kanter, Rosabeth Moss and Barry A. Stein. *Life in Organizations: Workplaces as People Experience Them*, New York: Basic Books, 1978. Lessons from Toyota's Long Drive, Harvard Business Review, July-August, 2007, pp. 74–83.

Kucner, Robert. *A Socio-Technical Study of Lean Manufacturing Deployment in the Remanufacturing Context*. PhD dissertation, University of Michigan, Ann Arbor, November, 2007.

Levering, Robert. *A Great Place to Work*, New York: Random House Inc., 1988.

Liker, Jeffrey K. *The Toyota Way: Fourteen Management Principles from the World's Greatest Manufacturer*, New York: McGraw-Hill, 2004.

Liker, Jeffrey and David P. Meier. *The Toyota Way Fieldbook*, New York: McGraw-Hill, 2006. *Toyota Talent: Developing People the Toyota Way*, New York: McGraw-Hill, 2007.

Liker, J.K., M. Fruin, and P. Adler. (eds.), Remade *in America: Transplanting and Transforming Japanese Production Systems*, New York: Oxford University Press. 1999.

Locke, Edwin A. and Gary P. Latham, *Goal Setting: A Motivational Technique that Works*, Upper Saddle River, NJ: Prentice Hall, 1984.

Menon, Tanya, Jessica Sim, Jeanne Ho-Ying Fu, Chi-yue Chiu, and Ying-yi Hong. "Blazing the Trail versus Trailing the Group: Culture and Perceptions of the Leader's Position." *University of Chicago Working Paper*, 2007.

Morgan, James and Jeffrey Liker. *The Toyota Product Development System: Integrating People, Process, and Technology*, New York: Productivity Press, 2006.

Morrison, Mike. *The Other Side of the Business Card*, New York: McGraw-Hill, 2007.

Nisbett, Richard E, *The Geography of Thought: How Asians and Westerners Think Differently…and Why*, New York: Free Press, 2003.

Ohno, Taiichi. *Workplace Management*, Mukilteo, WA: Gemba Press, 2007.

Pasmore, William A. *Designing Effective Organizations: The Sociotechnical Systems Perspective*, New York: John Wiley and Sons, 1988.

Pascale, Richard, *Managing On the Edge*, New York: Simon & Schuster/Touchstone, 1991.

Quinn, Robert E. *Deep Change: Discovering the Leader Within*, San Francisco: Jossey Bass, 1996,

Reingold, Edwin. *Toyota: People, Ideas, and the Challenge of the New*. London: Penguin Books, 1999.

Rock, David and Jeffrey Schwartz. "The Neuroscience of Leadership," *Strategy and Business,* Booz Allen Hamilton, Issue 43, May 30, 2006.

Rother, Mike and John Shook. *Learning to See,* Cambridge, MA: Lean Enterprise Institute, 1998.

Schein, Edgar. "Coming to a new awareness of organizational culture," *Sloan Management Review,* Winter 1984, Vol. 25, No. 2, pp. 3–16.

Schein, Edgar, H. *The Corporate Culture Survival Guide,* San Francisco: Jossey-Bass, 1999.

Schein, Edgar H. and Joan V. Gallos (Editors). *Organization Development,* San Francisco: Jossey-Bass, 2006.

Solomon, Jerrold, M. *Who's Counting?* Fort Wayne, IN: WCM Associates, 2003.

Sommer, Robert. *The Mind's Eye: Imagery in Everyday Life,* New York: Delta Books, 1978.

Staw, Barry M., Bobby J. Calder, Randall K. Hess, Lance E. Sandelands (1980). "Intrinsic Motivation and norms about payment," *Journal of Personality* 48(1), 1–14.

Stenzel, Joe (Editor). *Lean Accounting,* Hoboken, NJ: John Wiley, 2007.

Taylor, James C. and David F. Felten, *Performance by Design: Designing Sociotechnical Systems in North America,* Upper Saddle River, NJ: Prentice Hall, 1993.

Tichy, Noel M. and Mary Anne Devanna. *Transformational Leader,* second edition, New York: John Wiley, 1997.

Tietje, Brian C. (2002) When Do Rewards Have Enhancement Effects? An Availability Valence Approach. *Journal of Consumer Psychology.* 12:4, 363–373.

Toyoda, Eiji. *Toyota: Fifty Years in Motion,* first edition, New York: Kodansha America, 1987.

The Toyota Way 2001, Toyota Motor Corporation, Japan, Internal Company Document.

Ulrich, David, *Human Resource Champions,* Boston, MA: Harvard Business School Press, 1997.

Weick, Karl, E. and Sutcliffe, Kathleen M. *Managing the Unexpected,* University of Michigan Business School Management Series, San Francisco: John Wiley, 2001.

Whiting, Basil J., *The Quest Program, Toyota, and School in Scott County Kentucky.* Paper prepared for the Manufacturing Institute, Brooklyn, New York, 2002.

Womack, James P., Daniel T. Jones, and Daniel Roos, *The Machine That Changed the World.* New York: Rawson Associates, 1990.

Womack, James and Daniel Jones, *Lean Solutions: How Companies and Customers can Create Value and Wealth Together,* New York: Free Press, 2005.

Womack, James and Daniel Jones. *Lean Thinking: Banish Waste and Create Wealth in Yar Organization,* New York: Simon and Schuster, 1996.

译者后记

丰田生产方式因丰田汽车公司的成功而备受瞩目，世界上许多公司竞相模仿，虽然在不同程度上取得了成功，但是到目前为止似乎还没有哪个公司能够做得和丰田一样好。原因何在？多数公司仅仅将丰田生产方式看作简单管理工具的集合，而忽视了丰田生产方式赖以生存和发展的土壤——丰田文化。

杰弗瑞·莱克、迈克尔·豪瑟斯和优质人才与组织中心合著的《丰田文化》一书，是继畅销书《丰田模式》之后又一关于丰田的力作。杰弗瑞·莱克曾四度获得新乡奖（Shingo Prize for Excellent，为纪念丰田生产方式的创始人新乡重夫而设立），对丰田生产方式及其文化具有深入的研究和独到的见解；迈克尔·豪瑟斯在丰田工作了20年，管理过组装工厂、人力资源部门，具有丰富的经验；优质人才与组织中心是利用丰田前领导人的经验支持公司的非营利组织。如此强大的阵容，为本书的撰写奠定了坚实的基础，并突出了理论与实际相结合的特点。

《丰田文化》全书由"什么是丰田文化""优秀人力价值流""人力支持程序""组织的支持程序"和"向丰田学习精益文化的发展"5篇共18章构成。本书首先从丰田模式的14项基本原则和两个基本模型入手，引出了丰田文化的概念，介绍了丰田为应对文化挑战而制定《丰田模式2001》的过程。在此基础之上，作者将丰田文化归结为丰田所具有的人力系统，指出人力价值流是系统的核心，并从吸引、开发、聘用、激励4个方面详细介绍了丰田如何培育优秀人力价值流，通过翔实的表格和现场图片展示了人力价值流所需要的日常支持程序。然后，从就业稳定的保障、人力资源政策、绩效考核和薪酬体系、方针管理4个方面阐述了丰田如何通过组织程序支持其文化。最后，以北美丰田汽车销售公司、凌志和赛恩品牌的建设为例，深入分析了丰田文化的强大力量，并总结了企业进行文化改革的经验。从内容来看，《丰田文化》不同于既有的关于丰田生产方式的专著或者译著的关键之处就在于，本书不拘泥于丰田历史与经营方式，而是莱克、豪瑟斯以及优质人才与组织中心众多具有丰富实践经验的领导者，结合自己在研究和工作中的切身体会，利用大量的内部资料展示了丰田文化及其培育过程，揭示了丰田在不同国家培育丰田文化的细微差异，从而揭开了丰田成功的神秘面纱，为那些致力于学习丰田生产方式的企业建立以人为本和持续改善的文化提供借鉴。

《丰田文化》一书中所体现出的管理理念对于时下中国企业改革也具有重要的指导意义。众所周知，随着转轨经济进程的推进，中国现代企业制度建设已然进入了由治"标"到治"本"、由"不合规"到"合规"的攻坚阶段。经验表明，决定这场革新成败的关键不在于企业的规模大小和硬件设施是否完善，更为关键的是企业"软实力"的构建。然而，实践中我们看到的企业更多是重复西方发达国家走过的，并已被证实不是最优选择的道路——片面地追求企业的规模以及企业硬件设施的购买，新一轮央企重组就是最好的例证。深究其因，个中关键还在于"求大、求全、求稳"以及内隐于其中的"企而优则仕"等官本位思想在作怪，因为企业文化的建设需要一个过程，而企业规模及企业的硬件设施建设却立竿见影。当然，我们也欣喜地看到一些新型企业开始关注良性企业文化建设，并对丰田、海尔等文化展开积极的学习。但是需要注意的是，企业文化不仅要"神似"，关键在于要"形神兼备"，很多公司在学习丰田生产方式或者海尔文化的过程中取得一点成功便声称自己取得了胜利，但其改进根本没有真正触及管理文化，从而导致其成功往往只是昙花一现，不能将胜利果实长期巩固下来。由此直接引致的问题是：如何才能构建适合本企业的文化理念？相信通过对《丰田文化》这一著作的细心研读，能够得到各自想要的答案。

综上所述，《丰田文化》既是一本面向实践管理者的系统化管理读本，又是一本面向在校学生与致力于管理工作的仁人志士的经典教材。如今历时半载，这本巨著的译稿终于与广大读者见面了，诚惶诚恐中有一种如释重负之感。值此之际，首先要感谢东北大学工商管理学院和黑龙江科技学院的领导与同事的支持与鼓励。其次，为了使丰田文化的内涵能够以"晶莹无瑕"的面貌呈现给读者，真实、准确地展现大师的管理理念，在翻译过程中参考了大量本书中所涉及的相关作品的已有译作，在此，对这些与我们同样怀着践行丰田管理理念的译者和出版社谨致谢忱。最后，在本书翻译过程中得到机械工业出版社华章公司的支持，一并表示感谢。

本书是集体努力的成果，初稿翻译分工如下：王世权、韦福雷翻译了第1

章、第 3 章、第 6 章；韦福雷、胡彩梅翻译了推荐序、前言、致谢、第 7 章和第 14 章；孙新波、胡莉翻译了第 2 章、第 5 章和第 8 章；胡彩梅、高菲翻译了第 10 章和第 11 章；刘汝萍、韦福雷翻译了第 12 章和第 13 章；王丽敏、魏华翻译了第 4 章、第 15 章、第 16 章；胡彩梅、张莉莉翻译了第 4 章、第 11 章和第 14 章；邹本旭、冯多翻译了第 9 章、第 17 章和第 18 章。初稿完成后，由王世权和韦福雷进一步对全书各章节进行了校阅，最后由王世权负责全书的统稿。

由于译者水平有限，书中难免有翻译不妥之处，敬请读者不吝赐教。

王世权